KB174555

내가 뽑은 원픽! 최신 출제 ~~경향에~~ ~~맞춘~~ ~~최고의~~ ~~수험서~~

2024
신용분석사
2부
핵심이론+문제집

이대열 편저

KFO
한국직업개발원

예문에듀
EDU

머리말 및 학습가이드

금융전문가의 꿈을 위해 도전하는 청춘들에게 이 책을 바칩니다.

 신용분석사가 하는 일

신용분석사(Certified Credit Analyst)는 기업의 회계자료와 비회계자료를 분석하여 종합적인 신용상황을 평가하고 신용등급을 결정하는 금융전문가입니다. 우리나라의 99%는 중소기업으로 자본력이 상장회사에 비하여 상대적으로 취약하기 때문에 금융기관으로부터 경영자금을 적시에 조달하지 않으면 경영상 위기에 직면할 수 있습니다. 금융기관은 기업이 감내할 수 있는 수준의 자금을 융자하여 원활한 경영활동이 가능하도록 하는 것이 그 역할입니다. 기업은 보유하고 있는 자산이나 부채의 규모가 각각 다르고 연간 손익이나 창출하는 현금의 수준도 달라 획일적 기준을 적용하여 자금을 융자할 수는 없습니다. 신용분석사는 이러한 기업의 개별적 상황을 분석하여 신용등급을 매기는 일을 합니다. 중소기업은 경제여건 변화에 따른 신용상태가 매우 빠르게 변화하기 때문에 이들을 평가하는 신용분석사의 역할은 막중하다고 할 수 있습니다.

 신용분석사 출제 동향과 학습방법

신용분석사 시험은 회계학 기반 시험이라 수험생 분들은 계산 문제를 중심으로 학습하는 경향이 강합니다. 그러나 의외로 수험생을 괴롭히는 것은 계산 문제보다 '말 문제'입니다. 따라서 중요 개념을 이해하고 'key word'를 중심으로 학습을 해야 계산 문제는 물론 '말 문제'를 대비할 수 있습니다. 그래서 핵심이론과 문제를 정리한 참고서로 학습을 하되 온라인 강의를 활용한다면 명확한 출제 포인트를 파악할 수 있어 단기간 학습효과가 극대화 될 것입니다.

본서는 한국금융연수원 표준교재의 주요 내용을 완벽하게 반영하였기 때문에 그 어떤 교재보다 탁월한 학습효과를 제공한다고 자부합니다. 추천하는 학습방법은 다음과 같습니다.

1. 학습내용 윤곽 잡기 : 온라인 강의를 1.2배속 또는 1.4배속 빠른 속도로 한 번 듣습니다.
2. 구체적 내용 이해하기 : 강의를 병행하여 핵심이론 정리, 문제풀이 순으로 1회 정독합니다.
3. 반복 학습하기 : 핵심이론 정리, 문제풀이를 반복하여 최소 5회독 이상합니다.
4. 실전감각 익히기 : 모의고사를 통하여 실제 시험을 위한 시간 배분 전략 등을 점검합니다.

본서는 저자의 십여 년 간 강의 노하우를 담아 최적의 학습효과를 제공하여 수험생 여러분들을 초단기 합격으로 이끌 것이라 확신합니다. 수험생 여러분의 합격을 진심으로 기원합니다.

경영학박사
이대열 올림

CONTENTS
이 책의 차례

KFO

PART 01
신용분석

신용분석사 제2부 학습전략

신용분석사 제2부 과목은 제1부 회계학에서 학습한 내용을 기반으로 기업의 경영전반에 관한 분석능력을 측정한다. 어느 한 과목에 치중해서 하는 공부는 의미가 없으며 각 과목 전반에 대해 이해위주 학습을 해야 한다. 휘발성이 강한 회계학과는 다르게 합격권 점수인 60점 이상에 이르기까지는 공부할 양이 많지만 일정 수준에 도달하면 점수가 잘 떨어지지 않는 특징이 있다. 배점이 가장 높은 신용평가 종합사례분석은 1·2부 과목에서 다루었던 내용들이 분석형태의 문제로 제공되기 때문에 점수를 따는 것이 그리 어렵지 않아 전략과목으로 해도 좋다. 수험생들이 가장 힘들어 하는 것은 현금흐름분석이다. 회계학에서 익숙해졌던 발생주의와는 다른 접근이 필요하기 때문에 처음 공부할 때 많이 헷갈려 한다. 분석 스킬이 익숙해지면 계산문제를 푸는 것은 어렵지 않다. 제2부 과목은 계산식이 주는 의미를 정확히 알고 있어야 '말 문제'에 충분히 대응할 수 있다. 제1부 과목과 마찬가지로 전체 분량을 빠르게 한 번 훑어보고 2부 과목에 대한 전체적 윤곽을 잡는 것이 중요하다.

	세부내용	출제문항 수	집중공략 포인트
재무분석	CHAPTER 01 재무분석 개요	1	
	CHAPTER 02 재무제표의 이해	1	
	CHAPTER 03 재무상태표분석	4	★★★
	CHAPTER 04 손익계산서분석	4	★★★
	CHAPTER 05 시장가치분석	3	★★
	CHAPTER 06 종합분석	2	
	CHAPTER 07 레버리지분석	2	
	CHAPTER 08 BEP분석	4	★★★
	소 계(70점)	21	
현금흐름분석	CHAPTER 01 현금흐름분석 기초	1	
	CHAPTER 02 유형별 현금흐름	10	★★★
	CHAPTER 03 현금흐름표 분석	7	★★★
	CHAPTER 04 현금수지분석표 분석	3	
	CHAPTER 05 재무제표 분식과 현금흐름	2	
	CHAPTER 06 현금흐름의 추정	2	
	소 계(80점)	25	
시장분석환경	CHAPTER 01 경기분석	4	★★
	CHAPTER 02 산업분석	7	★★★
	CHAPTER 03 경영진단	5	★★
	소 계(50점)	16	
종합	CHAPTER 01 신용평가 종합사례분석	29	★★★
	소 계(100점)	29	
합 계(300점)		91	

1장
재무분석
Certified Credit Analyst

재무분석 개요

출제 포인트 ■ ■ ■ 본 장은 문제가 직접 출제되기보다는 앞으로 학습할 재무분석의 기초 개념을 배운다.

1. 재무분석의 의의

(1) 의의

① 재무분석은 기업의 재무제표와 기타 회계 관련 자료를 기초로 기업의 과거 및 현재의 경영성과와 재무상태를 진단하고 원인을 규명하여 **기업의 미래 상태를 예측**하는 의사결정에 **유용한 정보를 제공**하기 위함이다.

② 재무분석은 재무제표분석과 경영분석이라는 용어와 혼용해서 사용되는 경향이 있지만 분석 범위에서 차이가 있다.

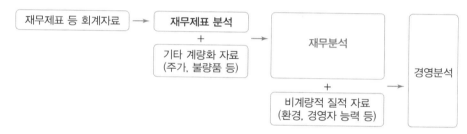

> **Key Point!**
> 경영분석은 계량화된 재무적 자료와 비계량적 질적 자료의 분석을 포함하는 광의의 개념이다.

2. 재무분석 목적과 분석 대상

(1) 재무분석의 목적

재무분석은 보다 효율적이고 합리적인 의사결정을 위한 유용한 정보를 제공하는 데 목적이 있다.

(2) 분석 주체별 재무분석의 목적과 분석 대상

분석 주체	목적	분석 대상
경영자	경영계획 수립 및 의사결정을 위한 기초자료 획득	기업의 약점 · 강점 분석
금융기관	차입자 원리금 상환능력 판단	신용분석(유동성, 안정성 등)
주주[1]	투자정보 획득 및 투자 여부 판단	수익성, 위험성 등 분석
신용평가기관	일반 투자자에 투자정보 제공	채권등급 평정
M&A 관련자	인수대상기업 가치평가 정보 획득	기업가치평가
감사인	주주 및 이해관계자에게 재무상태, 경영성과 공시	재무상태 및 경영성과 분석
세무당국	과세 적정성과 탈세 여부 판단	담세능력 분석, 수익성 분석

3. 재무분석 절차

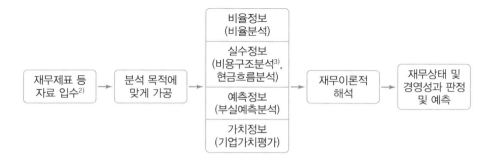

> **Key Point!**
> 재무정보를 가공하여 필요한 정보를 추출했다고 재무분석이 끝나는 것이 아니라, 추출한 정보가 의미하는 바를 정확히 해석하는 것이 가장 중요하다. 이를 위해서 재무이론적 해석이 필요하다.

4. 발전과정, 유용성 및 한계점

(1) 발전과정

① 발전과정

ㄱ 재무분석은 20세기초 미국에서 자금차입자의 **단기채무 상환능력**을 판단하기 위하여 사용한 데서 비롯되었다.

ㄴ 과거 재무분석은 재무제표만을 대상으로 기업의 과거와 현재 현황을 분석하는 데 집중했다.

ㄷ 현재는 재무제표 등 계량적 자료와 비계량적 질적 자료를 포함하여 분석함으로써 기업의 미래 상태를 예측하기 위한 정보를 제공하는 데까지 그 범위가 확대되었다.

---

1) 주주는 채권자보다 위험을 더 부담한다. 그 이유는 채권자는 제공한 자본에 대하여 주주에 우선하여 상환받을 수 있지만 주주는 채권자에게 상환한 후 잔여재산에 대해서만 분배청구권을 행사할 수 있기 때문이다. 따라서 자기자본비용이 타인자본비용보다 항상 더 크다.

2) 기업과 관련된 자료는 폭넓고 정확하게 수집해야 분석의 신뢰성이 높다. 따라서 공개(적극)자료와 비공개(소극)자료, 동일 산업군 내의 다른 기업자료, 산업 동향, 국가경제 동향 등 가능한 많은 자료를 수집한다.

3) 비용구조분석 중 가장 대표적인 것이 손익분기점분석(BEP분석)이다.

(2) 재무분석의 유용성

① 비율분석

　㉠ 재무제표는 가장 객관적 자료이고 장부가치 기준의 회계자료를 절대금액으로 분석하지 않고 비율로
　　전환하여 분석함으로써 **장부가치의 한계성을 완화**한다.

　㉡ 비율분석은 대상 기업의 재무상태 또는 경영성과의 종합적 평가를 가능케 한다. 종합적 비율분석의
　　방법으로 ROI기법, 지수법, 기업체종합평가법 등이 있다.

② 실수분석

　㉠ 비용구조 분석은 대표적인 실수분석 방법으로 기업의 비용을 고정비와 변동비로 구분하여 **기업의 위
　　험을 파악**하는데 유용한 정보를 제공한다(고정비 비중이 클수록 기업의 위험부담은 커진다. 즉 이익
　　변동성이 커진다).

　㉡ 현금흐름분석은 실수분석의 한 수단으로 최근 그 중요성이 커지고 있다.

③ 기업부실예측

　㉠ 알트만(Altman, 1968)은 다변량 판별분석(MDA ; Multivariate Discriminant Analysis)을 이용
　　하여 기업부실을 예측하는 $Z-Score$모형을 개발하였다. 이후에도 수정된 $Z-Score$모형, ZETA모형
　　등이 개발되었으며, 학자들에 의하여 더 정교한 모형들이 등장하고 있다.

④ 기업가치평가

　㉠ 기업가치평가는 재무분석의 한 분야로 기업의 이해관계자들(주주, 채권자, 인수ㆍ합병 관련자 등)에
　　게 유용한 정보를 제공한다.

(3) 재무분석의 한계점

① 재무분석의 대상은 주로 기업의 과거자료이므로 분석결과는 미래 예측의 기초자료일 뿐 절대적 평가기
　준이 될 수 없다.

② 기업마다 회계처리 방법이 달라 경영성과 및 재무상태의 분석 결과가 달라질 수 있다. 따라서 단순히 회
　계처리 결과에 따른 수치만으로는 기업 간 정확한 비교와 우열을 판단하기 어려울 수 있다.

③ 재무분석의 평가기준이 객관적이지 못하다. 즉 비율분석의 비교기준이 되는 표준비율, 산업평균비율, 기
　업의 과거평균비율 등 어느 것을 선택하느냐의 문제와 선택된 표준비율이 가장 적합한 비교기준이 되느
　냐의 문제를 항상 가지고 있다.

④ 재무제표는 특정 시점의 재무상태를 나타내므로 기업가치 변화를 즉시 반영하지 못한다.

> **Key Point!**
> • 재무분석은 이러한 한계점에도 불구하고 매우 유용한 분석이다. 상기 한계점은 재무자료가 가지고 있는 근본적 문제
> 　점이지 재무분석 자체의 문제는 아니다.
> • 재무분석의 한계를 극복하는 방법으로 분석 자체의 과학화도 중요하지만, 재무분석 결과를 과학적으로 해석할 수
> 　있는 유능한 재무분석가를 양성하는 것이 무엇보다 중요하다.

01 금융기관의 재무분석 목적은 자금차입자의 원리금상환능력을 판단하는 데 있다. ⓞ ⓧ

○

02 재무분석은 비계량적 질적정보에 대한 분석을 포함한다. ⓞ ⓧ

ⓧ

03 주주 입장에서 재무분석은 기업의 위험과 수익성 분석에 초점이 맞추어 진다. ⓞ ⓧ

○

04 기업입장에서 자기자본은 타인자본에 비하여 위험이 낮으므로 주주는 채권자보다 낮은 수익률을 요구한다. ⓞ ⓧ

ⓧ
기업입장에서 자기자본이 타인자본에 비하여 위험이 낮지만, 자본제공자 입장에서 주주는 채권자보다 위험을 더 부담한다. 그 이유는 주주의 배당은 채권자에게 이자를 지급한 후의 이익으로 받을 수 있기 때문에 불확실성이 크다. 따라서 주주의 요구수익률이 채권자의 요구수익률보다 항상 더 크다.

05 재무분석은 분석과 평가를 위한 기준이 주관적이다. ⓞ ⓧ

○

01 다음 중 재무분석에 대한 설명으로 바르지 못한 것은?

① 재무분석은 재무제표와 기타 계량화된 자료를 분석 대상으로 한다.

② 주가자료나 제품불량률에 대한 분석은 재무분석에 해당한다.

③ 경영분석은 비계량적 질적자료까지 분석 대상으로 한다.

④ 세무당국은 과세적정성과 탈세여부를 파악하기 위하여 재무분석을 한다.

⑤ 재무자료 수집 시 비공개자료는 수집하지 않는다.

정답 | ⑤

해설 | 재무자료는 공개 · 비공개자료는 물론 다른 기업과 산업동향, 국가경제 동향 등 폭 넓게 수집한다.

02 재무분석은 20세기초에 미국에서 시작되었는데, 당시 자금차입자의 (   )을/를 판단하기 위하여 사용하였다. (   )에 들어갈 단어로 적절한 것은?

① 위험상태   ② 재무상태

③ 수익상태   ④ 단기채무 상환능력

⑤ 장기채무 지급능력

정답 | ④

03 다음 중 재무분석 주체와 그 목적의 연결이 바르지 못한 것은?

① 경영자 : 경영계획 수립 및 의사결정을 위한 기초자료의 획득

② 금융기관 : 자금차입자의 원리금 상환능력 판단

③ 주주 : 투자정보의 획득 및 투자 여부 판단

④ 신용평가기관 : 일반 투자자에 투자정보 제공

⑤ 감사인 : 기업 이해관계자에게 기업가치정보 제공

정답 | ⑤

해설 | 감사인의 재무분석 목적은 기업 이해관계자에게 재무상태 및 경영성과를 공시하기 위함이다.

04 다음 재무관련 분석방법 중 범위가 가장 좁은 것은?

① 경영분석
② 재무분석
③ 경제분석
④ 재무제표분석
⑤ 환경분석

정답 | ④
해설 | 경제분석은 재무분석의 범주에 속하고 환경분석은 경영분석의 범주에 속한다.

05 다음 중 재무분석의 한계점과 관련이 가장 적은 것은?

① 재무분석과 평가를 위한 기준이 주관적이다.
② 분석 대상이 주로 기업의 과거자료로 분석결과는 기업의 미래 예측의 기초자료일 뿐이다.
③ 기업마다 회계처리 방법이 달라 분석결과의 기업 간 비교가 어려울 수 있다.
④ 재무자료가 과거정보이기 때문에 기업가치 변화를 즉시 반영하지 못한다.
⑤ 재무자료 수집에 많은 시간과 비용이 든다.

정답 | ⑤
해설 | 재무자료 수집에 많은 시간과 비용이 수반되는 것은 아니다. 계량적 자료는 재무분석가에게 기업이 제공하거나
공시되어 있으며, 비계량적 자료는 면담 또는 자료수집을 통하여 해결이 가능하다.

06 다음 중 기업부실예측을 위한 재무분석 순서로 적절한 것은?

① 재무자료 입수 → 변수선택 → 예측모형 생성 → 이론적 해석 → 부실판단
② 재무자료 입수 → 예측모형 생성 → 변수선택 → 이론적 해석 → 부실판단
③ 재무자료 입수 → 이론적 해석 → 예측모형 생성 → 변수선택 → 부실판단
④ 재무자료 입수 → 변수선택 → 예측모형 생성 → 부실판단 → 이론적 해석
⑤ 재무자료 입수 → 예측모형 생성 → 변수선택 → 부실판단 → 이론적 해석

정답 | ①
해설 | 기업부실예측을 위하여 입수된 자료를 가공하여 변수를 추출하고 예측모형을 만든다. 그 이후 예측모형에 분석
대상 기업의 재무자료에서 도출한 변수를 입력하여 결과를 해석한다. 그 결과로 부실여부를 판단한다.

재무제표의 이해

출제 포인트 ■ ■
- 재무제표 작성원리와 상호관련성의 이해
- 재무상태표의 위험균형에 대한 이해
- 포괄손익계산서의 수익과 비용에 대한 이해

1. 재무상태표(F/P ; statement of financial position)

(1) 의의

① 재무상태표는 **일정 시점** 기업의 재무상태를 나타내는 보고서이다.

② 재무상태표의 차변(좌측)은 자산구성 내역을 보여주고, 대변(우측)은 자본구조(자본조달 상황)를 보여준다.

(2) 재무상태표의 구성

재무상태표

한국기업   (20X1.12.31.)   (단위 : 억 원)

자산(차변)	금액	부채 · 자본(대변)	금액
Ⅰ. 유동자산	40	Ⅰ. 유동부채	27
(1) 당좌자산	30	(1) 매입채무	7
현금및현금성자산	5	(2) 단기차입금	8
단기투자자산	8	(3) 유동성장기부채	3
매출채권	14	(4) 기타유동부채4)	9
기타당좌자산5)	3	Ⅱ. 비유동부채	15
(2) 재고자산6)	10	(1) 회사채	4
Ⅱ. 비유동자산	60	(2) 장기차입금	8
(1) 투자자산7)	18	(3) 기타비유동부채8)	3
(2) 유형자산	37	Ⅲ. 자본	58
토지	12	(1) 자본금	6
설비자산	22	(2) 자본잉여금9)	12
건설중인자산	3	(3) 자본조정10)	-2
(3) 무형자산11)	3	(4) 기타포괄손익누계액12)	1
(4) 기타비유동자산13)	2	(5) 이익잉여금14)	41
총자산	100	총자본	100

위험
(자본
제공자
입장)

위험
(기업
입장)

〈김철중, 「재무분석」, 제6판, 서울 : 한국금융연수원, 2022년, 37p〉

---

4) 기타유동부채 : 선수금, 예수금, 미지급금, 미지급비용, 단기부채성충당금 등
5) 기타당좌자산 : 단기대여금, 미수금, 미수수익, 선급금 등
6) 재고자산 : 상품, 제품, 반제품, 재공품, 건설업의 경우 미완성공사 등
7) 투자자산 : 투자부동산, 장기투자증권, 지분법적용투자주식, 장기대여금 등
8) 기타비유동부채 : 부채성충당금(장래 지급될 것이 확실하여 당기의 수익에서 차감하는 것이 합리적인 비용에 대해 추산한 금액으로 1년 이후 사용되는 충당금), 장기성매입채무 등

(3) 자본조달(F/P 대변)

① 타인자본(부채)

  ㉠ 타인자본은 은행 등으로부터 자금을 빌려서 조달한 자본으로 부채(debt)라 한다.

  ㉡ 부채는 상환기간이 1년 이내인 것을 유동부채, 1년 이상인 것을 비유동부채라 한다.

  ㉢ 기업은 타인자본 사용에 대한 대가로 이자를 지급한다.

② 자기자본(자본 또는 순자산)

  ㉠ 자기자본은 주식(보통주, 우선주)을 발행하여 조달한 '자본금'과 경영활동의 결과로 축적된 '잉여금'으로 구성된다. 잉여금은 경영활동 이외 활동에서 발생한 '자본잉여금'과 경영활동에서 창출된 이익을 남겨 놓은 '이익잉여금'으로 구분된다.

  ㉡ 또한 자기자본은 '자본조정'과 '기타포괄손익누계액'으로 구성된다.

  ㉢ 기업은 주주에게 자본사용에 대한 대가로 배당을 지급한다.

  ㉣ 자본금은 주식의 액면가액을 기준으로 계산하기 때문에 증자나 감자가 없는 한 **자본금은 항상 동일한 금액**이다.

  ㉤ 주식시장에서 형성되는 주가는 1주당 자본의 시장가치를 나타내는 것으로 자본금, 잉여금, 자본조정 그리고 기타포괄손익누계액을 합한 **자기자본 장부가치의 1주당 시장가치를 의미**한다.

> **Key Point!**
> - 주식을 발행하여 자본을 조달한 이후 **주식의 시장가치가 변동하는 것은 자본총계에 영향을 미치지 않는다.** 이는 주식의 시장가치가 변동하는 것으로 시가총액만 변동한다.
> - 주식의 시가총액 변동은 기업의 미래가치변동과 관련이 있다. 투자자들이 기업의 실적이 개선될 것이라 판단하면 주가는 상승할 것이고, 반대로 실적이 악화될 것이라 판단하면 주가는 하락할 것이다.
> - 결국 주가가 변동하더라도 주식을 추가로 발행하여 자본을 조달하지 않으면 자본총계는 변동이 없다.

③ 자본조달위험

  ㉠ 기업입장에서 자기자본을 사용하는 것은 타인자본을 사용하는 것보다 **위험이 작다.** 그 이유는 타인자본은 원리금 상환의무가 존재하지만, 주식으로 조달한 **자기자본은 원금과 과실(果實, 배당)에 대하여 확정적 의무가 없기 때문**이다.

  ㉡ 결국 기업입장에서 위험이 가장 큰 자본조달 수단은 원리금 상환기간이 짧은 유동부채이다. 그다음이 비유동부채와 자본 순이다.

> **Key Point!**
> 자본제공자 입장에서는 **자본＞비유동부채＞유동부채** 순으로 위험이 크다는 것에 주의한다. 따라서 요구수익률은 **주주 요구수익률＞장기채권자 요구수익률＞단기채권자 요구수익률** 순이다.

---

9) 자본잉여금 : 주식발행초과금, 감자차익, 자기주식처분이익 등
10) 자본조정 : 주식할인발행차금, 자기주식, 배당건설이자, 자기주식처분손실 등
11) 무형자산 : 산업재산권, 개발비, 라이선스, 프랜차이즈, 저작권, 어업권, 광업권 등
12) 기타포괄손익누계액 : 매도가능금융자산 평가손익, 유형자산재평가이익, 해외사업환산손익, 현금흐름위험회피파생상품 평가손익 중 효과적인 부분(비효과적인 부분은 당기손익으로 인식)
13) 기타비유동자산 : 임차보증금, 이연법인세자산, 장기매출채권, 장기미수금 등
14) 이익잉여금 : 법정적립금(이익준비금, 기업합리화적립금, 재무구조개선적립금 등), 임의적립금, 미처분이익잉여금 등

(4) 자산구성(F/P 차변)

① 기업은 자기자본과 타인자본으로 조달한 금액을 경영활동을 위하여 자산을 구성하는데 투자한다. 즉 재무상태표의 차변은 조달한 자본을 경영활동을 위하여 어디에 투자(사용)했는가를 나타낸다. 이렇게 구성된 자산은 미래 영업이익(또는 현금창출)의 원천이 된다.

② 유동자산과 비유동자산

    ㉠ 유동자산은 기업 경영의 필수 운영자금이자 유동부채를 상환할 수 있는 재원이기 때문에 기업의 지급불능위험을 낮추는 데 기여한다. 그러나 과도한 유동자산 보유는 수익성 저하를 유발한다.

    ㉡ 비유동자산은 최소 1년 이상 현금화가 불가능한 잠겨있는 자산으로, 비유동자산에 투자된 정도를 「고정화 정도」라고 한다. 고정화 정도가 높을수록 기업의 불확실성은 높고 수익성 확보 기회는 커진다.

> **Key Point!**
> 현금화 또는 상환기간이 1년 이내인 경우 유동, 그 이상인 경우 비유동으로 구분한다.

(5) 재무상태표 위험균형

재무상태표

자산구성 위험		자본조달 위험
	유동자산 / 유동부채	
	유동부채에 의해 잠식	
	비유동자산 / 비유동부채	
	/ 자본	
	총자산 / 총자본	

① 자본구성에서 **위험이 가장 큰 유동부채를 자산구성에서 위험이 가장 작은 유동자산으로 커버하지 못하면 기업은 채무불이행(default) 상태에 이를 수 있다.**

② 비유동부채와 자본의 범위에서 위험이 큰 비유동자산 투자가 이루어지지 않으면 기업의 안정성은 위험하다. 즉 **비유동장기적합률**(=[비유동자산/(비유동부채＋자본)]×100)**이 100% 이내에서 관리될 때 안전하다고 볼 수 있다.**

2. 포괄손익계산서(C/I ; statement of comprehensive income)

(1) 의의

포괄손익계산서는 **일정 기간** 동안의 기업의 경영성과를 나타내는 보고서로 경영활동의 결과로 나타나는 수익과 비용을 대응시키고, 그 차이를 이익의 형태로 보고하는 회계자료이다.

(2) 주요 구성항목

① **매출액** : 현금 또는 외상거래로 발생하는 영업수익
② **매출원가** : 재료비, 노무비 등 제조원가와 상품의 판매원가 등 영업비용
③ **판매비와 관리비** : 급여 · 복리후생비, 광고선전비, 경상개발비 · 연구비, 감가상각비 등 영업비용
④ **영업외수익** : 배당금수익, 이자수익, 외환차익, 지분법평가이익, 유형자산처분이익, 기타영업외수익 등
⑤ **영업외비용** : **이자비용**, 외환차손, 지분법평가손실, 유형자산처분손실, 기타영업외비용 등
⑥ **세전이익** : 법인세차감전순이익
⑦ **법인세비용**
⑧ **계속사업이익**
⑨ **중단사업손익** : 중단사업에서 발생한 손익
⑩ **당기순이익**
⑪ **기타포괄손익** : 매도가능금융자산 평가손익, 유형자산재평가이익, 해외사업환산손익, 현금흐름위험회피파생상품 평가손익 등으로 관련 법인세 차감 후 F/P의 기타포괄손익누계액에 반영
⑫ **총포괄이익**

Key Point!
- 기업의 영업활동과 영업외활동을 포괄하여 경상활동이라 한다. 즉 세전이익이 경상이익이다.
- 기업의 부실여부를 판단하기 위한 실무적 이익지표로 세전순이익률을 사용한다. 세전순이익률은 일정 기간 동안 발생한 이자비용을 경상적 활동을 통하여 감당할 수 있는지를 나타낸다.

$$세전순이익률 = \frac{세전순이익 + 이자비용}{총자본}$$

통상 부실여부를 판단하는 데에는 이자비용을 영업이익으로 충분히 감당할 수 있는지 이자보상배율을 활용하여 판단한다. 그러나 현실적으로 이자비용을 갚을 수 있는지는 영업이익 이외에 경상적으로 발생한 수익과 비용도 중요한 요소가 될 수 있어 경상이익인 세전순이익을 활용할 수도 있다.

$$이자보상배율 = \frac{영업이익}{이자비용}$$

포괄손익계산서
(20X1.1.1.~20X1.12.31.)

한국기업 (단위 : 억 원, %)

영업손익	Ⅰ. 매출액	86	100%
	Ⅱ. 매출원가(영업비용)	70.8	82.3%
	재료비	46.3	53.8%
	노무비	6.0	7.0%
	경비	18.5	21.5%
	(감가상각비)	(3.5)	(4.1%)
	Ⅲ. 매출총이익	15.2	17.7%
	Ⅳ. 판매비와 관리비(영업비용)	11.4	13.3%
	급여 및 복리후생비	3.3	3.9%
	광고선전비	0.6	0.7%
	경상개발비·연구비	1.8	2.1%
	감가상각비 및 무형자산상각비	0.5	0.6%
	기타비용	5.2	6.0%
	Ⅴ. 영업이익	3.8	4.4%
경상활동	Ⅵ. 영업외수익	3.4	3.9%
	배당금수익	0.4	0.5%
	이자수익	0.3	0.3%
	외환차익	0.9	1.0%
	지분법평이익	0.2	0.2%
	기타영업외수익	1.6	1.9%
	Ⅶ. 영업외비용	3.6	4.2%
	이자비용	0.8	0.9%
	외환차손	0.8	0.9%
	지분법평가손실	0.2	0.2%
	기타영업외비용	1.8	2.2%
	Ⅷ. 법인세비용차감전순이익	3.6	4.1%
	Ⅸ. 법인세비용	0.9	1.0%
	Ⅹ. 계속사업이익	2.7	3.1%
	Ⅺ. 중단사업손익	0	0%
포괄이익	Ⅻ. 당기순이익	2.7	3.1%
	주당이익(유통주식수 12만주)[15]	2,250원	0%
	ⅩⅢ. 기타포괄손익	0	0%
	매도가능금융자산평가손익	(0.1)	(0.1%)
	현금흐름위험회피파생상품평가손익	0.1	0%
	ⅩⅤ. 총포괄이익	2.7	3.1%

〈김철중, 「재무분석」, 제6판, 서울 : 한국금융연수원, 2022년, 48p〉

---

15) 주당이익은 당기순이익을 발행주식수로 나누는 것이 아니라 유통주식수(보통주)로 나누어 산출한다. 또한 분모의 당기순이익은 우선주 배당금을 차감한 후의 당기순이익을 사용한다.

3. 제조원가명세서

(1) 의의

제조원가명세서는 재무제표 부속명세서의 하나로, 제조의 의미는 「공사, 임대, 분양, 운송활동 등」을 포괄한다.

(2) 매출원가 계산을 위한 원가흐름

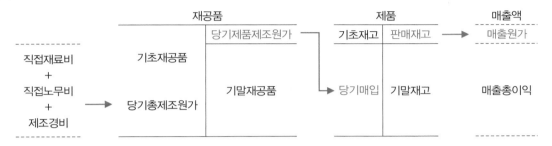

① 당기제품제조원가 = (당기총제조비용 + 기초재공품원가) − (기말재공품원가 + 타계정대체액)

> **Key Point!**
> '타계정대체액'은 제품을 기업이 자가소비하는 경우 유형자산 등으로 계정을 대체하고 당기제품제조원가에서 차감

㈜한국기업 제조원가명세서

내역	금액(억 원)	구성률(%)
당기총제조비용	70.8	100.0
재료비	46.3	65.4
노무비	6.0	8.5
경 비	18.5	26.1
복리후생비	0.8	1.1
전력비	1.2	1.7
가스수도비	0.8	1.1
감가상각비	3.6	5.1
세금과공과	0.1	0.2
임차료	0.2	0.3
보험료	0.1	0.2
수선비	0.7	1.0
외주가공비	5.2	7.3
운반 · 하역 · 보관 · 포장비	0.6	0.9
경상개발비	0.4	0.5
기타경비	4.8	6.7
기초재공품원가	3.8	5.4
기말재공품원가	3.1	4.4
유형자산대체액	0.7	1.0
당기제품제조원가	(70.8 + 3.8) − (3.1 + 0.7) = 70.8	100.0

〈김철중, 「재무분석」, 제6판, 서울 : 한국금융연수원, 2022년, 58p〉

4. 이익잉여금처분계산서

(1) 의의
이익잉여금처분계산서는 이월이익잉여금의 수정사항과 당기이익잉여금의 처분사항을 명확히 보고하기 위하여 이월이익잉여금의 변동사항을 나타낸 보고서이다.

(2) 이익잉여금처분계산서의 구성
① 이익잉여금 발생항목
  ㉠ 처분전이익잉여금 : 전기이월이익잉여금에 당기순이익과 전기오류수정 손익을 가감
  ㉡ 임의적립금이입액 : 처분전이익잉여금만으로는 배당이나 적립이 충분하지 않아 당기 이전에 적립했던 임의적립금에서 인출한 금액
② 이익잉여금 처분항목
  ㉠ 이익잉여금처분액 : ①의 발생항목 ㉠과 ㉡ 중 당기에 처분된 이익잉여금
  ㉡ 차기이월이익잉여금 : 이익잉여금발생액에서 이익잉여금처분액을 차감한 금액으로 차기로 이월되는 금액

> **Key Point!**
> 일반기업회계기준에서는 이익잉여금처분계산서를 기본재무제표로 요구하지만, K-IFRS에서는 주석 기재사항으로 요구한다(기본재무제표 X).

이익잉여금처분계산서
(20X1.1.1.~20X1.12.31.)

㈜한국기업 (단위 : %)

계정과목		구성률
Ⅰ. 처분전이익잉여금		98.4
1. 전기이월이익잉여금(결손금)	38.83	
2. 당기순이익	16.01	
3. 회계변경의 누적효과	0.37	
4. 전기오류수정손익	−0.31	
5. 기타처분전이익잉여금	43.50	
Ⅱ. 임의적립금이입액[16]		1.60
합 계		100
Ⅲ. 이익잉여금처분액		11.68
1. 이익준비금	0.16	
2. 기타법정적립금	1.25	
3. 배당금	6.61	
4. 임의적립금	3.36	
5. 기타이익잉여금처분액	0.30	
Ⅸ. 차기이월이익잉여금		(98.4 + 1.6) − 11.68 = 88.32
합 계		100

〈김철중, 「재무분석」, 제6판, 서울 : 한국금융연수원, 2022년, 61p〉

---

16) 임의적립금이입액 : 처분전이익잉여금이 부족하여 당기이전 적립한 임의적립금에서 편입한 금액

5. 자본변동표

(1) 의의

자본변동표는 한 회계기간 동안 자본의 구성항목이 어떻게 변화하였는지를 나타내는 재무보고서이다.

(2) 자본변동표의 구성

자본변동표

(20X1.1.1.~20X1.12.31.)

㈜한국기업 (단위 : 억 원)

구분	자본금	자본잉여금	자본조정	기포누	이익잉여금	총계
전년도 금액	6.2	11.4	−2.3	1.2	41.1	57.6
1. 전기오류수정손익					−2.8	−2.8
2. 당기순이익					2.7	2.7
3. 유상감자	−0.2					−0.2
4. 자기주식처분			0.3			0.3
5. 자기주식처분이익		0.6				0.6
6. 매도가능금융자산 평가손익				−0.3		−0.3
7. 현금흐름위험회피파생상품 평가손익				0.1		0.1
금년도 금액	6.0	12.0	−2.0	1.0	41.0	58.0

〈김철중, 「재무분석」, 제6판, 서울 : 한국금융연수원, 2022년, 63p〉

6. 재무제표의 상호관련성

(1) 재무상태표와 손익계산서

포괄손익계산서

(20X1.1.1.~20X1.12.31.)

한국기업 (단위 : 억 원)

매출액	86
매출원가(영업비용)	70.8
매출총이익	15.2
판매비와 관리비(영업비용)	11.4
영업이익	3.8
영업외수익	3.4
영업외비용	3.6
법인세비용차감전순이익	3.6
법인세비용	0.9
계속사업이익	2.7
중단사업손익	0
당기순이익	2.7

재무상태표

(20X1.12.3.1)

유동자산	40	유동부채	27
비유동자산	60	비유동부채	15
		자본	58
총자산	100	총자본	100

WACC

〈김철중, 「재무분석」, 제6판, 서울 : 한국금융연수원, 2022년, 67p〉

① 기업의 영업활동으로 인한 현금흐름은 손익계산서의 매출액부터 영업이익까지의 정보로부터 얻을 수 있다.
② 기업이 자본사용에 따른 대가로 지급하는 현금흐름(**가중평균자본비용**) 정보는 영업이익에서 당기순이익까지 정보로부터 얻을 수 있다. **이자비용은 타인자본비용**이고 **당기순이익은 자기자본사용에 따른 자본비용**(요구수익)이기 때문이다.
③ 기업의 영업활동은 재무상태표의 자산과 밀접한 관련을 갖는데, 그 내용은 매출액에서 영업이익까지로 요약된다. 따라서 **총자산영업이익률은 기업의 투자수익률 정보**로 활용될 수 있다.

7. 재무비율의 분류와 표준비율

(1) 비율분석 체계

재무상태표분석	유동성 분석	유동비율, 당좌비율, 현금비율, 순운전자본비율
	레버리지 분석	부채비율, 자기자본비율, 차입금의존도, 차입금평균이자율, 이자보상비율, EBITDA/이자비용비율 등
	안정성 분석	비유동비율, 비유동장기적합률 등
	자산구성 분석	유동자산구성비율, 유형자산구성비율, 투자자산구성비율 등
손익계산서분석	수익성 분석	매출액총이익률, 매출액영업이익률, 매출액세전순이익률, 매출액순이익률, 총자본영업이익률, 자기자본순이익률, 총자본순이익률 등
	활동성 분석	총자본회전율, 자기자본회전율, 비유동자산회전율, 재고자산회전율, 매출채권회전율, 매입채무회전율 등
	생산성 분석	부가가치율, 노동생산성, 자본생산성, 노동소득분배율 등
	성장성 분석	매출액증가율, 총자산증가율, 순이익증가율, 주당이익증가율 등
시장가치분석	시장가치 분석	주가수익비율(PER), 주가순자산비율(PBR), 주가매출액비율(PSR), 주가현금흐름비율(PCR), EV/EBITDA비율 등

Key Point!
- 재무상태표는 일정 시점 재무자료이기 때문에 재무상태표비율 분석을 정태비율 분석이라 하고, 손익계산서는 일정 기간의 재무자료이므로 손익계산서비율 분석을 동태비율 분석이라 한다.
- 혼합비율 분석은 재무상태표 항목과 손익계산서 항목을 동시에 비교하는 분석을 말한다.
- 관계비율 분석은 재무제표 항목 간 관계의 비율을 나타내는 것으로 대부분의 재무비율은 이에 해당한다. 또한 구성비율 분석은 매출액과 총자산을 100%로 두고 이에 대한 항목의 비율을 나타내는 분석방법을 말한다. **구성비율 분석은 규모가 다른 기업들을 비교**하거나 **시계열 분석에 유용**한 방법이다.

(2) 표준비율의 의의와 종류

　① 표준비율의 의의

　　표준비율은 측정된 재무비율의 양부(良否)를 판단하는데 기준이 되는 비율을 말한다.

　② 표준비율의 종류

　　㉠ 산업평균비율 : 대상기업과 동일한 산업군에 속해 있는 기업의 평균비율

　　㉡ 과거평균비율 : 대상기업의 과거 수년간의 재무자료를 이용하여 산출한 평균비율

　　㉢ 일반적 경험비율 : 과거 경험에 의하여 일반적으로 인정된 비율(**예** 유동비율 200% 이상, 당좌비율
　　　100% 이상)

　　㉣ 실현가능 목표비율 : 당해 기업이 실현가능하다고 인정되는 이상적 목표비율, 경영계획에 근거하여
　　　산정

　③ 산업평균비율 산정 시 유의사항

　　㉠ 대상기업이 대기업인지 중소기업인지 분류

　　㉡ 대상기업과 동일업종 선택

　　㉢ 자산 · 부채 · 자본 항목은 기초와 기말의 **평균잔액**을 사용

01 기업입장에서의 위험이 가장 큰 자본조달 수단은 유동부채이다. ☐○☐×

○

02 기업의 자산구성에 있어 고정화 정도가 높을수록 수익성 확보 기회는 커진다. ☐○☐×

○

03 주가가 상승하면 기업의 자기자본장부가치는 증가한다. ☐○☐×

×
주가가 상승한다고 기업의 자기자본장부가치가 증가하지는 않는다.

04 주주의 요구수익률은 채권자의 요구수익률보다 항상 크다. ☐○☐×

○
주주가 부담하는 위험이 채권자보다 크기 때문에 주주 요구수익률이 채권자 요구수익률보다 항상 크다.

05 일반기업회계기준에서 이익잉여금처분계산서는 기본재무제표가 아니다. ☐○☐×

×
일반기업회계기준에서는 이익잉여금처분계산서를 기본재무제표로 요구하고 있다.

06 총자산영업이익률은 기업의 투자수익률 정보를 제공한다. ☐○☐×

○

07 자본제공자에게 가장 큰 위험은 주식을 인수하고 대가를 지급하는 자본이다. ☐○☐×

○
자본제공자에게는 주식을 인수하면서 공급하는 자기자본이 가장 위험이 크다.

01 甲회사는 10,000원의 부채(유동부채 7,000원, 비유동부채 3,000원)와 5,000원의 자기자본을 조달하여 유동자산 5,000원과 비유동자산 10,000원을 구성하였다. 다음 중 바르지 못한 설명은?

① 회사는 비유동자산에 과도한 투자를 하였다.

② 회사는 유동부채를 상환하지 못할 위험이 있다.

③ 자본구성에서 위험균형을 맞추는 경우보다 현금창출 기회는 증가되었다.

④ 회사의 비유동장기적합률은 1.25로 적정하다.

⑤ 회사는 자본조달과 자산구성의 위험균형측면에서 가능하다면 유상증자를 해야 한다.

정답 | ④

해설 | 회사의 비유동장기적합률[= 비유동자산/(자기자본 + 비유동부채)]은 100% 이내에서 관리되는 것이 적정하다. 100%를 넘는 경우는 유동부채가 비유동자산 매입에 사용되었다는 의미로 비유동자산으로부터 현금흐름 창출이 늦어질 경우 단기채무 상환능력에 문제가 발생할 수도 있다.

02 다음 중 기업에 자본공급의 위험이 가장 큰 순서대로 바르게 나열한 것은?

① 유동성장기부채 > 장기차입금 > 자본
② 유동성장기부채 > 자본 > 장기차입금
③ 장기차입금 > 자본 > 유동성장기부채
④ 자본 > 유동성장기부채 > 장기차입금
⑤ 자본 > 장기차입금 > 유동성장기부채

정답 | ⑤

해설 | 자본제공자 입장에서는 자본 > 장기차입금 > 유동성장기부채 순으로 위험이 크다.

03 甲회사는 TV를 제조하여 판매하고 있다. 당기에 발생한 직접재료비는 500원, 직접노무비는 100원, 제조경비는 400원이 발생되었다. 기초재공품원가는 600원이고 기말재공품원가는 300원이다. 당기총제조원가는 얼마인가?

① 1,000원
② 1,200원
③ 1,300원
④ 1,400원
⑤ 1,600원

정답 | ①

해설 | 당기총제조원가 = 직접재료비 + 직접노무비 + 제조경비 = 500 + 100 + 400 = 1,000원

04 다음 중 기업이 조달된 자본의 사용으로 인한 현금흐름 정보를 나타내는 것은?

① 이자비용, 당기순이익

② 이자비용, 영업이익

③ 배당, 당기순이익

④ 배당, 영업이익

⑤ 이자비용, 배당

정답 | ①

해설 | 타인자본비용은 이자비용이고, 자기자본비용은 당기순이익(요구수익)에 해당한다.

05 다음 중 정태비율 분석과 거리가 먼 것은?

① 유동비율

② 부채비율

③ 비유동장기적합률

④ 차입금의존도

⑤ 자본생산성

정답 | ⑤

해설 | 자본생산성은 손익계산서 분석에 해당하므로 동태비율 분석에 속한다.

06 다음 중 재무분석 시 표준비율에 대한 설명으로 바르지 못한 것은?

① 대상 기업이 속한 산업군의 기업들 평균비율을 사용한다.

② 과거 경험에 의한 일반적으로 인정된 비율을 사용할 수도 있다.

③ 실현가능한 목표비율을 설정하여 사용할 수도 있다.

④ 대상기업의 과거 수년간 평균비율을 사용할 수도 있다.

⑤ 산업평균비율 산정 시 자산 · 부채 · 자본항목은 수년간 기말잔액의 평균을 사용한다.

정답 | ⑤

해설 | 자산 · 부채 · 자본항목은 기초와 기말의 평균잔액을 사용하여 수년간 평균을 산출한다.

출제 포인트 ■ ■ ■
- 재무상태표 분석의 유형별 개념의 이해
- 분석 유형별 계산문제의 해결
- 재무제표를 활용한 유형별 분석 방법의 응용

1. 재무상태표 분석의 개요

(1) 의의

재무상태표 분석은 재무상태표가 제공하는 유동성, 레버리지, 자본배분의 안정성, 자산구성과 관련된 정보를 이용하여 분석하는 방법으로 **각 방법의 위험 측면에서의 의미**는 다음과 같다.

① 유동성 분석(liquidity analysis)

    ㉠ 유동성은 단기간 내에 정상적인 가격으로 **현금화할 수 있는 능력**을 의미한다. 현금화할 수 있는 자산이 많을수록 유동성이 높다.

    ㉡ 이러한 측면에서 유동성 분석은 위험이 가장 큰 **유동부채**를 위험이 가장 작은 **유동자산**으로 커버할 수 있는지에 대한 분석이다.

    ㉢ 즉 단기부채를 변제할 수 있는 충분한 단기자산을 보유하고 있는지를 측정한다. 유동자산이 충분하지 못하다면 지급불능상태(insolvency)에 빠질 수 있다.

② 레버리지 분석(leverage analysis)

    ㉠ 레버리지 분석은 위험이 큰 부채와 위험이 비교적 작은 자본의 구성 상태에 대한 분석으로 기업의 **부채의존도**를 나타낸다.

    ㉡ 부채의 사용은 경기가 호황일 때에는 기업 이익을 확대시키지만 불황일 때에는 기업이 재무적 곤경(financial distress) 상황에 빠질 수도 있다. 즉 자산의 투자수익 증대를 위하여 부채를 사용한 것에 대하여 **손익확대효과를 분석**하는 것이다.

    ㉢ 레버리지 비율이 높을수록 기업 소유주는 적은 자기자본으로 기업을 지배할 수 있다.

    ㉣ 그리고 레버리지 비율은 기업의 **경영위험**을 누가 부담하는지를 보여준다.

    ㉤ 또한 자산을 운영하여 얻은 **수익률이 이자율을 초과하면** 레버리지 비율이 높을수록 **자기자본순이익률이 확대**된다.

> **Key Point!**
> 레버리지 분석에서 레버리지는 재무레버리지를 말한다. 타인자본의 사용이 늘어나 총자본 중에서 타인자본이 차지하는 비중이 커질수록 채권자가 부담하는 위험이 커지게 된다.

③ 자본배분의 안정성 분석(stability analysis of capital allocation)
　㉠ 자본배분의 안정성 분석은 자기자본과 타인자본으로 조달된 **총자본이 기업의 자산에 얼마나 적절히 배분되고 있는지**를 분석하는 것이다.
　㉡ 즉 위험이 큰 비유동자산에 대한 투자가 위험이 작은 자본(장기부채 포함)의 범위 내에서 이루어지고 있는지를 분석하는 것이다.
④ 자산구성 분석(analysis of asset structure)
　㉠ 자산구성 분석은 위험이 큰 비유동자산과 위험이 작은 유동자산의 **균형상태**에 대한 분석이다.
　㉡ 자산구성의 상태는 업종별로 차이가 많기 때문에 적정성은 산업표준과 비교해서 판단한다.

2. 유형별 분석방법

(1) 유동성 분석

① 유동비율(current ratrio)

$$유동비율 = \frac{유동자산}{유동부채} \times 100$$

　㉠ 유동비율은 기업에 자금을 대출한 금융기관이나 단기신용 제공자들이 관심을 갖는 비율로 은행대출 시 지급능력 판단에 많이 활용되었다. 그래서 유동비율을 은행가비율(banker's ratio)이라고도 한다.
　㉡ **유동비율이 100%라는 것은** 1년 내에 갚아야 할 유동부채만큼만 유동자산을 보유하고 있다는 것이므로 **유동성이 충분하다고 할 수 없다.** 따라서 유동비율이 100% 이하인 경우는 단기지급능력이 부족하다고 판단한다.
　㉢ 이론적으로 유동비율이 200% **이상** 되어야 채권이 안전하게 회수될 수 있다고 본다. 그러나 한국에서는 130% 정도면 어느 정도 유동성이 확보되는 것으로 본다.
　㉣ 유동비율은 기업마다 **재고자산의 현금화 속도가 달라 일률적용에 한계**가 있다.
　㉤ 기업의 대외지급능력을 보다 자세히 분석하기 위해서는 유동비율 외에 **당좌비율도 동시에 고려**되어야 한다.

② 당좌비율(quick ratio)

$$당좌비율 = \frac{유동자산 - 재고자산}{유동부채} \times 100$$

　㉠ 재고자산은 현금화 가능성이 낮고 평가방법에 따라 그 가치가 다르게 나타나기 때문에 안정된 유동성을 갖기 어렵다. 따라서 재고자산을 제외하고 당좌자산만으로 지급능력을 평가하는 방법이다. 이를 **산성시험비율**(acid test ratio)이라고도 한다.
　㉡ 일반적으로 **당좌비율은 100% 정도면 적정**하다고 보는데, 한국의 경우에는 80% 수준이면 유동성이 어느 정도 확보되었다고 보는 경향이 있다.
　㉢ 유동비율은 높은데 당좌비율이 낮은 경우에는 재고자산을 과다하게 보유하는 것이므로 재고자산의 현금화 속도를 중점적으로 검토해야 한다.
　㉣ 반면 **유동비율은 낮은데 당좌비율은 적정한 경우에는 재고자산이 효율적으로 관리 되고 있음을 나타낸다.** 이때에는 **매출채권 회수가능성을 검토**해야 한다.

③ 현금비율(cash ratio)

$$현금비율 = \frac{현금및현금성자산}{유동부채} \times 100$$

㉠ 현금비율은 매출채권이나 재고자산 등의 유동자산이 현실적으로 현금화되기 어려운 경우 현금및현금성자산만으로 유동성을 평가하는 방법이다.

㉡ 따라서 **매출채권 회수가능성과 재고자산의 현금화 속도에 문제가 있는 기업들의 유동성을 평가할 때 유용**한 방법이다.

㉢ 현금비율은 **유동성 비율 중에서 가장 보수적인 방법**이다.

㉣ 현금비율은 일정한 기준은 없으나 **통상 20% 정도**가 기업의 유동성 유지에 필요하다고 본다. 현금비율이 과도하게 높으면 기업의 수익성 측면에서 불리하다.

> **Key Point!**
> 현금비율＞당좌비율＞유동비율 순으로 보수적이다.

④ 순운전자본비율(net working capital to total asset)

$$순운전자본비율 = \frac{유동자산 - 유동부채}{총자산}$$

㉠ 순운전자본(NWC)은 일정 시점에 기업이 보유하고 있는 유동자산에서 유동부채를 차감한 자본으로 **상환의무가 없는 경영자본을** 의미한다.

㉡ 순운전자본비율은 +, 0, - 값 중 하나를 가지므로 기업부실예측모형의 투입변수로 많이 사용된다.

㉢ 순운전자본은 총자산에서 순운전자본이 차지하는 비율을 나타내는 것으로 **통상 10% 수준**이면 어느 정도 유동성을 확보하고 있다고 본다. 만일 0% 이하이면 유동성에 문제가 있는 것으로 본다.

[사례 3-1]

다음은 **甲회사의 20X1년 말 재무상태표**이다. ① 유동성 분석을 실시하고 ② 산업평균과 비교하여 해석하시오. (산업평균 : 유동비율 130%, 당좌비율 80%, 현금비율 20%, 순운전자본비율 10%)

재무상태표

甲회사			(단위 : 백만 원)
현 금	600	매입채무	900
매출채권	2,840	단기차입금	5,360
재고자산	6,000	장기차입금	4,800
비유동자산	7,200	자 본	5,580
총 자 산	**16,640**	**총 자 본**	**16,640**

해설 | ① 유동성 분석

① 유동비율 $= \dfrac{현금 + 매출채권 + 재고자산}{매입채무 + 단기차입금} = \dfrac{600 + 2,840 + 6,000}{900 + 5,360} \times 100 = 150.8\%$

② 당좌율 $= \dfrac{유동자산 - 재고자산}{유동부채} = \dfrac{600 + 2,840}{900 + 5,360} \times 100 = 55\%$

③ 현금비율 = $\dfrac{\text{현금및현금성자산}}{\text{유동부채}} = \dfrac{600}{900+5,360} \times 100 = 9.6\%$

④ 순운전자본비율 = $\dfrac{\text{유동자산} - \text{유동부채}}{\text{총자산}} = \dfrac{9,440-6,260}{16,640} = 19.1\%$

② 산업평균과 비교해석

① 유동비율은 산업평균(130%)보다 21% 높으므로 양호하다고 할 수 있다.

② 그러나 당좌비율이 산업평균(80%)보다 25% 낮으므로 재고자산의 현금화 속도를 점검해야 한다.

③ 또한 현금비율도 산업평균(20%)보다 10% 이상 낮기 때문에 매출채권 회수가능성을 점검해야 한다.

④ 순운전자본비율은 산업평균(10%)보다 9% 높기 때문에 양호하지만 이 역시 재고자산 누적에 기인하는 것이다.

결론적으로 甲회사는 재고자산의 현금화 속도와 매출채권 회수가능성을 점검하여 문제가 있다면 개선 전략을 수립하여 재고자산을 신속히 현금화하고 매출채권 회수를 통하여 당좌비율과 현금비율을 높여 지급불능위험에 빠지지 않도록 해야 할 것이다.

[사례 3-2]

乙회사의 20X1년 말 현재 재무상태가 다음과 같을 때 아래의 거래가 발생한 후 유동성 변화를 측정하시오. 유동자산 중 현금은 400백만 원, 매출채권은 1,100백만 원, 재고자산은 500백만 원이다.

재무상태표

乙회사			(단위 : 백만 원)
유동자산	2,000	유동부채	1,200
비유동자산	4,000	비유동부채	1,800
		자본	3,000
총 자 산	**6,000**	**총 자 본**	**6,000**

〈거래내용〉

① 200백만 원 상당의 기계를 현금으로 구입하였다.

② 240백만 원 상당의 상품(재고)을 외상으로 구입하였다.

③ 100백만 원 매입채무를 현금으로 상환하였다.

④ 160백만 원의 매출채권을 현금으로 회수하였다.

⑤ 장기차입금 400백만 원을 차입하여 단기차입금 200백만 원을 상환하고 200백만 원은 상품(재고)을 구입하였다.

해설 | 거래에 따른 재무상태표 효과는 다음과 같다. 단위(백만 원)는 생략한다.

〈거래내용 분석〉

① 비유동자산	200	현 금	200	• 현금 : $160+400-200-100-200-200 = -140$
② 재고자산	240	매입채무	240	• 매출채권 : -160
③ 매입채무	100	현 금	100	• 재고 : $240+200 = +440$
④ 현 금	160	매출채권	160	• 비유동자산 : $+200$
⑤ 현 금	400	장기차입금	400	• 매입채무 : $240-100 = 140$
단기차입금	200	현 금	200	• 단기차입금 : -200
재고자산	200	현 금	200	• 장기차입금 : $+400$

거래 후 재무상태표

乙회사		(단위 : 백만 원)	
유동자산	2,140	유동부채	1,140
비유동자산	4,200	비유동부채	2,200
		자본	3,000
총 자 산	**6,340**	**총 자 본**	**6,340**

※ 거래 후 유동자산 중 현금은 260백만 원, 매출채권은 940백만 원, 재고자산은 940백만 원이다.

항목	거래 前	거래 後
유동비율	$= \dfrac{2,000}{1,200} \times 100 = 166.7\%$	$= \dfrac{2,140}{1,140} \times 100 = 187.7\%$
당좌비율	$= \dfrac{2,000 - 500}{1,200} \times 100 = 125\%$	$= \dfrac{2,140 - 940}{1,140} \times 100 = 105.3\%$
현금비율	$= \dfrac{400}{1,200} \times 100 = 33.3\%$	$= \dfrac{260}{1,140} \times 100 = 22.8\%$
순운전자본비율	$= \dfrac{2,000 - 1,200}{6,000} = 13.3\%$	$= \dfrac{2,140 - 1,140}{6,340} = 15.8\%$

상기 거래로 인하여 유동자산(140)이 증가하고 유동부채(△60)가 감소하여 유동비율이 개선되었다. 그리고 재고자산 증가로 인하여 당좌비율이 악화되었다. 또한 재고자산과 비유동자산의 구입, 그리고 매입채무 및 단기차입금 상환을 위한 현금지출로 인하여 현금비율이 매우 악화되었다. 하지만 당좌비율이나 현금비율의 감소가 단기지급능력에 문제가 될 정도는 아니어서 큰 문제는 없는 상황이다. 향후 재고자산의 현금화 속도와 매출채권 회수가능성에 대한 검토는 필요하다.

(2) 레버리지 분석

구체적 분석방법에 대하여 설명하기 전 레버리지 사용에 따른 손익확대효과(레버리지 효과)를 먼저 이해하도록 한다. 레버리지는 부채사용을 의미하므로 부채를 사용하는 기업과 부채를 사용하지 않는 무부채기업을 비교한다. 두 기업의 영업이익은 아래의 손익계산서와 같이 동일하다고 가정한다(법인세는 없다고 가정한다).

무부채기업	
자산 100	자본 100

부채기업	
자산 100	부채 40 (r = 10%)
	자본 60

손익계산서	R = 40%	R = 5%
매출액	100	100
영업비용	(60)	(95)
영업이익	40	5
이자비용	(0)	(0)
당기순이익	40	5

손익계산서	R = 40%	R = 5%
매출액	100	100
영업비용	(60)	(95)
영업이익	40	5
이자비용	**(4)**	**(4)**
당기순이익	36	1

1 먼저 **무부채기업의 경우**를 살펴보자. 총자산영업이익률(R＝40%)이 평균이자율(r＝10%)보다 큰 경우에 자기자본순익이익률은 (40/100)×100＝**40%**이고, 총자산영업이익률(R＝5%)이 평균이자율(r＝10%)보다 작은 경우에는 자기자본순익이익률이 (5/100)×100＝**5%**이다. 이처럼 무부채기업의 경우에는 총자산영업이익률 변화(40%~5%)와 자기자본순익이익률 변화(40%~5%)가 **동일**하게 나타난다. 즉 손익확대현상이 나타나지 않는다.

2 이와 다르게 **부채기업의 경우**를 살펴보자. 총자산영업이익률(R＝40%)이 평균이자율(r＝10%)보다 큰 경우에 자기자본순익이익률은 (36/60)×100＝**60%**이고, 총자산영업이익률(R＝5%)이 평균이자율(r＝10%)보다 작은 경우에는 자기자본순익이익률이 (1/60)×100＝**1.67%**이다. 부채기업의 경우에는 총자산영업이익률 변화(40%~5%)보다 자기자본순익이익률변화(60%~1.67%)가 훨씬 더 크게 나타난다. 이러한 현상은 부채 사용이 늘어날수록 심해진다. 예를 들어 부채가 80으로 증가하면 이자비용이 8로 늘어나므로 자기자본순익률은 (160%~ －15%)로 그 변동 폭이 확대된다. 이를 **재무레버리지 효과(leverage effect)** 또는 **손익확대효과**라 한다. 동일한 내용을 CHAPTER 06. ROI분석에서 한 번 더 다루도록 한다.

> **Key Point!**
> • 부채를 사용하는 기업의 총자산영업이익률(ROA)＞평균이자율 : ROE가 ROA보다 크다.
> • 부채를 사용하는 기업의 총자산영업이익률(ROA)＜평균이자율 : ROE가 ROA보다 작다.

① 부채비율(debt ratio)

$$부채비율 = \frac{부채}{자기자본} \times 100$$

㉠ 부채비율은 여신제공자의 채권회수의 안전성만을 고려한 비율로 여신제공자는 100% 이하에서 관리되기를 바란다.

㉡ 부채비율은 일정 시점에서 부채의존도만을 나타내고, 일정 기간의 **부채사용의 적정성을 알려주지는 못한다.**

㉢ 그러나 기업 소유주는 단기채무에 대한 압박을 받지 않는 이상 부채를 조달하여 타인자본비용을 초과하는 수익률을 달성하면 자기자본이익률을 확대시킬 수 있다. 또한 신주발행에 의한 자본조달은 기존 주주의 지분율을 희석시킬 우려가 있어 부채사용을 선호할 수도 있다. 그러나 과도한 부채사용은 기업 소유주의 무책임한 경영을 조장할 수 있어 적정수준을 유지하는 것이 필요하다.

㉣ 부채비율의 적정선은 정해진 것이 없어 **산업특성에 따라 적정목표를 산정하여 관리**하여야 한다. 우리나라는 IMF 전후 300% 수준의 부채비율을 2005년 100% 내외 수준으로 끌어 내렸다. 이후 70% 내외 수준으로 관리되고 있다.

② 자기자본비율

$$자기자본비율 = \frac{자기자본}{총자본} \times 100$$

㉠ 자기자본비율은 총자본 중에서 자기자본이 차지하는 비중을 나타내는 것으로 부채비율과 함께 기업의 안정성을 측정하는 지표이다.

㉡ 자기자본비율은 부채비율과 상충관계(trade off)에 있다.

㉢ 일반적으로 적정 자기자본비율을 50% 이상으로 보고 있다.

③ 차입금의존도

$$차입금의존도 = \frac{장단기차입금 + 회사채}{총자본} \times 100$$

ⓐ 차입금의존도는 총자본 중에서 차입금이 차지하는 비중을 나타내는 것으로 기업의 안정성을 측정하는 지표이다.

ⓑ 차입금과 회사채는 이자발생부채로 차입금의존도가 높을수록 금융비용 부담이 늘어나고 수익성이 떨어진다. 결국 영업이익으로 이자비용을 감당할 수 있어야 하는데 이를 측정하는 것이 이자보상배율이다.

ⓒ 통상 적정 차입금의존도는 30% **이하**를 기준비율로 보고 있다.

④ **차입금평균이자율**

$$차입금평균이자율 = \frac{이자비용}{차입금 \cdot 회사채평균잔액} \times 100$$

ⓐ 이 비율은 장·단기차입금과 회사채의 평균잔액에서 이자비용이 차지하는 비율을 나타낸다.

ⓑ 이 비율은 금리의 영향을 받지만 기업의 위험에도 많은 영향을 받는다.

> **Key Point!**
> 재무비율의 산식에 포괄손익계산서 항목과 재무상태표 항목이 함께 있는 경우 재무상태표 항목은 기초잔액과 기말잔액의 평균을 사용한다.

⑤ **이자보상비율**

$$이자보상비율 = \frac{영업이익}{이자비용}$$

ⓐ 부채비율은 부채와 자기자본의 구성이 균형을 이루는지를 알려줄 뿐, 부채사용에 따라 발생하는 이자비용을 정상적 영업활동으로부터 창출한 영업이익으로 충분히 커버하고 있는지는 나타내지 못한다. 부채를 많이 사용하더라도 영업이익이 이자비용을 충분히 감당할 수 있다면 부채사용은 문제가 되지 않는다.

ⓑ 이자보상비율은 영업이익으로 이자비용을 얼마나 감당할 수 있는지를 나타내는 것으로 기업의 **채무불이행 위험을 직접적으로 측정하는 지표**이다.

ⓒ **이자보상비율이 1이라면** 영업이익으로 이자비용만 감당할 수 있으므로 주주에 귀속되는 이익이 없어 **기업가치는 하락**한다.

ⓓ 이자보상비율은 기업의 투자수익률과 자본비용의 관계가 함축되어 있는 비율이다.

$$이자보상비율 = \frac{영업이익}{이자비용} > \frac{영업이익/총자본}{이자비용/차입금} = \frac{총자본영업이익률}{차입금평균이자율}$$

- 분자의 영업이익은 총자본에 대한 투자수익률을 나타내는 총자본영업이익률로 나타내고, 분모는 차입금에 대한 이자비용을 나타내므로 차입금평균이자율로 나타낼 수 있다.

- 자기자본이 0인 경우는 거의 없음으로 **이자보상비율은 기업의 투자수익률을 채권자의 자본비용으로 나눈 값보다 크다.** 그 이유는 분자의 영업이익을 차입금보다 큰 총자본으로 나누어 투자수익률을 산출하기 때문이다.

ⓔ 통상 이자보상비율은 3배 이상을 기준비율로 보고, 1 이하이면 문제가 있다고 본다.

⑥ 순이자보상비율

$$순이자보상비율 = \frac{영업이익}{이자비용 - 이자수익}$$

㉠ 이자수익이 존재하는 경우 순이자보상비율은 이자보상비율보다 항상 높다.

⑦ EBITDA/이자비용비율

$$EBITDA\,/\,이자비용비율 = \frac{EBITDA}{이자비용}$$

㉠ EBITDA = (세전이익 + 이자비용) + 감가상각비 = 영업이익 + 감가상각비
   (세전이익 + 이자비용)은 한국은행에서 EBIT를 측정하는 방법이다.

㉡ 이 비율은 현금지출이 없는 이익으로 이자비용 지급능력을 측정하는 지표이다.

㉢ **이자보상비율이 1 미만이어도 EBITDA/이자비용비율이 1을 초과하는 경우 이자지급능력이 있다고
   볼 수 있다.** 왜냐하면 현금지출이 없는 감가상각비가 영업이익 감소의 원인일 수 있기 때문이다.

㉣ 통상 EBITDA/이자비용비율은 **6배 이상을 기준비율**로 보고 있다. 기업이 현상 유지를 위해서는 고정
   자산의 감가상각비만큼 지속적으로 투자되어야 하므로 이자보상비율을 함께 사용해야 한다.

Key Point!
- EBITDA는 EBIT에 유형자산 감가상각비와 무형자산상각비를 더해서 산출한다.
- EBIT는 이자 및 법인세차감전이익을 말하는 것인데 통상 'EBIT = 순이익 + 이자비용 + 세금'으로 계산한다. EBIT는
  영업외수익이나 영업외비용의 정도에 따라 영업이익과 차이가 발생한다.
- 예를 들어, 영업이익 100, 영업외수익 20, 영업외비용 10(이자비용 5 포함), 세금 10이라면 순이익은 100이다.
  이때 EBIT = 100 + 10 + 5 = 115이다. 이는 영업이익(100) + 영업외수익(20) - 이자비용을 제외한 영업외비용(5)
  = 115와 같다. 영업외수익과 이자비용 이외에 영업외비용이 없다면 영업이익과 EBIT는 일치한다.

[사례 3 - 3]

다음은 丁회사의 20X1년 재무제표이다. 레버리지 분석을 수행하고 결과를 해석하시오.

(판관비 중 감가상각비는 200이다.)

<table>
<tr><th colspan="4">재무상태표</th></tr>
<tr><td>丁회사</td><td></td><td colspan="2">20X1.12.31.</td></tr>
<tr><td>현　　금</td><td>260</td><td>매입채무</td><td>240</td></tr>
<tr><td>매출채권</td><td>710</td><td>단기차입금</td><td>1,240</td></tr>
<tr><td>재고자산</td><td>1,500</td><td>장기차입금</td><td>1,440</td></tr>
<tr><td>비유동자산</td><td>1,700</td><td>자　　본</td><td>1,250</td></tr>
<tr><td>**자산총계**</td><td>**4,170**</td><td>**자본총계**</td><td>**4,170**</td></tr>
</table>

<table>
<tr><th colspan="2">손익계산서</th></tr>
<tr><td colspan="2">(20X1.01.01.~12.31.)</td></tr>
<tr><td>매출액</td><td>7,660</td></tr>
<tr><td>　매출원가</td><td>(5,090)</td></tr>
<tr><td>매출총이익</td><td>2,570</td></tr>
<tr><td>　판·관·비</td><td>(1,630)</td></tr>
<tr><td>영업이익</td><td>940</td></tr>
<tr><td>　이자수익</td><td>60</td></tr>
<tr><td>　이자비용</td><td>(190)</td></tr>
<tr><td>세전이익</td><td>810</td></tr>
<tr><td>　법인세비용</td><td>(160)</td></tr>
<tr><td>당기순이익</td><td>650</td></tr>
</table>

산업평균비율	
부채비율	100%
자기자본비율	50%
차입금의존도	40%
차입금평균이자율	6%
이자보상비율	3배
순이자보상비율	5배
EBITDA/이자비용비율	5.5배

해설 |

- 부채비율 $= \dfrac{\text{부채}}{\text{자기자본}} \times 100 = \dfrac{2,920}{1,250} \times 100 = 233.6\%$

- 자기자본비율 $= \dfrac{\text{자기자본}}{\text{총자본}} \times 100 = \dfrac{1,250}{4,170} \times 100 = 30\%$

- 차입금의존도 $= \dfrac{\text{장단기차입금} + \text{회사채}}{\text{총자본}} \times 100 = \dfrac{1,250 + 1,440}{4,170} \times 100 = 64.3\%$

- 차입금평균이자율 $= \dfrac{\text{이자비용}}{\text{차입금회사채평균잔액}} \times 100 = \dfrac{190}{1,240 + 1,440} \times 100 = 7.1\%$

- 이자보상비율 $= \dfrac{\text{영업이익}}{\text{이자비용}} = \dfrac{940}{190} = 4.95$배

- 순이자보상비율 $= \dfrac{\text{영업이익}}{\text{이자비용} - \text{이자수익}} = \dfrac{940}{190 - 60} = 7.23$배

- EBITDA/이자비용비율 $= \dfrac{\text{EBITDA}}{\text{이자비용}} = \dfrac{650 + 160 + 190 + 200}{190} = 6.3$배

산업평균비율과의 비교

	산업평균비율	丁회사
부채비율	100%	233.6%
자기자본비율	50%	30%
차입금의존도	40%	64.3%
차입금평균이자율	6%	7.1%
이자보상비율	3배	4.95배
순이자보상비율	5배	7.23배
EBITDA/이자비용비율	5.5배	6.3배

丁회사의 부채비율과 차입금의존도가 산업평균대비 상당히 높은 수준이고 차입이자율도 높은 편이다. 특히 총자본 중에서 자기자본이 30% 수준이어서 부채의존도가 상당히 높다고 볼 수 있다. 즉 기업의 안전성이 매우 취약한 상황이라고 할 수 있다. 하지만 이자보상비율과 순이자보상비율, EBITDA/이자비용비율이 산업평균을 상회하고 있어 이자비용을 충분히 커버할 수 있는 수준이어서 부채활용에 문제는 없는 것으로 판단할 수 있다. 다만 경기악화로 매출이 감소할 경우 영업이익 급감으로 인한 채무상환능력에 문제가 발생할 소지가 있기 때문에 현금흐름이 양호한 때 부채를 줄이고 자본을 늘리는 재무구조개선을 추진해야 할 것이다.

(3) 자본배분의 안정성 분석

① 비유동비율

$$비유동비율 = \frac{비유동자산}{자기자본} \times 100$$

- ㉠ 비유동비율은 자기자본이 비유동자산에 투자된 정도, 즉 자기자본의 고정화 정도를 나타낸다.
- ㉡ 이 비율이 100%를 초과하는 경우는 비유동자산에 타인자본이 사용되었음을 의미한다. 하지만 이것이 자본배분의 안정성에 문제가 있다는 의미는 아니다. 실무적으로는 **120% 이하를 기준비율**로 보고 있다.
- ㉢ 산업특성에 따라 비유동비율은 큰 차이를 나타내는데, 자본집약적산업의 비유동비율이 높게 나타난다.
- ㉣ 성장단계에서는 부채를 조달하여 시설에 투자하는 공격적 투자전략이 필요하다. 장기자산을 자기자본 범위 내에서 투자하는 것은 안정성 측면에서는 도움이 되겠지만 성장에 필요한 수익성은 확보하지 못하게 될 수도 있다. 따라서 **비유동비율은 자본배분의 안정성 측정에 효과적 지표라 보기 어렵다.**

② 비동장기적합률

$$비유동장기적합률 = \frac{비유동자산}{자기자본 + 비유동부채} \times 100$$

- ㉠ 비유동장기적합률은 장기자본으로 비유동자산에 투자한 정도를 나타낸다. 즉 100%를 초과하는 경우 비유동자산 구성에 유동부채가 투입되었다는 의미로 안정성에 문제가 될 수 있다. **적정비율은 100% 이하여야** 한다.
- ㉡ 기업이 유동부채를 조달하여 장기자산에 투자하기란 실무적으로 쉽지 않다. 그러나 **비율동장기적합률이 100%를 초과하는 경우**가 종종 발생하는데, 그 이유는 **누적적 영업결손으로 인한 자기자본의 감소**가 그 원인이다.
- ㉢ 비유동장기적합률과 유동비율은 상충관계(trade off)에 있다.

[사례 3 - 4]

다음은 丁회사의 20X1년 재무제표이다. 자본배분의 안정성분석을 수행하고 결과를 해석하시오.
산업평균비율은 유동비율이 150%, 비유동장기적합률이 90%이다.

재무상태표

丁회사			20X1.12.31.
현 금	260	매입채무	240
매출채권	710	단기차입금	1,240
재고자산	1,500	장기차입금	1,440
비유동자산	1,700	자 본	1,250
자산총계	**4,170**	**자본총계**	**4,170**

해설 | ① 비유동비율

$$\text{비유동비율} = \frac{\text{비유동자산}}{\text{자기자본}} \times 100 = \frac{1,700}{1,250} \times 100 = 136\%$$

② 비유동장기적합률

$$\text{비유동장기적합률} = \frac{\text{비유동자산}}{\text{자기자본} + \text{비유동부채}} \times 100 = \frac{1,700}{1,250 + 1,440} \times 100 = 63.2\%$$

丁회사의 자본배분의 안정성은 비유동비율과 비유동장기적합률 모두 산업평균을 하회하고 있고, 특히 비유동장기적합률 측면에서 비유동자산이 모두 자기자본과 장기부채의 범위 내에 있어 안정성을 유지하고 있는 것으로 보인다. 다만 장기부채도 시간경과에 따라 유동성장기부채로 대체되므로 지속적으로 상환가능성을 검토해야 한다.

(4) 자산구성분석

① 유동자산구성비율

$$\text{유동자산구성비율} = \frac{\text{유동자산}}{\text{총자산}} \times 100$$

  ㉠ 유동자산구성비율은 안정성과는 비례적 관계에 있고, **수익성과는 상충관계**에 있다. 즉 **유동자산이 많으면 수익성이 저하**될 수 있다.
  ㉡ 자본집약적 산업일수록 유동자산구성비율은 낮게 나타나고, 유통업 또는 경공업은 높게 나타난다.

② 유형자산구성비율

$$\text{유형자산구성비율} = \frac{\text{유형자산}}{\text{총자산}} \times 100$$

  ㉠ 총자산 중 유형자산의 비율을 나타내는 것으로, **이 비율이 증가하면** 유형자산에서 발생되는 고정비의 비중이 높아진다. 즉 **기업의 위험이 커진다.**
  ㉡ 고정비는 손익변동을 확대하므로 높은 유형자산구성비율은 **영업레버리지가 높다는 의미**이다. 이는 경기변동에 따른 기업의 위험이 크다는 의미와 같다.
  ㉢ 자본집약적 산업일수록 유형자산구성비율은 높게 나타나고, 유통업 또는 경공업은 낮게 나타난다.

③ 투자자산 구성비율

$$\text{투자자산구성비율} = \frac{\text{투자자산}}{\text{총자산}} \times 100$$

  ㉠ 투자자산은 다른 기업을 지배할 목적으로 보유하는 경우가 많다. 특히 지주회사가 그러하다.
  ㉡ 이 비율이 높으면, 피투자회사로부터 얻는 **배당수익률이 투자자산의 기회비용**(정상적 영업활동을 통해 벌어들 수 있는 수익률)**보다 낮은 경우** 소액주주 및 채권자와 경영인 사이의 **대리인문제가 발생**할 수 있다.
  ㉢ 이 비율은 기업의 특성에 맞게 적정 비율을 정하여 관리할 필요가 있다.

[사례 3-5]

다음은 ㈜대한의 20X1년 재무자료이다. 자산구성 분석을 수행하고 결과를 해석하시오.
산업평균비율은 유동자산구성비율이 35%, 유형자산구성비율이 50%, 투자자산구성비율 5%이다.

재무상태표

丁회사			20X1.12.31.
현　　금	260	매입채무	240
매출채권	710	단기차입금	1,740
재고자산	1,500	장기차입금	1,940
투자자산	1,200		
유형자산	1,700	자　　본	3,080
무형자산	1,630		
자산총계	**7,000**	**자본총계**	**7,000**

〈기타자료〉

• 이자비용	10	• 이자수익	5
• 배당금수익	30	• 영업이익	600
• 영업수익	8,000	• 영업외비용	20

해설 | ① 유동자산구성비율

$$유동자산구성비율 = \frac{유동자산}{총자산} \times 100 = \frac{2,470}{7,000} \times 100 = 35.3\%$$

② 유형자산구성비율

$$유형자산구성비율 = \frac{유형자산}{총자산} \times 100 = \frac{1,700}{7,000} \times 100 = 24.3\%$$

③ 투자자산구성비율

$$투자자산구성비율 = \frac{투자자산}{총자산} \times 100 = \frac{1,200}{7,000} \times 100 = 17.1\%$$

㈜대한의 유동자산구성비율은 산업평균 수준을 나타내고 있어 수익성 확보기회가 상실된다고 보기는 어렵다. 다만 유형자산구성비율이 산업평균대비 매우 낮고 투자자산구성비율이 산업평균보다 매우 높다. 투자자산수익률[17]은 배당금수익과 이자수익을 합쳐 2.92%이지만 총자산영업이익률[18]은 8.57%로 약 5.65% 이상 차이가 난다. 회사는 정상적 영업활동에서 얻는 투자수익률보다 투자자산의 투자수익률이 현저히 낮으므로 경영방침에 따라 투자자산의 지속적인 보유 여부를 결정해야 할 것이다.

---

17) $((30+5)/1,200) \times 100 = 2.92\%$
18) $(600/7,000) \times 100 = 8.57\%$

01 기업 입장에서는 유동부채가 위험이 가장 크다. ☐○☐× ○

02 부채사용이 증가할수록 경영위험은 채권자가 부담하게 된다. ☐○☐× ○

03 법인세를 고려하지 않으면, 총자산영업이익률이 이자율을 초과할 때 부채를 사용할수록 자기자본순이익률은 커진다. ☐○☐× ○

04 이론적으로 유동비율은 200% 이상을 안전한 것으로 본다. ☐○☐× ○

05 유동자산을 과다하게 보유하면 수익성이 떨어질 수 있다. ☐○☐× ○

06 비유동자산은 유동자산에 비하여 현금흐름이 불확실하여 더 위험하다. ☐○☐× ○

07 부채비율이 100%를 초과하면 자본구조는 적정하지 못한 것으로 평가된다. ☐○☐×

×
부채비율로 자본구조의 적정성을 평가할 수는 없다.

08 자기자본비율과 부채비율은 상충관계(trade off)에 있다. ☐○☐× ○

09 순운전자본(NWC)은 유동자산에서 유동부채를 차감한 값이다. ☐○☐× ○

10 현금및현금성자산의 보유 비중을 확대하면 안정성과 수익성을 동시에 높일 수 있다. ☐○☐×

×
현금성 자산 보유 비중이 높아지면 수익성이 저하된다.

11 자기자본비율이 50%이면 부채비율은 100%이다.　　　　☐○☐×

○
자기자본비율 50%는 부채:
자본＝1:1이다.

12 이자보상비율이 1이라면 기업가치는 하락한다.　　　　☐○☐×

○
주주귀속 분이 없으므로 하
락한다.

13 기업의 감가상각비가 증가하면 이자보상비율보다 EBITDA/이자비용
비율이 높다.　　　　☐○☐×

○

14 감가상각비가 증가하면 비유동장기적합률은 감소한다.　☐○☐×

○

15 비유동비율은 자본배분의 안정성 평가에 효과적이지 못하다. ☐○☐×

○
성장단계에는 부채를 조달
하여 시설에 투자하는 공격
적 전략이 필요할 수도 있으
므로 비유동비율만으로 평
가해서는 안 된다.

01 甲회사는 전기의 재고가 누적되어 당기초에 단기운영자금 확보를 위하여 A은행으로부터 단기차입
금을 조달하려고 한다. 다음 중 A은행 입장에서 가장 중요하게 검토해야 할 지표는?

① 유동비율   ② 당좌비율

③ 부채비율   ④ 비유동비율

⑤ 이자보상비율

정답 | ②

해설 | 재고가 누적되어 있으므로 유동자산 중에서 재고자산을 제외한 평가지표가 필요하다.

02 다음 중 유동성 분석에 대한 설명으로 바르지 못한 것은?

① 유동성은 단기간 내에 현금화할 수 있는 능력을 의미한다.

② 유동비율은 재고자산의 현금화 속도를 반영하지 못한다.

③ 유동성 측면에서 현금비율＞당좌비율＞유동비율 순으로 보수적이다.

④ 유동비율이 낮고 당좌비율이 적정하다면 재고자산 회전율에 문제가 있다.

⑤ 유동비율이 높고 당좌비율이 낮은 경우 재고자산을 과다 보유하는 것이다.

정답 | ④

해설 | 유동비율이 낮고 당좌비율이 적정하다면 재고는 적절하게 관리되고 있다. 이때에는 외상매출에 대한 회수가능
성을 검토해야 한다.

03 乙회사는 재고자산회전율과 매출채권 회수가능성에 문제가 있는 것으로 보고 있다. 적절한 유동성
분석 방법은?

① 현금비율   ② 유동비율

③ 당좌비율   ④ 순운전자본비율

⑤ 부채비율

정답 | ①

해설 | 재고자산 현금화 속도와 매출채권 회수에 문제가 있는 경우 현금및현금성자산을 검토해야 한다.

04 甲회사의 총자산은 200, 유동자산은 75이다. 순운전자본이 50일 때 유동비율은 얼마인가?

① 100%
② 150%
③ 200%
④ 250%
⑤ 300%

정답 | ⑤

해설 | 순운전자본이 50이므로 유동부채는 25이다(50 = 75 − 유동부채). 따라서 유동비율 = (75/25)×100 = 300% 이다.

05 乙회사의 총자산 100은 비유동자산 60, 재고자산 10, 유동자산 30으로 구성되고 유동부채는 10이다. 회사가 재고자산 10을 현금으로 구매할 경우 유동비율과 당좌비율은 얼마인가?

	유동비율	당좌비율
①	100%	0%
②	200%	100%
③	400%	0%
④	400%	200%
⑤	400%	300%

정답 | ④

해설 | 현금이 재고자산으로 대체되는 것이므로 유동비율은 동일하다.
　　　유동비율 = [(20 + 20)/10]×100 = 400%
　　　당좌비율 = (20/10)×100 = 200%
　　　※ 당좌비율 계산 시 유동자산에 재고자산이 포함되어 있지 않으므로 차감하지 않는다.

06 丙회사의 총자산 100은 비유동자산 50, 재고자산 10, 유동자산 40으로 구성되고 유동부채는 10이다. 회사가 유형자산 10을 현금으로 구매할 때 순운전자본비율 변동 폭은 얼마인가?

① 10%
② 20%
③ 30%
④ 40%
⑤ 50%

정답 | ①

해설 | 변동 전 순운전자본비율 = [(40 + 10 − 10)/100]×100 = 40%, 유형자산을 현금 구매했으므로 유동자산이 10 만큼 감소한다. 따라서 변동 후 순운전자본비율 = [(30 + 10 − 10)/100]×100 = 30%, 결국 변동 폭은 10%이다.

07 다음 중 유동성 분석과 관련한 설명으로 바르지 못한 것은?

① 유동비율은 단기신용 공여자들이 채무자의 지급능력을 판단하는 데 활용되었다.

② 유동비율이 100%라면 유동성은 충분하다고 할 수 없다.

③ 유동비율은 산성시험비율(acid test ratio)이라고도 한다.

④ 현금비율은 통상 20% 정도가 유동성 유지에 필요하다고 본다.

⑤ 순운전자본은 상환의무가 없는 경영자본을 의미한다.

정답 | ③

해설 | 산성시험비율(acid test ratio)은 당좌비율(quick ratio)을 말한다.

08 다음 재무상태표를 참고할 때 바르지 못한 것은? (소수점은 반올림한다.)

재무상태표

甲회사			20X1.12.31.
현　　금	150	매입채무	225
매출채권	710	단기차입금	1,340
재고자산	1,500	장기차입금	1,200
비유동자산	1,800	자　　본	1,395
총 자 산	**4,160**	**총 자 본**	**4,160**

① 유동비율 151%　　　　　　　　② 당좌비율 55%

③ 현금비율 4%　　　　　　　　　④ 순운전자본비율 19%

⑤ 부채비율 198%

정답 | ③

해설 | 현금비율 = (150/1,565) × 100 = 9.6% ≒ 10%

09 다음 중 부채를 사용하지 않는 甲회사에 대한 설명으로 옳은 것은? (법인세는 없다고 가정한다.)

① ROA가 시장이자율보다 클 경우 ROE는 증가한다.

② ROA와 ROE는 일치한다.

③ ROA가 시장이자율보다 작을 경우 ROA 변동 폭보다 ROE 변동 폭이 더 크다.

④ 순운전자본비율은 100%이다.

⑤ 자기자본비율은 50%이다.

정답 | ②

해설 | 부채를 사용하지 않으므로 ROA와 ROE는 일치하고, ROA 변화와 ROE 변화는 동일하다. 또한 부채가 없으므로 순운전자본비율은 총자산에 대한 유동자산의 비중이된다. 자기자본비율은 1이다.

10 다음 乙회사의 재무자료에 대한 설명으로 바르지 못한 것은? (법인세는 고려하지 않는다.)

재무상태표

乙회사			20X1.12.31.
현　금	300	매입채무	300
매출채권	700	단기차입금	1,200
재고자산	1,000	장기차입금	1,500
비유동자산	2,000	자　본	1,000
총 자 산	**4,000**	**총 자 본**	**4,000**

손익계산서
(20X1.1.1.~12.31.)

매출액	1,000
영업비용	(820)
영업이익	180
이자비용	(135)
당기순이익	45

① 회사의 총자산영업이익률(ROA)은 4.5%이다.
② 회사는 부채를 사용할수록 자기자본순이익률(ROE)이 증가한다.
③ 회사의 부채비율은 300%로 높은 편이지만 그 사용이 적정한지는 알 수 없다.
④ 회사의 자기자본비율은 25%로 낮은 편이므로 확대 방안이 필요하다.
⑤ 회사의 비유동자산에 대한 자본배분은 안정적이다.

정답 | ②
해설 | 회사의 평균이자율이 5%[= 이자비용÷장기차입금＝(75÷1,500)×100]로 총자산영업이익률 4.5%보다 높다. 따라서 부채를 사용할수록 자기자본이익률은 감소한다. 또한 고정장기적합률은 80%이므로 안정적이다.

11 상기 10번 자료에서 손익계산서의 영업비용에 감가상각비가 400 포함된 경우 바르지 못한 설명은? (소수점은 반올림한다.)

① 회사의 EBIT는 영업이익과 일치한다.
② 회사의 EBITDA/이자비용비율은 430%이다.
③ 회사의 차입금의존도는 68%이다.
④ 회사의 이자보상비율은 133%이다.
⑤ 차입금평균이자율은 9%이다.

정답 | ⑤
해설 | 차입금평균이자율은 5%[= 135/(1,200＋1,500)×100]이다.

12 다음 중 레버리지 분석에 사용되는 비율이 아닌 것은?

① 자기자본비율
② 부채비율
③ 차입금의존도
④ 순운전자본비율
⑤ 이자보상비율

정답 | ④
해설 | 순운전자본비율은 유동성 분석에 사용되는 비율이다.

13 다음은 ㈜한국의 손익계산서이다. 영업비용에 감가상각비 500이 포함되어 있을 경우 바르지 못한 설명은? (자료에 없는 내용은 고려하지 않는다.)

손익계산서
(20X1.1.1.~12.31.)

매출액	1,000
영업비용	(920)
영업이익	80
이자비용	(90)
당기순이익	(10)

① 이자보상비율이 0.89배이므로 회사는 채무불이행 위험이 있다.
② EBITDA/이자비용비율이 6.4배이므로 회사는 이자지급능력이 있다고 볼 수 있다.
③ 영업이익 감소의 원인은 감가상각비가 많기 때문이다.
④ 순이자보상비율은 0.89배이므로 영업이익으로 이자비용을 충당할 수 없다.
⑤ EBITDA/이자비용비율은 유형자산의 감가상각비, 즉 최소한의 비용이 투자되는 것을 전제로 한다.

정답 | ⑤
해설 | EBITDA는 유형자산의 감가상각비만큼 유형자산에 투자되지 않을 것이 전제가 된다. 즉 기업운영을 유지하기 위한 최소한의 비용이 투자되지 않는다는 것을 의미한다. 따라서 EBITDA/이자비용비율은 이자비용 지불능력을 과대평가할 수 있다. 이러한 점에서 이자보상비율과 함께 검토되어야 한다.

14 丙회사는 자기자본비율이 40%(60%), 차입금의존도 80%(40%), 이자보상비율 3.5배(3배), EBITDA/이자비용비율 7배(6배)이다. 다음 중 바르지 못한 설명은? (괄호 안은 산업평균비율이다.)

① 회사는 부채의존도가 높다고 할 수 있다.
② 회사는 차입금의존도가 상당히 높아 채무불이행 위험이 있다.
③ 회사는 영업이익으로 이자비용을 지급할 능력은 있다.
④ 회사는 이자비용을 지급할 현금은 충분하다.
⑤ 회사의 부채비율은 150%이다.

정답 | ②
해설 | 차입금의존도가 상당히 높지만 이자보상비율과 EBITDA/이자비용비율이 산업평균보다 높아 이자비용을 지급할 능력은 충분하다. 따라서 부채의존도가 높기는 하지만 부채사용에 따른 문제는 없다고 보는 것이 옳다.

15 다음 중 수익성과 상충관계(trade off)에 있는 것은?

① 유동자산구성비율
② 유형자산구성비율
③ 투자자산구성비율
④ 비유동장기적합률
⑤ 비유동비율

정답 | ①
해설 | 유동자산이 많으면 수익성이 저하될 수 있다.

16 ㈜백두는 높은 부채비율과 높은 이자보상비율을 보이고 있다. 다음 설명 중 옳은 것은?

① 영업이익을 충분히 창출한다.
② 차입이자율이 낮다.
③ 자기자본이 충분하다.
④ 이자지급능력에 문제가 있다.
⑤ 차입금의존도가 높다.

정답 | ①
해설 | 이자보상비율이 높다는 것은 영업이익을 충분히 창출했기 때문이다.

17 부채비율이 300%일 때 총자본 중 자기자본의 비중은 얼마인가?

① 20%
② 25%
③ 40%
④ 45%
⑤ 50%

정답 | ②
해설 | 부채비율＝(부채/자기자본)×100이고, 자기자본비중＋부채비중＝1, 자기자본 비중을 x라 하면 부채는 $(1-x)$이다.

$$\frac{(1-x)}{x} \times 100 = 300\% \text{이므로 } x = 25\% \text{이다.}$$

18 甲회사는 乙회사를 지배하고 있다. 다음 중 甲회사의 주주와 경영자 간 대리인 문제가 발생할 수 있는 경우는?

① 乙회사로부터의 배당수익률이 투자주식의 기회비용보다 낮은 경우
② 乙회사로부터의 배당수익률이 투자주식의 기회비용보다 높은 경우
③ 유동자산구성비율이 유형자산구성비율보다 낮은 경우
④ 유동자산구성비율이 유형자산구성비율보다 높은 경우
⑤ 乙회사로부터의 배당수익률이 차입이자율보다 높은 경우

19 甲회사는 매출액 1,000, 매출총이익이 200, 세전이익 120, 영업외수익 50, 영업외비용 30이다.
회사의 이자보상비율이 4배일 때 이자비용은 얼마인가?

① 20 ② 25
③ 30 ④ 35
⑤ 40

정답 | ②
해설 | 영업이익 = 120 − 50 + 30 = 100, 이자비용 = 영업이익 ÷ 이자보상비율 = 100 ÷ 4 = 25

20 다음은 ㈜대한의 재무상태표이다. 비유동비율과 비유동장기적합률을 계산하면 얼마인가?

재무상태표

㈜대한			20X1.12.31.
현　금	300	매입채무	300
매출채권	700	단기차입금	1,200
재고자산	1,500	장기차입금	1,500
비유동자산	1,500	자　본	1,000
자산총계	4,000	자본총계	4,000

	비유동비율	비유동장기적합률
①	37.5%	40.5%
②	60%	100%
③	100%	37.5%
④	150%	60%
⑤	60%	37.5%

정답 | ④
해설 | 비유동비율 = 1,500/1,000 = 150%, 비유동장기적합률 = 1,500/(1,500 + 1,000) = 60%

21 ㈜민국의 비유동장기적합률은 80%, 비유동자산은 160, 부채는 105이다. 부채비율이 70%일 경우 회사의 비유동부채는 얼마인가?

① 40

② 50

③ 80

④ 100

⑤ 120

정답 | ②

해설 | 자기자본을 y, 비유동부채를 x라 하면 비유동장기적합률 = 0.8 = 160/(y+x)이다. 부채비율이 70%이므로 0.7 = 105/y로 y = 150이다. 따라서 160/(150+x) = 0.80이므로 x = 50이다.

22 다음 당기 재무제표를 참고할 때 바르지 못한 설명은? (회사의 이자보상비율은 1이고, 산업평균은 각각 부채비율 150%, 자기자본비율 50%, 비유동비율 200%, 비유동장기적합률 100%이다.)

재무상태표

㈜한국			20X1.12.31.
현 금	500	매입채무	500
매출채권	500	단기차입금	3,000
재고자산	2,000	장기차입금	2,500
비유동자산	6,000	자 본	3,000
자산총계	**9,000**	**자본총계**	**9,000**

① 회사의 부채비율은 200%로 부채의존도가 매우 높다.

② 회사의 자기자본비율은 33.3%로 산업평균보다 낮으므로 자본 확충에 대한 검토가 필요하다.

③ 회사의 비유동비율은 200%로 비유동자산에 타인자본이 사용되었지만 산업평균 범위 내에 있어 자본배분에 문제가 있다고 보기는 어렵다.

④ 당기에는 주주에 귀속되는 이익은 없다.

⑤ 비유동장기적합률이 109%로 산업평균을 초과하지만 이자보상비율이 1이므로 자본배분은 안정적이다.

정답 | ⑤

해설 | 비유동장기적합률이 109%라면 비유동자산 구성에 유동부채가 투입되었다는 의미이므로 비유동자산으로부터의 현금흐름이 적시에 발생하지 않으면 단기부채 상환능력에 문제가 발생할 수도 있다. 또한 이자보상비율이 1이므로 영업이익으로 이자비용만 충당할 수 있는 수준이어서 그러한 위험이 더 크다고 볼 수 있다.

23 다음 중 자산구성비율에 대한 설명으로 바르지 못한 것은?

① 자본집약적 산업일수록 유형자산구성비율이 높게 나타난다.
② 유통업의 경우에는 유동자산구성비율이 높게 나타난다.
③ 자본집약적 산업은 고정비가 높아 재무레버리지가 높다.
④ 지주회사의 경우에는 투자자산구성비율이 높게 나타난다.
⑤ 유동자산구성비율이 과도하게 높으면 기업의 수익성은 저하된다.

정답 | ③
해설 | 자본집약적 산업은 고정비가 높아 영업레버리지가 높다. 재무레버리지는 이자비용과 관련 있다.

24 다음 중 재무비율분석과 관련한 설명으로 바르지 못한 것은?

① 차입금평균이자율은 시장이자율에 민감하지만 기업위험에도 직접적인 영향을 받는다.
② 총자산영업이익률이 기업의 평균이자율보다 높아 부채사용에 따라 자기자본순이익률이 확대되는 효과는 재무레버리지 효과이다.
③ 재고자산이 누적되어 증가하면 순운전자본비율은 증가한다.
④ 단기채무에 압박을 받지 않는 이상 부채를 조달하여 타인자본비용을 초과하는 수익률을 달성하면 자기자본이익률은 확대된다.
⑤ 자기자본이 50%일 때 신주를 액면발행하면 총자본이 증가하므로 자기자본비율은 감소한다.

정답 | ⑤
해설 | 신주를 액면발행하면 자기자본증가율이 총자본증가율보다 크기 때문에 자기자본비율은 증가한다.
　　　 (예) 자기자본비율 50%라면 자기자본 : 부채 = 1 : 1이므로 25% 유상증자를 하면 자기자본은 1.25이고 총자본은 2.25이다. 결국 자기자본비율은 (1.25/2.25)×100 = 55.56%이다.

25 甲회사의 당좌비율은 산업평균보다 매우 낮은 수준이고, 순운전자본은 산업평균보다 매우 높은 수준이다. 또한 자기자본비율은 50%이고, 유동자산구성비율은 산업평균보다 매우 높은 수준이다. 다음 설명 중 옳은 것은?

① 회사는 현금및현금성자산이 매우 높은 상태로 수익성 저하 우려가 있다.
② 회사는 매출채권이 높은 상태로 회수가능성을 검토해야 한다.
③ 회사는 자본집약적 산업에 속한 것으로 추측할 수 있다.
④ 회사는 재고자산이 누적되는 것으로 보인다.
⑤ 회사는 영업레버리지가 높아 경기변동에 따른 위험이 크다고 볼 수 있다.

정답 | ④
해설 | 당좌비율이 낮고, 순운전자본이 높기 때문에 재고자산 비중이 높다고 볼 수 있다. 결국 유동자산 중 재고자산비중이 높은 것으로 보아 재고누적으로 추측해 볼 수 있다. 또한 유동자산구성비율이 높은 경우는 유통업이나 경공업에 속할 가능성이 높다. 나머지 사항은 알 수 없다.

CHAPTER 04

손익계산서 분석

출제 포인트 ■ ■ ■ 손익계산서 분석의 유형별 개념 이해와 계산문제의 해결
■ 재무제표를 활용한 유형별 분석 방법의 응용

1. 손익계산서 분석의 개요

(1) 개요

손익계산서 분석은 포괄손익계산서에 나타나는 기업의 활동별 정보를 토대로 수익성, 활동성, 생산성, 성장성 등을 분석하는 것을 말한다.

2. 손익계산서 분석의 종류, 의의 및 특징

(1) 수익성 분석

① 수익성 분석은 일정 기간 기업의 경영성과를 측정하는 것으로 자산을 얼마나 효율적으로 활용하여 이익을 창출했는지를 분석한다.
② 수익성 비율은 크게 **매출수익성 비율**과 **자본수익성 비율**로 나눌 수 있다.

(2) 활동성 분석

① 활동성 분석은 기업이 조달한 자본 또는 자산을 얼마나 효율적으로 운영하고 있는가를 분석한다.
② 활동성 지표는 회전율과 관련된다.

(3) 생산성 분석

① 기업이 투입한 노동과 자본으로 얼마나 많은 가치를 창출하였는지를 분석한다.
② 즉 기업이 부가가치(산출량)를 창출하기 위하여 노동과 자본을 얼마나 투입했는지를 분석한다.
③ 매출액은 산출량으로 적절하지 않다(**예** 고가제품 판매기업과 대규모 기업의 매출액은 생산성과 관련 없이 커질 수 있음).
④ 부가가치(VA ; Value Added) : 생산성 분석에서 가장 핵심적인 개념

〈부가가치의 개념도〉

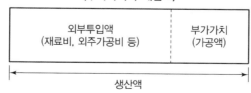

ⓐ 부가가치의 의의 : 생산물의 가치에 새로 부가된 가치로 기업의 이해관계자(노동자, 채권자, 정부, 주주 등)에게 분배되는 가치이다.

ⓑ 부가가치 계산 방법
  • 차감법 : 부가가치 = 총생산액 − 외부투입액
    − 외부이용자는 재무제표 정보의 한계로 차감법을 통하여 부가가치를 정확히 파악할 수 없다.
  • 가산법 : 부가가치 = 영업잉여 + 인건비 + 금융비용 + 조세공과 + 감가상각비
    − 영업잉여 = 영업이익 + 대손상각비 − 금융비용
      ※ 영업잉여에는 법인세, 배당, 그리고 유보액이 포함된다.
    − 인건비 = 노무비 및 복리후생비 + 임금, 상여금 등 근로자 분배액
      ※ 노무비 및 복리후생비는 제조원가명세서, 임금 및 상여금 등은 손익계산서 항목이다.
    − 금융비용 = 이자비용 + 사채상각비
    − 조세공과 : 법인세를 제외한 모든 세금과 공과금
    − 감가상각비 : 비유동자산에서 발생하는 감가상각비(제조부문 및 판매부문), 감가상각비는 기업에 재분배되는 몫임

(4) 성장성 분석

① 기업의 당해 연도 경영규모 및 성과가 전년도 대비 얼마나 증가했는지를 분석한다.
② 성장성 비율은 기업의 경쟁력과 미래 수익 창출능력을 간접적으로 나타낸다.

포괄손익계산서
(20X1.1.1.~20X1.12.31.)

甲회사 (단위 : 억 원, %)

기업활동	영업활동	생산활동	I. 매출액	200	100%
			II. 매출원가(영업비용)	162	81%
			재료비	106	53%
			노무비	14	7%
			경비	42	21%
			(감가상각비)	(8)	(4%)
			III. 매출총이익	38	19%
		판매관리활동	IV. 판매비와 관리비(영업비용)	26	13%
			급여 및 복리후생비	8	4%
			광고선전비	1	0.5%
			경상개발비·연구비	4	2%
			감가상각비 및 무형자산상각비	1	0.5%
			기타비용	12	6%
			V. 영업이익 → 영업활동 측정 기준	12	6%
	영업외활동·재무·기타활동	영업외활동·재무활동	VI. 영업외수익	8	4%
			배당금수익	1	0.5%
			이자수익	0.6	0.3%
			외환차익	2	1%
			지분법평이익	0.4	0.2%
			기타영업외수익	4	2%
			VII. 영업외비용	6	3%
			이자비용	2	1%
			외환차손	1	0.5%
			지분법평가손실	1	0.5%
			기타영업외비용	2	1%
			VIII. 세전순이익 → 경상활동 측정 기준	14	7%
			IX. 법인세비용	2	1%
			X. 계속사업이익	12	6%
			XI. 중단사업손익	0	0%
			XII. 당기순이익 → 최종 성과 측정 기준	12	6%
			주당이익(유통주식수 30만주)[19]	4,000원	0%
		기타활동	XIII. 기타포괄손익	4	2%
			매도가능금융자산평가이익	5	2.5%
			현금흐름위험회피파생상품평가손실	(1)	(0.5%)
			XV. 총포괄이익	16	8%

---

19) 주당이익은 당기순이익을 발행주식수로 나누는 것이 아니라 유통주식수(보통주)로 나누어 산출한다. 특별한 언급이 없으면 발행주식수를 유통주식수로 본다. 분자의 당기순이익은 우선주 배당금을 차감한 후의 당기순이익을 사용한다.

재무상태표

甲회사		20X1.12.31	(단위 : 억원)
현　　금	5	매입채무	25
매출채권	10	단기차입금	15
재고자산	45	장기차입금	20
투자자산	4		
유형자산	30	자　　본	30
무형자산	6	잉여금	10
자산총계	**100**	**자본총계**	**100**

3. 유형별 분석방법

(1) 수익성 분석

※ 산업평균비율과 비교분석하여 양호/불량 판단

매출수익성비율	$매출액총이익률 = \dfrac{매출총이익}{매출액} \times 100$	매출총이익률은 매출액에서 생산마진(margin)의 비율을 의미한다. 상대적 개념으로 매출원가율이 있다. $매출원가율 = 1 - 매출총이익률$
	$매출액영업이익률 = \dfrac{영업이익}{매출액} \times 100$	• 매출액에서 영업이익이 차지하는 비율을 의미한다. • **매출총이익률은 높은데 매출액영업이익률이 낮다면 판관비에 문제가 있는 것으로 유추할 수 있다.** • 상대적으로 B2C산업은 매출총이익률이 높고 B2B산업은 매출액영업이익률이 높다.
	$매출액세전이익률 = \dfrac{세전이익}{매출액} \times 100$	매출액영업이익률과 매출액세전이익률과의 차이로 **영업외손익에 문제가 있는지 유추**할 수 있다.
	$매출액순이익률 = \dfrac{세후순이익}{매출액} \times 100$	매출액에 대한 당기순이익의 비율을 나타낸다.
자본수익성비율	$ROA = \dfrac{영업이익}{총자본평균잔액} \times 100$	• ROA는 총자본(총자산)영업이익률이라고 한다. • 이 비율은 총자본을 사용하므로 자본조달 방법과 관계가 없고 부채비율과도 직접적 관계가 없다. • ROA는 기업의 내부수익률(IRR)로 볼 수 있다. • IRR＞WACC이면 NPV＞0이 된다.
	매출액세전순이익률 $= \dfrac{세전이익 + 이자비용}{총자본평균잔액} \times 100$	• 한국은행에서 사용하는 총자산영업이익률의 개념이다. • 이자비용을 제외한 영업외수익과 영업외비용이 동일하다고 가정한 개념(세전이익 + 이자비용 = 영업이익)이다.
	$ROE = \dfrac{당기순이익}{자기자본평균잔액} \times 100$	• ROE(자기자본순이익률)는 주주가 제공한 자기자본으로 벌어들인 수익을 사후적으로 측정한 지표이다. • ROE는 주주의 투자수익률이면서 자기자본비용의 대용치로 사용된다. • 분자에 영업이익을 사용할 경우 현금흐름의 귀속주체가 달라 올바른 대응이라 할 수 없다. • ROE＞자기자본비용 : 기업가치 증가

	• 총자본순이익률은 주주와 채권자가 투자한 총자본의 수익성을 측정한다.
$ROI = \dfrac{당기순이익}{총자본평균잔액} \times 100$	• 이 비율은 분자/분모의 현금흐름 귀속 주체가 다르므로 대응이 잘 된 것은 아니다. • ROI는 매출수익성(매출액순이익률)과 총자산회전율이 결합한 비율로 재무통제시스템의 표준으로 사용된다(Du Pont 시스템).

〈자료 4 - 1〉에서 매출수익성 비율을 각각 계산하면 다음과 같다(재무상태표 수치는 평잔이라 본다).

① 매출액총이익률＝(매출총이익/매출액)×100＝(38/200)×100＝19%

매출원가율＝1－19%＝81%, 매출액총이익률은 기업의 **생산마진(production margin)**을 측정하는 지표이다.

② 매출액영업이익률＝(영업이익/매출액)×100＝(12/200)×100＝6%

매출액영업이익률은 기업의 **영업마진(operating margin)**을 측정하는 지표이다. 즉 생산마진에서 판매비와 관리비를 제외한 이익을 측정한다. 따라서 매출액영업이익률은 **생산 및 판매관리활동의 효율성을 측정**하는 지표이다.

③ 매출액세전순이익률＝(세전이익/매출액)×100＝(14/200)×100＝7%

매출액세전순이익률은 기업의 **경상마진(ordinary margin)**을 측정하는 지표이다. 경상마진은 매출액에서 영업관련비용 이외에 영업외손익을 반영한 후의 이익을 의미한다. 즉 기업의 **영업활동뿐만 아니라 재무활동에서 발생한 경영성과도 동시에 측정**할 수 있다.

④ 매출액순이익률＝(당기순이익/매출액)×100＝(12/200)×100＝6%

매출액순이익률은 기업의 최종마진을 측정하는데 사용한다. 즉 기업의 영업활동, 재무활동 및 기타활동 등 **모든 경영성과를 측정**하는 지표이다.

계산된 비율을 산업평균비율과 비교하면 다음과 같다.

재무비율	甲회사	산업평균	평가
매출액총이익률	19%	14%	양호
매출액영업이익률	6%	6%	보통
매출액세전이익률	7%	5%	양호
매출액순이익률	6%	3%	양호

甲회사는 생산마진이 산업평균을 상회하고 있으나 산업평균수준의 판관비를 사용하고 있다. 하지만 매출액세전이익률이 높은 것으로 보아 영업외적 활동에 의한 수익이 산업평균보다 높다. 결국 甲회사는 산업평균수준의 영업성과를 보이고 있으나 기업 전체적으로는 산업평균을 상회하는 경영성과를 나타내고 있다고 볼 수 있다.

이어서 자본수익성비율을 각각 계산하면 다음과 같다.

① ROA = (영업이익/총자본평균잔액) × 100 = (12/100) × 100 = 12%

ROA는 주주와 채권자가 제공한 **총자본에 대한 영업성과를 측정**한다. ROA는 기업의 전체 투자수익률을 나타내고, 이는 **사후적 내부수익률(IRR)**로 볼 수 있다. IRR이 기업의 자본비용(WACC)을 초과할 때 기업의 부(富)가 창출(NPV > 0)된다.

> **Key Point!**
>
> - 현재의 영업이익이 영구적으로 유지된다고 가정했을 때 NPV는 미래 기대영업이익의 현재가치에서 투자자본(C_0)을 차감한 값을 의미한다.
>
> $$NPV = \frac{OP}{wacc} - C_0$$
>
> 기업의 가중평균자본비용이 10%라면 영업이익이 12이므로 미래 기대영업이익의 현재가치는 120이다. 그러면 NPV = 120 - 100 = 20억 원이다. NPV 계산 시 **가중평균자본비용을 할인율로 사용**한다는 점에 주의한다.
> - IRR은 NPV를 0으로 하는 할인율을 의미한다. 즉 미래 기대영업이익의 현재가치와 투자자본을 일치시키는 할인율이다. 물론 현재의 영업이익이 영구적으로 유지된다고 가정한다.
>
> $$\frac{OP}{IRR} = C_0$$
>
> 미래 기대영업이익이 12이므로 IRR = 12/100 = 0.12, 즉 12%이다. IRR(12%) > WACC(10%)이므로 NPV는 0보다 크다. NPV > 0이면, 미래 기대영업이익의 현재가치가 투자자본보다 크다는 의미이므로 기업의 부(富)가 증가한다는 의미가 된다. 반대로 NPV < 0이면, 미래 기대영업이익의 현재가치가 투자된 자본에 미치지 못하므로 기업의 부(富)는 감소하게 된다.

② 기업세전순이익률 = [(세전이익 + 이자비용)/총자본평균잔액] × 100 = [(14 + 2)/100] × 100 = 16%

한국은행에서는 총자산영업이익률을 실무적으로 세전순이익률로 조정하여 사용한다. 이자비용을 제외하고 기업의 영업외수익과 영업외비용이 동일한 경우 (세전이익 + 이자비용)은 영업이익이 된다. **기업세전순익률은 기업의 총자본 또는 총자산 중에는 영업외적 자산이 존재한다는 사실을 감안한 개념**이다.

③ 자기자본순이익률(ROE) = (당기순이익/자기자본평균잔액) × 100 = (12/40) × 100 = 30%

ROE는 **주주가 기업에 투자한 자본으로 벌어들이는 수익성을 사후적으로 측정**한다. ROE는 주주의 투자수익률을 나타내기도 하고, 기업 입장에서는 사후적인 자기자본비용의 대용치로 사용되기도 한다. 만일 분자에 영업이익을 사용한다면 투하자본과 수익이 잘 대응된 것이라 볼 수 없다. 왜냐하면 분모는 주주의 자본이지만 분자인 영업이익은 주주와 채권자 모두에 귀속되는 수익이기 때문이다. 따라서 자기자본에 대해서는 주주에 귀속되는 당기순이익을 대응시키는 것이 옳다. ROE는 자기자본비용과 비교하여 기업가치 증가여부를 판단할 수 있다.

ROE > 자기자본비용 : 기업가치(또는 주주가치)가 증가

ROE < 자기자본비용 : 기업가치(또는 주주가치)가 감소

④ 총자본순이익률(ROI) = (순이익/총자본평균잔액) × 100 = (12/100) × 100 = 12%

총자본순이익률은 총자산순이익률이라고도 한다. 이 비율은 기업에 투하된 총자본이 얼마나 많은 이익을 창출했는지를 측정한다. ROI는 기업의 종합적 경영상태를 요약해서 나타낸다.

ROI는 매출액순이익률과 총자산회전율의 결합으로 나타낼 수도 있다. 따라서 ROI는 포괄손익계산서와 재무상태표를 집약한 비율로 볼 수 있다.

$$ROI = \left[\frac{순이익}{매출액} \times \frac{매출액}{총자본} \right] \times 100$$

$$ROI = [매출액순이익률(12/200) \times 총자산회전율(200/100)] \times 100 = 12\%$$

계산된 비율을 산업평균비율과 비교하면 다음과 같다.

재무비율	甲회사	산업평균	평가
총자본영업이익률	12%	13%	불량
기업세전순이익률	16%	10%	양호
자기자본순이익률	30%	15%	양호
총자본순이익률	12%	8%	양호

총자본영업이익률은 산업평균보다 약간 낮지만 영업외적 활동에 의한 수익이 많아 순이익률이 높게 나타나고 있다. 전반적으로 甲회사는 본연의 영업활동을 강화한다면 수익성을 양호하게 확보할 수 있다고 판단된다.

(2) 활동성 분석

① 활동성 비율

$$총자산회전율 = \frac{매출액}{총자산평균잔액}$$	• 이 비율은 기업의 **자산활용 효율성**을 측정하는 지표이다(매출액이 총자산 규모의 몇 % 수준인지 나타낸다). • 평균적으로 **제조업은 1회전**, 도소매업은 2회전이다. • 총자산회전율의 역수는 **총자산회전기간**(총자산회전기간은 **총자산 규모만큼 매출액을 실현하는데 걸리는 기간**)을 의미한다.
$$자기자본회전율 = \frac{매출액}{자기자본평균잔액}$$	• 이 비율은 **주주가 투자한 자본의 활용도**를 나타낸다. • 자기자본회전율의 역수는 **자기자본회전기간**을 의미한다. **자기자본만큼 매출액을 발생시키는 데까지의 기간**이다.
$$비유동자산회전율 = \frac{매출액}{비유동자산평균잔액}$$	• 비유동자산회전율은 기업의 **설비자산의 효율성**을 측정하는 지표이다. • 비유동자산회전율의 역수는 **비유동자산회전기간**을 나타내고, 이는 **비유동자산만큼 매출액을 발생시키는 데까지의 기간**을 의미한다.
$$재고자산회전율 = \frac{매출액}{재고자산평균잔액}$$	• 재고자산회전율은 **재고자산이 일정 기간 동안 몇 번이나 당좌자산으로 전환**되었는지를 나타낸다. • 재고자산회전율은 **분자에 매출원가를 쓰는 것이 논리적으로 타당**하다. 매출액은 시가로 인식되고 재고자산은 원가로 인식되어 회전율 자체가 높게 나타나는 문제점이 있기 때문이다(특히 인플레이션 환경에서는 더욱 문제가 된다). • 악성 재고를 누적시켜 유동자산을 부풀려 당기순이익을 늘리는 분식의 경우 재고자산회전율은 **낮게 나타난다**. • 이 비율의 역수는 재고자산회전기간(재고자산만큼 매출액을 실현하는 데 걸리는 기간)을 의미한다.
$$매출채권회전율 = \frac{매출액}{매출채권평균잔액}$$	• 이 비율은 매출채권이 매출액으로 실현되는 회수를 의미하는 것으로 **높을수록 현금화가 잘 된다는 의미**이다. • 이 비율이 낮을 경우 매출채권의 **대손 가능성이 증가**한다. • 이 비율의 역수는 매출채권회전기간(매출채권만큼 매출액을 실현하는데 걸리는 기간)을 의미하고, 매출채권회수기간이 길어지면 기업은 운영자금 압박을 받게 된다.

$$매입채무회전율 = \frac{매출액}{매입채무평균잔액}$$	• 이 비율은 매입채무의 지급속도를 측정하는 비율로 매입채무가 원활히 결재되는지를 의미한다. • 이 비율의 역수는 매입채무회전기간(매입채무 만큼 매출액을 실현하는데 걸리는 기간)을 의미하고, 매입채무회전기간이 길어지면 기업은 운영자금 압박을 덜 받는다. • 이 비율도 매출원가가 대응되는 것이 논리적으로 타당하다. 좀 더 정확한 분석이 되기 위해서는 분자에 매입액이 대응되어야 한다.

② 1회전 운전기간

㉠ 1회전 운전기간(= 현금순환주기)
- 1회전 운전기간은 매입에서 판매로 인한 현금을 회수하는 데까지 걸리는 평균기간을 의미한다.
- 1회전 운전기간 = 재고자산회전기간 + 매출채권회전기간 − 매입채무회전기간
- 영업순환주기 = 재고자산회전기간 + 매출채권회전기간

㉡ 1회전 운전자본
- 1회전 운전자본 = (매출액 − 영업이익 − 감가상각비) × 1회전 운전기간(년)
- 영업이익을 차감하는 이유는 영업비용을 중심으로 운전자본을 산출하기 위함이다.
- 감가상각비는 이미 시설자본투자에 지출되었으므로 운전자본에서 제외하기 위하여 차감한다. 제외하지 않으면 시설자본에 이중으로 반영된다.
- [운전자본 = 유동자산 − 유동부채]로 시설투자자금은 포함되지 않는다.

〈1회전 운전자본 개념도〉

〈김철중, 「재무분석」, 제6판, 서울 : 한국금융연구원, 2022년, 174p〉

재고자산회전기간과 매출채권회전기간 동안은 현금이 회수되기 전이므로 자금이 묶이는 기간이다. 반면 매입채무회전기간은 신용을 제공받는 기간이므로 자금사용기간이라 할 수 있다. 1회전 운전기간이 짧을수록 영업활동 후 현금회수가 빨라진다.

〈자료 4 − 1〉을 활용하여 활동성 분석을 수행하면 다음과 같다(재무상태표 수치는 평잔이라 본다).

① 총자산회전율 = 매출액/총자산(평잔) = 200/100 = 2회전, 총자산회전기간 = 1/2회전 = 0.5년
　甲회사는 6개월이면 투자한 총자산 규모만큼 매출액을 실현할 수 있다.

② 자기자본회전율 = 매출액/자기자본(평잔) = 200/40 = 5회전, 자기자본회전기간 = 1/5회전 = 0.2년
　甲회사는 2.4개월이면 투자한 자기자본 규모만큼 매출액을 실현할 수 있다.

③ 비유동자산회전율 = 매출액/비유동자산(평잔) = 200/(4 + 30 + 6) = 5회전, 비유동자산회전기간 = 1/5회전 = 0.2년, 甲회사는 2.4개월이면 투자한 비유동자산 규모만큼 매출액을 실현할 수 있다.

④ 재고자산회전율 = 매출액/재고자산(평잔) = 200/45 = 4.44회전, 재고자산회전기간 = 1/4.44회전 = 0.225년
　甲회사는 2.7개월이면 보유한 재고자산만큼 매출액을 실현할 수 있다.

⑤ 매출채권회전율＝매출액/매출채권(평잔)＝200/10＝20회전, 매출채권회수기간＝1/20회전＝0.05년

甲회사는 1년 동안 매출채권의 20배에 해당하는 매출액을 실현하였다. 이는 0.6개월(18일)이면 보유한 매출채권만큼 매출액을 실현할 수 있다는 의미이다. 매출채권회수기간이 짧을수록 자금 압박을 덜 받는다.

⑥ 매입채무회전율＝매출액/매입채무(평잔)＝200/25＝8회전, 매입채무회전기간＝1/8＝0.125년

甲회사는 1년 동안 매입채무의 8배가 매출액으로 실현되고 있다. 이는 매입채무만큼 매출액으로 실현되는데 0.125년(45일)이 걸린다는 의미이다. 매입채무회전기간이 길수록 자금 압박을 덜 받는다.

⑦ 1회전 운전기간＝재고자산회전기간＋매출채권회수기간－매입채무회전기간＝0.225＋0.05－0.125＝0.15년

甲회사의 현금순환주기는 0.15년(1.8개월)이다. 즉 시설가동 후 제품판매 후 현금을 회수하는 데까지 1.8개월(54일)이 소요된다는 의미이다.

⑧ 1회전 운전자본＝(매출액－영업이익－감가상각비)×1회전 운전기간＝(200－12－1)×0.15＝28.05(억 원)

甲회사는 1회전 운전기간 동안 28.05억 원의 운영자금이 필요하다. 만일 신설법인이라면 재무정보가 없으므로 동종 산업의 평균재무정보를 이용하여 1회전 운전자본을 산출할 수 있다.

주요 활동성비율을 산업평균과 비교하면 다음과 같다.

재무비율	甲회사	산업평균	평가
총자산회전율	2회전	1.8회전	보통
자기자본회전율	5회전	3회전	양호
비유동자산회전율	5회전	6회전	불량
재고자산회전율	4.44회전	8회전	불량
매출채권회전율	20회전	11회전	양호
매입채무회전율	8회전	11회전	양호

甲회사의 총자산회전율은 보통이고 자기자본회전율이 양호하므로 어느 정도 자원을 효율적으로 활용하고 있다고 볼 수 있다. 다만 비유동자산회전율이나 재고자산회전율이 산업평균에 미치지 못해 비유동자산 축소와 재고관리를 검토할 필요가 있다. 매출채권회전율은 양호하여 현금회수가 잘되고 있으나, 매입채무회전율이 불량하다. 이는 매출채권보다 매입채무의 규모가 상대적으로 큰 것으로 판단할 수 있는데, 신용공여보다 신용을 받는 쪽이 크기 때문에 운영자금의 압박은 크지 않을 것으로 판단된다.

(3) 생산성 분석

$$생산성 = \frac{산출량}{투입량}$$	• 이 비율은 기업의 능률 내지 성과를 측정 · 평가하고 그 발생원인과 성과배분의 합리성을 분석하는 경영합리화의 척도임 • 생산성이 높을수록 투입량은 적고 산출량은 많음 • 투입량 : 노동량(종업원 수) 또는 총자본 • 산출량 : 부가가치(매출액이 아님)
$$부가가치율 = \frac{부가가치}{매출액} \times 100$$ ※ 기업 부가가치 : 총부가가치(조부가가치) 기준 국가(or 산업) 부가가치 : 순부가가치 기준	• 부가가치는 기업의 생산액 중 외부투입액(재료비, 외주가공비 등)을 제외한 금액의 비중을 측정한 지표 (차감법)부가가치 = 생산액 − 외부투입액 ※ 재무제표는 기간손익의 측정에 초점을 맞추고 있어 생산액과 외부투입액을 정확히 측정하기 어려워 차감법 적용은 힘듦 • 부가가치는 실무적으로 **가산법**을 활용하여 측정 총부가가치[20] = 영업잉여 + 인건비 + 금융비용 + 조세공과 + 감가상각비 **순부가가치 = 영업잉여 + 인건비 + 금융비용 + 조세공과** • 생산활동이 효율적일수록 부가가치율은 높게 나타남
$$노동생산성 = \frac{부가가치}{평균 \ 종업원 \ 수}$$	• 이 비율은 노동력 1단위당 생산성을 나타내는 지표임 • 즉 노동자 1명이 창출하는 부가가치를 의미 • 노동생산성은 종업원 임금을 결정하는 주요 기준이 됨 • 노동집약적 기업일수록 노동생산성은 낮게 나타나고 자본집약적 기업일수록 노동생산성은 높게 나타남
$$자본생산성 = \frac{부가가치}{총자본평균잔액} \times 100$$	• 기업의 투자자본의 부가가치 생산능력을 나타내는 지표로「총자본투자효율」이라고도 함 • 이 비율은 노동생산성과 함께 고려되어야 함 • **생산설비를 자동화할 경우 노동생산성은 높아지나 자본생산성은 낮아짐**(∵ 인력은 줄고 자본은 늘어남)
$$노동소득분배율 = \frac{인건비}{요소비용부가가치} \times 100$$	• 기업이 창출한 요소비용 중 근로자에게 지급된 것을 나타냄 • 요소비용 부가가치 = 영업잉여 + 인건비 + 금융비용 = 영업이익 + 대손상각비 + 인건비 ※ 인건비는 노무비, 복리후생비 등을 의미한다. • 이 비율은 성과배분의 합리성을 측정하는 척도임 • 기술혁신으로 노동생산성이 상승한 경우 인건비 상승이 이에 미치지 못하면 노동소득분배율은 하락함 • 급격한 물가상승의 경우에도 인건비 상승이 이에 미치지 못하면 노동소득분배율은 하락함

---

20) 영업잉여 = 영업이익 + 대손상각비 − 금융비용, 영업잉여에는 법인세, 배당 그리고 유보액이 포함된다. 즉 영업잉여는 정부와 주주에 분배되는 몫을 의미한다.
인건비 = (제조원가명세서)노무비 + 복리후생비 + (손익계산서)급여 · 임금 · 상여금 · 제수당 · 퇴직급여충당부채전입액 · 복리후생비
금융비용 = (차입금 · 사채)이자비용 + 사채상각
조세공과 = 법인세를 제외한 모든 세금과 공과금
감가상각비 = 비유동자산 감가상각비
결국 부가가치는 정부, 주주, 채권자, 노동자, 기업 등에 분배되는 것으로 가능한 크게 하는 것이 좋다. 그리고 창출한 부가가치를 기여도에 따라 정확히 배분하는 것 또한 분배 정의 실현에 매우 중요한 과제이다.

기타 생산성비율	• 노동장비율 = $\dfrac{\text{유형자산} - \text{건설 중인 자산}}{\text{종업원수}}$ • 기계장비율 = $\dfrac{\text{기계장치}}{\text{종업원 수}}$ • 설비투자효율 = $\dfrac{\text{부가가치}}{\text{유형자산} - \text{건설 중인 자산}} \times 100$ • 기계투자효율 = $\dfrac{\text{부가가치}}{\text{기계장치}} \times 100$
생산성비율의 상호관계	노동생산성 = $\dfrac{\text{부가가치}}{\text{종업원 수}} = \underbrace{\dfrac{\text{총자본}}{\text{종업원 수}}}_{\text{(자본집약도)}} \times \underbrace{\dfrac{\text{부가가치}}{\text{총자본}}}_{\text{(자본생산성)}}$ $= \underbrace{\dfrac{\text{유형자산} - \text{건설 중인 자산}}{\text{종업원 수}}}_{\text{(노동장비율)}} \times \underbrace{\dfrac{\text{부가가치}}{\text{유형자산} - \text{건설 중인 자산}}}_{\text{(설비투자효율)}}$ $= \underbrace{\dfrac{\text{기계장치}}{\text{종업원 수}}}_{\text{(기계장비율)}} \times \underbrace{\dfrac{\text{부가가치}}{\text{기계장치}}}_{\text{(기계투자효율)}}$ **Key Point!** 노동생산성은 자본집약도와 자본생산성의 결합으로 결정된다. 즉 자본집약도에 변화가 없는 한 자본생산성이 향상되면 노동생산성도 향상된다.

〈자료 4 − 1〉을 활용하여 생산성 분석을 수행하면 다음과 같다(재무상태표 수치는 평잔이라 본다).
손익계산서에 나타나지 않은 대손상각비는 3억 원, 이자비용 2억 원을 포함한 금융비용은 3억 원, 조세공과는 1억 원이라 가정한다. 또한 제조원가명세 상 노무비는 14억 원이고 복리후생비는 5억 원, 평균종업원 수는 25명이라 가정한다. 甲회사의 부가가치를 계산하면 다음과 같다.

영업잉여	= 12 + 3 − 3 = 12
인건비	= 14 + 5 + 8 = 27
금융비용	= 3
조세공과	= 1
감가상각비	= 8
부가가치	**= 51(억 원)**

1️⃣ 부가가치율 = (부가가치/매출액) × 100 = (51/200) × 100 = 25.5%
2️⃣ 노동생산성 = 51/25명 = 2.04(억 원), 즉 종업원 1인당 부가가치 생산성은 2.04억 원이다.
3️⃣ 자본생산성 = (51/100) × 100 = 51%, 즉 자본 1억 원당 부가가치 생산비중은 51%이다.
4️⃣ 노동소득분배율 = [14/(12 + 27 + 3)] × 100 = 33.33%

주요 생산성비율을 산업평균과 비교하면 다음과 같다.

재무비율	甲회사	산업평균	평가
부가가치율	25.5%	26%	보통
노동생산성	2.04억 원	1억 원	양호
자본생산성	51%	55%	불량
노동소득분배율	33.33%	50%	불량

甲회사의 노동생산성이 매우 높은 것으로 보아 회사의 종업원이 부족한 것으로 판단된다. 자본생산성이 낮은 것은 투입된 자본, 즉 비유동자산의 효율성이 낮은 것이 원인이라 판단된다. 회사의 노동소득분배율이 산업 평균대비 매우 낮은 것도 종업원 수가 부족하기 때문으로 해석된다. 회사는 전체적으로 비유동자산의 효율 성을 증대시키고 고용을 확대하는 방안을 검토해야 한다.

(4) 성장성 분석

매출액증가율 $= \left[\dfrac{\text{당기매출액}}{\text{전기매출액}} - 1 \right] \times 100$	• 전기 대비 당기의 매출액이 증가한 정도를 나타낸다.
	• 기업의 **외형적 성장세를 판단**하는 대표적인 비율이다.
	• 기업의 경쟁력 변화를 나타내는 척도 중 하나이다.
	  (예) 경쟁사 대비 가파른 매출액증가율 → 시장점유율 상승
	  → 경쟁력 증가)

총자산증가율 $= \left[\dfrac{\text{당기말총자산}}{\text{전기말총자산}} - 1 \right] \times 100$	• 전기 대비 당기의 총자산이 증가한 정도를 나타낸다. • 기업의 **외형적 성장 규모를 판단**하는 대표적 비율이다. • 기업의 실질적 성장을 나타내지는 못한다(∵ 부채가 증가하여 총자산의 규모가 늘어날 수도 있기 때문).
자기자본증가율 $= \left[\dfrac{\text{당기말자기자본}}{\text{전기말자기자본}} - 1 \right] \times 100$	• 전기 대비 당기의 자기자본이 증가한 정도를 나타내는 것으로 **주주가치의 증가한 정도를 의미**한다. • 기업의 **사내유보금 증가로 인한 자기자본비율증가는 실질적 성장을 의미**하지만 유상증자로 인한 자기자본증가는 외형적 성장으로 볼 수 있다.
순이익증가율 $= \left[\dfrac{\text{당기말순이익}}{\text{전기말순이익}} - 1 \right] \times 100$	• 이 비율은 기업의 실질적 성장을 측정하는 척도이다. • 매출액증가율이 개선되고 순이익증가율도 개선된 경우 상대적으로 순이익증가율이 더 크다면 외형성장과 더불어 질적 성장도 같이 이루진다고 볼 수 있다. ※ 순이익증가율이 상대적으로 더 크다고 이익의 질이 개선되었다고 할 수는 없다. 왜냐하면 이익의 질은 영업활동현금흐름과 영업이익을 비교하여 영업이익이 실제로 현금으로 많이 유입된 경우 "이익의 질"이 좋다고 한다. 그러나 순이익증가율이 크다고 해서 현금흐름이 좋다는 증거는 없다. (예) 매출액이 전액 외상거래고 비용을 줄여 순이익이 크게 증가하더라도 현금유입은 거의 없으므로 이익의 질은 개선되지 않았다).
지속가능성장률 $= b \times ROE$ $= (1 - \text{배당성향}) \times ROE$	• 지속가능성장률 = 유보율(b)×자기자본순이익률(ROE) • 기업이 창출한 이익의 사내유보율이 높을수록 성장가능성은 커진다. • 이 비율은 기업의 잠재성장률로 자기자본의 성장률을 의미한다. 즉 이익잉여금의 성장률이다.

주당순이익증가율 = $\left[\dfrac{\text{당기말EPS}}{\text{전기말EPS}} - 1 \right] \times 100$	• 주당순이익증가율은 순이익증가율과 함께 이용되고 주주에게 귀속되는 직접적인 이익의 증가세를 나타낸다. • 따라서 주주가 투자한 자본에 대한 순이익의 증가세를 반영한 실질적 성장률 지표이다. • 발행주식수 증가로 유통주식 수가 늘어나면 주당순이익증가율은 둔화될 가능성이 있다.

다음 〈자료 4-2〉를 활용하여 성장성 분석을 수행하면 다음과 같다(회사의 배당성향은 20%이다).

〈자료 4-2〉

손익계산서

乙회사 (단위 : 억 원)

항목	당기	전기
매출액	200	180
매출원가	(162)	(150)
매출총이익	38	30
판관비	(26)	(18)
영업이익	12	12
영업외수익	8	4
영업외비용	(6)	(6)
세전이익	14	10
법인세비용	(2)	(1)
당기순이익	12	9
주당순이익	4,000원	3,000원

재무상태표(당기말)

유동자산	80	유동부채	20
비유동자산	100	비유동부채	60
		자 본	100
자산총계	180	자본총계	180

재무상태표(전기말)

유동자산	63	유동부채	30
비유동자산	105	비유동부채	50
		자 본	88
자산총계	168	자본총계	168

① 매출액증가율 = [(당기매출액/전기매출액) - 1] × 100 = [(200/180) - 1] × 100 = 11.11%

② 총자산증가율 = [(당기말총자산/전기말총자산) - 1] × 100 = [(180/168) - 1] × 100 = 7.14%

③ 자기자본증가율 = [(당기말자기자본/전기말자기자본) - 1] × 100 = [(100/88) - 1] × 100 = 13.64%

④ 순이익증가율 = [(당기말순이익/전기말순이익) - 1] × 100 = [(12/9) - 1] × 100 = 33.33%

⑤ 지속가능성장률(g) = (1 - 0.2%) × ROE = 0.8 × (12/100) = 9.6%

⑥ 주당순이익증가율 = [(당기말EPS/전기말EPS) - 1] × 100 = [(4,000원/3,000원) - 1] × 100 = 33.33%

乙회사는 전반적으로 외형성장(총자산)과 더불어 실질적 성장(순이익 또는 주당순이익)이 이루어 지고 있다. 회사의 발행주식수에 변화가 없기 때문에 순이익증가율과 주당순이익증가율은 일치한다. 만일 **순이익증가율보다 발행주식수 증가율이 더 크다면 주당순이익증가율은 순이익증가율보다 작아진다.** 또한 회사의 지속가능성장률은 9.6%로 현재상태가 유지된다면 매년 9.6%씩 성장할 수 있는 잠재력이 있다.

01 수익성 분석은 자산활용의 효율성과 관련이 있다. ☐○☐✗

○

02 생산성 분석은 투입한 노동과 자본으로 얼마나 많은 가치를 창출했는지를 분석한다. ☐○☐✗

○

03 생산성 분석에서 산출량의 대용치는 매출액을 사용한다. ☐○☐✗

✗
매출액이 아니라 부가가치를 사용한다.

04 부가가치는 생산액에서 외부투입액(재료비, 외주가공비 등)을 제외한 금액이다. ☐○☐✗

○

05 부가가치는 정부, 채권자, 노동자 및 주주에게 분배되는 가치이다. ☐○☐✗

○

06 부가가치 계산 시 영업잉여는 주주와 정부에 배분되는 몫을 의미한다. ☐○☐✗

○

07 부가가치 계산 시 법인세는 조세공과에 포함된다. ☐○☐✗

✗
법인세는 조세공과에 포함되는 것이 아니라 영업잉여에 포함된다.

08 매출총이익률은 매출액에서 생산마진의 비율을 의미한다. ☐○☐✗

○

09 매출총이익률은 높은데 매출액영업이익률이 낮으면 제조원가에 문제가 있는 것으로 추측할 수 있다. ☐○☐✗

✗
판관비에 문제가 있는 것으로 유추할 수 있다.

10 총자산영업이익률은 부채비율에 많은 영향을 받는다. ☐○☐✗

✗
총자산을 사용하므로 부채와 관계없다.

11 매출액영업이익률이 변동이 없더라도 총자산회전율이 높다면 총자산
영업이익률(ROA)은 증가한다.　　　　　　　　　　　　　[O][X]

○
ROA = 영업이익/총자본
(평잔) = 매출액/총자산(평
잔)×영업이익/매출액

12 자기자본이익률(ROE)은 주주요구수익률이다.　　　　　　[O][X]

○
자기자본비용의 대용치이
므로 맞는 말이다.

13 총자본순이익률(ROI)은 매출액순이익률과 총자산회전율의 결합으로
구성된다.　　　　　　　　　　　　　　　　　　　　　　[O][X]

○
ROI = 순이익/총자본(평잔)
= 매출액/총자본(평잔)×
순이익/매출액

14 기업가치가 증가하기 위해서는 총자산영업이익률이 기업의 가중평균
자본비용을 초과하는 성과를 내야 한다.　　　　　　　　　[O][X]

○
ROA = IRR＞WACC일 때
기업가치가 증가한다.

15 자기자본이익률(ROE)은 기업의 수익성과 총자산회전율, 그리고 레버
리지에 많은 영향을 받는다.　　　　　　　　　　　　　　[O][X]

○
ROE = 순이익/매출액 = 매
출액/총자산(평잔)×총자
산(평잔)/자기자본(평잔)

16 자기자본이익률(ROE)은 사전적 자기자본비용의 대용치로 활용된다.
　　　　　　　　　　　　　　　　　　　　　　　　　　[O][X]

×
ROE는 사후적 측정지표이다.

17 재고자산회전율은 재고자산이 일정 기간 동안 몇 번이나 당좌자산으
로 전환되는지를 나타낸다.　　　　　　　　　　　　　　[O][X]

○

18 총자산회전율은 주주가 투자한 자기자본 활용의 효율성을 측정하는
지표이다.　　　　　　　　　　　　　　　　　　　　　　[O][X]

×
자기자본회전율에 대한 설
명이다.

19 매출채권회전율이 높아지면 기업은 운영자금 압박을 받게 된다.
　　　　　　　　　　　　　　　　　　　　　　　　　　[O][X]

×
매출채권회수기간이 줄어
자금압박을 덜 받는다.

20 매출채권회전율이 낮으면 매출채권의 대손가능성이 높아진다.
　　　　　　　　　　　　　　　　　　　　　　　　　　[O][X]

○

21 1회전 운전기간은 재고자산회전기간, 매출채권회수기간, 매입채무회전기간의 합으로 계산한다. ○ ×

×
매입채무회전기간은 차감해야 한다.

22 1회전 운전기간은 제품 판매 후 현금을 회수하는 데까지 걸리는 평균기간을 의미한다. ○ ×

×
원재료 매입부터 판매 후 현금회수까지 기간이다.

23 1회전 운전자본은 매출액에서 영업이익을 차감하고 감가상각비를 더한 후 1회전 운전기간을 곱하여 계산한다. ○ ×

×
감가상각비도 차감한다.

24 노동생산성 상승보다 인건비 상승이 높을 경우 노동소득분배율은 하락한다. ○ ×

○

25 노동집약적 기업의 경우 자본집약적 기업 보다 노동생산성이 높게 나타난다. ○ ×

×
자본집약적 기업의 노동생산성이 높다.

26 생산설비를 자동화할 경우 자본생산성은 낮아진다. ○ ×

○
자본이 늘어나므로 자본생산성이 감소한다.

27 노동생산성은 자본집약도와 자본생산성의 결합으로 측정되는데, 자본집약도에 변화가 없다면 자본생산성 증가는 노동생산성 증가를 가져온다. ○ ×

○
노동생산성 = 총자본/종업원수 (자본집약도)×부가가치/총자본(자본 생산성)

28 총자산증가율은 기업의 실질적 성장을 나타내지 못한다. ○ ×

○
부채가 증가해서 총자산이 증가할 수 있기 때문이다.

29 매출액증가율보다 순이익증가율이 더 크다면 기업이 실질적 성장을 한 것이므로 이익의 질이 개선되었다고 볼 수 있다. ○ ×

×
순이익증가율은 현금흐름 개선과 관계없다.

30 기업의 지속가능성장률은 사내에 유보한 이익잉여금의 성장률을 의미한다. ○ ×

○
지속가능성장률 = 잠재성장률 = 이익잉여금성장률

01 수익성 비율 중 영업외손익에 문제가 있는지 파악이 가능한 조합은?

① 매출총이익률 – 매출액영업이익률
② 매출액영업이익률 – 매출액세전이익률
③ 매출액세전이익률 – 매출액순이익률
④ 매출총이익률 – 매출액순이익률
⑤ 매출액영업이익률 – 매출액순이익률

정답 | ②
해설 | 영업이익과 세전이익 사이에 영업외손익이 존재한다.

02 다음 비율 중 기업의 생산마진(production margin)을 측정하는 것은?

① 매출총이익률　　　　　　　　　② 매출액영업이익률
③ 매출액세전이익률　　　　　　　④ 매출액순이익률
⑤ 기업세전순이익률

정답 | ①
해설 | 기업의 생산마진은 매출총이익률로 측정한다. 상대적 개념은 매출원가율이다.

03 甲회사는 동종 산업평균과 비교하여 당기의 매출총이익률이 높고 매출액영업이익률이 낮았다. 관련 조치사항으로 바르지 못한 것은?

① 광고선전비를 낮추는 방안을 검토한다.
② 감가상각방법을 정률법에서 정액법으로 변경하는 것을 검토한다.
③ 연구비 지출을 줄이는 방안을 검토한다.
④ 제조경비를 줄이는 방안을 검토한다.
⑤ 이자비용을 줄이기 위하여 장기부채의 상환을 검토한다.

정답 | ⑤
해설 | 상기 상황은 판관비에 문제가 있는 경우이다. 이자비용은 영업외비용에 해당하므로 관련이 없다.

[04~30]

다음을 甲회사의 재무제표이다. 물음에 답하시오. (단위 : 백만 원)

〈표 1〉

재무상태표(당기말)			
유동자산	200	매입채무	100
매출채권	100	단기차입금	200
재고자산	300	장기차입금	700
투자자산	400	자본금	870
유형자산	1,300	자본잉여금	300
무형자산	200	이익잉여금	330
자산총계	2,500	자본총계	2,500

재무상태표(전기말)			
유동자산	100	매입채무	100
매출채권	100	단기차입금	100
재고자산	200	장기차입금	300
투자자산	300	자본금	700
유형자산	700	자본잉여금	200
무형자산	100	이익잉여금	100
자산총계	1,500	자본총계	1,500

손익계산서

항목	당기	전기
매출액	3,200	2,500
매출원가	(2,200)	(1,900)
매출총이익	1,000	600
판관비*	(600)	(450)
영업이익	**400**	**150**
영업외수익	50	40
영업외비용**	(200)	(100)
세전이익	250	90
법인세비용	(20)	(10)
당기순이익	**230**	**80**
발행주식수	80,000주	80,000주

* 판관비 중 감가상각비는 5%, 인건비는 60%, 조세공과는 6%, 대손상각비는 4%이다.

** 영업외비용의 20%는 이자비용이고 다른 금융비용은 없다.

※ 기업의 가중평균자본비용은 12%로 일정하고, 자기자본비용은 14%이다. 그리고 종업원은 18명이다.

04 다음 중 甲회사의 당기 수익성 분석으로 틀린 것은? (소수점 셋째 자리에서 반올림)

① 매출액총이익률 31.25% ② 매출액영업이익률 12.50%

③ 매출액순이익률 7.19% ④ 총자산영업이익률 20.00%

⑤ 자기자본순이익률 15.55%

정답 | ⑤

해설 | 자기자본순이익률 = [순이익/자기자본(평잔)] × 100 = (230/1,250) × 100 = 18.4%

자기자본평균잔액 = (1,000 + 1,500)/2 = 1,250

05 甲회사의 당기말 기업세전순이익률은 얼마인가?

① 10.0%   ② 14.5%

③ 18.0%   ④ 22.5%

⑤ 25.0%

해설 | 기업세전순익률 = [(세전이익 + 이자비용)/총자본(평잔)]×100 = [(250 + 40)/2,000]×100 = 14.5%

06 甲회사의 총자산영업이익률(ROA)에 대한 설명으로 틀린 것은? (기업의 자본비용은 12%로 일정하고, 전기말 재무상태는 전기초 재무상태와 동일하다고 가정한다.)

① 전기말 총자산영업이익률은 10%이다.

② 전기말 기업의 내부수익률은 10%이다.

③ 전기말 내부수익률이 자본비용보다 작으므로 기업가치는 감소하였다.

④ 당기말 총자산영업이익률은 20%이다.

⑤ 당기말 총자산영업이익률은 200% 증가하였다.

정답 | ⑤
해설 | 총자산영업이익률은 10%에서 20%로 증가하였으므로 100%(= [(20% − 10%)/10%]×100) 증가하였다.

07 甲회사의 자기자본이익률(ROE)에 대한 설명으로 바르지 못한 것은? (자기자본비용은 14%이고, 산업평균 ROE는 15%, 총자산회전율은 2회전이다. 전기말 재무상태는 전기초 재무상태와 동일하다고 가정한다.)

① ROE가 증가한 것은 총자산순이익률(ROI) 증가의 영향이다.

② 전기말 대비 당기말 ROE가 증가한 것은 총자산회전율이 증가했기 때문이다.

③ ROE는 총자산회전율에도 영향을 받는데 전기말에는 부의 영향을 미쳤다.

④ 당기말 ROE가 자기자본비용을 초과하므로 기업가치는 증가한다.

⑤ 부채비율은 ROE에 직접적인 영향을 미치지 않는다.

정답 | ⑤
해설 | ROE = 매출액순이익률×총자본회전율×(1 + 부채비율)이므로 부채비율에 민감하다.

08 甲회사의 당기말 총자본순이익률(ROI)에 대한 설명으로 바르지 못한 것은?

① 당기말 ROI는 9.2%이다.
② ROI는 주주와 채권자의 자본에 대한 수익성을 측정하는 지표이다.
③ 매출액순이익률이 증가하면 ROI는 증가한다.
④ 총자산회전율이 증가하면 ROI는 증가한다.
⑤ ROI의 분자 항목과 분모 항목의 대응은 현금흐름 귀속주체가 다르다.

정답 | ①
해설 | ROI = (230/2,000)×100 = 11.5%

09 다음은 甲회사와 산업평균 재무비율 자료이다. 이 자료로 추론한 것 중 바르지 못한 것은?

재무비율의 상대적 크기		
재무비율	甲회사	산업평균
ROE	높음	낮음
매출총이익/매출액	높음	낮음
영업이익/매출액	낮음	높음
순이익/매출액	낮음	높음

① 매출원가율이 낮다.
② 판매 및 일반관리비가 높다.
③ 영업외수익이 낮다.
④ 총자산회전율이나 부채비율이 높다.
⑤ 기업은 수익성이 낮아 부채활용이 적절하지 않다.

정답 | ⑤
해설 | ROE가 높기 때문에 레버리지를 적절하게 활용하고 있다.

10 다음 甲회사에 대한 설명으로 바르지 못한 것은?

① 평균차입이자율은 5.7%이다.
② 자기자본회전기간은 0.39년으로 자기자본만큼 매출액을 실현하는 데 약 142일이 소요된다.
③ 전기말 대비 당기말 주당순이익증가율은 187.5%이다.
④ 재고자산회전율은 12.8회전이다.
⑤ 매출채권회전율은 32회전이다.

정답 | ①
해설 | 평균차입이자율 = [이자비용/장단기차입금(평잔)]×100 = [(200×20%)/650]×100 = 6.15%
　　　회사채가 있는 경우에는 이를 고려해야 한다.

11 활동성 분석에 대한 설명으로 바르지 못한 것은?

① 활동성 분석은 자산 또는 부채의 효율성을 분석하는 것이다.
② 총자산회전율은 총자산이 매출로 몇 번 실현되었는지를 나타낸다.
③ 자기자본회전율의 역수는 자기자본회전기간으로 자기자본만큼 매출액으로 실현되는 데 소요되는 기간을 의미한다.
④ 재고를 누적시켜 당기순이익을 늘리는 분식회계를 하는 경우 재고자산회전율은 높게 나타난다.
⑤ 비유동자산회전율은 기업의 설비자산을 얼마나 잘 활용하는지를 측정하는 지표이다.

정답 | ④
해설 | 당기순이익을 부풀리기 위해서 재고를 누적시키므로 재고자산회전율은 낮게 나타난다.

12 다음 중 기업이 운영자금 압박을 받을 가능성이 있는 경우는?

① 매입채무회전율이 낮은 경우
② 매출채권회전율이 낮은 경우
③ 1회전 운전기간이 짧은 경우
④ 재고자산회전기간이 짧은 경우
⑤ 1회전 운전자본이 적은 경우

정답 | ②
해설 | 매출채권회전율이 낮은 경우에는 매출채권회수기간이 길어지므로 자금압박을 받을 가능성이 커진다.

13 甲회사의 당기말 활동성 분석에 대한 내용으로 바르지 못한 것은?

① 총자산회전율은 1.6회이다.
② 비유동자산회전율은 2.78회이다.
③ 재고자산회전율은 12.8회이다.
④ 1회전 운전기간은 약 29일이다.
⑤ 1회전 운전자본은 216.4백만 원이다.

정답 | ②
해설 | 비유동자산은 투자자산을 포함하므로 회전율은 3,200/1,500 = 2.13회이다.

14 乙회사의 자기자본순이익률(ROE)이 20%라 가정하면, 매출액순이익률, 자기자본회전기간의 연결이 옳은 것은?

	ROE	매출액순이익률	자기자본회전기간
①	20%	10%	2년
②	20%	10%	1년
③	20%	10%	0.5년
④	20%	20%	2년
⑤	20%	20%	0.5년

정답 | ③

해설 | ROE가 20%이므로 자기자본이 100이면 순이익은 20이다. 그리고 매출액순이익률이 10%이므로 매출액은 200이다. 그러면 자기자본회전율은 2회이고 자기자본회전기간은 1/2회＝0.5년이다. 매출액순이익률이 20%인 경우에는 매출액이 100이므로 자기자본회전율은 1회이고 자기자본회전기간은 1/1회＝1년이다.

15 당기에 甲회사의 동종기업 평균 매출채권회수기간은 3개월이고, 매출채권평균잔액은 250백만 원이라 가정할 때, 동종기업의 평균 매출액은 얼마인가? (단위 : 백만 원)

① 83   ② 100

③ 500   ④ 750

⑤ 1,000

정답 | ⑤

해설 | 매출채권회수기간이 3개월이면 0.25년이다. 그러면 1/매출채권회전율＝0.25년이므로 매출채권회전율은 4회이다. 따라서 매출액/250＝4회이므로 매출액은 1,000백만 원이다.

16 다음은 甲회사와 산업평균 재무비율 자료이다. 이 자료로 추론한 것 중 옳은 것은? (단위 : 백만 원)

재무비율	甲회사	산업평균
매출액	3,200	2,000
영업이익	400	200
재고자산회전율	12.8회	15회
매출채권회전율	32회	40회
매입채무회전율	32회	40회

① 甲회사는 산업평균 대비 재고자산과 매출채권의 비중이 높다.
② 甲회사는 산업평균 대비 1회전 운전기간이 짧다.
③ 甲회사는 산업평균 대비 순운전자본 규모가 적다.
④ 甲회사는 산업평균 대비 자금압박 가능성이 적다.
⑤ 甲회사는 산업평균 대비 현금순환이 잘되는 편이다.

해설 | 매출액이 산업평균보다 높은데도 불구하고 재고자산회전율이나 매출채권회전율이 산업평균보다 낮다는 것은 재고자산과 매출채권 보유 비중이 상대적으로 높다는 것을 의미한다. 회전율이 상대적으로 낮으므로 1회전 운전기간은 상대적으로 길어지고 순운전자본 규모도 더 커진다. 결국 산업평균보다 자금압박의 가능성이 높아지게 된다. 주의할 점은 어디까지나 산업평균과 비교한 상대적 개념이라는 점이다. 실제 기업은 자금압박을 받지 않을 수도 있다.

17 다음은 당기말 甲회사와 동종기업 乙회사의 재무자료이다. 乙회사의 매입채무회전기간은 얼마인가? (단위는 백만 원이고, 1년은 360일로 계산한다.)

매출액	2,000
매출원가	1,600
기초매입채무	100
기초재고자산	100
기말재고자산	150
당기 중 매입채무 지급액	1,750

① 3일
② 9일
③ 15일
④ 18일
⑤ 30일

정답 | ②

해설 |

재고자산			
기초재고	100	매출원가	1,600
당기매입	1,650	기말재고	150

매입채무			
당기지급액	1,750	기초매입채무	100
기말매입채무	0	당기매입채무	1,650

매입채무회전율 = 2,000/[(0 + 100)÷2] = 40회전이다. 따라서 매입채무회전기간 = (1/40회전)×360 = 9일이다.

18 다른 조건은 일정할 때 다음 설명 중 바르지 못한 것은?

① 매출액이 감소하면 1회전 운전기간은 길어진다.
② 재고자산이 증가하면 1회전 운전기간은 길어진다.
③ 매출채권이 감소하면 1회전 운전기간은 짧아진다.
④ 매입채무가 증가하면 1회전 운전기간은 길어진다.
⑤ 매출채권회수기간이 길어지면 1회전 운전기간은 길어진다.

정답 | ④

해설 | 매입채무 증가 → 매입채무회전율 감소 → 매입채무회전기간 증가 → 1회전 운전기간 감소

1회전 운전기간 = 재고자산회전기간 + 매출채권회수기간 − 매입채무회전기간

19 생산성 분석에 대한 설명으로 바르지 못한 것은?

① 생산성은 기업활동의 성과를 측정 · 평가하고 그 성과배분의 합리성을 분석한다.

② 생산성은 투입량 1단위에 대한 산출량(매출액)로 측정한다.

③ 생산성 분석에서 투입된 노동량을 기준으로 측정하면 노동생산성, 총자본을 기준으로 측정하면 자본생산성이 된다.

④ 생산성이 높을수록 투입량은 적고 산출량은 많아진다.

⑤ 생산성 분석은 경영합리화의 척도로 활용된다.

정답 | ②
해설 | 생산성 분석은 투입량 1단위에 대한 부가가치(산출량)로 측정된다.

20 당기말 부가가치 계산을 위한 甲회사의 영업잉여는 얼마인가? (단위 : 백만 원)

① 354   ② 384

③ 394   ④ 400

⑤ 424

정답 | ②
해설 | 영업잉여 = 영업이익 + 대손상각비 − 금융비용 = 400 + 600 × 4% − 200 × 20% = 384백만 원

21 당기말 甲회사의 부가가치율은 얼마인가?

① 12.00%   ② 23.25%

③ 24.50%   ④ 25.63%

⑤ 26.56%

정답 | ⑤
해설 | 부가가치 = 영업잉여 + 인건비 + 금융비용 + 조세공과 + 감가상각비 = 384 + 360 + 40 + 36 + 30 = 850
부가가치율 = (부가가치/매출액) × 100 = (850/3,200) × 100 = 26.56%

22 다음 중 甲회사의 노동생산성과 자본생산성에 대한 설명으로 바르지 못한 것은? (산업평균 노동생산성은 30백만 원이고, 자본생산성은 60%이다.)

① 甲회사의 노동생산성은 47.2백만 원으로 산업평균보다 높다.

② 甲회사의 자본생산성은 42.5%로 산업평균보다 낮다.

③ 甲회사의 노동생산성이 상대적으로 높으므로 노동집약적 기업이라고 할 수 있다.

④ 甲회사는 당기에 설비투자를 많이 했기 때문에 자본생산성이 낮아진 것이다.

⑤ 甲회사는 종업원을 더 채용할 여력이 있다.

정답 | ③

해설 | 甲회사의 노동생산성은 850/18명 = 47.2백만 원이고, 자본생산성은 (850/2,000)×100 = 42.5%이다.
회사는 당기에 설비투자를 많이 했기 때문에 자본생산성은 낮아지고 노동생산성은 증가한 것으로 볼 수 있다. 즉 甲회사는 자본집약적 기업이다. 또한 노동생산성이 산업평균보다 높기 때문에 종업원을 더 채용할 수 있다.

23 노동소득분배율 계산을 위한 甲회사의 요소비용부가가치는 얼마인가? (단위 : 백만 원)

① 384

② 424

③ 744

④ 760

⑤ 784

정답 | ⑤

해설 | 요소비용부가가치 = 영업잉여 + 인건비 + 금융비용 = 영업이익 + 대손상각비 + 인건비
요소비용부가가치 = 384 + 360 + 40 = 400 + 24 + 360 = 784백만 원

24 甲회사의 노동소득분배율에 대한 설명으로 바르지 못한 것은? (산업평균 노동소득분배율은 40% 이다.)

① 甲회사 노동소득분배율은 45.9%이다.

② 甲회사는 상대적으로 기업이 창출한 요소비용을 근로자에게 잘 배분하고 있다.

③ 노동생산성이 상승한 경우 인건비 상승률이 이에 미치지 못하면 노동소득분배율은 하락한다.

④ 물가 상승률보다 인건비 상승률이 높다면 노동소득분배율은 상승한다.

⑤ 종업원 수가 적고 노동소득분배율이 높다면 종업원 1인당 인건비는 상대적으로 낮다.

정답 | ⑤

해설 | 다른 조건이 일정한 상태에서 인건비가 증가하면 노동소득분배율은 상승한다. 즉 노동소득분배율이 높다면 인건비가 높다는 의미고, 종업원 수가 적으면 1인당 인건비는 상대적으로 높다.

25 만일 甲회사가 유상증자를 통하여 조달한 자금으로 설비를 늘릴 경우 바르지 못한 설명은? (다른 조건은 일정하다고 가정한다.)

① 노동생산성은 증가한다. ② 자본집약도는 증가한다.
③ 자본생산성은 감소한다. ④ 노동장비율은 증가한다.
⑤ 설비투자효율은 감소한다.

정답 | ①
해설 | 다른 조건이 일정하므로 총자본이 증가하더라도 노동생산성은 일정하다.

$$노동생산성 = \frac{부가가치}{종업원수} = \frac{총자본}{종업원수} \times \frac{부가가치}{총자본},$$ 여기서 총자본이 변동하더라도 상쇄되어 효과가 없다.

26 다음 중 성장성 분석에 대한 내용으로 바르지 못한 것은?

① 기업의 외형적 성장을 쉽게 파악할 수 있다.
② 기업의 실질적 성장을 쉽게 파악할 수 있다.
③ 기업의 잠재성장성을 파악할 수 있다.
④ 기업이 창출한 이익의 질을 쉽게 파악할 수 있다.
⑤ 주주에게 귀속되는 이익의 증가세를 쉽게 파악할 수 있다.

정답 | ④
해설 | 성장성 분석으로 이익의 질을 파악할 수는 없다. '이익의 질'이란 영업이익이 영업활동현금흐름으로 얼마나 기업에 유입이 되었는가를 나타낸다. 또는 당기순이익과 영업활동현금흐름을 비교하기도 한다. 어떠한 경우이든 현금유입이 많을수록 이익의 질이 좋다.

> **Key Point!**
> '이익의 질'은 일반적으로 발생액(accrual)으로 측정한다. 발생액은 당기순이익과 영업활동현금흐름의 차이이다. 이 개념은 발생주의 회계에서 이익과 현금흐름의 차이에서 출발한다. 정상적인 상황이라면 당기순이익(또는 영업이익)은 감가상각비의 영향 때문에 영업활동현금흐름보다 적어야 한다. 그러나 영업활동현금흐름보다 당기순이익(또는 영업이익)이 크다면 회계상 이익이 현금흐름으로 이어지지 않고 있다는 얘기가 된다. 이런 상황이 지속되면 기업은 흑자도산할 수도 있다. 이러한 이유로 '이익의 질'을 분석하는 것은 재무분석에서 매우 중요하다.

27 甲회사의 배당성향이 20%라고 가정할 때 바르지 못한 설명은?

① 회사의 지속가능한 성장률은 14.72%이다.
② 회사의 배당성향이 증가하면 지속가능한 성장률은 감소한다.
③ 회사가 창출한 이익의 유보금이 많아지면 지속가능한 성장률은 증가한다.
④ 회사의 잠재성장률은 이익잉여금의 성장률을 의미한다.
⑤ 다른 조건이 일정할 때, 자기자본증가율은 지속가능한 성장률과 비례한다.

정답 | ⑤
해설 | g = (1 − 배당성향)×ROE = 0.8×230/1,250 = 14.72%, 자기자본이 증가하면 g가 감소하므로 반비례한다.

28 甲회사와 동종기업인 丙회사의 매출액순이익률은 4%이고, 총자산회전율은 2회전이다. 부채비율이 150%, 배당성향이 40%일 때 丙회사의 지속가능한 성장률은 얼마인가?

① 12%
② 14%
③ 16%
④ 18%
⑤ 20%

정답 | ①
해설 | ROE = 매출액순이익률×총자산회전율×(1 + 부채비율) = 0.04×2×2.5 = 0.2, g = (1 − 0.4)×0.2
        = 0.12, g = 12%

29 甲회사와 동종기업인 丁회사의 총자산순이익률은 5%이고, 부채비율은 300%, 배당성향은 40%이다. 丁회사의 지속가능한 성장률은 얼마인가?

① 12%
② 14%
③ 16%
④ 18%
⑤ 20%

정답 | ①
해설 | 부채비율이 300% 이므로 [부채 : 자기자본 = 3 : 1]이다. 총자본은 4이므로 순이익 비중은 0.20이다.
        ROE = (0.2/1) = 0.20이므로 g = (1 − 0.4)×0.2 = 0.12, g = 12%

30 다음 중 기업의 실질적 성장성을 가장 잘 나타내는 것은?

① 매출액증가율
② 총자산증가율
③ 자기자본증가율
④ 주당순이익증가율
⑤ 비유동자산증가율

정답 | ④
해설 | 주당순이익증가율이 기업의 실질적 성장성을 가장 잘 나타낸다.

CHAPTER 05

시장가치 분석

출제 포인트 ■ ■ ■ 시장가치 분석의 유형별 이론적 개념
■ 시장가치 분석의 유형별 계산문제의 해결

1. 시장가치 분석의 개요

(1) 개요

① 기업의 시장가치는 증권시장에서 거래되는 주식가치로 평가된다. 따라서 시장가치 분석은 기업의 주식 가치가 고평가 상태인지 저평가 상태인지를 파악하는 것이 목적이다.

② 시장가치 관련한 지표로써 주식가치 이외에 '경제적 부가가치(EVA)'가 있다. EVA는 주주의 입장에서 기업의 성과를 측정하는 지표이다.

(2) 시장가치 분석의 기본가정

본 장에서 주요 시장가치 지표의 이론적 가치를 계산할 때에 평가대상기업과 업종, 규모, 시장규모 등이 유사한 기업들의 평균값을 사용할 수도 있는데, 이 경우에는 평가대상기업과 유사기업들이 평균적으로 동질적인 미래 성장가능성과 위험을 갖고 있다고 가정한다.

(3) 주요 용어의 정의

본 장의 주요 용어는, P(주가), D(배당), EPS(주당순이익), BPS(주당순자산장부가치), g(성장률), b(유보율), SPS(주당매출액), EV(기업가치), NI(당기순이익), MC(Market Capitalization, 시가총액), EC(Equity Capital, 자기자본), k_E(자기자본비용), R_f(무위험이자율)이다.

2. 유형별 분석방법

(1) 주가수익비율(PER)

$$PER = \frac{P}{EPS} = \frac{MC}{NI}$$

① PER의 특징

㉠ PER는 주가가 1주당 수익의 몇 배인지를 나타내는 지표이다.

㉡ PER는 동종 산업군내의 유사기업과 비교하여 사용한다. 즉 절대적 개념이 아니다.

㉢ **P는 높으나 EPS가 동종 산업평균 수준이면 성장성이 높은 기업이다.**

㉣ **P는 동종 산업평균이고 EPS가 동종 산업평균보다 낮은 경우는 일시적 주당순이익의 감소를 나타낸다.**

② 정상PER(PER*)의 계산

　㉠ 고든모형(배당평가모형)을 활용한 방법

$$P_0 = \frac{D_0(1+g)}{k_E - g} = \frac{EPS_0(1-b)(1+g)}{k_E - g}$$

양변을 EPS_0로 나누면 정상PER이 계산된다.

$$PER^* = \frac{P_0}{EPS_0} = \frac{(1-b)(1+g)}{k_E - g}$$

이론적 주가 $P^* = PER^* \times EPS_0$

> **Key Point!**
> - PER의 분자는 주식의 시장가치이다. 주가는 해당기업의 미래가치를 반영하기 때문에 미래 경영성과가 좋을 것이라 판단되면 주식의 매수수요가 몰려 주가가 오르고 나쁠 것이라 판단되면 매도수요가 몰려 주가는 하락한다. 반면 분모의 주당순이익은 과거 회계이익을 기반으로 산정한 값이다. 즉 분자/분모 대응이 적절하지 못하다.
> - 따라서 PER는 현재주가와 추정EPS가 대응되어야 바람직하다. 위의 식을 고쳐 쓰면 다음과 같다.
>
> $$PER^* = \frac{P_0}{EPS_1} = \frac{P_0}{EPS_0(1+g)} = \frac{(1-b)}{k_E - g}$$
>
> 한국금융연수원의 표준교재에는 PER를 현재주가(P_0)와 현재EPS(EPS_0)를 대응시키고 있다. 시험에서 추정EPS를 사용하라는 단서가 없을 경우에는 표준교재의 내용대로 하되, 올바른 방향이 무엇인지는 알고 있도록 한다.

　㉡ 유사 비교기업들의 PER를 이용하는 방법
　　- 정상PER를 계산할 때 실무적으로 가장 많이 활용하는 방법은 업종, 규모, 시장점유율 등에서 **유사한 비교기업들의 PER를 평균하여 사용**하는 것이다. 여기에는 두 가지 문제점이 존재한다.
　　　- 비교기업의 정의가 본질적으로 **주관적**이다(표본선택에 편의(bias)가 존재할 가능성이 있다는 의미).
　　　- 비교기업이 합리적으로 선택되었더라도 평가대상기업과 비교기업 간에는 여전히 차이가 존재한다.
　　- 그리고 PER의 수준에 따라 다음의 해석이 가능하다.
　　　- 분석 대상 기업의 PER이 동종업종 기업들의 평균PER보다 낮으면 저PER주로 저평가되었다고 본다. 실제 저PER 포트폴리오 수익률이 고PER 포트폴리오 수익률보다 약간 높게 나타나는 증거가 있다.
　　　- 분석 대상 기업의 PER이 동종업종 기업들의 평균PER보다 낮더라도 시장에서 적정하게 평가되어 있다고 볼 수도 있다. 왜냐하면 주가가 해당기업의 미래성장성과 위험을 적정하게 반영할 수 있기 때문이다.
　㉢ PER의 구성요소를 개별적으로 투입하여 추정하는 방법 : PER의 구성요소를 개별적으로 투입하여 추정할 때, **성장률 g는 EPS 평균성장률을 사용하거나 자기자본순이익률(ROE)의 평균성장률을 사용**하기도 한다.

③ PER*의 결정요인과 해석
　정상PER를 **결정하는 요인**을 함수관계로 표현하면 다음과 같다.

$$PER^* = f(\text{배당성향}(+),\ \text{성장률}(+),\ \text{위험}(-))$$

　㉠ PER > PER* : 주가는 고평가 상태(성장성이 높다고 볼 수 있음)에 있다.
　㉡ PER < PER* : 주가는 저평가 상태(성장성이 낮다고 볼 수 있음)에 있다.

④ 자기자본비용(k_E)의 계산

$$k_E = R_f + [E(R_m) - R_f] \times \beta$$

여기서, $[E(R_m) - R_f]$는 시장위험프리미엄을 나타낸다. 즉 위험을 감수한 대가로 요구하는 무위험이자율을 초과한 수익을 의미한다. 또한 베타는 시장의 체계적위험(분산 불가능한 위험)을 의미하는 것으로 시장 전체 수익률 변동에 대한 개별 주식의 민감도를 나타낸다(**예** 베타가 1.2라면 시장수익률 10% 상승·하락 시 개별주식은 12% 상승·하락한다는 의미이다). **자기자본비용은 주주요구수익률로 기회비용을 의미**한다.

(2) 주당순자산비율(PBR)

$$PBR = \frac{P}{BPS} = \frac{MC}{EC}$$

① PBR의 특징
  ㉠ PBR은 주식가치가 주당순자산장부가치의 몇 배인지를 나타낸다.
$$순자산(자본)장부가치 = 자산 장부가치 - 부채 장부가치$$
$$※ \ 자산 장부가치 = 자산 매입원가 - 감가상각누계액$$
  ㉡ 자산의 시장가치는 이익획득력(earning power)을 반영하므로 자산취득 후 이익획득력이 크게 증감하는 경우 장부가치와의 차이가 커진다.
  ㉢ **PBR이 동종 산업의 평균보다 낮은 경우 주가가 당해 기업이 보유하는 잉여금을 충분히 반영하지 않았다는 의미**이다.
  ㉣ PBR이 1보다 작은 경우 주가가 순자산가치에 미치지 못한다는 의미이므로 저평가되었을 가능성이 있다(반드시 그런 것은 아니므로 **다른 지표와 비교분석**해야 한다).
② 정상PBR(PBR*)의 계산
  ㉠ 고든모형(배당평가모형)을 활용한 방법
$$P_0 = \frac{EPS_0(1-b)(1+g)}{k_E - g} \ 에서 \ 양변을 \ BPS_0로 \ 나누면 \ 다음과 \ 같다.$$

$$\frac{P_0^*}{BPS_0} = \frac{EPS_0(1-b)(1+g)}{k_E - g} \times \frac{1}{BPS_0}$$

$$PBR^* = \frac{(1-b)(1+g)}{k_E - g} \times \frac{EPS_0}{BPS_0} = \boldsymbol{PER^* \times ROE}$$

g = b × ROE이므로 양변에 ROE를 더하여 정리하면 ROE(1 − b) = ROE − g이다.

따라서 $PBR^* = \frac{(ROE-g)(1+g)}{k_E - g} \approx \frac{ROE-g}{k_E - g}$ 이다.

즉 ROE가 k_E보다 커야 시장가치가 장부가치보다 커진다.
$$이론적 \ 주가 \ P^* = PBR^* \times BPS_0$$

  ㉡ 유사 비교기업들의 PBR를 이용하는 방법 : 정상PBR를 계산할 때 실무적으로 가장 많이 활용하는 방법은 업종, 규모, 시장점유율 등에서 **유사한 비교기업들의 PBR를 평균하여 사용**하는 것이다. 여기에도 두 가지 문제점이 존재하는데 PER*의 경우와 같다. 해석은 다음과 같이 한다.

- 분석 대상 기업의 PBR이 동종업종 기업들의 평균PBR보다 낮으면 저PBR주로 저평가되었다고 본다. 실제 저PBR 포트폴리오 수익률이 고PBR 포트폴리오 수익률보다 약간 높게 나타나는 증거가 있다.
- 분석 대상 기업의 PBR이 동종업종 기업들의 평균PBR보다 낮더라도 시장에서 적정하게 평가되어 있다고 볼 수도 있다. 왜냐하면 주가가 해당기업의 미래성장성과 위험을 적정하게 반영할 수 있기 때문이다.

③ PBR*를 결정하는 요인과 해석

정상PBR을 결정하는 요인을 함수관계로 표현하면 다음과 같다.

$$PBR^* = f(ROE(+), \text{배당성향}(+), \text{성장률}(+), \text{위험}(-))$$

㉠ PBR > PBR* : 주가는 고평가 상태에 있다.
㉡ PBR < PBR* : 주가는 저평가 상태에 있다.

> **Key Point!**
> PBR*도 PER*과 마찬가지로 유보율(b)과는 음(−)의 관계를 갖는다.

④ PBR의 유용성
㉠ 장부가치는 상대적으로 객관적인 자료이므로 시장가치와 비교할 수 있다.
㉡ 기업 간 비교에 일관성 있는 회계원칙이 적용된다면 PBR은 주식의 과소·과대평가에 활용될 수 있다.
㉢ **순이익이 적자(−)인 경우에 PER는 이용할 수 없지만 PBR은 이용할 수 있다.**

⑤ PBR의 문제점
㉠ 기업 간 회계처리방법이 상이할 경우 일률적 반영이 어렵다.
㉡ 비유동자산을 많이 보유하지 않는 서비스 또는 IT기업의 경우 PBR은 의미가 없다.
㉢ 기업이 장기간 적자 상태인 경우 자본잠식으로 PBR이 음수가 되어 의미가 없다.

(3) 주가매출액비율(PSR)

① PSR의 특징

PSR은 **기업가치를 평가하는 승수로 사용되거나 주가의 적정성 여부를 판단하는 기준으로** 활용된다.

② 정상적PSR(PSR*)의 계산

㉠ 고든모형(배당평가모형)을 활용한 방법

$$P_0 = \frac{EPS_0(1-b)(1+g)}{k_E - g}$$ 에서 EPS_0를 매출액(sales)과 매출액순이익률(ROS)의 관계로 나타내면

$$P_0 = \frac{(sales_0 \times ROS)(1-b)(1+g)}{k_E - g}$$ 과 같다.

여기서 양변을 매출액(sales)으로 나누면 $\dfrac{P_0}{sales} = \dfrac{ROS(1-b)(1+g)}{k_E - g}$ 가 된다.

결국 $PSR = \dfrac{ROS(1-b)(1+g)}{k_E - g} = PER \times ROS$의 관계가 성립한다.

이론적 주가 $P^* = PSR^* \times SPS_0$

㉡ 유사 비교기업들의 PSR를 이용하는 방법 : 정상적PSR를 계산할 때 실무적으로 가장 많이 활용하는 방법은 업종, 규모, 시장점유율 등에서 **유사한 비교기업들의 PSR를 평균하여 사용**하는 것이다.
- 분석 대상 기업의 PSR이 유사기업들의 평균PSR보다 낮으면 저PSR주로 저평가 되었다고 본다. 실제 저PSR 포트폴리오 수익률이 고PSR 포트폴리오 수익률보다 약간 높게 나타나는 증거가 있다.

- 주가가 해당기업의 미래성장성과 위험을 적정하게 반영할 수 있기 때문에, 분석 대상 기업의 PSR이 유사기업들의 평균PSR보다 낮더라도 적정하게 평가되어 있다고 볼 수도 있다.

③ PSR*을 결정하는 요인과 해석

$$PSR^* = f(ROS(+), \text{배당성향}(+), \text{성장률}(+), \text{위험}(-))$$

㉠ PSR > PSR* : 주가는 고평가 가능성이 있다.

㉡ PSR < PSR* : 주가는 저평가 가능성이 있다.

> **Key Point!**
> PSR*도 PER*, PBR*과 마찬가지로 유보율(b)과는 음(−)의 관계를 갖는다.

④ PSR의 유용성

㉠ 매출액은 **회계처리의 영향을 받지 않아 기업 간 비교가 용이**하다.

㉡ **적자기업 또는 자본잠식인 기업에도 적용이 가능**하다.

㉢ **매출액은 순이익보다 변동성이 작아 PSR은 PER보다 안정적이고 가치평가의 신뢰성이 높다.**

㉣ **PSR은 가격정책 변화와 기업전략이 미치는 영향을 분석**할 수 있다.

(4) 주가현금흐름비율(PCR)

$$PCR = \frac{P}{CFPS} = \frac{MC}{TCF}$$

① CFPS는 주당현금흐름을 나타내고, TCF(=당기순이익+감가상각비)는 기업 전체의 현금흐름을 나타낸다. 감가상각비는 무형자산상각비를 포함한다.

② PCR은 현금흐름이 주가에 어느 정도 반영이 되었는지를 나타낸다.

③ 동종 산업군 동류의 기업군에 비하여 PCR이 낮으면 기업의 현금흐름이 주가에 충분히 반영되지 않은 것으로 주가가 저평가되었을 가능성이 있고, 높으면 주가가 고평가되었을 가능성이 있다.

(5) EV/EBITDA비율

$$\frac{EV}{EBITDA} = \frac{\text{발행주식수} \times \text{주가} + (\text{총차입금} - \text{현금및현금성자산})}{EBITDA}$$

① 현금및현금성자산은 현금예금, MMF, CD, RP 등 만기 3개월 이내 금융상품을 말한다.

② EV/EBITDA비율은 기업가치가 현금흐름의 몇 배인지 나타낸다. 이는 EV의 가치로 기업을 매수할 경우 얼마나 빨리 매입자금을 회수할 수 있는지를 의미한다. 즉 EV/EBITDA=3.5라면 기업이 벌어들이는 이익(EBITDA)으로 3.5년 만에 매입자금을 회수할 수 있다는 의미가 된다. 또한 시장에서 기업가치가 EBITDA의 3.5배로 평가된다는 의미도 있다.

③ EV/EBITDA비율이 낮다는 것은 기업이 창출하는 영업현금흐름이 주가에 충분히 반영되지 않았음을 의미하므로 저평가 가능성이 있다. 이 비율은 PCR과 유사한 재무정보이다.

④ PCR이 당기순이익을 기준으로 재무레버리지가 반영된 시장가치 비율인 반면, EV/EBITDA비율은 기업 고유의 영업활동의 결과인 EBIT(영업이익)를 기준으로 한 시장가치 비율이다. 일반적으로 PCR은 재무레버리지효과로 인하여 EV/EBITDA비율보다 변동성이 크다.

(6) 경제적 부가가치(EVA)

① EVA의 본질

$$EVA = NOPLAT - WACC \times IC = EBIT(1 - t_c) - WACC \times IC$$

$$= IC \times (\frac{EBIT(1 - t_c)}{IC} - WACC) = IC \times (ROIC - WACC)$$

㉠ EVA는 회계적 이익과 사전적으로 요구되는 자기자본조달비용을 동시에 고려한 개념으로 **주주의 입장에서 경영성과를 파악**할 수 있도록 한 지표이다.

㉡ 상기 식에 의하면 경제적 부가가치(EVA)는 투하자본수익률(ROIC)이 자본비용(WACC)보다 클 때 창출된다. 자기자본비용과 타인자본비용을 차감한 후에도 기업가치가 증가되었는지를 파악할 수 있다.

㉢ 여기서 투하자본(IC)은 다음과 같이 계산한다.

$$IC = 총자산 - 비영업자산 - 비이자발생부채$$

$$= 영업자산 - 비이자발생부채$$

※ 비영업자산 = 적정시재 이상 금융자산 + 투자자산 + 건설중인자산 등

② 시장부가가치(MVA)와 주가

㉠ **자기자본 이론적 시장가치 = 자기자본 장부가치 + MVA**

㉡ 시장부가가치는 미래 EVA의 현재가치로 성장률이 감안된 EVA를 기업의 가중평균자본비용으로 할인하여 계산한다.

$$MVA = \sum_{t=1}^{n} \frac{EVA_t}{(1 + WACC)^t}$$

㉢ 적정주가는 자기자본의 이론적 시장가치를 발행주식수로 나누어 산출한다.

$$이론적 주가 = \frac{자기자본장부가치 + MVA}{발행주식수}$$

㉣ 기업이 자본비용만큼만 이익을 지속적으로 창출한다면 MVA는 0이 되고 부가가치는 창출되지 않는다. 이 경우 **이론적 주가는 주당 자기자본장부가치와 동일**하게 된다.

㉤ 기업이 자본비용을 초과하는 이익을 창출한다면 MVA는 0보다 커지고, **이론적 주가는 자기자본장부가치보다 높아질 것이다.** 주식시장이 효율적이라면 실제주가는 MVA를 기준으로 추정한 이론주가에 근접할 것이다.

③ EVA의 유용성

㉠ 대리인문제 해소 가능 : 자본비용에 자기자본비용이 포함되므로 목표수익률은 주주요구수익률을 상회하게 되어 주주가치를 증가시키는 의사결정을 하게 되므로 주주 - 경영자의 대리문제를 해결할 수 있다.

ⓛ 투자판단 기준으로서의 적합성 : EVA는 회계이익에서 고려하지 못한 자기자본비용을 자본비용으로 고려하고 있어 투자판단 기준으로 회계이익보다 더 적합하다.

[사례 5－1]

다음은 ㈜ABC의 재무제표이다. 재무상태표는 기초와 기말이 일치한다고 가정한다. 회사의 시장가치 분석을 수행하시오. 유사기업의 평균 PCR은 6배이고 평균 EV/EBITDA비율은 8배이다.

재무상태표(당기말)

(단위 : 백만 원)

현금성자산	200	매입채무	100
매출채권	100	단기차입금	200
재고자산	300	장기차입금	700
투자자산	400		
기계장치	1,000		
건설중인자산	200	자본금	870
비　품	100	자본잉여금	300
무형자산	200	이익잉여금	330
자산총계	2,500	자본총계	2,500

기타재무자료

회사의 현재 주가	9,000원
회사의 배당성향	20%
무위험이자율	4%
시장수익률	8%
회사의 베타	1.5
타인자본비용	8%
법인세율	10%
EVA는 영구히 지속된다고 가정한다.	

손익계산서

(단위 : 백만 원)

항목	당기
매출액	3,200
매출원가	(2,200)
매출총이익	1,000
판관비*	(770)
영업이익	**230**
이자비용	(40)
세전이익	190
법인세비용	(40)
당기순이익	**150**
발행주식수	50,000주

* 판관비 중 10%가 감가상각비이다.

해설 | ① PER

회사의 현재 시장PER = P/EPS_0 = 9,000원/(150백만/5만 주) = 3배

회사의 지속가능한 성장률 g = b×ROE = 80%×150/1,500 = 8%

자기자본비용(k_E) = R_f + [E(R_m) − R_f]×β = 4% + (8% − 4%)×1.5 = 10%

PER× = P/EPS_0 = (1 − b)×(1 + g)/(k_E − g) = 20%×(1 + 8%)/(10% − 8%) = 10.8배

정상PER를 적용한 적정주가는 다음과 같다.

$$적정주가\ P^* = PER^* \times EPS0 = 10.8 \times 3,000원 = 32,400원$$

현재 회사의 주가가 9,000원에 거래되고 있으므로 매우 저평가 되었다. 향후 상승여력은 약 260%($= [(32,400 - 9,000)/9,000] \times 100$에 달한다. 그러나 이것이 절대적 의미는 아니다. 기업의 미래성장성과 위험을 감안했을 때 투자자들이 9,000원 수준이 적당하고 판단했을 수도 있다.

② PBR

회사의 주당순자산장부가치는 $BPS_0 = (1500백만/5만\ 주) = 30,000원$이다.
현재 시장PBR은 9,000원/30,000원 = 0.3배이다.
정상PBR$^* = (ROE - g)(1 + g)/(k_E - g) = (10\% - 8\%)(1 + 8\%)/(10\% - 8\%) = 1.08$배
정상PBR*는 PER*을 활용해서 계산할 수도 있다. PBR$^* = PER^* \times ROE = 10.8 \times 10\% = 1.08$배
적정주가 $P^* = PBR^* \times BPS_0 = 1.08 \times 30,000 = 32,400원$
현재 회사의 주가가 9,000원에 거래되고 있으므로 매우 저평가되었다고 볼 수 있다. 그러나 이것이 절대적 의미는 아니다. 기업의 미래성장성과 위험을 감안했을 때 투자자들이 9,000원 수준이 적당하고 판단했을 수도 있다.

③ PSR

회사의 주당매출액은 $SPS_0 = (3,200백만/5만\ 주) = 64,000원$이다.
정상적PSR$^* = ROS \times PER = (150/3,200) \times 10.8 = 0.50625$ 이므로 약 0.51배이다.
적정주가 $P^* = PSR^* \times SPS_0 = 0.50625 \times 64,000 = 32,400원$이다.
매출액 기준에서도 현재 회사의 주가가 9,000원에 거래되고 있으므로 매우 저평가되었다고 볼 수 있다.

④ PCR

주당현금흐름 = (당기순이익 + 감가상각비)/발행주식수 = (150백만 + 77백만)/5만 주 = 4,540원
적정주가 $P^* = PCR^* \times CFPS_0 = 6배 \times 4,540원 = 27,240원$

⑤ EV/EBITDA비율

EV = 발행주식수 × 주가 + (총차입금 - 현금및현금성자산) = (5만 주 × 9,000원) + (900 - 200)백만
   = 1,150백만 원
EBITDA = EBIT + 감가상각비 = 당기순이익 + 세금 + 이자비용 + 감가상각비 = (150 + 40 + 40) + 77 = 307백만 원
EV/EBITDA비율 = 1,150/307 = 3.75배
회사의 EV/EBITDA비율이 유사기업 평균 EV/EBITDA비율보다 낮으므로 회사의 주가는 저평가되었다고 볼 수 있다. 적정주가를 계산하면, [시가총액 + (900 - 200)백만 = 307백만 × 8배]가 성립되어야 한다. 따라서 시가총액 = (2,456 - 700)백만 원이므로 적정주가 = 1,756백만 원/5만 주 = 35,120원이다.

⑥ EVA

$$EVA = EBIT(1 - t_c) - IC \times wacc$$

가중평균자본비용(wacc) = (부채/총자본) × 타인자본비용 + (자기자본/총자본) × 자기자본비용
                    = (1,000/2,500) × 8% × (1 - 0.1) + (1,500/2,500) × 10% = 8.9%
EBIT = 150 + 40 + 40 = 230백만 원
투하자본 IC = 총자산 - 비영업자산* - 비이자발생부채** = 2,500 - 600 - 100 = 1,800백만 원
* 비영업자산 = 투자자산 + 건설중인자산
** 비이자발생부채 = 매입채무

$$EVA = EBIT(1 - t_c) - IC \times wacc = 230(1 - 0.1) - 1,800 \times 8.9\% = 46.8백만 \ 원$$

시장부가가치는 미래 EVA를 가중평균자본비용으로 할인한 현재가치 합계이므로 다음과 같다. 즉 EVA가 영구적으로 지속되므로 시장부가가치는 다음과 같다.

$$MVA = \frac{EVA}{wacc} = \frac{46.8백만 \ 원}{8.9\%} = 525.84백만 \ 원$$

따라서 적정주가 $P^* = \dfrac{자기자본장부가치 + MVA}{발행주식수} = \dfrac{(1,500 + 525.84)백만 \ 원}{50,000주} = 40,517원$

결국 회사의 주가는 현재 상당히 저평가된 것으로 판단된다.

[보론]

CAPM(자본자산가격결정모형)

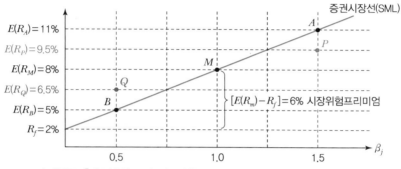

〈김철중, 「재무분석」, 제6판, 서울 : 한국금융연수원, 2022년, 276p〉

CAPM에 의한 개별주식의 균형기대수익률은 $k_E = R_f + [E(R_m) - R_f] \times \beta$와 같이 계산한다. 이를 증권시장선(SML)이라 한다. SML 선상에 오는 포트폴리오 또는 개별주식은 체계적 위험에 대한 균형수익률을 나타낸다. 즉 주식 B의 경우 체계적 위험(베타)을 0.5만큼 부담하면 균형수익률은 5%가 된다. A의 경우는 11%가 균형수익률이다. 만일 B와 동일한 위험을 부담하는 개별주식 Q의 기대수익률이 5%보다 큰 6.5% 수준이라면 주식 Q는 과소평가된 것이다(기대수익률이 크기 때문이다). 반면 A와 동일한 위험을 부담하는 개별주식 P는 균형기대수익률 11%보다 작은 9.5%이므로 과대평가되었다(기대수익률이 작기 때문이다). 결국 과소평가된 Q는 투자자들이 매수하고 과대평가된 P는 매도를 할 것이므로 Q와 P는 각각의 균형점인 B와 A로 수렴하게 된다.

CAPM에 의하면 균형기대수익률은 시장위험프리미엄과 베타 값에 의하여 결정되는데, 베타가 클수록 기대수익률이 커진다. 즉 베타가 1보다 큰 경우 시장수익률 변동보다 크게 변화(공격적 주식)하고 1보다 작은 경우 시장수익률 변동보다 작게 변화(방어적 주식)한다.

※ 가중평균자본비용(WACC)

WACC은 타인자본비용(k_d)과 자기자본비용(k_e)을 고려하여 다음과 같이 계산한다. E는 자기자본이고 D는 타인자본(부채)을 나타낸다.

$$WACC = \frac{D}{E+D}k_d(1-t_c) + \frac{E}{E+D}k_e$$

WACC에서 $k_d(1-t_c)$는 타인자본비용으로 부채사용에 따른 절세효과가 반영된 것이다(세후타인자본비용). 만일 특정 프로젝트 현금흐름이 기업의 평균적인 현금흐름과 유사한 수준이라면 할인율로 WACC을 사용해도 되지만 그렇지 않고 프로젝트의 자본구조가 기존 기업의 자본구조와 다르다면 프로젝트 자본비용을 별도로 산출해야 한다.

CAPM에 사용되는 베타는 주식베타로 영업위험과 재무위험을 모두 포함하고 있다. 프로젝트 자본구조가 기존 기업의 자본구조와 다르므로 재무위험을 프로젝트의 자본구조에 맞게 적용해야 한다. 이 경우 하마다 모형을 이용하여 위험을 분리하고 새로운 베타를 산출한다.

$$\text{하마다모형} : \beta_L = \beta_U[1 + (1-t_C)\frac{D}{E}]$$

[예제]

한국기업의 주식베타가 1.5이고 부채와 자본은 1:2로 구성되어 있다. 한국기업은 A투자안에 부채와 자본을 2:3로 투입할 것을 고려하고 있다. 무위험이자율이 2%이고, 시장기대수익률이 8%, 법인세율이 20%, 그리고 타인자본비용이 5%일 경우 투자안의 가중평균자본비용은 얼마인가?

해설 | 다음 순서로 계산한다.

① 한국기업의 주식베타로부터 영업위험(자산베타)을 분리 : 하마다 모형을 이용

$$1.5 = \beta_U[1 + (1-0.2)\frac{1}{2}]$$

$$\beta_U = 1.07$$

이때 1.07은 한국기업의 재무위험을 제거한 영업위험만을 반영한 베타이다. 이를 다시 하마다 모형에 대입하여 재무위험이 반영된 주식베타(레버리지베타)를 계산한다.

② $\beta_L = 1.07[1 + (1-0.2)\frac{2}{3}] = 1.64$ 기존기업보다 부채사용이 늘어나 재무위험이 증가했기 때문에 주식베타가 1.64로 체계적 위험이 더 커진 것을 알 수 있다. 이 주식베타를 사용하여 자기자본비용을 산출한다.

③ $k_E = R_f + [E(R_m) - R_f] \times \beta = 2 + (8-2)1.64 = 11.84\%$ 체계적 위험의 증가로 주주요구수익률도 11.84%로 증가된 것을 확인할 수 있다. 이를 사용하여 가중평균자본비용을 계산한다.

④ $WACC = \frac{2}{2+3} \times 5\% \times (1-0.2) + \frac{3}{2+3} \times 11.84\% = 8.7\%$, 부채를 사용하는 기업의 경우 가중평균자본비용은 부채사용에 따른 절세효과로 인하여 자기자본보다 항상 작다.

01 PER가 낮은 주식은 기업이 보유하는 잉여금이 주가에 충분히 반영되어 있지 않으므로 저평가되었을 가능성이 있다. ⓞⓧ

×
PBR에 대한 설명이다.

02 주가가 동종 산업의 평균 수준이고 EPS가 동종 산업 평균보다 낮은 경우에는 성장성이 높은 기업이다. ⓞⓧ

×
일시적 주당순이익(EPS)의 감소로 본다.

03 시장가치 지표의 이론가치를 계산할 때 동종업종의 유사기업의 평균을 사용하는 것은 평가대상기업과 유사기업들이 평균적으로 동질적인 미래 성장가능성과 위험을 갖고 있다고 가정하기 때문이다. ⓞⓧ

○

04 정상PER는 배당성향, 성장률, 자기자본비용과 비례관계에 있다. ⓞⓧ

×
자기자본비용과는 반비례 관계이다.

05 배당할인모형에 의한 정상PER는 자기자본비용이 기업의 성장률보다 커야 한다. ⓞⓧ

○
k_E가 g보다 작은 경우에는 PER가 음수가 되어 의미가 없다.

06 기업의 지속가능한 성장률은 자기자본이익률와 유보율과의 곱으로 나타낼 수 있다. ⓞⓧ

○

07 PER의 변동성은 PSR 변동성보다 크다. ⓞⓧ

○
주당순이익의 변동성이 매출액 변동성보다 크다.

08 동종업종 평균 PER보다 낮은 주식이 저PER주다. ⓞⓧ

×
동종업종의 유사기업들의 평균PER와 비교한다.

09 기업자산의 시장가치가 장부가치보다 커지기 위해서는 ROE가 k_E보다 커야 한다. ☐O☐X

○
PBR에 대한 설명이다.

10 평가대상기업의 PBR이 동종업종 유사기업의 평균 PBR보다 낮다면 시장에서 주가가 적정하게 평가되고 있다고 볼 수 없다. ☐O☐X

×
성장성과 위험을 고려한 적정평가일 수 있다.

11 PBR은 PER와 비례관계에 있다. ☐O☐X

○
$PBR^* = PER \times ROE$

12 PBR은 유보율과 음(−)의 관계에 있다. ☐O☐X

○
배당성향과 정(+)의 관계이므로 맞는 설명이다.

13 PBR은 순이익의 지속적 적자로 자본이 잠식된 기업의 경우에도 의미가 있다. ☐O☐X

×
이 경우 PBR이 음수가 되므로 의미가 없다.

14 PSR은 자기자본순이익률(ROE)과 비례관계를 갖는다. ☐O☐X

×
PSR = PER × ROS, 매출액순이익률과 비례관계에 있다.

15 PSR은 순이익의 지속적 적자로 자본이 잠식된 기업의 경우에도 의미가 있다. ☐O☐X

○

16 평가대상 기업의 PCR이 동종업종 유사기업의 PCR보다 낮은 경우에는 기업의 현금흐름이 주가에 충분히 반영되지 않은 것으로 저평가 가능성이 있다. ☐O☐X

○

17 평가대상기업의 EV/EBITDA비율이 6배이고, 동종업종 유사기업들의 평균 EV/EBITDA비율이 3배라면 평가대상기업의 투자가치가 유사기업들에 비하여 2배 더 높다. ○ ×

× 고평가 상태로 투자가치가 낮다고 본다.

18 EV/EBITDA비율이 동종업종 유사기업들의 평균보다 낮은 경우는 기업의 영업현금흐름이 주가에 충분히 반영되지 않았음을 의미하므로 투자가치가 있다고 볼 수 있다. ○ ×

○

19 EV/EBITDA비율은 PCR에 비하여 변동성이 크다. ○ ×

× 재무레버리지 효과로 PCR의 변동성이 더 크다.

20 경제적부가가치(EVA)는 투하자본수익률(ROIC)이 기업의 가중평균자본비용(WACC)보다 클 때에만 창출된다. ○ ×

○ EVA = IC × (ROIC − WACC)

21 가중평균자본비용(WACC)은 주주와 채권자가 요구하는 수익률이다. ○ ×

○

22 영업활동에 투자된 자본의 수익률(ROIC)이 가중평균자본비용(WACC)을 초과하는 경우 그 초과수익률은 주주의 몫이다. ○ ×

○ EVA를 주주입장에서의 평가방법이라 하는 이유이다.

23 시장부가가치(MVA) 계산 시 EVA를 할인하는 할인율은 자기자본비용이다. ○ ×

× 할인율은 가중평균자본비용이다.

24 EVA가 0이라면 기업의 이론적 주가는 주당 자기자본장부가치와 같다. ○ ×

○

01 PER에 대한 설명으로 바르지 못한 것은?

① 시가총액을 당기순이익으로 나누어 산출한다.
② PER는 타인자본비용을 고려한다.
③ PER는 높지만 EPS가 유사기업 평균수준이라면 기업의 성장성이 높다고 본다.
④ 주가는 유사기업 평균수준이고 EPS가 유사기업보다 낮다면 일시적인 EPS의 감소일 수 있다.
⑤ ROE는 PER와 정(＋)의 관계에 있다.

정답 | ⑤
해설 | ROE를 자기자본비용(k)의 대용치로 사용한다면 PER와 부(－)의 관계를 갖게 된다.

02 다음 중 PER과 부(－)의 영향을 미치는 것을 모두 고른 것은?

㉮ 배당성향	㉯ 유보율
㉰ 성장률	㉱ 위험

① ㉮, ㉯   ② ㉯, ㉰
③ ㉰, ㉱   ④ ㉮, ㉰
⑤ ㉯, ㉱

정답 | ⑤
해설 | 유보율과 위험(자기자본비용)은 PER과 부(－) 관계에 있다.

03 배당성향은 40%, 자기자본비용은 12%일 때 성장률이 4%로 일정하다면 정상PER는?

① 3.5   ② 5.2
③ 7.8   ④ 10.4
⑤ 15.6

정답 | ②
해설 | $PER^* = (0.4 \times (1 + 0.04))/(0.12 - 0.04) = 5.2$배

04 PER는 6배이고, 유보율은 80%이다. 성장률이 5%로 일정할 때 자기자본비용은 얼마인가?

① 7.0% ② 8.5%

③ 10.0% ④ 12.5%

⑤ 19.0%

정답 | ②

해설 | [(1 − 0.8) × (1 + 0.05)] / (k − 0.05) = 6, k = 8.5%

05 다음을 참고하여 20X1.01.01.에 甲회사 주식에 투자할 때 기대투자수익률은 얼마인가?

甲회사	20X0.12.31.	재무자료
주가		₩60,000
당기순이익		₩10,000
배당성향		30%
배당성장률		4%
시장위험프리미엄		5%
무위험이자율		2%
주식베타		1.2

① 30% ② 44%

③ 85% ④ 100%

⑤ 225%

정답 | ①

해설 | 이론주가 P = (3,000 × 1.04) / (k − 0.04), k = 2% + 5% × 1.2 = 8%, 따라서 P = 78,000원

기대수익률 = (78,000 − 60,000) / 60,000 = 30%

06 다음 자료를 참조할 때 바르지 못한 설명은? (동종 산업에는 甲회사와 乙회사만 존재하고 두 회사는 규모, 시장점유율, 위험 등 사업내용이 유사하다.)

구분	甲회사	乙회사
주가	₩90,000	₩52,000
주당순이익	₩15,000	₩13,000
정상PER	4배	6배
시장PER	6배	4배

① 甲회사의 주가는 매우 고평가되었다.
② 乙회사의 주가는 앞으로 상승할 가능성이 높다.
③ 甲회사는 乙회사보다 성장성이 높은 기업으로 볼 수 있다.
④ 甲회사의 주식을 차입공매하는 것보다 乙회사 주식을 매수하는 것이 유리하다.
⑤ 두 회사의 배당성향과 성장률이 같다면 甲회사의 자기자본비용이 낮다.

정답 | ⑤
해설 | 배당성향과 성장률이 같다면 자기자본비용이 낮은 기업의 정상PER가 높다.
   ※ 차입공매는 고평가된 주식을 현재가격에 빌려서 팔고 주가가 하락하면 사서 되갚는 투자방법이다.
      甲회사의 적정주가가 60,000원이므로 90,000원에 주식을 빌려서 팔고 60,000원으로 하락하면 다시 사서
      되갚는다면 30,000원 차익을 얻을 수 있다. 이 경우 투자수익률은 33.3%이다. 乙회사의 적정주가는
      78,000원이므로 향후 26,000원의 수익을 기대할 수 있으므로 기대수익률은 50%이다.

07 다음 중 배당평가모형에 의한 정상PER에 대한 설명으로 바르지 못한 것은? (다른 조건이 일정하다고 가정한다.)

① 배당성장률이 0이라면 PER는 일정하다.
② 기업의 배당이 증가하면 PER는 높아진다.
③ 주주요구수익률(k_E)은 배당성장률(g)보다 항상 크다.
④ 기업의 위험이 시장위험보다 작다면 PER는 낮아진다.
⑤ 유보율이 높아지면 PER는 작아진다.

정답 | ④
해설 | 기업의 위험, 즉 베타가 시장위험($\beta = 1$)보다 작다면, k가 작아지므로 PER는 높아진다.

08 다음 중 주가순자산비율(PBR)에 대한 설명으로 바르지 못한 것은?

① 시가총액이 순자산장부가치의 몇 배인지를 나타낸다.

② PBR이 동종업종의 유사기업 평균보다 낮다면 주가가 당해 기업이 보유하는 잉여금을 충분히 반영하지 못하고 있다는 의미이다.

③ 인적자원이 중요한 IT기업이나 서비스기업의 경우 PBR은 의미가 없다.

④ 자기자본이익률(ROE)이 높은 기업의 정상PBR은 낮아진다.

⑤ PBR은 기업 간 회계처리 방법이 다른 경우에 일률적 적용이 어렵다.

정답 | ④

해설 | $PBR^* = PER \times ROE$

09 다음 중 PBR에 정(+)의 영향을 미치는 것을 모두 고른 것은?

㉮ ROE	㉯ ROA
㉰ 배당성향	㉱ 성장률
㉲ 주주요구수익률	

① ㉮, ㉯, ㉰ ② ㉯, ㉰, ㉱

③ ㉰, ㉱, ㉲ ④ ㉮, ㉰, ㉱

⑤ ㉯, ㉰, ㉱, ㉲

정답 | ④

해설 | $PBR^* = f(ROE(+),$ 배당성향$(+),$ 성장률$(+),$ 위험$(-)),$ 위험은 주주요구수익율(k_E)을 의미한다.

10 배당성향은 40%, 자기자본비용은 12%, 성장률은 4%로 일정하다. 자기자본순이익률이 10%일 때 정상PBR은 얼마인가?

① 0.52 ② 0.78

③ 1.00 ④ 1.25

⑤ 1.38

정답 | ①

해설 | $PBR^* = PER^* \times ROE$에서 $PER^* = (0.4 \times (1 + 0.04))/(0.12 - 0.04) = 5.2$배, $PBR^* = 5.2 \times 0.1 = 0.52$배

11 자기자본순이익률(ROE)이 10%이고, PER가 5배, 시가총액이 100억 원일 때, 순자산장부가치는 얼마인가?

① 50억 원　　　　　　　　　　　　② 100억 원

③ 150억 원　　　　　　　　　　　　④ 200억 원

⑤ 250억 원

정답 | ④

해설 | PBR＝PER×ROE＝5×0.1＝0.5배, 100억/EC＝0.5이므로 EC＝200억 원

12 자기자본순이익률(ROE)이 10%, 시가총액이 100억 원, 순자산장부가치가 80억 원일 때 PER는 얼마인가?

① 8배　　　　　　　　　　　　　　② 10배

③ 12.5배　　　　　　　　　　　　　④ 14.5배

⑤ 16배

정답 | ③

해설 | PBR＝PER×ROE에서 100억/80억＝PER×0.1이므로 PER＝12.5배

13 배당성향은 20%, 자기자본비용은 8%, 성장률은 5%, ROE는 20%이고 주당순자산은 7,000원일 때 이론적 주가는 얼마인가? (현재 주가는 8,000원이다.)

① 7,000원　　　　　　　　　　　　② 7,800원

③ 8,800원　　　　　　　　　　　　④ 9,800원

⑤ 10,000원

정답 | ④

해설 | $PER^*＝(0.2×(1＋0.05))/(0.08－0.05)＝7$배, $PBR^*＝PER^*×ROE＝7×0.2＝1.4$배,
　　　$P^*＝7,000$원$×1.4＝9,800$원

14 다음을 참고하여 20X1.01.01.에 甲회사의 정상PBR을 계산하면 얼마인가?

甲회사	20X0.12.31.	재무자료
현재주가		₩10,000
주당순자산		₩8,000
자기자본순이익률		20%
배당성향		20%
배당성장률		5%
시장위험프리미엄		5%
무위험이자율		2%
주식베타		1.4

① 1.05배 ② 1.25배

③ 1.40배 ④ 1.45배

⑤ 1.50배

정답 | ②

해설 | $k = 2\% + 5\% \times 1.4 = 9\%$, $PER^* = (0.2 \times (1 + 0.05))/(0.09 - 0.05) = 5.25$배,
$PBR^* = PER^* \times ROE = 5.25 \times 0.2 = 1.05$배

15 다음 자료를 참조할 때 바르지 못한 설명은? (동종 산업에는 甲회사와 乙회사만 존재하고 두 회사는 규모, 시장점유율, 위험 등 사업내용이 유사하다.)

구분	甲회사	乙회사
주가	₩90,000	₩52,000
주당순자산	₩60,000	?
주당순이익	₩18,000	₩12,000
정상PER	4배	6배
정상PBR	?	1.8배
시장PBR	1.5배	1.3배

① 甲회사의 정상PBR은 1.2배이다.

② 乙회사의 주당순자산은 40,000원이다.

③ 甲회사의 주가는 순자산가치를 과대평가하고 있다.

④ 乙회사의 주가는 순자산가치를 충분히 반영하지 못하고 있다.

⑤ 甲회사보다 乙회사의 자기자본순이익율(ROE)이 더 크다.

정답 | ⑤

해설 | 두 회사의 ROE는 동일하다. $ROE_甲 = 18,000/60,000 = 0.3$, 乙의 주당순자산 $= 52,000/1.3 = 40,000$원이므로 $ROE_乙 = 12,000/40,000 = 0.3$, 그리고 甲의 정상PBR $= 4 \times 0.3 = 1.2$배이다.

16 다음 중 주가매출액비율(PSR)에 대한 설명으로 바르지 못한 것은?

① 당기순이익이 적자인 기업에도 활용할 수 있다.

② 결손금 누적으로 자본이 잠식된 기업에도 적용할 수 있다.

③ PSR은 회계처리에 크게 영향을 받으므로 기업 간 일률적 비교가 어렵다.

④ PER에 비하여 변동성이 적다.

⑤ PSR은 기업의 제품 또는 상품의 가격변화가 주가에 미치는 영향을 쉽게 파악할 수 있다.

정답 | ③
해설 | PSR은 회계처리에 크게 영향을 받지 않으므로 기업 간 비교가 용이하다.

17 주가매출액비율(PSR)의 결정요인과 관련이 적은 것은?

① 매출액순이익률

② 주주요구수익률

③ 총자본순익률

④ 배당성향

⑤ 배당성장률

정답 | ③
해설 | 총자본수익률은 PSR과 관련이 없다.

18 甲회사의 당기 주당매출액은 5,000원, 주당순이익 1,000원, 배당성향 20%, 배당성장률 5%, 그리고 자기자본비용이 8%일 때 이론주가는 얼마인가?

① 7,000원

② 10,000원

③ 14,000원

④ 20,000원

⑤ 28,000원

정답 | ①
해설 | ROS = 1,000/5,000 = 0.2이고, PER* = (0.2×(1 + 0.05))/(0.08 − 0.05) = 7배, PSR* = 0.2×7 = 1.4배이다.
따라서 이론주가는 P* = 1.4×5,000 = 7,000원

19 다음 중 PER, PBR, PSR에 공통적으로 영향을 미치는 요인을 모두 고르면?

> ㉮ ROE   ㉯ ROS
> ㉰ 배당성향   ㉱ 성장률
> ㉲ 자기자본비용

① ㉮, ㉰   ② ㉮, ㉰, ㉲
③ ㉰, ㉱, ㉲   ④ ㉮, ㉰, ㉱, ㉲
⑤ ㉮, ㉯, ㉰, ㉱, ㉲

정답 | ③
해설 | ROE는 PBR에 영향을 미치고, ROS는 PSR에만 영향을 미친다.

20 다음 중 시장가치 분석에 대한 내용 중 바르지 못한 것은?

① 설비가 많은 장치산업의 경우 감가상각비가 많이 발생하므로 EV/EBITDA비율이 PER보다 유용한 분석 도구가 될 수 있다.
② PCR은 재무레버리지가 반영되지 않아 EV/EBITDA비율보다 안정적이다.
③ PCR이 낮으면 주가는 저평가 되었을 가능성이 있다.
④ EV/EBITDA비율 계산 시 기업에 현금및현금성자산이 많으면 EV가 작아진다.
⑤ EV/EBITDA비율은 기업의 영업활동현금흐름으로 기업가치에 해당하는 금액을 얼마만큼 빨리 회수할 수 있는지를 나타낸다.

정답 | ②
해설 | PCR은 재무레버리지가 반영되어 있어 EV/EBITDA비율보다 변동성이 더 크다.

21 甲회사의 감가상각비는 3억 원, 영업이익 20억 원, 이자비용 4억 원, 세전이익 16억 원, 당기순이익 15억 원이다. 회사의 현재 주가가 15,000원이고 발행주식수가 30만 주일 때 PCR은 얼마인가?

① 1.0배   ② 1.6배
③ 2.0배   ④ 2.3배
⑤ 2.5배

정답 | ⑤
해설 | 주당현금흐름(CFPS) = (15억 + 3억)/30만주 = 6,000원, PCR = 15,000/6,000 = 2.5배

22 甲회사의 매출액은 100억 원이고, 감가상각비는 5억 원, 이자비용 10억 원, 세전이익 15억 원, 당기순이익 10억 원이다. 회사의 현재 주가는 15,000원이고 발행주식수는 100만 주, 순차입금은 30억 원이다. 이때 EV/EBITDA비율은 얼마인가?

① 3배 ② 3.5배
③ 4배 ④ 4.8배
⑤ 6배

정답 | ⑤
해설 | EV = (15,000원×100만) + 30억 = 180억 원, EBITDA = 세전이익 + 이자비용 + 감가상각비 = 15 + 10 + 5 = 30억 원

따라서 EV/EBITDA = 180억/30억 = 6배

23 乙회사는 부채비율 300%, 자기자본비용 12%, 타인자본비용 5%, 법인세율 20%, 영업자산 80억 원, 비이자발생부채 20억 원, 그리고 투하자본수익률(ROIC)이 10%이다. 이때 EVA 얼마인가?

① 2.4억 원 ② 3.6억 원
③ 4억 원 ④ 6억 원
⑤ 10억 원

정답 | ①
해설 | IC = 80억 − 20억 = 60억, WACC = (3/4)(5%)(1 − 0.2) + (1/4)(12%) = 6%, EVA = 60억×(10% − 6%) = 2.4억 원

24 丙회사의 총자산은 100억 원, 비영업자산은 30억 원, 비이자발생부채는 10억 원이다. 투하자본수익률(ROIC)이 12%이고 가중평균자본비용은 8%일 때 경제적부가가치(EVA)는 얼마인가?

① 2.4억 원 ② 2.8억 원
③ 3.6억 원 ④ 4.4억 원
⑤ 5.6억 원

정답 | ①
해설 | IC = 100억 − 30억 − 10억 = 60억, EVA = 60억×(12% − 8%) = 2.4억 원

CHAPTER 06

종합적 분석

출제 포인트
- ROI 분석 및 지수법 분석의 이론적 개념
- ROI 분석 및 지수법 분석의 계산문제 해결

1. ROI(총자산순이익률)분석

(1) ROI분석의 의의

① ROI분석은 듀폰모델이라고도 하며 경영성과 측정에 가장 널리 사용되는 내부통제 기법이다.

② ROI분석은 주주와 채권자가 투자한 자본의 수익성을 측정하는 지표이다.

③ ROI분석은 기업의 단기 경영목표를 총자산순이익률의 극대화로 보고 이를 달성하기 위하여 계획을 수립하고 사후 통제를 위한 분석 기법이다.

(2) ROI 관계식

$$ROI = \frac{NI}{TA} = \frac{순이익}{매출액} \times \frac{매출액}{총자산}$$

$$= 매출액순이익률 \times 총자산회전율$$

$$= 매출마진 \times 회전속도$$

① ROI를 증가시키기 위해서는 매출액순이익률 또는 총자산회전율을 높여야 한다. 그러나 현실적으로 이 두 비율을 동시에 높이는 것은 어렵다. 왜냐하면 매출마진을 높이면 매출액이 줄어들고, 매출액을 높이면 매출마진이 줄어들기 때문이다.

> **Key Point!**
> - 박리다매(薄利多賣)전략은 매출마진은 적게 하되 회전속도를 높여 ROI를 증가시키는 전략이다.
> - 「고마진×저회전」전략이냐, 아니면 「저마진×고회전」전략이냐는 기업 특성에 따라 결정하면 된다.

(3) ROI분석의 유용성

① ROI는 매출수익성과 활동성(또는 자산이용의 효율성)에 대한 동시적 분석이 가능하다.

② ROI는 경영자 및 종업원의 성과평가 또는 통제에 있어 다른 의미로 정의된 수익률보다 효과적이다.

③ ROI는 관리자 또는 종업원들에게 기업목표와 일치하는 부서의 구체적 관리목표를 제시하는 기준이 된다.

④ ROI도표는 재무제표에 대한 전문지식이 없어도 직관적으로 기업의 경영상태를 쉽게 파악할 수 있다.

(4) ROI분석의 단점

① ROI 기법은 총자산순이익률의 증대만을 목표로 한다.

② 이로 인하여 총자산영업이익률이 이자율(타인자본비용)을 초과하는 경우 주주에게 귀속되는 자기자본 순이익률은 총자산영업이익률보다 더 커지는 재무레버리지 효과가 나타난다. 이때 기업이 부채를 과도 하게 조달할 우려가 있다.

③ 반대로 총자산영업이익률이 이자율보다 작은 경우에는 자기자본순이익률은 총자산영업이익률보다 작 아진다. 즉 재무레버리지 효과가 없다.

④ 만일 경기 불황기에 이러한 의사결정을 한다면 기업의 존립이 위태로울 수 있다.

[사례 6 - 1]

㈜대한의 20X1년 재무상태표와 손익계산서이다. 동사의 타인자본비용은 10%이다.

재무상태표 (단위 : 억 원)		
자산 500	부채 100	
	자본 400	

손익계산서 (단위 : 억 원)	
매출액	500
영업비용	300
영업이익	200
이자비용	10
당기순이익	190

기업의 총자산영업이익률은 $(200/500) \times 100 = 40\%$이고, 자기자본순이익률은 $(190/400) \times 100 = 47.5\%$ 이다. 총자산영업이익률(40%)보다 자기자본순이익률(47.5%)이 더 크게 나타난다. 이러한 효과가 나타나는 이유는 부채로 조달한 자본을 이용하여 타인자본비용을 초과하는 영업이익을 발생시켰기 때문이다. 이를 재무레버리지 효과라 한다. 이를 다음의 경우와 비교해 보자.

> **Key Point!**
> 부채의 레버리지 효과가 나타나는 이유는 자산을 구성할 때 부채를 조달했기 때문에 자기자본이 총자산보다 상대적으로 작아서 그런 것이 아니라 부채로 조달한 자본을 이용하여 타인자본비용을 초과하는 영업이익을 발생시켰기 때문이라는 사실을 반드시 기억한다.

재무상태표 (단위 : 억 원)		
자산 500	부채 100	
	자본 400	

손익계산서 (단위 : 억 원)	
매출액	500
영업비용	460
영업이익	40
이자비용	10
당기순이익	30

총자산영업이익율은 $(40/500) \times 100 = 8\%$이고 자기자본순이익률은 $(30/400) \times 100 = 7.5\%$이다. 즉 총자 산영업이익률(8%)이 타인자본비용 10%보다 작을 경우에는 자기자본순이익률이 총자산영업이익률보다 작 게 나타나 재무레버리지 효과가 없다. 이자율보다 총자산영업이익률이 작은 환경에서는 부채가 클수록 자 기자본순이익률은 줄어든다.

(5) ROI분석의 확장(ROE분석)

$$ROE = \frac{\text{당기순이익}}{\text{자기자본평균잔액}} = \frac{\text{당기순이익}}{\text{매출액}} \times \frac{\text{매출액}}{\text{자기자본평균잔액}} \times \frac{\text{당기순이익}}{\text{매출액}} \times \frac{\text{매출액}}{\text{총자산}} \times \frac{\text{총자본}}{\text{자기자본}}$$

$$= \text{매출액순이익률} \times \text{총자산회전율} \times (1 + \text{부채비율})$$

$$= ROI \times (1 + \text{부채비율})$$

① 총자산영업이익률이 타인자본비용보다 크다면 **부채비율이 클수록 ROE는 극대화**된다.

② ROI가 높고 ROE가 낮은 기업은 부채비율이 낮다는 의미이므로 **재무구조가 안정적**이라고 할 수 있다.

③ 타인자본을 사용하지 않는 기업은 ROI와 ROE가 일치한다.

(6) ROE도표

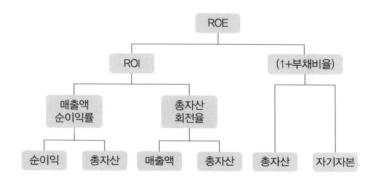

[사례 6-2]

재무상태표

甲회사	20X1.12.31.	(단위 : 백만 원)	
Ⅰ. 유동자산	3,000	Ⅰ. 유동부채	2,800
현금성자산	70	매입채무	250
단기투자자산	60	미지급금	100
매출채권	2,070	단기차입금	2,450
재고자산	800		
		Ⅱ. 비유동부채	4,500
Ⅱ. 비유동자산	7,500	장기차입금	2,000
토지 · 건물	1,500	회사채	2,500
기계 · 설비	6,000		
		Ⅲ. 자본	3,200
		자본금	2,600
		잉여금	600
자산총계	10,500	자본총계	10,500

손익계산서
(20X1.1.1.~12.31.)

甲회사 　　　　　　　　　　　　　　　　　　　　　　　　　(단위 : 백만 원)

항목		금액
매출액		23,100
매출원가		16,170
매출총이익		6,930
판관비		4,158
판매비	1,558	
관리비	1,800	
감가상각비	800	
영업이익		2,772
영업외비용		1,572
단기차입금이자	482	
장기차입금이자	188	
회사채이자	150	
기타영업외비용	752	
세전이익		1,200
법인세비용		240
당기순이익		960
발행주식수		100,000주

① 다음의 재무비율을 계산하고, 경영자와 채권자 입장에서 기업을 평가하시오.

항목	비율	산업평균	항목	비율	산업평균
유동비율		145%	당좌비율		90%
부채비율		200%	이자보상비율		2배
차입금의존도		40%	재고자산회전율		10회전
매출채권회전율		5회전	비유동자산회전율		3회전
총자산회전율		2회전	총자본순이익률		4%
매출액순이익률		3%	자기자본순이익률		18%

※ 소수점 둘째 자리에서 반올림한다.

② ROE도표를 작성하시오.

해설 | ① 재무비율 계산 및 해석

항목	비율	산업평균	항목	비율	산업평균
유동비율	107.1%	145%	당좌비율	78.6%	90%
부채비율	228.1%	200%	이자보상비율	3.4배	2배
차입금의존도	66.2%	40%	재고자산회전율	28.9회전	10회전
매출채권회전율	11.2회전	5회전	비유동자산회전율	3.1회전	3회전
총자산회전율	2.2회전	2회전	총자본순이익률	9.1%	4%
매출액순이익률	4.2%	3%	자기자본순이익률	30%	18%

유동비율 = (3,000 ÷ 2,800) × 100 = 107.1%
부채비율 = (7,300 ÷ 3,200) × 100 = 228.1%
차입금의존도 = (6,950 ÷ 10,500) × 100 = 66.2%
매출채권회전율 = (23,100 ÷ 2,070) = 11.2회전
총자산회전율 = (23,100 ÷ 10,500) = 2.2회전
매출액순이익률 = (960 ÷ 23,100) × 100 = 4.2%

당좌비율 = (2,200 ÷ 2,800) × 100 = 78.6%
이자보상비율 = (2,772 ÷ 820) = 3.4배
재고자산회전율 = (23,100 ÷ 800) = 28.9회전
비유동자산회전율 = (23,100 ÷ 7,500) = 3.1회전
총자본순이익률 = (960 ÷ 10,500) × 100 = 9.1%
자기자본순이익률 = (960 ÷ 3,200) × 100 = 30%

(경영자 입장)
甲회사는 산업평균대비 활동성과 수익성은 양호하나 부채비율이 높아 자본구조의 안정성에 다소 문제가 있다. 부채를 많이 사용함으로 인하여 차입금의존도가 높기는 하지만 이자보상비율이 산업평균을 상회함으로 부채를 적절히 사용하고 있다고 할 수 있다. 그러나 甲회사는 산업평균대비 유동성이 다소 부족하므로 경기상황이 악화될 것에 대비하여 산업평균수준의 유동성을 확보할 필요가 있다.

(채권자 입장)
甲회사의 수익성과 활동성이 높고 이자보상비율도 산업평균을 상회하므로 단기채무 상환능력에 문제가 있다고 보기는 어렵다. 다만 부족한 유동성으로 인하여 경기악화에 따른 채무상환능력이 문제될 수 있으므로 이에 대한 대비책으로 유동성 확대 방안을 강구하여야 할 것이다.

② ROE도표를 작성

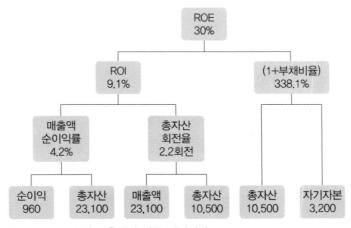

※ 오차는 소수점 반올림에 따른 차이이다.

2. 지수법(가중비율총합법) 분석

(1) 의의와 한계

① 지수법은 표준비율과 비교하여 판단하는 개별적 비율분석의 한계를 보완하여 기업의 재무상태나 경영성과를 종합적으로 평가하기 위하여 Wall이 최초로 제시한 분석방법이다.

② 다만 분석하려는 주요 비율의 **중요도를 주관적으로 산출하여 가중치를 부여**하므로 객관성의 한계가 존재한다.

    ㉠ 비율분석 : 유동성 비율은 양호한데 수익성 비율이 불량한 경우, 기업의 경영성과 또는 재무상태가 양호인지 불량인지 판단이 곤란하다.

    ㉡ 지수법 : 유동성이 더 중요하다고 가중치를 부여하면 기업의 상태는 양호하다고 할 수 있고, 수익성 비율에 가중치를 부여하면 불량하다고 판단할 수 있다.

③ 이러한 문제로 인하여 지수법에 의한 종합적인 평가결과는 **객관성을 보장받기 어렵다.**

④ 결국 지수법은 분석자가 각자의 분석 목적에 따라 주요비율과 가중치를 적절히 선정 · 부여하여 분석 목적에 적합하게 수정하여 활용할 수 있다.

(2) 평가절차

① 분석 목적에 맞는 몇 개의 **재무비율 선정**

② 선정된 재무비율에 **가중치 부여**(가중치의 합계는 100)

③ 선정된 재무비율의 실제비율과 표준비율의 **관계비율 설정**

④ 산출된 관계비율에 비율별 가중치를 곱하여 평점을 계산하고 **비율별 평점을 합산하여 지수를 산출**

⑤ 지수가 100점 **이상이면 양호**, 100점 이하이면 불량한 것으로 판단

(3) 지수법의 종류

① Wall의 지수법 : 유동성과 안정성 중시하고 있어 **여신자의 입장**에서의 분석이다. 따라서 **유동비율과 부채비율에 가장 큰 가중치를 부여**한다.

② Trant의 지수법 : 활동성 중시하고 있어 **경영자 입장에서의 분석이다. 재고자산회전율, 비유동자산회전율에 가장 큰 가중치를 부여**한다.

③ Brichett의 지수법 : 기업의 지급능력 분석 시 분석 주체에 따라 가중치를 다르게 부여한다. 월, 트랜트와 달리 **수익성 비율**도 주요 비율로 선정하였다.

    ㉠ 금융기관 입장 : **매출채권회전율**(1ST), 유동비율, 당좌자산구성비율, 재고자산회전율 등 **단기지급능력 비율과 활동성 비율에 큰 가중치 부여**한다.

    ㉡ 사채권자 입장 : **이자보상비율**(1ST), 총자산회전율, 부채비율에 가장 큰 가중치를 부여**하였다.

[사례 6-3]

경기기업의 주요 재무비율과 산업평균이 다음과 같을 때 월의 지수법으로 평가하시오.

항목	재무비율	산업평균	가중치
유동비율	120%	98%	25
부채비율	350%	300%	25
비유동비율	180%	230%	15
매출채권회전율	4회전	5회전	10
재고자산회전율	8.5회전	7.1회전	10
비유동자산회전율	2.3회전	2.4회전	10
자기자본회전율	5.3회전	4.2회전	5

해설 |

항목	재무비율 (a)	산업평균 (b)	관계비율 (c=a/b)	가중치 (d)	평점 (e=c×d)
유동비율	120%	98%	122%	25	30.5
부채비율*	350%	300%	86%	25	21.5
비유동비율**	180%	230%	128%	15	19.2
매출채권회전율	4회전	5회전	80%	10	8.0
재고자산회전율	8.5회전	7.1회전	120%	10	12.0
비유동자산회전율	2.3회전	2.4회전	96%	10	9.6
자기자본회전율	5.3회전	4.2회전	126%	5	6.3
합 계				100	107.1

*, ** : 부채비율과 비유동비율은 낮을수록 좋으므로 이들 비율의 관계비율은 역(b/a)으로 계산

〈김철중, 「재무분석」, 제6판, 서울 : 한국금융연수원, 2022년, 302p〉

경기기업은 산업평균에 비하여 전체적으로 약간 양호한 것으로 나타난다.

3. 기업체종합평가표

(1) 의의

① 시중은행에서 자체적으로 사용하는 평가표로 기업의 신용상태를 종합적으로 평가는 방법이다.

② 기업체종합평가표는 산업별로 구성항목과 배점이 조금씩 다르다.

③ 예시 : 중공업 1군[21]

　㉠ 총점 100점 : 재무상태 60점, 환경대응력 11점, 경영일반 10점, 산업요인 6점, 운영효율성 7점, 은행 거래상황 6점

④ 은행들은 기업체종합평가 점수가 높은 우량기업에 차등우대금리를 적용하고, 40점 이하의 비우량기업은 여신을 제한한다.

---

21) 김철중, 「재무분석」, 제6판, 서울 : 한국금융연수원, 2022년, 307p 표 6-2 참고

4. 재무비율의 상호관련성

(1) 수익성과 유동성
① 수익성(ROI)과 유동성은 상충적인 관계에 있다.
② **수익성을 위해서는 어느 정도 유동성을 포기**해야 한다.
  ㉠ 수익성 확보를 위해서는 자금의 대부분이 비유동자산(설비 등)에 투자되므로 자금이 **고정화**된다.
  ㉡ 투자수익률이 차입이자율 이상일 때 장기차입금을 늘려 투자액을 늘리는 것이 수익성 확보에 바람직
    하다(레버리지 효과 때문).
③ 반면 **수익성 확대를 위하여 설비투자를 늘리면 기업 유동성은 악화**된다. 즉 유동성 확보를 위해서는 수익
  성을 어느 정도 포기해야 한다.
  ㉠ 기업 유동성이 악화 될 경우 **영업위험(operating risk)과 재무위험(financial risk)이 증가**한다(설비
    자산 유지를 위한 **고정비 증가 및 차입이자비용 증가**).
④ 결국 수익성을 충분히 유지하면서 적절한 유동성을 확보하는 것이 중요하다.
  ㉠ 즉 기업은 자금부족으로 인한 기회비용과 자금운용으로 인한 한계수익률을 고려하여 자금을 배분하
    여야 한다.

(2) 수익성과 레버리지
① 레버리지 효과
  레버리지 효과는 「CHAPTER 03의 2. 유형별 분석 (2) 레버리지 분석」과 「CHAPTER 06. 1. ROI분석」
  에서 설명하였으므로 여기서는 생략한다.
② 투자수익률 측정
  투자안의 수익률은 내부수익률(IRR)을 활용한다. IRR은 기업의 **요구수익률**로 볼 수 있다.

[사례 6-3]

A안 : 일시금 1000만원, B안 : 매월 말 10만원 영구지급, 두 가지 포상금에 대한 선택에서 B안의 현재가치는
$P_0 = 100,000/r$로 계산할 수 있다. A안과 B안의 현재가치가 같다면 어느 것을 선택하든 동일한 효용을 가질 것이
다. 이 경우 $10,000,000 = 100,000/r$ 이므로 $r = 1\%$이다 . 이때 1%는 이 대안의 선택권을 가진 사람이 요구하는
최소한의 수익률이 된다. 만일 2% 투자수익을 가진 대안이 있다면 선택권자는 일시금 1000만원을 선택할 것이
다. 왜냐하면 1000만원으로 2%의 수익률 올리는 것이 더 유리하기 때문이다. 다른 말로 표현하면 10만원의 영구
현금흐름의 크기가 2% 요구수익률 수준에서는 500만원으로 1000만원보다 작아지기 때문이다.
즉 $100,000/2\% = 5,000,000$이다.

해설 | 만일 B안의 현금흐름이 2년차부터 매년 0.5%(g%)씩 증가한다면 현재가치는 다음과 같이 계산된다.

$$P_0 = \frac{A}{r-g} = \frac{100,000}{0.01-0.005} = 20,000,000$$

즉 선택권을 가진 사람의 요구수익률이 1%인 경우 매년 0.5%씩 증가하는 10만원의 현금흐름을 가진 투자안은
현재가치가 2,000만원이므로 이를 선택하게 된다. 다른 측면으로 보면 선택권자는 이러한 조건에서 1.5%의 요구
수익률을 가진다는 의미이다. 즉 $100,000/(1.5\%-0.5\%) = 10,000,000$이다.

③ 총자산영업이익률과 투자수익률

　㉠ 앞서 설명한 내용을 총자산영업이익률의 관점에서 1,000만 원을 총자산, 10만 원을 영업이익이라 하면 총자산으로부터 10만 원의 영구적 현금흐름이 발생되기 위해서는 1%의 수익률이 필요하다. 즉 총자산영업이익률이 1%로 영구히 지속된다고 가정하면 현재의 총자산가치와 동일하게 된다. 다시 말하면 **총자산영업이익률은 사후적 투자수익률로 간주**될 수 있다.

　㉡ 만일 영업이익이 처음 1년은 10만 원이고 그 이후 0.5%씩 증가한다고 가정하면 현금흐름의 현재가치가 2,000만 원이 되므로 현재의 총자산을 초과한다. 이 경우 투자수익률은 총자산영업이익률과 영업이익성장률을 더한 1.5%가 된다.

　㉢ 특정 투자안의 경우 **내부수익률(IRR)이 기업의 자본비용(WACC)보다 클 때 투자안의 현금흐름의 순현재가치(NPV)가 0보다 커져 기업가치가 증가하므로 투자안을 선택**한다.

④ 기업건전성 판단

$$기업세전순이익률 > 차입금평균이자율$$

　㉠ 기업의 세전순이익 = 순이익 + 이자비용

　㉡ 기업세전순이익은 개략적으로 영업이익을 의미하고, 기업세전순이익률은 총자산영업이익률의 대용치가 될 수 있다. 이 비율은 **영업외손익을 반영**하므로 총자산영업이익률보다 좀 더 현실적이라 할 수 있다.

(3) 물가수준과 재무비율

① 인플레이션이 재무비율에 미치는 영향

　㉠ 물가가 상승할 경우 재무비율에 미치는 영향은 다음과 같다.

재무비율	인플레이션의 영향
유동비율	물가상승 시 재고자산 장부가치가 시장가치보다 낮아져 **유동비율은 낮아진다.**
부채비율	물가상승 시 원자재 등 가격상승으로 인한 차입증가로 **부채비율이 상승**할 수 있다.
수익성 비율	매출액은 물가상승의 영향으로 커지고 총자산은 원가로 인식하여 상대적으로 낮아지므로 **수익성은 과대 계상**될 수 있다.
활동성 비율	매출액이 물가상승의 영향으로 커지므로 **활동성 비율도 확대**되어 나타난다.
성장성 비율	매출액이 물가상승의 영향으로 커져 순이익도 확대되므로 **성장성 비율도 확대**된다.

② 물가수준 변동에 따른 재무분석의 수정

　㉠ 재고자산을 후입선출법으로 평가하여 제품원가를 시가에 근접시킨다.

　㉡ 비유동자산은 재평가를 통하여 시가에 근접시킨다.

　㉢ 비용을 현재 구입 가능한 현행대체원가로 계상한다.

매출원가 = 기초제품재고액 + 당기제품제조원가 − 기말제품재고액

여기서, 기말제품재고액은 물가상승분을 반영하고 있으나 기초제품재고액은 물가상승분을 반영하고 있지 않다. 기초제품재고액을 물가상승분이 반영된 금액으로 대체하면 매출원가를 현실화 할 수 있다.

01 ROI분석의 목적은 총자산수익률을 극대화하기 위한 전략을 수립하는 데 있다. ☐○☐×

○

02 ROI는 매출수익성과 활동성을 동시에 분석할 수 있다. ☐○☐×

○

03 ROI는 관리자 또는 종업원들에게 기업목표와 일치하는 부서의 구체적 관리목표를 제시하는 기준이 된다. ☐○☐×

○

04 ROI가 증가하면 ROE도 증가한다. ☐○☐×

×
부채비율이 낮으면 ROE는 하락할 수 있다.

05 총자산영업이익률이 타인자본비용을 초과하는 경우 주주에게 귀속되는 자기자본순이익률은 총자산영업이익률보다 커진다. ☐○☐×

○
재무레버리지 효과에 대한 설명이다.

06 ROI가 높고 ROE가 낮다면 재무구조가 안정적이라 볼 수 있다. ☐○☐×

○
부채비율이 낮다는 의미이므로 옳은 설명이다.

07 수익성(ROI)과 유동성은 상충관계에 있다. ☐○☐×

○

08 은행에서 기업의 건전성을 판단할 때 총자산영업이익률과 차입금평균이자율을 비교한다. ☐○☐×

×
총자산영업이익률이 아니라 기업세전이익율을 사용한다.

01 ROI분석에 대한 설명으로 바르지 못한 것은?

① 기업의 투자수익률이 목표수익률에 미치지 못할 경우 그 원인을 파악하는데 용이하다.

② ROI는 주주와 채권자가 투자한 자본의 수익성을 측정하는 지표이다.

③ ROI는 총자산순이익률의 증대만을 목표로 한다.

④ ROI증가를 위해서는 매출마진 또는 총자산회전율을 높여야 한다.

⑤ 타인자본을 사용하지 않는 기업은 ROI가 ROE보다 크게 나타난다.

정답 | ⑤
해설 | 타인자본을 사용하지 않는 기업은 ROI와 ROE가 일치한다.

02 다음 '박리다매(薄利多賣)' 전략과 일치하는 ROI 운영전략은?

① 고마진×저회전 전략 　　　　　　　② 저마진×고회전 전략

③ 고마진×고회전 전략 　　　　　　　④ 저마진×저회전 전략

⑤ 중마진×중회전 전략

정답 | ②
해설 | '박리다매(薄利多賣)' 전략은 저마진×고회전 전략이다.

03 甲회사는 매출액순이익률 3%, 총자산회전율 2회, 부채비율 200%이고, ROI는 6%이다. ROE는 얼마인가?

① 12% 　　　　　　　② 14%

③ 16% 　　　　　　　④ 18%

⑤ 20%

정답 | ④
해설 | ROE = 매출액순이익률×총자산회전율×(1+부채비율) = ROI×(1+부채비율) = 6%×(1+200%) = 18%

04 乙회사는 ROE가 10%, 매출액순이익률 5%, 총자산회전율 2회이다. 다음 중 바르지 못한 설명은?

① 회사의 재무구조는 안정적이라 할 수 있다.

② 회사는 재무레버리지 효과가 없다.

③ 회사는 가중평균자본비용은 자기자본비용과 일치한다.

④ 회사의 ROE는 ROI보다 크게 나타난다.

⑤ 회사의 자기자본비율은 1이다.

정답 | ④

해설 | ROE = 매출액순이익률×총자산회전율×(1 + 부채비율)에서 10% = 5%×2회×(1 + 부채비율)이므로 부채비율은 0이다. 즉 회사는 부채를 사용하지 않는 기업이다. 따라서 ROE와 ROI는 일치하고, 재무레버리지 효과는 나타나지 않는다. 또한 자기자본비율은 1이 된다.

05 다음은 경기민감 산업군의 甲회사와 산업평균을 비교한 내용이다. 틀린 설명은?

항목	甲회사	산업평균
매출액순이익률	1%	2%
총자산회전율	4회	1회
부채비율	200%	?
ROE	?	12%

① 甲회사의 ROE는 산업평균 수준이다.

② 산업평균 부채비율은 甲회사보다 높다.

③ 甲회사는 박리다매(薄利多賣) 전략을 사용하고 있다.

④ 산업평균을 고려하여 甲회사는 부채를 늘려야 한다.

⑤ 산업평균을 고려하여 甲회사는 총자산을 줄여야 한다.

정답 | ⑤

해설 | 甲회사의 ROE = 1%×4회×(1 + 200%) = 12%로 산업평균과 동일하다. 산업평균 ROE 12% = 2%×1회×(1 + 부채비율)에서 부채비율 = 500%이다. 경기민감 산업군 평균적인 부채비율이 500% 수준으로 높기 때문에 전반적 경기상황은 좋다고 볼 수 있다. 따라서 甲회사는 부채를 추가로 조달하여 이익을 확대할 필요가 있다. 따라서 자산을 축소시키는 전략은 적절하지 않다.

06 乙회사는 산업평균에 비하여 ROI는 낮고 ROE가 높은 기업이다. 다음 중 분석결과로 옳은 것은?

① 자산활용의 효율성이 우수하다.
② 부채를 잘 활용하고 있다.
③ 재무구조가 안정적이다.
④ 수익성이 우수하다.
⑤ 자산배분이 안정적이다.

정답 | ②
해설 | ROI는 낮고 ROE가 높은 기업은 부채비율이 높은 기업이다. 따라서 재무구조가 안정적이라고는 할 수 없고 부채를 잘 활용하고 있다고 보아야 한다.

07 다음 중 ROE 결정 요인과 관련이 적은 것은?

① 매출마진   ② 총자산회전율
③ 부채비율   ④ 자기자본비율
⑤ 유동비율

정답 | ⑤
해설 | 유동비율(= 유동자산/유동부채)은 ROE와 관련이 없다.

08 다음 중 주주가치 재고를 위하여 재무통제를 할 때 가장 유용한 정보는?

① ROI   ② ROE
③ PER   ④ ROS
⑤ ROA

정답 | ②
해설 | 주주가치 재고를 위해서는 자기자본에 대한 수익성을 분석해야 하므로 ROE가 가장 유용하다.

[09~11]

다음 자료를 참조하여 물음에 답하시오. (재무상태표 기초와 기말금액은 일치한다.)

재무상태표
20X1.12.31.

丙회사 (단위 : 백만 원)

Ⅰ. 유동자산	1,500	Ⅰ. 유동부채	1,000
현금성자산	60	매입채무	300
단기투자자산	40	미지급금	200
매출채권	1,000	단기차입금	500
재고자산	400		
		Ⅱ. 비유동부채	2,000
Ⅱ. 비유동자산	3,500	장기차입금	400
토지·건물	1,500	회사채	1,600
기계·설비	2,000		
		Ⅲ. 자본	2,000
		자본금	1,200
		잉여금	800
자산총계	**5,000**	**자본총계**	**5,000**

손익계산서
(20X1.1.1.~12.31.)

丙회사 (단위 : 백만 원)

항목	금액	
매출액		10,000
매출원가		7,000
매출총이익		3,000
판관비		2,400
판매비	400	
관리비	1,400	
감가상각비	600	
영업이익		600
영업외비용		400
단기차입금이자	20	
장기차입금이자	30	
회사채이자	50	
기타영업외비용	300	
세전이익		200
법인세비용		50
당기순이익		150
발행주식수		50,000주

산업평균비율

항목	산업평균	항목	산업평균
유동비율	145%	당좌비율	90%
부채비율	200%	이자보상비율	2배
차입금의존도	40%	재고자산회전율	10회전
매출채권회전율	5회전	비유동자산회전율	3회전
총자산회전율	2회전	총자본순이익률	4%
매출액순이익률	2%	자기자본순이익률	12%

09 다음 丙회사의 분석내용 중 바르지 못한 것은?

① 산업평균대비 수익성이 부족하다.
② 산업평균대비 유동성은 부족하지 않다.
③ 산업평균대비 재무구조가 안정적이다.
④ 丙회사 총자산회전율을 현재 수준의 2배로 늘리면 산업평균보다 ROI가 커진다.
⑤ 丙회사 부채를 현재 수준의 2배로 늘리면 산업평균보다 ROE가 커진다.

정답 | ⑤
해설 | 회사는 산업평균대비 유동성이 충분하고 재무구조는 안정적이다. 그러나 수익성이 부족하다.

항목	비율	산업평균	항목	비율	산업평균
유동비율	150%	145%	당좌비율	110%	90%
부채비율	150%	200%	이자보상비율	6배	2배
차입금의존도	50%	40%	재고자산회전율	25회전	10회전
매출채권회전율	10회전	5회전	비유동자산회전율	2.9회	3회전
총자산회전율	2회전	2회전	총자본순이익률	3%	4%
매출액순이익률	1.5%	2%	자기자본순이익률	7.5%	12%

丙회사의 현재 ROE = 매출액순이익률×총자산회전율×(1 + 부채비율) = 1.5%×2회×(1 + 150%) = 7.5%
부채가 현재보다 2배로 늘어나면, ROE = 1.5%×2회×(1 + 300%) = 12%로 산업평균과 같아진다.

10 회사의 총자산영업이익률(ROA)과 평균차입이자율, 레버지 효과로 옳은 것은?

	ROA	평균차입이자율	레버리지 효과
①	4%	4%	없음
②	4%	5.6%	없음
③	12%	4%	있음
④	12%	5%	있음
⑤	12%	5.6%	있음

정답 | ③
해설 | ROA = (600/5,000)×100 = 12%, 평균차입이자율 = [(20＋30＋50)/(500＋400＋1,600)]×100 = 4%

11 다음 丙회사의 분석내용 중 바르지 못한 것은?

① 차입금의존도가 높기는 하지만 단기지급능력에는 문제가 없다.
② 부채비율이 산업평균보다 작다.
③ 재고자산회전기간이 산업평균보다 짧아 현금화가 잘 된다.
④ 매출채권회수기간이 산업평균보다 짧아 현금회수가 잘 된다.
⑤ 자기자본의 수익성이 산업평균보다 우수하다.

정답 | ⑤
해설 | 자기자본순이익률이 산업평균보다 낮아 수익성에 문제가 있다(9번 해설의 도표 참조).

12 다음은 甲회사의 재무자료이다. ROI는 얼마인가?

매출원가	₩4,800,000
매출총이익률	20%
당기순이익	₩400,000
총자산회전율	3회전

① 10% ② 15%
③ 20% ④ 25%
⑤ 30%

정답 | ③
해설 | 매출액 = 매출원가÷매출원가율 = 4,800,000÷(1－0.2) = 6,000,000원
　　　총자산회전율 = 3회 = 6,000,000/총자산
　　　따라서 총자산 = 2,000,000원, 총자산순이익률(ROI) = (400,000/2,000,000)×100 = 20%

13 다음 중 지수법에 대한 설명으로 바르지 못한 것은?

① 지수법은 표준비율과 비교하여 판단하는 개별적 비율분석의 한계를 보완하는 방법이다.

② 분석하려는 주요비율의 중요도에 따라 가중치를 부여하므로 객관적이다.

③ 지수는 100점을 기준으로 이상이면 경영성과나 재무상태가 양호한 것으로, 미만이면 불량한 것으로 판단한다.

④ 지수법은 Wall이 최초로 제시한 분석방법이다.

⑤ 선정된 재무비율에 부여되는 가중치의 합계는 100이다.

정답 | ②
해설 | 지수법은 가중치부여가 주관적이어서 객관성을 담보하기 어렵다.

14 Wall의 지수법은 (a)과/와 (b)을/를 중심으로 (c)의 입장에서의 분석이다. 따라서 재무비율 중 (d)와 (e)에 가장 큰 가중치를 부여한다. (   )에 들어갈 적절한 것으로 짝지어진 것은?

	(a)	(b)	(c)	(d)	(e)
①	유동성	안정성	여신자	유동비율	부채비율
②	활동성	성장성	경영자	재고자산회전율	순이익증가율
③	수익성	성장성	주주	자기자본순이익율	순이익증가율
④	유동성	활동성	채권자	유동비율	총자산회전율
⑤	생산성	성장성	주주	부가가치율	매출액증가율

정답 | ①

15 다음 중 Wall의 지수법에는 있으나 Trant의 지수법에는 없는 재무비율은?

① 유동비율
② 부채비율
③ 재고자산회전율
④ 비유동자산회전율
⑤ 자기자본회전율

정답 | ⑤

16 다음 중 수익성을 주요비율로 하고, 분석 주체에 따라 가중치를 다르게 부여하는 지수법은?

① Wall의 지수법
② Trant의 지수법
③ Brichett의 지수법
④ Gordon의 지수법
⑤ Fisher의 지수법

정답 | ③
해설 | Brichett의 지수법에 대한 설명이다.

17 다음 Brichett 지수법에서 사채권자 입장에서 가장 큰 가중치를 부여하는 것은?

① 유동비율   ② 부채비율

③ 총자산회전율   ④ 매출채권회전율

⑤ 이자보상비율

정답 | ⑤
해설 | 사채권자는 이자보상비율에 가장 큰 가중치를 둔다.

18 다음 중 물가수준 변동이 재무비율에 미치는 영향으로 바르지 못한 것은?

① 물가상승 시 유동비율은 실제보다 낮아지는 경향이 있다.

② 물가상승 시 부채비율은 상승하는 경향이 있다.

③ 물가상승 시 수익성 비율은 과소평가될 수 있다.

④ 물가상승 시 활동성 비율은 확대되어 나타난다.

⑤ 물가상승 시 성장성 비율은 확대되어 나타난다.

정답 | ③
해설 | 물가상승 시 매출액은 상대적으로 커지고, 총자산은 원가로 인식되어 상대적으로 작아지므로 수익성 비율은 과대 계상될 수 있다.

레버리지 분석

출제 포인트 ■ ■
■ 레버리지 분석의 이론적 개념
■ 레버리지 분석의 계산문제 해결

1. 레버리지와 레버리지 분석

(1) 의의

재무분석에서 레버리지(leverage)는 타인자본의존도뿐만 아니라 고정비 부담으로 손익이 확대되는 현상 모두를 의미한다. 그 이유는 고정비 부담이 이익변화율을 매출액변화율보다 더 크게 확대하기 때문이다.

(2) 레버리지 효과

① 고정비와 변동비

〈자료7 - 1〉

	손익계산 (억 원)		비용 구분			
영업활동	매출액	500	Sales		Sales 500	결합레버리지
	(매출원가)	280	OGS	고정비(130) 변동비(150)	− FC(200) 영업레버리지	
	매출총이익	220	GP			
	(판관비)	100	GC	고정비(70) 변동비(30)	− VC(180)	
재무활동	영업이익	120	EBIT		EBIT 120 재무레버리지	
	(이자비용)	20	I	재무고정비	− I (20)	
	세전순이익	100	EBT		EBT 100	
	(법인세비용)	10	T		− T (10)	
	당기순이익	90	EAT		EAT 90	
	÷ 발행주식수 100만 주		n		÷ 100만 주	
	주당순이익	9,000원	EPS		EPS 9,000원	

② 매출액 변동과 이익 변동성 　　　　　　　　　　　　　※ 매출액변화율은 영업비용변화율보다 항상 크다.

미래	감소 ←	현재 손익계산서　(억 원)	→ 증가	미래
450	10% 감소	Sales 500	10% 증가	550
− FC(200)	영업비용	− FC(200)	영업비용	− FC(200)
− VC(162)	4.7% 감소	− VC(180)	4.7% 증가	− VC(198)
88	26.7% 감소	EBIT 120	26.7% 증가	152
− I (20)		− I (20)		− I (20)
68		EBT 100		132
− T (6.8)	세율 10%	− T (10)	세율 10%	− T (13.2)
61.2	32% 감소	EAT 90	32% 증가	118.8
÷ n	100만 주	÷ n	100만 주	÷ n
EPS 6,120원	32% 감소	EPS 9,000원	32% 증가	EPS 11,880원

③ 영업레버리지도(DOL)

　㉠ DOL은 **고정비 부담**으로 인한 손익확대 효과를 나타낸다. 또한 재무상태표상 **정적개념**으로는 유형자 **산의존도**를 의미하고, 손익계산서 상 **동적개념**으로는 영업고정비를 부담하는 정도를 의미한다. 산출 식은 다음과 같다.

$$DOL = \frac{\Delta EBIT/EBIT}{\Delta Sales/Sales} = \frac{Sales - VC}{Sales - VC - FC} = \frac{Q(p-v)}{Q(p-v)-FC} > 1$$

　여기서, p와 v는 각각 제품단가와 단위당 변동비를 나타낸다. **(매출액 − 변동비)는 공헌이익**이라 하 고, 공헌이익률＝(1 − 변동비율)＝(매출액 − 변동비)/매출액이다.

　㉡ DOL의 의미는 **매출액이 한 단위 변화할 때 영업이익이 얼마나 변화하는지**를 나타낸다.

　㉢ 〈자료 7 − 1〉에서 $DOL = \dfrac{공헌이익}{영업이익} = \dfrac{500 - 180}{500 - 180 - 200} = 2.67$로 나타난다. 이는 매출액이 한 단위

　증감하면 영업이익은 2.67배 증감한다는 의미(매출액 10% 증가하면 영업이익은 26.7% 증가)이다.

④ 재무레버리지도(DFL)

　㉠ DFL은 이자비용 부담으로 인한 손익 확대 효과를 의미한다.

$$DFL = \frac{주당순이익변화율}{영업이익변화율} = \frac{\Delta EPS/EPS}{\Delta EBIT/EBIT} \ ------- 식(1)$$

　㉡ DFL에서 I, t, n이 일정하기 때문에 EPS에 영향을 주는 것은 EBIT 변동뿐이다. 따라서 다음이 성립 한다.

$$\frac{\Delta EPS}{EPS} = \frac{\dfrac{\Delta EBIT(1-t)}{n}}{\dfrac{(EBIT-I)(1-t)}{n}} = \frac{\Delta EBIT}{EBIT-I}$$

　이를 식(1)에 대입하면 다음과 정리 정리할 수 있다.

$$DFL = \frac{\Delta EPS/EPS}{\Delta EBIT/EBIT} = \frac{\dfrac{\Delta EBIT}{EBIT-I}}{\dfrac{\Delta EBIT}{EBIT}} = \frac{EBIT}{EBIT-I} > 1$$

　따라서 재무레버리지도는 $DFL = \dfrac{EBIT}{EBIT-I}$이다.

ⓒ 〈자료 7 – 1〉에서 $DFL = \dfrac{EBIT}{EBIT - I} = \dfrac{120}{120 - 20} = 1.2$로 나타난다. 이는 영업이익이 한 단위 증감하면 당기순이익(또는 주당순이익)은 1.2배 증감한다는 의미(영업이익 10% 증가하면 당기순이익은 12% 증가한다는 의미)이다.

ⓔ DFL 계산 시 I는 통상 이자비용을 의미하지만 실무에서는 [I = 영업외비용 – 영업외수익]을 사용한다.

⑤ 결합레버리지도(DCL)

ⓖ 영업레버리지와 재무레버리지를 결합한 것으로 〈자료 7 – 1〉에서 매출액이 10% 변화하면 영업이익은 26.7% 변화하고, 당기순이익(또는 주당순이익)은 32% 변화한다.

ⓛ 관계식은 다음과 같이 정리할 수 있다.

$$DCL = DOL \times DFL = \frac{\text{영업이익변화율}}{\text{매출액변화율}} \times \frac{\text{당기순이익변화율}}{\text{영업이익변화율}} = \frac{\text{당기순이익변화율}}{\text{매출액변화율}}$$
$$= 2.67 \times 1.2 = 3.2$$

(3) 자본조달분기점(Financial Break – Even Point Analysis ; FBEP) 분석

① 자본조달분기점의 의의

ⓖ 자본조달분기점은 **자본구성비와 관계없이 주당순이익을 동일하게 하는 영업이익 수준**을 의미한다.

ⓛ 재무레버리지 효과를 응용한 분석으로 **자본조달 방법이 주당순이익에 미치는 영향**을 이해하는 데 유용하다.

② FBEP 산출식

$$\frac{(FBEP - I_1)(1 - t)}{n_1} = \frac{(FBEP - I_2)(1 - t)}{n_2}$$

$$\therefore \ FBEP = \frac{n_1 \times I_2 - n_2 \times I_1}{n_1 - n_2}$$

여기서, n은 발행주식수, I는 이자비용이다.

[사례 7 – 1]

A. 자본조달방안 (단위 : 백만 원)

구분	1안	2안
총 자 본	1,000	1,000
부 채	0	500
자기자본	1,000	500
주식발행가격	5,000원	5,000원
주식수	20만 주	10만 주

B. 매출액 변화와 영업이익 변화 (단위 : 백만 원)

확률	30%	40%	30%
매 출 액	500	1,000	1,500
고 정 비	150	150	150
변 동 비	300	600	900
영업이익	50	250	450

C. 자본조달 방법별 주당순이익

구분	1안			2안		
확률	30%	40%	30%	30%	40%	30%
영업이익	50	250	450	50	250	450
이자비용(10%)	0	0	0	50	50	50
세전순이익	50	250	450	0	200	400
법인세비용(50%)	25	125	225	0	100	200
당기순이익	25	125	225	0	100	200
발행주식수	20만 주	20만 주	20만 주	10만 주	10만 주	10만 주
주당순이익	125원	625원	1,125원	0원	1,000원	2,000원
주식발행가격	5,000원	5,000원	5,000원	5,000원	5,000원	5,000원
주당순이익률	2.5%	12.5%	22.5%	0%	20%	40%

D. 자본조달 방법별 주당순이익 그래프

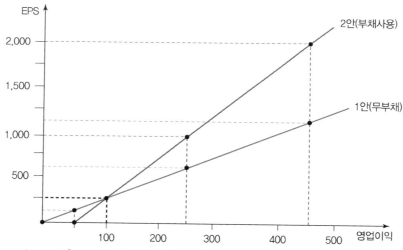

〈김철중, 「재무분석」, 제6판, 서울 : 한국금융연수원, 2022년, 360p~361p〉

그래프를 보면 영업이익이 100백만 원인 경우 두 자본조달안의 EPS가 같아진다.

구분	1안	2안
영업이익	100	100
이자비용(10%)	0	50
세전순이익	100	50
법인세비용(50%)	50	25
당기순이익	50	25
발행주식수	20만 주	10만 주
주당순이익	250원	250원
주식발행가격	5,000원	5,000원
주당순이익률	5%	5%

수식을 활용하여 자본조달분기점(FBEP)을 구하면 다음과 같다.

$$FBEP = \frac{n_1 \times I_2 - n_2 \times I_1}{n_1 - n_2} = \frac{20만\ 주 \times 50백만 - 10만\ 주 \times 0백만}{20만\ 주 - 10만\ 주} = 100백만\ 원$$

자본조달분기점에서의 주당순이익은 250원이다. **2안의 기울기가 더 큰 것은 2안의 재무레버리지가 더 크기 때문**이다. 또한 자본조달분기점에서는 총자본영업이익률이 $(100/1,000) \times 100 = 10\%$로 차입이자율 10%와 같다. 만일 **영업이익이 자본조달분기점 이하일 경우에는** 총자본영업이익률이 이자율보다 낮기 때문에 **부채를 사용하지 않는 1안이 유리**하다. 반대로 **영업이익이 자본조달분기점 이상일 경우에는** 레버리지 효과가 나타나므로 **부채를 사용하는 2안이 유리**하다.

Key Point!
- 최적자본조달 방안의 결정
  - 예상 영업이익이 FBEP 초과 : 적극적으로 타인자본 사용
  - 예상 영업이익이 FBEP 미달 : 보통주 발행
- 부채조달 시 추가차입규모의 추정방법은 다음과 같다.
  - **적정차입금 = 부담가능차입이자 ÷ 평균이자율**
    부담가능차입이자 = 이자지급 전 영업활동현금흐름 ÷ 금융비용보상비율(목표비율)
  - 추가차입금 = 적정차입금 - 기존차입금

01 레버리지란 변동비 부담이 이익변화변화율을 매출액변화율보다 더 크게 확대하는 현상을 말한다. ○ ×

× 변동비가 아니라 고정비이다.

02 영업비용 중 변동비 비중이 커질수록 매출액변화에 대한 영업이익변화율이 커진다. ○ ×

× DOL은 고정비와 관련 있다.

03 영업비용변화율은 매출액변화율보다 작다. ○ ×

○ 변동비만 매출액에 비례하므로 항상 작다.

04 고정적으로 지출되는 인건비가 증가하면 영업레버리지도(DOL)은 커진다. ○ ×

○

05 영업레버리지도(DOL)가 2.5일 때 영업이익이 10% 증가하면 매출액은 25% 증가한다. ○ ×

× 매출액이 10% 증가할 때 영업이익이 25% 증가한다.

06 영업고정비가 존재할 때 매출액변화율은 주당순이익변화율보다 항상 크다. ○ ×

× 주당순이익변화율이 매출액변화율보다 항상 크다.

07 이자비용이 커지면 재무레버리지도(DFL)는 커진다. ○ ×

○ DFL은 이자율과 정(+)의 관계에 있다.

08 자본조달분기점을 초과하는 영업이익 수준에서는 주식을 발행하는 것이 부채를 발행하는 것보다 불리하다. ○ ×

○ FBEP를 초과하는 수준에서는 부채발행이 유리하다.

01 다음 중 레버리지 분석에 대한 설명으로 바르지 못한 것은?

① 레버리지는 타인자본의존에 의한 손익확대 현상을 나타낸다.
② 레버리지는 고정비 부담에 의한 손익확대 현상을 나타낸다.
③ 영업비용 중 인건비 등 고정비 부담에 대한 이익변동성을 측정하는 것이 영업레버리지이다.
④ 재무레버리지는 이자비용 부담에 의한 손익확대 효과를 나타낸다.
⑤ 감가상각비가 많은 장치산업에 속하는 기업은 높은 재무레버리지도를 갖는다.

정답 | ⑤
해설 | 감가상각비는 고정비에 해당하므로 장치산업에 속하는 기업은 높은 DOL을 갖는다.

02 다음 중 레버리지 분석에 대한 설명으로 바르지 못한 것은?

① 영업외비용으로 이자비용만 존재한다면 순이익변화율은 영업이익변화율보다 항상 크다.
② 영업고정비가 존재하는 한 영업레버리지도(DOL)는 항상 1보다 크다.
③ 부채를 사용하지 않는 기업의 재무레버리지도는 0이다.
④ 레버리지 분석은 매출액과 이익변화 간의 관계에 대한 분석이다.
⑤ 자본조달분기점(FBEP)에서는 총자본영업이익률과 이자율이 같다.

정답 | ③
해설 | 무부채기업의 재무레버리지는 1이다. DFL＝EBIT/(EBIT－I)에서 I가 0이므로 1이다.

03 다음 중 영업레버리지도에 관한 설명으로 바르지 못한 것은?

① 영업고정비가 많을수록 커진다.
② 유형자산 비중이 증가하면 커진다.
③ 공헌이익을 영업이익으로 나눈 값이다.
④ 인건비가 증가하면 커진다.
⑤ 매출액변화율에 대한 주당순이익변화율이다.

정답 | ⑤
해설 | DOL은 매출액변화율에 대한 영업이익변화율을 나타낸다.

04 甲회사의 비용 중 다른 비용은 변화가 없고 고정비는 감소하고 이자비용은 증가하였다. 레버리지 효과에 대한 설명으로 바르지 못한 것은?

① 기업의 영업위험이 감소하였다.

② 매출액변화율에 대한 순이익변화율이 증가하였다.

③ 기업의 재무위험이 증가하였다.

④ 매출액변화율에 대한 영업이익변화율은 감소하였다.

⑤ 영업이익변화율에 대한 순이익변화율은 증가하였다.

정답 | ②

해설 | DOL은 감소하고 DFL은 증가하였으므로 두 레버리지도의 상대적 크기에 따라 DCL은 증가할 수도 있고 감소할 수도 있다. 즉 매출액변화율에 대한 순이익변화율의 증감은 알 수 없다.

05 甲회사의 매출액은 10,000원, 영업비용은 8,000원, 변동비율 50%, 이자비용이 200원이다. 만일 회사의 매출액이 8,000원으로 감소하면 영업이익은 얼마가 될 것으로 추정되는가?

① 1,000원

② 1,200원

③ 1,400원

④ 1,600원

⑤ 1,800원

정답 | ①

해설 | 변동비율이 50%이므로 변동비 = 10,000 × 50% = 5,000원. 고정비 = 8,000 − 5,000 = 3,000원. 영업이익 = 2,000원

DOL = (10,000 − 5,000)/(10,000 − 5,000 − 3,000) = 2.5

따라서 매출액 8,000원으로 20% 감소하면, 영업이익은 20% × 2.5 = 50% 감소한다. 즉 영업이익 = 1,000원이다.

06 甲회사의 매출액은 10,000원, 영업비용은 8,000원, 변동비율 50%, 이자비용이 400원이다. 회사의 매출액이 20% 감소할 때 당기순이익에 미치는 영향으로 옳은 것은?

① 20%

② 42.5%

③ 50%

④ 62.5%

⑤ 80%

정답 | ④
해설 | 변동비율이 50%이므로 변동비 = 10,000 × 50% = 5,000원, 고정비 = 8,000 − 5,000 = 3,000원
DFL = 2,000/2,000 − 400 = 1.25이고, 매출액이 10,000원일 때 영업이익 = 10,000 − 8,000 = 2,000원이고,
매출액이 20% 감소한 경우 영업이익 = 8,000 − 8,000 × 50% − 3,000 = 1,000원이므로 영업이익은 50% 감소
한다.
DFL이 1.25이므로 영업이익이 50% 감소하면 당기순이익은 50% × 1.25 = 62.5% 감소한다.

[07~11]

다음은 乙회사의 손익계산서 자료이다. 물음에 답하시오.

I/S	(단위 : 백만 원)
매출액	₩10,000
변동비	4,000
고정비	3,000
영업이익	3,000
이자비용	500
세전순이익	2,500

07 乙회사의 매출액이 10% 증가하면 영업이익은 얼마가 되는가? (단위 : 백만 원)

① 3,300
② 3,600
③ 3,900
④ 4,200
⑤ 4,500

정답 | ②
해설 | DOL = (10,000 − 4,000)/(10,000 − 4,000 − 3,000) = 2, 따라서 매출액이 10% 증가하면 영업이익은 20% 증
가하므로 영업이익 = (10,000 − 4,000 − 3,000) × 1.2 = 3,600백만 원

08 乙회사의 영업이익 15% 증가하면 세전순이익은 얼마가 되는가? (단위 : 백만 원)

① 2,875
② 2,950
③ 3,000
④ 3,125
⑤ 3,250

정답 | ②
해설 | DFL = 3,000/(3,000 − 500) = 1.2, 따라서 영업이익이 15% 증가하면 세전순이익은 18% 증가한다.
세전순이익 = 2,500 × (1 + 0.18) = 2,950백만 원

09 乙회사의 매출액이 20% 증가하면 세전순이익은 얼마가 되는가? (단위 : 백만 원)

① 3,000 ② 3,300

③ 3,500 ④ 3,700

⑤ 4,000

정답 | ④
해설 | DCL = DOL×DFL = 2×1.2 = 2.4, 따라서 매출액이 20% 증가하면 세전순이익은 2.4배인 48% 증가한다.
세전순이익 = 2,500×1.48 = 3,700백만 원

10 乙회사의 매출액이 20% 증가할 경우 공헌이익률은 얼마인가?

① 30% ② 40%

③ 50% ④ 60%

⑤ 70%

정답 | ④
해설 | 변동비율이 일정하므로 매출액변화와 관계없이 공헌이익률도 일정하다.
공헌이익률 = (1 − 변동비율) = 1 − 40% = 60%

11 이자비용이 500백만 원 증가하면 재무레버지도는 얼마나 증가하는가?

① 25% ② 50%

③ 75% ④ 100%

⑤ 150%

정답 | ①
해설 | 이자비용이 500 증가하면 DFL = 3,000/(3,000 − 1,000) = 1.50이므로 (1.5/1.2) − 1 = 0.25, 즉 25% 증가한다.

[12~13]

다음은 丙회사의 재무자료이다. 丙회사는 금융비용으로 이자비용만 있고 총차입금은 12,500백만 원이다. 회사의 금융비용목표배율은 5배이고 영업활동현금흐름은 3,500백만 원이다.

(단위 : 백만 원)

EBITDA	3,500
감가상각비	500
이자보상비율	6

12 丙회사의 영업이익이 5% 증가할 때 순이익은 얼마나 증가하는가?

① 5%   ② 5.5%

③ 6%   ④ 6.5%

⑤ 7%

정답 | ③

해설 | 이자비용은 500백만 원이다. (EBITDA − 감가상각비)/이자비용 = 6배이므로, 3,000/이자비용 = 6
DFL = 3,000/(3,000 − 500) = 1.2, 따라서 매출액변화에 대한 순이익변화는 5%×1.2 = 6%이다.

13 丙회사가 추가로 차입할 수 있는 금액은 얼마인가? (단위 : 백만 원)

① 3,000   ② 3,500

③ 4,000   ④ 4,500

⑤ 5,000

정답 | ⑤

해설 | 이자비용이 500이므로 평균이자율 = (500/12,500)×100 = 4%이다.
부담가능차입이자 = 영업활동현금흐름÷금융비용목표비율 = 3,500÷5배 = 700
적정차입금 = 700÷4% = 17,500, 기존차입금이 12,500있으므로 추가로 차입 가능한 금액은 5,000백만 원이다.

14 丁회사는 A 투자안에 대하여 다음 두 가지 자본조달방법을 고민하고 있다. 주식의 액면가는 5,000원으로 동일하다. 두 가지 방법에 대한 자본조달분기점은 얼마인가? (단위 : 백만 원)

구분	주식발행	회사채 발행 시 이자비용
Ⅰ안	100,000주	600백만 원
Ⅱ안	200,000주	400백만 원

① 200

② 300

③ 500

④ 650

⑤ 800

정답 | ⑤

해설 | FBEP = [(200,000주×600) − (100,000주×400)]/(200,000 − 100,000) = 800백만 원

15 ㈜백두는 투자안 B에 대하여 현재 자본조달분기점에 있다. 총자산은 10,000원이고, 영업이익은 500원이다. 차입금이 4,000원이면 이자비용은 얼마인가?

① 100원

② 200원

③ 300원

④ 400원

⑤ 500원

정답 | ②

해설 | FBEP에서는 총자산영업이익률과 차입이자율이 같다. 따라서 이자비용은 200원이다.

CHAPTER 08

손익분기점 분석

출제 포인트 ■ ■
■ BEP분석의 유형별 계산 문제의 해결
■ 재무제표를 활용한 BEP분석의 적용

1. 손익분기점(BEP) 분석의 기초개념

(1) BEP분석의 의의 및 특징

① BEP는 매출액과 비용이 일치하여 **이익 또는 손실이 발생하지 않는 매출 수준**(또는 조업도 수준)을 의미한다.

※ 조업도 : 기업의 최대 생산능력의 몇 %를 생산(또는 운영)하고 있는지를 나타내는 비율

$$(참고)조업도 = \frac{실제 \ 생산량}{최대 \ 생산량}$$

② BEP 분석은 **비용 – 매출 – 이익**(Cost – Volume – Profit) 간의 분석이어서 CVP 분석이라 한다.

③ BEP는 매출액에서 변동비를 차감한 **공헌이익으로 고정비를 모두 충당할 때의 매출 수준**이다. 즉 영업이익이 0이 되는 매출 수준을 말한다.

매출액	Sales
변동비	– VC
공헌이익	공헌이익
고정비	– FC
영업이익	0

BEP에서는 다음의 관계가 성립한다.

$$Sales - VC - FC = 0$$

만일 고정비가 0이고 모든 비용이 변동비라면 BEP는 존재하지 않는다. 왜냐하면 매출액 자체가 비용이 되기 때문이다.

④ BEP 분석은 매출액, 영업비용, 영업이익 간 관계이므로 **영업레버리지 분석**에 속한다. 영업레버리지(DOL)가 영업고정비의 손익확대에 대한 분석이라면, BEP 분석은 비용의 고정성과 변동성에 초점을 맞춘 **수익 – 비용 – 이익 간의 관계에 대한 분석**이다.

⑤ BEP 분석은 기업의 **재무계획 수립뿐만 아니라 비용의 구조적 특성을 이해**하는데도 폭 넓게 활용된다.

(2) BEP 측정(p : 단가, Q : 판매량, v : 단위당 변동비)

① BEP 매출량

$Sales - VC - FC = 0$, 즉 $pQ - vQ - FC = 0$ 이므로 손익분기점 매출량은 다음과 같다.

$$Q_{BEP} = \frac{FC}{(p-v)} = \frac{고정비}{단위당 \ 공헌이익}$$

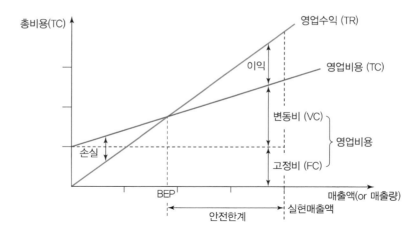

② **BEP 매출액**

손익분기점 매출액은 pQ_{BEP}이므로 $pQ_{BEP} = p \times \dfrac{FC}{p-v} = \dfrac{FC}{1-\dfrac{v}{p}}$ 로 나타낼 수 있다. 여기서 $\dfrac{v}{p}$ 는 단위

당 변동비율을 나타낸다. 그리고 공헌이익률＝(1 − 변동비율)이므로 손익분기점 매출액은 다음과 같이
정리할 수 있다.

$$pQ_{BEP} = \frac{FC}{1-\dfrac{v}{p}} = \frac{FC}{\text{공헌이익률}}$$

문제에서 단위당 변동비와 제품 단가를 제시하지 않고 총변동비와 매출을 제시하더라도

$\dfrac{v}{p} = \dfrac{vQ}{pQ} = \dfrac{VC}{Sales}$ 가 성립하므로 그대로 이용하면 된다. BEP를 초과하는 매출액은 영업비용을 모두 차

감한 후의 금액이므로 영업이익이 된다.

※ 실무적 접근

부채를 많이 사용하는 기업의 경우 BEP매출액은 이자비용을 고려할 때 세전순손실을 발생시키는 매
출 수준일 수 있다. 따라서 은행들은 실무적으로 이자비용을 고정비에 포함하여 BEP매출액을 산정한
다. 여기서 이자비용을 고려하기 위하여 영업외비용(NOC)에서 영업외수익(NOR)을 차감한 값을 사
용한다. 그러면 다음과 같이 정리할 수 있다.

$$pQ_{BEP} = \frac{FC + NOC - NOR}{1-\dfrac{v}{p}} = \frac{FC + NOC - NOR}{\text{공헌이익률}}$$

③ **손익분기점율**

$$\text{손위분기점율} = \frac{BEP \text{ 매출액}}{\text{실현 매출액}} \times 100$$

실현매출액이 BEP매출을 초과할 경우에는 손익분기점율은 1보다 작아진다. 즉 손익분기점율이 낮을
수록 영업이익(또는 안전한계)이 크다는 의미이다. 반대로 1을 초과하는 경우에는 BEP를 달성하지 못하
여 영업손실 상태에 있음을 의미한다.

④ **목표이익(TP ; Target Profit) 매출량**

p＝10,000원, v＝6,000원, FC＝1,000,000원이고, 목표이익이 400,000원일 때 BEP 매출량은 다음과 같다.

$$Q_{BEP} = \frac{FC}{(p-v)} = \frac{1,000,000}{10,000-6,000} = 250 개$$

250개를 초과할 때마다 1개당 10,000원의 수익과 6,000원의 변동비가 발생하므로 단위당 4,000원의 공헌이익이 생긴다. 이 공헌이익으로 목표이익 400,000원을 달성하기 위해서는 100개의 추가 매출이 필요하다. 따라서 목표이익을 달성하기 위한 매출량은 공헌이익으로 고정비와 목표이익을 커버해야 하므로 다음과 같이 정리된다.

$$Q_{TP} = \frac{FC+TP}{(p-v)}$$

$$= \frac{1,000,000+400,000}{10,000-6,000} = 350 개$$

⑤ **목표이익 매출액**

목표이익을 달성하기 위한 매출액은 목표이익 매출량에 제품단가를 곱하면 되므로 다음과 같다.

$$pQ_{TP} = \frac{FC+TP}{(1-\frac{v}{p})}$$

$$= \frac{1,000,000+400,000}{(1-\frac{6,000}{10,000})} = 3,500,0000원$$

⑥ **안전한계율(MS ; Margin of Safty, 안전율 또는 한계율)**

$$MS = \frac{실현매출액 - BEP매출액}{실현매출액} \times 100$$

$$= (1-\frac{BEP매출액}{실현매출액}) \times 100 = 100 - 손익분기점율$$

위 사례에서 350개를 판매했다고 가정하면 실현 매출액은 3,500,000원이고, BEP 매출액은 2,500,000원이므로 안전한계율(MS)은 $MS = (1-\frac{2,500,000}{3,500,000}) \times 100 = 28.6\%$이다. 안전한계율 28.6%는 경기악화 등 기타의 사유로 인하여 판매가 감소하더라도 영업손실을 보지 않고 매출액 감소를 감당할 수 있는 수준이 28.6%라는 의미이다. 이 수준을 넘어서면 영업손실을 보게 된다.

⑦ **다품종 제품의 BEP분석**

다품종 제품을 생산하는 기업의 경우 가중평균공헌이익률을 사용하여 BEP 분석을 한다.

$$pQ_{BEP} = \frac{FC}{가중평균공헌이익률} = \frac{FC}{\sum_{i=1}^{n}(MR_i \times S_i)}$$

여기서 MR_i : 제품별 공헌이익률, S_i : 매출구성비율

2. 현금분기점(CBEP) 분석

(1) CBEP분석의 의의

현금분기점은 현금지출액을 모두 회수할 수 있는 최소한의 매출 수준을 의미한다. 따라서 고정비 중 **현금지출을 수반하지 않는 감가상각비만큼은 공헌이익으로 회수하지 않아도 된다.** 따라서 다음과 같은 식이 성립한다.

$$Q_{CBEP} = \frac{FC - Dep.}{(p - v)} = \frac{고정비 - 감가상각비}{단위당\ 공헌이익}$$

$$pQ_{CBEP} = \frac{FC - Dep.}{1 - \dfrac{v}{p}} = \frac{FC - Dep.}{공헌이익률}$$

[사례 8 – 1] BEP분석 종합예제

㈜대한은 A, B, C 제품을 생산 판매하고 있으며 관련 자료는 다음과 같다. 동사의 고정비는 10억 원(감가상각비 2억 원 포함)이다.

제품	p	v	매출비중
A	2,000원	1,200원	10%
B	4,000원	2,800원	30%
C	5,000원	4,000원	60%

문제 1 손익분기점 매출액을 계산하시오.

해설 | 가중평균공헌이익률은 다음과 같다.

제품	① 공헌이익률	② 매출비중	③=①×②
A	$MR_A = 1 - \dfrac{1,200}{2,000} = 0.4$	10%	4%
B	$MR_B = 1 - \dfrac{2,800}{4,000} = 0.3$	30%	9%
C	$MR_C = 1 - \dfrac{4,000}{5,000} = 0.2$	60%	12%
		가중평균공헌이익률	25%

따라서 손익분기점매출액은 다음과 같이 40억 원이다.

$$pQ_{BEP} = \frac{FC}{가중평균공헌이익률} = \frac{1,000,000,000}{0.25} = 40억\ 원$$

문제 2 현금분기점 매출액을 계산하시오.

해설 | 현금분기점 매출액은 고정비에서 감가상각비만큼 차감해주면 되므로 다음과 같이 계산한다.

$$pQ_{CBEP} = \frac{FC - Dep.}{가중평균공헌이익률} = \frac{10억 - 2억}{0.25} = 32억\ 원$$

감가상각비만큼 공헌이익으로 회수하지 않아도 되므로 현금분기점 매출액은 BEP매출액보다 작게 나타난다.

문제 3 영업이익 40억 원을 달성하기 위한 매출액을 계산하시오.

해설 | 목표 영업이익도 공헌이익으로 회수해야 할 금액이므로 고정비에 더하여 계산한다.

$$pQ_{BEP} = \frac{FC + TP}{\text{가중평균공헌이익률}} = \frac{10억 + 40억}{0.25} = 200억 \ 원$$

문제 4 매출액이 440억 원일 때 영업레버리지도(DOL)를 계산하시오.

해설 |
$$DOL = \frac{Q(p-v)}{Q(p-v) - FC} = \frac{\text{공헌이익}}{\text{공헌이익} - FC}$$

여기서 가중평균공헌이익률이 0.25이므로 매출 440억 원에 대한 공헌이익은 440억 원×0.25 = 110억 원이다.

따라서 영업레버리지도는 $DOL = \dfrac{110억}{110억 - 10억} = 1.1$ 이다.

문제 5 ㈜대한의 현재 매출액은 400억 원이다. 동사의 CFO는 C제품을 D제품으로 대체할 것을 고려하고 있다. D제품은 p가 4,500원이고 v는 3150원이다. 그리고 D제품으로 대체할 경우 매출액은 5% 증가하고 고정비는 100% 증가할 것으로 예상한다. 또한 매출구성비는 A(50%), B(30%), C(20%)가 될 것으로 기대한다. C제품을 D제품으로 대체하는 것이 타당한지 설명하시오.

해설 | 현재 A, B, C 제품 구성에서의 영업이익은 다음과 같다.
영업이익(π_1) = 공헌이익 − 고정비 = 400억 × 25% − 10억 = 90억
제품구성을 변경할 경우 영업이익은 다음과 같다.

제품	① 공헌이익률	② 매출비중	③ = ① × ②
A	$MR_A = 1 - \dfrac{1,200}{2,000} = 0.4$	50%	20%
B	$MR_B = 1 - \dfrac{2,800}{4,000} = 0.3$	30%	9%
D	$MR_D = 1 - \dfrac{3,150}{4,500} = 0.3$	20%	6%
		가중평균공헌이익률	35%

그리고 매출액은 5% 증가한 420억(400억×1.05)이고 고정비는 100% 증가한 20억(= 10억×2)이다.
따라서 제품구성 변경 후 영업이익은 다음과 같다.
영업이익(π_2) = 공헌이익 − 고정비 = 420억 × 35% − 20억 = 127억
제품 대체 후 영업이익이 90억 원에서 127억 원으로 37억 원 증가하므로 C제품을 D제품으로 대체하는 것이 타당하다.

3. 비용분해

(1) 비례율법

① 비례율법은 연속된 2개 연도의 매출액과 영업비용을 비교하여 비용을 고정비와 변동비로 구분하는 방법이다. 단, 생산시설의 변화가 없다는 가정이 필요하다. 즉 생산시설의 신규 투자는 감가상각비 발생액 정도만 이루어진다고 가정한다.

[사례 8-2]

(단위 : 억 원)

구분	20X0.12.31.	20X1.12.31.	증가분
매 출 액	100	150	50
영업비용	80	90	10

2년 동안 매출액이 50억 원 증가할 때 영업비용은 10억 원 증가한다. 이는 변동비 증가를 의미하므로 변동비율은 $(10/50) \times 100 = 20\%$로 추정할 수 있다. 이 비율이 일정하다면 20X0년 변동비는 $100억 \times 20\% = 20억$ 원이고, 고정비는 $80억 - 20억 = 60억$ 원이다. 또한 20X1년 변동비는 $150억 \times 20\% = 30억$ 원이고, 고정비는 $90억 - 30억 = 60억$ 원이다. 이를 정리하면 다음과 같다.

구분	20X0.12.31.	20X1.12.31.
매출액	100	150
변동비	20	30
고정비	60	60

(2) 회귀분석법

① 변동비율은 매출액에 대한 민감도에 의하여 결정되므로 총비용함수는 다음과 같다.

$$TC = FC + 변동비율 \times sales$$

② 만일 총영업비용에 관한 회귀식이 다음과 같이 도출되었다고 가정하자(단위 : 억 원).

$$TC = 10 + 0.7 \times sales$$

이 경우 매출액이 100억 원이면 변동비는 70억 원이고 총영업비용은 80억 원이다. 이는 비용과 매출의 선형성을 가정한 것이다.

※ 실무적 접근

부채를 많이 사용하는 기업의 경우 영업외비용으로 이자비용이 많으므로 이를 포함한 경상비용이 실질적 의미가 있다고 볼 수 있다. 따라서 총고정비에 영업외비용을 포함하여 다음과 같이 분해한다.

총고정비(TFC) = 영업고정비 + 영업외비용
변동비(VC) = 영업변동비
영업고정비(FC) = (노무비 $\times 1/2$) + 제조경비 + 판관비 - 외주가공비 + 재고조정 중 고정비

4. BEP분석의 한계

① 실제 비용을 고정비와 변동비로 분해하기가 쉽지 않다.
② 시간 경과에 따라 판매가격이나 생산원가 등이 달라지기 때문에 p, v 등이 항상 일정하다고 가정한 BEP분석은 장기적 경영계획 수립에 적합하지 않다.
③ 제품의 종류가 많으면 분석결과의 정확성이 떨어진다.

01 모든 비용이 변동비라면 BEP(손익분기점)는 존재하지 않는다.
　　　　　　　　　　　　　　　　　　　　　　　　　　　　　　　○ X

○

02 BEP분석은 재무레버리지 분석에 속한다.　　　　　　　　　　○ X

×
BEP분석은 영업레버리지
분석에 속한다.

03 실현매출액이 BEP매출액보다 큰 경우에는 손익분기점율이 1보다 작
아진다.　　　　　　　　　　　　　　　　　　　　　　　　　　○ X

○
손익분기점율 = (BEP매출
액/실현매출액)×100

04 BEP분석은 주로 단기 경영계획 수립에 이용된다.　　　　　　○ X

○

05 BEP분석에서 변동비율은 일정하다고 가정한다.　　　　　　　○ X

○

06 안전한계율(MS비율)은 손익분기점율의 역수이다.

×
MS = 100 − 손익분기점율

07 고정비가 존재할 때 공헌이익이 0이면 영업이익은 항상 적자이다.
　　　　　　　　　　　　　　　　　　　　　　　　　　　　　　　○ X

○
영업이익=공헌이익−고정비

08 다른 조건이 일정할 대 변동비율이 상승하면 손익분기점율은 작아진다.
　　　　　　　　　　　　　　　　　　　　　　　　　　　　　　　○ X

×
BEP매출액이 높아지므로
손익기점율도 높아진다.

01 다음 중 BEP분석에 대한 설명으로 바르지 못한 것은?

① BEP는 매출액과 비용이 일치하는 매출 수준이다.
② BEP는 공헌이익으로 고정비를 모두 충당할 때의 매출 수준이다.
③ BEP는 영업이익이 0이 되는 매출 수준이다.
④ BEP분석에서 비용은 변동비와 고정비만 존재한다.
⑤ 정답없음

정답 | ⑤
해설 | 모두 옳은 설명이다.

02 제품 1개당 판매가격이 600원이고, 단위당 변동비는 480원, 고정비는 960,000원이다. 100% 조업도의 생산능력이 50,000개일 때 BEP는 얼마인가?

① 960,000원
② 1,600,000원
③ 3,200,000원
④ 4,800,000원
⑤ 5,400,000원

정답 | ④
해설 | $Q_{BEP} = FC/(p-v) = 960,000/(600-480) = 8,000$개, BEP매출액 = 8,000개 × 600원 = 4,800,000원

03 제품 1개당 판매가격이 600원이고, 단위당 변동비는 480원, 고정비는 960,000원이다. 100% 조업도의 생산능력이 50,000개일 때 80% 조업도의 영업이익은 얼마인가?

① 3,500,000원
② 3,840,000원
③ 4,032,000원
④ 5,000,000원
⑤ 7,872,000원

정답 | ②
해설 | 영업이익 = 40,000개 × (600 − 480) − 960,000 = 3,840,000원

04 변동비율이 60%, 고정비가 20,000원일 때, BEP매출액은 얼마인가?

① 20,000원 　　　　　　　　　　② 30,000원

③ 40,000원 　　　　　　　　　　④ 50,000원

⑤ 60,000원

정답 | ④

해설 | pQ_{BEP} = FC/공헌이익률 = 20,000/(1 − 0.6) = 50,000원

05 공헌이익률이 40%, 고정비가 20,000원, 목표이익이 100,000원일 때 목표이익 달성을 위한 매출액은 얼마인가?

① 200,000원 　　　　　　　　　　② 300,000원

③ 400,000원 　　　　　　　　　　④ 500,000원

⑤ 600,000원

정답 | ②

해설 | pQ_{TP} = (FC + TP)/(1 − 변동비율) = (FC + TP)/공헌이익률 = (20,000 + 100,000)/0.4 = 300,000원

06 甲회사의 제품 판매단가는 1,000원이고 단위당 변동비는 800원이다. 고정비가 250,000원일 때 목표이익 100,000원 달성을 위한 매출량은 몇 개인가?

① 500개 　　　　　　　　　　② 750개

③ 1,000개 　　　　　　　　　　④ 1,500개

⑤ 1,750개

정답 | ⑤

해설 | Q_{TP} = (FC + TP)/단위당 공헌이익 = (250,000 + 100,000)/(1,000 − 800) = 1,750개

07 甲회사의 제품 판매단가는 1,000원이고 단위당 변동비는 800원, 고정비는 250,000원이다. 회사는 당기에 목표이익 100,000원을 달성하였다. 한전한계율(MS비율)은 얼마인가? (백분율 소수점 이하 반올림)

① 20% 　　　　　　　　　　② 24%

③ 29% 　　　　　　　　　　④ 33%

⑤ 37%

정답 | ③
해설 | BEP매출액 = FC/공헌이익률 = 250,000/0.2 = 1,250,000원

    pQ_{TP} = (FC + TP)/공헌이익률 = (250,000 + 100,000)/0.2 = 1,750,000원

    MS = BEP초과매출액/실현매출액 = (500,000/1,750,000) × 100 = 28.57% ≈ 29%

08 甲회사의 제품 판매단가는 1,000원이고 단위당 변동비는 800원, 고정비는 250,000원이다. 회사는 당기에 목표이익 100,000원을 달성하였다. 손익분기점율은 얼마인가? (백분율 소수점 이하 반올림)

① 29%   ② 36%

③ 47%   ④ 63%

⑤ 71%

정답 | ⑤

해설 | 손익분기점율 = (BEP매출액/실현매출액) × 100 = (1,250,000/1,750,000) × 100 = 71.4% ≈ 71%

    BEP매출액 = FC/공헌이익률 = 250,000/0.2 = 1,250,000원

    pQ_{TP} = (FC + TP)/공헌이익률 = (250,000 + 100,000)/0.2 = 1,750,000원

09 甲회사는 비례율법에 따라 변동비와 고정비를 구분한다. 다음 자료를 참조할 때 甲회사의 BEP매출액은 얼마인가?

제품	당기	전기
총매출	₩5,000,000	₩4,000,000
총비용	4,000,000	3,400,000

① ₩1,000,000   ② ₩1,800,000

③ ₩2,000,000   ④ ₩2,500,000

⑤ ₩3,900,000

정답 | ④

해설 | 변동비율 = △총비용/△총매출 = 600,000/1,000,000 = 0.6, 변동비율이 60%이므로 고정비는 다음과 같다.

    FC = 3,400,000 − 4,000,000 × 60% = 1,000,000원, 따라서 BEP매출액 = 1,000,000/0.4 = 2,500,000원

10 乙회사는 제품 A, B, C를 판매하고 있다. 각 제품의 판매단가(p)와 단위당 변동비(v), 그리고 각 제품의 매출구성비율은 다음과 같다. 회사의 고정비가 연간 740,000원이고, 제품 구성이 변하지 않을 때 BEP매출액은 얼마인가?

제품	p	v	매출구성비율
A	₩6,000	₩3,000	20%
B	4,000	2,400	30%
C	2,000	1,400	50%

① ₩400,000
② ₩600,000
③ ₩1,000,000
④ ₩1,500,000
⑤ ₩2,000,000

정답 | ⑤
해설 | 회사 전체 BEP매출액 = FC/가중평균공헌이익률 = 740,000/0.37 = 2,000,000원

제품	p	v	공헌이익률	매출구성비율	가중평균공헌이익률
A	₩6,000	₩3,000	50%	20%	10%
B	4,000	2,400	40%	30%	12%
C	2,000	1,400	30%	50%	15%
합 계					37%

각 제품별 BEP매출액은 2,000,000원에 제품별 매출비중을 곱해주면 된다. 즉 다음과 같다.
BEP매출액$_A$ = 2,000,000원 × 20% = 400,000원, BEP매출액$_B$ = 2,000,000원 × 30% = 600,000원
BEP매출액$_C$ = 2,000,000원 × 50% = 1,000,000원

11 丁회사는 회귀분석에 의하여 비용을 추정한 결과 매출액(TR)과 영업비용(TC) 간에 다음의 회귀식을 도출하였다. 회사의 매출액이 2,500,000원일 때 손익분기점률은 얼마인가?

$$TC = 0.6 \times TR + 400,000$$

① 40%
② 50%
③ 60%
④ 70%
⑤ 80%

정답 | ①
해설 | BEP매출액 = FC/공헌이익률 = 400,000/0.4 = 1,000,000원, 손익분기점률 = (1,000,000/2,500,000) × 100
= 40%

12 다음은 甲회사의 매출(TR)과 총비용(TC)에 관한 그래프이다. 바르지 못한 설명은?

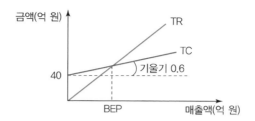

① 비용함수는 TC＝0.6×TR＋40이다.

② 변동비율은 60%이다.

③ BEP매출액은 100억 원이다.

④ 고정비가 없다면 발생되는 매출에서 항상 이익이 발생한다.

⑤ 현재 매출액이 200억 원이면 손익분기점률은 20%이다.

정답 | ⑤
해설 | 손익분기점률＝(100/200)×100＝50%이다.

13 乙회사의 손익분기점률은 60%이다. 회사의 현재 매출액은 1,000,000원이고, 고정비는 240,000 원이다. 회사의 매출액이 1,400,000원으로 증가하면 영업이익은 얼마나 증가하는가?

① 160,000원
② 320,000원
③ 400,000원
④ 520,000원
⑤ 640,000원

정답 | ①
해설 | 손익분기점률 60%＝BEP매출액/1,000,0000이므로 BEP매출액＝600,000원이다. 600,000＝240,000/공헌
이익률 이므로 공헌이익률＝40%. 따라서 변동비율은 60%이다. 매출액이 1,000,000원이면 영업이익은 변동
비 600,000원과 고정비 240,000원을 차감한 160,000원이고, 매출액이 1,400,000원이면 영업이익은 변동비
840,000원과 고정비 240,000원을 차감한 320,000원이므로 영업이익증가분은 160,000원이다.

14 ABC사의 현재 매출액은 500,000원이고, 안전한계율(MS비율)은 30%이다. ABC사의 BEP매출액
은 얼마인가?

① 150,000원
② 200,000원
③ 350,000원
④ 400,000원
⑤ 450,000원

정답 | ③
해설 | MS＝30%＝100－손익분기점률, 손익분기점률＝70%, 따라서 BEP매출액＝500,000×70%＝350,000원

15 戊회사는 변동비율이 60%이고, 고정비는 240,000원이다. 고정비 중 감가상가비가 80,000원일 때 현금흐름분기점(CBEP)은 얼마인가? (천 원이하 절사)

① 267,000원   ② 400,000원

③ 533,000원   ④ 650,000원

⑤ 800,000원

정답 | ②
해설 | CBEP = (고정비 − 감가상각비)/공헌이익률 = (240,000 − 80,000)/40% = 400,000원

출제 포인트 ■ ■ ■ ■ 본 장은 출제 빈도가 매우 적지만 부실예측모형의 오류의 종류에 대해서는 알아둔다.

1. 기업부실의 의의

기업부실은 대체로 기업이 경제적 실패 또는 지급불능상태[22]에 있거나 법원에 의하여 파산선고를 받는 경우를 총칭하는 광범위한 개념이다. 여기서 부실의 기준은 일률적 기준은 없으며 필요에 따라 통상적으로 다음 세 가지를 이용한다.

① **총수익<총비용**

ㄱ 영업활동이 정상적이어도 과도한 부채로 인한 이자비용 또는 비경상적 손실에 의하여 순손실이 발생할 가능성이 있다.

ㄴ 따라서 영업활동상 부실인지 그 이외 활동(재무활동 등)에 의한 부실인지 구분하는 것이 중요하다.

② **투자수익률(IRR)<자본비용(WACC)**

ㄱ 경제적 실패의 가장 의미 있는 판정 기준이다.

ㄴ 사후적 내부수익률(IRR)은 총자산영업이익률에 평균성장률을 더한 값을 대용으로 사용하기도 한다.

ㄷ 투자수익률이 자본비용에 미치지 못하면 NPV는 음(−)이 되어 주가가 하락하므로 주주가치가 훼손된다.

③ **투자수익률<동일 업종 평균투자수익률**

ㄱ 이 방법은 해당 산업 내에서 기업의 위치를 파악하여 경제적 실패 여부를 판단하는 방법이다.

2. 기업부실화 과정

(1) 기술적 지급불능상태

기업의 지급능력은 보유자산에 의하여 결정되는 것이 아니라 결제에 필요한 현금보유 정도에 의하여 결정된다. 즉 현금(현금성자산) 유동성이 부족할 때 기술적 지급불능상태가 된다. 즉 일시적 유동성 부족 상태를 의미한다. 이러한 경우 자산가치가 부채가치를 초과하면 장기적으로 유동성 확보가 가능한 경우가 대부분이다. 유사한 개념으로 '흑자도산상태'가 있다. 이 역시 일시적 유동성 부족에 의하여 나타나는 현상으로 기술적 지급불능상태는 장기적으로는 대체로 정상적으로 회복되는 경우가 많다.

(2) 실질적 지급불능상태

실질적 지급불능상태는 **자산가치가 부채가치보다 작은 상태**를 의미한다. 통상 '기업부도'는 실질적 지급불능상태를 말한다. 부도가 나면 법원의 파산선고를 받아 채권자 변제과정을 거친 후 기업은 소멸한다. 만일 부도기업이 법원의 회생개시(舊 법정관리) 결정을 받을 경우 정상화 될 때까지 기업의 모든 채무변제는 일정 기간 동안 유예된다.

---

22) 원금과 이자의 변제가 불가능한 상태

3. 기업부실예측모형

(1) 단순예측모형

Beaver의 프로파일 분석[23]과 로짓분석(이원분류검정) 및 Zmijewski의 프로빗분석 등이 있다.

(2) 단일변량 판별모형

① 1단계 : 실제 부실화된 기업 표본 및 정상기업 표본 선택(학습용 표본과 검증용 표본 2가지로 구성)
② 2단계 : 두 집단을 잘 구분할 수 있는 재무정보 선택(즉 두 집단의 재무특성 차이가 큰 변수를 찾는 것)
③ 3단계 : 최적 절사점 선택(오분류를 최소화 시키도록 선택)
④ 4단계 : 검증용 표본을 이용하여 추정모형의 예측정확도 검증

(3) 다변량 판별모형

① 1단계 : 실제 부실화된 기업 표본 및 정상기업 표본 선택(학습용 표본과 검증용 표본 2가지로 구성)
② 2단계 : 두 집단을 잘 구분할 수 있는 재무정보 선택(즉 두 집단의 재무특성 차이가 큰 변수를 찾는 것)
③ 3단계 : 2개 이상 재무정보를 변수로 하는 판별함수 추정
④ 4단계 : Z평점 사용 최적 절사점 선택
⑤ 5단계 : 검증용 표본을 이용하여 추정모형의 예측정확도 검증
※ 모형의 분류정확도가 아무리 높아도 검증용 표본의 예측정확도가 높지 않으면 모형을 활용할 수 없다.

4. 기업부실 판별모형

(1) Z-Score모형

① Z-Score모형은 Altman이 개발한 상장기업 부실예측 모형이다.

$$Z = 1.2X_1 + 1.4X_2 + 3.3X_3 + 0.6X_4 + 0.99X_5$$

X_1 : 순운전자본/총자산, X_2 : 이익잉여금/총자산, X_3 : $EBIT$/총자산, X_4 : 자기자본시장가치/총부채

X_5 : 매출액/총자산

모형 내에 각 변수에 대한 민감도 중 **총자산영업이익률(EBIT/총자산)**의 민감도가 가장 크다.

② 판정기준

Z<1.81 : 부실
1.81≤Z≤2.99 : 판정보류(회색영역)
2.99<Z : 정상

(2) Z'-Score모형

① Z'-Score모형은 비상장기업의 부실예측을 위한 Z-Score모형의 수정 모형이다.

$$Z = 0.717X_1 + 0.847X_2 + 3.107X_3 + 0.420X_4 + 0.998X_5$$

X_1 : 순운전자본/총자산, X_2 : 이익잉여금/총자산, X_3 : $EBIT$/총자산, X_4 : 자기자본시장가치/총부채

X_5 : 매출액/총자산

Z-Score모형과 마찬가지로 모형 내에 각 변수에 대한 민감도 중 **총자산영업이익률(EBIT/총자산)**의 민감도가 가장 크다.

---

23) 어떠한 재무비율이 부실예측에 사용될 수 있는지 두 집단 간 재무비율의 평균차이를 분석하는 방법

② 판정기준

    $Z' < 1.23$: 부실

    $1.23 \leq Z' \leq 2.90$: 판정보류(회색영역)

    $2.90 < Z'$: 정상

(3) Zeta모형

Altman은 대기업을 표본으로 $Z'-$Score모형보다 분류정확도가 우수한 Zeta모형을 개발하였다.

(4) K−Score모형

K−Score모형은 국내연구진과 Altman이 공동으로 개발한 한국기업에 특화된 부실예측모형이다. 비상장기업에 대한 모형은 K_1모형이고, 상장기업을 대상으로 한 모형은 K_2모형이다.

$$비상장기업\ K_1 = -17.862 + 1.472X_1 + 3.041X_2 + 14.839X_3 + 1.516X_4$$

$$상장기업\ K_2 = -18.696 + 1.501X_1 + 2.706X_2 + 19.760X_3 + 1.146X_4$$

X_1 : ln(총자산), X_2 : ln(매출액/총자산), X_3 : 이익잉여금/총자산, X_4 : 자기자본(K_1 : B, K_2 : M)/총부채

두 모형에서 민감도가 가장 큰 것은 **총자산이익잉여금비율(이익잉여금/총자산)**이다.

(5) 판별모형의 유용성과 한계

① 유용성

    ㉠ 판별모형은 재무변수를 개별적으로 검토하지 않고 여러 재무변수를 동시에 고려하는 종합적 모형이다.

    ㉡ 그리고 분석자의 주관이 개입하지 않아 객관적이다.

② 한계

    ㉠ 과거에는 재무비율만을 사용하여 판별함수를 추정하여 미래를 예측하므로 기업 상황이 바뀌면 예측력이 떨어지는 문제점이 있었다. 즉 어떠한 재무변수가 판별함수를 추정하는데 최적인가에 대한 객관적 기준과 이론적 근거가 부족했다.

    ㉡ 판별모형은 기업가치에 영향을 미치는 비회계적 자료를 고려하지 못했다.

    ㉢ 기업별로 회계처리방법이 상이할 경우 판별함수의 예측력은 감소한다.

    ㉣ 판별모형은 판별집단의 예측치에 대한 분산−공분산행렬이 동일하고, 예측치의 분포가 정규분포를 갖는다는 가정을 충족해야 하는 통계적 한계를 가진다.

③ 한계극복을 위한 노력

    ㉠ 재무변수의 객관적 선정을 위하여 요인분석을 이용한 예측모형을 개발하여 활용하고 있다.

    ㉡ 과거의 회계자료보다 주식시장 정보를 활용한 예측모형을 개발하여 활용한다.

    ㉢ 판별집단의 예측치에 대한 분산−공분산행렬이 동일하다는 가정이 필요 없는 모형을 개발하여 활용한다.

Key Point!

기업부실예측모형은 100% 완벽할 수 없다. 그 이유는 기업부실의 정의가 다양하고 모형에 선택된 변수가 기업부실의 모든 원인을 반영하지 못하기 때문이다. 결국 기업부실예측모형에는 오류가 존재할 수밖에 없는데 그 종류는 다음과 같다.

		실제	
		정상	**부실**
예측	정상	올바른 예측	1종 오류(α 오류)
	부실	2종 오류(β 오류)	올바른 예측

채권자 입장에서는 1종 오류를 더 회피하여야 한다. 정상기업에 자금을 공급하지 않아 발생하는 기회비용보다 부실기업에 자금을 공급하여 발생하는 위험이 훨씬 더 크기 때문이다.

01 다음 중 Altman의 기업부실예측모형인 Z − Score모형에서 민감도가 가장 큰 변수는?

① 운전자본비율   ② 총자산이익잉여금비율

③ 총자산영업이익률   ④ 자기자본시장가치비율

⑤ 총자산회전율

정답 | ③

해설 | $Z = 1.2X_1 + 1.4X_2 + 3.3X_3 + 0.6X_4 + 0.99X_5$ 에서 X_3가 총자산영업이익률이다.

02 다음 중 Altman의 Z − Score모형에서 부실기업에 해당하는 경우는?

① $Z < 0$ ② $Z < 1.81$

③ $1.81 \leq Z \leq 1.99$ ④ $2.00 \leq Z \leq 2.99$

⑤ $2.99 < Z$

정답 | ②

해설 | $Z < 1.81$인 경우 부실기업으로 분류한다.

03 甲은행은 A기업에 신용공여를 위하여 부실예측모형을 통하여 부실 정도를 예측하였다. 甲은행이 가장 우선적으로 회피하여야 할 위험은?

① 알파 오류   ② 베타 오류

③ 체계적 위험   ④ 비체계적 위험

⑤ 기회비용

정답 | ①

해설 | 알파 오류는 귀무가설(실제 부실 여부)이 참인 데에도 이를 기각하는 오류(부실 → 정상으로 판정)이다.

2장
현금흐름분석

Certified Credit Analyst

CHAPTER 01

현금흐름분석의 개념

출제 포인트 ■ ■ ■ 자금의 개념, 현금거래와 비현금거래의 구분에 관한 기초개념

1. 현금흐름분석 기초

(1) 현금흐름의 의의

현금흐름은 일정기간 동안 현금의 유입과 유출을 의미하고, 현금흐름 분석은 현금 조달의 원천과 현금을 어떻게 운용하였는지를 분석하여 건전성 여부를 예측하는데 활용된다.

(2) 기업의 지급능력 분석

① 유동성은 기업이 자산을 단기간에 현금화시키는 능력을 의미하고 단기 지급능력을 평가하는데 사용한다. 특히 유동비율은 유동자산의 구성내역에 따라 현금화 속도나 현금화 확실성이 달라질 수 있음에도 단순히 유동부채와 대비시켜 증감을 비교하므로 문제가 있다. 즉 유동자산의 증가가 회수가 어려운 매출채권의 증가나 악성재고의 증가일 경우에는 **현금화가 어렵지만 단기 지급능력이 양호하게 평가될 수 있다.** 당좌비율의 경우도 동일한 문제가 존재한다. 이러한 문제를 극복하기 위하여 순운전자본(유동자산－유동부채)을 자금으로 보고 분석한다.

② 이자보상비율에서 **영업이익은 발생주의 회계원칙에 의하여 산출되므로 현금화되지 않은 이익을 포함하고 있어 이자비용을 감당할만한 충분한 현금을 확보하지 못할 가능성이 존재**한다. 이자비용의 경우 일정 조건하에서 취득원가에 포함하여 자산으로 처리될 수도 있다. 즉 실제 손익계산서상 기재된 이자비용보다 더 많은 현금이 이자로 지급되었을 수 있다. 이자지급은 현금으로 하는 것이지 영업이익으로 하는 것이 아니다.

③ 이러한 문제점들로 인하여 현금흐름표와 현금수지분석표, 현금순환분석표 등을 이용하여 기업의 지급능력 분석에 이용하게 된다.

2. 현금주의와 발생주의

(1) 현금주의

① 현금주의의 의의

현금주의는 기업이 현금을 수취하였을 때 수익으로 인식하고 현금을 지급하였을 때 비용으로 인식하는 방법을 의미한다.

② 현금주의의 장ㆍ단점

㉠ 장점 : 현금의 유ㆍ출입이라는 사실에 근거하여 손익을 인식하므로 적용이 매우 간단하다.

㉡ 단점 : 현금의 유ㆍ출입이 같은 회계기간에 귀속되지 않을 수 있어 일정기간의 경영성과가 왜곡될 수 있다.

[사례 1 - 1]

20X1년 중 상품을 10,000원 현금 매입하고 20,000원에 외상매출한 후 20X2년 중에 매입대금을 회수한 경우 현금주의에 의한 기간별 손익인식은 다음과 같다.

구분	20X1년	20X2년
매출액	−	20,000
매출원가	(10,000)	−
당기순이익(순손실)	(10,000)	20,000

(2) 발생주의

① 발생주의의 의의

ㄱ 발생주의는 기업이 수익과 비용을 인식하는데 있어 현금의 수취나 지급에 관계없이, 어떠한 거래나 사건이 실제로 발생한 시점 또는 그 시점이 속한 회계기간에 인식하는 방법을 의미한다.

ㄴ 회계상 "거래"는 자산, 부채, 자본에 변동을 초래하는 사건으로 현금으로 측정 가능한 것을 의미한다.

② 발생주의의 장·단점

ㄱ 장점 : 기업의 영업활동에 대한 기간손익, 즉 경영성과를 정확하게 측정할 수 있다.

ㄴ 단점 : 기업의 영업활동에 대한 기간손익과 현금흐름이 일치하지 않는다.

[사례 1 - 2]

20X1년 중 상품을 10,000원 현금 매입하고 20,000원에 외상매출한 후 20X2년 중에 매입대금을 회수한 경우 발생주의에 의한 기간별 손익인식은 다음과 같다. 20X2년은 기인식한 매출채권을 현금으로 대체하는 회계처리만 일어난다.

구분	20X1년	20X2년
매출액	20,000	−
매출원가	(10,000)	−
당기순이익	10,000	−

이 사례에서 20X1년에 발생한 매출이 전액 매출채권인데, 만일 매출채권이 회수 불가능하여 대손이 발생하면 장부상 인식한 당기순이익은 단순한 숫자에 불과하고 실제는 비용만 지출한 것이 된다.

3. 자금의 개념

자금은 회계상 기업 경영을 위하여 투입된 경제적 가치를 지닌 것을 통칭하는 개념으로 다음 세 가지가 있다.

(1) 현금(Cash)

가장 일반적인 자금의 개념으로 다음과 같이 표현할 수 있다.

$$현금 = 통화 + 통화대용증권 + 요구불예금 + 현금성자산$$

① **현금성자산(만기 3개월 이내 채권, 상환우선주, RP)의 조건**

ㄱ 큰 거래비용 없이 **현금**으로 **전환**이 **용이**한 금융상품 : 유가증권 중 **채권**을 의미한다. 주식은 확정된 화폐금액으로 표시하지 않고 가격이 변동하고 상환조건이 없어 화폐성 자산으로 분류하지 않는다.

ⓛ 이자율 변동에 따른 가치변동의 위험이 경미한 금융상품

ⓒ 만기 또는 상환일이 3개월 이내일 것

> **Key Point!**
> '당좌차월'은 K-IFRS에서는 현금및현금성자산에서 차감하지만 일반기업회계기준에서는 차감하지 않고 **재무활동에 의한 단기차입금으로** 처리한다.

(2) 순운전자본(NWC ; Net Working Capital)

① 순운전자본은 통상 1년 이내 현금화할 수 있는 것으로 유동자산에서 유동부채를 차감한 것을 의미한다.

순운전자본 = 유동자산 - 유동부채

② 순운전자본은 영업활동에 추가적으로 사용하거나 단기차입금상환에 이용할 수 있는 자금의 성격을 갖는다.

③ 순운전자본의 문제점

ⓐ 유동자산 중 재고자산은 유동성이 낮을 수도 있고, 유동부채 중 선수금은 미래에 현금지급이 일어나지 않는 부채이다. 즉 자금의 역할을 하지 못하는 항목이 존재할 수도 있다.

ⓑ 그리고 순운전자본으로 자금흐름을 분석하면 매출채권이나 재고자산에 **과다 투자한 경우에도 유동성에 문제가 없는 것으로 나타날 수 있어** 실질적 지급능력평가가 잘 이루어지지 않을 수 있다.

(3) 총재무적 자원(All Financial Resources)

총재무적 자원은 현금과 순운전자본뿐만 아니라 기업이 소유하는 모든 자산 또는 부채와 자본의 변동과 관련된 자금의 개념이다. 즉 모든 자산과 부채, 자본의 변동을 자금의 변동으로 간주하는 개념이다.

4. 현금거래와 비현금거래

(1) 현금거래

현금거래는 현금의 유·출입을 동반하는 거래를 말한다. 현금흐름분석은 이를 중심으로 한다.

(2) 비현금손익거래

비현금손익거래는 비용이나 수익의 발생이 자산, 부채, 자본계정의 변동을 가져오지만 현금 변동이 없는 거래를 말한다. 예를 들어, 유형자산을 감가상각하는 경우 비용계정에 감가상각비가 계상이 되고 자산계정에 감가상각누계액이 계상되지만 현금 변동은 없다. 무형자산 상각, 퇴직급여 계상, 단기매매증권 평가손익 계상, 지분법손익 계상, 외화환산손익 계상, 재해손실의 계상 등도 비현금손익거래 중 하나이다.

(3) 비현금교환거래

① 비현금교환거래는 자산, 부채, 자본은 변동하지만 **현금의 변동도 없고, 손익계정의 변동도 없는 거래를** 말한다. 비현금교환거래는 현금흐름표에 기재하지 않는다. 그러나 중요사항은 주석사항으로 표시한다. 장기어음 발행으로 비유동자산을 구입하는 경우, 현물출자로 유형자산을 취득하는 경우, 무상증자, 무상감자, 주식배당액, 전환사채의 전환, 건설 중인 자산의 유형자산 대체, 장기차입부채의 유동성대체 등이 이에 해당한다.

② 비현금교환거래 회계처리 예시(모든 거래 금액은 10,000원으로 가정)

　　㉠ 장기어음발행으로 유형자산 구입

　　　　　　　　발행일 : 유형자산 10,000원 | 지급어음 10,000원

　　　　　　　　만기일 : 지급어음 10,000원 | 당좌예금 10,000원

　　㉡ 현물출자로 유형자산 취득

　　　　　　　　취득일 : 유형자산 10,000원 | 자 본 금 10,000원

　　㉢ 이익잉여금의 자본금전입으로 인한 무상증자

　　　　　　　　　　이익잉여금 10,000원 | 자 본 금 10,000원

　　㉣ 이월결손금에 의한 자본금 감액(무상감자)

　　　　　　　　　　자 본 금 10,000원 | 이월결손금 10,000원

　　㉤ 장기차입부채의 유동성대체

　　　　　　　　장기차입금 10,000원 | 유동성장기차입금 10,000원

　　㉥ 전환사채 전환권 행사(주식발행초과금은 없는 것으로 가정)

　　　　　　　　　전환사채 10,000원 | 자 본 금 10,000원

출제 포인트 ■ ■ ■
- ■ 현금흐름표의 기초개념에 대한 이해
- ■ 현금흐름표 작성방법(직접법, 간접법)에 대한 이해

1. 현금흐름표 개요

현금흐름표는 일정기간 동안 기업의 현금 유·출입의 흐름을 보여주는 표로서, 기업이 현금을 어떻게 창출하였고 어디에 사용하였는지를 나타낸다. 즉 현금흐름표는 다른 재무제표에서 설명하기 어려운 현금흐름에 대한 정보 및 현금동원능력평가에 대한 정보를 제공한다.

2. 현금흐름표의 목적과 유용성

(1) 현금흐름표의 목적

① 현금흐름표는 일정기간 기업의 현금수입과 현금지출에 대한 정보를 제공한다.
② 현금기준으로 기업의 영업활동과 투자활동 및 재무활동에 관한 정보를 제공한다.

(2) FASB(미국 재무회계기준위원회)의 현금흐름표가 제공해야 하는 정보(현금흐름표의 유용성)

① 기업의 **미래 현금흐름 창출능력**에 대한 평가정보
② 기업의 **배당금 지급능력** 및 **부채상환능력**과 **외부자금조달의 필요성**에 대한 평가정보
③ **당기순이익과 영업활동으로 인한 현금흐름과의 차이**에 대한 평가정보
   당기순이익과 영업활동으로 인한 현금흐름의 방향과 크기가 유사할 때 '이익의 질'이 높다고 할 수 있고, 차이가 클 경우에는 비현금거래가 많다고 예상할 수 있다.
④ 일정기간 현금 및 비현금 투자와 재무거래 결과 기업의 재무상태에 미치는 영향에 대한 평가정보

(3) 현금흐름표의 한계

현금흐름표는 일정기간 동안 현금 유출입에 대한 정보를 제공하지만 **기간 간의 관계에 대한 정보는 제공하지 않아 미래 현금흐름의 장기적 전망을 평가하기에는 불완전**하다. 따라서 재무상태표 또는 손익계산서 등과 함께 이용해야 기업의 미래 현금흐름에 대한 유용한 평가가 가능하다.

> **Key Point!**
> 당해 영업활동으로 인한 현금의 유입은 과거 영업활동에 기인한 것일 수 있고, 당해 현금의 유출로 인하여 미래의 현금유입을 기대할 수도 있다. 즉 현금흐름표는 현금흐름의 기간 간 관계를 나타내지는 못한다.

3. 현금흐름의 분류

(1) 영업활동현금흐름

① 영업활동의 정의

영업활동이란 일반적으로 제품의 생산과 상품 및 용역의 구매 · 판매활동을 말하며 투자활동과 재무활동에 속하지 아니하는 거래를 모두 포함한다.

② 영업활동에 의한 현금흐름의 의의

기업이 외부의 재무자원에 의존하지 않고 영업활동을 통하여 차입금 상환, 영업능력 유지, 배당금 지급, 신규투자 등 필요한 현금흐름을 창출하는 정도에 대한 주요한 지표가 된다.

③ 주의사항

퇴직금 지급, 부가가치세예수금 증감, 소득세예수금 증감, 예수보증금 증감 등은 당기순이익을 결정하는 요소는 아니지만 투자활동과 재무활동에 속하지 않으므로 **영업활동으로 분류**한다.

(2) 투자활동현금흐름

① 투자활동의 정의

현금의 대여와 회수활동, 유가증권 · 투자자산 · 유형자산 및 무형자산의 취득과 처분활동 등을 말한다.

② 주의사항

㉠ 단기대여금 · 단기금융상품 · 단기투자자산 등에서 발생하는 **이자수익과 배당금 수익은 영업활동으로 분류**한다.

㉡ 유형자산 처분 시 발생하는 **양도차익에 대한 법인세는 투자활동으로 분류**한다.

㉢ 유형자산의 처분대가를 **미수금으로 계상한 후 회수하는 활동은 투자활동으로 분류**한다.

(3) 재무활동현금흐름

① 재무활동의 정의

재무활동은 현금의 차입 및 상환활동, 신주발행이나 배당금 지급 등과 같이 부채 및 자본계정에 영향을 미치는 거래를 말한다.

② 주의사항

㉠ 미지급금(**예** 유형자산 구입 등에 의한 외상채무)**의 상환**도 단기자금의 상환으로 보아 **재무활동으로 분류**한다.

㉡ 장기차입금 조달은 재무활동이지만 **장기차입금에서 발생하는 이자지급은 영업활동으로 분류**한다.

㉢ 자기주식 취득 · 처분은 전형적인 재무활동이다.

㉣ 투자자산에서 발생하는 배당금 수익은 영업활동이지만 주주에 대한 **배당금 지급은 재무활동으로 분류**한다.

〈일반기업회계기준에 따른 활동분류〉

구분	현금유입	현금유출
영업활동	• 이자수익 • 배당금 수익	• 이자지급 • 법인세 지급
투자활동	(유형자산 처분)미수금 회수	• 양도차익에 대한 법인세 지급 • (유형자산 처분)특별부가세[24] 지급
재무활동		• 배당금 지급 • (유형자산 구입)미지급금 상환

Key Point!
손익계산서상 「당기순이익을 결정하는 거래」를 영업활동으로 구분 가장 큰 이유는, 정보이용자들이 발생주의에 의한 당기순이익보다 현금주의의 순이익인 「영업활동으로 인한 현금흐름」을 알고 싶어 하기 때문이다.

4. 재무상태표 등식과 현금흐름표 작성원리

비현금자산의 감소는 현금의 증가, 부채와 자본의 감소는 현금의 감소를 의미한다. 예를 들어 매출채권의 감소는 현금의 증가를, 매출채권의 증가는 현금의 감소를 의미한다.

$$자산 = 부채 + 자본$$
$$현금 + 비현금자산 = 부채 + 자본$$
$$현금 = (부채 + 자본) - 비현금자산$$
$$\triangle 현금 = (\triangle 부채 + \triangle 자본) - \triangle 비현금자산$$

---

24) 법인이 부동산 또는 부동산의 권리를 양도하여 양도소득이 있을 때, 법인세에 더하여 납부하는 세금을 말한다. 비영리법인은 법인세 납부의무가 없으므로 특별부가세만 납부하고 영리법인은 과세대상 양도차익을 법인의 소득에 합산하여 법인세로 과세한다.

01 손익계산서의 영업이익은 현금화되지 않은 이익을 포함하고 있다.

○ ×

○
발생주의는 현금화되지 않은 이익을 포함한다.

02 발생주의 회계는 기간손익을 정확히 측정할 수 있지만 현금주의 회계는 현금의 유·출입이 동일한 회계기간에 귀속되지 않아 경영성과가 왜곡될 수 있다.

○ ×

○
현금주의 회계의 단점에 대한 설명이다.

03 일반기업회계기준에 의하면 당좌차월은 현금및현금성자산에서 차감한다.

○ ×

×
차감하지 않고 단기차입금으로 처리한다.

04 재고자산에 과다 투자한 기업의 유동성 문제는 순운전자본으로 자금흐름을 분석할 경우 쉽게 찾아낼 수 있다.

○ ×

×
재고자산이 유동자산에 포함되므로 찾기 어렵다.

05 전환사채의 전환권 행사는 비현금손익거래이다.

○ ×

×
전권권 행사는 비현금교환거래이다.

06 당기순이익(NI)보다 영업활동으로 인한 현금흐름(OCF)이 클수록 이익의 질이 좋다.

○ ×

×
NI와 OCF의 방향과 크기가 유사할 때 좋다고 한다.

07 현금흐름표는 기간 간 관계에 대한 정보는 제공하지 않아 미래 현금흐름의 장기적 전망을 평가하기에는 불완전하다.

○ ×

○

08 퇴직금 지급, 부가가치세예수금·소득세예수금 등의 증감은 영업활동으로 분류한다.

○ ×

○
투자·재무활동에 속하지 않아 영업활동으로 분류한다.

01 다음 중 '현금성 자산'에 해당하지 않을 수 있는 것은?

① 보고기간종료일로부터 만기가 3개월 이내 도래하는 공채

② 3개월 이내 환매조건인 환매채

③ 취득당시 만기가 3개월 이내 도래하는 국채

④ 91일물 양도성 예금증서

⑤ 취득당시 상환기간이 3개월 이내인 상환우선주

정답 | ①

해설 | 보고기간이 종료일까지 남은 기간이 길면 현금성 자산으로 분류되지 않을 수 있다.

02 다음 중 자금의 개념을 현금으로 정의했을 때 현금과 손익의 변동이 없는 것은?

① 유형자산을 취득하고 대금을 지급하였다.

② 자본잉여금을 무상증자하여 자본금에 전입하였다.

③ 기계장치의 감가상각비를 계상하였다.

④ 종속기업 투자주식에 대해 지분법이익을 인식하였다.

⑤ 단기매매증권평가손실을 인식하였다.

정답 | ②

해설 | ②는 비현금교환거래를 의미한다. ①은 현금거래, ③~⑤는 비현금손익거래에 해당한다.

03 다음 중 자금의 개념을 순운전자본으로 정의할 때 바르지 못한 설명은?

① 유형자산을 취득하고 만기 2년의 약속어음을 지급한 경우 자금은 변동하지 않는다.

② 기말에 1년 이내 상환의무가 도래하는 장기차입금을 유동성장기차입금으로 대체한 경우 자금은 감소한다.

③ 원재료를 6개월 외상으로 매입한 경우 자금은 변동하지 않는다.

④ 비품을 매각하고 현금을 수취한 경우 자금은 증가한다.

⑤ 유형자산 매각 후 현금을 수취하고, 유형자산처분손실을 인식한 경우 자금은 감소한다.

정답 | ⑤

해설 | 유형자산을 매각하고 현금을 수취하였으므로 순운전자본은 증가한다. 처분손실은 자금과 관련 없다.

04 다음 중 옳지 않은 설명은?

① 매출채권이나 재고자산은 단 기간에 현금화하지 못할 수도 있어 순운전자본을 자금으로 정의할 경우 실질적 지급능력평가가 잘 이루어지지 않을 수 있다.
② 일반기업회계기준에서는 자금을 현금및현금성자산으로 보고 현금흐름표 작성을 의무화하고 있다.
③ 외상매출금을 현금으로 회수한 경우 순운전자본은 증가한다.
④ 주식배당을 하더라도 현금과 손익에는 변화가 없다.
⑤ 현물출자로 유형자산을 취득하더라도 현금과 손익에는 변화가 없다.

정답 | ③

해설 | 이 경우 매출채권이 현금으로 대체되는 것이므로 유동자산에 변화가 없어 순운전자본은 동일하다.

05 현금흐름표에 관한 설명으로 바르지 못한 것은?

① 직접법은 현금유입은 원천별로, 현금유출은 용도별로 분류하여 표시하는 방법이다.
② 직접법은 현금흐름을 수반하는 수익 · 비용항목을 총액으로 표시한다.
③ 이자지급은 재무활동으로 분류한다.
④ 법인세지급은 영업활동으로 분류한다.
⑤ 간접법은 당기순이익을 기준으로 비현금항목을 가감한 후 영업활동 자산 · 부채 증감액을 가감하여 계산한다.

정답 | ③

해설 | 이자지급과 수취는 모두 영업활동으로 분류한다.

06 甲회사의 당기 손익계산서상 매출원가는 50,000원이다. 당기 재고자산과 매입채무 자료가 다음과 같을 때 현금주의 매출원가는 얼마인가?

• 기초재고자산 5,000원	• 기말재고자산 5,500원
• 기초매입채무 3,000원	• 기말매입채무 2,000원

① 42,500원
② 48,500원
③ 49,500원
④ 51,500원
⑤ 53,500원

정답 | ④

해설 | 현금주의 매출원가 = −50,000 − 500 − 1,000 = −51,500원, 매출원가는 차감항목이어서 (−)가 붙는다.

출제 포인트 ■ ■ ■ 유형별 현금흐름표의 기초개념과 현금흐름의 계산

1. 영업활동현금흐름

영업활동으로 인한 현금흐름(직접법)

가. 매출 등 수익활동으로부터 유입액

매출액	1,100
−매출채권 증가(+ 감소)	(30)
−장기성매출채권 증가(+ 감소)	
+선수금 증가(− 감소)	

나. 매입 및 종업원에 대한 유출액

(1) −매출원가	(733)
−재고자산 증가(+ 감소)	50
+매입채무 증가(− 감소)	(58)
+미지급비용 증가(− 감소)	(10)
+선급금·선급비용 감소(− 증가)	
+Dep. 등 비현금비용	
(2) −판매비와 일반관리비	(215)
+미지급비용 증가(− 감소)	
+선급비용 감소(− 증가)	
+비현금비용(대손상각비 등)	125

다. 이자수익 유입액

+이자수익	7
+미수이자 감소(− 증가)	2
+선수이자 증가(− 감소)	
−장기성매출채권 현할차 상각분	

라. 배당금수익 유입액

+배당금수익	13
+미수배당금 감소(− 증가)	

A社 비교재무상태표 (단위 : 천 원)

계정과목	기말잔액	기초잔액	증감
현금	275	138	137
매출채권	190	160	30
대손충당금	(25)	(15)	(10)
미수이자	−	2	(2)
선급이자	10	−	10
재고자산	240	290	(50)
매도가능증권	120	90	30
토지	100	200	(100)
기계장치	840	700	140
감가상각누계액	(280)	(230)	(50)
	1,470	1,335	135
매입채무	277	335	(58)
차입금	350	320	30
미지급급료	30	40	(10)
당기법인세부채	10	−	10
장기미지급금	230	210	20
퇴직급여충당부채	155	100	55
자본금	250	200	50
이익잉여금	168	130	38
	1,470	1,335	135

당기손익계산서 (단위 : 천 원)

매출액		1,100
매출원가		(733)
판매비와 관리비		(215)
급료	(50)	

마. 이자비용 지급액

  −이자비용 지급 (42)

    +미지급이자 증가(− 감소)
    −선급이자 증가(+ 감소) (10)
    +사할차 상각분
    +장기성매입채무 현할차 상각분

바. 법인세 지급액
  −법인세비용 (12)
    +당기법인세부채 증가(− 감소) 10
    +이연법인세부채 증가(− 감소)
    +전기법인세환급액(− 추납액)

사. 퇴직금 지급액 (10)
영업활동으로 인한 현금흐름 187

지급수수료	(40)
퇴직급여	(65)
대손상각비	(10)
감가상각비	(50)
영업외수익	25
이자수익	7
배당금수익	13
매도가능증권처분이익	5
영업외비용	(87)
이자비용	(42)
유형자산처분손실	(45)
법인세비용	(12)
당기순이익	78

〈추가자료〉

① 당기 중 유가증권(매도가능증권)을 40천 원에 취득. 또한 취득원가 10천 원의 유가증권을 15천 원 현금에 매각

② 취득원가 100천 원의 토지를 55천 원에 처분하고 현금 수령

③ 신규로 기계장치를 140천 원에 취득하고, 대금 중 100천 원은 현금지급, 잔액은 장기미지급금으로 처리

④ 퇴직금 10천 원 지급, 그리고 50천 원 유상증자 실시 및 당기초 이익잉여금 중 40천 원 현금배당으로 지급

〈김명철, 「현금흐름분석」, 제15판, 서울 : 한국금융연수원, 2020년, 63p~65p〉

(1) 직접법

① 직접법은 현금의 증감을 초래하는 수익 또는 비용항목들을 직접 이용하여 영업활동으로 인한 현금흐름을 계산하는 방법이다. 현금을 수반하여 발생한 수익 또는 비용항목을 총액으로 표시하되 **현금유입액은 원천별로, 현금유출액은 용도별로 분류**하여 표시하는 방법

② 직접법에 의한 영업활동현금흐름 계산

1단계 : 손익계산서에서 영업활동과 관련한 항목의 현금흐름 계산

2단계 : 재무상태표에서 영업활동과 관련한 항목의 현금흐름 계산

(2) 간접법

간접법은 당기순이익에서 출발하여 ① 비현금항목을 가감, ② 영업활동과 무관한 항목 가감, ③ 영업활동과 관련된 자산·부채 항목의 증감액을 가감하여 계산. 상기 사례로 계산하면 다음과 같다.

영업활동으로 인한 현금흐름

(단위 : 천 원)

	당기순이익	78
손익항목	＋퇴직급여	65
	＋대손상각비	10
	＋감가상각비	50
	－매도가능증권처분이익	(5)
	＋유형자산처분손실	45
자산·부채항목	－매출채권 증가	(30)
	＋미수이자 감소	2
	－선급이자 증가	(10)
	＋재고자산 감소	50
	－매입채무 감소	(58)
	－미지급급료 감소	(10)
	＋당기법인세부채 증가	10
	－퇴직금지급액	(10)
영업활동으로 인한 현금흐름		187

간접법에서 당기손익을 중심으로 비현금항목을 조정한 금액을 '총영업활동현금흐름' 또는 '**영업활동에서 조달된 현금흐름**'이라고 한다. 또한 영업관련 자산·부채변동은 '**운전자본 등 투자액**' 또는 '영업활동에 사용된 금액'이 된다.

3. 간접법에 의한 영업활동현금흐름 계산 방법★

(1) 현금 유출없는 비용

① 현금 유출없는 비용(비현금비용) : 당기순이익에서 **가산 조정**되는 항목

감가상각비	• 제조원가명세서의 감가상각비와 손익계산서상 판관비의 감가상각비를 합산한다. • 감가상각비 중 개발비로 대체된 부분은 당기순이익에 영향을 미치지 않으므로 가산하지 않는다.
무형자산상각비	판관비 또는 제조원가명세서에 계상되고 당기순이익에 가산한다.
퇴직급여	제조원가명세서의 노무비에 포함된 금액과 손익계산서상 판관비에 포함된 금액을 합산한다(DC형의 경우 현금유출이 있는 비용).
대손상각비	손익계산서의 판관비에 있는 매출채권에 대한 대손상각비와 영업외비용에 계상된 기타채권의 대손상각비를 합산한다.
주식보상비용	• 주식결제형 주식기준보상거래는 판관비, 제조원가 또는 개발비로 처리하고, 주식선택권은 자본조정에 계상된다. • 현금결제형 주식기준보상거래는 주식보상비용과 장기미지급비용 계정에 계상되고, 판관비, 제조원가 또는 개발비로 처리한다. • **주식보상비용 중 개발비로 대체되는 부분은 비현금교환거래에 해당되어 순이익에 영향을 미치지 않으므로 비현금비용이 된다.**
사채할인발행차금상각	사채할인발행차금상각액은 이자비용에 포함되어 있으나 **현금으로 지출된 비용이 아니므로** 비현금비용이 된다.

전환권조정상각	• 전환사채 또는 신주인수권부사채 발행으로 실제 납입된 금액에서 부채에 해당하는 금액을 차감한 잔액이 자본에 해당하는 부분으로 **전환대가 또는 신주인수권대가의 과목으로 자본조정에 계상**된다. • **전환권조정(또는 신주인수권조정)상각액은 이자비용에 포함되지만 비현금비용에 해당**한다.
단기투자자산평가손실	단기투자자산평가손실은 영업외비용에 포함되어 있다.
장기투자증권손상차손	• 매도가능증권손상차손과 만기보유증권손상차손을 합산하여 영업외비용에 계상되는데, 비현금비용에 해당한다. • 참고로 매도가능증권평가손익은 기타포괄손익 항목으로 당기순이익에 반영되지 않으므로 당기순이익에 가감할 필요가 없다.
지분법손실	지분법손실은 비현금비용으로 영업외비용에 계상된다.
재고자산평가손실	재무상태표상 재고자산의 차감계정으로 기록되고, 매출원가에 포함되어 당기순이익을 감소시켰으므로, 영업활동현금흐름 계산 시 당기순이익에 가산 조정한다.
재고자산감모손실	정상감모손실은 매출원가에 포함되고, 비정상감모는 영업외비용에 포함된다. 모두 비현금비용에 해당한다.
유형자산손상차손	유형자산손상차손은 유형자산의 특별상각비와 유사한 것으로 비현금비용에 해당한다.
외화자산부채환산손실 (현금성자산 제외)	• 외화자산부채의 환산손실은 영업외비용에 계상되는데 비현금비용이다. • **현금및현금성자산에 포함된 외화당좌예금 등의 환산손실은 현금의 유출이 있는 손실이므로 당기순이익에 가산하지 않는다.**
재해손실	현금및현금성자산을 제외한 유동자산이나 비유동자산에 대한 손실로 영업외비용에 계상된다.
공사손실충당부채전입액	공사손실충당부채전입액은 당기 공사원가에 포함되어 있고 비현금비용에 해당한다.
하자보수충당부채전입액	하자보수비는 공사가 종료되는 회계연도의 공사원가에 포함되고 비현금비용에 해당한다.
복충당부채전입액	기간비용으로 인식되는 복충당부채전입액은 비현금비용이다.
제품보증비 등	제충당부채전입액은 모두 비현금비용이다.

② 비영업활동 손실(투자활동과 재무활동으로 인한 손실)

단기투자자산처분손실	단기투자자산의 처분손실은 영업외비용으로 투자활동에 속하지만 당기순이익을 감소시켰으므로 영업활동현금흐름 계산 시 당기순이익에 가산 조정한다.
유형자산처분손실	유형자산의 처분손실은 영업외비용으로 투자활동에 속하지만 당기순이익을 감소시켰으므로 영업활동현금흐름 계산 시 당기순이익에 가산 조정한다.
투자자산처분손실	투자자산의 처분손실은 영업외비용으로 투자활동에 속하지만 당기순이익을 감소시켰으므로 영업활동현금흐름 계산 시 당기순이익에 가산 조정한다.
사채상환손실	사채상환손실은 영업외비용으로 사채의 장부금액 이상의 대금을 지급하고 사채를 상환한 것이므로 재무활동에 속한다. 따라서 영업활동현금흐름 계산 시 당기순이익에 가산 조정한다.
외환차손	외환차손은 재무활동에 의하여 발생한 손실로 당기순이익에 가산 조정한다.

(2) 현금 유입없는 수익

① 현금 유출없는 수익(비현금수익) : 당기순이익에서 **차감 조정**되는 항목

이자수익 중 만기보유증권 현·할·차 상각액	이자수익에 포함된 현재가치할인차금상각액은 비현금수익으로 당기순이익에서 차감 조정되어야 한다.
단기투자자산평가이익	단기투자자산평가이익은 영업외수익으로 비현금수익에 해당한다.
지분법이익	지분법이익도 영업외수익으로 비현금수익에 해당한다.
장기투자증권손상차손환입	매도가능증권 또는 만기보유증권의 손상차손환입액은 영업외수익으로 비현금수익에 해당한다.
유형자산손상차손환입	유형자산손상차손환입액도 현금의 유입이 없는 영업외수익이므로 차감 항목이다.
장기성매출채권 현·할·차 상각액	동 상각액도 이자수익에 포함된 비현금수익으로 차감 항목이다.
사채할증발행차금환입액	사채를 할증발행하는 경우에는 인식하는 이자비용보다 지급하는 현금유출이 더 크다. 즉 그 차액만큼 당기순이익이 과다 계상되므로 차감 조정한다.
외화자산부채환산이익	• 외화자산부채의 환산이익도 영업외비용에 계상되는데 비현금비용이다. • 현금및현금성자산에 포함된 외화당좌예금 등의 환산손실은 현금의 유출이 있는 손실이므로 당기순이익에 가산하지 않는다.
대손충당금환입	대손충당금환입액은 판관비의 대손상각비가 부(−)의 금액으로 표시된다. 이 금액은 현금없는 수익으로 차감 조정되어야 한다.
재고자산평가충당금환입	재고자산평가손실액은 재고자산평가충당금계정에 계상되고, 환입액은 비현금수익으로 매출원가에서 차감되어 당기순이익을 증가시키므로 차감 조정되어야 한다.
자산수증이익	현금및현금성자산을 증여받는 경우를 제외하고는 영업외수익으로 비현금수익이다.
채무조정이익	채무조정이익도 비현금수익으로 차감 조정 대상이다.
공사손실충당부채환입액	환입액은 당해 공사원가에서 차감되는 비현금수익이다.
하자보수충당부채환입액	환입액은 하자보수의무가 종료되는 연도에 인식되는 비현금수익으로 차감 조정한다.
제품보증충당부채환입액	제충당부채환입액은 모두 비현금수익이다.

② 비영업활동 수익(투자활동과 재무활동으로 인한 수익)

단기투자자산처분이익	단기투자자산처분이익은 투자활동에 의하여 발생된 이익이 당기순이익을 증가시켰으므로 당기순이익에서 차감 조정되어야 한다.
유형자산처분이익	유형자산처분이익은 투자활동에 의하여 발생된 이익이 당기순이익을 증가시켰으므로 당기순이익에서 차감 조정되어야 한다.
투자자산처분이익	투자자산처분이익은 투자활동에 의하여 발생된 이익이 당기순이익을 증가시켰으므로 당기순이익에서 차감 조정되어야 한다.
사채상환이익	사채상환이익은 재무활동에 의하여 발생된 이익이 당기순이익을 증가시켰으므로 당기순이익에서 차감 조정되어야 한다.
외환차익	외환차익은 재무활동에 의하여 발생된 이익으로 당기순이익을 증가시켰으므로 당기순이익에서 차감 조정되어야 한다.

(3) 영업활동으로 인한 자산 · 부채 변동

매출채권 증감액	• 증가 : 받지 못한 금액이 증가했으므로 그 증가액 만큼 현금유출로 처리한다. • 감소 : 받지 못한 금액이 감소했으므로 그 감소액 만큼 현금유입으로 처리한다.
재고자산 증감액	• 증가 : 재고를 매입했으므로 그 증가액 만큼 현금유출로 처리한다. • 감소 : 재고를 판매했으므로 그 증가액 만큼 현금유입으로 처리한다.
선급비용 증감액	• 증가 : 선급비용의 증가이므로 그 증가액 만큼 현금유출로 처리한다. • 감소 : 선급비용의 감소이므로 그 증가액 만큼 현금유입으로 처리한다.
선급금 증감액	• 증가 : 선급한 금액의 증가이므로 그 만큼 현금유출로 처리한다. • 감소 : 선급한 금액의 감소이므로 그 만큼 현금유입로 처리한다.
미수수익 증감액	• 증가 : 미수수익의 증가이므로 그 만큼 현금유출로 처리한다. • 감소 : 미수수익의 감소이므로 그 만큼 현금유입로 처리한다.
이연법인세자산 증감액	• 증가 : 실제 현금이 증가한 것이 아니므로 현금유출로 처리한다. • 감소 : 실제 현금이 유출된 것이 아니므로 현금유입으로 처리한다.
매입채무 증감액	• 증가 : 지급하지 않은 금액이 증가했으므로 그 증가액 만큼 현금유입으로 처리한다. • 감소 : 지급하지 않은 금액이 감소했으므로 그 감소액 만큼 현금유출로 처리한다.
선수금 증감액	• 증가 : 미리 받은 금액이 증가했으므로 그 증가액 만큼 현금유입으로 처리한다. • 감소 : 미리 받은 금액이 감소했으므로 그 감소액 만큼은 현금유출로 처리한다.
선수수익 증감액	• 증가 : 선수금액이 증가했으므로 그 증가액 만큼 현금유입으로 처리한다. • 감소 : 선수금액이 감소했으므로 그 감소액 만큼은 현금유출로 처리한다.
미지급비용 증감액	• 증가 : 미지급비용의 증가이므로 그 증가액 만큼 현금유입으로 처리한다. • 감소 : 미지급비용의 감소이므로 그 감소액 만큼 현금유출로 처리한다.
당기법인세부채 증감액	• 증가 : 납부되지 않은 금액의 증가이므로 그 금액만큼 현금유입으로 처리한다. • 감소 : 납부되지 않은 금액의 감소이므로 그 금액만큼 현금유출로 처리한다.
이연법인세부채 증감액	• 증가 : 실제 현금이 감소한 것이 아니므로 현금유입으로 처리한다. • 감소 : 실제 현금이 증가한 것이 아니므로 현금유출로 처리한다.
퇴직금 지급 등	• 증가 : 퇴직급여충당부채가 감소하는 것이므로 그 감소된 금액만큼 현금유출로 처리한다. • 감소 : 퇴직급여충당부채가 증가하는 것이므로 그 증가된 금액만큼 현금유입으로 처리한다. ※ 퇴직금 지급은 당기순이익의 결정요소는 아니지만 인건비의 추가적 지급의 성격이 강하므로 영업활동현금흐름에 포함된다. 소득세나 부가세 예수금의 증감액도 영업활동현금흐름에 포함된다.

(4) 영업활동으로 인한 현금흐름표에 관한 기타사항

① 대손충당금 변동

대손충당금 변동과 관련된 사례를 살펴보자. ㈜한라의 대손충당금 자료는 다음과 같다.

(단위 : 백만 원)

	기말잔액	기초잔액	증감
매출채권	₩380	₩320	₩60
대손충당금	(50)	(30)	(20)
차감잔액	330	290	40

회사가 기중 매출채권을 대손처리한 금액이 ₩14백만 원일 때, 손익계산서상 대손상각비는 얼마일까? 이를 T계정을 이용하며 풀면 다음과 같다.

대손충당금			
대손확정	₩14	기초	₩30
기말	₩50	설정	₩34

당기 손익계산서에 인식되는 대손충당금은 ₩34백만 원이 된다. 이 금액이 당기에 설정한 대손충당금이다. 영업활동으로 인한 현금흐름을 계산할 때 **당기에 설정한, 즉 손익계산서에 인식된 금액 ₩34백만 원을 당기순이익에 가산한다.**

그리고 **매출채권 변동은 ₩74백만 원 증가**(재무상태표에서 증가액이 ₩60이지만 기중 대손처리한 매출채권이 ₩14백만 원 있으므로 **현금흐름표상 매출채권 증가액은 ₩74백만 원이다.**)하였으므로 현금흐름은 −₩74백만 원이다. 따라서 매출채권과 대손충당금이 영업활동현금흐름에 미치는 영향은 (−₩74 + 34) = −40(백만 원)이다.

대손상각비가 중요하지 않아 매출채권을 순액으로 기재할 때 현금흐름은 다음과 같다.

$$-330 - (-290) = -40백만 원$$

즉 순액으로 하더라도 영업활동현금흐름에 미치는 영향은 동일하다.

그러나 대손상각비나 기중 발생한 대손발생액이 중요한 경우에 순액법을 사용하면, 직접법의 경우 매출로 인한 현금유입액과 판관비의 현금유출액이 정확하게 기록되지 않고, 간접법의 경우 현금 유출없는 비용과 영업활동 관련 자산부채 증감액이 정확하게 기록되지 않는다는 단점이 있다.

Key Point!
- 대손상각비 회계처리
  (상황) A기업은 20X1년에 10,000원의 제품을 외상으로 판매하였고, 그 중 4,000원은 회수불가능할 것으로 예상하였다. 20X2년에 실제 회수된 금액은 4,000원이다.
20X1년 매출채권	10,000원	제품매출 10,000원
대손상각비	4,000원	대손충당금 4,000원
20X2년 현 금	4,000원	매출채권 4,000원
대손충당금	4,000원	매출채권 6,000원
대손상각비	2,000원	
- 직접법에 의한 영업활동현금흐름에서 이자비용에 대한 현금유출액 계산 시 사채할인발행차금상각액은 가산하고, 사채할증발행차금상각액은 차감한다.

② 영업활동 자산·부채 관련 비현금손익의 처리

영업활동 자산·부채와 관련된 비현금항목의 경우도 각각의 항목을 총액으로 계산한 경우와 순액으로 계산한 경우의 결과가 같다.

③ 선급금과 선수금, 미수금과 미지급금

선급금과 선수금은 일반적 상거래에서 발생한 것이므로 영업활동으로 분류한다. 하지만 미수금이나 미지급금의 경우 일반적 상거래 이외에서 발생하므로 투자활동이나 재무활동으로 분류되어야 할 것이다 (CII 유형자산 구입 시 일부 지급한 금액을 유동자산인 '선급금'으로 표시한 경우 이는 비유동자산 과목인 '장기미지급금'으로 계상하여야 한다).

㉠ 선급금 : 상품, 원재료 등의 매입을 위하여 선급한 금액으로 한다.

㉡ 선수금 : 수주공사, 수주품 및 기타 일반적 상거래에서 발생한 선수액으로 한다.

㉢ 미수금 : 일반적 상거래 이외에서 발생한 미수채권으로 한다.

㉣ 미지급금 : 일반적 상거래 이외에서 발생한 채무(미지급비용 제외)로 한다.

(5) 직접법과 간접법의 주장 근거

① 간접법의 주장 근거

㉠ 대부분의 기업은 간접법을 채택하고 있다. 일반기준에서도 직접법으로 표시한 경우 간접법 내용을 주석에 기재할 것을 요구하고 있다. 간접법으로 표시한 경우에는 직접법의 내용을 주석에 기재하지 않아도 된다.

㉡ 간접법은 당기순이익과 영업활동으로 인한 현금흐름의 차이를 잘 보여준다.

㉢ 현금흐름표와 손익계산서, 손익계산서와 재무상태표 간에 어떻게 연결되는지 잘 보여준다.

㉣ 간접법에서 직접법으로 전환하는 것이 용이하다. 직접법의 경우 정보이용자들이 영업활동으로 인한 현금흐름을 당기의 영업성과로 오도할 우려가 있다고 주장한다.

② 직접법의 주장 근거

㉠ 영업활동에서 나타나는 수입액과 지출액을 각 항목별로 보여줄 수 있어 추세분석과 다른 기업과의 비교가 가능하다.

㉡ 현금흐름 총액 중 경상적 부분과 비경상적 부분으로 구분이 가능하다.

㉢ 분기별 또는 월별로 현금흐름을 추정하거나 자금계획을 작성할 때 유리하다.

(6) 중단사업이 있는 경우 영업활동현금흐름의 표시

손익계산서와 같이 중단사업손익을 별도로 구분하여 표시하지 않고 하나의 현금흐름표로 표시하되 중단사업에 귀속하는 금액은 주석에 별도로 기재한다.

(7) 기타 계정과목의 정의

① 선급금 : 상품 · 원재료 등의 매입을 위하여 선급한 금액으로 유동자산으로 분류한다.

② 선수금 : 수주공사 · 수주품 및 기타 일반 상거래[25]에서 발생한 선수액으로 유동부채로 분류한다.

③ 미수금 : 일반적 상거래 이외에서 발생한 미수채권을 말한다.

④ 미지급금 : 일반적 상거래 이외에서 발생한 채무(미지급비용 제외), 판관비 중 일부를 미지급한 경우에는 상거래와 관련된 것이므로 '미지급비용' 또는 '매입채무'로 계상해야 한다.

> **Key Point!**
> 미수금과 미지급금은 일반적 상거래 이외에서 발생한 것이므로 주로 투자활동이나 재무활동과 관련된 과목이다.

2. 투자활동현금흐름

① '투자활동'은 현금의 대여와 회수활동, 단기투자자산과 투자자산 및 유 · 무형자산의 취득과 처분활동 등을 말한다.

② 투자활동현금흐름은 직접법과 간접법의 구분 없이 항상 직접법으로 표시한다.

---

25) 일반적 상거래라 함은 당해 회사의 사업목적을 위한 경상적 영업활동에서 발생하는 거래로 영업활동과 정확히 일치하는 것은 아니다.

3. 투자자산 유형별 현금흐름 계산

(1) 장기투자증권

㈜경기의 장기투자증권은 시장성 있는 투자주식과 시장성 없는 투자주식, 그리고 지분법평가대상 주식이 모두 포함되어 있다. 관련된 재무제표 자료는 다음과 같다.

재무상태표 자료		
계정과목	기초잔액	기말잔액
장기투자증권	10,000	15,000
매도가능증권평가이익	2,000	3,000

손익계산서 자료	
계정과목	당기발생액
지분법이익	1,000
매도가능증권손상차손	1,500
장기투자증권처분손실	2,000

당기 중 장기투자증권 취득원가가 15,000일 때 장기투자증권 처분으로 인한 현금유입은 얼마인지 살펴보자.

장기투자증권			
기 초	10,000	처 분	?
평가이익	1,000		
지분법이익	1,000	손상차손	1,500
당기취득	15,000	기 말	15,000
	27,000		16,500

처분한 장기투자증권 장부가는 기초잔액에 평가이익과 지분법이익, 그리고 당기 취득분을 가산한 금액에서 손상차손과 기말잔액을 차감하여 산출한다. 즉 $27,000 - 16,500 = 10,500$이다.

처분손실이 2,000이므로 처분가격은 $10,500 - 2,000 = 8,500$ 따라서 **현금유입은 8,500**이다.

(2) 유형자산

㈜경기의 기계장치와 관련한 재무자료는 다음과 같다. 당기 중 기계장치 증가는 총 20,000이고, 그 중 15,000은 현금 구입이고 나머지 5,000은 건설중인자산에 대체되었다.

재무상태표 자료		
계정과목	기초잔액	기말잔액
기계장치	12,000	18,000
감가상각누계액	2,000	4,000

손익계산서 자료	
계정과목	당기발생액
기계장치감가상각비	2,000
기계장치처분이익	3,000

기계장치처분으로 인한 현금유입은 얼마인지 살펴보자.

기계장치			
기 초	12,000	처 분	?
감 · 누	(2,000)	감가상각비	2,000
당기취득	20,000	기 말	18,000
	30,000		20,000

처분한 기계장치 장부가는 감가상각누계액을 차감한 기초금액에서 당기 취득분을 가산금액에서 감가상각비와 기말장부금액을 차감하여 계산한다. 즉 $30,000 - 20,000 = 10,000$이다.

그런데 처분이익이 3,000 존재하므로 처분가격은 처분이익을 가산한 $10,000 + 3,000 = 13,000$이다. 따라서 **현금유입은 13,000**이다.

(3) 사채

㈜경기의 사채와 관련한 재무자료는 다음과 같다. 당기 중 액면 10,000의 사채를 9,000에 발행하였다. 이때 사채발행비 2,000을 지출하였다. 당기 손익계산서에 인식된 이자비용 중 사채할인발행차금상각액은 2,000이고, 사채상환이익이 200발생하였다.

재무상태표 자료

계정과목	기초잔액	기말잔액
사채	5,000	7,000
사채할인발행차금	500	700

사채 중도상환으로 인한 현금유출액은 얼마인지 살펴보자.

사채			
상 환	8,000	기 초	5,000
기 말	7,000	당기발행	10,000

사채할인발행차금			
기 초	500	당기상각	2,000
		미상각잔액	800
당기발행	3,000	기 말	700

중도상환 사채의 장부금액은 액면 8,000에 미상각잔액 800을 차감한 7,200이다. 사채상환이익이 200 발생했으므로 중도상환금액은 7,200 − 200 = 7,000이다. 따라서 중도상환에 따른 현금유출은 7,000이다.

(4) 투자활동으로 인한 현금흐름 종합예제

A社 부분 비교재무상태표 (단위 : 백만 원)

	계정과목	기말잔액	기초잔액	증가(감소)	현금흐름	추가자료 분석내용
투자자산	장기예금	580	520	60	−60	
	장기투자증권					
	매도가능증권(상장)	1,930	1,500	430	−440	−600 + 160 = −440
	매도가능증권(비상장)	1,350	1,900	(550)		손상차손은 비현금비용
	만기보유증권	985	920	65		상각액은 비현금 이자수익
	지분법적용투자주식	1,770	1,650	120		비현금수익
	장기대여금	600	1,600	(1,000)	+1,000	
	(대손충당금)	(6)	(16)	10		비현금수익
	기타비유동자산					
	임차보증금	300	200	100	−100	
유형자산	토지	4,890	3,250	1,640		현물출자는 비현금거래
	건물	1,900	1,450	450	−400	−700 + 300 = −400
	(감가상각누계액)	(450)	(270)	(180)		
	기계장치	3,030	2,930	100		장기연불구입은 비현금거래
	(감가상각누계액)	(1,167)	(785)	(382)		
	공·기구·비품	622	568	54	−75	−80 + 5
	(감가상각누계액)	(241)	(133)	(108)		
	건설중인자산	84	184	(100)		비현금거래
무형자산	영업권	100	150	(50)		(50)은 비현금비용
	산업재산권	200	120	80	−100	(20)은 비현금비용
	개발비	2,800	2,500	300	−500	(200)은 비현금비용
	투자활동현금흐름				−675	

〈김명철, 「현금흐름분석」, 제15판, 서울 : 한국금융연수원, 2022년, 113p, 118p, 123p〉

〈추가자료〉

① 장기예금 당기 증가액은 100백만 원, 감소액은 40백만 원이다.

② 매도가능증권(상장)은 시장성 있는 주식으로 당기 중 600백만 원 취득하였고 200백만 원을 처분하여 160백만 원의 현금이 유입되었다. 그리고 당기말 장부금액과 시가와의 차액을 평가이익으로 30백만 원만큼 계상하였다.

③ 매도가능증권(비상장) 시장성 없는 주식으로 공정가액으로 평가하여 왔으나, 당기말 동 주식의 회수가능가액이 장부금액보다 하락하여 손상차손을 550백만 원 인식하였다.

④ 만기보유증권은 전액 만기보유 목적으로 보유하고 있는 것이며, 당초 액면가 이하로 취득하였다. 당기 중 유효이자율법을 적용하여 취득원가와 액면금액의 차액 중 65백만 원만큼 투자채권 장부금액을 증가시켰다.

⑤ 지분법적용투자주식은 지분법으로 평가하고 있으며 당기 중 피투자회사의 순자산가액이 600백만 원만큼 증가하여 이에 대해 당사의 지분(20%) 해당액만큼 장부금액을 증가시켰다. 피투자회사의 순자산증가원인 중 90%는 그 회사의 당기순이익 증가이며 나머지 10%는 순이익을 제외한 이익잉여금의 증가이다.

⑥ 장기대여금의 당기 증가액은 200백만 원이며, 감소액은 1,200백만 원이다.

⑦ 기말에 장기대여금에 대한 대손충당금을 10백만 원만큼 환입하였다.

⑧ 임차보증금의 당기증가액은 200백만 원, 감소액은 100백만 원이다.

⑨ 당기 중 보통주 100,000주(액면 10,000원)를 발행하여 토지(공정가치 1,640백만 원)를 현물출자 받았다.

⑩ 당기 중 건물의 증가 800백만 원 중 700백만 원은 현금으로 취득하고 100백만 원은 건설중인자산에 대체되었다.

⑪ 취득원가 250백만 원(감가상각누계액은 100백만 원)의 건물을 300백만 원에 현금으로 처분하였다.

⑫ 당기 중 홍수로 인하여 당기에 취득한 건물(감가상각누계액 없음) 중 100백만 원이 멸실되었다.

⑬ 당기 중 기계장치를 100백만 원에 장기연불 구입하였다.

⑭ 당기 중 공·기구·비품을 80백만 원에 현금으로 취득하다.

⑮ 취득원가 26백만 원(감가상각누계액 10백만 원)의 공·기구·비품을 5백만 원에 현금 처분하였다.

⑯ 당기 중 유형자산의 감가상각비는 건물이 280백만 원, 기계장치 382백만 원, 공·기구·비품 118백만 원이다.

⑰ 당기 중 영업권 취득은 없으며, 감소액은 모두 당기 상각액이다.

⑱ 산업재산권 당기 취득액은 100백만 원이며 당기 상각액은 20백만 원이다.

⑲ 당기 중 개발비 지출은 500백만 원이고 상각액은 200백만 원이다.

〈추가자료 분석〉

① 장기예금 순증가액 60백만 원은 현금유출이다.

② 매도가능증권(상장) 당기 중 600백만 원 취득으로 현금 600백만 원 유출, 그리고 200백만 원을 처분하여 160백만 원의 현금이 유입되었으므로 순현금유출은 440백만 원이고, 처분손실 40백만 원은 간접법에 의한 영업활동으로 인한 현금흐름 계산 시 당기순이익에 가산 조정한다. 평가이익 30백만 원은 기·포·누에 계상하고 주석에 기재한다.

③ 매도가능증권(비상장) 손상차손을 550백만 원은 현금유출이 없는 비용으로 간접법에 의한 영업활동으로 인한 현금흐름 계산 시 당기순이익에 가산 조정한다.

④ 만기보유증권은 할인 취득하였으므로 취득원가와 액면금액의 차액 중 65백만 원만큼 이자수익으로 인식한다. 다만 할인차금상각액을 이자수익으로 인식한 것이므로 현금유입이 없는 수익으로 간접법에 의한 영업활동으로 인한 현금흐름 계산 시 당기순이익에서 차감 조정한다.

⑤ 지분법적용투자주식은 당기 중 피투자회사의 순자산 증가액이 600백만 원은 당기순이익 증가가 540백만 원이고 이익잉여금 증가가 60백만 원이다. 이 경우 당사의 지분(20%) 해당액 120백만 원 중 당기순이익 증가에 의한 108백만 원은 지분법이익의 과목으로 영업외이익으로 계상하고, 이익잉여금 증가에 의한 12백만 원은 미처분이익잉여금을 증가시킨다. 이 거래 역시 현금유입이 없는 거래이므로 당기순이익을 증가시킨 108백만 원을 간접법에 의한 영업활동으로 인한 현금흐름 계산 시 당기순이익에서 차감 조정한다.

⑥ 당기 장기대여금이 순감소액 했으므로 1,000백만 원 현금유입이다.

⑦ 기말에 장기대여금에 대한 대손충당금을 10백만 원만큼 환입한 것은 현금유입이 없는 수익이므로 간접법에 의한 영업활동으로 인한 현금흐름 계산 시 당기순이익에서 차감 조정한다.

⑧ 임차보증금의 당기 순증가액은 100백만 원이므로 현금유출이다.

⑨ 당기 중 보통주 100,000주(액면 10,000원)를 발행하여 토지(공정가치 1,640백만 원)를 현물출자 받은 경우 액면 상당액은 자본금으로 인식하고 차액은 주식발행초과금의 과목으로 자본잉여금에 계상한다. 현물출자는 현금을 수반하지 않는 거래이므로 현금흐름표에 기재되지 않고 주석에 표시된다.

⑩ 당기 중 건물의 증가 800백만 원 중 700백만 원은 현금으로 취득하였으므로 현금유출이다. 그러나 100백만 원은 건설중인자산에 대체되었으므로 비현금거래로 주석사항에 표시한다.

⑪ 취득원가 250백만 원 건물의 장부가격이 150백만 원이고 처분가격이 300백만 원이므로 투자활동 현금유입 300백만 원, 그리고 장부가격과 처분가격의 차액 150백만 원은 유형자산처분이익으로 인식, 이는 당기순이익을 증가시킨 것으로 간접법에 의한 영업활동으로 인한 현금흐름 계산 시 당기순이익에서 차감 조정한다.

⑫ 재해손실 100백만 원은 현금유출 없는 비용으로 간접법에 의한 영업활동으로 인한 현금흐름 계산 시 당기순이익에 가산 조정한다.

⑬ 당기 중 기계장치의 100백만 원 장기연불 구입은 비현금거래로 주석사항에 표시되고, 향후 장기미지급금이 현금으로 지급되는 경우 재무활동으로 인한 현금흐름에 표시된다.

⑭ 공·기구·비품을 80백만 원에 현금으로 취득하였으므로 현금유출이다.

⑮ 취득원가 26백만 원(감가상각누계액 10백만 원)의 공·기구·비품의 장부가격이 16백만 원이고 5백만 원에 현금 처분하였으므로 5백만 원 현금 유입, 그리고 유형자산처분손실 11백만 원이 인식된다. 이는 간접법에 의한 영업활동으로 인한 현금흐름 계산 시 당기순이익에 가산 조정한다.

⑯ 당기 중 유형자산의 감가상각비 780백만 원(건물 280백만 원, 기계장치 382백만 원, 공·기구·비품 118백만 원)은 비현금비용으로 손익계산서에 인식되었으므로 간접법에 의한 영업활동으로 인한 현금흐름 계산 시 당기순이익에 가산 조정한다.

⑰ 당기 중 영업권 취득은 없으므로 현금유출은 없다. 당기 상각액 50백만 원은 비현금비용으로 손익계산서에 무형자산상각비로 인식되었으므로 간접법에 의한 영업활동으로 인한 현금흐름 계산 시 당기순이익에 가산 조정한다.

⑱ 산업재산권 당기 취득액 100백만 원은 현금유출이고, 당기 상각액 20백만 원은 비현금비용으로 손익계산서에 무형자산상각비로 인식되었으므로 간접법에 의한 영업활동으로 인한 현금흐름 계산 시 당기순이익에 가산 조정한다.

⑲ 당기 중 지출한 개발비 500백만 원은 현금유출이고 상각액 200백만 원은 비현금비용으로 손익계산서에 무형자산상각비로 인식되었으므로 간접법에 의한 영업활동으로 인한 현금흐름 계산 시 당기순이익에 가산 조정한다.

4. 재무활동으로 인한 현금흐름

(1) 자본항목 재무활동 현금흐름의 계산

㈜경기의 자본과 관련한 재무자료는 다음과 같다. 당기초 이월이익잉여금의 처분내용은 다음과 같다.

이익준비금 : 1,000, 현금배당 : 1,000, 주식배당 : 500

당기 중 이익준비금 500을 자본에 전입하였다. 이월이익잉여금의 처분과 이익준비금의 자본전입 이외에 자본금과 주식발행초과금의 변동은 모두 유상증자와 관련된 것이다.

재무상태표 자료

계정과목	기초잔액	기말잔액
자본금	2,000	6,000
주식발행초과금	4,000	5,000
이익준비금	3,000	4,000

유상증자로 유입된 현금은 얼마인지 살펴보자.

자본금

			기 초	2,000	
			주식배당	500	
			무상증자	500	
기 말	6,000		유상증자	3,000	

주식발행초과금

			기 초	4,000
기 말	5,000		유상증자	1,000

유상증자는 액면 3,000을 4,000에 발행하여 4,000의 현금이 유입되었다.

(2) 부채항목 재무활동 현금흐름의 계산(표준교재 응용)

㈜경기의 장기차입금계정에는 외화장기차입금이 포함되어 있다. 관련 자료는 다음과 같다. ㈜경기의 장기차입금상환은 계획대로 이루어졌다.

재무상태표 자료

계정과목	기초잔액	기말잔액
유동성장기차입금	3,000	4,500
장기차입금	5,000	7,000

손익계산서 자료

계정과목	당기발생액
외환차손	500
외화환산손실	1,000

당기 중 장기차입금 차입으로 인한 현금유입액과 유동성장기차입금 상환으로 인한 유출액은 각각 얼마인지 살펴보자.

장기차입금

유동성대체	4,500	기 초	5,000
		환산손실	1,000
기 말	7,000	당기차입	5,500

유동성장기차입금

상 환	3,000	기 초	3,000
기 말	4,500	유동성대체	4,500

기초의 유동성장기차입금은 당기 중 상환되었을 것이므로 기말잔액은 전액 장기차입금에서 대체되었다. 당기 중 차입한 금액은 5,500이고 상환금액은 외화장기차입금의 외화환산손실 500을 포함하여 3,500이다. 따라서 차입으로 인한 현금유입은 5,500이고 상환으로 인한 현금유출은 3,500이다.

(3) 재무활동으로 인한 현금흐름 종합 예제

A社	부분 비교재무상태표				(단위 : 백만 원)
계정과목	기말잔액	기초잔액	증가(감소)	현금흐름	추가자료 분석내용
단기차입금	3,200	1,100	2,100	+2,100	
유동성장기부채	2,450	1,300	1,150	−1,310	
사채	3,000	2,500	500	+503	792 − 15 = 777, −274
(사채할인발행차금)	(28)	(15)	(13)		
전환사채	2,500	3,000	(500)		비현금거래
장기차입금	2,330	3,800	(1,470)	+1,000	
보통주자본금	9,530	5,100	4,430	+800	유상증자
주식발행초과금	3,740	2,000	1,740	+800	
기타자본잉여금	510	500	10		
자기주식	(170)	(190)	20	+30	
매도가능증권평가이익	30	0	30		비현금거래
이익준비금	1,610	3,750	(2,410)		비현금거래
미처분이익잉여금	752	631	121	−227	현금배당
재무활동으로 인한 현금흐름				3,696	

〈김명철, 「현금흐름분석」, 제15판, 서울 : 한국금융연수원, 2022년, 127p, 132p〉

〈추가자료〉
① 당기 중 단기차입금의 차입은 2,150백만 원이고, 상환액은 50백만 원이다.
② 당기 중 유동성장기부채 1,300백만 원을 상환하였다. 동 상환액은 회화표시채무도 포함되어 있는데 외화표시 채무상환 시 환차손이 10백만 원 발생하였다.
③ 당기 중 사채 액면금액 800백만 원을 792백만 원으로 발행하였다. 이와 관련 사채발행비 15백만 원을 별도 지출하였다.
④ 당기 중 사채 액면금액 300백만 원을 274백만 원에 중도 상환하였다. 동 사채의 상환직전 장부금액은 295백만 원이다.
⑤ 당기말 사채할인발행차금 5백만 원을 상각하였다.
⑥ 당기 중 장기차입금 1,000백만 원을 차입하였다.
⑦ 당기말 장기차입금 중 외화표시채무를 환산한 결과 20백만 원의 환산(평가)이익이 발생하였다.
⑧ 당기말 장기차입금 중 2,450백만 원을 유동성장기차입금으로 대체하였다.
⑨ 당기 중 보통주 100,000주(액면 10,000원)를 발행하여 토지(공정가치 1,640백만 원)를 현물출자 받았다.
⑩ 당기 중 전환사채권자의 청구에 의하여 500백만 원의 전환사채를 보통주 20,000주로 전환하였다. 동 전환사채는 액면금액으로 발행되었다.
⑪ 당기초 이익잉여금의 처분내용은 이익준비금 90백만 원, 현금배당 227백만 원, 주식배당 200백만 원, 그리고 배당은 전액 당기 중 지급 및 교부되었다.
⑫ 당기 중 보통주 80,000주를 주당 20,000원에 발행하여 유상증자를 실시하였다.
⑬ 당기 중 이익준비금 중에서 2,230백만 원을 자본에 전입하는 무상증자를 실시하였다.
⑭ 당기 중 취득원가 20백만 원의 자기주식을 30백만 원에 처분하였다.
⑮ 당기 미처분이익잉여금 증가액 중 12백만 원은 지분법평가로 인한 것이다.
⑯ 당기 결산 결과 당기순이익 626백만 원을 계상하였다.
⑰ 매도가능증권평가이익은 시장성 있는 투자주식의 평가이익이다.

〈추가자료 분석〉

① 당기 중 단기차입금의 차입 2,150백만 원은 현금유입이고, 상환액은 50백만 원은 현금유출이다.

② 당기 중 상환한 유동성장기부채 1,300백만 원은 현금유출. 또한 상환액에 포함된 회화표시채무에서 발행한 환차손 10백만 원도 현금유출이다.

③ 당기 중 사채 액면금액 800백만 원을 792백만 원으로 발행했으므로 792백만 원 현금유입이고, 사채발행비 15백만 원은 현금유출이다. 따라서 실제 777백만 원이 사채발행으로 인한 현금유입으로 기록되고 액면과의 차액 23백만 원은 사채할인발행차금으로 상각되어 이자비용으로 인식된다.

④ 당기 중 사채 액면금액 300백만 원을 274백만 원에 중도 상환했으므로 274백만 원 현금유출이고, 장부금액 295백만 원과의 차액 21백만 원은 사채상환이익으로 손익계산서에 인식되므로 간접법에 의한 영업활동으로 인한 현금흐름 계산 시 당기순이익에서 차감 조정한다.

⑤ 당기말 상각한 사채할인발행차금 5백만 원(300−274−21=5)은 현금유출이 없는 이자비용으로 손익계산서에 인식되므로 간접법에 의한 영업활동으로 인한 현금흐름 계산 시 당기순이익에 가산 조정한다.

⑥ 당기 중 장기차입금 1,000백만 원을 차입했으므로 현금유입이다.

⑦ 당기말 장기차입금 중 외화표시채무의 환산(평가)이익 20백만 원은 비현금수익으로 현금흐름표에 기재되지 않고 손익계산서에 외화환산이익의 과목으로 인식되므로 간접법에 의한 영업활동으로 인한 현금흐름 계산 시 당기순이익에서 차감 조정한다.

⑧ 당기말 장기차입금 중 2,450백만 원의 유동성장기차입금 대체는 현금 유출입이 없으므로 현금흐름표에 기재되지 않는다.

⑨ 당기 중 전환사채권자의 전환권행사는 현금거래를 수반하지 않으므로 현금흐름표에는 기재되지 않고 주석사항으로 기재한다.

⑩ 당기 중 토지(공정가치 1,640백만 원)의 현물출자는 비현금거래로 주석기재 사항이다.

⑪ 당기 중 전환권 행사는 비현금거래로 주석기재 사항이다.

⑫ 당기초 이익잉여금의 처분내용 중 현금배당 227백만 원만 현금유출이고, 미처분이익잉여금 변동은 자본변동표에 나타나므로 주석에 기재할 필요가 없다.

⑬ 당기 중 보통주 80,000주를 주당 20,000원에 발행하여 유상증자를 실시하였으므로, 1,600백만 원 현금유입이다. 그 중 800백만 원은 보통주자본금이고 800백만 원은 주식발행초과금으로 인식된다.

⑭ 당기 중 이익준비금 중에서 2,230백만 원을 자본에 전입하는 무상증자의 경우 비현금거래이므로 주석사항에 기재한다.

⑮ 당기 중 취득원가 20백만 원의 자기주식을 30백만 원에 처분하였으므로 30백만 원의 현금유입과 10백만 원의 자기주식처분이익이 손익계산서에 인식되므로 간접법에 의한 영업활동으로 인한 현금흐름 계산 시 당기순이익에서 차감 조정한다.

⑯ 당기 미처분이익잉여금 증가액 중 12백만 원은 지분법평가로 인한 것이므로 비현금교환거래이다. 중요하지 않은 경우 주석사항으로 기재하지 않아도 된다.

⑰ 당기 결산 결과 당기순이익 626백만 원은 미처분이익잉여금으로 대체하는 것이므로 비현금거래이다.

⑱ 매도가능증권평가이익은 비현금교환거래로 현금흐름표에 기재되지 않고 기·포·누에 기재된다.

5. 현금흐름표 작성절차

(1) 현금흐름표 작성을 위한 자료

① 비교재무상태표
② 손익계산서
③ 자본변동표
④ 합계잔액시산표와 기타 재무제표 부속명세서

(2) 현금흐름표 작성 절차

① 현금 변동액 계산

비교재무상태표에서 현금및현금성자산의 기초잔액과 기말잔액을 비교하여 순증감액을 산출한다.

② 현금이외 계정분석

현금을 제외하고 자산·부채·자본계정의 증감을 분석하여 현금 순증감액에 영향을 미친 '현금거래'와 영향을 미치지 않는 '비현금거래'를 파악한다.

③ 영업활동으로 인한 현금흐름 계산
④ 투자활동으로 인한 현금흐름 계산
⑤ 재무활동으로 인한 현금흐름 계산
⑥ 현금흐름표 작성 및 중요한 비현금거래의 주석사항 기재

㉠ 현물출자로 인한 유형자산 취득
㉡ 유형자산의 연불구입 및 연불매각
㉢ 무상증자 및 무상감자
㉣ 주식배당
㉤ 전환사채의 전환
㉥ 건설중인자산의 건물계정 대체
㉦ 장기부채의 유동성대체 등
㉧ 일반기준은 직접법에 의한 영업활동으로 인한 현금흐름 작성 시 당기순이익과 당기순이익에 가감되는 항목에 대해서도 주석사항에 기재할 것을 요구한다.

6. 일반기업회계기준과 K-IFRS 현금흐름표 작성의 차이

항목	일반기준	K-IFRS
단기매매목적 유가증권 취득 · 처분	투자활동	영업활동, 따라서 당기순이익에서 가감하지 않음
이자수익 · 이자비용 · 배당금수익	영업활동	• 이자비용 : 영업활동 or 재무활동 • 이자수익 · 배당금수익 : 영업활동 or 투자활동
배당급지급	재무활동	영업활동 or 재무활동
영업활동현금흐름을 간접법으로 표시할 경우 이자 · 배당금 수취 · 지급에 따른 현금흐름 및 법인세로 인한 현금흐름	별도 표시 안함	이자 · 배당금 수취 · 지급, 법인세 등을 가감하여 영업활동현금흐름을 산출한 후 이자수익 · 비용 등을 별도로 표시(자본화된 이자비용도 가감)
외화표시 현금및현금성자산의 환율변동효과	영업활동	영업활동 · 투자활동 · 재무활동과 구분하여 표시
현금흐름표 양식	통일된 양식 있음	통일된 양식은 없고 표시해야 할 사항에 대한 원칙만 제시
재무제표 작성 기준	개별재무제표	연결재무제표

(1) K-IFRS에 의한 현금흐름표 작성 사례

앞의 A社 사례 중 추가자료 부분을 다음과 같이 다른 것으로 가정한 경우 분석내용을 살펴본다.

① 건물의 취득액 700백만 원 중 100백만 원은 자본화된 비용이다.

이 경우 건물 취득은 투자활동이므로 자본화된 이자비용을 차감한 600백만 원을 투자활동으로 기재한다. '자본화된 이자비용은 선택한 사항에 따라 영업활동 또는 재무활동으로 분류한다.

② 장기차입금 차입액이 990백만 원이고 기말 장기차입금 환산이익은 10백만 원(장기차입금 기초잔액과 기말잔액은 변동없음)이다. 그리고 손익계산서 영업외수익에 기재된 **환산이익 20백만 원 중 장기차입금 환산이익 10백만 원을 제외한 나머지 10백만 원은 외화표시 현금의 환산이익**이다.

여기서 일반기준에 의하면 장기차입금 환산이익 10백만 원을 당기순이익에서 차감하더라도 **외화표시 현금의 환산이익 10백만 원은 간접법에 의한 영업활동현금흐름 계산 시 당기순이익에 남아있게 된다.**

그러나 K-IFRS에 의하면 환산이익 20백만 원을 모두 당기순이익에서 차감하여 영업활동현금흐름에서 제거한 후, **현금에 대한 환산 이익은 별도 표시**한다.

③ 손익계산서 기타영업외수익에 기재된 740백만 원 중에 **이자수익 300백만 원과 배당금수익 240백만 원이 포함**된다.

K-IFRS에 의하면 간접법으로 영업활동으로 인한 현금흐름을 작성하더라도 이자 · 배당금의 수취 · 지급액과 법인세지급은 별도 공시해야 한다. 따라서 **이자수익 740백만 원과 배당금수익 240백만 원을 당기순이익에서 차감**하여 영업활동으로 인한 현금흐름을 계산한 후 별도 표시해야 한다.

7. 현금흐름표 작성 종합 예제

다음은 두봉상사㈜의 재무자료이다. 이를 토대로 간접법에 의한 현금흐름표를 작성해보자.

비교재무상태표

(단위 : 백만 원)

계정과목	기말잔액	기초잔액
유동자산	4,906	4,609
현금및현금성자산	134	75
단기예금	220	250
단기매매증권	276	269
매출채권	2,240	1,909
(대손충당금)	(50)	(46)
재고자산	2,024	2,085
선급보험료	62	67
비유동자산	16,114	15,318
매도가능증권	747	347
유형자산	25,301	23,872
(감가상각누계액)	(9,934)	(8,901)
자산총계	21,020	19,927
유동부채	2,981	2,630
매입채무	1,435	1,313
단기차입금	255	202
미지급급료	735	739
미지급이자	250	144
당기법인세부채	174	127
유동성장기부채	132	105
비유동부채	7,465	7,668
사채	3,662	3,370
(사채할인발행차금)	(208)	(195)
전환사채	–	374
장기차입금	757	1,319
퇴직급여충당부채	218	–
이연법인세부채	3,036	2,800
부채총계	10,446	10,298
자본	10,574	9,629
보통주자본금	1,333	1,263
주식발행초과금	1,141	706
이익준비금	600	500
이월이익잉여금	7,500	7,160
부채와 자본 총계	21,020	19,927

손익계산서

(단위 : 백만 원)

계정과목	금 액	
매출액		20,392
매출원가		16,385
감가상각비	985	
퇴직급여	220	
기타매출원가	15,180	
매출총이익		4,007
판매비와 관리비		2,236
대손상각비	7	
감가상각비	161	
퇴직급여	57	
기타판·관·비	2,011	
영업이익		1,771
영업외이익		29
이자수익	11	
단기투자자산평가이익	7	
외화환산이익	6	
투자자산처분이익	5	
영업외비용		358
이자비용	322	
유형자산처분손실	10	
사채상환손실	3	
법인세추납액	23	
경상이익		1,442
법인세차감전이익		1,442
법인세비용		589
당기순이익		853

〈김명철, 「현금흐름분석」, 제15판, 서울 : 한국금융연수원, 2022년, 201p~203p〉

〈추자자료〉

① 당기 중 단기예금의 취득은 없다.

② 단기매매증권의 취득과 처분은 없으며 기말에 단기매매증권(투자자산) 평가이익 7백만 원을 계상하였다.

③ 취득원가 100백만 원의 매도가능증권을 105백만 원의 현금을 받고 처분하였다.

④ 취득원가 786백만 원(감가상각누계액 113백만 원)의 유형자산을 663백만 원의 현금을 받고 처분하였다.

⑤ 단기차입금 상환은 없다.

⑥ 장기차입금의 유동성장기부채 대체액은 132백만 원이다.

⑦ 이연법인세부채 증가액은 236백만 원이다.

⑧ 장기차입금상환액은 1,056백만 원이고, 장기차입금 중에는 외화차입금이 포함되어 있는데, 기말결산 시 외화차입금에 대하여 6백만 원의 환산이익이 발생하였다.

⑨ 액면가 372백만 원의 사채를 342백만 원에 발행하였다. 이와 관련하여 사채발행비 10백만 원을 지출하였다.

⑩ 사채할인발행차금상각액은 19백만 원이다.

⑪ 액면가 80백만 원의 사채를 75백만 원의 현금으로 중도 상환하였다. 상환 시까지 사채할인발행차금미상각 잔액은 8백만 원이다.

⑫ 전환사채 374백만 원을 보통주로 전환하였다. 전환으로 발행한 주식수는 10,000주, 1주당 액면가는 5,000원이다.

⑬ 퇴직금 지급액은 59백만 원이다.

⑭ 유상증자금액은 131백만 원이고, 발행주식수는 4,000주이다.

⑮ 당기초 이익잉여금 처분액 : 이익준비금 100백만 원, 현금배당액 413백만 원

※ 투자자산이나 유형자산의 취득액 및 장·단기차입금의 차입액은 재무상태표와 위의 추가정보를 이용하여 산출할 것

〈추자자료 분석〉

① (투자활동)당기 중 단기예금의 취득은 없다.

단기예금

기 초	250	단기예금	30
		기 말	220

단기예금 감소액 30은 만기 수취한 것으로 볼 수 있으므로 30백만 원 현금유입이다.

② (투자활동)단기매매증권의 취득과 처분은 없으며 기말에 단기매매증권(투자자산) 평가이익 7백만 원을 계상하였다.

단기매매증권

기 초	269		
단기매매증권평가이익	7	기 말	276

단기매매증권평가이익은 비현금거래로 당기순이익을 증가시켰으므로 영업활동현금흐름 계산 시 당기순이익에서 차감한다.

③ (투자활동)취득원가 100백만 원의 매도가능증권을 105백만 원의 현금을 받고 처분하였다.

매도가능증권			
기 초	347	처 분	100
		(처분대가	105)
당기취득	500	기 말	747
현 금	105	매도가능증권	100
		매도가능증권처분이익	5

매도가능증권 취득으로 500백만 원은 현금유출이고, 매도가능증권 처분으로 105백만 원은 현금유입이다. 또한 처분이익 5백만 원은 당기순이익을 증가시켰으므로 영업활동현금흐름 계산 시 당기순이익에서 차감한다.

④ (투자활동)취득원가 786백만 원(감가상각누계액 113백만 원)의 유형자산을 663백만 원의 현금을 받고 처분하였다.

유형자산			
기 초	14,971	유형자산 처분	673
		감가상각비	1,146
당기취득	2,215	기 말	15,367

유형자산			
현 금	663	유형자산 처분	786
유형자산처분손실	10	(감가상각누계액)	(113)

유형자산의 당기취득액은 2,215백만 원이므로 2,215백만 원 현금유출이고, 장부가격 673백만 원의 유형자산을 663백만 원에 처분하였으므로 663백만 원의 현금유입이다. 그리고 유형자산처분손실 10백만 원은 당기순이익을 감소시켰으므로 영업활동현금흐름 계산 시 당기순이익에 가산한다.

⑤ (재무활동)단기차입금 상환은 없다.

단기차입금			
		기 초	202
기 말	255	당기차입	53

단기차입금은 당기에 증가한 53백만 원만큼 현금유입이다.

⑥ (투자활동)장기차입금의 유동성장기부채 대체액은 132백만 원이다.

유동성장기부채			
상 환	105	기 초	105
장기차입	132	유동성장기부채	132

유동성장기부채 상환액 105백만 원 현금유출이다.

⑦ (영업활동)이연법인세부채 증가액은 236백만 원이다.

이연법인세부채 증가는 지출되어야 할 법인세가 이연되어 지출되지 않은 것이므로 236백만 원은 현금유입으로 처리한다.

⑧ (재무활동)장기차입금상환액은 1,056백만 원이고, 장기차입금 중에는 외화차입금이 포함되어 있는데, 기말결산 시 외화차입금에 대하여 6백만 원의 환산이익이 발생하였다.

장기차입금

장기차입금	1,056	현　금	1,056

장기차입금

장기차입금상환	1,056	기　초	1,319
유동성대체	132		
외화환산이익	6	당기차입	632
기　말	757		

당기차입액 632백만 원은 현금유입이다. 외화환산이익은 비현금수익이므로 영업활동으로 인한 현금흐름 계산 시 당기순이익에 차감한다.

⑨ (재무활동)액면가 372백만 원의 사채를 342백만 원에 발행하였다. 이와 관련하여 사채발행비 10백만 원을 지출하였다.

사채

현　　금	342	사　　채	372
사채할인발행차금	32		
사채할인발행차금	10	사채발행비	10

사채발행으로 인한 현금유입은 342 - 10 = 332백만 원이다.

⑩ (영업활동)사채할인발행차금상각액은 19백만 원이다.

사채

사 · 할 · 차 상각액	190	이자비용	190

사채할인발행차금상각액은 이자비용으로 인식되나 비현금비용이므로 영업활동으로 인한 현금흐름 계산 시 당기순이익에 가산한다.

⑪ (재무활동)액면가 80백만 원의 사채를 75백만 원의 현금으로 중도 상환하였다. 상환 시까지 사채할인발행차금미상각 잔액은 8백만 원이다.

사채

사　　채	80	현　　금	75
사채상환손실	3	사 · 할 · 차미상각잔액	8

사채상환금액 75백만 원 현금유출, 그리고 사채상환손실은 현금유출이 없는 비용이므로 영업활동으로 인한 현금흐름 계산 시 당기순이익에 가산한다.

⑫ (재무활동)전환사채 374백만 원을 보통주로 전환하였다. 전환으로 발행한 주식수는 10,000주, 1주당 액면가는 5,000원이다.

자본

전환사채	374	자본금	50
		주식발행초과금	324

전환권 행사는 비현금교환거래로 현금흐름표에 표시되지 않고 주석사항으로 기재한다.

⑬ (영업활동)퇴직금 지급액은 59백만 원이다.

퇴직급여충당부채

퇴직급여	59	현　금	59

　퇴직금 지급은 충당부채로 쌓아둔 부채항목에서 지급된 것이므로 부채에 변동이 발생한다. 따라서 간접법에 의한 영업활동현금흐름 계산 시 59백만 원 현금유출로 처리한다.

⑭ (재무활동)유상증자금액은 131백만 원, 발행주식수는 4,000주이다.

자본

현　금	31	자본금	20
		주식발행초과금	111

　유상증자로 납입된 금액 131백만 원만큼 현금유입이다.

⑮ 당기초 이익잉여금 처분액 : 이익준비금 100백만 원, 현금배당액 413백만 원

　현금배당액 413백만 원만큼 현금유출이다.

재무제표와 추가자료 분석결과를 종합하여 현금흐름표를 작성하면 다음과 같다.

비교재무상태표

(단위 : 백만 원)

계정과목	기말잔액	기초잔액
유동자산	4,906	4,609
현금및현금성자산	134	75
단기예금	220	250
단기매매증권	276	269
매출채권	2,240	1,909
(대손충당금)	(50)	(46)
재고자산	2,024	2,085
선급보험료	62	67
비유동자산	16,114	15,318
매도가능증권	747	347
유형자산	25,301	23,872
(감가상각누계액)	(9,934)	(8,901)
유동부채	2,981	2,630
매입채무	1,435	1,313
단기차입금	255	202
미지급급료	735	739
미지급이자	250	144
당기법인세부채	174	127
유동성장기부채	132	105
비유동부채	7,465	7,668
사채	3,662	3,370
(사채할인발행차금)	(208)	(195)
전환사채	–	374
장기차입금	757	1,319
퇴직급여충당부채	218	–
이연법인세부채	3,036	2,800
자본	10,574	9,629
보통주자본금	1,333	1,263
주식발행초과금	1,141	706
이익준비금	600	500
이월이익잉여금	7,500	7,160

현금흐름표

(단위 : 백만 원)

1. 영업활동으로 인한 현금흐름

가. 당기순이익	853
+ 감가상각비	$985 + 161 = 1,146$
+ 퇴직급여	$220 + 57 = 277$
+ 대손상각비	7
− 단기투자자산평가이익	(7)
− 외화환산이익	(6)
− 투자자산처분이익	(5)
+ 유형자산처분손실	10
+ 사채상환손실	3
+ 사 · 할 · 차상각액	19

나. 영업활동 자산 · 부채변동

매출채권 증가	$2,240 - 1,909 + 7 - (50 - 46) = (334)$
재고자산 감소	$2,024 - 2,085 = 61$
선급보험료 감소	$62 - 67 = 5$
매입채무 증가	$1,435 - 1,313 = 122$
미지급급료 감소	$735 - 739 = (4)$
미지급이자 증가	$250 - 144 = 106$
당기법인세부채 증가	$174 - 127 = 47$
이연법인세부채 증가	$3,036 - 2,800 = 236$
퇴직급여지급	(59)
영업활동으로 인한 현금흐름	**2,477**

2. 투자활동으로 인한 현금흐름

단기예금 감소	$220 - 250 = 30$
매도가능증권 증가	$747 - 347 - 5 = (395)$
유형자산 취득	(2,215)
유형자산 처분	663
투자활동으로 인한 현금흐름	**(1,917)**

3. 재무활동으로 인한 현금흐름

단기차입금 증가	53
당기장기차입금	632
장기차입금상환	(1,056)
유동성장기부채상환	(105)
사채발행	332
사채상환	(75)
유상증자	131
현금배당	(413)
재무활동으로 인한 현금흐름	**(501)**
4. 현금증가 (1 + 2 + 3)	**59**
5. 기초현금	**75**
6. 기말현금	**134**

01 현금흐름표 작성 시 사채발행이나 주식발행으로 인한 현금유입은 발행가액으로 표시한다. ○×

○

02 간접법에 의한 영업활동현금흐름에서 이자비용에 대한 현금유출액 계산 시 사채할인발행차금 상각액은 가산하고, 사채할증발행차금 상각액은 차감한다. ○×

○

03 직접법에 의한 영업활동현금흐름 계산 시 현금유입액은 원천별로, 현금유출액은 용도별로 분류하여 표시한다. ○×

○

04 간접법에 의한 영업활동현금흐름 계산 시 영업활동과 무관한 수익은 당기순이익에서 차감한다. ○×

○

05 현금흐름표 작성 시 자본의 증감방향과 현금의 증감방향은 일치한다. ○×

○

06 유형자산의 감가상각과 손상차손은 투자활동현금흐름 계산 시 차감한다. ○×

×
유형자산의 감가상각과 손상차손은 현금흐름과 무관하다.

07 영업활동현금흐름 계산 시 이연법인세자산의 증가는 가산항목이다. ○×

×
이연법인세자산의 증가는 차감항목이다.

08 영업활동현금흐름 계산 시 이연법인세부채의 감소는 가산항목이다. ○×

×
이연법인세부채의 감소는 차감항목이다.

09 재무활동으로 인한 현금흐름 계산 시 유상감자는 현금유출 항목이다.
O X

○

10 재무활동으로 인한 현금흐름 계산 시 무상증자, 무상감자, 주식배당은 현금유출입과 무관하다.
O X

○

11 투자활동으로 인한 현금흐름에서 사채의 중도상환에 따른 현금유출 액을 계산할 때 미상각잔액은 사채장부금액 계산 시 가산한다.
O X

○
사채를 중도상환할 때 미상 각잔액은 장부금액 계산 시 차감한다.

12 현금흐름 계산 시 개발비를 지출한 경우는 투자활동으로 분류된다.
O X

○

01 다음 중 영업활동으로 인한 현금흐름과 관련 없는 항목은?

① 기부금납부　　　　　　　　　② 임대료수익
③ 이자지급　　　　　　　　　　④ 배당금수익
⑤ 배당금지급

정답 | ⑤
해설 | 배당금지급은 재무활동으로 인한 현금흐름이다.

> **Key Point!**
> 투자활동이나 재무활동으로 분류되지 않는 항목은 영업활동으로 분류한다. 따라서 기부금납부, 임대료수익,
> 이자지급, 배당금수익은 영업활동으로 분류한다.

02 다음 중 간접법에 의한 영업활동으로 인한 현금흐름 계산 시 차감되는 항목은?

① 유형자산처분이익　　　　　　② 이자수익
③ 배당금수익　　　　　　　　　④ 선수금수령
⑤ 매출채권회수

정답 | ①
해설 | 유형자산처분이익은 영업활동과 관련이 없으면서 당기순이익을 증가시켰으므로 차감한다.

03 다음은 현금유출입이 없는 거래이다. 현금흐름표 본문에 직접 기재되는 항목은?

① 감가상각비 계상　　　　　　　② 유형자산의 장기연불구입
③ 주식배당　　　　　　　　　　④ 현물출자에 의한 유형자산의 취득
⑤ 전환사채의 전환권행사

정답 | ①
해설 | 감가상각비는 현금흐름표 본문에 직접 기재되고 나머지 항목은 주석에 별도 표시된다.

04 甲회사는 영업활동으로 인한 현금흐름이 지속적으로 하락하고 있다. 그 원인에 대한 설명으로 바르지 못한 것은?

① 현금매출이 지속적으로 감소하고 있다.
② 매입채무가 지속적으로 감소하고 있다.
③ 재고자산이 지속적으로 감소하고 있다.
④ 선수금이 지속적으로 감소하고 있다.
⑤ 매출채권이 지속적으로 증가하고 있다.

정답 | ③
해설 | 재고자산이 감소하면 판매가 잘 이루어지는 것으로 볼 수 있으므로 현금흐름이 증가할 가능성이 높다.

05 영업활동으로 인한 현금흐름 계산 시 가산 또는 현금유입으로 처리되는 항목이 아닌 것은?

① 제조원가명세서의 감가상각비
② 확정급여형에서의 퇴직급여
③ 손익계산서의 대손상각비
④ 사채할인발행차금상각액
⑤ 이연법인세자산의 증가액

정답 | ⑤
해설 | 이연법인세자산은 당기 납부해야 할 법인세가 법인세 비용을 초과한 경우 인식하므로 그 증가액은 당기순이익에서 차감한다. 즉 현금유출로 처리한다.

06 다음 중 영업활동현금흐름에 대한 설명으로 바르지 못한 것은?

① 감가상각비 중 개발비로 대체된 부분은 당기순이익에 가산 조정하지 않는다.
② 전환사채의 전환권조정상각액은 당기순이익에 가산 조정한다.
③ 관계기업 투자주식에 대한 지분법손실은 당기순이익에 가산 조정한다.
④ 사채상환손실은 현금이 실제 유출되었으므로 당기순이익에 차감 조정한다.
⑤ 채무조정이익은 비현금수익이므로 당기순이익에서 차감 조정한다.

정답 | ④
해설 | 사채상환손실은 손익항목이지만 재무활동이므로 영업활동현금흐름 계산 시 당기순이익에 가산한다.

07 다음 중 영업활동현금흐름에 미치는 영향이 다른 것은?

① 매출채권 감소
② 선수금 증가
③ 미지급비용 감소
④ 이연법인세부채 증가
⑤ 퇴직금지급액 감소

정답 | ③

해설 | 미지급비용의 감소는 현금유출이 있음을 나타낸다. 이연법인세부채는 당기 납부해야 할 법인세가 법인세비용에 미달할 경우 인식하므로 그 증가액은 당기순이익에 가산 조정(현금유입)한다. 퇴직금지급액 감소는 퇴직급여충당부채가 증가한 것이므로 현금유입으로 처리한다.

08 甲회사는 전기와 동일한 매출액을 달성하였지만, 전기보다 당기의 매출채권회수기간이 증가하였다. 다음 중 올바른 설명은? (다른 조건은 전기와 동일하다고 가정한다.)

① 당기에는 매출채권이 감소하여 영업활동현금흐름이 증가할 것이다.
② 당기에 매출채권은 변화가 없고 영업활동현금흐름은 증가할 것이다.
③ 당기에는 매출채권이 증가하고 영업활동현금흐름도 증가할 것이다.
④ 당기에는 매출채권이 증가하여 영업활동현금흐름이 감소할 것이다.
⑤ 당기에 매출채권과 영업활동현금흐름은 변화가 없을 것이다.

정답 | ④

해설 | 매출채권회수기간 = (1/매출채권회전율) × 365이므로 매출채권회수기간 증가는 매출채권회전율의 감소를 의미한다. 따라서 매출채권회전율 = 매출액/매출채권이므로 매출채권은 증가하고 그 만큼 현금유출로 처리되므로 영업활동현금흐름은 감소한다.

09 다음 중 현금흐름표의 본문이나 주석에 표시되지 않는 사항은?

① 현금으로 잔존만기 3개월의 환매조건부채권(RP)에 투자하였다.
② 보유 중인 전환사채를 주식으로 전환하였다.
③ 당좌차월금액을 보통예금으로 결제하였다.
④ 선급금을 지급하여 선급금잔액이 증가하였다.
⑤ 원재료를 외상매입하여 재고자산이 증가하였다.

정답 | ①

해설 | 현금및현금성자산에 해당하는 항목 간 거래는 단순한 자금 간 대체거래로 현금흐름표에 별도 표시되지 않는다.

10 다음은 甲회사의 매출채권 및 대손충당금 관련 자료이다. 甲회사는 당기에 매출채권 중 1,500원을 대손처리하였다. 매출채권과 대손충당금이 영업활동현금흐름에 미치는 영향은 얼마인가? (괄호는 차감계정 또는 현금유출을 의미한다.)

(단위 : 원)

	기말잔액	기초잔액	증감
매출채권	₩50,000	₩15,000	₩35,000
대손충당금	(5,000)	(3,000)	(2,000)

① (₩33,000)　　　　　　　　　　② (₩35,000)

③ (₩38,000)　　　　　　　　　　④ (₩40,000)

⑤ (₩42,000)

정답 | ①

해설 | 당기에 확정된 대손충당금이 1,500원이므로 손익계산서에 인식(설정)한 대손충당금은 3,500원이다.

대손충당금			
대손확정	₩1,500	기초	₩3,000
기말	₩5,000	설정	₩3,500

그리고 매출채권 증가액은 장부상 증가액 35,000원과 대손확정액 1,500원의 합계액인 36,500원이다. 따라서 영업활동현금흐름에 미치는 영향은 매출채권 증가로 인한 현금유출 36,500원과 대손충당금설정으로 인한 현금유입액 3,500원의 합계액인 (33,000원)이다. 즉 (36,500) + 3,500 = (33,000)이다.

11 다음은 도소매업을 영위하는 乙회사의 매출액과 현금주의 매출액에 대한 정보이다. 바르지 못한 설명은? (거래는 모두 영업 관련한 상거래이다.)

(단위 : 원)

	당기	전기
매출액	200,000	150,000
현금주의 매출액	240,000	130,000

① 전기에 매출채권 잔액은 20,000원이다.

② 당기에 선수금이 40,000원 발생했을 것이다.

③ 당기에 현금주의 매출액이 매출액보다 많은 것은 선수금 발생의 영향도 있을 것이다.

④ 재고자산 매입대금 100,000원을 모두 현금결제 하더라도 현금부족은 발생하지 않을 것이다.

⑤ 매출액이 증가하고 현금주의 매출액은 감소하는 추세가 이어질 경우 회사는 흑자부도 위험에 노출될 수 있다.

정답 | ②

해설 | 당기 현금매출액과 매출액의 차이 40,000원에는 외상매출금 회수액 20,000원이 포함되었을 수 있다.

12 다음은 도소매업을 영위하는 丙회사의 매출원가와 현금주의 매출원가에 대한 정보이다. 바르지 못한 설명은? (거래는 모두 영업 관련한 상거래이다.)

(단위 : 원)

	당기	전기
매출원가	80,000	100,000
현금주의 매출원가	120,000	90,000

① 전기에 재고자산평가손실이 발생했을 가능성이 있다.
② 전기에 매입채무가 감소했을 가능성이 있다.
③ 당기에 재고자산이 증가했을 가능성이 있다.
④ 당기에 매출액이 감소했을 가능성이 있다.
⑤ 당기 현금주의 매출원가의 증가는 매입채무 결제일 가능성이 있다.

정답 | ②
해설 | 매출원가가 현금주의 매출원가보다 큰 경우에는 재고자산이 감소했거나 매입채무(당기매입)가 증가했을 가능성이 있다. 예를 들어 회계상 기말재고가 2,000원에서 1,000원으로 감소했다고 가정해 보자.

재고자산				재고자산	
기초재고	₩3,000	매출원가 ₩2,000	기초재고	₩3,000	매출원가 ₩3,000
매입재고	₩1,000	기말재고 ₩2,000	매입재고	₩1,000	기말재고 ₩1,000

기말재고가 감소(평가손실 포함)하면 매출원가는 반대로 증가하게 된다. 반대도 동일하다.
그러나 현금주의 매출원가는 매입채무가 증가하면 감소하고, 반대로 매입채무가 감소하면 증가한다.
당기 매입재고 1,000원 중 600원을 외상매입했다고 가정하면 현금주의 매출원가는 그만큼 감소한다.

회계상 재고자산				현금주의 재고자산	
기초재고	₩3,000	매출원가 ₩2,000	기초재고	₩3,000	매출원가 ₩1,400
매입재고	₩1,000	기말재고 ₩2,000	매입재고	₩400	기말재고 ₩2,000

13 다음 중 이익의 질(= 영업활동현금흐름 − 영업이익)과 관련한 설명으로 바르지 못한 것은? (다른 조건은 동일하다 가정한다.)

① 순운전자본 투자가 증가하면 이익의 질은 개선된다.
② 이익의 질이 음(−)인 경우가 지속되면 기업의 경영환경은 악화된다.
③ 이익의 질이 0에 가까울수록 기업의 경영상태는 양호하다고 할 수 있다.
④ 매출채권 할인율을 증가시면 이익의 질은 개선될 수 있다.
⑤ 거래처에 공여한 신용기간을 단축하면 이익의 질은 개선된다.

정답 | ①
해설 | 순운전자본에 대한 투자는 영업활동현금흐름 감소요인이다.

14 丁회사의 당기 손익계산서상 매출원가, 그리고 당기초와 당기말의 재무상태표상 재고자산 및 매입채무의 계정 잔액이다. 당기 현금주의 매출원가는 얼마인가?

(단위 : 원)

	당기초	당기말
매입채무	3,000	2,400
재고자산	10,600	11,400
I/S상 매출원가	110,000	

① 109,800원

② 110,200원

③ 111,400원

④ 115,600원

⑤ 118,600원

정답 | ③

해설 | 현금주의 매출원가 = (매출원가 + 재고자산 증가 + 매입채무 감소) = (110,000 + 800 + 600) = (111,400원)

> **Key Point!**
> (현금주의 매출원가) = (발생주의 매출원가 + 재고자산 증가 + 매입채무 감소)

15 다음은 甲회사의 당기 손익계산서상 법인세비용과 당기초와 당기말의 재무상태표상 당기법인세부채 및 이연법인세자산의 계정 잔액이다. 당기 법인세납부액 얼마인가?

(단위 : 원)

	당기초	당기말
당기법인세부채	24,000	28,000
이연법인세자산	2,400	3,000
I/S상 법인세비용	54,000	

① 49,400

② 50,600

③ 57,400

④ 58,600

⑤ 60,000

정답 | ②

해설 | (법인세 납부액) = (법인세비용 − 당기법인세부채 증가 + 이연법인세 증가) = (54,000 − 4,000 + 600)
= (50,600원)

만일 당기법인세부채 또는 이연법인세자산이 감소한 경우에는 부호를 각각 반대로 하면 된다.

16 간접법에 의한 영업활동으로 인한 현금흐름 계산 시 당기순이익에 가산되는 항목이 아닌 것은?

① 법인세추납액
② 감가상각비
③ 사채상환손실
④ 퇴직급여
⑤ 재해손실

정답 | ①
해설 | 법인세추납액은 전년도 결산시점 계상한 미지급법인세(당기법인세부채)보다 실제 납부할 세금이 많은 경우 또는 세무조사 등에 의하여 추징되는 '법인세 등'을 처리하는 계정으로 실제 현금이 유출되는 항목이다. 따라서 간접법으로 영업활동 현금흐름을 계산할 때 고려대상이 아니다.

17 도소매업을 영위하는 ㈜한라의 다음 정보로부터 알 수 있는 사항은?

	당기초	당기말
재고자산	2,000원	1,600원
I/S상 매출원가	14,000원	

① 현금주의에 의한 당기상품매입액 13,600원
② 현금주의에 의한 당기상품매입액 14,400원
③ 현금주의에 의한 당기상품매입액 15,600원
④ 발생주의에 의한 당기상품매입액 13,600원
⑤ 발생주의에 의한 당기상품매입액 14,400원

정답 | ④
해설 | 주어진 정보만으로는 현금주의 상품매입액을 알 수는 없다.

18 다음은 甲회사의 재무자료이다. 손익계산서의 대손상각비는 매출채권에 대한 당기의 대손충당금 전입액이다. 甲회사의 매출활동에 의한 현금주의 매출액(현금유입액)은 얼마인가?

재무상태표 자료				손익계산서 자료	
계정과목	당기초	당기말		계정과목	당기발생액
매출채권	15,000원	17,400원		매출액	180,000원
대손충당금	1,800원	2,400원		대손상각비	1,140원
선수금	2,100원	2,250원			

① 176,460원
② 176,610원
③ 177,060원
④ 177,210원
⑤ 178,350원

해설 | 현금주의 매출액 = 매출액 − 매출채권 증가액 + 선수금 증가액. 여기서 매출채권 증가액은 총액기준으로 당기 대손상각비 확정액을 가산하여야 한다. 매출채권 증가액 = 17,400 − 15,000 + 540 = 2,940원

대손충당금			
당기확정	540	기초잔액	1,800
기말잔액	2,400	당기설정	1,140

따라서, 현금주의 매출액 = 180,000 − 2,940 + 150 = 177,210원

Key Point!
대손충당금 설정액 1,140원은 영업활동현금흐름 계산 시 당기순이익에 가산되지만 본 문제는 매출활동에 의한 현금유입액을 묻고 있으므로 고려하지 않는다.

19 다음은 甲회사의 재무자료이다. 甲회사의 이자수익에 의한 현금유입액은 얼마인가?

재무상태표 자료		
계정과목	당기초	당기말
미수이자	2,000원	3,200원
선수이자	3,400원	4,000원

손익계산서 자료	
계정과목	당기발생액
이자수익	10,000원

① 8,200원　　　　　　　　　　② 9,400원
③ 10,000원　　　　　　　　　④ 10,600원
⑤ 11,800원

해설 | 이자수익 현금유입액 = 이자수익 − 미수이자 증가액 + 선수이자 증가액 = 10,000 − 1,200 + 600원 = 9,400원

20 다음은 甲회사의 재무자료이다. 甲회사의 이자비용에 의한 현금유출액은 얼마인가?

재무상태표 자료		
계정과목	당기초	당기말
선급이자	3,400원	3,600원
미지급이자	2,200원	2,000원

손익계산서 자료	
계정과목	당기발생액
이자비용	13,600원

① 13,000원　　　　　　　　　② 13,200원
③ 13,600원　　　　　　　　　④ 14,000원
⑤ 14,800원

해설 | 이자비용 현금유출액 = 이자비용 + 선급이자 증가액 − 미지급이자 증가액
= 13,600 + 200 − (−200) = 14,000원

21 다음은 甲회사의 재무자료이다. 甲회사의 매입활동에 의한 현금주의 매입액(현금유출액)은 얼마인가?

재무상태표 자료		
계정과목	당기초	당기말
재고자산	8,400원	10,800원
매입채무	12,800원	12,000원
선급금	4,400원	5,200원

손익계산서 자료	
계정과목	당기발생액
매출원가	44,000원

① 43,200원   ② 44,800원

③ 46,400원   ④ 48,000원

⑤ 48,600원

정답 | ④

해설 | 현금주의 매입액 = 매출원가 + 재고자산증가액 − 매입채무증가액 + 선급금증가액

$$= 44,000 + 2,400 - (-800) + 800 = 48,000원$$

22 다음은 甲회사의 재무자료이다. 甲회사의 판관비에 의한 현금유출액은 얼마인가?

재무상태표 자료		
계정과목	당기초	당기말
선급판관비	3,300원	4,500원
미지급판관비	6,600원	7,500원

손익계산서 자료	
계정과목	당기발생액
판관비	90,000원
판관비에 포함된 비현금비용	
퇴직급여	9,000원
감가상각비	12,000원
대손상각비	6,000원

① 60,900원   ② 63,300원

③ 63,900원   ④ 64,200원

⑤ 65,100원

정답 | ②

해설 | 판관비에 의한 현금유출액 = 판관비 − 비현금비용 + 선급판관비 증가액 − 미지급판관비 증가액

$$= 90,000 - (9,000 + 12,000 + 6,000) + 1,200 - 900 = 63,300원$$

[23~27]

다음은 乙회사의 재무상태표와 손익계산서이다. 이를 참고하여 물음에 답하시오.

乙社 비교재무상태	(단위 : 천 원)		
계정과목	기말잔액	기초잔액	증감
현금	300	200	100
매출채권	500	700	△200
대손충당금	(50)	(150)	100
미수이자	100	50	50
선급이자	150	300	△150
재고자산	1,500	900	600
매도가능증권	600	500	100
이연법인세자산	50	–	50
토지	1,550	700	850
기계장치	600	1,000	△400
감가상각누계액	(300)	(200)	△100
자산총계	**5,000**	**4,000**	**1,000**
매입채무	500	400	100
차입금	1,200	900	300
미지급급료	–	100	△100
당기법인세부채	400	300	100
장기미지급금	300	200	100
퇴직급여충당부채	300	100	200
자본금	1,600	1,500	100
이익잉여금	700	500	200
부채 · 자본총계	**5,000**	**4,000**	**1,000**

乙社 손익계산서	(단위 : 천 원)	
항목	금액	
매출액		20,000
매출원가		(16,000)
판매비와 관리비		(3,000)
급료	(1,700)	
지급수수료	(500)	
퇴직급여	(400)	
대손상각비	(300)	
감가상각비	(100)	
영업이익		1,000
영업외수익		100
이자수익	30	
배당금수익	20	
매도가능증권처분이익	50	
영업외비용		(550)
이자비용	(50)	
유형자산처분손실	(500)	
법인세비용		(350)
당기순이익		200

23 乙회사의 영업활동으로 인한 현금흐름을 간접법으로 계산할 때 당기 손익계산서로 계산한 총영업활동현금흐름(영업활동에서 조달된 현금흐름)은 얼마인가?

① 1,000천 원   ② 1,300천 원
③ 1,450천 원   ④ 1,500천 원
⑤ 1,550천 원

정답 | ③
해설 | 총영업활동현금흐름은 손익계산서의 당기순이익에 비현금항목(비영업활동 항목 포함)을 조정한 금액을 말한다.
　　　총영업활동현금흐름
　　　　= 당기순이익 + 감가상각비 + 대손상각비 + 퇴직급여 + 유형자산처분손실 − 매도가능증권처분이익
　　　　= 200 + 100 + 300 + 400 + 500 − 50 = 1,450천 원

24 乙회사의 영업활동으로 인한 현금흐름을 계산할 때 재무상태표상 영업관련 자산 · 부채 변동액은 얼마인가? (괄호는 현금유출을 의미한다.)

① (250천 원)
② (400천 원)
③ (550천 원)
④ (600천 원)
⑤ (850천 원)

정답 | ⑤

해설 | 매출채권 변동액 계산 시 당기 대손확정액(400 = 150 + 300 - 50)을 가산하여야 한다.
매출채권 변동액 = 매출채권 감소액 + 대손확정액 = (200) + 400 = 200천 원, 즉 매출채권은 200천 원 증가이다.
퇴직금 지급액 = 기초 퇴직급여충당부채 + 퇴직급여 설정액 - 기말 퇴직급여충당부채 = 100 + 400 - 300
= 200

항목	기말	기초	추가항목	현금흐름
매출채권	500	700	400	-200
미수이자	100	50		-50
선급이자	150	300		+150
재고자산	1,500	900		-600
이연법인세자산	50	-		-50
매입채무	500	400		+100
미지급급료	-	100		-100
당기법인세부채	400	300		+100
퇴직금 지급액	-	-	200	-200
소 계				-850

25 乙회사의 매출채권과 대손충당금이 영업활동 현금흐름에 미치는 영향은 얼마인가?

① +100천 원
② -100천 원
③ +200천 원
④ -200천 원
⑤ +300천 원

정답 | ①

해설 | 순액기준 : 순매출채권 = (500 - 50) - (700 - 150) = 100천 원 감소, 즉 현금흐름 +100천 원이다.
총액기준 : 매출채권 = (500 - 700) + 400 = 200천 원 증가, 즉 매출채권 현금흐름은 -200천 원이고, 여기에
대손충당금 당기설정액 300천 원을 가산하면 현금흐름은 +100천 원이다.

26 乙회사의 영업활동으로 인한 현금흐름은 얼마인가?

① +600천 원
② +850천 원
③ +950천 원
④ +1,050천 원
⑤ +1,150천 원

정답 | ①
해설 | 영업활동으로 인한 현금흐름＝총영업현금흐름＋영업관련 자산부채 변동＝1,450−850＝+600천 원

27 다음 중 투자활동으로 분류 되는 것은?

① 개발비 지출　　　　　　　　　　　② 법인세 지급

③ 해외투자법인으로부터 배당금 수령　④ 종속기업에 대한 지분법이익의 계상

⑤ 장기대여금 이자수령

정답 | ①

해설 | 종속기업에 대한 지분법이익은 비현금수익으로 간접법에 의한 영업활동으로 인한 현금흐름계산 시
　　　당기순이익에서 차감 조정되는 항목이다.

28 다음은 丙회사의 당기 기계장치와 관련된 자료이다. 회사는 당기 중 장부금액 1,800원(취득원가 3,000원, 감가상각누계액 1,200원)의 기계장치를 900원에 처분하였다. 또한 당기 중 건설 중인 자산 계정에서 15,000원을 기계장치 계정에 대체하였다. 회사가 당기에 현금으로 매입한 기계장치는 얼마인가?

재무상태표 자료				손익계산서 자료	
계정과목	당기초	당기말		계정과목	당기발생액
기계장치	9,000원	30,000원		기계장치감가상각비	2,400원
감가상각누계액	3,300원	4,500원		기계장치처분손실	900원

① 6,000원　　　　　　　　　　　　② 6,600원

③ 7,200원　　　　　　　　　　　　④ 7,800원

⑤ 9,000원

정답 | ⑤

해설 | 총액(취득원가) 기준으로 계산하면 다음과 같다.

기계장치					감가상각누계액			
기초	9,000원	처분	3,000원		기초	3,300원	제거	1,200원
대체	15,000원							
매입	9,000원	기말	30,000원		설정	2,400원	기말	4,500원

순액으로 계산할 경우 당기 설정한 감가상각비를 대변에 가산해 준다.

기계장치			
기초	5,700원	처분	1,800원
대체	15,000원	Dep.	2,400원
매입	9,000원	기말	25,500원

29 다음은 丙회사의 당기 기계장치와 관련된 자료이다. 회사는 당기 중 기계장치를 9,000원에 취득하였다. 또한 당기 중 건설 중인자산 계정에서 15,000원을 기계장치 계정에 대체하였다. 기계장치의 처분가액은 얼마인가?

재무상태표 자료		
계정과목	당기초	당기말
기계장치	9,000원	30,000원
감가상각누계액	3,300원	4,500원

손익계산서 자료	
계정과목	당기발생액
기계장치감가상각비	2,400원
기계장치처분손실	900원

① 900원　　　　　　　　　　　② 1,200원
③ 1,500원　　　　　　　　　　④ 1,800원
⑤ 2,100원

정답 | ①
해설 | 처분한 기계장치의 취득원가는 3,000원이고, 감가상각누계액은 1,200원이므로 장부금액은 1,800원이다. 기계장치처분손실이 900원 인식되었으므로 처분금액은 1,800원에서 900원을 차감한 900원이다.

기계장치			
기초	9,000원	처분	3,000원
대체	15,000원		
매입	9,000원	기말	30,000원

감가상각누계액			
기초	3,300원	제거	1,200원
설정	2,400원	기말	4,500원

30 다음 중 재무활동으로 분류할 수 있는 것은?

① 종업원에 대한 장기자금대여
② 유상감자
③ 만기보유증권투자로 이자수령
④ 타법인의 주식 취득
⑤ 법인세 지급

정답 | ②
해설 | 종업에 대한 장기자금대여, 이자수령 및 법인세 지급은 영업활동으로 분류된다.

31 다음은 ㈜백두의 재무자료이다. 회사는 당기 중 액면 10,000원의 사채를 9,800원에 발행하면서, 사채발행비 140원을 지출하였다. 당기 중 사채 중도상환으로 지출한 금액은 얼마인가? (당기 손익계산서 이자비용에 포함된 사채할인발행차금상각액은 60원이고, 사채상환이익은 200원이다.)

재무상태표 자료		
계정과목	당기초	당기말
사채	7,800원	12,400원
사채할인발행차금	300원	540원

① 5,160원 ② 5,360원

③ 5,400원 ④ 5,460원

⑤ 5,660원

정답 | ①

해설 | 당기 사채할인발행차금 발생액은 할인액 200원과 사채발행비 140원을 합한 340원이다. 따라서 상환된 사채의 미상각잔액은 40원이 된다. 결국 사채중도상환금액은 5,400 − 40 − 200 = 5,160원이 된다.

사채			
상환	5,400원	기초	7,800원
기말	12,400원	발행	10,000원

사채할인발행차금			
기초	300원	상각	60원
		상환	40원
발생	340원	기말	540원

32 다음은 ㈜한라의 자본과 관련한 자료이다.

재무상태표 자료		
계정과목	당기초	당기말
자본금	5,100원	10,200원
주식발행초과금	6,600원	10,800원
이익준비금	9,150원	13,050원

당기초 이월이익잉여금 처분내용은 다음과 같다.

이익준비금 : 5,400원, 현금배당 : 6,000원, 주식배당 : 1,500원

또한 당기 중에 이익준비금 중 1,500원을 자본에 전입하였다. 상기 이월이익잉여금처분과 이익준비금의 자본전입 이외의 자본 및 주식발행초과금 변동은 모두 유상증자와 관련된 것이다. 당기 중 유상증자로 인하여 회사에 유입된 현금은 얼마인가?

① 6,300원 ② 7,200원

③ 7,800원 ④ 9,000원

⑤ 9,600원

해설 | 유상증자 현금유입액 = 2,100 + 4,200 = 6,300원

자본금				주식발행초과금			
		기초	5,100원			기초	6,600원
		주식배당	1,500원				
		무상증자	1,500원				
기말	10,200원	유상증자	2,100원	기말	10,800원	유상증자	4,200원

33 다음은 ㈜성영의 재무자료이다. 회사의 장기차입금계정에는 외화장기차입금이 포함되어 있다. 회사의 장기차입금상환은 계획대로 이루어졌다. 당기 중 유동성장기차입금상환으로 인한 현금유출액과 장기차입으로 인한 현금유입은 각각 얼마인가?

재무상태표 자료			손익계산서 자료	
계정과목	당기초	당기말	계정과목	당기발생액
유동성장기차입금	2,700원	4,500원	외환차손	90원
장기차입금	6,600원	9,900원	외화환산손실	180원

	유동성장기차입금상환으로 인한 현금유출액	장기차입으로 인한 현금유입액
①	2,700원	7,620원
②	2,790원	7,620원
③	2,700원	7,800원
④	2,790원	7,800원
⑤	3,000원	8,000원

정답 | ②
해설 | 유동성장기차입금 상환에서 외환차손이 발생했을 것이므로 현금유출액은 2,790원이고, 장기차입에 따른 현금유입액은 7,620원이다.

유동성장기차입금				장기차입금			
상환	2,700원	기초	2,700원	대체	4,500원	기초	6,600원
실제지급	(2,790원)					외화환산손실	180원
기말	4,500원	대체	4,500원	기말	9,900원	차입	7,620원

출제 포인트 ■ ■ ■ ■ 재무제표분석을 통한 현금흐름의 계산
■ 잉여현금흐름(FCF)과 현금수지분석표에 대한 기초개념

1. 현금흐름표를 이용한 경영분석 기초

요약재무상태표

㈜ABC (단위 : 백만 원)

계정과목	당기	전기
유동자산	13,985	8,581
당좌자산	2,407	2,281
매출채권	6,480	3,200
재고자산	5,098	3,100
비유동자산	19,277	18,238
투자자산	7,509	8,274
유형자산	8,668	7,194
무형자산	3,100	2,770
자산총계	**33,262**	**26,819**
유동부채	8,634	5,135
유동성장기부채	2,450	1,300
기타	6,184	3,835
비유동부채	8,626	9,893
부채총계	17,260	15,028
자본총계	16,002	11,791
부채와 자본총계	**33,262**	**26,819**

요약손익계산서

㈜ABC (단위 : 백만 원)

계정과목	금액	
매출액		32,271
매출원가		25,232
감가상각비	528	
퇴직급여	322	
기타매출원가	24,382	
매출총이익		7,039
판매비와 관리비		5,114
감가상각비	252	
무형자산상각비	270	
퇴직급여	120	
대손상각비	40	
기타판관비	4,432	
영업이익		1,925
영업외수익		1,064
영업외비용		2,098
이자비용	1,253	
기타영업외비용	845	
법인세차감전순이익		891
법인세비용		265
당기순이익		**626**

현금흐름표(영업활동 – 간접법)		
㈜ABC		
과목	**금액(백만 원)**	
1. 당기순이익		626
2. 현금 유출 없는 비용 가산		2,260
감가상각비 등 비현금비용	2,192	
비영업활동손실	68	
3. 현금 유입 없는 수익 차감		(389)
비현금수익	(218)	
비영업활동이익	(171)	
4. 영업활동 자산 · 부채변동		(5,381)
매출채권 증가	(3,298)	
재고자산 증가	(1,998)	
매입채무 증가	134	
기타유동자산 · 부채 증감	107	
퇴직금 지급	(326)	
영업활동으로 인한 현금흐름	**(2,884)**	

주요재무비율		
㈜ABC		
구분	**항목**	**비율**
안전성 비율	유동비율	162%
	당좌비율	103%
	부채비율	108%
수익성 비율	매출액세전이익률	2.76%
	자기자본세전이익률	6.41%
활동성 비율	총자본회전율	1.07회
	매출채권회전율	6.67회
	재고자산회전율	6.16회
전통적 현금흐름	당기순이익 + 감가상각비	1,406백만 원

〈김명철, 「현금흐름분석」, 제15판, 서울 : 한국금융연수원, 2022년, 209p~214p〉

㈜ABC의 재무자료에 대한 평가(현금흐름표 제외)는 다음과 같이 정리할 수 있다.

① 유동비율은 162%로 약간 부족하나 당좌비율은 103%로 단기지급능력은 무난함. 부채비율은 108%로 높지 않다.

② 자기자본세전이익률은 6.41%로 우리나라 제조업 평균(5.96%)보다 높으나 매출액순이익률은 낮은 편이다.

③ 매출채권회전율과 재고자산회전율은 각각 6.67회, 6.16회로 나쁘지 않지만, 매출채권과 재고자산이 각각 102%, 64%로 증가하여 운전자금 소요가 급격히 증가하고 있다. 이러한 추세가 지속 될 경우 외부자금 조달이 필요할 것으로 예상된다.

④ (중요)영업이익은 1,925백만 원으로 이자비용 1,253백만 원을 지급할 능력은 있다.

⑤ (중요)전통적 현금흐름이 1,406백만 원으로 당기에 도래할 유동성장기부채 1,300백만 원의 상환능력은 있다.

(1) 영업활동으로 인한 현금흐름이 제공하는 정보

기업의 영업활동으로 인한 현금흐름은 다음의 정보를 제공한다.

① 배당금 지급능력

② 기업의 미래 현금흐름 창출능력과 계속기업으로서의 존속능력

③ 당기순이익과 영업활동으로 인한 현금흐름과의 차이에 대한 정보(간접법)

④ 기업의 신규투자능력

㈜ABC의 영업활동으로 인한 현금흐름에 대하여 평가를 하면 다음과 같이 정리할 수 있다.

⊡ 동사의 영업활동으로 인한 현금흐름은 이자비용을 납부한 후의 현금흐름이다. 영업활동으로 인한 현금흐름이 (2,884)백만 원이므로 이자비용 1,253백만 원을 지급하기 전 영업활동현금흐름은 (1,631)백만 원으로 이자지급은 물론 유동성장기부채를 충당할 능력이 없다. **이는 상기 현금흐름표 이외의 재무분석 결과와 다른 결과를 보여 주고 있다.** 따라서 이러한 상태가 지속될 경우에는 기업의 지속가능성이 부정적일 수밖에 없다.

⊡ 또한 다음 회계연도 초에 동사가 현금배당을 한다면 영업활동으로 인한 현금흐름이 부족하므로 투자활동 또는 재무활동을 통한 현금흐름을 사용할 수밖에 없는 상황에 놓여 있다.

⊡ 그리고 현재 현금보유액이 충분하지 않다면 영업활동으로 인한 현금흐름 부족으로 기업의 유지ㆍ보수 또는 신규투자를 위하여 외부자금 조달이 필요할 것이다.

⊡ 기업의 「재무탄력성」은 "**기업의 영업이 위축되는 상황에 직면했을 때 지출을 계속 유지하면서 장기간에 걸쳐 자본비용을 최소화하고 기업의 경쟁력을 향상 시키는 기업의 능력**"을 의미한다. 이 재무탄력성을 결정하는 가장 중요한 요소가 영업활동으로 인한 현금흐름이다. 이러한 측면에서 ㈜ABC의 재무탄력성은 부족하다고 할 수 있다.

(2) 투자활동으로 인한 현금흐름이 제공하는 정보

기업의 투자활동으로 인한 현금흐름은 다음의 정보를 제공한다.

① 영업활동에서 부족한 자금을 유휴시설의 처분을 통하여 조달하였는지 여부

기업의 지속적인 유지 또는 성장을 위해서는 유ㆍ무형자산 및 투자자산에 대한 투자가 지속되어야 한다. 그러나 영업활동으로 인한 현금흐름이 부족할 경우 외부자금조달(재무활동) 또는 유휴설비의 처분(투자활동)을 통하여 자금조달을 시도할 수 있다.

② 설비투자의 적정규모 여부

기업의 투자가 기업의 유지ㆍ보수를 위한 투자인지 아니면 신상품 등의 제조를 위한 신규 투자인지 검토가 필요하다. 유지보수 투자인 경우 향후 영업활동에 큰 영향이 없지만 신규투자의 경우에는 향후 영업활동에 중대한 변화를 가져올 수 있다.

③ 투자활동을 통한 기업의 성장전략 파악

유ㆍ무형자산에 대한 직접투자로 인한 성장전략인지, 타법인에 지분을 투자하는 간접투자로 인한 성장전략인지 판단이 가능하다.

④ 외부자금조달의 필요성 여부

영업활동으로 인한 현금흐름이 투자활동에 소요되는 자금에 부족하거나, 또는 영업활동으로 인한 현금흐름이 부족한 상태에서 투자활동에도 현금이 투자된 경우에는 외부자금조달이 필요하다고 볼 수 있다.

이러한 측면에서 ㈜ABC의 투자활동으로 인한 현금흐름에 대한 평가를 제시하면 다음과 같다.

① ㈜ABC는 영업활동으로 조달한 현금이 없으므로 투자활동에 필요한 자금 2,900백만 원을 대부분은 투자활동으로 조달했다고 볼 수 있다.

② 부족한 자금 567백만 원은 재무활동을 통하여 조달한 것으로 추정할 수 있다.

현금흐름표(투자활동)

㈜ABC

과목	금액(백만 원)	
1. 투자활동 현금 유입액		2,333
당좌자산 감소	528	
장기투자증권 처분	160	
기타투자자산 · 비영업자산 감소	1,340	
유형자산 처분	305	
2. 투자활동 현금 유출액		(2,900)
당좌자산 증가	(420)	
장기투자증권 취득	(600)	
기타투자자산 · 비영업자산 취득	(500)	
유형자산 취득	(780)	
무형자산 취득	(600)	
투자활동으로 인한 현금흐름		(567)

〈김명철, 「현금흐름분석」, 제15판, 서울 : 한국금융연수원, 2022년, 215p〉

(3) 재무활동으로 인한 현금흐름이 제공하는 정보

기업의 재무활동으로 인한 현금흐름은 다음의 정보를 제공한다.

① 내부금융과 외부금융의 균형 여부

　㉠ 내부금융 : 영업활동을 통하여 자금을 조달하는 것을 의미

　㉡ 외부금융 : 금융기관 차입 또는 증권시장(증자) 등 외부에서 자금을 조달하는 것을 의미

　㉢ 기업의 영업활동으로 인한 현금흐름이 감당할 수 있을 정도의 외부자금조달은 기업의 지속적 성장에 도움이 되겠지만 그렇지 않을 경우 기업의 지속가능성에 악영향을 미친다.

② 장 · 단기 자금의 조달 및 운용의 균형 여부

　㉠ 일반적으로 운영자금은 단기차입금으로 조달하고 시설투자자금은 장기차입금이나 자기자본으로 조달하는데, 이러한 방법을 「**헷징(hedging)에 의한 자금조달방법**」이라 한다.

　㉡ 기업의 위험균형을 나타내는 지표로 「**비유동장기적합률**」이 있다.

이러한 관점에서 ㈜ABC의 재무활동으로 인한 현금흐름에 대한 평가를 제시하면 다음과 같다.

① ㈜ABC는 영업활동으로 조달한 현금이 없어 차입금과 사채상환 및 배당금 지급에 필요한 재원을 모두 외부에서 조달하여 사용하고 있다. 즉 내부금융과 외부금융이 균형을 이루지 못하고 외부금융에 지나치게 의존하고 있다.

현금흐름표(재무활동)

㈜ABC

과목	금액(백만 원)
1. 재무활동 현금 유입액	5,557
단기차입금 차입	2,150
사채 발행	777
장기차입금 차입	1,000
보통주 발행	1,600
자기주식 처분	30
2. 재무활동 현금 유출	(1,861)
단기차입금 상환	(50)
유동성장기부채 상환	(1,310)
사채 상환	(274)
배당금 지급	(227)
재무활동으로 인한 현금흐름	**3,696**

〈김명철, 「현금흐름분석」, 제15판, 서울 : 한국금융연수원, 2022년, 217p〉

2. 현금흐름의 유형과 현금흐름의 방향

(1) 현금흐름의 8가지 유형

구분	① 현금 보유형	② 성숙형	③ 일부사업 구조조정형	④ 성장형	⑤ 저수익 매각형	⑥ 급성장 기업형	⑦ 대규모 구조조정형	⑧ 쇠태형
CFO	+	+	+	+	−	−	−	−
CFI	+	−	+	−	+	−	+	−
CFF	+	−	−	+	+	+	−	−

※ CFO(영업활동으로 인한 현금흐름), CFI(투자활동으로 인한 현금흐름), CFF(재무활동으로 인한 현금흐름), 그리고 현금흐름의 방향은 (+)에서 (−)로 배분된다.

(2) 현금흐름 유형별 특징

① 현금 보유형

㉠ 이 유형은 모든 활동에서 현금을 창출 경우로 매우 드문 유형이다.

㉡ 영업활동에서 현금을 조달하고 투자자산 또는 유형자산 처분을 통하여 현금을 조달하므로 **차입보다 증자를 통한 현금을 조달**할 가능성이 높다.

㉢ 이러한 유형은 축적된 현금으로 **미래의 기업성장전략(M&A 또는 기술도입 등)에 사용**할 가능성이 높다.

② **성숙형**

　㉠ 이 유형은 영업활동에서 창출된 현금으로 투자자산과 유형자산에 투자하고, 차입금 상환과 주주에 대한 배당금을 지급하는 유형이다.

　㉡ 이러한 기업은 수명주기 중 성숙기에 진입한 기업으로 **성공적인 유형**에 해당한다.

　㉢ 또한 이러한 유형에 대한 현금흐름분석은 기업의 영업활동으로 인한 현금흐름을 지속할 수 있는지에 치중한다.

③ **일부사업 구조조정형**

　㉠ 이 유형은 영업활동현금흐름은 양(+)의 흐름을 보이지만 **새로운 설비자산에 투자를 하지 않는 유형**이다.

　㉡ 기업은 이익이 나지 않는 부문을 매각하여 구조조정을 단행한다. 따라서 영업활동에서 창출된 현금과 설비 매각으로 인한 현금으로 차입금을 상환한다.

　㉢ 이러한 유형은 구조조정의 성공적 진행 여부와 **설비자산 매각에 의한 향후 영업활동 위축 가능성을** 분석해야 한다.

④ **성장형**

　㉠ 이 유형은 영업활동에서 창출된 현금으로 설비투자에 필요한 자금을 충당할 수 없어 **외부차입 또는 증자를 통하여 현금을 조달**하는 유형이다.

　㉡ 이러한 유형은 **설비투자 효과가 향후 어느 시점에 영업활동현금흐름의 증가를 가져올지를 분석하는** 데 초점을 맞춘다.

⑤ **저수익 매각형**

　㉠ 이 유형은 영업활동에서 **부족한 현금을 투자활동과 재무활동에서 조달**하는 유형이다. 즉 유형자산과 투자자산을 매각하고 외부차입과 증자를 통하여 조달한 현금을 영업활동에 투입한다.

　㉡ 이러한 유형은 **사업부 매각으로 위축된 영업활동현금흐름이 단기간에 회복할 수 있는지 여부를 파악**하는데 초점을 맞춘다.

⑥ **급성장 기업형**

　㉠ 이 유형은 영업활동에서 현금창출이 부족하고 설비투자에도 여전히 현금이 필요한 경우로 **부족한 현금은 외부차입 또는 증자를 통하여 조달**한다.

　㉡ 이러한 유형은 영업활동에서 현금창출이 부족한 원인을 파악하고 가까운 장래에 해소될 수 있는지를 분석하는데 중점을 둔다.

⑦ **대규모 구조조정형**

　㉠ 이 유형은 영업활동에서 현금을 창출하지 못하는 상황에서 차입금 상환 또는 배당금 지급을 위한 현금이 필요한 유형이다.

　㉡ 이러한 유형은 **재무활동(차입 또는 증자)을 통한 자금조달이 어려워 유형자산 또는 투자자산을 매각하여 그 현금으로 영업활동과 재무활동에 투입**한다.

　㉢ 외부자금 조달이 어려울 정도가 되면 대규모 구조정이 필요하다.

　㉣ 이러한 유형은 영업활동에서 현금창출이 부족한 원인을 파악하고 가까운 장래에 해소될 수 있는지를 판단하는 한편, 자산매각으로 인한 영업활동 위축 여부도 분석해야 한다.

⑧ **쇠퇴형**

이 유형은 모든 활동에서 음(−)의 현금흐름을 나타낸다. 이러한 상태가 지속될 경우 대부분 부도에 직면하게 된다.

3. 수평적 분석과 수직적 분석

(1) 현금흐름표의 수평적 분석

수평적 분석은 회계기간 사이의 정보변화에 초점을 맞춘다. 즉 기업의 매출액, 매출총이익, 비용, 그리고 순이익이 **시간 흐름**에 따라 어떻게 변화하는지를 보여준다. 수평적 분석기법을 추세분석기법이라고도 한다.

(2) 현금흐름표의 수직적 분석

수직적 분석기법은 어느 특정 연도에 각 재무항목 간의 관계를 분석하는데 중점을 둔 방법이다. **매출액 또는 자산총계를 100%로 놓고 다른 항목을 이에 대한 백분율로 표시**한다. 이를 동종업계 비율과 비교하여 분석한다.

4. 현금흐름표 재구성

(1) 신용분석 목적용 현금흐름표

신용분석 목적용 현금흐름표

㈜ABC

과목		금액(백만 원)
영업활동현금흐름 원천		3,457
영업이익	1,925	
감가상각비 등 가산	1,532	
영업활동현금흐름 운용		(5,088)
운전자산 투자액	(5,902)	
법인세 납부	(273)	
기타 영업관련 자산부채 증감액	(281)	
영업외수익과 영업외비용[26]	558	
이자지급 전 영업활동현금흐름		(1,631)
이자지급액	(1,253)	
배당금지급액	(227)	
이자와 배당금 지급 후 현금흐름		(3,111)
유동성장기차입금상환액		(1,310)
유동성장기차입금상환 후 현금흐름		(4,421)
투자활동 현금흐름		(561)
외부자금 조달 전 현금흐름		(4,988)
외부자금 조달		5,233
현금증감		245

〈김명철, 「현금흐름분석」, 제15판, 서울 : 한국금융연수원, 2022년, 253p~254p〉

---

26) 비현금수익과 비용은 제외

① 신용분석 목적용 현금흐름표의 특징

　㉠ 이 양식은 **현금흐름을 원천과 운용으로 구분**하여 간접법 현금흐름표에 추가적인 정보를 제공한다.

② 영업활동을 이자지급 전 영업활동현금흐름과 이자·배당지급 후 현금흐름으로 구분하여 **이자와 배당의 지급능력을 판단**할 수 있도록 해준다.

③ 또한 이자·배당지급 후 현금흐름이 도래하는 **유동성장기차입금 상환이 가능한지 판단**할 수 있게 해준다.

④ 투자활동과 재무활동은 과목별 증감액을 순액으로 나타내 간략하게 표시한다(본 서에서는 투자활동과 외부자금조달의 세부항목을 기재하지 않고 총액만 제시한다).

5. 현금흐름표 비율분석

지표명	산출식	주요내용
현금흐름 보상비율	$=\dfrac{\text{영업활동현금흐름}+\text{이자비용}}{\text{단기차입금(평균)}+\text{이자비용}}\times100$	• 영업활동현금흐름으로 단기차입금과 이자비용을 지급할 수 있는 기업의 **단기지급능력을 측정**한다. • 이자는 장기차입금 이자를 포함한다.
현금흐름 이자보상비율	$=\dfrac{\text{영업활동현금흐름}+\text{이자비용}}{\text{이자비용}}\times100$	**영업활동현금흐름으로 이자비용을 지급하는 것이 충분한지를 측정하는 지표**이다.
CFO/매출액 비율*	$=\dfrac{\text{영업활동현금흐름}}{\text{매출액}}\times100$	• 매출활동을 통한 현금창출 능력을 나타내는 지표이다. • 이 비율이 낮은 것은 **운전자산 보유비율이 높다는 것을 의미**하고 향후 자금사정이 악화될 가능성이 있음을 의미한다.
NI/CFO 비율**	$=\dfrac{\text{당기순이익}}{\text{영업활동현금흐름}}\times100$	• **영업활동으로 창출한 현금흐름 중 당기순이익이 차지하는 비중을 나타내는 지표**이다. • 이 비율은 100% 이하가 정상이다. 그러나 비경상적 이익(유형자산처분이익 등)이 많은 경우 100% 초과할 수 있다. 또한 음수가 될 수도 있다.
투자안정성 비율	$=\dfrac{\text{영업활동현금흐름}}{\text{유형자산 투자순지출}}\times100$	• 영업활동에서 조달한 현금으로 유형자산에 대한 투자지출을 어느 정도 충당하는 지를 나타낸다. • **이 비율이 100% 미만인 경우는 영업활동으로 조달한 현금을 초과하여 유형자산에 투자했다는 것을 나타낸다.** • 생산능력유지를 위한 유형자산투자순지출만 있는 기업의 경우 이 비율이 100% 이상이면 잉여현금흐름을 창출하는 것을 나타낸다.
CFO/차입금 비율	$=\dfrac{\text{영업활동현금흐름}}{\text{평균차입금}}\times100$	영업활동에서 조달한 현금으로 차입금을 어느 정도 충당하는 지를 나타낸다.
주당현금흐름 비율	$CPS=\dfrac{\text{영업활동현금흐름}}{\text{총유통보통주식수}}\times100$	1주당 영업활동현금흐름이 얼마인지를 나타낸다.
주가현금흐름 비율	$PCR=\dfrac{\text{주가}}{CPS}\times100$	• 1주당 영업활동현금흐름 창출능력 대비 주가수준을 나타내는 지표로 **PER와 유사**하다. • PCR이 상대적으로 낮다면 저평가된 것으로 볼 수 있다.

* CFO/매출액비율 : 영업활동으로 인한 현금흐름 대 매출액 비율

** NI/CFO비율 : 당기순이익 대 영업활동으로 인한 현금흐름

6. 전통적 현금흐름과 EBITDA 및 잉여현금흐름

(1) 전통적 현금흐름과 EBITDA

지표명	산출식	주요 특징
전통적 현금흐름	= 당기순이익 + 감가상각비	• 가장 단순한 현금흐름 계산 방법이다. • 재무상태표상 자산 · 부채(운전자본) 증감을 반영하지 않는다. 즉 운전자본을 현금으로 간주한다. 따라서 **전통적 개념에서는 현금은 영업활동으로 인한 운전자본의 흐름으로 볼 수 있다.** • 감가상각비를 제외한 다른 비현금항목을 고려하지 않는다. • 당기순이익에는 재무활동과 투자활동 손익을 포함한다.
EBITDA	= 영업이익 + 감가상각비	• 기업의 **자본구조와 관계없이 현금흐름을 계산하는 방법**이다. • EBITDA는 자기자본과 타인자본으로 벌어들이는 현금흐름의 대용치로 기업가치평가 시 널리 활용된다. • **운전자본에 대한 고려를 하지 않는다**(CFO와 가장 큰 차이점). • I · T · D 이외 비현금손익 및 영업외손익을 고려하지 않는다. • 감가상각비가 많이 발생하는 **자본집약적 산업**(장치산업)에서 EBITDA는 큰 값을 나타낸다.

(2) 기업의 잉여현금흐름(FCFF ; Free Cash Flow to the Firm)

① 정의(기업입장)

잉여현금흐름은 기업경영을 통하여 창출된 현금이 재생산(자산의 유지 · 확장)을 위한 투자에 사용되고 남은 잉여분으로 **주주 및 채권자에게 분배 또는 상환**하는데 사용될 수 있는 현금을 의미한다.

② FCFF의 계산

$$FCFF = EBIT(1-t_c) + Dep - \triangle NWC - CAPEX$$

※ $\triangle$NWC(Net Working Capital) : 순운전자본 증가, CAPEX(Capital Expenditure) : 자본적지출

일반기준에 의한 영업활동으로 인한 현금흐름은 이자비용이 포함되어 있으므로 위 식을 다음과 같이 나타낼 수 있다.

$$FCFF \simeq CFO + I(1-t_c) - CAPEX$$

※ CFO : 영업활동으로 인한 현금흐름

③ 기업가치의 계산

$$기업가치 = \sum_{t=1}^{n} \frac{FCF_t}{(1+WACC)^t} + \frac{TV_t}{(1+WACC)^t}$$

※ TV(Terminal Value) : 추정기간말 기업의 잔존가치

(3) 보통주주의 잉여현금흐름(FCFE ; Free Cash Flow to the Equity)

① 정의(주주입장)

FCFE는 기업의 보통주주가 그 **기업의 가치를 감소시키지 않고 소비할 수 있는 현금**을 의미한다.

② FCFE의 계산

$$FCFE = 당기순이익 + Dep - \triangle NWC - CAPEX$$

$$\simeq CFO - CAPEX$$

$$(실무적)자본적지출 = 고정자산\ 취득총액 - 고정자산처분금액$$

$$= 기말\ 순\ 고정자산 - 기초\ 순\ 고정자산 + 감가상각비$$

7. 현금흐름표를 통한 신용분석

(1) 단기차입금 상환능력 검토

$$수정된\ 현금흐름\ 보상비율 = \frac{영업활동\ 현금흐름 + 이자비용}{기초단기차입금 \times 20\% + 유동성장기부채상환액 + 이자비용} \times 100$$

① 여기서, 기초단기차입금을 20%만 반영한 이유는, 통상 단기차입금을 모두 상환하지 않고 일부를 상환한 다음 지속적으로 단기차입금을 이용한다는 가정에 따른 것이다.

② 이 비율은 영업활동에서 조달한 현금으로 이자와 단기차입금, 유동성장기부채를 얼마나 부담할 수 있는 지를 나타낸다.

(2) 총차입금 상환능력 검토

$$차입금상환\ 재원 = CFO - CAPEX - I - D$$

여기서 **이자비용(I)과 배당금지급(D)은 자본적지출 이후 이루어진다고 가정**한다. 다음 ㈜대한의 사례를 살 펴보자.

㈜대한 (단위 : 백만 원)

과목	20X1년	20X2년	20X3년
영업활동현금흐름 원천	50,000	60,000	60,000
영업이익	20,000	30,000	30,000
감가상각비 등 가산	30,000	30,000	30,000
영업활동현금흐름 운용	(30,000)	(10,000)	(20,000)
법인세 납부	(1,000)	(1,000)	(2,000)
운전자산 투자액	(20,000)	(10,000)	(8,000)
기타 영업관련 자산·부채 증감	(7,000)	3,000	(8,000)
영업외수익·비용(비현금 제외)	(2,000)	(2,000)	(2,000)
자본적지출(유형자산 증감)	(30,000)	(18,000)	(23,000)
자본적 지출 후 이자지급 전 CFO	(10,000)	32,000	17,000
이자지급액	(5,000)	(5,000)	(6,000)
배당금지급액	(1,000)	(1,000)	(1,000)
차입금 상환가능 현금흐름	(16,000)	26,000	10,000

총차입금	32,000	39,000	26,000

㈜대한은 20X2년과 20X3년은 자본적지출과 이자 및 배당금을 지급한 후의 현금흐름이 26,000백만 원과 10,000백만 원으로 총차입금을 상환할 여력이 되지만 20X1년은 상환 여력이 없다. 총차입금 상환가능 연 수는 다음과 같다.

차입금 상환가능 현금흐름	(16,000)	26,000	10,000
총차입금	32,000	39,000	26,000
총차입금 상환가능기간	-	1.5년	2.6년

※ 총차입금 상환가능기간 : (양호)0~6년, (부채가 높은 수준)6~10년, (부채 과다)10년 이상

(3) 적정차입금 규모의 추정

① 영업활동현금흐름을 모두 이자지급에 충당한다고 가정할 경우

20X3년 ㈜대한의 자본적지출 전에 이자지급 전 영업활동현금흐름은 40,000백만 원이므로 추가로 차입가능한 금액은 다음과 같다.

(단위 : 백만 원)

구분		금액	비고
자본적지출 전 이자지급 전 영업활동현금흐름	ⓐ	40,000	
금융비용보상비율	ⓑ	4배	목표비율로 조정 가능
부담가능차입이자	ⓒ=ⓐ/ⓑ	10,000	
적정차입금	ⓓ=ⓒ/10%	100,000	평균차입이자율 10%로 가정
기존차입금잔액	ⓔ	26,000	
추가차입가능액	ⓕ=ⓓ-ⓔ	74,000	

이 표는 영업활동 현금흐름을 모두 이자지급에 충당한다고 가정했을 경우의 계산이다. 즉 자본적지출을 고려하지 않은 경우에는 74,000백만 원에 대한 추가 차입여력이 있다.

② 계속기업의 존속능력을 감안하여 자본적지출을 고려한 경우

(단위 : 백만 원)

구분		금액	비고
자본적 지출 후 이자지급 전 영업활동현금흐름	ⓐ	17,000	
금융비용보상비율	ⓑ	4배	목표비율로 조정 가능
부담가능차입이자	ⓒ=ⓐ/ⓑ	4,250	
적정차입금	ⓓ=ⓒ/10%	42,500	평균차입이자율 10%로 가정
기존차입금잔액	ⓔ	26,000	
추가차입가능액	ⓕ=ⓓ-ⓔ	16,500	

자본적지출을 고려할 경우에는 ㈜대한은 20X3년을 기준으로 추가 차입여력이 감소했음을 알 수 있다.

(4) 1회전 소요운전자금

① 순운전자본＝(매출채권＋재고자산＋선급금)－(매입채무＋선수금)

  ＝유동자산－유동부채

※ 선급금과 선수금이 중요한 경우 계산에 반영함

[사례 4-1]

- 추정매출액 : 100백만 원
- 매출채권회전기간[(매출채권/매출액)×365] : 70일
- 재고자산회전기간[(재고자산/매출액)×365] : 68일
- 매입채무회전기간[(매입채무/매출액)×365] : 65일

해설 | 1회전 소요운전자금＝매출액×운전자산 1회전기간/365

$$= 100백만 원 \times \frac{(70+68-65)}{365} = 20백만 원$$

01 간접법에 의한 영업활동으로 인한 현금흐름은 당기순이익과의 현금흐름의 차이에 대한 정보를 제공한다. ⓞⓧ

○

02 기업의 재무탄력성을 결정하는 가장 중요한 요소는 당기순이익이다. ⓞⓧ

× 영업활동으로 인한 현금흐름이 가장 중요하다.

03 투자활동으로 인한 현금흐름으로 기업의 성장전략을 파악할 수 있다. ⓞⓧ

○ 설비투자인지 지분투자인지 그 여부로 파악이 가능하다.

04 현금흐름 유형 중 차입이나 증자를 통한 자금조달이 어려워 유형자산이나 투자자산을 매각하여 영업활동과 투자활동에 투입하는 유형은 대규모 구조조정형이다. ⓞⓧ

○

05 매출액대비 영업활동현금흐름이 낮은 경우는 운전자산 비중이 높다는 것을 의미한다. ⓞⓧ

○ 운전자본투자로 인한 현금유출 때문이다.

06 전통적 현금흐름과 EBITDA와 가장 큰 차이점은 운전자본증감을 고려하는지 여부이다. ⓞⓧ

○ EBITDA는 운전자본증감을 고려하지 않는다.

07 기업잉여현금흐름(FCFF)은 주주와 채권자에 분배 또는 상환되는 현금흐름이다. ⓞⓧ

○ 할인율로 WACC을 사용하는 이유이다.

08 주주잉여현금흐름(FCFE)은 주주가 기업가치를 감소시키지 않고 소비할 수 있는 현금이다. ⓞⓧ

○ 주주는 보통주주를 의미한다.

01 다음 중 영업활동으로 인한 현금흐름을 통해 파악할 수 없는 것은?

① 배당금 지급능력　　　　　　　　　② 신규투자능력
③ 당기순이익과의 차이가 나는 요인　　④ 재무탄력성
⑤ 계속기업으로서의 존속능력

정답 | ④
해설 | 재무탄력성은 투자활동과 재무활동으로 인한 현금흐름까지 분석하여 기업 전체의 현금흐름을 파악하여야 알
　　　수 있다.

02 다음 중 투자활동으로 인한 현금흐름을 분석하여 파악할 수 없는 것은?

① 기업의 성장전략　　　　　　　　　② 기업의 투자규모 변동 사항
③ 외부자금조달의 필요성　　　　　　④ 신규투자능력
⑤ 유형자산의 매각 여부

정답 | ④
해설 | 신규투자능력은 영업활동으로 인한 현금흐름으로 파악할 수 있다.

03 다음 중 재무활동으로 인한 현금흐름을 분석하여 파악할 수 없는 것은?

① 내부금융과 외부금융의 균형여부
② 자금조달의 헷징(hedging)여부
③ 차입으로 조달한 자금의 규모
④ 배당금 지급능력
⑤ 자기주식의 취득 또는 처분 규모

정답 | ④
해설 | 배당금 지급능력은 영업활동 현금흐름으로 파악할 수 있고 재무활동으로 인한 현금흐름으로 파악할 수 있는
　　　것은 배당금 지급규모에 대한 정보이다.

04 현금흐름의 8가지 유형 중 다음에서 설명하는 유형은 어떠한 유형인가?

> • 영업활동에서 창출된 현금으로 설비투자에 필요한 자금을 충당할 수 없어 외부차입 또는 증자를 통하여 현금을 조달한다.
> • 이러한 유형은 설비투자 효과가 향후 어느 시점에 영업활동현금흐름의 증가를 가져올지를 분석하는 데 초점을 맞춘다.

① 성숙형   ② 일부사업 구조조정형
③ 급성장 기업형   ④ 성장형
⑤ 쇠태형

정답 | ④

해설 | 상기 설명은 성장형에 대한 설명이다. 성장형과 급성장 기업형의 구분은 영업활동현금흐름의 창출 정도에 따라 구분한다. 급성장 기업형은 현재 영업활동현금흐름이 창출되지 않거나 부족하지만 미래 기대되는 이익 또는 현금흐름이 매우 커 설비에 대한 투자가 필요한 유형이다. 반면 성장형은 영업활동현금흐름이 창출되기는 하지만 설비투자에 필요한 자금 일부가 부족한 유형이다.

05 다음 현금흐름의 방향을 고려할 때 어떠한 유형의 기업이라 판단되는가? (양(＋)의 현금흐름은 현금유입을 나타내고, 음(－)의 현금흐름은 유출을 나타낸다.)

> • 영업활동으로 인한 현금흐름은 양(＋)의 흐름을 보인다.
> • 투자활동으로 인한 현금흐름은 음(－)의 흐름을 보인다.
> • 재무활동으로 인한 현금흐름은 음(－)의 흐름을 보인다.

① 현금보유형   ② 성숙형
③ 성장형   ④ 일부사업 구조조정형
⑤ 저수익 매각형

정답 | ②

해설 | 영업활동에서 창출된 현금으로 자산에 투자하고, 차입금상환이나 배당금을 지급하는 유형으로 성숙단계에 있는 기업이라 판단할 수 있다.

06 다음 현금흐름의 방향을 고려할 때 어떠한 유형의 기업이라 판단되는가? (양(+)의 현금흐름은 현금유입을 나타내고, 음(−)의 현금흐름은 유출을 나타낸다.)

> • 영업활동으로 인한 현금흐름은 양(+)의 흐름을 보인다.
> • 투자활동으로 인한 현금흐름은 음(−)의 흐름을 보인다.
> • 재무활동으로 인한 현금흐름은 양(+)의 흐름을 보인다.

① 현금보유형
② 성숙형
③ 성장형
④ 일부사업 구조조정형
⑤ 저수익 매각형

정답 | ③
해설 | 영업활동에서 창출된 현금으로 자산에 투자하고, 부족한 부분을 차입 또는 증자를 통한 재무활동으로 조달하는 유형이므로 성장형이라 볼 수 있다.

07 현금흐름과 관련한 비율 중 현금흐름보상비율(cash flow coverage ratio)에 관한 설명으로 옳은 것은?

① 영업활동에서 창출된 현금으로 기업의 단기차입금과 이자비용을 어느 정도 부담할 수 있는지를 나타내는 지표이다.
② 기업의 매출활동을 통한 현금창출능력을 나타내는 지표이다.
③ 영업활동으로 창출한 현금흐름 중 당기순이익이 차지하는 비중을 나타내는 지표이다.
④ 영업활동에서 창출한 현금으로 이자비용을 어느 정도 부담할 수 있는지를 나타내는 지표이다.
⑤ 영업활동에서 창출한 현금으로 차입금을 어느 정도 부담할 수 있는지를 나타내는 지표이다.

정답 | ①
해설 | ② 영업활동현금흐름/매출액비율에 대한 설명이다.
③ 당기순이익/영업활동현금흐름비율이다.
④ 현금흐름이자보상비율에 대한 설명이다.
⑤ 영업활동현금흐름/차입금비율이다.

08 ㈜시흥상사의 최근 3년간 현금흐름을 보면, 영업활동으로부터 조달된 현금은 500백만 원이고, 투자활동으로 인한 현금지출액은 800백만 원, 재무활동으로 조달한 현금은 300백만 원이다. 회사의 현금흐름과 관련한 설명 중 바르지 못한 것은?

① 회사는 차입금 상환이나 배당금 지급에 자금이 필요한 상황이라 볼 수 있다.

② 회사는 영업활동에서 창출된 현금으로 설비투자를 감당할 수 없는 상황이다.

③ 회사는 설비투자에 필요한 현금을 영업활동과 재무활동을 통하여 조달하고 있다.

④ 이러한 회사는 설비투자가 어느 시점에 영업활동현금흐름의 증가를 가져올지 판단하는 것이 가장 중요하다.

⑤ 회사는 성장형 회사로 볼 수 있다.

정답 | ①

해설 | 회사는 설비투자에 필요한 작금을 영업활동과 재무활동으로부터 조달하고 있으므로 성장형으로 볼 수 있다. 차입금상환이나 배당금지급을 위해 현금이 필요한지는 알 수 없다.

09 ㈜배곧상사의 당기 현금흐름은, 영업활동현금흐름은 (500백만 원)이고, 투자활동으로 인한 현금흐름은 300백만 원, 재무활동으로 인한 현금흐름은 250백만 원이다. 회사의 기말현금은 50백만 원 증가하였다. 회사의 현금흐름과 관련한 설명 중 옳은 것은?

① 회사는 급성장하는 유형으로 향후 충분한 현금흐름 창출이 기대된다.

② 자산을 매각하고 외부차입과 증자를 통하여 조달한 자금을 영업활동에 투입하는 유형으로 현재 영위하는 사업을 유지하려는 기업이다.

③ 회사는 영업활동이 위축되어 자산을 매각하여 자금을 조달하고 있으므로 일부사업을 구조조정하고 있다.

④ 회사의 기말현금이 증가하였으므로 기업의 재무탄력성은 개선되었다고 볼 수 있다.

⑤ 회사의 현금흐름분석은 매각된 자산에서 조달된 자금 및 차입금과 증자로 조달된 자금의 비율을 분석하는데 중점을 두어야 한다.

정답 | ②

해설 | 저수익 매각형 회사로 유형자산과 투자자산의 매각과 재무활동으로 조달한 자금을 영업활동에 투입하고 있으므로, 현금흐름분석은 설비매각으로 위축된 영업활동으로부터 현금흐름이 단기간에 회복할 수 있는지에 중점을 두어야 한다.

다음은 알루미늄 잉곳을 제조하는 ㈜케이티알의 재무제표자료이다. 충당금관련 항목(매출채권, 재고자산, 유형자산)은 모두 순액으로 표시되었다.

비교재무상태표

㈜케이티알   (단위 : 백만 원)

구분	20X2년 말	20X1년 말
현금및현금성자산	1,985	1,370
매출채권	1,270	800
재고자산	2,100	2,470
선급금	35	5
유형자산	2,680	2,320
기타비유동자산	90	55
자산총계	**8,160**	**7,020**
매입채무	1,080	1,330
선수금	60	–
유동성장기부채	270	270
장기차입금	2,900	3,170
부채총계	**4,310**	**4,770**
자본금	1,750	1,550
이익잉여금	2,100	700
자본총계	**3,850**	**2,250**
부채 · 자본총계	**8,160**	**7,020**

비교손익계산서

㈜케이티알   (단위 : 백만 원)

구분	20X2년	20X1년
매출액	16,540	10,760
매출원가	12,405	8,070
매출총이익	**4,135**	**2,690**
판매비와관리비	2,650	2,250
급여	2,160	1,890
광고선전비	130	80
연구비	100	50
감가상각비	260	230
영업이익	**1,485**	**440**
영업외비용	100	150
이자비용	100	150
세전순이익	**1,420**	**310**
법인세비용	20	10
당기순이익	**1,400**	**300**

현금흐름표

㈜케이티알   (단위 : 백만 원)

구분	20X2년	20X1년
Ⅰ. 영업활동으로 인한 현금흐름	1,305	510
1. 당기순이익	1,400	300
2. 비영업활동 수익의 차감		
유형자산처분이익	(35)	(20)
3. 현금유출 없는 비용 등의 가산		
감가상각비	260	230
4. 영업활동 관련 자산 · 부채 변동		
매출채권 감소/(증가)	(470)	100
재고자산 감소/(증가)	370	(300)
선급금 감소/(증가)	(30)	–
매입채무 증가/(감소)	(250)	200
선수금 증가/(감소)	60	–
Ⅱ. 투자활동으로 인한 현금흐름		(1,450)
유형자산 취득	㉠	(1,450)
Ⅲ. 재무활동으로 인한 현금흐름		80
장기차입금의 상환	㉡	(200)
유동성장기부채의 상환	㉢	(270)
유상증자	㉣	550
Ⅳ. 현금의 증가	615	(860)
Ⅴ. 기초 현금	1,370	2,230
Ⅵ. 기말 현금	1,985	1,370

10 ㈜케이티알의 20X2년 매출활동에 의한 현금유입액은 얼마인가? (회사는 매출채권 전액을 회수할 수 있을 것으로 추정하였다.)

① 15,820백만 원

② 16,070백만 원

③ 16,130백만 원

④ 16,320백만 원

⑤ 16,540백만 원

정답 | ③

해설 | 현금주의 매출액 = 매출액 ± 매출채권(순액) 감소(증가) ± 선수금 증가(감소) − 대손상각비
= 16,540 + (470) + 60 − 0 = 16,130백만 원

11 ㈜케이티알의 20X2년 매입활동에 의한 현금유출액은 얼마인가?

① 11,785백만 원

② 12,035백만 원

③ 12,255백만 원

④ 12,285백만 원

⑤ 12,315백만 원

정답 | ⑤

해설 | 현금주의 매출원가 = 당기 재고매입 ± 매입채무 감소(증가) ± 선급금증가(감소)
= (12,405 + 2,100 − 2,470) + 250 + 30 = 12,315백만 원

12 ㈜케이티알의 재무제표를 분석한 내용 중 바르지 못한 것은?

① 회사의 매출원가율은 일정 수준을 유지하고 있다.

② 매출증가율과 매출원가증가율은 동일한 수준이다.

③ 회사의 매출채권 회수에는 큰 문제가 없는 상황이다.

④ 회사의 당기말 차입이자율은 전기말 대비 낮아진 것으로 추정된다.

⑤ 회사의 매출액증가율대비 판관비증가율이 낮아 판관비 통제가 효율적이다.

정답 | ③

해설 | 회사의 매출채권이 전기 대비 470백만 원 증가하였으므로 원인분석이 필요한 상황이다.

13 ㈜케이티알의 현금흐름표상 20X2년 유형자산 취득금액(㉠)은 얼마인가? (기 중 유형자산 처분은 없다.)

① 340백만 원

② 400백만 원

③ 460백만 원

④ 550백만 원

⑤ 620백만 원

해설 | 유형자산 취득금액 = (기말잔액 + 감가상각비 + 처분금액) − 기초잔액

유형자산			
기초	2,320	처분	−
		감가상각비	260
취득	620	기말	2,680

14 ㈜케이티알의 현금흐름표 상 20X2년 장기차입금상환액(ⓛ)과 유동성장기부채상환액(ⓒ)은 각각 얼마인가? (당기에 차입한 금액은 없다.)

	ⓛ 장기차입금상환액	ⓒ 유동성장기부채상환액
①	없음	270백만 원
②	270백만 원	없음
③	270백만 원	270백만 원
④	540백만 원	270백만 원
⑤	540백만 원	540백만 원

정답 | ①
해설 | 20X2년 장기차입금 기말잔액과 유동성대체금액이 기초잔액과 일치하므로 당기에 상환한 금액은 없다는 것을 알 수 있다. 유동성장기부채상환액은 전기말 설정한 금액이 당기에 상환된 것이다.

장기차입금			
유동성대체	270	기초	3,170
상환	−		
기말	2,900	차입	0

[15~18]

다음은 ㈜오성스프링의 재무제표자료이다. 충당금관련 항목(매출채권, 재고자산, 유형자산)은 모두 순액으로 표시되었다. 회사가 당기 중 처분한 유형자산은 없고, 장기차입금 중 350백만 원을 상환하였다.

<table>
<tr><td colspan="3">비교재무상태표</td><td></td><td colspan="3">비교손익계산서</td></tr>
<tr><td>㈜오성스프링</td><td colspan="2">(단위 : 백만 원)</td><td></td><td>㈜오성스프링</td><td colspan="2">(단위 : 백만 원)</td></tr>
<tr><td>구분</td><td>20X2년 말</td><td>20X1년 말</td><td></td><td>구분</td><td>20X2년</td><td>20X1년</td></tr>
<tr><td>현금및현금성자산</td><td>250</td><td>–</td><td></td><td>매출액</td><td>20,000</td><td>18,000</td></tr>
<tr><td>매출채권</td><td>2,000</td><td>1,000</td><td></td><td>매출원가</td><td>16,000</td><td>14,500</td></tr>
<tr><td>재고자산</td><td>3,000</td><td>5,000</td><td></td><td>매출총이익</td><td>4,000</td><td>3,500</td></tr>
<tr><td>선급금</td><td>–</td><td>50</td><td></td><td>판매비와관리비</td><td>3,000</td><td>2,650</td></tr>
<tr><td>유형자산</td><td>1,500</td><td>500</td><td></td><td>급여</td><td>2,200</td><td>2,000</td></tr>
<tr><td>기타비유동자산</td><td>450</td><td>150</td><td></td><td>광고선전비</td><td>200</td><td>200</td></tr>
<tr><td>자산총계</td><td>7,200</td><td>6,700</td><td></td><td>연구비</td><td>150</td><td>100</td></tr>
<tr><td>매입채무</td><td>1,000</td><td>1,800</td><td></td><td>감가상각비</td><td>450</td><td>350</td></tr>
<tr><td>선수금</td><td>150</td><td>50</td><td></td><td>영업이익</td><td>1,000</td><td>850</td></tr>
<tr><td>유동성장기부채</td><td>550</td><td>550</td><td></td><td>영업외비용</td><td>60</td><td>40</td></tr>
<tr><td>장기차입금</td><td>1,600</td><td>1,300</td><td></td><td>이자비용</td><td>60</td><td>40</td></tr>
<tr><td>부채총계</td><td>3,300</td><td>3,700</td><td></td><td>세전순이익</td><td>940</td><td>810</td></tr>
<tr><td>자본금</td><td>2,500</td><td>2,500</td><td></td><td>법인세비용</td><td>40</td><td>30</td></tr>
<tr><td>이익잉여금</td><td>1,400</td><td>500</td><td></td><td>당기순이익</td><td>900</td><td>780</td></tr>
<tr><td>자본총계</td><td>3,900</td><td>3,000</td><td></td><td></td><td></td><td></td></tr>
<tr><td>부채 · 자본총계</td><td>7,200</td><td>6,700</td><td></td><td></td><td></td><td></td></tr>
</table>

15 회사의 20x2년 영업활동으로 인한 현금흐름과 투자활동으로 인한 현금흐름은 각각 얼마인가?

	영업활동으로 인한 현금흐름	투자활동으로 인한 현금흐름
①	1,550백만 원	(1,000백만 원)
②	1,550백만 원	(1,450백만 원)
③	1,600백만 원	(1,000백만 원)
④	1,600백만 원	(1,000백만 원)
⑤	1,700백만 원	(1,450백만 원)

정답 | ⑤

해설 | 영업활동현금흐름 = 당기순이익 + Dep. − 영업 관련 자산 · 부채 증감

$$= 900 + 450 - 1,000 + 2,000 + 50 - 800 + 100 = 1,700백만 원$$

유형자산 취득으로 인한 투자활동 현금흐름 = (1,450백만 원)

유형자산			
기초	500	처분	–
		감가상각비	450
취득	1,450	기말	1,500

16 20X2년 회사의 순운전자본(NWC) 투자액 또는 회수액은 얼마인가?

① 200백만 원 투자 ② 200백만 원 회수

③ 350백만 원 투자 ④ 350백만 원 회수

⑤ 500백만 원 투자

정답 | ④

해설 | 순운전자본 = (매출채권 + 재고자산 + 선급금 변동액) − (매입채무 + 선수금 변동액)

$\qquad$ = (1,000 − 2,000 − 50) − (−800 + 100) = (350백만 원), 즉 감소되었으므로 현금회수이다.

17 20X2년 회사의 자본적지출(CAPEX)은 얼마인가?

① 1,000백만 원 ② 1,150백만 원

③ 1,300백만 원 ④ 1,450백만 원

⑤ 1,500백만 원

정답 | ④

해설 | 자본적지출(CAPEX)은 자산가치를 증가시키거나 자산의 내용연수를 증가시키는 지출을 의미한다. 즉 자본적지출(CAPEX)은 다음과 같다.

CAPEX = 고정자산 취득금액 − 고정자산 처분금액

$\qquad$ = 기말 순 고정자산 − 기초 순 고정자산 + 감가상각비

$\qquad$ = 1,500 − 500 + 450

$\qquad$ = 1,450백만 원

18 20X2년 회사의 잉여현금흐름(FCFF)은 얼마인가? (법인세율은 20%라 가정한다.)

① (1,000백만 원) ② (200백만 원)

③ (150백만 원) ④ 600백만 원

⑤ 800백만 원

정답 | ③

해설 | FCFF = EBIT(1 − 0.2) + 감가상각비 − NWC증가 − CAPEX = 1,000(1 − 0.2) + 450 + 350 − 1,450

$\qquad$ = 150백만 원

Certified Credit Analyst **PART** 01

출제 포인트 ■ ■
■ 현금수지표분석의 이론적 개념
■ 현금수지표 및 현금순환분석표를 이용한 장·단기위험분석

1. 현금수지분석표와 현금순환분석표의 의의

(1) 현금수지분석표의 의의

① 현금수지분석표는 신용분석 목적의 현금흐름표라고 할 수 있다. 현금수지분석표는 재무상태표와 손익계산서, 그리고 제조원가명세서를 토대로 작성된다.

② 비외감기업의 경우 현금흐름표를 작성하여 제시하지 하지 않기 때문에 이러한 기업의 현금흐름을 분석하는데 가장 유용하다.

③ K-IFRS의 경우에는 이자비용, 이자수익, 배당금수익 등의 활동구분이 기업마다 다를 수 있는데, 현금수지분석표에서는 이러한 **활동구분이 통일되어 있어 기업 간 비교가 가능**한 분석을 수행할 수 있다.

(2) 현금순환분석표의 의의

① 현금순환분석표는 현금수지분석표와 그 작성방법이 근본적으로 같다.

② 다만 **현금수지분석표**는 [표 5 – 1]과 같이 **손익계산서의 각각의 항목에 비현금손익항목과 영업활동 관련 자산·부채 증감액을 가감**한 반면, **현금순환분석표**는 [표 5 – 2]와 같이 **영업이익에 비현금손익항목과 영업활동 관련 자산·부채 증감액을 가감**한다는 차이점이 있다.

2. 현금수지분석표와 현금순환분석표의 장점 및 유의사항

(1) 장점

① 현금흐름표에 비하여 내용이 요약되어 있어 기업의 현금흐름을 한눈에 알아볼 수 있다.

② 현금순환분석표는 기업의 영업활동현금흐름이 영업이익, 운전자본변동, 기타요인 중 어디에 가장 큰 영향을 받았는지 신속하게 파악할 수 있다.

  ㉠ 현금순환분석표는 현금흐름표의 간접법과 그 양식이 유사한데, 영업활동으로 인한 현금흐름계산은 당기순이익에서 출발하지 않고 **영업이익에서 출발**한다는 차이점이 있다. [표5 – 2]와 같이 현금순환분석표 양식이 이자비용과 법인세비용 지급을 별도로 구분하고 있기 때문에 영업외수익이나 영업외비용을 감안하기 이전의 이익인 영업이익에서 출발하는 것이 합리적이고 분석표 작성을 간단히 하게 하는 이점이 있기 때문이다.

  ㉡ 만일, 당기순이익에서 출발한다면 이자비용과 법인세비용을 당기순이익에 가산하여 이자 및 법인세 납부 전 이익을 계산한 다음, 다시 이자비용과 법인세비용을 납부한 것으로 표시해야 하기 때문에 그 내용이 복잡해진다.

ⓒ 현금순환분석표는 영업활동을 두 가지로 구분해서 그 원천과 운용을 분리한 것이 특징이다. 이는 **총 영업활동에서 조성된 현금으로 운전자산에 투하된 현금규모와 기타 영업활동에 지출된 현금규모를 파악하기 위함이다.** 운전자산의 운용은 기업의 핵심적인 활동으로 이에 대한 파악은 현금흐름분석의 주된 목적 중 하나이다.

(2) 현금수지분석표 이용 시 유의점

① 기업별로 회계처리 방법에 따라 과목별 활동구분에 차이가 있을 수 있다.

② 영업활동현금흐름은 자세히 표시하지만 투자활동과 재무활동은 순액으로 요약하여 표시한다.

③ 손익계산서의 이자비용 속에 포함된 할인차금상각액이나, 이자수익 속에 포함된 할인차금상각액, 그리고 매출원가 속에 포함된 재고자산평가손실 등 **별도의 손익과목으로 기재되지 않는 비현금손익 항목은 현금수지분석표에서 감안되지 않는다**(그 내역을 알 수 없기 때문).

④ 재무상태표상 특정 자산·부채의 증감이 손익계산서 상 특정 수익·비용 과목과 일대일로 대응되지 않을 때 현금수지분석표에서는 자세한 내용을 알 수 없기 때문에 **임의적으로 대응**시켜 작성한다(선급비용이나 미지급비용은 그 상대과목이 선급보험료나 미지급급료일 수 있고 선급이자나 미지급잡비일 수도 있다).

⑤ 외화환산손익과 외환차손익 및 파생상품 관련 손익을 한데 묶어 '기타영업활동현금흐름'란에 별도 과목으로 기재한다.

ⓐ 외화환산손익과 파생상품 관련 손익은 여러 자산이나 부채에 관련된 것이어서 기업의 장부를 보지 않는 한 특정과목과 대응시킬 수 없기 때문에 별도 과목으로 표시한다.

⑥ 일부 **비현금거래가 현금수지분석표에는 현금거래로 표시될 수 있다.**

ⓐ 금융리스로 유형자산을 취득한 경우는 비현금교환거래이지만 장기차입금을 조달하여 유형자산을 취득한 것으로 표시된다. 이러한 사항은 현금수지분석표 해석 시 고려해야 한다.

⑦ **중단사업손익이 존재하고 중요하다면, 손익계산서와 재무상태표만으로는 현금수지분석표의 작성과 분석이 상당부분 의미를 상실할 수도 있다.** 왜냐하면 재무상태표는 계속사업과 중단사업이 구분 표시되지 않지만 손익계산서는 계속사업과 중단사업이 구분 표시되므로 재무상태표와 손익계산서 간 계속사업과 중단사업의 대응이 어렵기 때문이다.

⑧ 만일 회계연도 중 대상기업이 다른 기업을 합병한 경우, 현금수지분석표 작성에 매우 신중한 접근이 필요하다. 현금수지분석표는 전기말 재무상태표와 당기말 재무상태표 및 당기의 손익계산서를 토대로 작성되는데 전기말 재무상태표는 합병 전 재무상태표이고 당기말 재무상태표는 합병 후 재무상태표이기 때문에 먼저 그 차액만으로 현금수지분석표를 작성한 후 합병 관련 비현금교환거래를 제거해야 한다.

[표 5-1] 현금수지분석표

항목	금액(백만 원)	비고
1. 매출을 통한 현금유입액		
1-1 순매출액		
1-2 매출채권 증감액		
1-3 선수금 증감액		
2. 현금지출 매출원가		
2-1 매출원가		
2-2 재고자산 증감액		
2-3 매입채무 증가액		
2-4 선급금 증가액		
2-5 감가상각비(제조원가)		+
2-6 무형자산상각비(제조원가)		+
2-7 퇴직급여(제조원가)		+
3. 현금 매출총이익		
4. 현금 판매비와 관리비		
4-1 판매비와 관리비		
4-2 선급비용 증감액		
4-3 미지급비용 증감액		
4-4 감가상각비(판관비)		+
4-5 무형자산상각비(판관비)		+
4-6 퇴직급여(판관비)		+
5. 현금 영업이익		3+4
6. 기타영업활동 현금흐름액		
6-1 영업외수익		이자수익+배당금수익
6-2 미수수익·선수수익 증감액		
6-3 영업외비용		
6-4 법인세납부액		
6-5 영업관련 기타유동자산 증감액		
6-6 기타유동부채(예수금 등) 증감액		
6-7 기타비유동부채 증감액(퇴직급여 차감)		-(2-7)-(4-6)
6-8 외화환산손익등		
7. 영업활동 후의 현금흐름액		5+6
8. 이자비용과 배당금 지급액		-
9. 이자지급 후의 현금흐름		7+8
10. 유동성장기차입금 상환액(기초금액)		-
11. 유동성장기차입금 상환 후 현금흐름액		9+10
12. 투자활동 현금흐름액		
12-1 유형자산 증감액		
12-2 투자자산 증감액		
12-3 무형자산 증감액		
12-4 투자활동 관련 유동·비유동자산 증감액		
13. 외부자금조달 전 현금흐름액		11+12
14. 총 외부자금조달액		
14-1 단기차입금 증감액		
14-2 장·단기미지급금 증감액		미지급급료+장기미지급금
14-3 장기차입금 증감액		
14-4 자본금 증감액		
14-5 자본조정 증감액		
15. 외부자금조달 후 현금흐름액		13+14
16. 기타조정액		15-17
17. 현금증감액		=15+16
17-1 기초 현금 잔액		
17-2 기말 현금 잔액		

〈김명철, 「현금흐름분석」, 제15판, 서울 : 한국금융연수원, 2022년, 322p~323p〉

[표 5-2] 현금순환분석표

항목	금액(백만 원)	비고
1. 영업활동으로부터의 원천		
1-1 영업이익		
1-2 비현금비용		
감가상각비		
무형자산상각비		
퇴직급여		
2. 영업활동에의 운용		−
2-1 운전자산투자액		
매출채권(선수금 포함) 증감액		
재고자산 증감액		
매입채무(선급금 포함) 증감액		
2-2 기타운용		
영업관련 기타유동자산 증감액		
영업관련 기타유동부채 증감액		
기타비유동부채 증감액		
영업외수익		
선급비용·미지급비용 증감액		
미수수익·선수수익 증감액		
영업외비용		
법인세납부액		
외화환산손익 등		
7. 영업활동 후의 현금흐름액		
8. 이자비용과 배당금지급액		−
8-1 이자비용 지급액		
8-2 배당금 지급액		
9. 이자지급 후 현금흐름액		7+8
10. 유동성장기차입금 상환액(기초금액)		−
11. 유동성장기차입금 상환 후 현금흐름액		
12. 투자활동 현금흐름액		
12-1 유형자산 증감액		
12-2 투자자산 증감액		
12-3 무형자산 증감액		
12-4 투자활동 관련 유동·비유동자산 증감액		
13. 외부자금조달 전 현금흐름액		
14. 총 외부자금조달액		
14-1 단기차입금 증감액		
14-2 장·단기미지급금 증감액		
14-3 장기차입금 증감액		
14-4 자본금 증감액		
14-5 자본조정 증감액		
15. 외부자금조달 후 현금흐름액		
16. 기타조정액		
17. 현금증감액		
17-1 기초 현금 잔액		
17-2 기말 현금 잔액		

※ 퇴직급여는 매출원가나 판관비에서 비현금비용으로 가산하였으므로 기타비유동부채 증감액에서 차감하지 않으면 이중으로 가산된다.

〈김명철, 「현금흐름분석」, 제15판, 서울 : 한국금융연수원, 2022년, 343p~344p〉

3. 현금수지분석표 및 현금순환분석표 심층분석

(1) 현금흐름분석 기본 절차

① 먼저 현금순환분석표를 통하여 영업활동으로 인한 현금흐름 중 '**영업이익**', '**운전자산 변동**', '**기타영업관련 자산ㆍ부채 변동 등**' 세 가지 중 어느 부분에서 **영업활동현금흐름이 양호 또는 불량한지를 파악**한다.

② 이어서 ①의 세 가지 분야를 구성하는 현금수지분석표 7가지 항목(매출액, 매출원가, 판관비, 매출채권, 재고자산, 매입채무, 기타영업활동관련 자산ㆍ부채변동) 중 **영업활동에 가장 중요한 영향을 미치는 과목을 찾아내고 향후 기업의 현금흐름에 어떠한 영향을 미칠 것인지 예측**한다. 이것이 현금흐름분석의 핵심이다.

(2) 현금흐름분석 유의 사항

① 분석 대상 기업의 **3~5년 이상 현금흐름표를 작성 또는 수집하여 분석**을 해야 한다.

② 분석 대상 기업의 다른 재무비율과 동 업계의 재무비율과 비교하여 분석한다.

(3) 영업활동현금흐름에 미치는 요인별 분석

① 매출액

ㄱ 매출액 분석에 있어 가장 선행되어야 할 것은 **성장성, 즉 매출액 증감 추세분석**이다.

ㄴ 이어서 해당기업의 기술력 분석을 수행하고 회사의 고객과 제품의 구성비 등을 분석한다. 이외 추가 분석 사항은 다음과 같다.

- 시장점유율과 경쟁상대
- 매출액의 수출과 내수비중
- 손익분기점 매출액
- 회사의 생산능력
- 회사의 매출목표

② 매출원가

ㄱ 가장 먼저 매출원가 구성비(재료비, 노무비, 제조경비 등)를 분석한다.

ㄴ 그 다음 원가를 발생시키는 주요 변수(환율, 원자재가격, 소비자물가지수 등)를 파악한다.

③ 판매비와 관리비

ㄱ 가장 먼저 **판매비와 관리비 구성비(인건비, 관리비, 판매비, 연구개발비 등)**를 분석한다.

ㄴ 원가를 발생시키는 주요 변수(환율, 원자재가격, 소비자물가지수 등)를 파악한다.

ㄷ 일반적으로 매출원가율이 높으면 판관비율이 낮고, 매출원가율이 낮으면 판관비율이 높다.

④ 매출채권

ㄱ 매출채권이 과다하거나 급증하는 경우 증가 원인을 우선적으로 파악한다.

ㄴ 그리고 매출채권 구성내역의 건전성과 매출채권 관리에 대한 회사의 정책을 분석한다.

ㄷ **매출증가율보다 매출채권증가율이 큰 일반적 원인**은 다음과 같다.

- 매출신용정책의 변동(외상기간 확대 등)
- 불량채권의 발생
- 분식결산(가공매출채권 계상)

> **Key Point!**
> - 현금수지분석표에 '1. 매출을 통한 현금유입액' 계산 시 '매출채권 증감액'란에는 재무상태표 비유동자산에 있는 장기 매출채권 증감액도 포함한다. 또한 매출채권 증감액은 대손충당금을 차감한 순액으로 표시한다.
> - 만일 매출채권 증감액에 대손충당금을 차감하지 않고 매출채권 잔액만을 기재하였을 때에는, '4. 현금 판매비와관리비' 항목에 당해 '대손상각비'를 추가한다.[27]
> - 마찬가지로 매출채권 증감액에 대손충당금환입액을 가산하지 않고 매출채권 잔액만을 기재하였을 때에는, '6. 기타영 업활동 현금흐름액'항목에 당해 '대손충당금환입액'을 추가한다.[28]
> - [사례] 당기초에 설립한 甲회사의 매출채권은 10,000원, 대손충당금은 매출채권의 5%인 500원을 설정(당기 중 대손 처리된 매출채권은 없다고 가정)하였고, 판매비와관리비 2,000원 중 대손상각비가 500원이고 나머지는 인건비와 광고비라고 가정한다. 현금수지분석표에서 매출채권과 대손충당금 효과는 다음과 같다.
>   (ⅰ) 매출채권을 순액으로 기재한 경우
>   − 매출을 통한 현금유입 항목 중 '매출채권증가액 : −9,500원'.
>   − 이 경우는 현금 판매비와관리비에 대손상각비를 고려할 필요가 없다. 그러면 현금흐름의 효과는 매출채권증가 로 인한 −9,500원과 현금 판매비와관리비 −2,000원을 더한 11,500원 유출로 나타난다.
>   (ⅱ) 매출채권을 총액으로 기재한 경우
>   − 매출을 통한 현금유입 항목 중 '매출채권증가액 : −10,000원'
>   − 이 경우는 현금 판매비와관리비 항목에 '대손상각비 500원'을 추가로 기재한다. 그러면 현금흐름의 효과는 매출채권증가로 인한 −10,000원과 현금 판매비와관리비 −1,500원(= −2,000원+500원)을 더한 11,500 원 유출로 동일하게 나타난다.

⑤ 재고자산

  ㉠ 재고자산이 과다하거나 급증하는 경우 증가 원인을 우선적으로 파악한다.

  ㉡ 재고자산 구성내역의 건전성과 재고자산 관리에 대한 회사의 정책을 분석한다.

  ㉢ 재고자산보유비율(재고자산/매출액)의 일반적 증가 원인은 다음과 같다.

  - 원재료 가격상승을 예상한 재고자산의 다량 구입
  - 진부화된 재고자산(불량재고)의 누적 : **재고자산 중 완제품의 비중이 높은 경우 악성재고일 가능성 이 높다.**
  - 신사업 진출에 의한 신제품재고의 증가
  - 분식결산(가공재고자산의 계상)

⑥ 매입채무

  ㉠ 매입채무의 증감 원인을 우선적으로 파악하고 매입채무 관리에 대한 회사의 정책을 분석한다.

  ㉡ 매입채무 감소의 일반적 원인은 원재료 공급처의 신용정책 변경(신용기간 단축) 등이 있다.

  ㉢ 매입채무가 급격히 증가한 경우에는 원재료 공급처의 신용정책 변경(신용기간 확대) 외에도 **정상적 영업상태에서 상환하여야 할 매입채무 상환자금을 일시적으로 유형자산, 투자자산 또는 단기대여금 에 사용하고 있을 수 있으므로 차기 이후 매입채무가 증가할 것으로 일방적으로 예측해서는 안 되고 반대로 감소할 수도 있음을 예상**해야 한다.

⑦ 기타 영업활동 자산 · 부채 변동 등

  ㉠ 일반적으로 법인세납부액 이외에는 영업활동현금흐름에 큰 영향을 미치지는 않는다.

  ㉡ 하지만 영업활동현금흐름에 큰 영향을 미칠 수 있는 경우로 다음의 것들이 있다.

  - 영업외손익에서 우발적 손익이 발생하는 경우

---

27) 4. 현금 판매비와 관리비 금액에서 비현금비용인 대손상각비를 차감한다는 의미이다.
28) 6. 기타영업활동 현금흐름액에서 비현금수익인 대손충당금환입액을 차감한다는 의미이다.

- 기타비유동부채에 속하는 퇴직급여충당부채나 판매보증충당부채 등의 감소액, 즉 퇴직금지급액이나 판매보증비 지출이 큰 경우
- 외화거래 비중이 큰 기업이 외환차손익이나 파생상품거래에서 거액의 손익이 발생한 경우

(4) 영업활동 후의 현금흐름액

① 의의
  ㉠ 현금수지분석표에서 「**영업활동 후의 현금흐름액**」은 영업활동현금흐름에 영향을 미치는 7가지 주요 과목이 모두 반영된 결과로, 신용분석자에게 가장 중요한 수치이다.
  ㉡ 「영업활동 후의 현금흐름액」은 이자비용과 배당금지급, 그리고 부채의 원금을 상환할 원천이기 때문이다.

② 신용분석자의 현금수지표 분석 방법
  ㉠ 신용분석자는 기업의 과거 영업활동 후의 현금흐름액에서 비경상적 요소들을 제거하여 향후에도 **지속가능한 영업활동 후의 현금흐름액**(CW Mulford & EE Comiskey, 2005)을 창출할 수 있는지 파악하는 것이 중요하다. 바로 이 지속가능한 영업활동후 현금흐름액이 차입원리금의 상환재원이 되기 때문이다.
  ㉡ 이 금액이 음(−)의 수치가 장기간 지속되면 기업은 매우 위험한 상태에 놓일 수 있다.

(5) 이자와 배당지급 후의 현금흐름액

① 의의
  ㉠ 이자와 배당지급 후의 현금흐름액은 '순영업활동 조달현금'이라 할 수 있다.
  ㉡ 이자지급후의 현금흐름은 추가적인 외부자금의 유입 없이 영업활동을 수행할 수 있는 능력을 나타낸다. 이 수치가 음(−)이라면 영업활동을 통하여 이자와 배당을 지급할 수 있는 현금을 창출하지 못함을 의미한다.

② 이자비용
  현금수지분석표의 이자비용은 손익계산서 상 이자비용을 그대로 사용하는 것이 일반적이다. **손익계산서 상 이자비용과 실제 지급한 이자비용은 차이가날 수 있는데 그 이유는 다음과 같다.**
  ㉠ 손익계산서 이자비용은 **선급이자와 미지급이자가 감안**된 수치이다.
  ㉡ 손익계산서 이자비용에는 사채할인차금상각과 같은 **비현금비용이 포함**되어 있다.
  ㉢ 손익계산서 이자비용에는 당기에 지출된 총 이자비용에서 **자본화된 이자비용이 차감**되어 있다.

③ 배당금
  ㉠ 배당금은 통상 전기분이 당기에 지급된다(분기배당은 당기분이 당기에 지급될 수 있다).
  ㉡ 영업활동후 현금흐름이 음(−)이더라도 배당가능이익이 있으면 배당할 수 있다.

Key Point!
상법상 이익배당은 다음과 같이 규정되어 있다.

상법 제462조(이익의 배당)
① 회사는 대차대조표의 순자산액으로부터 다음의 금액을 공제한 액을 한도로 하여 이익배당을 할 수 있다.
  1. 자본금의 액
  2. 그 결산기까지 적립된 자본준비금과 이익준비금의 합계액
  3. 그 결산기에 적립하여야 할 이익준비금의 액
  4. 대통령령으로 정하는 미실현이익[29]

(6) 유동성장기차입금 상환후 현금흐름

① 유동성장기차입금 상환후 현금흐름이 양(+)이라면 영업활동에서 조달된 현금으로 이자와 배당, 그리고 장기차입금 중 만기가 도래한 부분까지 상환할 수 있는 능력이 있음을 나타낸다. 아울러 유형자산이나 투자자산에 투자할 여력도 있다는 의미가 되고, 투자금액을 초과하는 경우에는 외부차입금을 상환할 여력도 된다는 의미이다.

② 이자지급 후 현금흐름은 양(+)이지만, 유동성장기차입금 상환 후 현금흐름은 음(−)인 경우 **분석자는 기업의 총차입금상환일정을 재검토하여 상환일정 조정여부를 점검하여야 한다.**

(7) 투자활동 현금흐름분석

① 유형자산 증감액 분석

   ㉠ 설비투자분석에서는 다음과 같이 설비투자의 향후 기대효과에 대하여 분석한다.

- 설비투자 후 예상대로 매출액이 증가하는지, 신제품재고의 증가여부 등을 점검한다.
- 감가상각비를 초과하는 대규모 설비투자 이후 **영업활동으로 인한 현금흐름이 증가되지 않는다면 장래에 심각한 위기에 직면**할 수 있으므로 이 부분을 집중 점검한다.
- 설비투자의 효율성은 **유형자산회전율**(=매출액/유형자산)과 **총자산회전율**(=매출액/총자산)을 사용할 수 있다.

   ㉡ 설비투자분석 시 헷징30)에 의한 자금조달여부를 파악하여야 한다.

- 유형자산투자액이 음(−)일 경우는 유형자산의 처분이 취득보다 많다는 의미이므로 기업의 장기 성장을 기대하기 어렵다. 이러한 상황은 기업의 속성에 비추어 볼 때 **기업의 부족한 현금을 유형자산 처분으로 해결했을 가능성이 크다.**
- 유형자산투자액이 양(+)이면서 장기차입금증가액이 유형자산투자액을 초과할 때에는 적절한 투자로서 재무안정성은 확보된 것으로 볼 수 있다.
- 유형자산투자액이 양(+)이면서 장기차입금증가액이 유형자산투자액에 미달할 때에는 단기차입금이 투입에 따른 위험을 감지할 수 있을 것이다. 만일 이자지급후 현금흐름액이나 자본금증가로 인한 현금이 장기차입금증가액의 부족분을 충당하고 있다면 재무안정성에는 문제가 없다고 할 수 있다.

② 투자자산 증감액 분석

   ㉠ 투자자산 증감액을 분석할 때에는 증가된 투자자산의 구성내용과 투자로 인한 향후 기대효과 및 자금의 원천에 대하여 분석이 되어야 한다.

   ㉡ 투자자산 증감액 분석을 통하여 기업의 성장전략을 가늠할 수 있다.

> **Key Point!**
> - 투자자산은 투자부동산, 장기투자증권(매도가능증권, 만기보유증권), 지분법적용 투자주식, 장기대여금, 장기예금 등을 의미한다.
> - **임차보증금, 이연법인세자산, 장기매출채권 및 장기미수금은 기타비유동자산에 표시**하도록 회계기준이 개정되었다.
> - 현금수지분석표를 작성할 때에는 **기타비유동자산 중 이연법인세자산과 장기매출채권을 제외**하고 임차보증금과 장기미수금은 투자자산증감액에 포함하여야 한다.

---

29) 자산·부채에 대한 평가로 인하여 증가한 대차대조표상의 순자산액으로서, 미실현손실과 상계하지 아니한 금액을 말한다.
30) 일반적으로 운영자금은 단기차입금으로 조달하고 시설투자자금은 장기차입금이나 자기자본으로 조달하는데, 이러한 방법을 헷징(hedging)에 의한 자금조달방법이라 한다.

③ 무형자산 증감액 분석

    ㉠ 무형자산 증감액을 분석할 때에도 증가된 무형자산의 구성내용과 투자로 인한 향후 기대효과에 대하여 분석하여야 한다. 무형자산은 영업권, 산업재산권, 개발비 및 기타무형자산으로 구성된다.

    ㉡ 거액의 개발비가 경상연구개발비로 비용처리되지 않고 무형자산으로 처리된 경우에는 향후 매출액에 긍정적 영향을 미칠 것으로 판단하였기 때문이다. 만일 기대효과가 미미하다면 미래에 양호한 현금흐름을 기대할 수는 없다.

④ 투자활동 관련 유동 · 비유동자산 증감액 분석

    ㉠ 유동자산 중 단기예금, 단기매매증권, 단기매도가능증권, 단기대여금 및 미수금 계정의 증감액과 **기타비유동자산 중 장기미수금 계정의 증감액을 여기에 표시**한다.

    ㉡ 만일 차입금으로 조달한 자금이 단기매매증권이나 단기대여금에 투자되어 있는 경우에는, 운전자산에 투자되어야 할 자금이 왜곡되어 운영되는 것이므로 자금지원 여부를 심사할 때에는 이러한 부분이 시정됨을 전제하여야 할 것이다.

(8) 외부자금조달활동 분석

① 외부자금조달 전 현금흐름액은 대부분의 회사에서 음(−)의 수치를 나타낸다. 이는 해당 금액만큼 외부자금조달이 필요함을 나타낸다. 만일 이 수치가 양(+)이라면 영업활동에서 벌어들인 현금으로 이자와 유동성장기차입금, 투자활동에 소요된 자금까지 모두 충당한 것이므로 현금흐름이 매우 양호하다고 할 수 있다.

② 외부자금조달액 분석에서도 **헷징에 의한 자금조달을 검토**할 필요가 있다. 단기운영자금은 단기차입금으로 설비투자는 장기차입금이나 증자자본으로 조달되어야 한다.

    ㉠ 단기차입금이 급격히 증가하는 추세에 있다면 그 사유를 면밀히 검토하고 상환능력범위 내에서 차입이 이루어지는지 분석해야 한다.

    ㉡ 외부자금조달 실적은 빈약한데에도 불구하고 단기운전자산에 대한 투자가 과다한 경우에는 부외부채[31]에 의존하고 있는지도 검토되어야 한다. **부외부채에 의존하게 되면 해당 부채의 이자비용을 장부에 계상할 수 없어 그 금액만큼 현금이 부족하게 되고, 대표이사의 가지급금(단기대여금)이 증가하여 세법상 불리한 조치[32]를 당할 수 있다.**

    ㉢ 외부자금조달액이 지속적으로 증가하면 금융비용증가로 수익성이 저하되어 현금흐름이 악화될 수 있으므로 매출액 대비 금융비용부담률 또는 매출액 대비 차입금규모 추이를 검토하는 등 차입금규모가 적정선을 초과하지 않도록 관리하여야 한다.

---

31) 부외부채는 장부에 기록하지 않고 자금을 조달하는 것으로 부외금융(off B/S financing)이라고도 한다. 이러한 사례로는 상환소구권부 수취채권양도와 금융리스를 운용리스로 처리하는 경우가 있다. 상환소구권부 수취채권양도는 채권양수인이 해당 채권이 결제되지 않을 경우 채권양도인에 대하여 변제를 청구할 수 있는 거래이므로 그 실질은 수취채권을 담보로 자금을 차입한 것과 같다. 금융리스는 그 본질이 자산을 장기할부로 구입하는 것과 같아 장부에 자산과 부채가 계상되지만, 운용리스로 처리하게 되면 임대차 계약과 동일한 효과가 발생되어 부채로 계상되어야 할 금액이 운용리스료라는 비용으로 처리된다.

32) 대표이사의 가지급금으로 처리된 금액에 대해서는 연 4.6%에 해당하는 이자수익을 계상해야 하고, 그 만큼 법인세부담도 증가한다. 또한 해당 이자를 1년 이내에 회수하지 못할 경우에 대표이사의 상여로 처분되어 소득세 부담도 늘어나게 된다.

(9) 현금 보유상태

① 현금 보유액의 적정성을 평가하기 위해서는 기업의 규모, 업종, 재무상황 등을 종합적으로 고려할 필요가 있다.

② 현금수지분석표상 **현금의 일시적 증가**현상이 나타나는 경우는 장단기차입금의 상환만기일이 도래하거나 추가시설투자를 앞둔 경우가 그러하다.

③ 현금수지분석표상 **현금의 일시적 감소**현상이 나타나는 경우는 향후 단기적 자금지출이 거의 없을 것으로 예상되는 기업이나 단기적 자금압박을 받고 있는 기업이 그러하다.

④ 풍부한 유동성을 유지하기 위하여 **현금을 필요이상으로 많이 보유하게 되면 기회비용으로 기업의 미래수익성을 저하시키는 원인이 된다.**

⑤ 적정 현금보유 규모는 1회전 소요운전자금을 계산하여 이용하거나, 다음과 같이 **현금보유비율을 산업평균수준으로 하는 방법**이 있다.

$$현금보유비율 = \frac{현금및현금성자산}{총자산} \quad 또는 \quad \frac{현금및현금성자산}{매출액}$$

4. 현금수지분석표 및 현금순환분석표의 비율분석

(1) 단기 신용위험분석

① **수정된 현금흐름보상비율**

$$= \frac{영업활동 현금흐름 + 이자비용}{기초단기차입금 \times 20\% + 유동성장기부채상환액 + 이자비용} \times 100$$

이 비율의 표준비율은 100%이다. 이 비율과 유사한 비율로 부채상환계수가 있다.

② **부채상환계수**

$$= \frac{총영업활동 조달현금 + 금융비용}{단기차입금 + 유동성장기부채 + 금융비용} \times 100$$

여기서, [총영업활동 조달현금 = 당기순이익 + 비현금비용 − 비현금수익]로 현금순환분석표의 **영업활동으로부터의 현금원천과 유사**하다.

③ **단기차입금 상환능력비율**

$$= \frac{현금과부족 + 이자지급 후 현금흐름액 − 비유동자산투자 + 유상증자 + 장기차입금증가}{기초단기차입금 \times 0.2 + 유동성장기부채상환액} \times 100$$

현금과부족은 적정현금및현금성자산을 초과하는 현금및현금성자산과 채무상환목적의 시장성유가증권이나 단기대여금도 가산할 수 있다. 이 비율은 **영업활동에서 조달된 현금흐름 뿐만 아니라 장기자금 조달액 중에서 비유동자산 투자액을 차감한 잔액까지 단기차입금 상환재원에 포함시킨 산식**이다.

④ **유동성장기부채 상환능력비율**

$$= \frac{이자지급 후 현금흐름액}{유동성장기차입금 상환액} \times 100$$

이 비율은 당기에 상환이 도래한 장기부채에 대하여 영업활동으로부터의 현금흐름으로 어느 정도 상환할 수 있는지를 나타낸다.

(2) 장기 신용위험분석

① 장기차입금 상환능력비율

$$= \frac{\text{영업활동으로부터의 원천}}{\text{기말장기차입금잔액}} \times 100$$

이 비율은 장기적으로 차입금규모를 축소시킬 수 있는 가능성이 어느 정도 있는지를 점검해 볼 수 있는 비율이다. 이 비율은 추세를 분석·점검하여야 한다.

② 총차입금 상환능력비율

$$= \frac{\text{영업활동으로부터의 원천}}{\text{총차입금}} \times 100$$

이 비율도 추세를 분석·점검하여야 한다.

③ 현금수지분기점

$$= \frac{(\text{고정비}-\text{비현금비용})-\text{기초운전자산}+(\text{법인세}+\text{배당금}+\text{차입금상환액}+\text{특정목표액})}{\left(\text{공헌이익률}-\dfrac{\text{기말운전자산}}{\text{매출액}}\right)}$$

㉠ 운전자산＝매출채권＋재고자산－매입채무
㉡ 공헌이익률＝(1－변동비율(변동비/매출액))
㉢ 특정목표액＝지출이 확정된 금액(**예** 사업확장적립금 등)

이 비율은 **수익성에 대한 유동성 제약요인을 검토할 수 있는 장점**이 있다. 이 수식을 활용하여 차입금상환에 필요한 **분기점매출액**을 도출하면 다음과 같다.

$$= \frac{[(\text{고정비}-\text{비현금비용})-(\text{기초매출채권}+\text{기초재고자산}-\text{기초매입채무})]+(\text{법인세}+\text{배당금}+\text{차입금상환액}+\text{특정목표액})}{[(1-\text{변동비/매출액})-(\text{기말매출채권}+\text{기말재고자산}-\text{기말매입채무})/\text{매출액}]}$$

산출된 **분기점매출액이 추정매출액보다 적으면 차입금상환을 위한 자금의 여유가 있을 것으로 추정**한다.

01 현금수지분석표는 손익계산서의 각 항목에, 현금순환분석표는 영업이익에 비현금손익항목과 영업활동 관련 자산·부채 증감을 가감한다. ☐O☐X

○
현금수지분석표와 현금순환분석표의 차이점이다.

02 현금순환분석표는 기업의 영업활동현금흐름이 영업이익, 운전자본변동, 기타요인 중 어디에 가장 큰 영향을 받는지 신속하게 파악할 수 있다. ☐O☐X

○

03 현금수지분석표에는 비현금거래가 현금거래로 표시될 수 있다. ☐O☐X

○
금융리스는 장기차입에 의한 자산취득으로 표시된다.

04 현금순환분석표는 현금흐름표 간접법과 유사하여 당기순이익에서 출발하여 작성된다. ☐O☐X

×
영업이익에서 출발하여 작성된다.

05 현금흐름분석은 현금순환분석표를 통하여 영업활동현금흐름의 양호·불량을 파악한 후 현금수지분석표에서 그 부분에 가장 큰 영향을 미치는 요인을 찾아 향후 영향을 예측한다. ☐O☐X

○
분석순서는 현금순환분석표 → 현금수지분석표이다.

06 일반적으로 불량채권이 발생하면 매출증가율보다 매출채권증가율이 더 크게 나타난다. ☐O☐X

○
매출채권이 매출액보다 작아 증가율은 더 크다.

07 재고자산이 급증할 때 완제품의 비중이 높다면 악성재고일 가능성이 높다. ☐O☐X

○
진부화되어 누적될 수 있다.

08 현금수지분석표의 영업활동 후의 현금흐름이 차입원리금의 상환재원이 된다. ☐O☐X

○
부채원리금 등 상환, 배당지급의 재원이 된다.

01 다음 현금수지분석표 분석에 대한 설명으로 바르지 못한 것은?

① 영업활동 후의 현금흐름은 이자비용을 지급하기 전의 현금흐름이다.

② 매출액 분석에서 가장 중요한 것은 매출성장성, 즉 증감 추세분석이다.

③ 매출채권이 과다하거나 급증한 경우 그 원인을 파악해야 한다.

④ 인플레이션 환경에서, 재고자산이 과다하거나 급증한 경우 원재료 가격상승을 예상한 재고의 다량 매입일 가능성이 있다.

⑤ 매입채무의 급격한 증가 원인이 매입채무 상환자금을 일시적으로 단기대여금으로 사용했기 때문이라면 회사는 차기 이후 매입채무가 증가할 것이다.

정답 | ⑤

해설 | 이 경우 단기대여금을 회수하여 매입채무를 상환하면 차기 이후에 매입채무가 감소할 수도 있으므로 일방적 해석을 해서는 안 된다.

02 다음 현금수지분석표에서 「영업활동 후의 현금흐름」에 영향을 미치는 것이 아닌 것은?

① 매출액의 증가   ② 제조경비 감소

③ 인건비 상승   ④ 매출채권 대손율 감소

⑤ 이자비용 증가

정답 | ⑤

해설 | 영업활동 후의 현금흐름은 이자비용과 배당금지급 전의 현금흐름이다.

03 다음 현금수지분석표 분석에 대한 설명으로 바르지 못한 것은?

① 기업의 이자보상비율이 1보다 크고, 전통적 현금흐름이 유동성장기차입금을 상환할 수 있을 만큼의 양(+)의 흐름을 보인다면 현금수지분석표상 유동성장기차입금상환 후의 현금흐름은 항상 양(+)의 흐름을 나타낸다.

② 손익계산서상 영업활동에서 조달된 현금으로 이자비용을 상환할 수 없는 상태이더라도 현금수지분석표상에서는 이자비용을 상환할 수 있는 것으로 나타날 수도 있다.

③ 기업이 부외부채에 의존할 경우, 현금수지분석표에는 당해 부채의 이자지급을 장부에 계상할 수 없어 그 금액만큼 현금이 부족하게 된다.

④ 일반적으로 손익계산서에 별도 과목으로 표시되지 않는 비현금손익 항목은 현금수지분석표에 고려되지 않는다.

⑤ 현금수지분석표에는 영업활동현금흐름은 자세하게 표시하지만 투자활동과 재무활동과 관련된 항목은 유형자산투자증감, 투자자산증감, 단기차입금증감, 장기차입금증감 등의 형식으로 요약하여 표시하고 있다.

정답 | ①
해설 | 전통적 현금흐름(=당기순이익+감가상각비)은 운전자본증감을 반영하지 않기 때문에, 영업활동현금흐름과 차이가 있다. 영업활동현금흐름에서 운전자본투자가 증가하여 현금수지분석표상 영업활동 후의 현금흐름이 이자비용과 배당금지급 후에 유동성장기차입금을 상환하기에 부족하게 될 수도 있다.

04 다음 현금수지분석표 분석에 대한 설명 중 바르지 못한 것은?

① 재고자산이 급격히 증가하는 기업의 경우 재고자산의 순실현가능가액에 대해 판단해 보아야 한다.

② 매입채무가 급격히 증가하는 기업의 경우 매입채무 상환자금을 일시적으로 유형자산이나 단기투자자산 등에 이용하고 있는지 검토해 보아야 한다.

③ 유형자산이 크게 증가한 경우에는 금융기관에서 조달한 자금으로 비업무용 부동산을 취득하였는지도 검토해 보아야 한다.

④ 매출채권이 급격히 증가하는 기업의 경우 매출신용정책의 변동이 있는지 검토해 보아야 한다.

⑤ 일반기업회계기준에 의한 현금흐름표는 단기매매증권이나 단기대여금을 모두 영업활동으로 분류하고 있지만 현금수지분석표에는 투자활동으로 분류하고 있다.

정답 | ⑤
해설 | 모두 투자활동으로 분류하고 있다.

05 현금수지분석표의 유형자산증감란에 '−10,000천 원'이 기재되어 있는 경우 그 의미는 무엇인가?

① 당기에 유형자산을 10,000천 원에 처분하였다.
② 당기에 유형자산을 10,000천 원에 취득하였다.
③ 당기 중 유형자산의 취득·처분활동에서 처분으로 인한 현금유입액보다 취득으로 인한 현금유출액이 10,000천 원 더 많았다.
④ 당기 중 유형자산의 취득·처분활동에서 취득으로 인한 현금유출액보다 처분으로 인한 현금유입액이 10,000천 원 더 많았다.
⑤ 당기에 유형자산을 처분하여 10,000천 원의 손실이 발생하였다.

정답 | ④
해설 | 유형자산이 10,000천 원 감소했으므로 처분으로 인한 금액이 10,000천 원 더 많았다는 의미이다.

06 현금수지분석표에서 매출채권이 급격히 증가한 경우 그 원인으로 적절하지 않은 것은?

① 가공매출채권의 계상   ② 부실채권의 발생
③ 매출신용정책의 변경   ④ 매출채권회전기간의 증가
⑤ 매출채권 담보기간 증가

정답 | ⑤
해설 | 매출채권에 대한 담보설정과 그 기간은 매출채권잔액의 증가 여부와 직접적 관계가 없다. 다만 담보설정은 현금수지분석에서 고려할 대상이다.

07 현금수지분석표에서 재고자산이 급격히 증가한 경우 그 원인으로 적절하지 않은 것은?

① 원재료 가격상승   ② 진부화된 재고의 누적
③ 수요증가에 대비한 재고누적   ④ 신사업 실패
⑤ 공급기업의 신용기간 축소

정답 | ⑤
해설 | 공급기업의 신용기간 축소는 재고구입에 따른 대금지급과 관련되므로 매입채무 감소의 원인이라 할 수 있다.

08 다음 중 영업활동현금흐름이 좋지 않은 기업에 나타나는 현상으로 가장 우려되는 경우는?

① 재고자산 중 재공품의 증가   ② 재고자산 중 미착상품의 증가
③ 재고자산 중 반제품의 증가   ④ 재고자산 중 제품의 증가
⑤ 재고자산 중 원재료의 증가

정답 | ④

해설 | 제품은 재공품이 완성된 것으로 제품이 누적된다는 것은 진부화 되거나 불량으로 인한 악성 재고일 가능성이 높아 현금흐름을 창출하지 못할 가능성이 높다.

09 현금수지분석표에서 매입채무가 급격히 증가한 경우 그 원인으로 적절하지 않은 것은?

① 공급처의 신용기간 단축
② 매입채무 상환자금의 단기투자자금으로 사용
③ 약속어음 결제의 증가
④ 매입채무 상환기간의 연장
⑤ 원재료의 구매빈도 증가

정답 | ①

해설 | 공급기업의 신용기간 축소는 매입채무 감소의 원인이다.

10 다음은 현금수지분석표 작성과 관련한 것이다. 매출을 통한 현금유입 항목과 현금지출 매출원가 항목에 관한 설명으로 틀린 것은? (매출채권은 당기 중 대손처리된 금액은 없다고 가정한다.)

① 현금수지분석표에 '1. 매출을 통한 현금유입액' 계산 시 '매출채권 증감액'란에는 재무상태표 비유동자산에 있는 장기성매출채권 증감액도 포함한다.
② 현금수지분석표에 '1. 매출을 통한 현금유입액' 항목의 매출채권 증감액 계산 시 대손충당금을 차감한 잔액으로 한다.
③ 현금수지분석표에 '1. 매출을 통한 현금유입액' 항목의 매출채권 증감액 계산 시 대손충당금을 차감하지 않고 매출채권 잔액만을 기재하였을 때에는, '4. 현금판매비와 관리비'항목에 당해 '대손상각비'를 추가한다.
④ 현금수지분석표에 '1. 매출을 통한 현금유입액' 항목의 매출채권 증감액 계산 시 대손충당금환입액을 가산하지 않고 매출채권 잔액만을 기재하였을 때에는, '6. 기타영업활동 현금흐름액'항목에 당해 '대손충당금환입액'을 추가한다.
⑤ 현금지출 매출원가 항목의 감가상각비는 손익계산서의 판관비에 기재된 금액으로 비현금비용이므로 현금지출 매출원가 항목에서 차감(현금유입 처리)한다.

정답 | ⑤

해설 | 현금지출 매출원가 항목의 감가상각비는 제조원가명세서상의 감가상각비이다. 제조원가명세서가 없는 경우 현금흐름표상 감가상각비 총액에서 손익계산서상 판관비의 감가상각비를 차감하여 계산한다.

11 甲회사는 당기에 채무면제로 채무조정이익 3억 원을 인식하였다. 이를 현금수지분석표에 올바르게 반영한 것은?

	기타영업활동 현금흐름액 영업외수익	총 외부자금조달액 장기차입금증감액
①	3억 원 가산	3억 원 차감
②	3억 원 차감	3억 원 가산
③	3억 원 차감	0원
④	0원	3억 원 가산
⑤	0원	3억 원 차감

정답 | ④
해설 | 채무조정이익은 비현금수익이지만 장부상 장기차입금액을 감소시키므로 이를 다시 가산조정한다.

12 다음 재무자료를 참조하여 매출액이 25% 증가할 때 영업활동현금흐름 증가액을 계산하면 얼마인가?

> • 매출액영업이익률 = (영업이익 + 감가상각비)/매출액 = 30%
> • 운전자산보유비율 = 운전자산/매출액 = 18%
> • 법인세납부율 = 법인세납부액/매출액 = 4%
> • 당기 매출액 100억 원

① 1억 원   ② 2억 원
③ 4억 원   ④ 8억 원
⑤ 12억 원

정답 | ②
해설 | 매출액대비 영업활동현금흐름 비율 = 매출액영업이익률 − 운전자산보유비율 − 법인세납부율
= 30% − 18% − 4% = 8%
영업활동현금흐름 증가액 = 매출액 × 매출액증가율 × 매출액대비 영업활동현금흐름 비율
= 100억 × 25% × 8% = 2억 원

13 현금수지분석표에서 '영업활동 후의 현금흐름'이 양호하지 않을 경우 그 원인분석을 위하여 검토해야 할 재무비율 중 거리가 먼 것은?

① 재고자산회전기간   ② 매출채권회전율
③ 매출총이익률   ④ 비유동장기적합률
⑤ 판관비율

정답 | ④
해설 | 비유동장기적합률은 비유동자산과 장기차입금 및 자기자본과 관련 되므로 영업활동 후의 현금흐름과 직접적 관련이 없다.

출제 포인트 ■ ■ ■ 본장은 분식회계의 유형과 손익계산서와 현금흐름의 영향을 중심으로 학습한다.

1. 분식회계의 유형

(1) 비용의 과소계상과 자산의 과대계상(또는 부채의 과소계상)

분식 유형	재무상태표 영향	손익계산서 영향
기말재고의 과대계상	재고자산 증가	매출원가 감소 → 당기순이익 증가
┌ 감가상각비 ┐ │ 대손상각비 │ 등의 과소계상 └ 자산평가손실 ┘	유형자산 증가	판·관·비 감소 → 당기순이익 증가
당기비용의 선급비용(자산) 계상	당좌자산 증가	판·관·비 감소 → 당기순이익 증가
당기미지급비용 미계상	유동부채 감소	판·관·비 감소 → 당기순이익 증가
충당부채 미계상	부채 감소	판·관·비 감소 → 당기순이익 증가
경상연구개발비의 무형자산 계상 부대비용을 유형자산 취득 원가계상	자산 증가	판·관·비 감소 → 당기순이익 증가
비자금 등 지출 후 단기대여금, 기타자산 등 계상	자산 증가	판·관·비 감소 → 당기순이익 증가

(2) 수익의 과대계상과 자산의 과대계상(또는 부채의 과소계상)

분식 유형	재무상태표 영향	손익계산서 영향
가공매출의 계상	매출채권 증가	매출액 증가 → 당기순이익 증가
선수금의 매출액 계상	부채 감소	매출액 증가 → 당기순이익 증가
공사진행률 과대계산	매출채권 증가	매출액 증가 → 당기순이익 증가
환매조건부 고가양도 후 다음 연도 재매입[33]	매출채권 증가	매출액 증가 → 당기순이익 증가

2. 영업활동현금흐름이 과대표시 되지 않는 재무제표 분석

분식 유형	재무상태표 영향	손익계산서 및 현금흐름 영향
기말재고의 과대계상	재고자산 증가	• 매출원가 감소 → 당기순이익 증가 • CFO(간접법) : 당기순이익(증가) ↔ 재고자산 증가(차감)
가공매출의 계상	매출채권 증가	• 매출증가 → 당기순이익 증가 • CFO(간접법) : 당기순이익(증가) ↔ 매출채권 증가(차감)

---

33) 환매조건부 거래는 실질적 양도가 아니므로 매출로 처리하지 않고 임대자산으로 처리하고 처분손익도 인식하지 않는다.

3. 영업활동현금흐름이 과대표시 되는 재무제표 분식

분식 유형	재무상태표 영향	손익계산서 및 현금흐름 영향
비유동자산 과대계상 (수선비를 자본적지출로 처리)	비유동자산 증가	• 유형자산증가, 비용 감소 → 당기순이익 증가 • CFO(간접법) : 당기순이익(증가) → 영업관련 자산·부채 변동 없음 → 영업활동현금흐름 증가 & 투자활동현금흐름 감소
비현금거래를 현금거래로 분식	유형자산 증가	• 유형자산을 취득하고 대금을 미지급 : 비현금거래로 주석 기재 • 그러나 유형자산 취득을 투자활동에, 미지급금 증가를 영업활동에 기록할 경우 영업활동 과대표시

4. 재무제표 분식의 추정

(1) 분식의 징후

미국 인디아나 주립대학의 베네쉬(Beneish) 교수는 통계적으로 다음의 다섯 가지 요인 중 하나 이상이 재무제표에서 발견되는 경우 **이익조정**[34] **가능성이 증가**하는 점을 발견하였다.

① 매출채권 회수기간의 증가
② 매출총이익율의 감소
③ 감가상각율의 감소
④ 자산의 질 저하[35]
⑤ 매출액의 증가

(2) 회계분식기업의 기타 특징

① 취약한 재무구조 및 손실 발생
② 부(-)의 영업현금흐름 및 유상증자를 통한 자금조달
③ 잦은 경영권 변동, 횡령 등 내부통제 미흡
④ 목적사업의 수시 변경
⑤ 타법인 출자 후 조기 손실 처리
⑥ 빈번한 공급계약 공시 및 추후 정정공시 경향

(3) 발생액 분석을 통한 이익조정 검증

① 발생액은 당기순이익과 영업활동현금흐름의 차이로 재량적 발생액(DACC ; Discretionary Accruals)과 비재량적 발생액(NDACC ; Non-Discretionary Accruals)으로 구분한다.

$$총발생액(TACC) = 당기순이익 - 영업활동으로 인한 현금흐름$$

이러한 발생액은 공시사항이 아니어서 추정에 의존할 수밖에 없다.

② 재량적 발생액(DACC)

$$DACC = TACC - NDACC$$

재량적 발생액은 경영자가 임의로 조정한 것을 의미하고 비재량적 발생액은 현금주의 매출액과 유형자산(감가상각대상자산)에 비례하여 발생한 금액으로 정의한다.

---

34) 이익조정은 회계분식 및 회계기준 범위 내에서 여러 가지 방법을 동원하여 이익을 과대표시하려는 행위를 말한다.
35) 총자산 중 유형자산이 차지하는 비율보다 유형자산을 제외한 비유동자산이 차지하는 비율이 증가하는 것을 의미한다.

$$NDACC = \alpha_0 \frac{1}{A_{i,t-1}} + \alpha_1 \frac{\Delta REV_{i,t} - \Delta AR_{i,t}}{A_{i,t-1}} + \alpha_2 \frac{PPE_{i,t}}{A_{i,t-1}} \ ----- (1)$$

※ $A_{i,t-1}$: i기업 t기 기초총자산금액

　　$\Delta REV_{i,t}$: i기업의 t기 매출액에서 $t-1$기 매출액을 차감한 금액

　　$\Delta AR_{i,t}$: i기업의 t기 매출채권에서 $t-1$기 매출채권을 차감한 금액

　　$PPE_{i,t}$: i기업의 t기 기말유형자산(토지, 건설중인자산 제외)

여기서 α_0, α_1, α_2 는 회귀식에서 추정된 회귀계수이고 기초총자산금액을 분모에 기재한 것은 기업규모 등에 따른 이분산성을 줄이기 위함이다. 총발생액은 다음과 같이 정리할 수 있다(수정된 Jones 모형).

$$\frac{TACC_{i,t}}{A_{i,t-1}} = \alpha_0 \frac{1}{A_{i,t-1}} + \alpha_1 \frac{\Delta REV_{i,t} - \Delta AR_{i,t}}{A_{i,t-1}} + \alpha_2 \frac{PPE_{i,t}}{A_{i,t-1}} + \epsilon_{i,t} \ ------ (2)$$

결국 재량적 발생액은 식 (2)에서 잔차항을 의미한다. 따라서 **이익조정행위를 적게 한다는 것은 재량적 발생액이 0에 수렴한다는 것을 의미**한다. 많은 연구에서 이익조정의 대용치로 재량적 발생액의 절대값을 이용한다.

② 식 (2) 수정된 Jones 모형의 한계점

　㉠ 매출채권 이외 발생액에서 가장 큰 비중을 차지하는 재고자산, 매입채무 관련 발생액의 경우 매출액과 비례적으로 변화하지 않는 부분은 모두 재량적 발생액으로 분류된다.

　㉡ 매출액 변동과 비례적으로 변화하지 않는 판관비 또는 영업외손익 등은 모두 재량적 발생액으로 분류된다.

　㉢ 회계과정상 발생액은 시간 경과에 따라 반전(reverting)하는 경향이 있다.

　㉣ 이익조정이 이루어졌다고 모두 분식회계를 한 것은 아니기 때문에 결과 해석에 신중을 기해야 한다.

CHAPTER 07 현금흐름의 추정

Certified Credit Analyst PART 01

1. 현금흐름 추정절차

1단계	2단계	3단계	4단계	5단계
매출액 추정	매출원가 판관비 추정	자산 및 부채·자본추정	금융비용 금융수익 법인세 유보이익 추정 플러그 계산	현금흐름표 추정

(1단계) 매출액 추정 결과에 따라 기업의 예상 손익과 관련 자산 및 부채가 영향을 받기 때문에 **매출액 추정**은 재무제표 추정에서 가장 중요한 부분이다.

(2단계) 제조업의 경우 매출원가 추정 시 **제조원가(재표비, 노무비, 경비 등)를 고려**해야 한다.

(3단계) 자산 중 현금은 회사의 기본적 현금보유액을 예측하고 자본의 경우 **증자를 고려**해야 한다.

(4단계) **추정에서 발생된 당기순이익은 이익잉여금에 가산**한다. **4단계가 완료되었을 때 자산총계와 부채·자본총계가 일치하지 않는다.** 그 이유는 당초 추정 시 예상했던 자산·부채 증감으로 인한 자금의 과부족금액이 정확하게 일치하지 않기 때문이다. 따라서 이를 조정하기 위하여 '**현금**'으로 과부족을 **조정하는데 이를 '플러그 계산'이라 한다**(단기차입금으로 조정할 경우 관련된 금융·비용이나 법인세비용, 이익잉여금 등의 수치가 동시에 변동하기 때문에 현금으로 조정함).

(5단계) **현금흐름표 추정은 '현금수지분석표'를 분석한 이후에 이행하는 절차**로, 현금수지분석표에서 영업활동에 가장 큰 영향을 미치는 항목에 집중해야 의사결정에 유용한 추정재무제표가 될 것이다.

2. 매출액 추정

(1) 주관적 판단에 의한 추정

이 방법은 주로 일반화된 과거 경험에 근거하여 주관적으로 예측하는 것이다.

① 유사한 상황을 기준으로 한 역사적 판단

② 시장조사

③ 델파이(Delphi)법 : 순차적 질문지법을 사용하여 의견의 합일점을 찾아가는 방법

④ 개인의 추측 : 제품과 시장에 대한 통찰력과 전문인적 지식에 좌우됨

(2) 평균성장률을 이용한 추정

$$추정매출액 = 금년매출액 \times (1 + 평균증가율)$$

① 평균증가율 계산 시 과거 매출액 중 비경상적으로 **특수한 상황에서 발생한 매출은 차감**하여 평균증가율을 조정해야 합리적으로 계산할 수 있다.

② 이 방법은 매출과 관련된 여러 가지 변수를 고려하지 않으므로 **추정매출액이 실제와 많은 차이를 보일 수 있어 다른 방법과 함께 사용하는 것이 좋다.**

③ 매출의 평균성장률 대신 판매량 성장률과 가격 상승률을 이용하면 좀 더 현실적 접근이 가능하다.

$$추정판매량 = 금년판매량 \times (1 + 평균증가율)$$
$$추정단가 = 금년단가 \times (1 + 예상증가율)$$
$$추정매출액 = 추정판매량 \times 추정단가$$

(3) 시장점유율에 의한 추정

이 방법은 당해 기업의 시장점유율이 높고 안정적인 경우 사용하는 방법이다. 시장점유율은 과거 시장점유율을 사용하되 시장환경 변화를 고려하여 조정해서 사용한다.

$$추정판매량 = 업계전체 판매량 \times 당해기업 점유율$$
$$추정매출액 = 추정판매량 \times 예상 판매단가$$

(4) 회귀식에 의한 추정

이 방법은 매출액에 영향을 미치는 요인들을 독립변수(설명변수)로 하고 추정매출액을 종속변수(피설명변수)로 하여 회귀모형을 추정하여 예측하는 방법이다(여기서는 독립변수로 3개가 선택되었다고 가정).

$$추정매출액 = \alpha + \beta_1 X_1 + \beta_2 X_2 + \beta_3 X_3$$

① 회귀모형의 독립변수는 매출액과 상관관계가 높거나 회귀식의 결정계수가 높은 것을 선택한다.

② 회귀모형의 결정계수(R^2)가 1에 가까울수록 자료가 회귀식에 잘 적합되었다고 판단한다. 즉 회귀모형의 독립변수들이 추정매출액을 잘 설명한다는 의미이다.

3. 손익계산서 및 재무상태표 항목의 추정

(1) 손익계산서 항목의 추정

① 추정매출원가

$$추정매출원가 = 추정매출액 \times 평균매출원가율$$

평균매출원가율은 시장환경 변화 등을 고려하여 조정하는 것이 바람직하다.

② 추정판관비

$$추정판관비 = 추정매출액 \times 판관비율$$

판관비 중 매출액과 직접적인 관련이 적은 항목은 별도 산식을 이용한다. 감가상각비의 경우 다음과 같이 계산할 수 있다.

$$추정감가상각비 = 추정고정자산 \ 기말잔액 \times 평균상각율$$

③ 추정이자비용(이자수익)

$$추정이자비용(이자수익) = 추정차입금(예금) 잔액 \times 이자율$$

④ 추정법인세

$$추정법인세 = 추정법인세차감전이익 \times 법인세율$$

(2) 재무상태표 항목의 추정

항목	산출식	비고
추정매출채권	$=$ 추정매출액 $\times \dfrac{\text{매출채권}}{\text{매출액}}$	
추정재고자산	$=$ 추정매출원가 $\times \dfrac{\text{재고자산}}{\text{매출원가}}$	
추정매입채무	$=$ 추정매출원가 $\times \dfrac{\text{매입채무}}{\text{매출원가}}$	
추정미지급비용	$=$ 추정매출원가(판관비) $\times \dfrac{\text{미지급비용}}{\text{매출원가(판관비)}}$	
추정당기법인세부채	$=$ 추정법인세 $\times \dfrac{\text{당기법인세부채}}{\text{법인세}}$	
추정현금및현금성자산	$=$ 추정매출액 $\times \dfrac{\text{현금및현금성자산}}{\text{매출액}}$	
기타유동자산 · 부채항목	$=$ 전년도금액 또는 조정액	
추정투자자산	$=$ 투자자산잔액 $\times (1 +$ 매출액 증가율$)$	
추정유형자산	$=$ 전년도잔액 $+$ 추가투자액 $-$ 처분액 $-$ 감가상각액	
추정충당부채	$=$ 전년도잔액 $+$ 예상추가전입액 $-$ 지급액	
추정자본	$=$ 전년도잔액 $+$ 예상 유상증자액	
추정이익잉여금	$=$ 전년도잔액 $+$ 예상 순이익 $-$ 예상 배당금	
추정차입금및사채	$=$ 전년도 잔액 $+$ 예상 신규차입액 $-$ 예상 상환액	

(3) 현금흐름의 추정

추정재무상태표와 추정손익계산서를 활용하여 추정현금흐름표를 작성하고 분석한다.

01 기말재고를 과대 계상하면 당기순이익이 증가한다. ○ ×

○
기말재고 증가 → 매출원가 감소 → 당기순이익 증가

02 경상연구개발비를 무형자산으로 계상하면 당기순이익이 증가한다. ○ ×

○
판관비가 감소하게 되므로 당기순이익은 증가한다.

03 비자금을 단기대여금으로 처리하면 당기순이익이 증가한다. ○ ×

○
비용을 자산으로 처리했으므로 당기순이익은 증가한다.

04 기말재고를 과대 계상하더라도 영업활동현금흐름에는 영향이 없다. ○ ×

○
당기순이익 증가분과 재고자산 증가분에 해당하는 현금흐름이 상쇄된다.

05 매출채권을 과대 계상하더라도 영업활동현금흐름에는 영향이 없다. ○ ×

○
당기순이익 증가분과 매출채권 증가분에 해당하는 현금흐름이 상쇄된다.

06 수선비를 자본적지출로 처리하더라도 영업활동현금흐름에는 영향이 없다. ○ ×

×
당기순이익 증가로 영업활동현금흐름은 증가한다.

07 기업의 재량적 발생액이 적을수록 이익조정행위를 적게 한다는 의미이다.* ○ ×

○
발생액 = 당기순이익 − 영업활동현금흐름

08 현금흐름 추정 시 추정에서 발생된 당기순이익은 이익잉여금에 가산한다. ○ ×

○
I/S, F/S 추정 후 현금흐름표를 추정한다.

---

* 다른 조건이 일정한 경우 기업이 현금거래만 한다면 당기순이익은 영업활동현금흐름보다 작아야 한다. 왜냐하면 당기순이익에는 감가상각비가 차감되어 있기 때문이다. 이 차이를 발생액이라 하고 재량적 발생액과 비재량적 발생액으로 구분된다. 재량적 발생액은 당기순이익을 부풀리는 기업의 이익조정행위를 할 때 커진다.

01 A기업이 경상연구개발비를 무형자산으로 분식한 경우 재무제표에 미치는 영향은?

	당기순이익	영업활동현금흐름
①	증가	양호
②	증가	불량
③	증가	영향없음
④	영향없음	양호
⑤	영향없음	영향없음

정답 | ①

해설 | 경상연구개발비는 판관비 항목이므로 무형자산으로 처리하면 판관비가 감소하고 그만큼 당기순이익은 증가하고, 영업활동현금흐름에 긍정적 영향을 미친다. 또한 무형자산이 증가한 만큼 투자활동현금흐름유출로 표시된다.

02 다음 중 영업활동으로 인한 현금흐름이 양호하게 나타나는 분식형태는?

① 자본적지출을 수익적지출로 처리한 경우
② 선수금 수령액을 매출로 인식한 경우
③ 매출채권을 과대 계상한 경우
④ 대손상각비를 과소 계상한 경우
⑤ 유형자산을 취득하고 대금을 미지급금으로 처리한 경우

정답 | ⑤

해설 | 미지급금이 증가하므로 영업관련 부채 증가로 영업활동현금흐름은 양호하게 나타나고, 증가한 유형자산은 투자활동현금흐름 유출로 나타난다.
① 판관비가 증가하므로 당기순이익이 감소하여 영업활동현금흐름은 불량하게 나타난다.
② 매출증가로 당기순이익이 증가하지만, 선수금 감소로 영업활동현금흐름을 감소시켜 전체적인 영향은 없는 것이 된다.
③ 매출증가로 당기순이익이 증가하지만, 매출채권 증가로 영업활동현금흐름을 감소시켜 전체적인 영향은 없는 것이 된다.
④ 대손상각비는 비현금비용이므로 영업활동현금흐름 계산 시 당기순이익에 가산된다. 결국 영업활동에서 조달된 현금 계산 시 대손상각비를 과소계상한 후 당기순이익 조정액과 대손상각비를 과소계상하지 않은 경우 당기순이익 조정액은 동일하다.

03 다음 중 분식회계를 의심할 수 있는 이상징후와 거리가 먼 것은?

① 매출채권회수기간의 증가
② 매출총이익률의 감소
③ 매출액의 증가
④ 비유동자산비율의 증가
⑤ 감가상각률의 증가

정답 | ⑤
해설 | 감가상각률이 감소하는 경우 이익이 증가하므로 분식회계를 의심해 볼 수 있다.

04 다음 중 분식회계 기업의 특징과 거리가 언 것은?

① 영업손실과 취약한 재무구조
② 잦은 경영권 변동
③ 목적사업의 수시변경
④ 타법인에 대한 출자
⑤ 부(−)의 영업현금흐름과 유상증자

정답 | ④
해설 | 타법인에 대한 출자 행위만으로는 분식회계를 의심할 수 없고, 타법인출자 후 조기손실처리를 하는 경우에 분식을 의심해볼 수 있다.

3장

시장환경분석

Certified Credit Analyst

출제 포인트 ■ ■
■ 본 장은 국민경제, 국민소득, 경제정책, 경제통계, 실업률, 물가지수, 환율, 통화, 금리, 경기순환 등의 개념을 철저히 이해한다.

SECTION 01 | **거시경제기초**

---

1. 서론

(1) 미시경제학과 거시경제학

① 미시경제학은 **기업, 가계, 정부** 등 경제주체가 경제행위와 관련하여 어떻게 **의사결정**을 하고, 그 의사결정이 **상품의 가격과 수급에 미치는 영향**을 연구하는 학문이다.

② 거시경제학은 **국민경제의 전체적 관점**에서 소득, 실업, 물가, 금리 등이 어떻게 결정되고 어떠한 관계를 갖는지를 분석하는 학문이다.

(2) 거시적 시장

① **상품시장**

㉠ 상품시장은 국민경제 내에서 생산된 모든 재화와 용역이 거래되는 시장으로 **물가가 가격변수**이다.

㉡ 상품시장에 공급된 재화는 가계의 소비와 기업의 투자 형태로 수요된다.

㉢ 상품시장의 **균형가격은 공급과 수요에 의하여 결정**된다.

※ 원자재시장은 상품시장과 혼용되어 사용되고 있으나 엄연히 다른 시장이다.

② **노동시장**

㉠ 노동시장은 생산요소인 노동이 거래되는 시장으로 **임금이 가격변수**이다.

㉡ **노동공급과 노동수요는 임금에 의하여 결정**된다. 노동은 가계가 공급주체가 되고 기업은 노동의 수요주체가 된다.

③ **증권시장**

㉠ 증권시장은 기업이나 정부의 자금차입 수단인 채권 등의 거래 또는 기업의 자본(주식) 거래가 일어나는 시장이다.

㉡ 증권시장은 **이자율이 가격변수**이고, 기업과 정부가 공급주체가 된다.

④ **화폐시장**

㉠ 화폐시장은 지급결제수단, 가치저장수단 등으로 사용되는 화폐가 거래되는 시장으로 **이자율이 가격변수**가 되고, 중앙은행이 공급주체가 된다.

㉡ 화폐는 별도의 구분된 시장에서 거래되기 보다는 상품시장, 노동시장, 증권시장에서 각각의 거래 대상물이 거래될 때 교환의 매개물로서의 의미가 크다.

(3) 거시경제학에서 단기와 장기

거시경제학에서 장·단기의 구분은 산술적인 것이 아니라 **가격이 신축적으로 조정될 수 있는 기간인가 여부**를 기준으로 한다.

단기	• 가격이 경직적이다(신축적이지 않다). • 자본과 노동이 완전 고용되지 않을 수 있다. • **가격의 경직성과 불완전고용**은 월, 분기, 연 단위로 관찰되는 경제변동의 원인이 된다.
장기	• **가격이 신축적이고 자본과 노동이 완전고용상태가** 된다. • 이 기간 동안 가격은 균형수준을 찾아 조정되지만 **자본, 노동, 기술을 불변이라** 가정한다.
최장기	• 자본축적, 인구증가, 기술진보 등에 의하여 자본, 노동, 기술이 변할 수 있다. • 경제성장이론의 연구대상 기간이다.

2. 국민경제의 순환과 국민소득

(1) 국민경제 순환

(2) 국민소득의 세 가지 측면(국민소득 삼면등가법칙)

국민소득 삼면등가법칙은 생산·분배·지출이 일치하는 것을 말한다(생산＝분배＝지출).

구분	측정대상	활용 또는 분석분야
생산측면	기업과 산업의 총생산	• 노동, 자본, 토지, 경영기법 등 생산요소를 사용한 재화와 용역을 생산·공급하는 과정 • 농업, 제조업, 건설업 등의 비중 등 산업구조 • **각 산업별 경제활동**
분배측면	생산요소에 귀속되는 소득	• 국민의 **가처분소득(급여)**, 이자, 지대, 기업이윤 등으로 나누어지는 과정 • 분배구조 등
지출측면	각 경제주체의 최종 생산물에 대한 지출	• 소비 : 소비성향, 총소비율 • **저축** : 저축률, 한계저축성향 • 투자 : 투자율, 한계자본계수 등

(3) 총공급

① 총공급은 국민소득(Y)과 물가(P)와의 관계로 나타나고, **생산함수는 노동과 자본에** 의하여 결정된다.

$$\overline{Y} = f(\overline{K}, \overline{L})$$

최장기가 아닌 한 **노동과 자본은 고정**되어 있고, 기술수준도 불변이기 때문에 **생산량(Y)도 고정**된다.

② 그러나 총공급은 물가와 국민경제 전체 생산량과의 관계이므로 물가를 고려하면 수요와 공급의 불일치로 생산량은 변동될 수 있다. **장·단기 가격 신축성에 대한 가정이 다르므로 장·단기 총공급곡선은 다른 형태를 보인다.**

③ 장·단기 총공급곡선의 형태

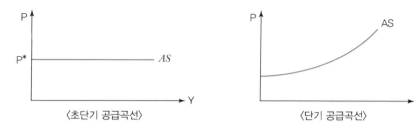

〈초단기 공급곡선〉　　　　　〈단기 공급곡선〉

○ 초단기에는 총공급은 물가에 완전탄력적(고정된 가격에 수요만큼 공급)이어서 수평 형태를 띤다. 초단기 공급곡선은 극단적 케인즈 이론으로 **노동과 자본의 유휴상태를 전제로** 한다(P는 물가를 나타낸다).

○ 단기에는 모든 가격이 신축적인 것은 아니어서 총공급곡선은 우상향한다.
단기 총공급곡선이 우상향하므로 물가가 오르면 자본과 노동의 사용이 늘어나 국민경제 내에서 생산되는 재화와 용역의 양도 늘어날 수 있다. **우상향 총공급공선은 케인즈 이론에서 주장하는 총공급곡선의 형태**이다.

○ 장기에는 가격이 신축적이고 노동과 자본이 고정되어 있으므로 **가격만 상승하고 생산량 변동은 없다.**
이러한 형태는 고전학파에서 주장하는 총공급곡선의 형태이다.

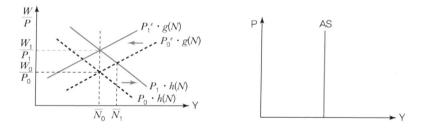

• 노동자는 물가를 정확히 알 수 없어 기대물가(P^e)를 사용한다.[36]
• 물가상승으로 균형노동량이 증가($\overline{N_1}$)하면 (기대물가 상승에 따라) 명목임금이 상승하여 기업은 노동수요를 줄임으로써 전체 노동량은 $\overline{N}$ 수준에서 고정된다. 결국 장기 총공급곡선은 수직의 형태가 된다(장기 총공급곡선은 물가에 대하여 **완전비탄력적**).

Key Point!
• $P^e \cdot g(N)$은 노동공급(N^S)을 나타내고, $P \cdot h(N)$은 노동수요(N^D)를 나타낸다.
• $g(N)$은 기대실질임금($\frac{W}{P^e}$)을 나타내고, $h(N)$은 실질임금($\frac{W}{P}$)을 나타낸다.
• 노동자와 기업은 명목임금이 아닌 물가에 대비한 명목임금, 즉 실질임금에 관심이 있기 때문에 균형노동량이 산출량(Y)과 실질임금($\frac{W}{P}$)의 관계에서 결정된다.

---

36) 노동자가 임금계약을 체결할 당시의 물가는 과거의 물가이고 노동자가 받게 될 미래의 임금에 대한 물가는 알려지지 않은 상태이므로 임금은 기대물가에 의존하게 된다.

(4) 총수요(AD)

① 의의

총수요는 물가와 국민소득의 수요량과의 관계로 물가가 상승하면 산출량(국민소득)이 감소하는 역의 관계를 가지므로 우하향하는 형태로 나타난다.

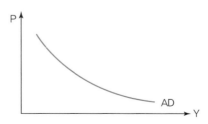

(5) 총공급(AS)과 총수요(AD)의 균형

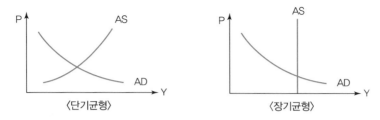

① 단기에는 총수요와 총공급의 변화가 물가와 균형소득에 모두 영향을 미친다.
② 그러나 장기에는 총수요 변화가 균형소득에는 영향이 없고 물가에만 영향을 미친다.

3. 국민소득 부문별 결정요인

(1) 지출측면의 국민소득균형

$$Y = C + I + G + (X - M)$$

※ C : 소비, I : 투자, G : 정부지출, X : 수출, M : 수입

(2) 소비의 결정요인

$$C = f(\underset{+}{Y}, \underset{-}{r}, \underset{+}{\frac{V}{P}}, \underset{-}{T})$$

※ C : 소비, Y : 국민소득, r : 이자율, V/P : 실질자산, T : 조세

① 소비에 가장 큰 영향을 미치는 요인은 소득이다. 소득이 증가하면 소비가 증가하고, 소득이 감소하면 소비가 감소하는 **정(+)의 관계**를 갖는다.
② 금리는 소비와 역(−)의 관계를 갖는다. 금리가 상승하면 소비로 인한 이자소득의 기회비용이 증가하기 때문에 저축을 늘리게 되고, 이로 인하여 소비는 감소한다. 반대로 금리가 하락하면 저축이 감소하고 차입이자비용이 줄어들어 소비가 증가하게 된다.
③ 실질자산가치가 증가하면 **가치상승분에 상응하는 소비가 증가**하므로 **정(+)의 관계**를 갖는다.
④ 조세가 감소하면 가처분소득이 증가하여 소비가 증가한다. 반대로 조세가 상승하면 가처분소득이 감소하여 소비가 감소한다. 조세는 소비와 역(−)의 관계를 갖는다.

(3) 투자 결정요인

$$I = f(Y, r)$$
$$+ \quad -$$

① 투자는 주택, 건물, 도로, 댐 등 인프라 투자와 기업의 생산설비, 장비 등의 투자, 즉 자본재 투자를 의미한다.

② 금리가 하락하면 자본조달비용과 기회비용이 낮아져 투자는 증가한다. 즉 투자와 금리는 역(−)의 관계를 갖는다.

③ 반면 소득은 투자와 정(+)의 관계를 갖는다. 즉 소득 증가는 기업의 유동성 개선과 경기에 대한 긍정적 기대로 투자를 증가시킨다.

(4) 수출 결정요인

$$X = f(e, Y_w)$$
$$+ \quad +$$

환율(e)이 상승하거나 교역상대국의 소득(Y_w)이 증가할 경우 수출은 증가한다. 즉 환율과 교역상대국의 소득은 수출의 증가함수이다.

(5) 수입 결정요인

$$M = f(e, Y_d)$$
$$- \quad +$$

환율(e)이 하락하거나 국내소득(Y_d)이 증가할 경우 수입은 증가한다. 국제수지 관점에서 수출과 수입을 정리하면 다음과 같다.

① 환율상승 : 수출증가, 수입감소 → 국제수지 개선

② 환율하락 : 수출감소, 수입증가 → 국제수지 악화

③ 해외경기 상승 → 국제수지 개선

④ (해외경기 변동 없이) 국내경기 상승 → 국제수지 악화

4. 경제여건 변화와 국민소득

경제여건 변화	국민소득 등 경제에 미치는 영향
금리인하	• 금리인하 → 소비와 투자 증가 → 국민소득(Y) 증가 • 금리인하 → 자본유출(원화 매각, 달러 매수) → 환율상승 → 수출증가 → 국민소득(Y) 증가 (※ 이 논리는 케인지안의 접근방법이다.) • 환율상승에 따라 수입은 감소될 수 있으나 국민소득 증가에 따라 증가할 수 있어 그 영향은 명확하지 않다.

물가상승	• 물가상승 → 보유자산의 실질가치($\frac{W}{P}$) 감소 → 소비감소 → 국민소득 감소 ※ W : 주식, 채권 부동산 등 자산(富)을 의미 • 물가상승 → 제품가격 상승 → 기업의 수익성 증대 → 투자 증가 ┐ 물가상승 → 원자재 가격 상승 → 기업 비용 상승 → 투자 감소 ┘ 전체적인 영향은 불분명 • 물가상승 → 물가안정을 위한 금리인상 → 소비와 투자위축 → 국민소득 감소 • **물가상승 → 실질환율**($e_{real} = \frac{P_f}{P} \times e$) **하락 → 수출감소 → 국민소득 감소**
환율상승	• 환율상승 → 수출증가 → 국민소득(Y) 증가 • 환율상승 → 수입품 가격 상승 → 물가상승 → 소비와 투자위축 → 국민소득 감소 • **환율은 원화가치 하락과 물가상승과의 관계가 어떻게 나타나는가에 따라 국민소득에 미치는 영향이 다르게 나타난다.**

자산가격상승	• 피구효과: 보유자산 가격상승 → 소비증가 → 국민소득증가
	  ※ **피구효과(Pigou effect)(= 부의 효과(Wealth effect))**
	
	$$W = \frac{M}{P} + B + K$$
	
	  – M/P : 화폐의 실질가치, B : 채권 등, K : 자본
	  – **보유자산인 화폐의 실질가치가 상승(물가하락)하거나 주식, 채권 등 자산가치가 상승하는 경우 소비증가를 통하여 국민소득은 증가한다.**
	• (한국)부동산 가격 상승 → 부동산 구매를 위한 저축증가 → 담보대출 등 원리금 상환 부담 증가 → 소비위축 → 국민소득 감소
	• (미국)부동산 가격 상승 → 차입(주택가격 – 담보대출) → 소비증가 → 국민소득 증가

5. 경제운용목표와 정책수단

(1) 경제운용목표

거시적 관점의 경제운용목표는 성장과 고용, 물가, 국제수지가 핵심이다.

① 성장과 고용

오쿤(1963)의 연구에 의하면 실업률 1%를 낮추기 위해서는 2%의 추가적인 경제성장이 필요한 것으로 나타났다. 즉 **경제성장과 실업률은 역(–)의 관계**에 있다.

② 물가

물가는 국민의 재산가치를 보호하고 경제의 예측가능성과 성장잠재력 제고를 위하여 상승률을 일정수준 이하에서 안정시켜야 한다.

㉠ **물가가 오르면 정액소득자는 손해를 보고 채무자와 부동산 등 실물자산 보유자는 이득을 보게 된다.** 이 때문에 기업은 인플레이션 시기에 차입에 의한 외형확대를 추구하는데 이는 기업의 재무구조를 부실하게 할 우려가 있다.

㉡ 물가 상승에 대한 기대심리가 확산되면 경제주체는 정상적 경제활동을 통한 이익보다는 인플레이션에 의한 실물자산 가격상승에 따른 이익을 추구하게 된다. 즉 가계는 저축보다는 부동산 투자를, 기업은 생산이나 기술개발 보다는 공장부지나 사옥 등의 매매차익에 관심을 가지게 된다.

③ 국제수지

국제수지는 우리나라와 같은 대외의존도가 높은 소규모 개방경제에 매우 중요하다.

㉠ 경상수지 적자가 지속되면 외국자본이 이탈하고 외환보유액이 감소해 해외로부터 자금을 차입해야 할 수도 있다.

ⓛ 경상수지 흑자는 대외지급능력을 향상시킬 수는 있으나 이 역시 장기간 지속되면 교역상대국의 경기
　둔화, 무역마찰 등이 발생할 수 있다. 좋은 예로 일본의 경우 1990년대 이후 2000년 초반까지 연간
　1,000억 달러 내외의 경상수지 흑자를 내었지만 그 이후 20년간 장기불황에서 벗어나지 못했다.

이 세 가지 운용목표를 동시에 달성하는 것은 어려운 일이다. 경우에 따라서 **세 가지 목표가 서로 상충관
계(trade－off)를 보이는 경우도 있다.** 대표적인 예가 **필립스곡선**으로 알려진 **물가와 실업률의 관계**이
다. 이에 의하면 **실업률을 낮추려고 하면 물가가 오르고, 물가가 낮아지면 실업률이 오른다.**

(2) 거시경제정책

① **재정정책**은 국민소득 구성요소 중 **정부지출(G)이나 조세(T)의 조정**을 통하여 경제에 영향을 주는 정책
　을 말한다.
　㉠ 재정지출정책은 정부지출을 조정하여 소비, 투자에 직접적으로 영향을 미친다.
　ⓛ 조세정책은 세율 또는 과세대상 조정을 통하여 가처분소득 또는 기업의 투자유인을 제고시킨다.
　　재정지출 확대를 위한 재원확보를 위해 세율을 인상하면 민간의 가처분소득이 줄어 재정지출효과가
　　상쇄되고, 국채발행으로 재원을 조달하려는 경우 금리 인상으로 민간 투자가 위축되는 구축효과
　　(crowding effect)가 발생한다.
　ⓒ 공채정책은 국공채 발행·상환을 통하여 정부지출 재원을 확보하거나 재정지출을 확대하는 방법이다.
② **통화정책**은 **금리 또는 통화량을 조절**하여 물가, 성장, 국제수지 등 거시경제를 운용목표에 맞게 변화시
　키는 정책이다.
　㉠ 한국의 물가안정목표제는 소비자물가상승률 연 2.5%~3.5% 수준에서 유지하는 것이다.
　ⓛ 대출정책은 한국은행의 시중은행에 대한 대출정책으로 재할인정책이라고 한다. 이때 적용되는 이자
　　율을 재할인율이라고 한다.
　ⓒ 지급준비정책은 시중은행의 지급준비율 조정을 통하여 금리와 통화량을 조절하는 방법이다.
　　• 지급준비율 인상 → 금융기관 운용자금 축소 → 대출금리 인상
　　• 지급준비율 인하 → 금융기관 운용자금 확대 → 대출금리 인하
　ⓡ 공개시장조작은 중앙은행이 단기금융시장이나 채권시장 등 공개된 시장에서 금융기관을 상대로 국공
　　채 등을 사고팔아 금리와 통화량을 조절하는 방법이다.
　　• 채권발행 → 통화량 축소 → 채권가격 하락 → 금리상승
　　• 채권매입 → 통화량 확대 → 채권가격 상승 → 금리하락

> **Key Point!**
> 유동성 함정(Liquidity Trap)은 경제주체들이 금리가 일정수준 이하(예 제로금리)인 경우 금리가 더 이상 하락
> 할 것이라 예상하지 않아 채권보다 화폐 보유를 선호하게 되는 현상을 말한다. 즉 보유 화폐를 생산, 투자,
> 소비에 활용하지 않아 경제가 함정(Trap)에 빠진 상태가 되는 것을 의미한다. 케인즈에 의하면 유동성 함정
> 상태에서 통화정책은 아무런 효과가 없고 재정정책이 효과적이다.

③ 외환정책은 정책의 정의가 모호하기는 하지만 주로 환율정책과 외국환 거래에 대한 규제가 핵심이다.
　㉠ 고정환율제, 연동환율제, 관리변동환율제는 목표환율 수준을 유지하는 것이 핵심이다.
　ⓛ 한국과 같은 **자유변동환율제**에서 환율은 외환시장의 수급에 의하여 **시장에서 결정**된다. 이러한 제도
　　에서는 외환당국의 시장개입이 최소화된다. 우리나라의 외환정책은 정책선택의 폭이 크지 않아 성
　　장, 물가 등 거시경제변수에 미치는 영향도 상대적으로 축소된 상태이다.

6. 거시경제 최근 이슈

(1) 거시경제이론의 흐름

① 고전학파

㉠ 고전학파는 '공급은 스스로 수요를 창출한다.'는 세이의 법칙(Say's Law)을 강조한다.

㉡ 즉 국가 간섭을 배제하는 시장의 자율성을 강조하기 때문에 가격이 신축적이라 가정한다.

㉢ 노동시장은 임금의 완전신축성을 통해 완전고용이 보장되고 불균형이 발생되더라도 신속하게 해결된다.

> **Key Point!**
> - 고전학파 이론에서 국민소득은 노동과 자본의 양, 그리고 이 둘을 결합시키는 기술수준 등 실물요인에 의하여 결정된다고 본다. 생산된 재화와 용역은 세이의 법칙에 따라 모두 수요된다.
> - 즉 고전학파의 경제관념에서 **화폐는 교환의 매개물로서 단순히 물가수준만 결정할 뿐 실물부문에 영향을 주지 못한다.** 피셔의 화폐수량설은 이러한 경제관념을 잘 나타내준다. 이에 의하면 통화량(M)과 화폐유통속도(V)의 곱은 물가(P)와 산출량(Y)의 곱과 같다.
> $$MV = PY$$
> 이를 변화량 측면에서 나타내면 다음과 같다.
> $$\hat{M} + \hat{V} = \hat{P} + \hat{Y}$$
> 화폐유통속도(V)와 생산량(Y)은 고정되어 있으므로 화폐공급은 물가에 그대로 반영된다. 결국 경제성장률(Y)을 초과하는 화폐공급은 물가수준만을 결정할 뿐이다. 이를 **'화폐의 중립성'**이라 한다.

② 케인즈학파

㉠ 세이의 법칙(Say's Law)을 부정하고 경제는 수요에 의하여 결정된다고 주장한다.

㉡ 케인즈는 시장의 자기교정적 성질을 부정하고, 시장은 본질적으로 불안정하므로 정부가 적극 개입하여 수요창출정책을 제시해야 한다고 주장한다.

㉢ 케인즈는 임금(가격)의 경직성으로 인하여 노동시장이 불안정하고 실업이 발생한다고 보았다.

(2) 신자유주의

① 신자유주의 경제정책은 **시장기능 회복**, 규제완화, 민영화, **작은 정부**, 복지축소, **노동시장 유연성** 확보, 대외개방 등이 핵심과제이다. 따라서 소득불균형, 경쟁격화, 지역공동체 해체 등의 부작용이 나타나기도 한다.

② 2007년~2008년 서브프라임사태와 이에 따른 세계 금융위기로 신자유주의 경제정책에 대한 회의론이 확산되고 있다. **신자유주의는 고전학파와 경제사상의 맥을 같이하기 때문에 최근의 신자유주의의 퇴조는 거시경제학에서 케인즈적 사고의 재등장을 의미한다.**

1. 경제통계 기초

(1) 명목기준통계와 실질기준통계

① 명목기준통계는 통계 작성 당시 시장가격이나 화폐가치로 평가하여 작성한 통계를 말한다. 국민소득 등 일부 통계를 제외한 대부분 명목기준으로 발표되고 있다.

② 실질기준통계는 각종 수량지수와 같이 가격요인을 배제하고 물량단위로만 포착하거나 특정 연도의 가격을 기준으로 평가하여 작성한 통계를 말한다.

$$실질기준통계량 = \frac{명목기준통계량}{물가(가격)지수}$$

㉠ 명목기준통계를 실질기준통계로 환가할 때 사용되는 물가(가격)지수를 **디플레이터**(deflator)라 한다.

㉡ 실질GDP는 다음과 같이 계산한다.

$$실질GDP = \frac{명목GDP}{GDP\ deflator} \times 100$$

이 식에서 GDP deflator가 물가지수 역할을 한다. GDP deflator는 명목GDP와 실질GDP의 관계로 나타낸다.

$$GDP\ deflator = \frac{명목GDP}{실질GDP} \times 100$$

GDP deflator가 100을 초과하는 경우 경제 전반의 물가 수준이 상승했다는 의미이고, 100보다 작은 경우 전반적으로 물가가 하락했다는 의미이다. 예를 들어 GDP deflator가 기준연도 대비 105라면, 기준연도에 비하여 종합적으로 물가가 5% 상승했다는 의미가 된다.

(2) 계절변동조정

시계열통계에서 특정 시기별로 유사한 특성을 보이는 변동이 나타나는데, 이를 계절변동이라 한다. 이러한 계절변동은 추세변동, 순환변동, 불규칙변동과 함께 통계적 기법을 사용하여 조정한다. 한국은행의 계절조정통계모형으로는 BOK-X13ARIMA-SEATS가 있다.

(3) 저량(stock)과 유량(flow)통계

① 저량(stock)통계는 **특정 시점**을 기준으로 작성된 통계를 말한다(**예** 인구, 실업률, 통화량, 주식의 시가총액 등).

② 유량(flow)통계는 **일정 기간**을 기준으로 작성된 통계를 말한다(**예** 국민소득, 생산, 소비, 주식의 거래량 등).

③ 저량과 유량의 관계

$$전기\ 말\ 저량(stock) + 당기간\ 중\ 순유량(flow) = 당기\ 말\ 저량(stock)$$

(4) 지수(Index number)

① 지수는 기준 시점의 통계를 100으로 하고 비교시점의 상대적 통계량을 표시하는 방법이다.

② 지수산출은 구성항목의 중요도, 즉 총생산량 또는 거래량에서 차지하는 비중에 따라 가중치를 반영하는 가중평균법이 주로 사용된다. 가중평균법은 **기준 시점에 따라 다음과 같이 구분**한다.

ⓒ 라스파이레스식(Laspeyres formula) : 기준 시(1개월 또는 1년의 평균치)의 상품 생산량 또는 거래 수량 등을 가중치로 고정하여 변화의 정도를 측정한다. 물가지수, 생산지수 등 대부분의 경제 시계열 통계가 이에 해당한다.

ⓛ 파쉐식(Paasche formula) : 비교 시의 상품 거래수량 등을 가중치로 사용한다. 이 방법은 비교 시의 가격자료와 가중치를 매번 조사해야 하는 불편함이 있다.

ⓒ 피셔식(Fisher formula) : 라스파이레스식과 파쉐식을 기하평균하여 지수를 작성하는 방식이다.

(5) 변동률

① **대비 변동률은 전월비, 전분기비, 전년비, 전년동월비 등**으로 최근 경제동향을 파악하는데 도움이 되지만 해당 통계가 계절성이 많은 경우 경제실상과 변동률이 괴리될 수 있으므로 반드시 **계절변동조정 여부를 확인**해야 한다.

② 평균변동률은 최근 5년간 평균경제성장률과 같이 어떠한 기간 중의 평균적인 변동률을 산출하여 다른 기간의 평균변동률과 비교분석하는 방법이다. **평균변동률**은 단순평균이 아닌 **기하평균으로 계산**한다.

$$평균변동률 = \left(\sqrt[n]{\frac{X_{t+n-1}}{X_{t-1}}} - 1 \right) \times 100$$

③ 포인트 변동률(%p)은 %로 표시된 변동률 자체의 크기를 비교할 때 사용된다. 비교시점 변동률에서 기준시점 변동률 차감하여 계산한다.

(6) 연율

연율은 '**전월대비 연율**', '**전분기대비 연율**' 등 대비 변동률 자료를 **1년 기준으로 환산한 개념**이다. 연율 계산 시 월변동률은 12제곱, 분기변동률은 4제곱, 반기변동률은 제곱하여 연율을 계산한다. 아래는 20X1년 10월 금융기관 유동성의 '전월대비 연율'을 계산한 예이다.

예 20X1년 10월 금융기관 유동성(Lf)은 1,005조 원으로 전월 1,000조 원 대비 0.5% 증가하였다. 이를 연율로 환산하면 약 6.2%이다.

$$\left[\frac{1,005}{1,000} \right]^{12} - 1 = 0.0617$$

2. 국민소득

(1) 국내총생산(GDP)

① GDP는 일정 기간 동안 한 나라에서 생산된 최종생산물을 시장가치로 평가하여 합산한 것이다. GDP는 국가, 즉 **영토를 기준**으로 하므로 한 나라에서 생산한 것이라면 내국인, 외국인을 구분하지 않는다. 예를 들어 미국에 거주하는 한국인이 생산한 재화는 GDP에 포함되지 않지만, 국내 거주하는 미국인이 생산한 재화는 GDP에 포함된다.

② GDP가 경기 등 경제활동 수준을 잘 반영하므로 통상 경제성장률은 GDP를 기준으로 산정한다.

$$경제성장률 = \frac{금년도 실질GDP - 전년도 실질GDP}{전년도 실질GDP} \times 100$$

(2) 국민총생산(GNP)

한 나라의 국민이 일정 기간 동안 경제활동에 참가하여 벌어들인 소득의 합계를 말한다. 국민, 즉 **속인주의 개념**으로 한 국가의 국민이면 국내 거주, 외국 거주를 불문하고 집계에 포함된다. 예를 들어 미국에 거주하는 한국인의 소득은 GNP에 포함지만, 국내 거주하는 미국인의 소득은 GNP에 포함되지 않는다.

(3) 국민총소득(GNI)

GNI는 생산활동을 통하여 획득한 소득의 구매력을 나타내는 소득지표로, **국내총생산(GDP)과는 국외순수취요소소득만큼 차이가 난다.**

※ 국외순수취요소소득 : 우리나라 사람이 외국에서 벌어들인 소득과 외국인이 우리나라에서 벌어들이는 소득과의 차이

$$GNI = GDP + 국외순수취요소소득$$

(4) 국민순소득(NNI)

국민순소득(NNI)은 국민총소득(GNI)에서 생산과정에서 발생한 공장과 기계설비의 가치감소분, 즉 '고정자본소모'를 차감하여 산출한다.

$$NNI = GNI - 고정자본소모$$

(5) 국민소득 통계의 활용

① 경제성장률

$$경제성장률 = \frac{금년도\ 실질GDP - 전년도\ 실질GDP}{전년도\ 실질GDP} \times 100$$

② 1인당 국민소득

1인당 국민소득은 명목국민총소득(GNI)을 인구수로 나누어 산출한다.

$$1인당\ 국민소득 = \frac{GNI}{인구수}$$

만일 원화로 1인당 국민소득이 산출되었다면 달러환율로 나누면 달러기준 1인당 국민소득이 산출된다.

$$1인당\ 국민소득(\$) = \frac{GNI}{인구수} \div 환율(USD/KRW)$$

③ 경제구조

경제구조는 농림어업, 광공업, 건설 및 전기·가스·수도사업, 서비스업 등 4가지로 분류하고, 각 경제부분의 부가가치를 GDP로 나눈 부문별 구성비를 많이 사용한다.

$$경제구조(부문별\ 구성비) = \frac{각\ 경제부문\ 부가가치}{GDP} \times 100$$

④ 소비율, 저축률과 투자율

㉠ 소비율

$$소비율 = \frac{소비}{국민총가처분소득} \times 100$$

국민총가처분소득 = GNI + 생산활동 무관 외국수입소득 - 생산활동 무관 국외지급소득

ⓛ 저축률

$$저축률 = \frac{저축}{국민총가처분소득} \times 100$$

국민소득 중 소비되지 않고 남은 부분이 저축이므로 소비율과 저축률의 합계는 1이다.

$$소비율 + 저축률 = 1$$

그리고 저축은 투자의 재원으로 사용되는데, [저축 > 국내총투자]인 경우에는 남는 재원을 국외에 투자하고, 반대로 [저축 < 국내총투자]인 경우에는 부족한 재원을 국외 차관으로 해결한다. 그러면 총투자는 다음과 같니 나타낼 수 있다.

$$총투자율 = 국내총투자율 + 국외투자율$$

⑤ 수출 · 입의존도

$$수출입의존도 = \frac{수출입규모}{GNI} \times 100$$

영토가 넓고 인구가 많은 나라(미국 등)와 소재부품산업이 발전한 나라(일본 등)는 수출입의존도가 낮다. 우리나라와 같이 **원자재와 부품을 수입하여 가공 · 수출하는 나라는 이 비율이 높게 나타난다.**

⑥ 노동소득분배율

$$노동소득분배율 = \frac{피용자보수}{GNI} \times 100$$

노동소득분배율은 한 국가의 생산활동 결과 발생한 소득이 근로자와 기업가에 어떠한 비율로 분배되는지를 나타내는 지표이다.

⑦ 조세부담률

$$조세부담률 = \frac{조세수입}{GNI} \times 100$$

조세부담율은 조세의 포괄적 범위, 사회보장부담금의 포함여부 등에 따라 차이가 날 수 있으나 우리나라의 조세부담율은 2012년 기준 20.2%(사회보장부담금 제외)로 낮은 편이다.

3. 고용

(1) 실업률

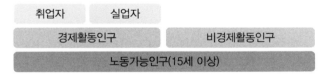

① 경제활동인구는 노동가능인구 중 수입이 있는 일에 종사하고 있거나 취업을 위하여 구직활동 중에 있는 사람의 수를 의미한다. 관련 통계인 경제활동참가율은 다음과 같다.

$$경제활동참가율 = \frac{경제활동인구}{노동가능인구} \times 100$$

ⓐ 취업자는 매월 15일이 속한 1주일 동안 수입을 목적으로 1시간 이상 일한 사람의 수를 의미한다.

ⓑ 실업자는 매월 15일 속한 4주일 동안 적극적으로 일자리를 구해 보았으나 수입이 있는 일에 전혀 종사하지 못한 사람으로 일자리가 있으면 즉시 취업이 가능한 사람의 수를 의미한다. **실업자는 일할 능력과 일할 의사가 있는 사람이다.** 실업률은 다음과 같다.

$$실업률 = \frac{실업자}{경제활동인구} \times 100$$

② 비경제활동인구는 취업자도 실업자도 아닌 사람으로 일할 의사가 없거나 일할 능력이 없는 사람(**예** 가정주부, 학생, 심신장애자, 구직단념자 등)을 의미한다.

(2) 자연실업률(U_n)

경제 내에서 자발적실업과 마찰적실업만이 존재하는 상태의 실업률을 자연실업률(natural rate of unemployment)이라 한다. 자발적실업과 마찰적실업은 불가피한 실업으로 줄이기 어렵다. 자연실업률 상태는 완전고용상태를 의미한다. 이는 고전학파의 경제사상에 배경을 둔다.

① **자발적 실업** : 임금이 낮거나 근로조건이 맞지 않아 스스로 선택하는 실업
② **마찰적 실업** : 취업정보의 불완전성에 의하여 발생하는 실업

$$U_n = \frac{실직률(f)}{실직률(f) + 구직률(s)}$$

$$f = \frac{실직자}{취업자} \times 100, \ s = \frac{구직자}{실업자} \times 100$$

자연실업률을 낮추기 위해서는 실직률을 낮추고, 구직률을 높여야 한다. 즉 노동시장의 유연성을 제고하는 것이 중요하다.

필립스곡선에 따르면 실업률을 자연실업률 이하로 낮추려는 노력은 명목임금상승률(물가상승률)이 더 크게 나타난다.

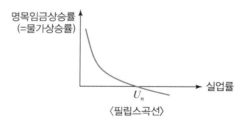

〈필립스곡선〉

Key Point!
케인즈는 실업이 산업구조 변화로 사양산업의 실직자들이 성장산업으로 이동하지 못하거나, 기업이 제공하는 일자리 수가 노동자들 수에 비하여 적기 때문에 발생하는 구조적인 것으로 보았다. 케인즈는 그 원인을 명목임금의 하방경직성에 있다고 주장한다.

4. 물가

(1) 물가지수의 용도

물가지수는 물가의 변동을 파악하기 위하여 여러 가지 상품들의 가격을 특정 방법에 의하여 평균하여 수치로 나타낸 것이다. 물가지수의 주요 용도를 정리하면 다음과 같다.

① 물가지수는 **화폐의 구매력을 측정하는 수단**이 된다. 물가가 상승하면 화폐의 구매력은 하락하고, 물가가 하락하면 화폐의 구매력은 상승한다.

② 물가지수는 **경기판단지표**의 하나로 사용할 수 있다. 경기 상승국면에서는 수요증가로 물가가 상승할 가능성이 높고, 반대로 경기 하락국면에서는 수요감소로 물가가 하락할 가능성이 높기 때문이다. 다만 물가상승이 반드시 경기상승 국면을 의미하는 것은 아니다.

③ 물가지수는 현재의 물가를 과거 기준시점과 비교하거나 명목가치를 실질가치로 환산할 때 사용하는 **디플레이터**로서의 기능을 갖는다.

④ 무엇보다 물가지수는 **통화정책 운용목표**로 사용된다.

(2) 물가지수의 종류

① 생산자물가지수(PPI)

PPI는 생산자들이 판매하는 상품이나 서비스의 가격변동을 나타내는 지수이다.

㉠ 조사대상은 국내에서 생산하여 국내에 출하되는 모든 상품과 서비스이다.

㉡ 기준가격은 부가가치세를 제외한 국내 생산자의 출하가격(판매가격, 공장도가격)이다.

㉢ 지수작성 대상품목은 개별 상품거래총액이 모집단 거래액의 1/10,000 이상인 품목과 서비스 거래액이 1/2,000 이상인 서비스로, 소속 상품군 또는 서비스군의 **가격변동을 대표할 수 있고 가격 시계열 유지가 가능한 870개 품목**(상품 766개, 서비스 104개)이다.

㉣ 가공단계별물가지수는 보조지수로 국내 시장에 공급되는 모든 상품을 원재료, 중간재, 최종재 등 가공단계별로 가격동향을 조사하여 물가의 파급효과를 파악할 수 있도록 정보를 제공하는 지수이다.

② 소비자물가지수(CPI)

CPI는 소비자가 구매하는 상품과 서비스의 가격변동을 나타내는 물가지수이다.

㉠ 대상품목은 가계소비지출 비중이 큰 소비재와 개인서비스 460개 품목이다.

㉡ 기준연도는 2015년이고, **소비자구입가격**을 기준으로 산출한다.

㉢ CPI는 소비자의 생계비 변동을 파악하고, 노사 간 임금조정 자료로 활용된다.

㉣ 보조지수인 생활물가지수는 소비자가 일상생활에서 자주 구입하는 141개 기본 생필품의 평균적인 가격변동을 지수화 한 것이다.

③ 수출입물가지수

수출입물지수는 수출입상품의 가격변동을 조사하여 국내물가에 미치는 영향을 파악하기 위하여 작성하는 지수이다. 수출은 FOB가격으로 조사하고, 수입은 CIF가격으로 조사한다.

> **Key Point!**
> FOB(Free on board, 본선인도)는 수출자가 본선에 선적하는 것까지의 비용을 부담하는 방식이고, CIF(Cost Insurance and Freight)는 목적지까지의 운임, 보험료를 포함한 계약 방식으로 본선 적재로 의무가 종료된다.

④ GDP디플레이터

    ㉠ GDP는 국내에서 생산된 상품, 서비스뿐만 아니라 수출입까지 포함되므로 GDP deflator는 가장 포괄적인 물가지수라 볼 수 있다.

$$GDP\ deflator = \frac{명목GDP}{실질GDP} \times 100$$

    ㉡ GDP deflator는 다른 물가지수와 달리 가격변동을 직접 조사하여 작성하는 것이 아닌 사후적 측정지표로 엄격한 의미에서 물가지수라고는 할 수 없다.

(3) 지수물가와 피부물가

① 지수물가와 피부물가 괴리의 원인

피부물가는 장보기나 외식 등 일상생활에서 느끼는 물가의 변화를 의미한다. 국민들은 지수물가가 피부물가보다 낮다고 느끼는 경우가 많은데, 그 괴리의 주요 원인은 아래와 같다.

    ㉠ 가계마다 소비하는 품목과 중요도가 다르다.

    ㉡ 생활수준 향상 또는 가족 구성원 변동에 다른 소비지출 증가를 물가상승으로 오인한다.

    ㉢ 소비자는 자기중심적 심리로 인하여 가격이 적게 오른 상품보다 많이 오른 상품을 중심으로 물가를 생각하는 경향이 있다.

    ㉣ 물가지수 작성 방법의 한계 때문이다. 물가지수는 5년 단위로 소비지출 구조에 따른 품목별 가중치를 조정하므로 소비지출 구조가 급격히 바뀌는 경우 반영을 하지 못해 괴리가 발생할 수 있다.

② 지수물가의 상향편의

지수물가가 실제물가보다 높게 나타나는 현상, 즉 **인플레이션을 과장하는 효과**를 '물가지수의 상향편의'라고 한다. 물가지수의 상향편의가 발생하는 이유는 크게 두 가지이다.

    ㉠ 가격변화에 따라 **수요가 다른 상품으로 대체**될 수 있기 때문이다. 예를 들어 소고기 가격이 오를 경우 돼지고기 또는 닭고기를 구매하므로 가계의 실제물가는 지수물가보다 적게 나타난다.

    ㉡ 기술진보 등에 따라 상품의 **품질개선에 따른 가격상승이 물가지수 산정에 모두 포함되지 못하거나 신상품 도입에 따라 상품 간 대체 가능성이 커져** 실제물가가 지수물가보다 적게 나타난다. 이는 가계측면에서 화폐의 실질가치가 상승함을 의미한다.

5. 국제수지와 환율

(1) 국제수지

국제수지표는 지리적 구분이 아닌 경제활동의 이익 중심이 어디에 있느냐를 기준으로 구분한다.

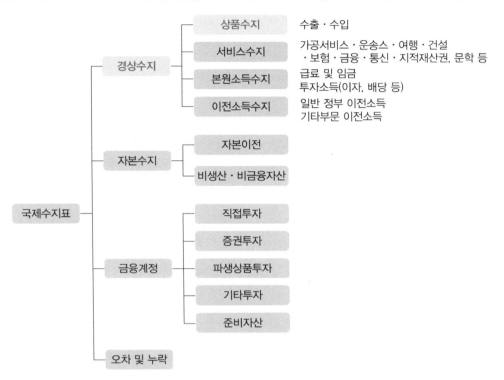

① 경상수지

경상수지는 상품 및 서비스의 수출입 차이인 상품·서비스수지와 외국으로부터 벌어들이는 배당, 이자소득, 임금 등과 외국인에 지급한 금액의 차이인 본원소득수지, 그리고 무상거래 중 자본거래가 아닌 이전수지로 구성된다.

ㄱ) 상품수지 : 상품의 수출과 수입의 차이를 나타낸 것으로 **경상수지 항목 중 가장 많은 부분을 차지**한다. 참고로 **상품수지는 통관 수출입과 두 가지 측면에서 차이가 있다.**
- **수출입 인식기준 차이** : 통관 수출입은 관세선을 통과하면 수출입으로 계상하지만, 상품수지는 **소유권이 이전**되어야 수출입으로 계상한다.
- **수출입상품금액 평가기준 차이** : 통관 수출입에서 수출은 FOB가격을, 수입은 CIF가격을 기준으로 수출입상품을 평가하지만, **상품수지는 수출입 모두 FOB가격으로 평가**한다.

ㄴ) 서비스수지 : 외국과 여행, 건설, 운수 등의 서비스 거래 결과 벌어들인 돈과 지급한 돈의 차이를 나타낸다.

ㄷ) 본원소득수지 : 우리나라 국민이 국외에서 받은 임금, 배당, 이자 등의 소득과 국내에서 외국인에게 지급한 임금, 배당, 이자 등의 소득과의 차액을 의미한다.

ㄹ) 이전소득수지 : 거주자와 비거주자 사이의 무상거래 중 자본거래가 아닌 것을 의미한다. 예를 들어 해외친인척에 대한 송금, 자선단체 기부금, 정부간 무상원조 등이 이에 해당한다.

② 자본 · 금융계정

　㉠ 자본수지

　　• 자본이전 항목은 현금의 경우 고정자산 취득 · 처분 또는 이와 연관된 투자보조금, 해외이주비 등을 의미한다.

　　• 비생산 · 비금융자산 취득 · 처분 항목은 재화와 서비스 생산에 필요하기는 하지만 그 자체는 생산될 수 없는 토지, 지하자원, 특허권 등 무형자산 취득 · 처분이 포함된다.

　㉡ 금융계정

　　• 투자계정은 외국에 있는 기업에 대하여 경영참여 등 영속적 이익을 취득하기 위하여 행하는 대외투자를 말한다.

　　• 준비자산은 외환보유액 변동분 중 거래적 요인에 의한 것(외환매입, 이자소득 등)만 포함되고, 환율변동에 의한 변동은 포함되지 않는다.

(2) 환율

① 환율은 외국화폐와 자국화폐의 교환비율을 의미하고 어느 나라 화폐를 기준으로 하는가에 따라 두 가지 표시 방법이 있다.

　㉠ 외국통화표시법(간접표시환율) : 이 방법은 자국통화를 기준으로 외국통화의 교환비율을 나타낸다. 즉 원화 1원당 USD0.0010이라고 표시하는 방법으로 수취환율이라고도 한다.

　㉡ 자국통화표시법(직접표시환율) : 이 방법은 외국통화를 기준으로 자국통화의 교환비율을 나타내는 것으로, 미화 1달러당 KRW1,000이라고 표시한다. 이를 지급환율이라고도 한다.

Key Point!

• 환율표시방법은 직접표시환율(자국통화표시법)과 간접표시환율(외국통화표시법)이 있는데, 직접표시환율은 기준통화 1단위에 대한 자국통화의 교환대가(예 USD/KRW = 1,000.00)를 의미하고, 간접표시환율은 자국통화 1단위에 대한 외국통화의 교환대가(ex. KRW/USD = 0.0010)를 의미한다.

• 환율표시의 국제표준은 기준통화를 앞에 쓰고 표시통화를 뒤에 쓴다. 즉 1달러에 대한 원화가치를 표현할 때는 USD/KRW로 쓰는 것이 옳다. 흔히 '/'를 나누기의 의미로 이해하여 KRW/USD로 생각하기 쉬운데 이는 변칙된 것이다.

• 또한 환율을 달러로 표시할 때에는 소수점 넷째 자리까지 표기(예 GBP/USD = 1.2826)하고, 원화나 엔화로 표시할 때에는 소수점 둘째 자리까지 표시(예 USD/KRW = 1,134.15, USD/JPY = 141.84)하는 것이 일반적이다.

• 외환시장에서는 매수호가(Bid Price)와 매도호가(Ask Price)가 있는데, 이를 Bid - Ask라 하고 두 호가의 차이를 Bid - Ask spread라 한다. 이 Bid - Ask spread가 딜러 또는 은행의 수익원이 된다. Bid - Ask는 딜러기준이다. 딜러는 고객으로부터 외화를 싸게 사고(Bid) 비싸게 판다(Ask). 즉 개인 고객이라면 딜러의 매도호가(Ask Price)에 외화를 매수하게 된다.

---

② 환율변동의 영향

구분	환율변동의 영향					
	원화가치	수출	수입	경상수지	물가	외화차입기업
환율상승	원화절하	증가	감소	개선	상승	원리금 상승
환율하락	원화절상	감소	증가	악화	하락	원리금 감소

     ⊙ 환율이 상승하면 원화가치는 절하되어 수출상품의 가격이 하락하므로 수출이 증가하여 경상수지가 개선된다. 또한 시중 (원화)통화량이 증가하고 수입품 가격이 상승하여 물가가 상승한다.

     ⓛ 환율이 하락하면 원화가치는 절상되어 수출상품의 가격이 상승하므로 수출이 감소하여 경상수지가 악화된다. 또한 시중 (원화)통화량이 감소하고 수입품 가격이 하락하여 물가가 하락한다.

6. 통화와 금리

(1) 통화의 구분

구분	내용
M1(협의통화)	• 협의통화는 지급수단으로서 화폐의 지급결제기능을 중시하는 통화지표이다. • 민간이 보유한 현금 • 예금취급기관의 결제성 예금(당좌예금, 보통예금, 저축예금, 수시입출식예금(MMDA, MMF))
M2(광의통화)	• 광의통화는 화폐의 거래적 기능뿐만 아니라 가치저장수단으로서의 기능을 포괄한다. • M1 + 정기예·적금, 외화예금, 만기 2년 미만의 CD 등 • 시장형 금융상품, 실적배당형 금융상품
Lf(금융기관유동성)	• M2 + 만기 2년 이상 장기금융상품(정기예적금, 장기금전신탁, 유가증권 청약증거금 등) • 금융기관 금융채, 환매채, 상업어음 등
L(광의유동성)	Lf + 유동성 시장금융상품(여신전문기관 채권, 예금보험공사채, 자산관리공사채, 회사채, 자산유동화증권, 국채, 지방채, 기업어음 등)

※ 상업어음 : 거래관계에서 매수인이 발행하는 어음(약속어음) 또는 판매자가 발행하는 어음(환어음)
   기업어음 : 자금조달을 위하여 기업이 자기신용으로 발행하는 만기 1년 미만의 어음(융통어음)

(2) 통화의 기능

통화는 일반적으로 다음 4가지 특성을 가지고 있는 금융자산이나 금융상품을 의미한다.
① 재화, 용역, 금융자산 등 취득 시 **교환의 매개 기능**
② 부의 소유를 가능하게 하는 **가치저장 기능**
③ 가격, 재무제표 작성 단위 등 **회계단위 기능**
④ 외상거래 등 **이연지급 기준**

(3) 통화량 조절

통화량 공급과 수요에 의하여 명목금리가 결정되는데 관련 그래프는 아래와 같이 나타난다. 여기서 통화량은 중앙은행에 의하여 외생적으로 결정되므로 이자율에 대하여 수직이다.

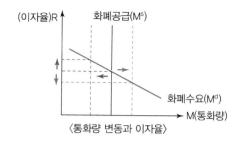

〈통화량 변동과 이자율〉

통화량 변화가 일반적으로 국민경제에 미치는 영향은 다음과 같이 요약할 수 있다.

① 통화량(M^s) 증가 → 통화의 가치 하락 → 물가상승 & 금리하락
② 통화량(M^s) 감소 → 통화의 가치 상승 → 물가하락 & 금리상승

(4) 통화공급 경로

통화량과 국민경제 활동과의 관계를 부문별로 파악하기 위해서는 통화의 공급경로를 알 필요가 있다. 통화는 금융기관에서 창출되어 공급되기 때문에 통화지표 작성 대상 금융기관의 연결대차대조표(금융개관표)를 기초로 그 공급경로를 파악한다. 통화공급은 일반적으로 아래 4가지 경로를 통하여 국민경제에 영향을 미친다.

① 정부부문 : 재정지출 확대 또는 세금감소 → 통화량 증가
② 민간부분 : 가계 대출증가 또는 중앙은행의 유가증권 매입 → 통화량 증가
③ 해외부문 : 국제수지 개선 → 외화유입 → 원화수요 증가 → 통화량 증가
④ 기타부문 : 금융기관의 건물자산 구입 → 통화량 증가, 금융기관 유상증자 → 통화량 감소

(5) 금리

① 금리의 개념

금리는 **자금차입자가 자금공급자에게 자금을 차입한 대가로 지급하는 이자율**, 즉 자금대차에 대한 대가를 말한다.

> **Key Point!**
> • 케인즈는 이자율을 화폐의 공급과 수요에 의하여 결정되는 화폐적 현상으로 본다. 즉 유동성 희생에 대한 보상으로 이자를 지급한다고 주장한다.
> • 고전학파는 이자율을 재화시장에서 저축(= 채권수요)과 투자(= 채권공급)에 의하여 결정되는 실물적 현상[37]으로 본다. 금리상승은 기회비용을 상승시키므로 저축(채권수요)이 증가하고, 금리하락은 낮은 조달비용으로 많은 금액을 조달할 수 있으므로 기업의 투자(채권공급)가 증가한다. 결국 실물시장에서 채권수요(저축)와 채권공급(투자)이 일치하는 균형점에서 실질이자율이 결정된다.

② 개별금리에 영향을 미치는 요인

㉠ 만기(maturity) : 장기금리는 유동성이 낮고 위험에 노출되는 기간이 길어 단기금리보다 높은 것이 일반적이다.
㉡ 거래 상대방 신용위험 : 거래 상대방 신용위험이 높을수록 금리가 상승한다. 예를 들자면 국가보다 회사의 신용위험이 높기 때문에 국채금리보다 회사채금리가 높다.
㉢ 제도적 요인 : 채권 또는 예금에 부과되는 이자소득세가 다르거나, 금융기관의 BIS비율(국제결제은행의 위험가중자산대비 자기자본비율) 적용 등 정책적 혜택에 따라서도 금융상품의 금리에 영향을 미친다.

---

37) 상품 또는 주식 등의 실제 거래에서 이자율이 결정되는 현상

(6) 금리와 거시경제변수

① Fisher 방정식

피셔방정식은 명목이자율이 실질이자율과 기대인플레이션율의 합으로 결정된다는 이론이다.

$$i = r + \pi^e$$

i: 명목이자율, r: 실질이자율, π^e: 투자(차입)기간 기대인플레이션율

㉠ 명목GDP성장률과 명목금리는 대체로 같은 방향과 비슷한 수준으로 움직이고, 명목GDP성장률은 장기금리의 대용지표로 많이 활용된다.

- 금융기관의 예·적금 및 대출거래 등에 표시되는 금리는 명목금리이다.

㉡ 피셔방정식에서 실질금리는 명목금리에서 기대인플레이션율을 차감하여 계산이 가능한데, 실질금리를 실물부문에서 저축(채권수요)과 투자(채권공급)가 일치하는 금리수준으로 본다면 실질금리는 기업의 자본의 한계효율에 의하여 결정된다고 볼 수 있다.

$$r = i - \pi^e$$

실질금리가 낮아지면 기업의 투자의 한계효율이 높아져 자금수요가 많아지고, 실질금리가 높아지면 투자의 한계효율이 낮아져 자금수요가 감소함

- 투자(자본)의 한계효율은 기업이 자본을 1단위 증가시킬 때 기대되는 수익률로 투자대상의 IRR(내부수익률)을 의미한다.

㉢ 기업의 투자효율은 실질GDP성장률(실질경제성장률)에 의하여 좌우되므로 명목금리는 물가상승률과 실질경제성장률의 움직임에 따라 결정된다.

(7) 금리정책의 파급효과와 제약요인

금리정책이 실물시장에 영향을 미치는 파급경로는 다음과 같이 요약할 수 있다.

① (금융부문) 통화정책 → 단기(콜, CD, CP 등)·장기금리 영향 → 여·수신금리 영향 → 자산가격, 대출, 환율 등 영향 → (실물부문) 소비, 투자 등 영향

1. 경기순환의 기본개념

(1) 경기순환의 의의

경기란 그 개념이 매우 추상적이어서 한 마디로 정의하기가 어려워 과거부터 다양한 의견이 제시되어 왔으나 오늘날에는 국민경제의 총체적 활동수준을 의미하는 것으로 받아들여지고 있다. 경기는 주기성을 가지고 확장과 수축을 반복하는 순환적인 흐름을 보인다.

(2) 경기국면별 특징

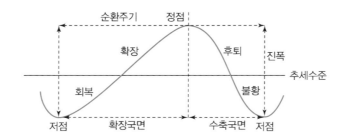

① 회복국면

경제활동의 최저점을 벗어나는 국면으로 **저금리를 유지**하여 경기부양정책을 추진한다. 금리 수준이 낮아 기업의 **설비투자에 유리**하지만 미래 경기 상황이 불투명하여 **실제 투자는 크게 증가하지 않는다.**

② 확장국면

경기가 활황에 진입한 상태에 수요증가에 대응하기 위하여 기업들은 **생산을 늘리고 예비적 재고(expected inventory)를 보유**한다. 또한 설비투자를 늘리고 **고용률이 증가**한다. 또한 초과수요에 따라 **물가가 상승하고 금리가 상승**하게 된다.

③ 후퇴국면

경기가 둔화되는 시점으로 확장기 투자에 따른 **생산비용 상승으로 기업 이윤 감소 및 설비투자 과잉 상태로 생산과 고용은 점차 감소**한다.

④ 불황국면

경기가 최저점을 향해가는 과정으로 누적되는 재고로 **생산이 크게 감소하고 고용이 감소하여 실업자가 증가**한다. 또한 물가가 하락하고 **경기부양을 위하여 금리를 하락하는 정책**을 실시하게 된다.

(3) 기준순환일

경기순환국면을 현실적으로 파악하고 분석하기 위해서는 경기정점 및 저점이 정해져야 하는데, 기준순환일은 이러한 정점 또는 저점이 발생한 구체적 시점을 말한다.

(4) 경기순환의 일반적 특징

① 생산량 변화는 모든 부분에서 대체로 **동일한 방향**으로 움직인다.
② 내구재 생산의 진폭이 비내구재 생산의 진폭보다 크다.
③ 농산물과 천연자원의 생산활동은 평균보다 낮은 일치성을 가진다(다른 움직임을 보인다는 의미).
④ 기업이윤은 높은 일치성을 나타내고 그 진폭도 매우 크다.

⑤ 물가는 대체로 경기순응적이다.

⑥ 단기이자율은 경기순응적이고, 장기이자율은 약간의 경기순응적 경향이 있다.

⑦ 통화량과 통화유통속도는 경기순응적이다.

⑧ 수출입물량의 증가율은 경기순응적이다.

⑨ 실업률, 기업도산율, 어음부도율 등은 **경기역행적**이다.

⑩ 경기회복이나 경기수축은 **한 번 시작되면 그 국면이 상당히 오랫동안 지속되는 특징이 있다.**

⑪ **경기확장기는 길고 완만한 기울기를 갖고 경기수축기는 짧고 급격한 기울기를** 가진다.

(5) 경기순환의 원인

경기순환의 원인을 규명하는 이론은 여러 가지가 있지만 대표적인 루카스(Lucas)의 **화폐적 균형경기순환이론**, 프레스콧과 키들랜드(Prescott & Kydland)의 **실물적 균형경기순환이론**, 그리고 신케인즈학파(New Keynsian Economics)의 **불균형경기순환이론**에 대하여 살펴본다.

① 화폐적 균형경기순환이론의 경기변동 원인

ㄱ 화폐적 균형경기순환이론은 예측하지 못한 총수요변화에 의하여 산출량이 균형수준에서 일시적으로 벗어나 경기가 변동된다고 본다. 예측하지 못한 총수요변화는 주로 예측하지 못한 화폐공급에 기인하는 것으로 본다.

ㄴ 즉 화폐적 균형경기순환이론의 경기변동의 원인은 예측하지 못한 화폐의 공급이다.

② 실물적 균형경기순환이론의 경기변동 원인

실물적 균형경기순환이론은 기술변화, 즉 생산성 충격에 기인하여 경기가 변동한다고 본다. 즉 기술변화는 총공급곡선을 이동시키고 새로운 균형점을 찾아가는 과정에서 경기가 변동한다는 것이다.

③ 불균형경기순환이론의 경기변동 원인

ㄱ 불균형경기순환이론은 기업가의 경기전망 변화, 재정정책의 실시, 소비자선호의 변화 등에 의한 **유효수요에 대한 충격과 화폐의 수요·공급 변화에 의한 금융시장 충격**에 의하여 경기가 변동한다고 본다.

ㄴ 신케인즈학파는 생산물시장이 기본적으로 불균형상태에 있고 **가격과 명목임금이 경직적이고**, 정보는 불완전하고 비대칭적인 것으로 가정한다.

이상의 세 가지 이론이 경기순환을 설명하는데 어느 정도 설득력을 가지지만 실제 경기순환은 이들 이론의 여러 가지 요인들이 복합적으로 작용하므로 현실과 어느 정도 괴리되는 한계가 있다.

(6) 경기순환의 종류

경기순환은 1회 순환하는데 걸리는 기간에 따라 단기파동, 중기파동, 장기파동으로 구분된다. 하지만 현실경제는 경기순환이 여러 파동이 복합되어 나타나기 때문에 개개의 파동으로 나누어 구분하고 관찰하는 것이 어렵다.

① 단기파동

ㄱ 단기파동은 **경기순환주기가 2~6년인 소순환(minor cycle)**을 말하고 **키친파동(Kitchin waves)**이라고도 한다.

ㄴ 단기파동은 통화공급, 금리변동, 물가변동, 설비투자수요 및 재고변동 등에 따라 나타나는 단기적 성격의 변동을 말한다.

② 중기파동
  ㉠ 중기파동은 **경기순환주기가 10년 내외이고, 설비투자의 내용연수와 관련**해서 나타나는 경기순환이다.
  ㉡ 중기파동은 **쥬글라파동(Juglar waves)**이라고도 한다.
③ 장기파동
  ㉠ 장기파동은 **40~60년의 경기순환주기**를 가지고, 주로 **기술혁신이나 신자원의 개발** 등에 따라 나타난다.
  ㉡ 장기파동은 **콘트라티에프파동(Kondratiev waves)**이라고도 한다.

2. 우리나라 경기순환의 특징

① 경기의 확장국면과 수축국면의 구분이 뚜렷하지 않고 **확장국면이 수축국면보다 오래 지속**되고 있으며, 경기수축기에도 성장세가 지속되는 **성장순환(growth cycle)**의 성격이 강하다.
② 경기변동의 **주요원인은 설비투자와 수출**이고, 소비와 지출은 상대적으로 경기변동에 안정적이다.
③ 정부의 경제안정화 또는 부양정책이 경기변동에 영향을 미치는 **정책순환의 성격**이 강하다.
④ 한국경제의 특수성 때문에 국제수지와 물가와의 대응관계가 상대적으로 약하다.
⑤ 자원수급, 금융위기 등 대외적 요인이 경기변동에 큰 영향을 미친다.

3. 경기지표 개요

(1) 경기지표의 개념

이론적이고 추상적인 경기의 개념을 현실화 내지 계량화한 수단이 경기지표이다. 경기지표에는 종합경기지표, 개별경기지표, 설문조사지표 등이 있고, 이러한 경기지표들이 모두 국민경제의 총체적 활동수준인 경기를 잘 나타내지는 못한다.

(2) 종합경기지표

① 의의
경기에 대한 종합적 판단은 분석하는 사람에 따라 크게 달라질 수 있어 매우 주관적이다. 이에 경기동향을 종합적이고 객관적으로 하나의 수치로 나타낸 지표가 종합경기지표이다. 종합경기지표에는 **경기종합지수(Composite Index；CI)**와 **경기확산지수(Diffusion Index；DI)**가 있다.
② 경기종합지수(CI)
  ㉠ 경기종합지수는 기준순환일에 대한 시차(time lag) 정도에 따라 선행, 동행 그리고 후행종합지수로 구분한다.
  ㉡ 경기종합지수는 경기변동의 방향, 국면, 전환점 및 변동속도까지 동시에 분석할 수 있다.

경기종합지수(CI) 구성표

경제부문	선행종합지수(7개)	동행종합지수(7개)	후행종합지수(5개)
고용	–	1. 비농림어업취업자수	1. 취업자수
생산	1. 재고순환지표	2. 광공업생산지수 3. 서비스업생산지수 (도소매제외) 4. 건설기성액	2. 생산자제품재고지수
소비	2. 경제심리지수[38]	5. 소매판액지수 6. 내수출하지수	3. 소비자물가지수변화율 (서비스)
투자	3. 기계류내수출하지수 4. 건설수주액		
금융	5. 코스피지수 6. 장단기금리차		4. CP유통수익률
무역	7. 수출입물가비율	7. 수입액	5. 소비재수입액

Key Point!
- 선행종합지수는 **통상 3~4개월 후의 경기동향을 예측하는 경기변동의 단기예측지표**이다.
- 동행종합지수는 현재의 경기동향을 보여주는 지표이다.
- 후행종합지수는 경기변동의 사후검증 및 확인을 위한 지표이다.

③ 경기확산지수(DI)

$$DI = \frac{증가지표수 + (보합지표수 \times 0.5)}{구성지표수} \times 100$$

㉠ 경기확산지수는 경기종합지수와는 달리 **경기변동의 진폭이나 속도는 측정하지 못하고** 경기변화의 방향만 파악하는 지표이다.

㉡ 따라서 DI가 100이라고 해서 50일 때보다 경기확장 속도가 두 배라고 할 수 없다.

㉢ DI는 0에서 100 사이의 값을 갖는데, 50을 기준으로 경기변동의 방향을 판단한다.
- DI > 50 : 경기 확장국면
- DI < 50 : 경기 수축국면

Key Point!
- 개별경기지표로서 GDP가 주로 활용된다. GDP를 통한 경기분석에는 GDP 자체의 변동뿐만 아니라 GDP를 구성하고 있는 산업이나 수요내역의 변동도 중요하다.
- **GDP성장률은 전기대비 성장률**을 공표하고 있는데, 그 이유는 **경기전환시점을 신속하게 포착할 수 있고, 경기변동 속도를 직접적으로 보여주기** 때문이다.
- 반면 GDP 전년동기대비 성장률은 전년도 변동에 따른 기저효과에 크게 영향을 받아 당해 분기의 경기변동 속도가 전분기와 동일하더라도 전년동기의 변동에 따라 성장률이 상이하게 나타날 수 있다.

---

38) 경제심리지수는 소비자동향지수(CSI)와 기업경기실사지수(BSI)를 합성한 지표로서 선행종합지수의 소비부문뿐만 아니라 생산부문에도 포함된다.

(3) 설문조사(survey)지표

① **기업경기실사지수(BSI)**

$$BSI = \frac{(\text{긍정적 응답업체수} - \text{부정적 응답업체수})}{\text{전체 응답업체수}} \times 100 + 100$$

㉠ BSI는 경기에 대한 기업가들의 판단예측 및 계획 등이 단기적 경기변동에 중요한 영향을 미친다는 경험적 사실에 근거하여 설문지를 통해 조사하여 지수화 한 것이다.

㉡ BSI는 0에서 200 사이의 값을 가지며 100을 기준으로 해석한다.
- BSI > 100 지속 : 경기 확장국면
- BSI < 100 지속 : 경기 수축국면

㉢ 기업경기실사지수(BSI)는 다음과 같이 몇 가지 장점과 한계가 있다.
- BSI는 기업가의 예상이나 향후 계획 등을 바탕으로 작성되므로 과거경험을 토대로 작성되는 **다른 경기지표에 비하여 미래적 의미가 강하다.**
- BSI는 미래 전망과 함께 과거실적도 동시에 작성되므로 기업가의 심리변화 과정이나 경제정책 효과의 파급과정 분석에도 이용할 수 있어 **정책수립 목적에도 이용가치가 있다.**
- BSI는 다른 경기지표와 달리 재고나 설비투자수준 판단, 고용수준판단 등 주관적이고 **심리적인 요소까지 조사가 가능**하다. 이러한 이유로 BSI를 기업심리지표라고도 한다.
- BSI는 경기의 방향만 판단할 뿐 진폭이나 강도를 예측하는 데는 한계가 있다.

② **소비자태도지수(CSI)**

$$CSI = \frac{(\text{매우 긍정적} \times 1.0 + \text{다소 긍정적} \times 0.5 - \text{다소 부정적} \times 0.5 - \text{매우 부정적} \times 1.0)}{\text{전체응답자수}} \times 100 + 100$$

㉠ CSI는 소비자동향지수라고도 하는데 이는 소비자의 경기에 대한 인식이 향후 소비행태에 영향을 미치기 때문에 경기동향 파악 및 예측에 유용하여 이를 조사하여 지수화한 것이다.

㉡ BSI는 기업경영자를 대상으로 하고, CSI는 가계를 대상으로 하는 수요측면의 접근방법이다.

㉢ CSI는 0에서 200 사이의 값을 가지며 100을 기준으로 해석한다.
- CSI > 100 지속 : 경기 확장국면
- CSI < 100 지속 : 경기 수축국면

③ **경제심리지수(ESI)**

㉠ BSI와 CSI가 서로 다른 움직임을 나타내거나 실물경제지표와 괴리될 경우에는 경기판단에 어려움이 있을 수 있다. 이를 보완하기 위하여 한국은행이 작성·발표하는 것이 ESI이다.

㉡ ESI는 BSI와 CSI를 합성한 것으로 100을 기준으로 판단한다.
- ESI > 100 : 민간의 경제심리가 과거 평균보다 낙관적임을 의미
- ESI < 100 : 민간의 경제심리가 과거 평균보다 비관적임을 의미

4. 경기예측

(1) 경기예측의 필요성

경기예측의 목적은 합리적 경기대응정책의 수립과 경기변동에 따른 국민경제적 비용을 최소화하고 기업과 가계의 원활한 경제활동을 가능케 하는데 있다. 그런데 경기변동 발생시점과 경기대응정책의 효과발생시점 간에 여러 가지 시차(time lag)가 개입되어 그 효과를 감쇄시킬 수 있다. 경기예측은 이러한 시차문제를 극복하여 국민경제적 비용을 최소화하는데 필요하다.

(2) 경기대응정책 실행과 시차(time lag)

경기대응정책을 실행함에 있어 다음 세 가지의 시차(time lag)가 문제된다. 인식시차와 실행시차는 내부시차(inside lag)이라고도 한다.

① **인식시차(recognition lag)**

인식시차는 경기변동현상의 인식에 필요한 **자료수집·분석·확인에 필요한 시차**를 말한다.

② **실행시차(administrative lag)**

실행시차는 경기대응정책의 필요성 인지 후 **실제 정책이 실행되기까지의 시차**를 말한다.

③ **외부시차(outside lag)**

외부시차는 경기대응정책 실행 후 **국민경제에 영향을 미치기까지의 시차**를 말한다.

(3) 경기예측방법

① 경기지표법

㉠ 개별지표법 : 한두 개의 개별지표의 동향으로 경기를 예측하는 방법을 말한다.

㉡ 종합경기지표법 : 경기종합지수(CI)나 경기확산지수(DI) 등의 추이를 통하여 경기를 예측하는 방법을 말한다.

㉢ 설문조사지표법 : 기업경기실사지수(BSI)나 소비자태도지수(CSI) 등의 추이를 통하여 경기를 예측하는 방법을 말한다.

② GDP구성항목법

GDP구성항목법은 GDP구성항목을 각각의 관련된 자료에 의하여 예측하고 이를 종합하여 **GDP규모를 예측**하는 방법이다. 향후 GDP규모가 확대될 것으로 예측되면 경기가 호전될 것으로, GDP규모가 줄어들 것으로 예측될 경우에는 경기가 하강할 것으로 판단한다.

③ 계량모형법

㉠ 계량경제모형법

계량경제모형법은 경제이론을 바탕으로 국민경제를 구성하는 경제변수들 중 경기동향 예측에 가장 적합한 변수를 선택한 다음 모형을 구축하여 경기동향을 예측하는 방법이다.

㉡ 시계열모형법

시계열모형법은 경제이론보다는 계량변수의 연속적 관찰치 또는 일부 관심 경제변수 간의 상관관계에 바탕을 두고 추정된 모형을 통해 경제지표를 예측하는 방법이다.

1. 경기와 금융의 관계

(1) 경기변동이 금융에 미치는 영향

① 경기하락·침체는 기업의 수익성과 현금흐름 악화, 도산기업의 증가, 부동산 자산가치 하락을 초래하여 금융기관이 보유한 **대출채권 및 담보물건 등의 부실화**를 유발한다.

② 특정산업, 지역 및 국가에 대출이나 투자가 편중되어 있는 경우에는 경기변동에 따른 **금융기관의 위험은 더욱 커진다.** 왜냐하면 투자자산의 위험이 분산되지 않기 때문이다.

③ 경기변동은 금리, 주가, 환율 등에 영향을 주어 금융기관이 보유한 **자산가치를 변동**시킨다.

(2) 금융이 경기에 미치는 영향

경기국면별 금융이 경기에 미치는 영향은 다음과 같다.

① 경기상승 국면

경기상승기에는 기업투자가 증가하므로 **금융기관 대출은 증가**하고, 이는 과잉투자로 이어져 **경기가 과열**되게 된다. 이후 거품이 빠지면서 **경기는 급락**하게 된다.

② 경기하락 국면

경기하락기에는 기업의 수익성이 악화되고 담보가치가 하락하여 금융기관은 대출심사를 강화하고 **여신을 축소**한다. 이로 인하여 **경기침체는 심화**되고 장기화 되면서 금융시스템 전체가 부담하는 **위험은 증가**한다.

(3) 경기순응성과 경기대응성

① 경기순응성

㉠ 경기순응성은 금융이 경기진폭을 확대시키는 방향으로 영향을 미치는 것을 의미한다.

㉡ 경기순응성이 과도한 경우 호황기에는 신용공급이 확대되어 **경기가 과열되고 자산버블을 초래**한다. 반면 불황기에는 과도한 위험회피로 인하여 신용경색이 장기화되어 **경기침체를 심화**시킨다.

② 경기대응성

경기대응성은 금융이 경기진폭을 축소시키는 방향으로 영향을 미치는 것을 의미한다.

③ 거시경제정책의 정책목표

거시경제정책의 일차적 정책목표는 경기의 과열과 침체를 방지하는 것이다. 즉 경기변동의 진폭을 줄여 국가경제의 불확실성을 감소시키고 성장잠재력을 확충시키는 것이다.

2. 경기국면별 금융기관 경영여건

(1) 경제활동과 기업자금 수요

① 회복기

회복기는 경기의 저점을 지나는 시기로 소비심리 회복으로 수요가 증가하고 기업의 출하가 늘어나 **재고가 감소하면서 수익성이 개선**된다. 기업은 생산능력에 아직 여유가 있어 설비투자를 크게 늘리지 않으므로 **기업의 자금수요가 많지 않아** 시중자금 사정은 **크게 호전**된다.

② 확장기

확장기에는 생산과 고용이 계속 증가하고 설비가동률이 높아지면서 투자가 늘어난다. 늘어난 투자로 인하여 소득이 증가하고 이로 이하여 소비가 증가하여 기업의 투자가 다시 증가하는 누적적 확대과정이 나타난다. **물가와 임금은 상승세를 지속**하며, 기업의 수익성은 높은 상태이기는 하지만 더 이상 증가하지는 않는다. 투자확대를 위한 기업의 자금수요는 지속적으로 늘어나 경기의 정점에 가까워지면 부분적인 자금부족 현상이 발생한다.

③ 후퇴기

후퇴기는 경기의 정점을 지나 둔화되는 시기로 과잉투자로 인한 재고증가와 투자 수익성 저하로 투자가 감소한다. **내구재를 중심으로 소비는 감소하지만 물가상승세는 지속**된다. 기업의 자금수요는 기존 투자계획의 실행, 기업규모 확충에 따른 운전자금 수요 등으로 **계속 늘어난다.**

④ 불황기

불황기(수축기)에는 소비 감소세가 확대되면서 생산활동이 위축되고 실업이 증가한다. 설비가동률이 저하되어 생산능력에 여유가 발생하고 물가도 하락한다. **기업의 신규투자는 감소하지만 한계기업의 생존을 위한 자금 수요는 지속**된다. 경기가 저점에 가까워지면 부실기업 퇴출증가, 투자수요 감소 등으로 **시중 자금사정은 다소 개선**된다.

(2) 금리 및 금융시장

① 회복기

경기회복을 위하여 통화 완화정책, 즉 금리인하정책이 실시됨에 따라 **단기 금융시장 금리는 하락**한다. 따라서 **대출금리와 채권수익률은 하락**하고 기업에 대한 자금공급은 늘어난다.

② 확장기

확장기에는 기업의 자금수요가 증가하고 물가가 상승하여 **장 · 단기 금리 모두 상승**한다. 따라서 대출금리도 상승한다. 그러나 기업의 신용위험감소로 **여신이 확대**되면서 대출자금 공급은 늘어난다.

③ 후퇴기

후퇴기에는 경기과열을 우려한 정책당국의 금리인상, 통화공급 축소 등 **긴축정책 시행으로 단기금리가 상승**한다. 이에 따라 대출자금 공급도 줄어들어 채권수익률 등 **장기금리도 상승**한다.

④ 불황기

불황기에는 설비투자 감소에 다른 기업의 자금수요 감소, 물가하락, 경제성장 둔화 등에 따라 **장 · 단기 금리 모두 하락**하며, 대출금리 하락과 대출자금 공급 축소가 나타난다.

(3) 기업도산과 금융기관 부실

① 회복기
회복기에는 경제활동 회복과 시중 자금사정 개선 등으로 기업도산은 감소한다.

② 확장기
확장기에는 기업의 수익성과 현금흐름이 호전되면서 도산기업이 크게 감소한다.

③ 후퇴기
후퇴기에는 호경기에 쌓아둔 내부유보금, 보유자산 등을 이용하여 부족한 자금을 충당할 수 있으나 후반기로 접어들면서 소비, 투자 등 수요감소로 도산기업이 늘어나기 시작한다.

④ 불황기
불황기에는 기업의 수익성과 현금흐름이 더욱 악화되면서 도산기업이 크게 증가한다.

경기국면별 금융기관 경영여건

구분	확장국면		수축국면	
	회복기	확장기	후퇴기	불황기
자금수요	안정	증가	지속 증가	감소
단기금리	하락	상승	상승	하락
장기금리	하락(또는 상승)	상승	상승	하락
기업도산	감소	지속 감소	증가 시작	증가

※ 회복기에 금리인하정책을 실시하더라도 투자자들이 경기회복에 확신이 없는 경우 장기금리가 상승할 수 있다.

3. 경기와 금융기관 위험관리

(1) 경기와 위험에 대한 일반적 견해
일반적으로 **경기가 상승**할 때에는 기업의 수익성이 개선되므로 금융관의 **신용위험은 감소**하고, **경기가 하락**할 때에는 기업의 수익성이 악화되므로 금융기관의 **신용위험은 증가**한다. 즉 경기국면과 신용위험은 통상 역(−)의 관계에 있다고 할 수 있다.

(2) 동태적 측면에서의 경기와 위험
동태적 측면에서 금융기관의 신용위험은 위 (1)의 일반적 견해와 다를 수 있다. 호경기에 실행된 낮은 금리의 대출은 회수시점 경기가 수축기에 있을 경우 금융기관이 부담하는 위험은 증가할 수 있다. 반면 불황기일 때 높은 금리에 실행된 대출은 회수시점 경기가 확장 국면에 있을 경우 금융기관의 위험은 감소할 수 있다. **즉 호경기 마지막 단계에 실행된 대출은 불경기의 신규대출보다 오히려 위험이 더 클 수 있다.**

(3) 경기변동에 대응한 위험관리 방안
경기변동에 대응한 위험관리 방안으로는 신용위험측정모형에 거시경제변수를 조건으로 부여하여 기업의 도산확률을 시간흐름에 따라 동태적으로 측정하는 방법이 있다. 또한 원론적 측면에서 경기변동을 사전에 예측하여 대출심사기준을 강화 또는 완화하여 경기후퇴에 대비하거나 시장점유율을 확대하는 방법이 있다. 그러나 이는 현실적 대안이 되기는 어렵다.

4. 경기와 건전성 감독

건전성 감독의 핵심은 금융기관의 적정자본 수준에 관한 것으로서 건전성 판단의 대표적 지표가 BIS자기자본비율이다.

(1) Basel Ⅰ

예상손실과 예상외손실에 대한 구분이 없었을 뿐만 아니라 정부, 금융기관, 기업 등 **거래 주체별로 동일한 위험가중치를 부여**해 금융기관의 필요자본액 계산 시 **거래기업의 신용상태 변화가 반영되지 못했다.**

(2) Basel Ⅱ

필요자본 산정을 위한 기업의 신용평가는 외부 신용평가기관의 평가등급과 내부 자체평가등급을 모두 이용할 수 있게 하여 **신용등급 차이에 따라 필요자본규모가 변경**될 수 있도록 하였다. 그러나 Basel Ⅱ도 경기변동 전 선제적 기업신용등급의 조정이 어렵고 급격한 경기침체에 대비한 위기상황분석이 별도로 필요하다는 한계가 있다. 즉 **경기변동에 신축적 대응이 어렵다.**

(3) Basel Ⅲ

건전성감독만으로는 금융시스템의 안정을 달성할 수 없어, 전체 시스템적 관점에서 경기대응적 규제 체계인 **거시건전성감독 규제**를 도입하였다. 여기에는 경기대응적 자본규제, 미래지향적 충당금적립, 시스템적인 자본부과, LTV한도[39] 규제 등이 포함된다.

---

39) LTV는 주택담보대출비율로 은행이 주택을 담보로 대출을 실행할 때 자산의 담보가치대비 최대 대출 가능 한도를 말한다.

01 국민경제의 거시적 시장 중 화폐시장은 이자율이 가격변수이고 중앙은행이 공급주체이다. ☐O☐X

○

02 국민소득 삼면등가법칙에 의하면 생산, 분배, 지출 측면의 국민소득은 모두 동일하다. ☐O☐X

○

03 총공급곡선은 장기에 모든 가격이 신축적인 것이 아니어서 우상향한다. ☐O☐X

×
장기 총공급곡선은 수직이다.

04 장기에 총수요가 증가하면 균형소득도 증가한다. ☐O☐X

×
장기에 총수요변동은 물가에만 영향을 미친다.

05 지출측면의 국민소득균형에서 소비는 조세정책에 가장 큰 영향을 받는다. ☐O☐X

×
소비는 조세에 영향을 받기는 하지만 소득에 가장 큰 영향을 받는다.

06 소득은 투자와 정(+)의 관계를, 금리와 역(−)의 관계를 갖는다. ☐O☐X

○

07 환율이 상승하면 수출이 증가하고 경상수지는 개선된다. ☐O☐X

○

08 피구효과에 의하면 보유자산가치가 상승하면 소비증가를 통하여 국민소득이 증가한다. ☐O☐X

○

09 거시적 관점의 경제운영목표는 성장과 고용, 물가, 금리가 핵심이다. ☐O☐X

×
성장과 고용, 물가, 국제수지이다.

10. 재정지출확대를 위해 조세를 감소하면 민간투자가 줄어드는 구축효과가 발생한다. ☐O☐X

○
재정지출확대로 금리가 상승하여 구축효과가 발생한다.

11 중앙은행이 채권을 발행하는 공개시장조작을 하면 금리는 하락한다.

[O][X]

×
채권을 발행하면 통화량이 축소되고 금리가 상승한다.

12 유동성함정 상태에서는 재정정책보다 통화정책이 효과적이다.

[O][X]

×
유동성함정 상태에서는 재정정책이 효과적이다.

13 유동성함정 상태에서는 경제주체가 채권보다 화폐보유를 선호하기 때문에 화폐유통속도가 매우 느려진다.

[O][X]

○

14 고전학파는 임금과 가격이 매우 신축적이어서 정부의 개입이 필요없다고 주장한다.

[O][X]

○
고전학파는 시장의 자율성을 중시하는 학파이다.

15 실질GDP를 명목GDP로 나눈 것을 GDP deflator라고 한다. [O][X]

×
명목GDP를 실질GDP로 나눈 값이다.

16 인구, 실업률, 통화량은 저량통계이고, 국민소득, 생산, 소비는 유량통계이다.

[O][X]

○
저량은 특정시점, 유량은 일정기간 통계이다.

17 대부분의 경제통계지수는 파쉐식이다. [O][X]

×
대부분 경제통계지수는 라스파이레스식이다.

18 최근 5년간 평균경제성장률 계산 시 평균은 산술평균을 사용한다.

[O][X]

×
기하평균을 사용한다.

19 외국에 거주하는 우리나라 국민이 생산한 재화는 GNP에는 포함되지만 GDP에는 포함되지 않는다.

[O][X]

○
GDP는 영토(국가)기준으로 산출한다.

20 국민소득 통계에서 저축율과 소비율의 합계는 1이다. [O][X]

○
저축하고 남은 돈을 소비하므로 1이다.

21 실업률은 실업자를 노동가능인구로 나누어 산출한다. ⓞⓧ

×
실업률은 실업자를 경제활동인구로 나누어 산출한다.

22 자연실업률은 실업자가 없는 완전고용상태를 의미한다. ⓞⓧ

×
자연실업률상태는 자발적실업과 마찰적실업이 존재한다.

23 우리나라는 농림어업부분의 취업자수가 상대적으로 높아 실업률이 낮게 측정된다. ⓞⓧ

○

24 소비자물가지수(CPI)는 상품과 서비스의 출하가격을 기준으로 작성한다. ⓞⓧ

×
소비자구입가격을 기준으로 산출한다.

25 지수물가는 실제물가보다 일반적으로 낮게 나타난다. ⓞⓧ

×
지수물가는 상향편의가 발생한다.

26 수출상품이 관세선을 통과하면 상품수지에 계상된다. ⓞⓧ

×
소유권이 이전되어야 계상된다.

27 환율이 상승하면 원화가치가 절상되고 수출이 증가하여 경상수지가 개선된다. ⓞⓧ

×
환율상승은 원화가치가 절하된다.

28 환율이 하락하면 물가가 상승하고 외화차입기업의 원리금이 감소한다. ⓞⓧ

×
원화가치가 상승하므로 물가는 하락한다.

29 화폐의 거래적 기능뿐만 아니라 가치저장수단으로서의 기능을 포괄하는 것은 M2(광의통화)이다. ⓞⓧ

○

30 화폐시장에서 통화공급이 증가하면 이자율은 낮아진다. ⓞⓧ

○
통화가치가 하락하고 금리도 하락한다.

31 피셔방정식에 의하면 실질이자율은 명목이자율에서 기대인플레션을 차감하여 산출된다. ⓞⓧ

○
$i = r + \pi^e$, r이 실질이자율이고, i는 명목이자율이다.

32 경기순환의 쥬글라파동(Juglar waves)은 중기파동이다. ☐○☐×

○

33 경기종합지수(CI)는 경기변동의 방향, 국면 및 전환점을 동시에 분석할 수 있으나 경기변동의 속도는 분석할 수 없다는 한계가 있다. ☐○☐×

×
CI는 경기변동의 속도까지 분석할 수 있다.

34 3분기 경기확산지수(DI)가 60이고, 4분기 120이라면 4분기 경기확산 속도는 3분기의 두 배이다. ☐○☐×

×
DI는 경기변동속도를 측정하지 못한다.

35 경기예측은 경기대응정책의 시차(time lag) 문제를 극복하여 경제적비용을 최소화하는 데 필요하다. ☐○☐×

○

36 경기대응정책 실행 후 국민경제에 영향을 미치는 데까지 소요되는 시간을 실행시차(administrative lag)라 한다. ☐○☐×

×
외부시차에 대한 설명이다.

37 경기대응성은 금융이 경기진폭을 확대하는 방향으로 영향을 미치는 것을 말한다. ☐○☐×

×
경기순응성에 대한 설명이다.

38 거시경제정책의 정책목표는 경기변동의 진폭을 최대한 확대하여 국가경제의 성장동력을 확충하는 것이다. ☐○☐×

×
경기변동의 진폭을 최소화하는 것이 정책목표이다.

39 경기확장기에는 물가와 임금은 상승세를 지속하며, 기업의 수익성은 높은 상태이기는 하나 더 이상 증가하지는 않는다. ☐○☐×

○
물가와 임금이 상승하므로 수익성이 계속 증가하지는 않는다.

40 경기후퇴기에는 경기부양을 위하여 기준금리를 인하함으로써 단기금리가 하락한다. 따라서 대출금리와 채권수익률은 하락하고 기업에 자금공급이 늘어난다. ☐○☐×

×
경기회복기에 대한 설명이다.

01 거시경제분석에 사용되는 거시적 시장에 대한 설명으로 바르지 못한 것은?

① 거시적 시장은 상품시장, 노동시장, 증권시장, 화폐시장으로 구분된다.
② 상품시장의 균형가격은 수요와 공급에 의하여 결정된다.
③ 노동시장의 수요와 공급은 임금에 의하여 결정된다.
④ 증권시장은 기업과 정부가 공급주체이고 이자율이 가격변수이다.
⑤ 화폐시장의 공급주체는 중앙은행이고 통화량이 가격변수이다.

정답 | ⑤
해설 | 화폐시장은 이자율이 가격변수이다.

02 국민경제순환과 국민소득에 대한 설명 중 가장 올바른 것은?

① 각 산업별 경제활동은 생산측면의 국민소득을 통해 파악한다.
② 가계는 상품시장에서 재화와 용역의 판매를 통해 수익을 창출한다.
③ 경제동향이나 경기분석에 많이 사용하는 국민소득은 분배측면이다.
④ 급여소득은 지출측면의 국민소득이다.
⑤ 저축과 투자는 분배측면의 국민소득이다.

정답 | ①
해설 | 사업별 경제활동은 생산측면을 통하여 파악하고, ② 가계는 상품시장의 수요주체이다. ③ 경제동향이나 경기
분석에 많이 사용하는 국민소득은 생산측면과 지출측면이다. ④ 급여소득은 분배측면이고, ⑤ 저축과 투자는
지출측면의 국민소득이다.

03 다음 중 국민경제의 총공급과 총수요에 대한 설명으로 바르지 못한 것은?

① 총공급은 물가와 국민소득(총생산량)의 관계이고, 생산함수는 노동과 자본에 의하여 결정된다.
② 단기에는 모든 가격이 신축적이지 않아 총공급곡선은 우상향하는 형태로 나타난다.
③ 장기에는 가격이 신축적이고 노동과 자본이 고정되어 있어 총공급곡선은 물가에 완전비탄력적이다.
④ 총수요는 물가가 상승하면 국민소득이 감소하므로 우하향하는 형태로 나타난다.
⑤ 장기에 총수요곡선이 상승하면 국민소득이 증가하고 물가도 상승한다.

정답 | ⑤
해설 | 장기에는 총공급곡선이 수직이므로 총수요 증가는 물가만 상승시킨다.

04 지출측면의 국민소득과 각 항목별 결정요인에 관한 설명 중 바르지 못한 것은?

① 소비를 결정하는 요인은 소득, 금리, 실질자산, 세금 등이다. 이 중 소득이 소비에 가장 큰 영향을 미친다.
② 투자는 소득과 정(+)의 관계를 갖고, 금리와 역(−)의 관계를 갖는다.
③ 수출은 원화환율과 정(+)의 관계를 갖고 교역상대국 소득수준과 역(−)의 관계를 갖는다.
④ 수입은 원화환율과 역(−)의 관계를 갖고 국내 소득수준과 정(=)의 관계를 갖는다.
⑤ 지출측면의 국민소득은 소비, 투자, 정부지출, 그리고 순수출의 합으로 표시할 수 있다.

정답 | ③
해설 | 교역상대국 소득수준이 증가하면 수입량이 늘어 수출이 증가하므로 정(+)의 관계를 갖는다.

05 지출측면의 국민소득을 고려할 때 국민소득이 감소하는 상황으로 가장 적절한 것은?

① 금리인하   ② 물가상승
③ 투자증가   ④ 정부지출증가
⑤ 세금감소

정답 | ②
해설 | 물가가 상승하면 실질자산(V/P)의 가치가 감소하므로 국민소득은 감소한다.

06 지출측면의 국민소득을 고려할 때 소비의 결정요인에 관한 설명으로 바르지 못한 것은?

① 세금이 감소하면 소비는 증가한다.
② 금리가 상승하면 소비는 증가한다.
③ 보유자산의 실질가치가 증가하면 소비가 증가한다.
④ 소득은 소비에 가장 큰 영향을 미친다.
⑤ 물가가 상승하면 소비는 감소한다.

정답 | ②
해설 | 금리가 상승하면 저축이 늘어나고 소비는 감소한다.

07 다음 중 거시경제 여건 변화가 국민경제에 미치는 영향에 대한 설명으로 가장 바르지 못한 것은? (다른 조건은 일정하다고 가정한다.)

① 금리를 인하하면 환율이 상승하여 경상수지가 개선되고 국민소득이 증가한다.
② 물가가 지속적으로 상승하면 금리가 인상되어 소비와 투자가 위축되고 국민소득이 감소한다.
③ 실질환율이 상승하면 수출이 감소하여 국민소득은 감소한다.
④ 환율상승은 수출을 증가시켜 국민소득을 증가시킨다.
⑤ 보유자산가치가 증가하는 경우에는 소비가 증가하여 국민소득은 증가한다.

정답 | ③
해설 | 물가가 하락하는 경우 실질환율이 상승하고, 실질환율상승은 수출을 증가시켜 국민소득이 증가한다.

실질환율은 명목환율에 외국물가를 국내물가로 나눈값을 곱하여 산출한다. $e_{real} = \dfrac{P_f}{P} \times e$

08 경제주체의 부(wealth)의 증가가 소비를 증가시킨다는 다음의 관계식이 나타내는 것은?

$$W = \frac{M}{P} + B + K$$

※ W : 경제주체의 부, M/P : 화폐의 실질가치, B : 채권 등, K : 자본

① 피셔효과   ② 부의효과
③ 프리드먼효과   ④ 외부효과
⑤ 유동성효과

정답 | ②
해설 | 상기 식은 피구효과(= 부의효과)를 나타내는 식이다.

09 다음 중 거시경제정책의 효과에 대한 설명으로 가장 바르지 못한 것은?

① 중앙은행이 공개시장에서 채권매입을 확대하면 금리는 하락한다.
② 지급준비율을 인상하면 시중 통화량이 감소하여 금리가 상승한다.
③ 정부지출을 늘리는 경우 금리가 하락하여 민간투자가 증가한다.
④ 정부가 재정지출확대를 위하여 세율을 인상하면 가처분소득 감소로 재정지출의 효과가 상쇄된다.
⑤ 중앙은행이 통화를 직접 공급하는 경우 금리가 하락하여 국민소득이 증가한다.

정답 | ③
해설 | 재정지출을 확대하면 금리가 인상되어 민간투자가 위축되는 구축효과가 발생한다.

10 다음 중 유동성함정(Liquidity Trap)에 대한 설명으로 바르지 못한 것은?

① 유동성함정은 제로금리수준일 때 나타날 수 있다.
② 경제주체가 채권보다 화폐보유를 선호하여 나타나는 현상이다.
③ 케인즈가 주장한 이론이다.
④ 유동성함정 구간에서는 화폐유통속도가 매우 느려진다.
⑤ 유동성함정 구간에서는 통화정책이 재정정책보다 상대적으로 더 유용하다.

정답 | ⑤
해설 | 유동성함정 구간에서는 통화정책은 효과가 없고 재정정책이 상대적으로 더 효과적이다.

11 20X2년도 GDP deflator가 기준연도대비 20% 높게 나타났다. 실질GDP가 100일 때 명목GDP는 얼마인가?

① 83   ② 100
③ 120   ④ 160
⑤ 180

정답 | ③
해설 | GDP deflator = (명목GDP/실질GDP) × 100. 따라서 120 = (명목GDP/100) × 100이므로 명목GDP = 120이다.

12 다음 중 경제통계에 관한 설명 중 바르지 못한 것은?

① 명목기준통계량을 실질기준통계량으로 환가할 때 물가지수를 사용한다.

② GDP deflator가 110이라는 것은 전년대비 종합적으로 물가가 10% 상승했음을 의미한다.

③ 시계열통계는 계절변동을 조정해야 한다.

④ 인구, 실업률, 통화량 등은 저량(stock)통계이다.

⑤ 국민소득, 생산, 소비 등은 유량(flow)통계이다.

정답 | ②

해설 | 전년대비가 아니라 기준년도대비 종합적으로 물가가 10% 상승했음을 나타낸다.

13 20X1년 1분기 M2(광의통화)는 1008조 원으로 전분기대비 0.8% 상승하였다. 전분기대비 연율은 얼마인가? (가장 근사값을 고르시오.)

① 3.20%

② 3.24%

③ 3.48%

④ 4.00%

⑤ 4.16%

정답 | ②

해설 | $\left[\dfrac{1,008}{1,000}\right]^4 - 1 = 0.0324$, 따라서 3.24%이다.

14 다음 중 국민소득통계로 분석할 수 있는 것을 모두 고르면?

Ⅰ. 국내총생산(GDP)	Ⅱ. 경제성장률
Ⅲ. 경제구조	Ⅳ. 노동소득분배율
Ⅴ. 실업률	

① Ⅰ, Ⅱ, Ⅲ

② Ⅰ, Ⅱ, Ⅳ

③ Ⅰ, Ⅱ, Ⅲ, Ⅳ

④ Ⅰ, Ⅱ, Ⅲ, Ⅴ

⑤ Ⅰ, Ⅱ, Ⅲ, Ⅳ, Ⅴ

정답 | ③

해설 | 실업률은 고용통계를 통하여 알 수 있다.

15 다음 자료를 이용하여 실업률을 계산하면 얼마인가?

Ⅰ. 노동가능인구	45,000,000명	
Ⅱ. 경제활동인구	36,000,000명	
Ⅲ. 비경제활동인구	9,000,000명	
Ⅳ. 취업자	35,100,000명	

① 2.0%

② 2.5%

③ 3.0%

④ 3.5%

⑤ 4.0%

정답 | ②

해설 | 실업률 = 실업자/경제활동인구 = (36,000,000 − 35,100,000)/36,000,000 = 0.025, 따라서 2.5%이다.

16 다음 중 고용지표에 대한 설명으로 바르지 못한 것은?

① 경제활동인구는 일할 의사가 있는 15세 이상 사람을 말한다.

② 실업자는 일할 능력과 일할 의사가 없는 사람을 말한다.

③ 가정주부나 학생은 비경제활동인구로 분류한다.

④ 구직단념자는 비경제활동인구에 포함된다.

⑤ 노동가능인구는 15세 이상 일할 능력을 갖춘 사람을 말한다.

정답 | ②

해설 | 실업자는 일할 능력과 일할 의사는 있으나 일자리를 구하지 못한 사람을 말한다.
노동가능인구는 일할 능력이 있는 15세 이상 사람을 말하고, 이는 다시 일할 의사가 있는 '경제활동인구'와 일할 의사가 없는 '비경제활동인구'로 나뉜다. 따라서 경제활동인구나 비경제활동인구는 기본적으로 모두 일할 능력을 가지고 있다.

17 다음 중 실업에 대한 설명으로 바르지 못한 것은?

① 자연실업률은 경제 내에서 자발적실업과 마찰적실업이 존재하는 상태로 불완전고용상태를 의미한다.

② 필립스곡선에 의하면 실업률을 자연실업률 이하로 낮추려는 노력은 임금상승만 초래한다.

③ 자연실업률을 낮추기 위해서는 실직률을 낮추고 구직률을 높여야 한다.

④ 자연실업률이 존재하는 것은 임금이 신축적이고 정보가 불완전하기 때문이다.

⑤ 케인즈는 실업을 명목임금의 하방경직성에 의한 구조적인 것으로 주장한다.

18 선진국과 비교하여 우리나라 실업률이 낮게 나타나는 이유로 바르지 못한 것은?

① 여성들의 경제활동참가율이 상대적으로 낮기 때문이다.
② 농림어업부문 취업자 수가 상대적으로 높기 때문이다.
③ 실업률의 산출기준이 상대적으로 완화되어 있기 때문이다.
④ 무급가족종사자 및 낮은 임금의 일자리가 상대적으로 많기 때문이다.
⑤ 고용보험제도나 직업알선기관이 상대적으로 부족하기 때문이다.

정답 | ③
해설 | 실업률 산출기준은 선진국과 동일하다.

19 다음 중 물가지수에 관한 설명으로 바르지 못한 것은?

① 물가지수는 화폐의 구매력을 측정하는 수단이다.
② 물가지수는 경기판단지표로 사용할 수도 있다.
③ 물가지수는 통화정책의 운용목표로 사용된다.
④ 생산자물가지수는 국내에서 생산되어 국내외로 출하되는 모든 상품과 서비스이다.
⑤ 소비자물가지수는 소비자의 상품과 서비스의 구입가격을 기준으로 산출한다.

정답 | ④
해설 | PPI는 국내에서 생산되어 국내에 출하되는 상품·서비스의 출하가격(VAT 제외)을 기준으로 산출한다. 해외로 출하되는 상품·서비스는 수출입물가지수에 포함된다.

20 다음 중 경상수지에 포함되지 않는 항목은?

① 상품수지   ② 자본이전수지
③ 이전소득수지   ④ 본원소득수지
⑤ 서비스수지

정답 | ②
해설 | 자본이전수지는 자본수지 항목이다.

21 다음 중 환율상승의 영향에 대한 설명 중 바르지 못한 것은?

① 원화가치가 하락한다.
② 수입물가가 하락한다.
③ 수출이 증가한다.
④ 경상수지가 개선된다.
⑤ 외화부채가 상승한다.

정답 | ②
해설 | 환율이 상승하면 수입물가는 상승한다.

22 다음 중 원화절상의 영향에 대한 설명으로 바르지 못한 것은?

① 환율이 하락한다.
② 수출상품가격이 상승한다.
③ 시중 통화량이 증가한다.
④ 물가가 하락한다.
⑤ 수입이 증가한다.

정답 | ③
해설 | 환율이 하락하는 경우에서 외화를 매도하고 원화를 매수하기 때문에 시중에 외화 통화량은 늘어나고 원화 통화량은 감소한다.

23 다음 중 통화에 대한 설명으로 바르지 못한 것은?

① M1(협의통화)은 화폐의 지급결제기능을 중시하는 통화지표로 민간이 보유하는 현금과 예금취급기관의 결제성 예금을 더한 것이다.
② M2(광의통화)는 화폐의 지급결제기능뿐만 아니라 가치저장수단으로서의 기능도 포괄하는 통화지표로 만기 2년 미만의 예적금 등을 포함한다.
③ 중앙은행이 통화공급을 늘리면 금리가 하락한다.
④ 시장형금융상품, 그리고 실적배당형 금융상품은 광의통화(M2)에 포함된다.
⑤ 중앙은행이 통화공급을 줄이면 물가가 상승한다.

정답 | ⑤
해설 | 통화공급을 줄이면 화폐가치가 상승하여 금리가 상승하고 물가가 하락한다.

24 다음 중 통화의 공급경로에 관한 설명으로 바르지 못한 것은?

① 정부가 세금을 줄이면 시중의 통화량은 증가한다.
② 중앙은행이 유가증권을 발행하면 시중 통화량은 증가한다.
③ 경상수지가 흑자이면 원화수요가 늘어나 통화량이 증가한다.
④ 금융기관이 유상증자를 하면 통화량은 감소한다.
⑤ 외국인의 국내 유가증권시장 투자가 늘어나면 통화량은 증가한다.

정답 | ②
해설 | 중앙은행이 유가증권을 발행하면 시중 통화량은 중앙은행에 흡수되어 감소한다.

25 다음 중 금리에 관한 설명으로 바르지 못한 것은?

① 금융상품의 만기가 길수록 금리는 높은 것이 일반적이다.
② 국채보다 회사채의 금리가 높다.
③ 국내 금리가 인하되면 환율은 상승한다.
④ 국내 금리가 인상되면 수입이 증가한다.
⑤ 국내 금리가 인상되면 외환시장에서 외화공급이 감소한다.

정답 | ⑤
해설 | 국내 금리가 인상되면 국내 투자수익이 증가하기 때문에 원화수요가 늘어난다. 즉 외화를 매도하고 원화를 매수하므로 외화공급이 늘어나고, 이로 인하여 환율은 하락한다.

26 다음 중 금리에 관한 설명으로 바르지 못한 것은?

① 실질금리는 기업의 투자효율에 의하여 결정되고, 여기에 기대인플레이션율을 더하면 명목금리가 된다.
② 금융기관의 예 · 적금리 또는 대출금리는 명목금리이다.
③ 국가보다 기업의 신용위험이 높기 때문에 회사채금리가 국채금리보다 높은 것이 일반적이다.
④ 통화완화 정책을 실시할 경우 단기금리는 하락한다.
⑤ 실질경제성장률이 개선되는 경우 일반적으로 금리는 하락한다.

정답 | ⑤
해설 | 경기가 상승국면일 때에는 금리가 상승한다.
GDP측면에서 실질경제성장률 $= [(\text{실질GDP}_t - \text{실질GDP}_{t-1})/\text{실질GDP}_{t-1}] \times 100$이므로 당기 실질GDP가 증가할 때 실질경제성장률이 개선된다. 실질GDP $=$ 명목GDP/물가이므로 명목GDP가 상승하거나 물가가 하락해야 실질GDP가 증가한다. 따라서 금리가 상승하면 실질경제성장률도 개선될 수 있다. 인플레이션 환경에서 금리를 인상하는 이유가 여기에 있다.

27 다음 중 경기순환에 관한 설명으로 바르지 못한 것은?

① 회복기에는 금리가 상승하고, 설비투자에 유리한 환경이지만 미래 경기상황에 대한 기대가 불투명하여 실제 투자가 크게 증가하지는 않는다.
② 확장기에 기업은 수요증가에 대응하기 위하여 예비적 재고를 확보하는 경향이 있다.
③ 확장기에는 물가가 상승하고 금리가 상승한다.
④ 후퇴기에는 생산비용 상승으로 기업이윤이 감소하고 설비투자가 감소한다.
⑤ 불황기에는 생산이 크게 감소하고 실업자가 증가하므로 금리를 인하하여 경기부양정책을 실시하게 된다.

정답 | ①
해설 | 회복기에는 저금리 기조를 유지하면서 경기부양책을 실시하는 것이 일반적이다.

28 다음 중 경기순환의 특징에 관한 설명으로 바르지 못한 것은?

① 생산량 변화는 모든 부분에서 대체로 동일한 방향으로 움직인다.
② 내구재 생산의 진폭이 비내구재 생산의 진폭보다 크다.
③ 기업이윤은 경기와 높은 일치성을 나타내고 진폭도 매우 크다.
④ 물가는 대체로 경기순응적이다.
⑤ 금리는 대체로 경기역행적이다.

정답 | ⑤
해설 | 단기금리는 경기순응적이고, 장기금리는 약간의 경기순응적 경향이 있다.

29 다음 중 경기순환에 관한 설명으로 바르지 못한 것은?

① 경기확장기는 길고 완만한 기울기를 갖고 경기수축기는 짧고 가파른 기울기를 가진다.
② 경기회복이나 수축은 한 번 시작되면 그 국면이 상당히 지속되는 경향이 있다.
③ 화폐적 균형경기순환이론에 의하면, 예측하지 못한 총수요변화에 의하여 산출량 수준이 균형수준에서 일시적으로 벗어나 경기가 변동한다고 본다.
④ 실물적 균형경기순환이론에 의하면, 기술변화와 같은 생산충격에 기인하여 경기가 변동한다고 본다.
⑤ 불균형경기순환이론에 의하면 정보비대칭에 의한 불균형상태가 가격과 명목임금의 신축성에 의하여 균형점으로 찾아가는 과정에서 경기가 변동한다고 본다.

정답 | ⑤
해설 | 불균형경기순환이론은 생산물시장이 기본적으로 불균형 상태에 있고, 가격과 명목임금이 경직적이고 정보는 비대칭적인 것으로 가정한다. 경기변동은 유효수요에 대한 충격과 화폐수요와 공급변화에 의한 금융충격에 의한 것으로 본다.

30 다음 중 우리나라 경기순환의 특징으로 바르지 못한 것은?

① 확장국면이 수축국면보다 길다.

② 경기수축기에도 성장세가 지속되는 성장순환의 성격이 강하다.

③ 정부정책에 경기변동이 영향을 많이 받는 정책순환의 성격이 강하다.

④ 높은 대외의존도로 인하여 국제수지와 물가와의 대응관계가 상대적으로 강하다.

⑤ 자원수급이나 금융위기 등 대외적 요인이 경기변동에 큰 영향을 미친다.

정답 | ④

해설 | 국제수지와 물가와의 대응관계가 상대적으로 약하다. 왜냐하면 물가는 국제수지 뿐만 아니라 환율, 금리 등 다양한 요인에 의하여 영향을 받기 때문에 경상수지 흑자와 물가상승, 경상수지 적자와 물가하락처럼 획일적으로 대응시킬 수는 없다.

31 다음 중 선행종합지수 항목이 아닌 것은?

① 건설기성액

② 경제심리지수

③ 재고순환지표

④ 장단기금리차

⑤ 코스피지수

정답 | ①

해설 | 건설기성액은 동행종합지수이다.

32 다음 중 종합경기지표에 관한 설명으로 바르지 못한 것은?

① 경기종합지수(CI)는 경기변동의 방향, 진폭 및 변동속도까지 동시에 분석할 수 있다.

② 선행종합지수는 통상 3~4개월 후의 경기동향을 예측하는 단기예측지표이다.

③ 경기확산지수(DI)는 경기변화의 방향만을 파악할 수 있고 50을 기준한다.

④ 기업경기실사지수(BSI)는 경기의 방향, 진폭 및 속도까지 판단할 수 있다.

⑤ 소비자태도지수(CSI)는 수요측면의 경기동향을 파악하는 방법이다.

정답 | ④

해설 | BSI는 기업가에 대한 설문조사로 진행하는 것으로 긍정적 응답업체수와 부정적 응답업체수로 지수를 산출하므로 경기변화에 대한 방향만 판단할 수 있고 진폭이나 속도는 분석할 수 없다.

출제 포인트 ■ ■ ■ ■ 본 장은 산업별 분석의 이론적 개념과 산업별 특징을 이해한다.

SECTION 01 | 기업신용분석과 산업분석

1. 신용분석의 의의

(1) 신용분석의 개념

신용분석은 기업에 대한 신용공여와 관련된 일련의 의사결정을 지원하기 위하여 대상 기업의 의무이행능력을 판단할 목적으로 조사·분석하는 과정이다.

(2) 신용분석의 유사개념

① 기업분석

기업분석은 가장 광의의 개념으로 투자 등 의사결정을 돕기 위하여 투자자 또는 제3자에 의해 수행되는 모든 유형의 기업분석 행위를 통칭한다.

② 신용조사

신용조사는 분석자의 판단과 분석 목적에 합당한 결론 도출을 생략하고 사실관계 전달에 치중하는 것을 말한다.

③ 신용분석(≈신용평가)

투자금(대출금 등)의 회수가능성인 부도위험 및 손실위험에 대한 분석으로, 한정된 수익률의 실현가능성에 대한 분석이다. 통상 은행이 내부적으로 분석하고 그 결과를 이용한다면 신용분석이라 하고, 제3자가 분석하여 불특정 다수의 투자자에게 제공하는 경우 신용평가라 한다. 신용분석의 대상은 채무의 상환주체인 채무자와 채무자가 발행한 채무이다. 양자의 분석 내용은 거의 동일하다.

④ 주식분석

주식분석은 투자를 통한 수익획득 가능성에 대한 분석으로, 내재가치와 시장가치 간 차이분석에 치중하므로 목표수익률은 있어도 제한 수익률은 없다.

(3) 신용위험의 정의

신용분석의 대상인 신용위험은 **채무불이행위험**(default risk)과 **손실위험**(risk of loss)으로 구성된다.

① 채무불이행위험 : 지급불이행위험과 채무조정 위험으로 구성된다.

② 손실위험 : 약정상 원리금 합계액과 실제 회수된 원리금에 차이가 발생될 위험을 말한다.

(4) 신용분석의 특성

① 신용위험에 대한 분석

신용분석은 채무자와 특정 채무에 대한 채무불이행위험과 손실위험을 분석하는 것이다.

② 전문가적 판단 필요

신용도에 영향을 미치는 요소는 매우 다양하므로 신용분석 시에는 그 다양한 요소를 종합적으로 고려하되 평가대상의 특성을 감안할 수 있는 전문자적 판단이 필요하다.

③ 경기순환주기 고려

신용분석에 따른 미래 전망 시 시간적 범위는 경기순환의 한 주기 전체(through the cycle)를 포함하는 기간이 된다.

④ 분석의견의 상대성

신용분석 의견은 특정 목표부도율 또는 예상손실률 등 절대적 위험수준을 전제하고 제시하기는 어렵다. 신용도별 부도율이나 손실률은 상대적 신용위험으로 서열화 된 다수의 채무 포트폴리오로부터 사후적으로 유도되는 통계적 성향이 강하다.

1. 산업분석의 의의

(1) 산업분석의 의의

산업위험은 동일한 산업에 속한 기업의 사업과 재무적 요소에 공통적으로 영향을 미치는 위험을 말한다. 산업분석은 산업의 **환경요인분석, 수요공급분석, 연관산업분석, 경쟁강도분석 및 재무특성분석** 등을 통해 **산업의 고유한 특성이 기업의 신용위험에 어떠한 영향을 미치는가를 파악하는 과정**이다.

2. 산업분석

(1) 환경요인분석

① 시장범위

시장범위는 분석 대상 산업의 시장이 어떻게 형성되고 있는가에 따라 달라진다. 내수산업인지 수출입산업인지에 따라 국가나 지리적 범위가 달라지고, 이것이 결정되면 분석 대상 산업의 규모를 결정할 수 있다.

② 환경요인

ㄱ 제도적 환경요인 : 제도적 환경요인은 정부정책에 의하여 많은 영향을 받는데, 특히 국가 내 필수 또는 기간산업인 경우 정부의 정책지원에 따라 산업의 안정성이 보강되고, 국민후생에 영향을 미치는 산업의 경우에는 정부의 독과점규제나 대기업 규제 등에 따라 산업의 성장성과 수익성이 영향을 받는다. 또한 내수 위주의 산업은 국내 규제환경에 대해서만 분석하면 되지만 수출입산업의 경우에는 수출국과 수입국의 제도적 환경에 대한 분석도 필요하다.

ㄴ 기술적 환경요인 : 기술변화가 빠른 산업은 대체제 출현 등으로 산업기반 자체가 붕괴되기도 하는 등 기술변화에 따른 변동성이 크게 나타난다. 일반적으로 기술변화가 빠른 산업일수록 산업변동성이 크고 산업수명주기가 짧아 위험도가 높은 것으로 평가된다. 특히, 전자, 통신, IT, 방송산업 등의 경우에는 대체재 출현에 따른 시장구도 변화가 빈번해 기술적 환경의 변화요인에 대한 분석이 중요하다.

(2) 수요공급분석

산업의 변동성은 주로 산업 내 수요변화에 따라 나타난다. 수요와 공급의 변화는 매출단가나 단위원가 변화를 크게 한다. 즉 **변동성이 산업위험을 결정짓는 가장 중요한 요인**으로 볼 수 있다. 제도적 환경요인과 기술적 환경요인 등 외부요인을 제외하면 사업의 수요 및 공급변화에 따른 **수익 변동위험이 산업위험의 가장 주된 요인**이다.

① 수요분석

ㄱ 산업분석에서 수요분석의 가장 중요한 검토사항은 수요변동성이다.

ㄴ 수요의 경기민감도나 변화주기 및 강도를 파악하기 위해서는 해당 산업의 수요특성을 다양한 관점에서 검토해 볼 필요가 있다.

ㄷ 소비재 산업의 수요변동성은 다음과 같이 구분할 수 있다.

- 생필품 : 생필품은 항상 소비되는 것이므로 **수요변동성이 낮다.**
- 기호품 : 패션의류 등 기호품의 수요변동은 **경기에 민감**하다.
- 내구재 : 내구소비재는 불황 시에는 소비를 이연하고 호황 시 대기수요가 현실화 되는 경향이 있으므로 **수요변동성의 변동폭이 크게** 나타난다.

ㄹ 수요성장성은 소비재의 경우 인구, 가구 등 수요기반 변화와 소득수준 변화 등에 영향을 받을 수 있고, 원자재나 중간재의 경우 전방수요산업의 성장속도 또는 고도화 수준에 따라 영향을 받을 수 있다.

② 공급분석
ㄱ 공급분석은 수요와 가격변화에 따른 공급의 변화속도와 규모를 분석한다.
ㄴ 수요가 공급을 초과하여 산업의 제품ㆍ서비스 가격이 상승할 때 공급이 활성화되는데, 다른 조건이 동일하다면 **공급변화속도가 느릴수록 수요초과 상황이 오래 지속**된다. 설비능력 확충에 장시간이 소요되는 산업은 공급변화속도가 느리다.
ㄷ 한편 공급이 수요를 초과하는 경우에는 **공급변화규모가 클수록** 공급초과 상황이 오래 지속된다. 공급변화규모가 큰 산업은 단위 공급능력이 기존 수요규모 대비 크거나 호황 시 다수의 경쟁자가 공급부족분을 크게 초과하는 수준까지 경쟁적으로 증설하는 산업이다.

③ 수급분석
ㄱ 수요와 공급의 특성에 대하여 분석한 후에는 수급분석을 통하여 **물량 및 가격변동성**의 강도와 주기를 분석한다.
ㄴ 일반적으로 수요변동성이 높고, 공급변화속도가 느릴수록 수급불일치에 따른 매출수량 및 단가 변동성이 크게 나타나 산업위험 수준이 높게 나타날 수 있다.

(3) 연관산업분석

① 산업 내에서 나타나는 변동성 등에 따른 위험요소를 산업외부인 전방산업과 후방산업에 전가하여 변동성을 완화 또는 상쇄할 수 있다. 연관산업분석은 이러한 측면에서 이루어진다.
또한 전후방산업의 수급구조변화에 따라 교섭력이 변화하므로 이에 대한 분석도 필요하다.
ㄱ 전방산업 : 소비자에 가까운 완성품을 생산하는 산업을 의미하고, **전방산업이 여러 산업으로 분산된 경우 분석 대상산업의 교섭력이 증대**될 수 있고, 전방산업에 원가변동성 위험을 전가할 수 있다.
ㄴ 후방산업 : 원자재나 소재를 공급하는 산업을 의미하고, 후방산업의 경우도 여러 산업으로 분산된 경우 분석 대상산업의 교섭력이 증대되어 원가변동성 위험을 후방산업에 전가할 수 있다.
② 전후방산업에 대한 교섭력 행사에 대한 분석은 분석산업이 어떠한 수준의 수익성을 획득할 수 있는지 파악하는데 유용하다.

(4) 경쟁강도분석

산업의 전후방 교섭력과 경쟁강도분석(진입장벽, 산업집중도, 경쟁수단)을 통하여 산업전체와 산업 내 기업이 획득할 수 있는 수익성 수준을 파악할 수 있다.
① 진입장벽
ㄱ 사업의 진입장벽이 낮을수록 시장참여자가 많아지면서 경쟁강도가 증가한다. 대규모 자본투자가 필요하거나 높은 기술수준을 요구하는 산업의 경우 진입장벽이 높아 경쟁강도가 상대적으로 약하다.
ㄴ 반면 정치ㆍ사회적 이유로 투자자본 가치 등에 **철수장벽이 존재할 경우 산업 내 경쟁에 따른 구조조정기능이 작동하지 않아 높은 수준의 경쟁강도가 유지되는 경우가 있다.**
② 산업집중도
ㄱ 산업집중도는 특정산업 내에서 소수기업의 시장 점유율 정도를 측정하여 독점 또는 과점화 여부를 파악하기 위한 것이다. 과점화 수준이 높은 산업은 과점화 주체의 이해관계에 따라 경쟁강도는 다르게 나타날 수 있다.
ㄴ 일반적으로 산업집중도가 높을수록 경쟁강도의 변화가능성은 낮고, 수익성은 우수하다.

③ 경쟁수단

　　㉠ 기업의 주요 경쟁수단은 제품 및 서비스의 품질, 기술력, 원가경쟁력, 유통망, 인지도 등이 있다.

　　㉡ 산업 내에서 기업의 차별화된 경쟁수단이 존재할 경우 동일 산업 내 경쟁강도는 약하게 나타난다.

④ 기타

　　산업 내 공급이 **초과상태인 경우**에는 **경쟁강도가 심화**되고, 고정비 비중이 높은 설비 산업의 경우 고정비를 충당해야 하기 때문에 경쟁이 더욱 심화되는 경향이 있다.

(5) 재무특성분석

재무특성분석은 산업별로 영업활동의 특성과 교섭력, 경쟁강도 등에 따라 원가구조, 운전자금, 자산구성 및 자금조달구성 등 재무특성에 차이가 나고, 이러한 **재무특성 차이는 산업변동성 등에 따른 위험의 영향을 완화시키거나 확대**시킨다.

① 원가구조

　　산업별로 원가구조에 따라 손익 변동성이 달라진다. **고정비 비중이 높을수록 매출변동에 따른 손익 변동성이 크게 나타난다.** 고정비 비중이 높은 산업은 자본집약적 산업, 기술집약적 산업, 노동집약적 산업 등이 있다.

　　㉠ 자본집약적 산업은 대규모 설비투자에 따라 **감가상각비**, 임차료 또는 금융비용이 크게 증가한다.

　　㉡ 기술집약적 산업은 **연구개발비** 등의 비중이 크게 증가한다.

　　㉢ 노동집약적 산업은 **고정성 인건비** 비중이 크게 증가한다.

② 운전자금

　　운전자금은 산업별로 부담규모나 변동성에서 현저한 차이가 난다.

　　㉠ 운전자금 부담이 큰 산업은 이에 따른 **자금소요로 재무적 부담**이 가중될 수 있다.

　　㉡ 운전자금 변동성이 큰 산업은 **자금운용상의 부담**이 발생할 수 있다.

　　㉢ 자산 중 상당부분이 운전자금으로 구성된 산업은 **자산가치의 변동성 및 대손위험**이 높게 나타날 수 있고 자산을 활용한 자금조달도 제한적이다.

③ 자산구성

　　산업별로 사업활동에 필요한 자산구성에 따라 재무위험이 달라진다.

　　㉠ 주요 자산의 매각가치나 담보가치가 우수한 자산으로 구성된 산업은 이를 통한 재무활동이 용이해 경기변화 대응에 유연성을 가질 수 있다.

　　㉡ 그러나 자산의 **투자회수기간(감가상각기간)이** 짧거나, **기술변화속도가 빠른 산업**의 경우에는 지속적인 투자가 필요하므로 **자금소요의 변동성을 높일 수 있다.**

④ 자금조달

　　산업별 자금조달은 자산구성과 운전자금의 특성에 따라 달라진다.

　　㉠ 자산이 장기간에 걸쳐 투자회수가 이루어지는 **중공업이나 석유화학산업**의 경우에는 **장기자금 조달비중이 높다.**

　　㉡ 반면 운전자금 부담이 높은 **건설산업은 단기자금을 조달비중이 높다.**

⑤ 재무구조

　　재무구조 차이는 각 산업의 재무위험 및 환경변화에 대한 재무적 대응능력의 차이로 산업의 기본적 재무위험 수준을 가늠할 수 있는 주요한 척도로 사용할 수 있다.

1. 철강산업

구분	항목	세부내용
환경요인 분석	① 공급과잉으로 아시아 역내 교역 확대	• 철강산업은 아시아 시장이 분석 대상 • 철강재는 부가가치대비 운반비 비중이 높은 대표적 비교역재 • 중국, 한국의 **경쟁적 설비증설과 수요둔화**에 따른 공급과잉 문제 심화, 이에 한·중·일 **3국은 인접국에 대한 수출확대로 대응** • 동남아 **신흥국의 높은 경제성장**으로 인한 수요증대, IT발달에 **따른 빠른 가격정보 공유**로 아시아 역내 교역량 증대
	② 자국 산업보호를 위한 수입 규제 심화	• 글로벌 **공급과잉 기조 지속**되며 미국유럽 등 선진국과 더불어 동남아 등 신흥국은 자국 철강산업 보호를 위해 **반덤핑·상계관세, 긴급수입제한조치** 등 **수입규제** 실시 • 이러한 규제의 근본원인은 글로벌 철강산업의 **생산능력 과잉**과 **무역수지 불균형**
	③ 환경오염 관련 규제 강화는 위험요인	• 글로벌 **탈탄소정책** 기조에 따른 규제강화는 철강산업의 **중장기적 위험요인** • 수소환원제철법과 같은 친환경기술은 상용화까지 시간 필요 • 공정 특성상 많은 전기사용으로 전기요금 등 정책변수의 영향도 불가피
	④ 환율변동이 미치는 영향은 복합적	• 철강산업은 **원화절상 시** 철강재 수입확대로 **국산 철강제품 가격경쟁력 하락** • **후방산업**은 원화절상 시 원재료 가격하락에 따른 **비용절감** 효과 발생 • **전방산업**은 원화절상 시 **국제경쟁력 약화**로 철강산업 수요 위축 유발
수요공급 분석	① 다양한 전방산업 보유로 위험분산	건설, 자동차, 조선, 일반기계 등 **다양한 전방수요산업으로 위험분산** 효과 존재
	② **공급조절능력의 비탄력성**	• 설비투자단위가 크고 증설에 장기간 소요 • 경기변동 시 적시 대응 어려워 불황기 거액의 손실발생 위험 및 호황기 대규모 투자부담 • 철강 수요증가 완만해 증설투자 집중 시 공급과잉으로 가격급락 위험 등 **구조적 수급불일치**
	③ 장기적 **수요성장이 낮은** 산업	내수 및 글로벌 철강 수요성장률 낮은 수준, 이는 **중국 성장률 둔화**가 주요 원인
연관산업 분석	① 수급환경 저하로 **전방교섭력 약화**	수요부진과 중국산 저가 철강재 유입 증대로 Buyer's Market으로 전환 중이고, **전방교섭력 약화**되는 추세
	② 원재료 해외의존으로 후방교섭력 열위	• 철광석, 원료탄 등 원재료의 해외의존도 높아 **후방교섭력 열위** • 원재료 시장은 생산자 주도의 Seller's Market으로 원재료 조달 위험 높은 수준

경쟁강도분석	① **높은 진입장벽**과 **높은 시장 집중도**	• 철강산업은 자본집약적 장치산업으로 막대한 설비투자가 필요해 **진입장벽 높음** • 소수기업이 시장을 과점해 **시장집중도 높음**
	② 경쟁률 높고 성장성 낮은 **성숙기 산업**	시장참여자 경쟁이 치열하고 성장성도 낮아 철강회사에 불리한 산업위험 요인
재무특성분석	① 설비투자로 인한 **높은 고정비 부담**	철강산업은 장치산업으로 높은 설비투자부담으로 감가상각비 비중 높고, 차입부담으로 금융비용 높음
	② 운전자금 및 수익성 **변동성 높음**	해외의존도가 높은 원자재 가격변동에 따라 운전자금 변화가 크고, 수익성 변화도 큰 편
	③ 현금흐름 등 재무안정성지표 **양호**	• 국내 철강사들은 글로벌 금융위기 이후 수요성장 둔화와 공급과잉으로 **구조적 수익성 저하** 및 투자회수 지연으로 **재무위험 확대** • 이에 사업구조조정, 투자축소 및 자산매각을 통하여 **수익성 회복 및 재무구조 개선**
분석종합	① 전방수요변화에 대한 **높은 민감도**	전방수요변화에 높은 민감도를 보이는 것은 철강산업의 근본적이고 **구조적인 위험요인**
	② 철강산업의 산업위험은 **평균 수준**	산업에 내재하는 공통위험 수준에도 불구하고 **개별기업의 신용도는 큰 차이를** 보임

2. 자동차산업

구분	항목	세부내용
환경요인 분석	① **거대한 시장**은 성장기회에 긍정적	• 내수 및 해외생산과 투자가 활발하여 **전 세계시장이 분석범주에** 포함 • 신흥시장 중심으로 성장잠재력 양호
	② 환율, 무역규제 등의 영향 큼	완성차의 해외수출 비중이 높아 **환율과 각 국가의 무역규제에 많은 영향을** 받음
	③ 안전ㆍ환경 등 **다양한 규제 노출**	• 자동차산업은 전후방산업 연관효과가 커 국가경제적 중요도가 높고, 국민 안전과 환경에 미치는 영향이 큼 • 따라서 **다양한 규제환경에 노출**될 수밖에 없음
	④ 기술변화에 따른 대체재 위험 낮음	• 자동차는 기술변화가 느리고, **타운송수단과 대체가 어려운 독특한 장점** 보유 • 전기차, 수소차 등 차세대 기술 확보를 위한 투자부담은 증가
수요공급분석	① 자동차 수요의 높은 경기민감도	• 자동차수요는 금리, 유가, 세재 등 다양한 변수에 영향을 받음 • 내구소비재인 자동차는 경기변동에 가장 민감
	② 세부시장 수요의 경기민감도는 상이	• 지역별로 시장특성이 다르고, 동일지역 내에서도 소득수준, 연령, 가족구성 등에 따라 소비층 다양하며, 차종ㆍ차형 등 segment도 차별적임 • **경기변동에 따른** segment별 민감도도 상이함
	③ **높은 경기민감도**가 산업변동성 원인	자동차산업은 **공급측면의 경직성[40]과 수요의 높은 경기민감도로** 수급구조는 높은 변동성을 보임

---

40) 자동차기업의 공급능력은 보통 투자수익성을 고려하여 최소 20~30만대 규모로 계단식으로 확대되는 경향이 있다. 그러나 대규모 실직자 발생 등에 대한 높은 내외부적 저항과 기업 이미지 실추 가능성 등으로 공급능력 축소는 비교적 현실화되기 어려운 측면이 있다.

연관산업 분석	① 차별화에 따른 **소비자교섭력 차이**	• 자동차는 유통망의 대리점 이외에 **특별한 전방산업은 존재하지 않음** • 품질·브랜드 차별화 수준에 따라 소비자에 대한 교섭력에 차이가 나타남	
	② **후방산업**에 대한 교섭력 양호	• 자동차산업은 부품산업 등 **후방산업**에 대한 **교섭력은 우수한 편**임 • 이는 소수의 완성차 업체가 과점시장을 형성한 반면 부품업체는 영세업체가 많기 때문	
경쟁강도분석	① C.L.T집약산업으로 높은 진입장벽	자동차산업은 C.L.T집약산업으로 진입장벽이 높아 신규사업자 시장진입 가능성은 낮음. 그러나 세분화된 segment에 따라 차별화되어 있어 시장 전체적으로 지배적 영향력을 보유한 기업은 없음.	
	② **브랜드 파워**에 따른 진입장벽	자동차는 **브랜드파워**가 원가경쟁력, 품질 등과 함께 경쟁수단으로 매우 중요	
	③ 기간산업으로 **높은 퇴출장벽**	자동차산업은 고용창출능력이 높아 퇴출될 경우 사회·경제적으로 미치는 영향이 커 정부지원 유인이 큼. 이에 **퇴출장벽도 높은 특징**이 있음	
	④ 세부시장 경쟁강도는 차별적	동일지역 내에서도 차종·차형별로 다양한 segment가 존재해 **세부시장별 집중도는 상이하고 경쟁강도 역시 다름**	
재무특성분석	① 높은 고정비로 **큰 영업이익 변동성**	자동차산업은 C.L.T[41]집약산업으로 높은 고정비 부담이 수반되므로 **영업레버리지가 커 영업이익변동성이 큰 편**임	
	② 운전자금 부담수준 양호	자동차산업은 판매실적에 따른 재고자산 변동성은 있으나 **운전자금부담은 크지 않은 편**임	
	③ 사업운영 위한 투자부담 높은 편	사업초기 대규모 투하자본이 소요되는 산업 특성상 유형자산 비중이 큰 편임	
	④ 높은 현금흐름 변동성	수요의 높은 경기민감도와 고정비 부담으로 자동차산업의 **현금흐름 변동성은 대체로 높아 현금성자산 보유 유인이 큼**	
분석종합	① 수요의 높은 경기민감성	수요의 높은 경기민감도와 높은 영업레버리지는 산업에 내재된 **가장 본질적인 위험** 요소	
	② 산업위험은 평균수준	산업에 내재하는 공통위험 수준에도 불구하고 **개별기업의 신용도는 큰 차이를 보임**	

---

41) C.L.T : Capital(자본), Labor(노동), Technology(기술)

3. 조선산업

구분	항목	세부내용
환경요인 분석	① 전 세계가 단일 시장으로 형성	• 국가 간 **낮은 수출입장벽**으로 전 세계가 단일시장 • 선박발주 유럽 40%, 선박건조 한 · 중 · 일 80%
	② 타산업과 **연관효과 큼**	• 시장규모 150조 이상으로 매우 크고, 해운 · 철강 · 기계 등 타산업과 연관효과가 커 조선업 보호강화 • 전방산업 : 해운 · 에너지산업 • 후방산업 : 철강 · 기계 · 화학 · 비철금속 등
	③ **낮은 대체재 위험**과 기술변동위험	• 개별 선종의 제품수명이 길어 **기술변화속도 완만** • 육상 · 항공에 비해 수송효율 높고 경제적 • 육상 · 항공운송의 대체재 보다 **보완재 성격 강함**
	④ **높은 환율변동 민감도**	• 선박대금 달러화 결제로 환위험 매우 **높음** • 수주시점에 환위험을 파생상품으로 헤지
수요공급분석	① 수요의 **높은 경기민감도**	• 조선업은 국제경기에 매우 민감하고, 세분화된 시장구성으로 **선종별 수요주기 불일치** • 특히 해운산업의 영향을 크게 받음
	② 공급의 비탄력성	• 경기민감도는 높지만 **선박공급 능력 확충**에는 장기간 소요(선박 1척 건조에 약 1.5년 소요) • 이에 수요공급 불일치가 장기간에 걸쳐 나타나 큰 폭의 경기순환주기를 가짐
연관산업 분석	① 전방산업 **교섭력 열위**	• 선박구매자는 대부분 해운업체 또는 용선사이며, 동일 선종 내에 제품차별화 정도가 낮아 **전방교섭력 열위** • 경기순환주기가 길어 **선박가격 변동성 높음**
	② 후방산업 **교섭력 다소 열위**	• 선박제조원가의 35%가 철강재, 그 중 20% 정도가 후판이 차지, 후판은 전통적 공급부족 품목 • 이에 철강사에 대한 **가격교섭력은 열위**
경쟁강도분석	① **건조경험 축적** 등 높은 진입장벽	조선산업은 대규모 건조설비와 대규모 자금, 그리고 축적된 건조노하우 등 C.L.T집약산업으로 진입장벽 높음
	② 중국 조선업 성장으로 **경쟁 심화**	중국 조선업 세계 1위로 성장, 그러나 **고부가가치 선종**인 LNG나 **해양플랜트는 한국에 비해 열위**
	③ 건조능력에 따른 **차별화 요인 존재**	• 상선에 국한된 조선사는 불황에 대응력 약함 • LNG나 해양플랜트 건조가 가능한 조선사는 상선 수주감소를 보완하면서 사업안정성 유지 가능
재무특성분석	① 경기변동에 따른 **높은 수익변동성**	• 호황기 발주량 크게 증가하여 선박가격 상승, 불황기 건조능력 충분하지만 발주량 감소로 선박가격 하락 • 이처럼 **높은 가격변동에 따른 수익변동성 높음**
	② 대규모 선수금 계상	선박수주 시 선수금을 수령하는 계약특성상 호황기 부채비율이 늘어나고, 불황기 부채비율이 안정적
분석종합	① 큰 폭의 경기순환주기	**높은 경기민감도와 공급의 비탄력성으로 인한 큰 폭의 경기순환주기는 조선의 주요한 특징**
	② 산업위험은 높은 수준	산업에 내재하는 공통위험 수준에도 불구하고 **개별기업의 신용도는 큰 차이를** 보임

4. 석유화학산업(이하 '석화산업')

구분	항목	세부내용
환경요인 분석	① 내수 및 아시아 **역내시장 중심**	석화산업은 운송비 부담으로 역외 지역 간 거래는 제한적
	② 안전 · 환경 관련 **규제위험** 존재	석화산업은 위험물질을 취급하고, 고온 · 고압, 화재 · 폭발의 위험과 환경오염 위험에 노출
	③ 일부품목 **대체재 위험** 존재	• 전통적 석화제품은 나프타를 원료로 생산 • 석탄, 셰일가스 등이 나프타를 대체하고 있음
수요공급 분석	① 석유화학제품 수요의 하방경직성	• 석화제품은 소비자가 직접 소비하는 제품보다 대부분 전방 가공산업의 원료로 투입, 이에 전방산업 수요에 의한 파생수요의 특징을 가짐 • 다양한 전방산업으로 수요변동성 상대적으로 약한 편, 신흥국 수요증가로 전체 소비량은 지속적으로 증가 • 필수 산업재로 경기 하락기에도 수요감소는 하방경직성을 가짐
	② 지역별 수요의 **경기민감도 상이**	• 경제가 고도화 될수록 수요의 GDP탄력성이 낮아지고 성장세가 **둔화됨**[42] • 아시아 등 신흥시장의 수요증가세가 높고, 유럽 · 북미 지역은 상대적으로 낮음
	③ 비탄력적 공급증가와 투자집중	• 석화산업은 건설기간이 장기간 소요되는 장치산업으로 수요에 대응한 즉각적 공급량 조절이 어려움 • 신규투자는 완공까지 3~5년 소요되고, 조단위 투자금 필요
연관산업 분석	① **전방산업 교섭력 양호**	전방산업인 가공산업의 참여자가 영세하고 많아 교섭력이 양호함
	② **후방산업 교섭력 다소 열위**	후방산업은 원료인 나프타 공급처가 제한적이고 교체가 쉽지 않아 교섭력은 다소 열위
	③ 하공정 대비 **상공정 교섭력 높음**	• 상공정(upstream) : 나프타를 원료로 중간유분 생산, 하공정 대비 회사규모가 커 교섭력 우위 • 하공정(downstream) : 중간유분을 받아 최종제품을 생산
경쟁강도 분석	① 자본집약적 산업으로 **진입장벽 높음**	석화산업은 막대한 자본이 필요한 장치산업
	② **원가경쟁력**에 따른 진입장벽 존재	• 기업 간 석화제품 **차별성은 낮은 수준** • 셰일가스 등으로 일부품목 제조원가 낮아 석화기업에 부담, 이에 **원가경쟁력이 차별화 요소**
	③ 상 · 하공정社 간 **경쟁강도는 차별적**	상공정 대비 **하공정 경쟁강도가 높음**
재무특성 분석	① **제품스프레드가 영업수익성 좌우**	원료가격과 제품가격 스프레드가 수익성 좌우
	② **운전자금** 부담 존재	안전재고 보유에 다른 운전자금 부담 존재
	③ 사업영위에 필요한 투자부담 높은 편	사업초기 대규모 자본투자 필요
	④ 현금흐름 **변동성 높은 편**	경기변동과 투자시기 불일치로 현금흐름 변동성 높음, 이에 현금 보유의 유인이 있음
분석종합	① **공급의 비탄력성과 증설투자집중**	공급의 비탄력성과 증설투자집중이 석화산업의 가장 중요한 특징
	② **산업위험은 평균수준**	산업에 내재하는 공통위험 수준에도 불구하고 개별기업의 신용도는 큰 차이를 보임

---

42) 석유화학제품의 GDP탄력성이 낮다는 것은, GDP가 높아질수록 비례하여 석유화학제품 수요가 증가하는 것이 아니라 GDP가 높아질수록 석유화학제품 수요증가세가 둔화되는 것을 의미한다. 일반적으로 GDP 5,000달러 구간에서 수요증가 폭이 크고, 이를 초과하면 수요증가세는 둔화되는 양상을 보인다.

5. 메모리반도체산업

구분	항목	세부내용
환경요인 분석	① 다양한 전방제품으로 **시장규모 확대**	전방제품이 전세계 공급기반을 갖추고 있어 전세계 시장을 대상으로 분석
	② DRAM과 NAND가 주력제품	DRAM과 NAND가 메모리반도체 시장의 95% 차지
	③ 경기 및 수급에 따른 **실적변동성 큼**	환율변동 위험보다 **수급에 따른 가격변동위험이 영업실적에 더 큰 영향**을 미침
	④ 기술변화속도 빠르나, **과거 대비 둔화**	메모리반도체산업은 빠른 기술발전을 바탕으로 전방제품 성능개선에 공헌, 최근 기술발전 속도가 둔화되어 집적도 개선 주기가 길어짐
수요공급분석	① 경쟁완화 및 **공급과잉 축소**	하위기업 퇴출로 **시장과점화 강화**되어 경쟁강도는 약화되고 공급과잉 가능성은 축소
	② 수요기반 다양화로 **수요변동성 완화**	• PC에서 모바일, 서버 등으로 수요가 증가 • **PC 비중 축소는 높은 변동성을 완화**하는 요인
연관산업 분석	① 제품신뢰도 기반 **전방교섭력 양호**	전방제품 기능 안정화와 최적화를 위한 신뢰도가 높고, 과점구조로 공급처 다변화가 어려워 **전방교섭력은 양호**
	② 소부장 등 후방산업 교섭력 양호	• **웨이퍼기업**과 미세화 핵심장비인 **노광장비기업**에 대해서는 교섭력이 약함 • 이외 **후방산업에 대한 교섭력 대체로 양호**
경쟁강도분석	① 자본·기술집약형 산업, **진입장벽 높음**	• 메모리반도체산업은 자본·기술집약형 산업으로 거액의 감가상각비로 **영업레버리지가 높음** • 상당한 기술수준이 요구되므로 **진입장벽 높음**
	② 현재 기술은 **미세화 한계**에 직면	메모리반도체시장은 **미세화의 한계**에 다다르고 있으며 신기술을 이용한 메모리를 개발 중
	③ **12인치 웨이퍼**가 주력	웨이퍼 구경은 현재 12인치 팹이 주력, 18인치는 높은 기술 난이도로 중단된 상태
	④ 중국의 시장진입 가능성	• 중국의 메모리반도체시장 진입이 가시화되고 있으나 기술격차로 즉각적 **경쟁 가능성은 낮음** • 그러나 중장기적 경쟁강도 심화 가능성 존재
재무특성분석	① **높은 수급변동과 고정비 부담**	높은 수급변동과 고정비 부담으로 **영업수익성 변동 심함**
	② 실적가변성과 설비투자 부담	**실적가변성과 설비투자가 현금흐름 안정성을 제약**하는 부담요인으로 상존
	③ 높은 수준의 재무안정성 필요	산업의 **업황 변동이 심해** 이에 대응하기 위하여 높은 수준의 재무안정성이 요구됨
분석종합	① **경기변동성**이 본질적 위험 요인	경기변동성이 메모리반도체산업의 본질적 위험 요인이며, 최근 다소 완화됨
	② 산업위험은 **높은 수준**	산업에 내재하는 공통위험 수준에도 불구하고 주력제품의 시장지위, 기술력 등에 따라 **개별기업의 신용도는 큰 차이**를 보임

6. 식품산업

구분	항목	세부내용
환경요인 분석	① **내수위주** 사업구조	지역적으로 내수시장은 분석범위로 함
	② 원재료가격 및 환율변동에 영향	• 가공수준이 낮은 수산물, 곡물 등의 가공산업은 원재료 및 환율변동 위험 노출정도가 높음 • **가공수준이 높은 제과 등** 식품가공산업은 원재료 및 환율변동 위험 노출정도가 낮음 • 또한 가격 예측가능성이 높을수록 원재료 가격변동위험이 상대적으로 낮음
	③ 식품안전성 관련 **위험요소에** 민감	안전성 관련 위험은 B2B보다 B2C가 더 **높음**
	④ 대체재 및 기술변화 위험 낮음	식품산업은 필수재로 대체재 위험에 대한 민감도 낮음, 다만 세부 품목 간 대체재 위험은 일부 존재
수요공급분석	① 소득 및 가격탄력성 낮음	(식품가공산업) 일상생활과 밀접해 전반적으로 소득탄력성 및 가격탄력성 낮은 수준
	② **탄력적 공급조절 가능**	대규모 설비투자가 필요 없어 **탄력적 공급조절이 가능**
연관산업 분석	① 전방산업 **가격교섭력 대체로** 양호	(식품가공산업)과점체계 구축하고 있는 업체들은 **전방업체 가격 전가력 상대적으로 우수**
	② 후방교섭력은 다소 약함	후방산업이 국제곡물가격에 많은 영향을 받으므로 **후방교섭력은 높지 않음**
경쟁강도분석	① 산업부문별 **진입장벽 수준** 다름	• 식품가공업 중 **제과, 음료, 유가공부문**은 초기투자와 브랜드 인지도 확보의 어려움으로 **진입장벽 높음** • 식품가공업 중 **육가공, 수산물가공부문**은 단순공정 및 장치집약적 산업으로 **진입장벽 낮음** • 곡물가공업 중 **제분, 제당** 등은 초기투자와 브랜드 인지도 확보의 어려움으로 **진입장벽 높음** • 곡물가공업 중 **사료산업**은 소규모 설비투자와 매출처 확보가 용이해 **진입장벽 낮음**
	② 산업부문별 산업집중도 수준 다름	• 식품가공업 중 **제과, 음료, 유가공부문**은 초기투자와 브랜드 인지도 중요성 등으로 **산업집중도 높음** • 식품가공업 중 **육가공, 수산물가공부문**은 경쟁강도는 높지만 기술요구수준이 낮아 **산업집중도 낮음** • 곡물가공업 중 **제분, 제당** 등은 소수기업에 의한 **산업집중도가 높고 경쟁강도는 낮음**
재무특성분석	① **유통업체 교섭력 강화는 부** 정적	(식품가공산업) 전방 가격전가력이 양호하지만 **유통업체 교섭력 강화 추세는 부정적**
	② 전반적 **안정적 현금흐름 창출**	(식품가공산업) 전반적으로 운전자금 부담 수준이 높지 않고, **과점적 지위에 있어 재무구조는 안정적**
	③ 영업수익성 변동폭 크지 않음	(곡물가공산업) 안정적 수요기반과 양호한 가격전가력을 바탕으로 영업수익성 변동폭 크지 않은 편
	④ 운전자금부담으로 차입부담 존재	(곡물가공산업) 초기설비투자 및 원재료 매입에 대한 운전자금 부담 존재
	⑤ 감가상각비 비중 높지 않음	(곡물가공산업) 설비집약적 산업이지만 원재료비중이 높아 **감가 상각비 비중 상대적으로 낮음**

분석종합	① 성숙기로 양적 성장 둔화	(식품가공산업) 위생이슈, 경쟁심화 가능성 존재
	② 위험 완화요소 작용	(곡물가공산업) 생필품으로 낮은 경기민감도
	③ 산업위험은 낮은 수준	산업에 내재하는 공통위험 수준에도 불구하고 시장지위에 따라 **개별 신용도는 차이**를 보임

7. 통신서비스산업

구분	항목	세부내용
환경요인 분석	① 사업지역 **국내로 제한**	전형적 내수산업으로 인구, 소득 등에 영향을 받음
	② **정부정책요인**이 주요 외부변수	국가기간사업의 특정상 정부의 **정책요인**이 **주요 외부변수로 존재** (인허가에서 요금할인까지 개입)
	③ **기술변화 위험**에 노출	통신서비스산업은 기술개발과 더불어 **소비자의 다양한 요구사항 충족**을 위한 지속적 설비투자, 마케팅비용 증가 등 재무적 부담이 상존함
수요공급분석	① **필수재 성격**으로 낮은 경기민감도	통신서비스의 일상재, 필수재적 성격은 안정된 수요기반 확보로 경기변동에 따른 **실적변동성을 완화**함
	② **서비스별 시장수요 상이한** 추세	**전체 통신서비스 시장 수요는 정체되는 추세**이나 세부 서비스별 시장수요는 서비스형태와 지역에 따라 다소 상이함
	③ 신규 네트워크 공급	기술변화, 시장확대 및 대체관계 등을 고려한 신규 네트워크 공급 필요
연관산업 분석	① **소비자교섭력 약한** 수준	성숙기 산업 특성상 서비스 차별화 정도가 낮고 가격경쟁이 치열하여 소비자교섭력 역함
	② 후방교섭력 우수	통신장비회사(후방산업)에 대한 교섭력은 우세
경쟁강도분석	① **높은 진입장벽**	정부규제 및 대규모 자본투자 등 **높은 진입장벽**
	② **높은 시장집중도**	소수기업 대한 사업권 허가로 **높은 시장집중도**
	③ 잠재적 위협 크지 않음	제4 이동통신 등 신규사업자 진입위험 존재하나 현재 **과점구조에 높은 위협요인이 될 가능성 낮음**
재무특성분석	① 재무지표 우수	성숙기 산업으로 과점화 된 시장구조, 안정적 수요 등에 따라 재무지표 우수
	② **마케팅비용**이 수익성에 영향	가입자 유치 및 유지를 위한 마케팅 비용이 수익성에 가장 큰 영향을 미침
	③ 투자회수기간 축소위험	기술진보에 다른 대체서비스 시장진입가능성이 상존하여 경쟁우위 유지를 위한 지속투자가 필요, 이로 인하여 **과거처럼 안정적 수익창출 힘든 상황**
분석종합	① 낮은 성장성에도 **높은 안정성**	• 성장성 낮으나 높은 시장집중도와 높은 진입장벽으로 **높은 안정성** 보임 • 다만 기술변화에 따른 위험과 설비투자부담이 상존함
	② 산업위험은 **낮은 수준**	산업에 내재하는 공통위험 수준에도 불구하고 시장지위에 따라 **개별 신용도는 차이**를 보임

8. 건설산업

구분	항목	세부내용
환경요인 분석	① 국내 및 아시아, 중동지역 중심 활동	국내기업이 진출한 주요 해외시장 중심 분석
	② 정부정책 영향 큼	산업연관효과 · 고용유발효과가 커서 경기조절수단으로 이용되는 경우가 많아 **정부정책에 따른 변동요인 존재**
	③ 대체재 · 기술변화 위험은 낮은 수준	• 건축물은 의식주 근원이 되고, 토목시설은 사회기반구축의 필수재이므로 대체재 위험 낮음 • 기술변화는 건설난이도와 건설효율성에 영향을 미치고 **산업에 미치는 영향은 제한적**
수요공급분석	① 높은 경기민감도	• 경기변동, 금리, 세재, 정부정책 등 다양한 변수에 영향을 받는 **경기민감 업종** • 경기민감도는 **성숙기 시장일수록 심화되고** 성장단계 **신흥시장은 상대적으로 경기민감도 낮음**
	② 공종별 수급 변동요인은 차별됨	• 주택 · 토목 · 플랜트 등 공종별 수급변동요인은 다르게 나타남 • 정부정책은 모든 공종의 수급양면에 영향을 미침
	③ 수급불일치가 주기적으로 나타남	건설수요는 경기에 매우 민감하지만, 공급은 공종별로 다르나 1~5년 정도 소요되는 경직성이 내재해 수요공급의 불일치가 비교적 장기간에 걸쳐 나타남
연관산업 분석	① 전방산업 교섭력 공종별로 상이함	토목 · 플랜트는 구매처가 주로 정부 · 지자체 · 국영기업 등으로 전방산업(구매자) 교섭력은 취약, 다만 주택은 상대적으로 유리함
	② 후방산업 교섭력 다소 열위	건축의 핵심인 용지공급은 LH공사 · 지방개발공사 등으로부터 확보해야 하기 때문에 **후방산업 교섭력은 열위**
경쟁강도분석	① 노동집약적 산업으로 **진입장벽 낮음**	건설산업은 표준화, 규격화가 어려워 노동집약적이므로 **진입장벽 낮음**
	② 산업집중도 낮고 경쟁강도 높음	• 건설업체 수가 많고 수주경쟁이 치열하므로 **산업집중도가 낮고 경쟁강도가 높음** • 다만 공종별로 경쟁강도 수준은 차별적, **아파트 · 상가 등은 경쟁강도 매우 높음**
재무특성분석	① 높은 수익변동성	높은 경기민감도와 비탄력적 공급특성으로 환경변화에 따른 수익변동성 매우 큰 수준
	② 운전자금부담 및 높은 변동성	장기의 공사기간에 따른 **자금수급의 시기적 불일치**로 운전자금수요 높고 **변동성 높음**
분석종합	① 수급구조의 높은 변동성	높은 경기민감도와 비탄력적 공급특성으로 인한 수급구조의 높은 변동성은 건설산업의 가장 중요한 특징
	② 산업위험 높은 수준	산업에 내재하는 공통위험 수준에도 불구하고 **경쟁지위에 따라 개별 신용도는 차이를 보임**

9. 해상운송산업

구분	항목	세부내용
환경요인 분석	① 선종별 상이한 경쟁 환경	해운업은 선종(컨테이너, 건화물선, 탱커 등)별로 시장이 세분화되고 경쟁환경도 다름
	② 국가기간산업으로 다양한 보호정책	해운산업은 호·불황에 관계없이 무역수지 개선에 기여하는 **외화가득산업**이고, 금융 및 **기간산업** 육성에 기여. 또한 유사시 군수물자와 병력을 수송하는 **국가안보산업**의 특성도 보유
	③ **기술변화에 따른 위험은 낮은 수준**	• 하역기술발전에 따른 컨테이너선의 대형화 유인은 존재하지만, **기술변화에 따른 위험은 전반적으로 작은 수준** • 왜냐하면, 컨테이너선은 수송능력만 되면 집하물량에 제한이 없기 때문에 대형화와 하역기술 이외 특별히 기술변화에 민감하지 않음
수요공급분석	① 해운수요의 경기민감도는 매우 높음	• 해운수요는 기본적으로 경제활동의 결과 유발되는 화물의 이동에 의해 발생하므로 **글로벌 경기에 매우 민감함** • 컨테이선은 소비재를 수송하므로 경기동행적이고, 원자재를 수송하는 벌크선은 경기선행적임
	② 공급이 매우 비탄력적	통상 선박발주에서 인수까지 1~3년 정도의 시간이 소요. 해운사의 공급조절능력(폐선, 발주취소, 인도지연 등)은 발주량 대비 크지 않아 해운산업의 공급(선복량)은 매우 비탄력적임
연관산업 분석	① 낮은 진입장벽으로 전후방 교섭력 열위	• 전방수요자인 화주는 매우 다양하고, 후방산업인 조선업은 공급이 비탄력적임 • 해운선사의 운송서비스는 범용성을 가지므로 서비스 차별화가 쉽지 않고, 진입장벽이 낮아 경쟁강도가 매우 높음 • 이처럼 전후방 부문과 해운업 특성상 교섭력은 전반적으로 취약함
	② 선박운용전략으로 교섭력 열위 보완	선박은 **금융리스 또는 용선(임대차)** 방식으로 조달 가능하므로 시황에 따라 운용전략을 달리하면 사업위험을 확대 또는 축소 가능
경쟁강도분석	① 컨테이너선 **경쟁강도 높음**	컨테이너선은 차별화가 쉽지 않아 **경쟁강도 높음**
	② 건화물선 등 **경쟁강도 매우 높음**	벌크(건화물선, 탱커 등)는 원양 컨테이너선과 다르게 소규모 선대로도 사업운영이 가능해 **경쟁이 매우 치열함**
재무특성분석	① 높은 운임변동 및 유가변동에 민감	• 경기에 민감한 물동량과 공급의 비탄력성으로 운임변동성이 매우 높고, **용선료는 고정비적 성격**이어서 절감하기가 쉽지 않음 • **유류비는 호황기에는 화주에 전가가 가능하나 불황기에는 교섭력 약화로 가격전가 어려움** • 이러한 특성으로 수익변동성이 매우 큰 수준
	② 선박확보에 대규모 선투자 필요	• 해운업은 영업에 필요한 선단 확보를 위해 대규모 선투자가 필요한 **자본집약적 산업** • 선박 취득 시 선가의 10%~30%는 자체자금으로, 나머지는 선박금융으로 조달, 이로 인해 **해운기업의 부채비율과 차입금의존도는 높게 나타남**
	③ **용선료 부담을 고려한 재무분석 필요**	• 나용선(Bareboat charter)[43] 등 장기계약에 다른 용선료 지급부담은 금융리스부채와 경제적 실질이 유사하지만 해운기업의 재무제표에 부채로 인식되지 않음 • 따라서 재무제표를 분석할 때 용선료 지급부담을 감안하여 분석하여야 함

④ 환율변동위험 **기능통화도입**으로 감소	선박도입과 관련한 외화차입금에 대한 **환율변동 위험은 기능통화(USD) 도입 후 크게 감소**
⑤ 보유자산 활용한 재무적 융통성 보유	선박은 비유동자산으로 인식되지만, **중고선 매매시장의 발달로 유동성이 우수함.** 따라서 중고선 가격상승 시 처분하여 유동성을 확보할 수도 있음
⑥ 시황에 따른 **재무안정성 변동 큰 수준**	선박가격이 해상운임 변동에 민감하여 시황에 따른 재무안정성 변동이 크게 나타남. 즉 해운시황이 부진하면 운임하락에 따라 수익성이 저하되고, 동시에 선박가격도 하락해 보유자산가치가 감소해 재무적 부담이 가중됨

| 분석종합 | ① 공급의 경직성과 높은 경기민감도 | 선박 발주시점과 인도시점 불일치로 인한 선박공급의 경직성과 해상물동량의 높은 경기민감은 해운산업의 가장 큰 특징 |
| | ② 산업위험은 높은 수준 | 산업에 내재하는 공통위험 수준에도 불구하고, 선종 및 노선별 포트폴리오 분산수준, 경쟁지위 등에 따라 **개별 신용도는 차이를** 보임 |

10. 소매유통산업

구분	항목	세부내용
환경요인 분석	① 대표적 내수산업	소매유통은 전형적 내수산업으로 수출입이 차지하는 비중이 매우 낮고, 시장규모가 매우 큼(약 296조)
	② 도시사회적 기능에 따른 규제 존재	• 생계형 중소 소매유통업자의 비중이 높은 수준이고, 전체 고용에서 차지하는 비중이 높음 • 이에 중소 소매유통업자를 보호하기 위한 다양한 규제가 존재(유통산업발전법, 가맹사업거래의 공정화에 관한 법률 등)
	③ 기술변화에 따른 대체재 위험 낮음	소매유통업의 상품중개라는 본질적 기능인 기술변화에 큰 영향을 받을 가능성은 매우 낮고, 대체 서비스가 등장할 위험도 낮음
수요공급분석	① 성장성은 **국내 경기변동에 연동**	• 소매유통산업은 공급에 의한 수요창출기능이 약하기 때문에 **소비자들의 소득수준과 소비성향에 따라 시장규모와 변동성이 결정되는** 특성이 있음 • 특히 소득수준과 소비성향에 영향을 미치는 소득, 금리, 물가, 성장률, 실업률 등의 변화에 **성장성과 변동성이 영향**을 받음
	② 소득구조, 인구 및 가구구성 중요	**국내 소득구조, 인구 및 가족구성의 변화**는 점진적으로 소비여력과 소비행태 변화를 초래하여 **장기적으로 수요에 영향**을 미침
	③ 수요의 경기민감도는 업태별 차이	• 백화점(의류잡화) : 경기민감도 높음 • 백화점(고가명품) : 경기민감도 낮음 • 대형마트(생필품) : 백화점보다 민감도 낮음 • 슈퍼마켓(식료품) : 대형마트보다 민감도 낮음
	④ 입지 및 판매채널 기반 공급	• 유점포소매업은 경쟁력 있는 입지 선점이 중요 • 무점포소매업은 인터넷, 모바일 등 판매채널 확보를 통한 대고객 신뢰성 확보가 중요
	⑤ 환경적응력에 따라 성장성 차별화	소매유통업은 **전체 수요기반은 매우 안정적**이지만, 환경변화(고령화 등)에 대한 적합도에 따라 업태별 성장성은 차별화됨

---

43) 나용선(Bareboat charter) 계약은 선박에 대해서만 체결하는 임대차계약을 말한다. 즉 선장, 선원, 장비 등에 대한 모든 운용책임은 용선자가 부담한다.

연관산업 분석	① 소비자 교섭력 비교적 우수	통상 개별소비자는 유통기업과 품질·가격을 교섭하지 않고 **유통기업이 공급하는 상품의 품질 및 가격을 수용하기 때문에** 소비자교섭력이 우수한 편임. 그러나 소비자의 특정 유통채널에 대한 충성도가 약화되는 등 교섭력은 점진적으로 약화되고 있음
	② 우수한 공급자 교섭력	소매유통업의 공급자는 식품·의류 등 제조기업과 카드사 등 서비스기업이 있음. **수요자가 많은 유통기업은 공급자에 대하여 우수한 교섭력을 가짐**
경쟁강도분석	① 판매채널 선점 시 사업안정성 강화	입지 및 판매채널 **선점에 따른 진입장벽은** 사업안정성을 강화
	② 소매유통업태 시장포화 및 과점화	입지가 중요한 백화점과 대형마트의 경우 시장이 포화상태이고, 복합쇼핑몰 등장으로 성장도 제한적임. 이들은 주요기업이 시장을 과점하고 있음
	③ 업태 내외 경쟁강도 심화 추이	소매유통사업은 성숙기 산업으로 그 속에서 성장을 위한 경쟁이 심화되어 수익성 저하의 우려됨
재무특성분석	① 총매출대비 낮은 수익성	소매유통업 특성상 매출단위당 부가가치가 크지 않아 수익성이 낮음
	② 안정적 현금흐름 창출	소매유통업의 매출은 **대부분 현금이나 카드를** 통해 발생하므로 매출채권회전율이 높고, 재고부담이 적어 운전자금 소요가 크지 않아 안정적인 현금흐름 창출이 가능
	③ 양호한 재무구조	소매유통업은 전체 산업대비 **부채비율과 차입금의존도가** 낮음. 또한 보유자산 중 부동산 비중이 높아 출점 이후 부동산가치상승에 따라 재무구조가 안정적인 편임
	④ 보유자산 기반 양호한 재무융통성	보유한 부동산의 담보력을 이용한 재무활동이 가능해 재무융통성이 비교적 우수한 편임
분석종합	① 기본적 사업안정성 양호한 수준	최근 경쟁강도 심화, 정부규제 강화 등 부담요인 있으나, 내수기반 산업으로 **기본적 사업안정성은 양호**
	② 산업위험은 평균 수준	산업에 내재하는 공통위험 수준에도 불구하고 사업다각화, 시장지위 등에 따라 **개별 신용도는 차이를** 보임

01 산업분석 중 환경요인분석에서는 시장범위에 대한 분석을 포함한다.
⊙Ⓧ

○

02 산업분석 중 수요분석에서 생필품은 경기에 민감하다. ⊙Ⓧ

×
생필품은 수요변동성이 낮다.

03 산업분석 중 수급측면에서 수요변동성이 높고 공급변화속도가 느릴수록 매출수량이나 단가변동성이 작아져 산업위험이 낮아진다.
⊙Ⓧ

×
이러한 경우 수요에 따른 변동성이 커진다.

04 원자재나 소재를 공급하는 산업을 전방산업이라 한다. ⊙Ⓧ

×
후방산업에 대한 설명이다.

05 연관산업분석에서 전방산업이 여러 산업으로 분산된 경우 당해 분석대상 산업의 교섭력은 증가한다. ⊙Ⓧ

○

06 진입장벽이 낮을수록 경쟁강도는 증가한다. ⊙Ⓧ

○
시장참여자가 많을 때 경쟁강도가 증가한다.

07 재무분석 측면에서 자본집약적 산업은 감가상각비 비중이 높다.
⊙Ⓧ

○
대규모 설비투자를 하므로 감가상각비가 높다.

08 철강산업은 아시아 역내 시장이 분석 대상이다. ⊙Ⓧ

○

09 철강산업은 수요변화에 대하여 공급을 탄력적으로 조절할 수 있다.
⊙Ⓧ

×
철강산업은 공급조정능력이 비탄력적이다.

10 자동차산업은 기술변화가 느리고 대체재 위험이 낮은 편이다.
⊙Ⓧ

○
자동차산업은 기술변화가 느리다.

11 자동차산업은 수요변화에 대하여 공급을 탄력적으로 조절할 수 있다.
○ ✕

×
자동차산업은 공급이 매우 경직적이다.

12 조선산업은 후방산업인 철강회사에 대하여 가격교섭력이 우위에 있다.
○ ✕

×
후판 공급부족으로 가격교섭력은 다소 열위에 있다.

13 석유화학산업은 경기하락기에도 수요는 하방경직성을 나타낸다.
○ ✕

○
필수 산업재로 수요감소의 하방경직성을 갖는다.

14 메모리반도체산업은 수급변동위험보다 환율변동에 따른 수익성 변동이 더 크다.
○ ✕

×
수급변동이 실적에 더 큰 영향을 미친다.

15 식품산업 중 곡물가공산업은 설비집약적 산업으로 감각상각비 비중이 높다.
○ ✕

×
원재료 비중이 커 감가상각비 비중이 낮다.

16 통신서비스산업은 신규사업자 시장진입에 따른 잠재적 위험이 큰 편이다.
○ ✕

×
과점구조여서 신규 진입자 위험이 크지 않다.

17 건설산업은 기술변화에 따른 대체재 위험은 낮다.
○ ✕

○
건설은 필수재 성격으로 대체재 영향은 제한적이다.

18 건설산업은 경쟁강도가 낮고 산업집중도가 매우 높다.
○ ✕

×
산업집중도가 낮고 경쟁강도가 높다.

19 해상운송산업은 수송능력만 되면 집하물량에 제한이 없기 때문에 대형화와 하역기술 이외 특별히 기술변화에 민감하지 않다.
○ ✕

○
해운산업은 기술변화에 따른 위험이 낮은 수준이다.

20 해상운송산업은 시황에 따른 재무안정성의 변동이 매우 크게 나타난다.
○ ✕

○
운임하락과 선박가격 하락이 동시에 나타난다.

21 소매유통산업의 수요공급분석에서 국내 소득구조, 인구 및 가족구성 변화는 소비여력과 소비행태에 변화를 가져와 단기적으로 수요에 큰 영향을 미친다. ○×

×
수요의 장기 변화요인이다.

22 소매유통산업에서 기호품(의류 · 잡화)을 취급하는 백화점의 경우 경기에 민감하다. ○×

○
소득의 영향을 많이 받아 경기에 민감하다.

01 산업분석 요소 중 경기민감도에 대한 분석결과가 나타나는 항목은?

① 환경요인분석　　　　　　　　　　② 수요공급분석
③ 연관산업분석　　　　　　　　　　④ 경쟁강도분석
⑤ 재무특성분석

정답 | ②
해설 | 경기민감도는 수요공급분석 중 수요분석에 해당한다. 수요변동이 클수록 경기에 민감하다고 한다.

02 산업분석 요소 중 다음 설명에 해당하는 것은?

> • 전후방산업의 수급변동성과 교섭력에 대한 분석으로 이루어진다.
> • 전후방산업의 수급구조에 따라 교섭력이 변하기 때문에 분석 대상시점 및 향후 전망의 대상 기간 동안의 수급구조에 대한 판단도 필요하다.

① 환경요인분석　　　　　　　　　　② 수요공급분석
③ 연관산업분석　　　　　　　　　　④ 경쟁강도분석
⑤ 재무특성분석

정답 | ③
해설 | 연관산업분석은 전후방산업의 수급분석과 교섭력분석으로 이루어진다.

03 산업분석 요소 중 환경요인분석에 대한 설명으로 바르지 못한 것은?

① 분석 대상 산업의 지리적 범위를 결정한다.
② 내수산업인지 수출입산업인지에 따라 지리적 범위가 달라질 수 있다.
③ 지리적 범위가 결정되면 산업의 규모를 특정할 수 있다.
④ 수출입산업이라 하더라도 제도적 환경요인은 국내 규제환경에 대하여 분석하고, 수출국과 수입국의 규제환경은 범위의 한계로 분석하지 않는다.
⑤ 전자, 통신, IT산업 등은 대체제 출현에 따른 시장구도 변화가 빈번해 기술적 환경요인에 대한 분석도 이루어져야 한다.

해설 | 수출입산업은 수출국과 수입국의 제도적 환경에 대한 분석을 해야 한다.

04 산업분석 요소 중 수요공급분석에 대한 설명으로 바르지 못한 것은?

① 수요변동성이 높고, 공급변화속도가 느릴수록 산업위험 수준이 높게 나타날 수 있다.
② 공급변화가 소규모로 빠르게 나타날 경우 수급불일치 규모가 크지 않다.
③ 소득수준, 인구 및 경기변화 이외에도 계절성이나 공급의 수요창출 기능에 따라 수요변동이 나타난다.
④ 내구소비재의 수요변동성은 경기변화에 따른 변동폭이 크지 않다.
⑤ 수요분석의 핵심은 수요변동성에 대한 분석이고, 공급분석의 핵심은 공급의 변화속도와 규모에 대한 분석이다.

정답 | ④
해설 | 내구소비재의 수요변동성은 불황기에 소비를 이연하고 호황기에 대기수요가 현실화되어 변동성이 매우 크게 나타난다.

05 산업분석 요소 중 경쟁강도분석에 대한 설명으로 바르지 못한 것은?

① 산업의 전후방 교섭력과 경쟁강도를 분석함으로써 산업 전체와 산업 내 기업이 획득할 수 있는 수익성 수준을 파악할 수 있다.
② 산업의 진입장벽이 높을수록 소수의 기업이 경쟁하므로 경쟁강도가 높다.
③ 산업에 철수장벽이 존재할 경우 구조조정기능이 작동하지 않아 높은 수준의 경쟁강도가 유지될 수 있다.
④ 산업집중도가 높을수록 경쟁강도의 변화가능성은 낮고 수익성은 우수하다.
⑤ 산업 내 기업의 차별화된 수단이 존재할 경우 동일 산업 내에서 경쟁강도는 낮게 나타난다.

정답 | ②
해설 | 진입장벽이 높을수록 소수의 기업이 경쟁하므로 경쟁강도가 낮다.

06 산업분석 요소 중 재무특성분석에 대한 설명으로 바르지 못한 것은?

① 노동집약적 산업은 고정성 인건비 비중이 높게 나타난다.

② 자산의 상당부분이 운전자금으로 구성된 산업은 자산가치의 변동성 및 대손위험이 높게 나타날 수 있다.

③ 자산의 매각가치나 담보가치가 우수한 자산으로 구성된 산업은 이를 통한 재무활동이 용이해 경기변화 대응에 유연성을 가질 수 있다.

④ 운전자금 부담이 높은 건설산업은 장기자금을 조달비중이 높다.

⑤ 투자회수기간이 짧거나 기술변화속도가 빠른 산업의 경우 지속적인 투자로 자금소요의 변동성이 높을 수 있다.

정답 | ④
해설 | 운전자금 부담이 높은 건설산업은 단기자금 조달비중이 높다.

07 다음 중 철강산업의 특징으로 바르지 못한 것은?

① 경쟁적 설비증설과 공급과잉 문제로 동남아 등 인접국에 대한 수출을 확대하고 있다.

② 환경오염관련 정부규제는 중장기적 위험요인이다.

③ 전방산업이 다양해 위험분산 효과가 있다.

④ 설비투자단위와 생산능력이 커 탄력적 공급이 가능하다.

⑤ 전방산업 수요변화에 대한 높은 민감도가 근본적이고 구조적 위험요인이다.

정답 | ④
해설 | 설비투자단위가 크고 증설에 장기간이 소요되며, 철강의 수요증가가 완만해 공급능력 확보시점과 수요증가 시점이 맞지 않는 구조적 수급불일치를 보이고 있어 공급조절능력은 비탄력적이다.

08 다음 중 철강산업의 특징으로 바르지 못한 것은?

① 철강산업은 대규모 투자가 필요해 진입장벽이 높다.

② 철강산업은 소수의 기업이 시장을 과점하고 있어 시장집중도가 높다.

③ 철강산업 내 소수기업 간 경쟁이 치열하지만 성장성이 높은 성장기 산업이다.

④ 철광석, 원료탄 등 원재료의 해외의존도 높아 후방교섭력이 열위에 있다.

⑤ 중국산 저가 철강재 유입으로 Buyer's Market(구매자시장)으로 전환 중이어서 전방교섭력은 약화되는 추세에 있다.

정답 | ③
해설 | 철강산업 내 소수기업 간 경쟁이 치열하고 성장성이 낮은 성숙기 산업이다.

09 다음 중 자동차산업에 대한 설명으로 바르지 못한 것은?

① 해외수출비중이 높아 환율과 무역규제에 영향을 많이 받는다.
② 기술변화가 빠르고, 타운송수단으로 대체가 어려운 특성이 있다.
③ 자동차 수요는 경기에 매우 민감하다.
④ 자동차산업은 공급이 경직적이어서 수급구조의 변동성이 높다.
⑤ 자동차는 품질이나 브랜드 차별화 수준에 따라 소비자 교섭력에 차이가 난다.

정답 | ②
해설 | 자동차산업은 다양한 환경 · 안전규제로 인하여 기술변화가 느리다.

10 다음 중 자동차산업에 대한 설명으로 바르지 못한 것은?

① 전후방 연관효과가 커 국가경제적으로 중요도가 높고 다양한 규제환경에 노출되어 있다.
② 유통망의 대리점 이외에 특별한 전방산업은 존재하지 않는다.
③ 후방산업에 대한 교섭력은 다소 열위에 있다.
④ 자본, 노동, 기술집약적 산업으로 신규사업자의 시장진입이 쉽지 않다.
⑤ 자동차산업은 영업레버리지가 커 영업이익변동성이 심한 편이다.

정답 | ③
해설 | 자동차산업은 후방산업인 부품산업에 대한 교섭력에 있어 압도적 우위에 있다.

11 다음 중 조선산업에 대한 설명으로 바르지 못한 것은?

① 국가 간 낮은 수출장벽으로 전 세계가 단일시장이다.
② 전방산업으로 해운사업과 에너지산업이 있다.
③ 기술개발속도가 빠르고, 육상 · 항공운송 등 대체재 위험이 높다.
④ 수요가 경기에 매우 민감하다.
⑤ 소요공급 불일치 기간이 길어 공급이 비탄력적이다.

정답 | ③
해설 | 조선산업은 기술개발속도가 완만하고, 육상 · 항공운송의 대체재가 아닌 보완재 성격을 갖는다.

12 다음 중 조선산업에 대한 설명으로 바르지 못한 것은?

① 선박대금 달러화 결제에 따른 높은 환위험에 노출되어 있다.

② 전방산업에 대한 교섭력은 열위에 있다.

③ 후방산업에 대한 교섭력은 다소 열위에 있다.

④ 조선산업은 대규모 선수금을 수령하는 계약 특성상 호황기에 부채비율이 늘어난다.

⑤ 중국이 조선업 1위로 부상하면서 LNG선이나 해양플랜트와 같은 고부가가치 선종의 시장점유율도 급격히 위축되고 있다.

정답 | ⑤

해설 | LNG선이나 해양플랜트와 같은 고부가가치 선종은 현재까지 기술격차로 인하여 한국이 우위에 있다.

13 다음 중 석유화학산업에 대한 설명으로 바르지 못한 것은?

① 내수 및 아시아 역내시장 중심으로 시장범위가 제한적이다.

② 나프타의 경우 대체재 위험에 노출되어 있다.

③ 석유화학제품의 수요변동성은 하방경직성을 갖는다.

④ 석유화학산업은 대규모 장치산업으로 수요변동에 즉각 대응이 가능하다.

⑤ 전방산업에 대한 교섭력은 양호한 수준이다.

정답 | ④

해설 | 석유화학산업도 조선업과 마찬가지로 건설기간이 장기간 소요되므로, 수요에 대응한 즉각적 공급량 조절이 어렵다. 즉 수요변동에 대한 공급조절능력이 비탄력적이다.

14 다음 중 석유화학산업에 대한 설명으로 바르지 못한 것은?

① 하공정이 상공정에 대비하여 교섭력이 높다.

② 자본집약적 산업으로 진입장벽이 높다.

③ 산업 내 기업 간 석유화학제품의 차별성은 낮은 수준이다.

④ 하공정이 상공정에 대비하여 경쟁강도가 높다.

⑤ 원료가격과 제품가격의 차이인 제품스프레드가 수익성을 좌우한다.

정답 | ①

해설 | 상공정(upstream) : 나프타를 원료로 중간유분 생산하는 공정, 하공정 대비 회사규모가 커 교섭력 우위

　　하공정(downstream) : 상공정으로부터 중간유분을 받아 최종제품을 생산하는 공정

15 다음 중 메모리반도체산업에 대한 설명으로 바르지 못한 것은?

① DRAM과 NAND가 주력제품이다.

② 기술변화속도가 빠르기는 하나, 미세화의 한계로 과거 대비 둔화되고 있다.

③ 경쟁강도가 더욱 강화되고, 경쟁적 증설로 공급과잉 가능성이 지속되고 있다.

④ PC 수요중심에서 모바일, 서버 등 수요가 다양화되면서 수요변동성은 완화되었다.

⑤ 전방산업에 대한 교섭력은 양호하다.

정답 | ③

해설 | 하위기업 퇴출로 시장과점화가 강화되어 경쟁강도는 약화되고, 공급과잉 가능성은 축소되었다.

16 다음 중 메모리반도체산업에 대한 설명으로 바르지 못한 것은?

① 자본 · 기술집약적 산업으로 영업레버리지가 높아 수익변동성이 크다.

② 수출중심산업으로 수급변동보다 환율변동에 의한 수익변동성이 더 크다.

③ 중국의 반도체 시장진입이 가시화되고 있으나 기술격차로 즉각적 경쟁 가능성은 낮다.

④ 산업의 업황변동이 심해 높은 수준의 재무안정성이 요구된다.

⑤ 메모리반도체산업의 산업위험은 높은 수준이다.

정답 | ②

해설 | 환율변동 위험보다 수급변동에 따른 가격변동위험이 영업실적에 더 큰 영향을 미친다.

17 다음 중 식품산업에 대한 설명으로 바르지 못한 것은?

① 지역적으로 내수시장을 분석범위로 한다.

② 대체재 위험에 대한 민감도가 상대적으로 낮다.

③ 국제곡물가격의 가격변동성과 환율에 많은 영향을 받는다.

④ 식품가공산업은 일상생활과 밀접해 있어 소득탄력성과 가격탄력성이 높은 수준이다.

⑤ 대규모 설비투자가 필요 없어 공급의 탄력적 조절이 가능하다.

정답 | ④

해설 | 식품가공산업은 일상생활과 밀접해 있어 소득탄력성과 가격탄력성이 낮은 수준이다. 식품은 생필품으로 소득의 많고 적음, 가격의 높고 낮음이 소비량에 상대적으로 적게 영향을 미친다.

18 다음 중 식품산업에 대한 설명으로 옳은 것은?

① 식품산업구성은 국민소득수준 및 사회문화적 변화에 따라 획일화되는 경향을 보이고 있다.
② 곡물가공산업의 후방교섭력은 우수한 편이다.
③ 대체적으로 식품가공산업의 라이프사이클은 장기화되는 추세에 있다.
④ 곡물가공산업은 곡물가격 예측가능성이 높아 가격변동위험이 상대적으로 낮다.
⑤ 가공수준이 낮은 수산물은 원재료가격 변동위험에 대한 노출 정도가 낮다.

정답 | ④
해설 | 곡물은 가격 예측가능성이 높은 반면, 축산물·수산물은 가격 예측가능성이 낮아 가격변동폭이 큰 편이다.

> Key Point!
> • 가공수준이 높은 제과 등의 식품가공산업은 원재료가격 및 환율변동 위험에 대한 노출정도가 낮다.
> • 가공수준이 낮은 수산물가공 등 1차 가공산업과 제분·사료 등 곡물가공산업은 원재료가격 및 환율변동
>   위험에 대한 노출정도가 높다.
> • 가공수준이 높을수록 공정에서 발생하는 비용이 제품가격에 반영되어 원재료가격 비중이 줄어들기 때문에
>   원재료가격 변동의 영향도 줄어든다.

19 다음 중 통신서비스산업에 대한 설명으로 바르지 못한 것은?

① 국가기간산업으로 정부정책요인이 주요 외부변수로 작용한다.
② 소득에 영향을 많이 받아 경기민감도가 높은 편이다.
③ 가격경쟁이 치열하여 소비자교섭력은 약한 편이다.
④ 대규모 투자가 필요해 진입장벽이 높은 산업이다.
⑤ 소수기업에 의한 시장집중도가 높다.

정답 | ②
해설 | 통신서비스산업은 필수재 성격으로 경기민감도가 낮다.

20 다음 중 통신서비스산업에 대한 설명으로 바르지 못한 것은?

① 전형적 내수시장으로 인구, 소득에 영향을 받는다.
② 후방산업에 대한 교섭력은 우수한 편이다.
③ 제4이동 통신 등 신규시장 진입자의 잠재적 위협이 큰 편이다.
④ 마케팅비용이 수익성에 가장 큰 영향을 미친다.
⑤ 성장성은 낮으나 높은 안정성을 보이는 산업이다.

정답 | ③
해설 | 제4이동 통신 등 신규사업자의 진입 위험은 있으나 과점구조에 위협요인이 될 가능성은 낮다.

21 다음 중 건설산업에 대한 설명으로 바르지 못한 것은?

① 정부정책에 따른 영향을 크게 받는다.

② 기술변화와 대체재 위험이 낮은 수준이다.

③ 다양한 변수에 영향을 받는 경기민감 산업이다.

④ 시장참여자가 다양하고 경쟁이 치열해 수요변동에 대한 공급조절이 탄력적이다.

⑤ 국내기업이 진출한 해외시장을 분석 범위로 한다.

정답 | ④

해설 | 건설산업은 공종별로 다르기는 하지만 시공기간이 1~5년 정도 소요되므로 공급이 경직적이어서 수요공급의 불일치가 비교적 장기간에 걸쳐 나타난다.

22 다음 중 건설산업에 대한 설명으로 바르지 못한 것은?

① 건설산업은 표준화, 규격화가 어렵고 진입장벽이 높다.

② 대체로 산업집중도가 낮고 경쟁강도가 높다.

③ 자금수급의 시기적 불일치로 운전자금수요가 높다.

④ 경기변화에 따른 수익성변동이 매우 큰 수준이다.

⑤ 후방산업에 대한 교섭력은 다소 열위에 있다.

정답 | ①

해설 | 건설산업은 노동집약적 산업으로 진입장벽이 낮다.

23 다음 중 해상운송산업에 대한 설명으로 바르지 못한 것은?

① 선종별로 시장에 세분화되고 경쟁환경도 다르다.

② 하역기술발전에 따른 대형화 유인 등 기술변화에 따른 위험이 높은 수준이다.

③ 해운산업은 전반적으로 경기에 매우 민감하다.

④ 컨테이너선은 경기와 동행하는 특성이 있다.

⑤ 원자재를 수송하는 벌크선은 경기선행적 특성이 있다.

정답 | ②

해설 | 해운업은 수송능력만 되면 집하물량에 제한이 없기 때문에 대형화와 하역기술 이외 특별히 기술변화에 민감하지 않다.

24 다음 중 해상운송산업에 대한 설명으로 바르지 못한 것은?

① 공급조절능력은 매우 비탄력적이다.
② 진입장벽이 높다.
③ 전후방교섭력이 약하다.
④ 컨테이너선과 건화물선 등은 경쟁강도는 높은 편이다.
⑤ 재무분석 시 부외부채인 용선료부담을 고려하여 분석해야 한다.

정답 | ②
해설 | 해운선사의 운송서비스는 범용성을 가지므로 서비스 차별화가 쉽지 않고, 진입장벽이 낮아 경쟁강도가 매우 높다.

25 다음 중 소매유통산업에 대한 설명으로 바르지 못한 것은?

① 유리한 입지선점 여부가 영업성과에 큰 영향을 미친다.
② 사업초기 토지, 건물 등에 소요되는 고정비 부담이 시장진입장벽으로 작용한다.
③ 백화점, 대형마트 등은 높은 시장집중도를 보인다.
④ 백화점은 입점업체가 재고부담을 지는 특정매입 형태의 거래비중이 높은 편이다.
⑤ PB(Private Brand)상품은 제조기업이 상품기획 뿐만 아니라 유통까지 담당함으로써 유통마진 을 줄여 수익성이 높게 나타난다.

정답 | ⑤
해설 | PB(Private Brand)상품은 유통회사가 직접 기획 · 개발한 상품이다.

26 다음 중 소매유통산업에 대한 설명으로 바르지 못한 것은?

① 기술변화에 따른 대체재 위험이 낮다.
② 국내 소득구조, 인구, 가족구성의 변화는 장기적 수요에 영향을 미친다.
③ 가격경쟁이 치열하여 소비자교섭력은 다소 열위에 있다.
④ 소매유통업은 과점화 상태이고 시장이 포화상태이다.
⑤ 대체로 소매유통업은 매출액대비 수익성이 낮다.

정답 | ③
해설 | 통상 개별소비자는 유통기업과 품질 · 가격을 교섭하지 않고 유통기업이 공급하는 상품의 품질 및 가격을 수용 하기 때문에 소비자교섭력이 우수한 편이다.

경영진단

출제 포인트 ■ ■
- 경영진단의 목적과 분석방법에 대한 이해
- 외부환경분석과 내부환경분석의 방법론에 대한 이해

SECTION 01 | 경영진단 개요

1. 경영진단의 개념

(1) 경영진단의 의의

경영진단은 기업 내외의 전문가들이 객관적 입장에서 기업체를 종합적으로 분석 · 평가하여 경영에 대한 문제점을 발견하고 **원인을 분석**하여 미래 모델을 수립하고 합리적인 **개선책을 제시**하는 것을 말한다.

(2) 경영진단의 목적

경영진단은 기업의 **문제점을 사전에 예방**하고, **근본적으로 제거**하여 **기업경영의 기반을 공고히 구축**하는 것이 목적이다. 또한 기업의 이해관계자 입장에서 거래관계에 활용하기 위하여 실시하기도 한다. **경영진단의 일반목적**은 다음과 같이 세분화할 수 있다.
① 경영진에 대한 **경영기술과 경영계획 및 관리방법 조언 · 지도**
② 기업의 각 관리부분에 대한 제표준의 적정여부 검토 및 **기업에 대한 경영지표 제공**
③ **기업자본 투자액의 적정 한도액 계산**
④ 기업의 경영 및 기술에 대한 제 문제점을 발견하고 개선책 제시
⑤ 기업의 실태를 조사하여 금융기관의 **투 · 융자 참고자료 제공**
⑥ **부실기업의 정비를 위한 판단자료** 제공

2. 경영진단의 방법

(1) 시스템적 진단

경영진단은 기업과 관련된 외부환경, 조직 및 내부프로세스의 상호 연계성을 고려하여 기업경영에 관련된 제반요소를 **시스템적으로 파악**해야 한다.

(2) 진단프로세스

① 하향식(Top – Down) 접근법

기업의 **외부환경을 먼저 분석한 후 내부환경을 분석**하는 방법이다. 즉 거시관경분석, 산업환경분석, 기업의 조직구조, 사업구조, 업무 프로세스 순으로 분석하는 기법이다. 일반적인 경영진단 시에는 **하향식 접근법이 주로 활용**된다.

② 상향식(Bottom-Up)

기업의 내부환경을 먼저 분석한 후 외부환경을 분석하는 방법이다. 하향식 접근법의 역순으로 분석한다.

(3) 분석방법

① 인터뷰법

㉠ 기업의 경영진과 각 업무담당 직원들을 대면하여 기업의 현황을 파악하는 방법이다.

㉡ **깊이 있는 정보**를 얻을 수 있다는 장점은 있으나 **시간이 많이 소요**된다.

② 설문지법

㉠ 면담보다는 기업의 핵심성과요인이나 궁금한 사항에 대하여 설문지를 작성하여 현황을 분석하는 방법이다.

㉡ 신속하게 **많은 조사**를 할 수 있고 **객관성을 확보**할 수 있다는 장점은 있으나 응답자가 **응답을 기피**하거나 설문에 대한 이해가 부족할 경우 **부정확한 정보**를 얻을 수 있다는 단점이 있다.

③ 정량적 분석과 정성적 분석

재무제표와 같이 계수로 표시되는 정보는 정량적 분석을, 활동이나 프로세스와 같이 계수로 표시할 수 없는 경우에는 정성적 분석을 해야 한다.

④ 체크리스트법

㉠ 기업의 **정성적 부분을 진단**해야 하는 경우 **핵심성과지표를 토대로** 사전에 정의된 체크리스트를 활용하여 평가하는 방법이다.

㉡ **정보를 빠르게 수집**할 수 있다는 장점은 있으나 체크리스트 구성에 **많은 시간이 소모**되는 단점이 존재한다.

⑤ 갭(GAP) 분석

㉠ 갭분석은 벤치마킹을 통하여 차이점을 비교분석하고, 현재수준보다 더 나은 미래 모델을 제시하는 방법이다.

㉡ As-Is(기업의 현재위치)를 To-Be(또는 Best Practice)모형에 투영하고 차이를 분석하여 현재의 문제점을 도출하는 방법이다.

Key Point!
경영진단모델

진단부문		진단모형
외부환경분석	거시환경분석	PEST분석
	산업환경분석	산업구조모형
	경쟁구조분석	5-Force
내부능력분석	사업구조분석	BCG Matrix, GE Matrix, 9-Building Block
	조직구조분석	7S 분석
	프로세스분석	가치사슬분석

3. 경영진단 절차

경영진단의 효율성을 위하여 경영진단 과정에서 **가설사고에 의한 단계적 절차를 밟는 것이 필요**하다. 가설사고를 적용하는 이유는 모든 현상을 정밀분석 하는 것이 물리적으로 쉽지 않기 때문에 핵심문제를 기초로 가설을 설정하고 이를 집중적으로 검증하는 방식이 효과적이다. 가설검증의 기대효과는 다음과 같은 것들이 있다.
① 낭비(경영자원, 시간)의 최소화
② 진단결과의 질적 향상
③ 핵심문제의 신속한 도출
④ 판단력 및 창조력의 강화

Key Point!
경영진단절차

1st 예비진단	2nd 본진단 및 가설검증	3rd 종합조정 및 대인도출	4th 보고
• 진단계획 수립 　– 진단목적 · 범위 　– 자료수집 　– 개괄적 분석 · 검토	• 내 · 외부환경분석 • 수진기업의 문제점 도출 • 가설설정 · 검증 • 문제점 확정	• 조정회의 • 대안도출 : 권고안	• 논리적이고 간결 • 문제제시가 구체적 • 개선방향 구체적 • 실현가능한 권고안

SECTION 02　외부환경분석

1. 거시환경분석

정치적 환경요인(P)	법적 규제변화, 사업 수요변화, 무역장벽, 반독점법, 진출국가의 정치적 위험
경제적 환경요인(E)	시장의 경제적 전망, GDP성장률, 물가상승률, 환율, 에너지 가격동향, 이자율
사회적 환경요인(S)	소비자 라이프스타일 변화, 제품 트랜드 동향, 인구통계변화, 사회적 윤리규범
기술적 환경요인(T)	기술의 라이프사이클 변화, 정보기술의 변화, 신기술 혁신, 기술확산

2. 산업환경분석(5 – Force Model)

항목	내용
신규진입자 위협	• 초기투자, 대체비용, 정부규제, 기술장벽 등
대체재 위협	• 대체재 성능이나 가격, 대체비용이나 구매자의 동기부여 등
구매자 교섭력	• 제품 차별성이나 브랜드파워, 구매자의 구매량, 구매자로서의 대체비용 등
공급자 교섭력	• 공급품의 차별성이나 대체비용, 공급자 상위 집중도, 판매량의 규모 등
기존 경쟁자 경쟁강도	• 시장의 성장성, 제품 차별성, 생산능력, 브랜드파워 등

1. 사업구조분석

(1) 의의

사업구조분석은 성장성과 수익성, 그리고 현재와 미래의 경쟁력 측면에서 장기적으로 유지 가능한 사업 포트폴리오를 확보하고 있는지를 분석하는 것이다.

(2) 사업구조 분석방법

① BCG Matrix

BCG Matrix는 다수의 제품·서비스를 전략사업단위로 구분하고 각각의 시장성장성과 상대적인 시장 점유율의 상관분석 매트릭스에 의하여 사업의 경쟁력을 파악하는 방법이다. 이 모델은 보스턴 컨설팅 그룹이 창안하여 BCG Matrix로 불린다.

㉠ 스타(Star)
- 고성장률 & 높은 시장점유율
- **빠른 매출성장으로 설비투자금 필요**
- **시장이 성숙하여 성장률이 하락하면 Cash cow로 이동**

㉡ 문제아(?)
- **고성장률 & 낮은 시장점유율**
- 시장이 성장세이지만 제품의 위치가 선도적이지 않아 비용이 많이 소모됨
- 투자확대 또는 포기를 결정하면 **스타 또는 개로 이동**

㉢ 금송아지*(Cash cow)
- **저성장률 & 높은 시장점유율**
- 경험곡선이론에 따라 경쟁비용 낮고, **순현금흐름 발생이 양호**
- 성숙기 사업으로 투자를 통한 시장점유율 유지 필요

㉣ 개(Dog)
- 저성장률 & 낮은 시장점유율
- 원가상 불리하고 자금창출이 어려움, 그리고 시장은 정체되고 신규사업 출현이 거의 없음
- 시장점유율 확대면에서 경쟁자 저항이 크고, 시장점유율 유지를 위한 신규 투자가 필요하지만 통상 **퇴출전략 실행**

② GE Matrix

GE Matrix는 시장매력도지수와 제품(사업단위) 경쟁력지수를 각각 고·중·저로 구분하여 **9개의 매트릭스로 구분**하여 각 사업부를 평가하는 방법이다.

		고수준	중간수준	저수준	
					5.00
시장매력도	고수준	유지방어 최대한 성장투자 경쟁력 유지 노력	성장을 위한 투자 선도자에 도전 선택적 경쟁력 강화 취약보문 보완	선택적 성장투자 강점이용 전문화 약점보완책 모색 성장가망 없으면 철수	
					3.67
	중간수준	선택적 성장투자 유망시장 집중투자 경쟁대응 능력배양 생산성 향상	선택적 수익관리 현 프로그램 보호 수익성 높고, 위험이 적은 부문에 집중 투자	제한적 확장, 추수 위험이 적은 확장 모색 투자제한 및 영업합리화	
					2.33
	저수준	유지, 초점 조정 단기수익 위주관리 매력부문에 집중 현 위치의 방어	수익성 경영 수익성 좋은 부문 방어 제품고급화 투자최소화	전환, 철수 값 좋을 매도 고정투자 및 추가투자 회피	
		5.00	3.67	2.33	1.00
			제품경쟁력		

③ 9-Building Block

9-Building Block은 개별사업들이 고객가치를 만들어 내는 원리를 파악하는 모델이다.

구성요소	내용
㉠ 고객정의	누구를 위하여 가치를 창출하는가?, 즉 우리의 고객은 누구인지를 정의
㉡ 가치제안	고객니즈를 만족시키는 방법과 내용
㉢ 채널	고객들에게 가치를 전달하기 위한 경로 및 네트워크
㉣ 고객관계	현재 또는 목표 고객들과의 상호작용
㉤ 수익모델	기업들이 가치를 창출하기 위한 방법
㉥ 핵심자원	해당 비즈니스 모델을 운영하는데 필수적인 인적자원과 물적자본 등
㉦ 핵심활동	가치창출을 위한 필수적인 활동
㉧ 파트너십	고객들에게 가치를 전달하기 위하여 필요한 가치사슬상 협력관계
㉨ 비용구조	핵심자원 확보와 사업활동에 소요되는 비용의 경제성(원가＜수익)

9-Building Block은 진단대상 기업의 개별사업을 이 모델의 구성요소에 대입해 봄으로써 사업구조가 최소한의 필요조건을 갖추었는지 여부를 판단할 수 있다. 그러나 이 모델의 9가지 구성요소를 모두 갖추었다고 하여 전적으로 경쟁력을 확보했다는 의미는 아니다.

2. 조직구조분석(7S분석)

구성요소		내용
하드웨어적 요소	① 전략(strategy)	• 전략은 기업이 경쟁력을 유지하고 기업의 목적을 달성하기 위한 계획을 의미한다. • 즉 자원을 어디에 집중하고, 어디에서 경쟁하며 경쟁우위를 지속하기 위하여 어떠한 행동의 조정이 필요한지 서술하는 것으로 **조직의 운영 및 구성원들에게 행위의 방향성을 제시**한다.
	② 구조(structure)	구조는 조직의 목표와 전략을 효과적으로 수행할 수 있도록 **구성원들 간 역할과 책임, 결정권, 상호관계, 배분** 등의 수준과 **사업영역에 기능과 인력을 배분**하는 것을 의미한다.
	③ 시스템(system)	• 시스템은 직원들이 해야 할 일이나 결정을 내려야 할 주요 문제를 판별하기 위한 **관리제도나 절차**를 말한다. • 시스템은 **구성원들의 행동을 체계화하고 특정방향으로 유도**하는 역할을 한다.
소프트웨어적 요소	④ 가치관(shared value)	• 조직구성들이 공동으로 소유하고 있는 가치관과 이념으로 구성원들의 행동이나 사고를 특정방향으로 이끌어 가는 원칙이나 기준이 된다. • 가치관은 **조직의 존속이나 성공의 근본요인이라고 인식되는 것으로 조직문화 형성에 결정적 영향을 미친다.**
	⑤ 기술(skills)	• 기술은 전략을 시행하는 능력과 관련된 것으로 **조직고유의 전문능력과 경험**을 말한다. • 기술은 조직 내에서 그 존재가 구별될 수 있는 특이한 역량, 인력, 경영 관행, 시스템, 기술 등이 망라된다.
	⑥ 스타일(style)	• 스타일은 업무가 수행되도록 하는 관리자들의 행태로 구성원들을 이끌어 가는 전반적인 조직관리, 즉 **리더십스타일**을 말한다. • 관리자의 스타일은 구성원들의 행동은 물론 상호관계와 조직분위기에 직접적인 영향을 미친다.
	⑦ 인재(staff)	조직의 **인력구성과 그들의 능력 및 가능성에 대한 것**으로 구성원들의 능력, 전문성, 가치관과 신념, 요구와 동기, 지각과 태도, 그리고 행동패턴 등을 말한다.

3. 내부활동분석

(1) 가치사슬분석

가치사슬분석은 기업의 목적인 가치창출에 직·간접적으로 관련된 일련의 활동, 기능, 프로세스의 연계를 의미하는 것으로 주활동과 지원활동으로 구분된다.

지원활동	하부구조(Infrastructure) : 기획, 총무, 재무, 법무				
	인적자원관리 및 개발(HR)				
	기술(Technology) : R&D, 디자인				
	정보관리(Information) : 정보시스템				
주활동	투입물류 (In-bound) 구매 재고보유 원자재	생산(Operation)	산출물류 (Out-bound) 완성입고 출고	판매 & 영업 (Marketing & sales)	사후관리(A/S) 고객지원(A/S)

(2) 부문별분석

① 생산관리부문

생산관리분석은 생산관리 3요소(QCD : 품질, 원가, 납기)를 진단하는 것이다. 그리고 생산관리의 기본바탕은 3정(정위치, 정량, 정품) 5S(정리, 정돈, 청소, 청결, 습관화)이다.

※ 5S : Seiri(정리), Seiton(정돈), Seiso(청소), Seiketsu(청결), Shitsuke(습관화)

항목	내용
생산계획	판매계획 또는 수주에 근거하여 고객에게 제공할 제품을 생산하기 위하여 자원 및 생산능력을 고려하여 장·단기차원에서 수립한다.
공정관리	제품이 가장 짧은 시간 내에 생산되도록 **작업능률을 최대한 향상**시키는 활동을 말한다.
작업관리	작업표준화, 작업자 교육훈련, 작업환경 등의 기본적인 활동을 말한다.
품질관리	• 품질관리는 품질향상과 품질 균질화를 목적으로 한다. • 품질관리는 기본적으로 **TQM(전사적 품질관리)의 구축과 운영 상태를 평가**한다.
설비관리	설비는 공정혁신이나 규모의 경제 실현을 위한 중요한 변수임으로 효율적으로 관리 되어야 한다.
자재관리	• 생산에 차질을 초래하지 않고, 자금의 고정화와 관리손실을 방지하기 위하여 적정 재고량 관리가 이루어져야 한다. **자재소요량계획(MRP)이 가장 기본**이 된다. • **자재명세서(BOM)** : 각 품목을 구성하는 부품 리스트를 말한다.
외주관리	생산비 절감 등을 위하여 생산의 아웃소싱이 일반화되고 있는데, 외주생산은 회사생산과 동일한 품질상태를 확보하고 적기에 생산하는 것이 중요하다.
생산기술 생산입지	생산기술 및 입지는 경쟁업체와 차별화 될 수 있는 우위요소로 생산효율성에 영향을 미친다.
생산회계 성과지표	생산부문 효율성 관리를 위하여 생산수율 등 핵심성과지표가 관리되어야 한다.

Key Point!
- 도요타 생산방식
  - JIT(적시생산방식) : 제품수요에 대응하여 생산 전 과정에서 완벽한 품질과 낭비를 최소화하고, 필요한 만큼만 적시에 생산하여 공급하는 방식이다. 이 방식은 재고회전율이 높고 비용이 최소화 되는 장점이 있지만 완충재고가 부족해 수급불균형 발생 시 납기에 어려움을 겪을 수 있다.
  - 자동화 : 적시생산방식이 유지되기 위해서는 100% 양품을 공급하는 품질보증 생산체계가 필요하다. 이를 위하여 생산공정을 자동화하여 품질안정화를 추구한다.

② 판매관리

항목	내용
마케팅전략	• 마케팅전략 수립단계 **외부환경분석 & 3C분석 → 시장세분화 → 표적시장선정 → 포지셔닝 → 마케팅믹스** 　- 3C분석 : 경쟁자(competitor), 고객(customer), 회사(company) 분석 　- 시장세분화 : 유사한 선호와 취향을 가진 소비자를 묶어서 몇 개의 그룹으로 나눈 다음 특정 집단을 골라 마케팅 자원과 역량을 집중하는 방법이다. 한정된 자원의 효율적 집행을 위하여 필요한 전략이다. 　- 표적시장선정 : 세분화된 시장별로 매력도를 평가하여 공략 대상시장을 선정한다. 　- 마케팅믹스 　　4P : 제품정책(Product), 가격정책(Price), 유통정책(Place), 촉진정책(Promotion) 　　4C : 소비자(Consumer), 원가(Cost), 편의(Convenience), 의사소통(Communication)

판매계획	판매계획은 경영계획의 근간을 이루므로 과거실적이나 내부능력, 그리고 미래의 시장환경을 고려하여 신중하게 수립한다.
판매조직	기업내부에서 판매계획을 실현하고 통제하는 주체로 판매관리의 기반이 된다. 따라서 판매계획의 실행뿐만 아니라 판매계획이 관리될 수 있도록 구성한다.
시장조사	판매활동의 최적화, 효율화, 능률화를 위한 것으로 과학적 접근 및 분석의 양부가 관건이 된다. 직접자료법, 계열자료법, 임의요소법, 가계예산법 등이 있다.
제품계획	고객 또는 시장의 요구에 맞도록 제품을 만드는 활동으로 효능, 특징, 다양성, 스타일, 브랜드, 포장, 서비스, 보증, 안정성 등을 복합적으로 고려해야 한다.
가격계획	• 고객들의 제품선택을 좌우하는 가장 중요한 변수이며 이익에 직접적인 영향을 미치는 요인이다. • 가격책정 방법은 원가에 마진을 가산하는 방법과 소비자 요구가격에서 기업의 목표이익을 차감하여 산정하는 경우로 나눌 수 있다.
유통경로	• 제품서비스가 소비자에게 이동되는 흐름으로 차별화 정도에 따라 진입장벽이 되기도 하고, 중장기적 관점에서 경쟁우위의 원천이 되기도 한다. • 유통경로는 고객의 접근이 가장 편리해야 하고, 유통경로에서의 갈등 발생이 최소화 되어야 한다.
판매촉진	중간상이나 소비자의 태도를 호의적으로 변화시키거나 충성도를 강화시켜 구매욕구를 자극하는 일련의 활동을 말한다. 광고와 홍보가 이에 해당한다.
거래처관리	거래처는 제품을 구매하는 고객으로서 매출과 거래비용, 위험관리에 직접적인 영향을 미치므로 거래처 선정은 신중해야 한다.
서비스	제품 판매 후 계속적으로 고객을 유지·관리하기 위한 제반활동으로 마케팅 활동의 연장으로 사후마케팅으로 정의된다.
판매회계 성과지표	판매활동으로 인한 수입, 비용, 운전자본 등과 같은 주요활동을 기록 관리한다. 이를 통해 의사결정에 필요한 정보를 파악할 수 있다.

③ 구매관리부문

구매관리의 필요성과 목적은 다음과 같다.

㉠ 자원고갈로 **자원확보** 여부가 기업의 생존을 좌우하기 때문이다.

㉡ **구매원가 절감**을 통한 원가경쟁력 확보와 이윤확대를 위해서이다.

㉢ **생산지연 비용의 회피**를 위하여 적시구매가 필요하기 때문이다.

㉣ **안정적 자재확보**를 위하여 구입처와 관계가 중요하기 때문이다.

㉤ 구입품의 QCD 향상에 의한 **자사제품 경쟁력 확보**를 위함이다.

항목	내용
구매조직	구매활동을 구조화하고 효율적으로 이끌어가는 주체가 된다. 업무의 신속한 처리를 위하여 구매계획을 수립하고, 조직체계 및 적절한 통제를 위하여 업무 조직화가 필요하다.
구매전략	전통적 구매방식은 가격, 품질, 적기구매에 초점을 두고 있다. 그러나 최근 들어 개별기업 간 경쟁이 아닌 공급체인 상의 모든 기업이 참여한 시스템 간의 경쟁으로 전개되면서, 공급체인 상 경쟁우위를 확보하기 위한 구매전략이 강조되고 있다. ※ 주요구매전략은 Key Point! 참조
시장조사	단지 시장가격을 파악하는 것만이 아니라 관련 업계 동향분석, 원재료 수급상황, 가격결정조건 등 다양한 요소를 고려하여 조사가 이루어져야 한다.
검수 및 품질수준통제	검수는 주문한 제품의 실물대사 및 수량확인이 주요업무이다. 그리고 입고된 물품에 대하여 규격에서 요구하는 품질 수준을 충족했는지 확인이 필요하다.

재고관리	<ul><li>적정재고량 최소화, 진부화 방지, 보험료 및 시장가격변동에 따른 위험을 최소화하기 위하여 재고관리가 필요하다.</li><li>**재고비용 : 보관비용, 발주비용, 재고품절손실비용, 상품품절손실비용**</li><li>ABC관리기법 – 파레토 법칙에 기반을 둔 재고관리기법으로 여러 재고품목을 중요도에 따라 분류하여 서로 다른 재고통제 정책을 적용한다. 주로 재고금액 구성비가 큰 금액에 따라 관리 비중을 차별화한다.</li></ul> 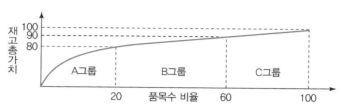 – A그룹은 개별적으로 집중관리, B그룹은 일반적 중간수준 관리, C그룹은 소모품적 느슨한 관리
전자구매관리	정보기술을 활용한 전자구매는 구매 프로세스 자동화 및 공급망 간 통합화가 가능하여 다양한 효과를 얻을 수 있다.
구매회계 성과지표	구매활동이 원가계산에 직접적인 영향을 미치므로 구매부분에서 적절한 구매예산통제와 과다/과소재고문제에 대한 검토를 통하여 원가낭비를 예방하는 재무적 활동이다.

Key Point!

• 주요 구매전략 활동
　－구매상품에 대한 포지셔닝

사업의 영향도	공급시장 위험도	포지셔닝
고	고	전략품목
고	저	안전품목
저	고	경쟁품목
저	저	일반품목

　－품목별 구매전략 및 전술

	전략과 전술유형	내용
경쟁·일반품목	물량집중	구매물량 집중하여 구매교섭력 발휘
	최저가격평가	총체적 비용관점에서 최적가격 결정
	글로벌소싱	범세계차원에서 구매공급원 확보
전략·안전품목	관계개선	장기적 동반자 관계 설정
	공공프로세스 개선	생산성 향상의 성과 공유
	사양개선	설계 및 사양개선 시 공동 참여

• 집중구매의 이점 활용
　－구입품목을 집중하여 1품목당 구입량을 늘리면 구입단가를 낮출 수 있다.
　－거래처를 좁혀서 1거래처당 구입량을 늘리면 구입단가를 낮출 수 있다.
　－구매창구를 일원화하면 거래처와의 교섭을 한 곳에서 할 수 있다.
　－거래처와의 신뢰관계를 강화할 수 있다.
　－업무의 표준화 및 효율화를 달성할 수 있다.

④ 연구개발부문

재료비나 인건비가 기업가치 창출의 경제요인이 될 수 있겠으나, 최근 들어 저임금에 기반을 둔 사업모델이 한계를 갖는 상황에서 기술혁신에 의한 신제품개발, 제품혁신 및 공정혁신을 통한 경쟁우위 확보가 중요하게 되었다.

항목	내용		
	유형	형태	특징
연구개발 조직유형	중앙집중형	본사 또는 CEO 산하에 존재	• 기술지식 축적 및 관리 효율성 • 연구개발 전문성 확보 용이
	분권형	사업부별로 연구부문 존재	• 영업, 생산과 유기적 관계 • 단기사업성과 극대화 • 중복개발 가능성과 예산낭비
	혼합형	본사와 사업부별로 혼재	• 중앙연구소 : 핵심·공용기술개발 • 사업부연구소 : 공정·제품개선 등
지식재산관리	• 특허괴물(Patent troll) 특허를 가지고 있지만 돈과 활용능력이 부족한 개인이나 중소기업으로부터 특허를 사들인 뒤 이 기술을 다른 기업에 팔거나 빌려주고 사용료를 받는 것을 전문으로 하는 회사를 말한다. • 비즈니스모델 특허(BM특허) 일반적 기술특허와 달리 비즈니스 기법이나 프로세스 발명에 대해 주어지는 특허이다. 대표적인 예로 아마존의 '원클릭 특허'가 있다.		

⑤ 정보경영부문

정보기술은 과거에 하나의 사무자동화 수단에 불과했으나 최근 들어 기업의 사업방향과 운영모델을 지원하는 통합적 정보시스템으로서의 역할을 하고 있다. 따라서 업무 효율화와 서비스의 차별화, 그리고 의사전달의 도구로서 전사적 수준의 정보화전략계획을 수립·시행하는 것이 중요하다.

㉠ 정보화전략계획(ISP)

조직의 경영전략을 지원하기 위하여 정보기술의 전략적 활용을 목표로 비즈니스 프로세스 설계를 정보시스템으로 구현하기 위한 계획수립 단계를 의미한다.

㉡ 기업성장단계와 정보화 방향

단계	1단계	2단계	3단계	4단계
구분	창업 및 정착기	초기성장기	고도성장기	성장가속화기
정보화 목표	업무의 간편화	시스템경영	고객지향	전략적 경영
정보화 내용	MIS	ERP	e-Business시스템	SEM, ABM BSC, VBM

전략적 경영활동을 위한 수단에는 전략경영(SEM ; Strategic Enterprise Management), 활동기준경영(ABM ; Active Base Management), 균형성과표(BSC ; Balanced Score Card), 가치경영(VBM ; Value Based Management) 등이 있다. 기본적인 개념은 다음과 같다.

전략경영(SEM)	기업성과를 극대화하기 위해 전략을 수립, 시행, 평가하는 일련의 모든 과정을 의미한다.
활동기준경영(ABM)	기업의 제반 활동을 기준으로 상품별, 기관별, 부문별 목표 및 실적을 측정하여 성과차이와 원가차이를 분석하는 원가관리시스템이다.
균형성과표(BSC)	기업의 비전과 목표달성을 위하여 4가지 관점(재무, 고객, 프로세스, 학습과 성장)에서 성과지표를 도출하여 관리하는 성과관리 시스템이다.
가치경영(VBM)	가치에 영향을 주는 주요 동인(drivers)에 집중하여 기업목표를 분석하고 의사결정방법과 경영관리 프로세스가 기업가치에 연계되도록 하는 경영기법을 말한다.

ⓒ 공급망관리(Supply Chain Management)
- 원재료의 구매부터 완제품의 최종 소비에 이르는 프로세스로 협력업체 및 거래선과 연결된 모든 부분을 포함한 기업 내외부의 관련기능을 통칭하는 것이다.
- 최근 기업들은 부가가치의 60~70%가 기업 외부에서 발생한다는 사실을 인식하고 외부와의 업무 프로세스를 효율화하는 관리방안을 도입하였다. 이것이 SCM으로 불리는 공급망 관리이다.
- SCM은 고객의 요구사항을 정확히 인지하고 기업 내외부 업무처리의 리드타임을 최소화하여 효율을 증대시키는 것이다.

01 경영진단의 목적은 기업의 문제점을 사전에 파악하고 예방하는 것도 포함된다. ☐O☐X

○

02 경영진단의 분석방법 중 As-Is/To-Be모형을 활용하는 분석방법은 GAP분석이다. ☐O☐X

○

03 기업의 외부환경분석 시 경쟁구조를 분석할 수 있는 것은 산업구조모형이다. ☐O☐X

×
5-Force 모델에 대한 설명이다.

04 경영진단은 효율성을 위하여 핵심문제에 대한 가설을 수립하고, 검증하는 방식으로 수행한다. ☐O☐X

○
경영진단은 가설적 사고가 필요하다.

05 5-Force 모델의 주요항목은 신규진입자 위험, 대체재 위협, 구매자 교섭력, 공급자교섭력, 규모의 경제 5가지이다. ☐O☐X

×
규모의 경제가 아니라 기존 경쟁자의 경쟁강도이다.

06 BCG Matrix에서 시장점유율은 높으나 성장률은 낮은 산업은 문제아(?)에 해당한다. ☐O☐X

×
Cash cow에 해당하는 산업이다.

07 9-Building Block 모델의 9가지 요소를 모두 갖추었다면 해당 사업부는 경쟁력을 확보했다고 본다. ☐O☐X

×
전적으로 경쟁력을 확보했다는 의미는 아니다.

08 7S 분석의 구성요소 중 전략(strategy)은 소프트웨어적 요소에 해당한다. ☐O☐X

×
하드웨어적 요소에 해당한다.

09 내부활동분석을 위한 가치사슬분석에서 사후관리(A/S)는 지원활동이다. ⓞⓧ

×
A/S는 주활동이다.

10 부분별분석에 생산관리분석은 생산관리의 3요소인 QCD, 즉 품질, 원가, 수요를 분석하는 것이다. ⓞⓧ

×
QCD는 품질, 원가, 납기이다.

11 생산관리의 기본인 3정 5S에서 3정은 정위치, 정량, 정품을 말하고, 5S는 정리, 정돈, 청소, 청결, 습관화를 말한다. ⓞⓧ

○

12 마케팅 믹스의 4P는 제품(Product), 가격(Price), 유통(Place), 촉진(Promotion)을 말한다. ⓞⓧ

○

13 ABC재고관리에서는 A그룹은 품목 수는 적지만 재고가치가 총재고의 약 80% 수준을 차지하므로 개별적으로 집중 관리한다. ⓞⓧ

○
ABC재고관리는 파레토 법칙에 기반을 두고 있다.

14 구매관리에서 사업영향도가 높고 공급시장 위험도가 낮은 품목은 전략상품으로 포지셔닝한다. ⓞⓧ

×
안전상품으로 포지셔닝한다.

01 다음 중 경영진단의 목적으로 바르지 못한 것은?

① 회생절차 개시 여부에 대한 판단은 경영진단의 범주에 포함되지 않는다.

② 기업경영층에 대한 경영기술과 경영계획 및 관리방법 등의 조언·지도를 포함한다.

③ 기업의 경영·기술에 대한 문제점을 찾는 것뿐만 아니라 개선책 권고를 포함한다.

④ 기업자본 투자액이 적정한지 여부는 경영진단에 포함되지 않는다.

⑤ 기업실태조사를 통하여 금융기관에 투·융자 참고자료를 제공하는 것도 포함한다.

정답 | ④

해설 | 기업자본 투자액의 적정 한도액을 계산하는 것은 경영진단의 범주에 포함된다. 회생절차 개시여부는 법원이 판단한다.

02 다음 중 경영진단방법에 대한 설명으로 바르지 못한 것은?

① 일반적으로 상향식(Bottom-up) 접근방법이 선호된다.

② 갭분석은 진단자가 베스트 프랙티스(Best Practice)를 잘 인지하고 있어야 한다.

③ 설문지법은 신속하게 많은 조사를 할 수 있지만 응답자가 설문에 대해 이해가 부족한 경우 부정확한 정보를 얻을 수 있다.

④ 체크리스트법은 정성적 부분을 진단할 때 주로 사용된다.

⑤ 인터뷰법은 깊이 있는 정보를 얻을 수 있으나 시간이 많이 소요된다.

정답 | ①

해설 | 통상 하향식(Top-down) 접근법이 선호된다.

03 다음은 경영진단에 주로 사용되는 모델이다. 외부환경분석에 사용되는 것을 모두 고르면?

Ⅰ. PEST분석	Ⅱ. 가치사슬분석
Ⅲ. 산업구조모형	Ⅳ. BCG Matrix
Ⅴ. 7S분석	Ⅵ. 5−Force모형

① Ⅰ, Ⅱ, Ⅲ   ② Ⅰ, Ⅲ, Ⅵ
③ Ⅱ, Ⅲ, Ⅳ   ④ Ⅱ, Ⅳ, Ⅵ
⑤ Ⅳ, Ⅴ, Ⅵ

정답 | ②
해설 | Ⅱ, Ⅳ, Ⅴ는 내부능력분석을 위한 모델이다.

04 다음 중 경영진단의 거시환경분석의 항목과 그 내용의 연결이 바르지 못한 것은?

① 정치적 환경요인 – 무역방벽
② 경제적 환경요인 – 에너지 가격동향
③ 사회적 환경요인 – 법적 규제 변화
④ 기술적 환경요인 – 정보기술 변화
⑤ 경제적 환경요인 – 이자율 동향

정답 | ③
해설 | 법적 규제 변화는 정치적 환경요인이다.

05 다음 중 거시환경요인 중 성격이 다른 하나는?

① 법적 규제변화   ② 사회적 윤리규범
③ 반독점법   ④ 사업 수요변화
⑤ 무역장벽

정답 | ②
해설 | 사회적 윤리규범은 사회적 환경요인이고 나머지는 정치적 환경요인이다.

06 다음 중 5 – Force Model의 구성항목에 대한 설명으로 바르지 못한 것은?

① 규모의 경제가 있는 산업은 신규진입자 위협이 낮다.

② 산업 내에서 돼지고기 가격상승에 대비하여 닭고기 가격의 상대적 하락은 대체재 위협이다.

③ 산업 내에서 범용 전자부품을 제조·공급하는 甲회사의 전방산업 수요처가 다양할 때 구매자 교섭력은 강화된다.

④ 산업 내에서 기계장비의 특수부품을 乙회사만 제조·공급한다면 공급자 교섭력은 강화된다.

⑤ 산업 내 기업들의 시장집중도가 낮고 제품 차별성이 크지 않다면 기존 사업자의 경쟁강도는 높지 않다.

정답 | ⑤
해설 | 시장집중도가 낮고 제품 차별성이 크지 않다면 생존을 위한 경쟁이 치열하다.

07 다음 중 5 – Force Model 구성항목의 요소 중 성격이 다른 것은?

① 초기투자비용 ② 시장의 성장성
③ 제품 차별성 ④ 생산능력
⑤ 브랜드파워

정답 | ①
해설 | 초기투자비용은 신규진입자 위협과 관련 있다.

08 다음 중 사업구조분석 모델이 아닌 것은?

① BCG Matrix

② GE Matrix

③ 9 – Building Block

④ PPM(Product Portfolio Management)

⑤ 7S 분석

정답 | ⑤
해설 | 7S 분석은 조직구조분석 모델이다.

09 다음 중 BCG Matrix에 대한 설명으로 바르지 못한 것은?

① 문제아(Question Mark)에 속한 산업은 투자확대를 하면 스타(star) 산업으로 이동한다.

② 시장성장률은 높고 시장점유율은 낮은 산업은 Cash cow 산업이다.

③ Cash cow 산업은 성숙기 산업이다.

④ 시장성장률도 낮고 시장점유율도 낮은 산업은 개(dog) 산업이다.

⑤ 경험곡선이론에 따라 경쟁비용 낮고, 순현금흐름 발생이 양호한 산업은 Cash cow 산업이다.

정답 | ②
해설 | 시장성장률은 높고 시장점유율은 낮은 산업은 문제아(Question Mark) 산업(개발산업)이다.

10 다음 중 GE Matrix에 대한 설명으로 바르지 못한 것은?

① 제품경쟁력을 평가하는 모형이다.

② X축에 제품(사업단위)경쟁력지수, Y축에 시장매력도지수를 사용한다.

③ 3×3 구조의 Matrix이다.

④ 제품(사업단위)경쟁력지수와 시장매력도지수 모두 높은(高) 경우 유지·방어 전략이 적절하다.

⑤ 제품(사업단위)경쟁력지수와 시장매력도지수 모두 낮은(低) 경우 전환·철수 전략이 적절하다.

정답 | ①
해설 | GE Matrix는 사업구조 분석모델로 사업부를 평가하는 모델이다.

11 다음 7S 모형의 구성항목 중 하드웨어적 요소로 짝지어진 것은?

Ⅰ. 가치관(shared value)	Ⅱ. 전략(strategy)
Ⅲ. 구조(structure)	Ⅳ. 기술(skills)
Ⅴ. 스타일(style)	Ⅵ. 시스템(system)
Ⅶ. 인재(staff)	

① Ⅰ, Ⅲ, Ⅳ ② Ⅰ, Ⅳ, Ⅵ

③ Ⅱ, Ⅲ, Ⅳ ④ Ⅱ, Ⅲ, Ⅵ

⑤ Ⅳ, Ⅴ, Ⅵ

정답 | ④
해설 | 하드웨어적 요소는 전략(strategy), 구조(structure), 시스템(system)이다.

12 다음 7S 모형의 구성항목 중 직원들이 해야 할 일이나 결정을 내려야 할 주요 문제를 판별하기 위한 관리제도나 절차를 말하는 것은?

① 스타일(style)　　　　　　　　② 인재(staff)

③ 구조(structure)　　　　　　　④ 시스템(system)

⑤ 가치관(shared value)

정답 | ④

해설 | 시스템에 대한 설명이다. 시스템은 구성원들의 행동을 체계화하고 특정방향으로 유도하는 역할을 한다.

13 다음 7S 모형의 구성항목 중 업무가 수행되도록 하는 관리자들의 행태로 구성원들을 이끌어 가는 전반적인 조직관리, 즉 리더십을 말하는 것은?

① 스타일(style)　　　　　　　　② 기술(skills)

③ 구조(structure)　　　　　　　④ 시스템(system)

⑤ 가치관(shared value)

정답 | ①

해설 | 스타일은 리더십스타일을 말한다.

14 가치사슬분석에서 지원활동에 해당하지 않는 것은?

① 하부구조(Infrastructure)　　　② 생산(Operation)

③ 인적자원관리 및 개발(HR)　　④ 기술(Technology)

⑤ 정보관리(Information)

정답 | ②

해설 | 생산은 주활동으로 분류된다.

15 다음 내부활동분석과 관련된 용어 중 성격이 다른 하나는?

① ABC재고관리　　　　　　　　② MRP(자재소요계획)

③ MPS(총괄생산계획)　　　　　④ BOM(자재명세서)

⑤ TQM(전사적품질관리)

정답 | ①

해설 | ABC재고관리는 구매관리와 관련된 용어이다. 나머지는 생산관리부문과 관련 있다.

16 다음이 설명하는 것은 무엇인가?

> 제품수요에 대응하여 생산 전 과정에서 완벽한 품질과 낭비를 최소화하고, 필요한 만큼만 그때그때 생산하여 공급하는 방식이다. 이 방식은 재고회전율이 높고 비용이 최소화 되는 장점이 있지만 완충재고가 부족해 수급불균형 발생 시 납기에 어려움을 겪을 수 있다.

① 공장자동화
② 적시생산방식(JIT)
③ 유연생산방식(FMS)
④ 배치생산방식(BMS)
⑤ 셀생산방식(CMS)

정답 | ②
해설 | 적시생산방식(JIT)에 대한 설명이다.

17 내부활동분석 중 판매관리에 대한 설명으로 바르지 못한 것은?

① 마케팅전략은 3C분석 → 시장세분화 → 포지셔닝 → 표적시장선정 → 마케팅믹스 순으로 수립한다.
② 판매계획은 경영계획의 근간을 이루므로 과거실적이나 내부능력, 그리고 미래의 시장환경을 고려하여 수립한다.
③ 시장조사는 판매활동의 최적화, 효율화, 능률화를 위한 것으로 과학적 접근 방법을 활용하여야 한다.
④ 가격책정 방법은 원가에 마진을 가산하는 방법과 소비자 요구가격에서 기업의 목표이익을 차감하여 산정하는 경우로 나눌 수 있다.
⑤ 판매조직은 판매계획의 실행뿐만 아니라 판매계획이 관리될 수 있도록 구성한다.

정답 | ①
해설 | 마케팅전략은 3C분석 → 시장세분화 → 표적시장선정 → 포지셔닝 → 마케팅믹스 순이다.

18 다음 중 구매관리의 필요성 목적에 대한 설명으로 바르지 못한 것은?

① 자원의 유한함으로 인하여 자원확보 여부가 기업의 생존을 좌우하기 때문이다.
② 구매원가 절감을 통한 원가경쟁력 확보와 이윤확대를 위해서이다.
③ 재고부족으로 인한 생산지연 비용의 회피를 위하여 적시구매가 필요하기 때문이다.
④ 안정적 자재확보를 위하여 구입처와 관계가 중요하기 때문이다.
⑤ 구매경로는 고객의 접근이 가장 편리해야 하고, 갈등 발생이 최소화 되어야 한다.

정답 | ⑤
해설 | 유통경로에 대한 설명이다.

19 내부활동분석 중 구매관리에 대한 설명으로 바르지 못한 것은?

① 구매전략은 개별 기업 간 경쟁이 아닌 공급체인 모든 참여기업을 고려하여 경쟁우위를 확보할 수 있도록 수립해야 한다.
② 적정재고량은 최대화하는 방향으로 재고관리가 되어야 한다.
③ ABC재고관리에 의하면 A그룹은 개별적으로 집중관리를, B그룹은 일반적인 중간수준의 관리를, C그룹은 소모품적으로 느슨하게 관리를 한다.
④ 구매상품의 사업영향도가 낮고 공급시장 위험도가 높다면 경쟁품목으로 관리한다.
⑤ 글로벌소싱은 경쟁적이고 일반적인 품목의 구매공급원 확보방식이다.

정답 | ②
해설 | 적정재고량은 최소화하는 방향으로 재고관리가 되어야 한다.

20 다음 중 구매관리 측면에서 재고비용이 아닌 것은?

① 보관비용   ② 발주비용
③ 재고품절비용   ④ 상품품절손실비용
⑤ 예방비용

정답 | ⑤
해설 | 예방비용은 품질관리 측면에서의 비용으로 생산관리부문에 해당한다.

21 내부활동분석 중 정보경영부문의 기업성장단계를 창업 및 정착기, 초기성장기, 고도성장기, 성장가속화기의 4단계로 구분했을 때 정보화 방향의 순서로 올바른 것은?

① MIS(경영정보시스템) → ERP(전사적자원관리) → e−Business 시스템 → SEM(전략경영)
② MIS(경영정보시스템) → SEM(전략경영) → ERP(전사적자원관리) → e−Business 시스템
③ ERP(전사적자원관리) → MIS(경영정보시스템) → SEM(전략경영) → ERP(전사적자원관리)
④ SEM(전략경영) → ERP(전사적자원관리) → MIS(경영정보시스템) → e−Business 시스템
⑤ e−Business 시스템 → ERP(전사적자원관리) → MIS(경영정보시스템) → SEM(전략경영)

정답 | ①
해설 | MIS(경영정보시스템) → ERP(전사적자원관리) → e−Business 시스템 → SEM(전략경영) 순이다. 여기서, e−Business는 기존의 기업경영활동의 영역을 가상공간까지 확대한 개념으로 가치사슬의 재구성을 통하여 기존과는 다른 비즈니스모델을 통하여 새로운 수익을 창출할 수 있다.

22 내부활동분석에서 정보경영부문의 전략적 경영의 실행 도구 중 기업의 제반 활동을 기준으로 상품별, 기관별, 부문별 목표 및 실적을 측정하여 성과차이와 원가차이를 분석하는 원가관리시스템은 무엇인가?

① ISP(정보전략계획)
② SEM(전략경영)
③ ABM(활동기준경영)
④ BSC(균형성과표)
⑤ VBM(가치경영)

정답 | ③
해설 | ABM(활동기준경영)에 대한 설명이다.

01 다음 중 재무분석의 한계에 대한 설명으로 바르지 못한 것은?

① 재무제표는 특정 시점의 재무상태를 나타내므로 기업가치 변화를 즉시 반영하지 못한다.

② 기업마다 회계처리 방법이 달라 재무분석 결과가 달라질 수 있다.

③ 재무분석의 평가기준이 객관적이지 못하다.

④ 재무분석 결과는 과거자료에 의한 결과이므로 미래 예측을 위한 절대적 기준이 될 수 없다.

⑤ 재무자료 수집에 많은 시간과 비용이 수반된다.

02 다음 중 재무상태표에 대한 설명으로 바르지 못한 것은?

① 주식시장에서 형성되는 주식의 가격은 재무상태표의 자본항목의 1주당 시장가치를 의미하는 것으로 통상 장부가치와 일치하지 않는다.

② 기업 입장에서 위험이 가장 큰 자본조달 수단은 규모가 큰 장기부채이다.

③ 자본제공자 입장에서는 주주의 위험이 장기채권자보다 크다.

④ 비유동자산이 많을수록 기업의 불확실성은 높아지지만 수익성 확보 기회는 커진다.

⑤ 기업의 비유동장기적합률은 100% 이내에 관리될 때 안전하다고 할 수 있다.

03 다음 중 재무상태표분석으로 파악할 수 있는 정보가 아닌 것은?

① 기업의 자산구성과 자본조달 간 위험균형을 파악할 수 있다.

② 기업의 단기부채에 대한 상환능력을 파악할 수 있다.

③ 기업의 부채의존도를 알 수 있다.

④ 기업의 총자본이 자산에 적절히 배분되고 있는지를 파악할 수 있다.

⑤ 기업의 1회전 운전자본을 알 수 있다.

04 기업의 총자본은 500이고, 자기자본은 300이다. 유동자산이 200이고, 순운전자본이 150일 때 유동비율은 얼마인가?

① 40%　　　　　　　　　　　　　　　　② 67%

③ 100%　　　　　　　　　　　　　　　④ 300%

⑤ 400%

05 다음 재무상태표를 참고할 때 바르지 못한 것은? (소수점은 반올림한다.)

재무상태표

乙회사			20X1.12.31.
현 금	700	매입채무	500
매출채권	800	단기차입금	1,000
재고자산	1,500	장기차입금	2,000
비유동자산	3,000	자 본	2,500
총 자 산	**6,000**	**총 자 본**	**6,000**

① 유동비율 200%　　　　　　　　　　② 당좌비율 100%

③ 현금비율 47%　　　　　　　　　　　④ 순운전자본비율 25%

⑤ 부채비율 58%

06 기업의 비유동자산은 5,000, 매입채무는 500, 단기차입금은 250, 장기차입금은 1,750이고, 자기자본은 2,000이다. 비유동자산의 위험균형을 고려할 때 단기상환위험에 노출된 금액은 얼마인가? (소수점은 반올림한다.)

① 500　　　　　　　　　　　　　　　② 1,000

③ 1,250　　　　　　　　　　　　　　④ 1,667

⑤ 2,650

07 다음 중 ROA에 대한 설명으로 바르지 못한 것은?

① 자기자본으로 조달한 금액이 부채로 조달한 금액보다 클 때 ROA는 증가한다.

② ROA가 자본비용(WACC)보다 클 때 주주가치는 증가한다.

③ 총자산회전율이 증가하면 ROA는 증가한다.

④ ROA는 기업의 활동성과 수익성을 동시에 분석할 수 있다.

⑤ ROA는 재무상태표와 손익계산서 항목이 결합된 재무비율로 기업의 경영목표를 수립하는 기준으로 활용할 수 있다.

08 다음 중 PER의 특징에 대한 설명으로 바르지 못한 것은?

① 주가가 동종 산업평균이고, EPS가 동종 산업평균보다 낮은 경우는 주가가 과대평가 되었다고 본다.

② PER는 주가가 주당순이익의 몇 배인지를 나타낸다.

③ PER는 상대적 개념으로 동종 산업군 내의 유사기업과 비교하여 사용한다.

④ 주가가 동종 산업평균보다 높고, EPS가 동종 산업평균 수준이면 성장성이 높은 기업이다.

⑤ PER는 주식에 투자한 금액을 회수하는데 걸리는 기간을 의미한다.

09 20X1년 3월 丙회사의 현재 주가는 52,500원이고, 성장률은 5%, 유보율은 20%로 매년 일정하다. 무위험이자율은 3%, 시장수익률은 7%, 회사의 주식베타는 1.50이다. 회사의 전기말 주당순이익은 얼마인가?

① 2,500원

② 2,625원

③ 3,000원

④ 3,250원

⑤ 4,000원

10 ㈜한라의 현재 주가는 10,000원고, 당기 주당순이익(EPS)은 1,000원, 주당순자산(BPS)은 8,000원, 유보율은 20%이다. 그리고 자기자본비용(Ke)은 12.2%, 배당성장률(g)은 2%, 자기자본이익율(ROE)은 12.5%이다. 다음 설명 중 바르지 못한 것은?

① 시장PER은 정상PER보다 크다.

② 시장PBR은 정상PBR보다 크다.

③ 정상PER로 계산한 적정주가는 8,000원이다.

④ 회사의 정상PBR은 1.25배이다.

⑤ ROE는 PBR과 정(+)의 관계에 있다.

11 ㈜성영의 매출액은 200억 원이고, 감가상각비는 10억 원, 이자비용 8억 원, 세전이익 30억 원, 당기순이익 20억 원이다. 회사의 현재 주가는 25,000원이고 발행주식수는 100만 주, 순차입금은 34억 원이다. EV/EBITDA비율은 얼마인가? (소수점 둘째 자리에서 반올림한다.)

① 4.0배

② 4.5배

③ 5.2배

④ 5.7배

⑤ 6.6배

12 다음 중 ROI(총자산순이익률)분석에 대한 설명으로 바르지 못한 것은?

① ROI 관점에서 박리다매(薄利多賣) 전략은 저마진 – 고회전 전략이다.

② ROI 기법은 총자산순이익률의 증대만을 목표로 한다.

③ 총자산영업이익률이 기업의 평균이자율보다 작다면 자기자본순이익률(ROE)은 총자산영업이익률보다 작아진다.

④ 타인자본을 사용하지 않는 기업은 ROI(총자산순이익률)보다 ROE가 크게 나타난다.

⑤ 부채레버리지 효과는 총자산영업이익률이 기업의 평균이자율보다 클 때 나타난다.

13 ㈜탐라는 매출액순이익률 5%, 총자산회전율 2회, 부채비율 100%이고, ROI는 10%이다. ROE는 얼마인가?

① 3%

② 9%

③ 15%

④ 20%

⑤ 25%

14 다음은 기계장비업을 영위하는 ㈜유니콘의 재무비율과 산업평균을 비교한 것이다. 바르지 못한 설명은?

항목	㈜유니콘	산업평균
매출액순이익률	5%	3%
총자산회전율	2회	4회
부채비율	200%	?
ROE	?	18%

① ㈜유니콘의 ROI는 산업평균보다 높다.

② ㈜유니콘의 ROE는 30%이고, 산업평균 부채비율은 50%이다.

③ ㈜유니콘은 산업평균 대비 부채를 잘 활용하고 있다.

④ ㈜유니콘은 경기불황 시 손실이 큰 폭으로 늘어날 수 있다.

⑤ ㈜유니콘의 ROE가 산업평균보다 높은 것은 부채레버리지 효과이다.

15 甲회사의 매출액은 15,000원, 영업비용은 12,000원, 변동비율 60%, 이자비용이 500원이다. 만일 회사의 매출액이 19,500원으로 증가하면 영업이익은 얼마가 될 것으로 추정되는가?

① 3,900원

② 4,200원

③ 4,500원

④ 4,800원

⑤ 5,100원

[16~18]

다음은 ㈜영수물산의 손익계산서 자료이다. 물음에 답하시오.

I/S	(단위 : 백만 원)
매출액	₩25,000
변동비	10,000
고정비	10,000
영업이익	5,000
이자비용	1,000
세전순이익	4,000

16 ㈜영수물산의 영업이익 10% 증가하면 세전순이익은 얼마가 증가하는가?

① 500백만 원   ② 1,000백만 원

③ 2,500백만 원   ④ 4,000백만 원

⑤ 4,500백만 원

17 ㈜영수물산의 매출액이 10% 증가하면 세전순이익은 얼마가 되는가?

① 1,500백만 원   ② 2,500백만 원

③ 3,000백만 원   ④ 4,400백만 원

⑤ 5,500백만 원

18 이자비용이 500백만 원 증가하면 재무레버지도는 얼마나 증가하는가? (소수점 이하 절사)

① 14%   ② 25%

③ 35%   ④ 42%

⑤ 60%

19 甲회사의 제품 판매단가는 800원이고 단위당 변동비는 480원이다. 고정비가 200,000원일 때 목표이익 80,000원 달성을 위한 매출량은 몇 개인가?

① 583개   ② 625개

③ 875개   ④ 945개

⑤ 1,000개

20 甲회사의 제품 판매단가는 800원이고 단위당 변동비는 480원, 고정비는 200,000원이다. 회사는 당기에 목표이익 80,000원을 달성하였다. 손익분기점율은 얼마인가? (백분율 소수점 이하 반올림)

① 29%   ② 36%

③ 47%   ④ 63%

⑤ 71%

21 甲회사의 제품 판매단가는 800원이고 단위당 변동비는 480원, 고정비는 200,000원이다. 회사는 당기에 목표이익 100,000원을 달성하였다. 안전한계율(MS)은 얼마인가? (백분율 소수점 이하 반올림)

① 33%   ② 40%

③ 45%   ④ 54%

⑤ 67%

22 다음 비현금거래 중 성격이 다른 하나는?

① 지분법손익의 계상   ② 무상증자

③ 장기부채의 유동성대체   ④ 현물출자에 의한 유형자산 취득

⑤ 무상감자

23 다음 중 현금흐름표의 유용성에 대한 설명으로 바르지 못한 것은?

① 기업의 배당지급능력에 대한 정보를 제공한다.

② 기업의 부채상환능력과 외부자금조달의 필요성에 대한 정보를 제공한다.

③ 당기순이익과 영업활동으로 인한 현금흐름과의 차이에 대한 정보를 제공한다.

④ 기업의 미래 현금창출능력에 대한 정보를 제공한다.

⑤ 기업 현금흐름의 기간 간 비교정보를 제공한다.

24 다음 중 현금흐름의 성격이 다른 하나는?

① 이자수익   ② 이자지급

③ 법인세지급   ④ 배당금지급

⑤ 배당금수익

25 다음 중 당기에 '현금성자산'으로 분류할 수 없는 것은?

① 20X1.10.15. 현재 취득 한 만기가 3개월 이내 도래하는 국채
② 20X1.10.15. 현재 취득 한 3개월 이내 환매조건인 환매채권
③ 20X1.10.15. 현재 취득 한 보고기간종료일로부터 만기가 3개월 이내 도래하는 공채
④ 20X1.10.15. 현재 취득 한 상환기간이 20X1.12.31.인 상환우선주
⑤ 20X1.10.15. 현재 취득 한 91일물 양도성 예금증서

26 ㈜대한의 당기 손익계산서상 매출원가는 30,000원이다. 당기 재고자산과 매입채무 자료가 다음과 같을 때 현금주의 매출원가는 얼마인가?

• 기초재고자산 5,000원	기말재고자산 2,000원
• 기초매입채무 3,000원	기말매입채무 2,000원

① 28,000원 ② 30,000원
③ 32,000원 ④ 34,000원
⑤ 40,000원

27 다음 중 자금을 순운전자본으로 정의했을 때 바르지 못한 설명은?

① 유형자산의 현금 매각 후 유형자산처분손실을 인식한 경우 자금은 증가한다.
② 재고자산을 외상매입한 경우 자금은 변동이 없다.
③ 유형자산을 취득하고 3년 만기 약속어음을 지급한 경우 자금은 감소한다.
④ 1년 이내 만기가 도래하는 장기부채를 유동성장기부채로 대체한 경우 자금은 감소한다.
⑤ 비품을 매각하고 현금을 수취한 경우 자금은 증가한다.

28 다음 중 간접법에 의하여 영업활동으로 인한 현금흐름을 계산할 때 당기순이익에 가산조정되는 항목이 아닌 것은?

① 퇴직급여 ② 지분법손실
③ 유형자산손상차손 ④ 장기매출채권 현재가치할인차금 상각액
⑤ 사채상환손실

29 다음은 ㈜태백의 매출채권 및 대손충당금 관련 자료이다. 회사는 당기에 매출채권 중 4,000원을 대손처리하였다. 매출채권과 대손충당금이 영업활동현금흐름에 미치는 영향은 얼마인가?

(단위 : 원)

	기말잔액	기초잔액	증감
매출채권	₩15,000	₩50,000	(₩35,000)
대손충당금	(3,000)	(5,000)	2,000

① ₩31,000 현금유입   ② ₩33,000 현금유입

③ ₩37,000 현금유입   ④ ₩39,000 현금유입

⑤ ₩41,000 현금유입

30 ㈜경북의 당기 손익계산서상 매출원가, 그리고 당기초와 당기말의 재무상태표상 재고자산 및 매입채무의 계정 잔액이다. 당기 현금주의 매출원가는 얼마인가?

(단위 : 원)

	당기초	당기말
매입채무	5,000	8,400
재고자산	6,600	12,000
I/S상 매출원가	40,000	

① 38,000원   ② 40,000원

③ 42,000원   ④ 45,200원

⑤ 48,800원

31 다음은 ㈜서울의 당기초와 당기말의 재무상태표상 당기법인세부채 및 이연법인세자산의 계정 잔액이다. 당기 법인세납부액이 50,600원일 때 손익계산서에 인식된 당기법인세비용은 얼마인가?

(단위 : 원)

	당기초	당기말
당기법인세부채	24,000	28,000
이연법인세자산	2,400	3,000
I/S상 법인세비용	?	

① 50,000   ② 54,000

③ 54,600   ④ 58,600

⑤ 60,000

32 다음은 도소매업을 영위하는 甲회사의 매출원가와 현금주의 매출원가에 대한 정보이다. 바르지 못한 설명은? (거래는 모두 영업 관련한 상거래이다.)

(단위 : 원)

	당기	전기
매출원가	100,000	80,000
현금주의 매출원가	120,000	90,000

① 전기에 재고자산평가손실이 발생했을 가능성이 있다.
② 전기에 매입채무가 감소했을 가능성이 있다.
③ 당기에 재고자산이 증가했을 가능성이 있다.
④ 당기에 매출액이 증가했을 가능성이 있다.
⑤ 당기에 매입채무가 결제되었을 가능성이 있다.

33 다음은 ㈜월악의 재무자료이다. 손익계산서의 대손상각비는 매출채권에 대한 당기의 대손충당금 전입액이다. 甲회사의 매출활동에 의한 현금주의 매출액(현금유입액)은 얼마인가?

재무상태표 자료		
계정과목	당기초	당기말
매출채권	12,000원	8,000원
대손충당금	600원	400원
선수금	1,100원	1,500원

손익계산서 자료	
계정과목	당기발생액
매출액	100,000원
대손상각비	800원

① 100,400원
② 101,600원
③ 103,400원
④ 104,400원
⑤ 106,600원

34 다음은 ㈜대한의 재무자료이다. 판관비에 의한 현금유출액은 얼마인가?

재무상태표 자료		
계정과목	당기초	당기말
선급판관비	1,200원	3,000원
미지급판관비	3,600원	2,500원

손익계산서 자료	
계정과목	당기발생액
판관비	100,000원
판관비에 포함된 비현금비용	
퇴직급여	11,000원
감가상각비	9,000원
대손상각비	5,000원

① 75,000원
② 76,100원
③ 76,800원
④ 77,900원
⑤ 80,000원

35 다음은 ㈜민국의 재무자료이다. 이자비용에 의한 현금유출액은 얼마인가?

재무상태표 자료		
계정과목	당기초	당기말
선급이자	1,200원	2,400원
미지급이자	2,000원	800원

손익계산서 자료	
계정과목	당기발생액
이자비용	8,500원

① 8,500원 　　　　　② 9,100원

③ 9,700원 　　　　　④ 10,000원

⑤ 10,900원

36 다음은 甲회사의 재무자료이다. 영업활동으로 인한 현금흐름은 얼마인가?

비교재무상태표

甲社　　　　　　　　　　　　　　　　　(단위 : 천 원)

계정과목	기말잔액	기초잔액	증감
현금	400	200	200
매출채권	500	200	300
대손충당금	(150)	(50)	△100
재고자산	2,000	800	1,200
매도가능증권	800	400	400
자산총계	**3,550**	**1,550**	**2,000**
매입채무	200	100	100
미지급급료	100	100	–
당기법인세부채	150	50	100
장기차입금	1,000	400	600
퇴직급여충당부채	100	–	100
자본금	1,800	800	1,000
이익잉여금	200	100	100
부채 · 자본총계	**3,550**	**1,550**	**2,000**

손익계산서

甲社　　　　　　　　　　　　　　　　　(단위 : 천 원)

항목	금액	
매출액		27,000
매출원가		(21,000)
판매비와 관리비		(5,000)
급료	(3,000)	
퇴직급여	(500)	
대손상각비	(200)	
감가상각비	(300)	
영업이익		1,000
영업외수익		50
배당금수익	50	
영업외비용		(150)
이자비용	(150)	
법인세비용		800
당기순이익		100

① 300천 원 유출 　　　　② 400천 원 유입

③ 500천 원 유출 　　　　④ 800천 원 유출

⑤ 1,100천 원 유입

37 다음은 ㈜대구의 당기 기계장치와 관련된 자료이다. 회사는 당기 중 기계장치를 25,000원에 취득하였다. 또한 당기 중 건설중인자산 계정에서 20,000원을 기계장치 계정에 대체하였다. 기계장치의 처분가액은 얼마인가?

재무상태표 자료		
계정과목	당기초	당기말
기계장치	28,000원	60,000원
감가상각누계액	6,600원	9,000원

손익계산서 자료	
계정과목	당기발생액
기계장치감가상각비	5,000원
기계장치처분손실	1,500원

① 8,900원

② 10,400원

③ 11,500원

④ 11,900원

⑤ 15,000원

38 다음은 ㈜경북의 자본과 관련한 자료이다.

재무상태표 자료		
계정과목	당기초	당기말
자본금	12,000원	15,000원
주식발행초과금	5,000원	7,000원
이익준비금	3,000원	5,000원

당기초 이월이익잉여금 처분내용은 다음과 같다.

이익준비금 : 1,200원, 현금배당 : 300원, 주식배당 : 500원

또한 당기 중에 이익준비금 중 1,000원을 자본에 전입하였다. 상기 이월이익잉여금처분과 이익준비금의 자본전입 이외의 자본 및 주식발행초과금 변동은 모두 유상증자와 관련된 것이다. 당기 중 유상증자로 인하여 회사에 유입된 현금은 얼마인가?

① 3,000원

② 3,500원

③ 4,000원

④ 4,500원

⑤ 5,000원

39 다음 중 장단기자금조달과 운용의 균형을 파악할 수 있는 지표는?

① 부채비율

② 비유동장기적합률

③ 투자안정성비율

④ 현금흐름이자보상비율

⑤ 유동비율

40 현금흐름의 8가지 유형 중 다음에 해당하는 것은?

구분	현금흐름의 방향
영업활동으로 인한 현금흐름	+
투자활동으로 인한 현금흐름	+
재무활동으로 인한 현금흐름	+

① 현금보유형   ② 성숙형
③ 성장형   ④ 쇠태형
⑤ 일부사업 구조조정형

41 다음은 20X1년 초에 설립한 A기업의 당기말 추정되는 재무자료이다. 당기말 FCFF(기업잉여현금흐름)를 계산하면 얼마인가?

세후영업이익	1,000	순운전자본증가액	400
감가상각비	200	차입금	500
순자본적지출	700	가중평균자본비용	10%

① 100   ② 300
③ 500   ④ 800
⑤ 900

42 다음 현금수지분석표 분석에 대한 설명으로 바르지 못한 것은?

① 기업이 부외부채에 의존할 경우, 현금수지분석표에는 당해 부채의 이자지급을 장부에 계상할 수 없어 그 금액만큼 현금이 부족하게 된다.
② 유형자산이 크게 증가한 경우에는 금융기관에서 조달한 자금으로 비업무용 부동산을 취득하였는지도 검토해 보아야 한다.
③ 현금수지분석표의 유형자산증감란에 '5,000천 원'이 기재된 경우는 당기에 유형자산을 5,000천 원에 처분하였음을 나타낸다.
④ 현금수지분석표는 단기매매증권이나 단기대여금을 모두 투자활동으로 분류하고 있다.
⑤ 일반적으로 손익계산서에 별도 과목으로 표시되지 않는 비현금손익 항목은 현금수지분석표에 고려되지 않는다.

43 현금수지분석표에서 매입채무가 급격히 감소한 경우 그 원인으로 적절한 것은?

① 공급기업의 신용기간 축소
② 신사업 실패
③ 원재료 가격하락
④ 수요증가에 대비한 재고매입
⑤ 진부화된 재고의 처분

44 丙회사는 당기에 채무면제로 채무조정이익 1억 원을 인식하였다. 이를 현금수지분석표에 반영하는 방법으로 옳은 것은?

① 기타영업활동 현금흐름액 중 영업외수익 항목에 1억 원을 가산 조정한다.
② 기타영업활동 현금흐름액 중 영업외수익 항목에 1억 원을 차감 조정한다.
③ 총외부자금조달액 중 장기차입금증감액 항목에 1억 원을 가산 조정한다.
④ 총외부자금조달액 중 장기차입금증감액 항목에 1억 원을 차감 조정한다.
⑤ 비현금수익항목으로 별도의 조정은 필요없다.

45 ㈜서울은 매출액이 25% 증가 때 영업활동현금흐름이 2억 원 증가한다. 관련 재무자료가 아래와 같을 때 당기매출액을 계산하면 얼마인가?

- 매출액영업이익률 = (영업이익 + 감가상각비)/매출액 = 30%
- 운전자산보유비율 = 운전자산/매출액 = 18%
- 법인세납부율 = 법인세납부액/매출액 = 4%
- 당기 매출액 ?

① 100억 원   ② 120억 원
③ 150억 원   ④ 180억 원
⑤ 200억 원

46 다음 중 재무활동으로 인한 현금흐름을 분석하여 파악할 수 없는 것은?

① 배당금 지급능력
② 자금조달의 헷징(hedging) 여부
③ 차입으로 조달한 자금의 규모
④ 자기주식 취득·처분의 규모
⑤ 내부금융과 외부금의 균형 여부

47 다음 중 경기분석에서 총공급과 총수요에 대한 설명으로 바르지 못한 것은?

① 총공급의 생산함수는 노동과 자본에 의하여 결정된다.

② 장·단기 가격신축성에 대한 가정이 달라 장·단기 총공급곡선의 형태는 다르게 나타난다.

③ 초단기에 공급은 물가에 완전비탄력적이어서 수요증가는 물가상승만 유발한다.

④ 총수요곡선은 우하향하는 곡선의 형태로 나타난다.

⑤ 장기에는 총수요가 변화하더라도 균형소득에는 영향이 없고 물가에만 영향을 미친다.

48 다음 중 경기분석에서 소비에 대한 설명으로 바르지 못한 것은?

① 이자율이 증가하면 소비는 위축된다.

② 소득이 증가하면 소비는 증가한다.

③ 실질자산가치가 상승하면 자산투자가 늘어 소비는 감소한다.

④ 조세가 감소하면 소비는 증가한다.

⑤ 소비함수에서 소득은 가처분소득을 의미한다.

49 실질GDP가 150이고 GDP deflator가 125일 때 명목GDP는 얼마인가?

① 120.0

② 130.5

③ 150.0

④ 187.5

⑤ 200.0

50 다음 중 우리나라 경기순환의 일반적 특징으로 바르지 못한 것은?

① 확장국면보다 수축국면이 상대적으로 오래 지속된다.

② 경기변동의 주요원인은 설비투자와 수출이고, 소비와 지출은 상대적으로 안정적이다.

③ 정부의 경제정책이 경기변동에 영향을 미치는 정책순환적 성격을 갖는다.

④ 국제수지와 물가와의 대응관계가 상대적으로 약하다.

⑤ 자원시장이나 국제금융시장 등 대외적 요인이 경기변동에 큰 영향을 미친다.

51 경기종합지수(CI) 중 선행종합지수가 아닌 것은?

① 건설기성액

② 재고순환지표

③ 종합주가지수

④ 장단기금리차

⑤ 경제심리지수

52 다음 중 철강산업에 대한 설명으로 바르지 못한 것은?

① 높은 진입장벽
② 높은 시장집중도
③ 공급조절능력의 비탄력성
④ 전방교섭력 강화
⑤ 성숙기 산업

53 다음 중 자동차 산업에 대한 설명으로 바르지 못한 것은?

① 기술변화에 따른 낮은 대체재 위험
② 매우 높은 경기변동성
③ 공급의 경직성
④ 후방교섭력 약화
⑤ 높은 퇴출장벽

54 다음 중 석유화학산업에 대한 설명으로 바르지 못한 것은?

① 안전·환경 관련 규제위험
② 수요의 하방경직성
③ 공급조절능력의 비탄력성
④ 전방교섭력 열위
⑤ 높은 진입장벽

55 다음 중 메모리반도체산업에 대한 설명으로 바르지 못한 것은?

① DRAM과 NAND가 주력제품이다.
② 경쟁이 완화되고 공급과잉 가능성이 축소되고 있다.
③ 진입장벽이 매우 높다.
④ 자본집약형으로 감가상각비 비중이 높아 영업레버리지가 낮다.
⑤ 경기변동이 본질적인 위험요인이다.

56 다음 중 식품산업에 대한 설명으로 바르지 못한 것은?

① 내수시장을 중심으로 분석한다.
② 가공수준이 높은 제과·제빵 등의 식품가공산업은 원재료 가격변동에 다른 위험 노출 정도가 낮다.
③ 일반적으로 소비재이므로 대체재 위험에 대한 민감도가 높다.
④ 육가공 또는 수산물가공산업은 진입장벽이 낮다.
⑤ 제과·제빵 등의 식품가공산업은 산업집중도가 높다.

57 다음 중 건설산업에 대한 설명으로 바르지 못한 것은?

① 정부정책에 따른 변동성이 크다.

② 대체재 위험이 낮다.

③ 공급조절능력이 비탄력적이다.

④ 진입장벽이 높다.

⑤ 산업집중도가 낮다.

58 다음 중 경영진단 시 거시환경분석 도구에 해당하는 것은?

① PEST Model

② 5 – Force Model

③ BCG Matrix

④ 7S분석

⑤ 산업구조모형

59 다음은 ㈜한국의 5 – Force Model의 분석 결과이다. 회사에 부정적인 요인은 무엇인가?

① ㈜한국은 자본이 집약된 규모의 경제를 실현하고 있다.

② ㈜한국의 제품은 시장에 대체재가 거의 없다.

③ ㈜한국의 제품생산에 필요한 특정부품은 A사에서만 생산한다.

④ ㈜한국의 제품은 시장점유율이 90%에 육박한다.

⑤ ㈜한국의 제품을 구매하는 甲회사의 구매대체비용이 매우 높다.

60 다음 중 구매관리에서 구매상품에 대한 포지셔닝 전략으로 옳은 것은?

	사업 영향도	공급시장 위험도	포지셔닝
①	높음	높음	전략품목
②	높음	낮음	일반품목
③	낮음	높음	안전품목
④	낮음	낮음	경쟁품목
⑤	없음	없음	개발품목

61 다음 중 마케팅전략 중 4P에 해당하지 않은 것은?

① 제품정책(Product) ② 가격정책(Price)
③ 고객정책(People) ④ 유통정책(Place)
⑤ 촉진정책(Promotion)

62 다음이 나타내는 것은 무엇인가?

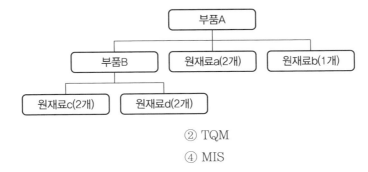

① BOM ② TQM
③ MRP ④ MIS
⑤ ERP

01	02	03	04	05	06	07	08	09	10
⑤	②	⑤	⑤	⑤	④	①	①	①	④
11	12	13	14	15	16	17	18	19	20
②	④	④	①	④	①	⑤	①	③	⑤
21	22	23	24	25	26	27	28	29	30
①	①	⑤	④	③	①	③	④	②	③
31	32	33	34	35	36	37	38	39	40
②	①	③	④	⑤	④	①	②	②	①
41	42	43	44	45	46	47	48	49	50
①	③	①	③	①	①	③	③	④	①
51	52	53	54	55	56	57	58	59	60
①	④	④	④	④	③	④	①	③	①
61	62								
③	①								

01 재무자료 수집에 많은 시간과 비용이 수반되는 것은 아니다. 계량적 자료는 기업이 제공하거나 공시되어 있고, 비계량적 자료는 면담이 별도 수집을 통해서 해결이 가능하다.

02 기업의 자본조달위험은 원리금 상환기간이 짧을수록 높다. 즉 유동부채＞비유동부채＞자본 순으로 위험이 높다. 자본제 공자 입장에서는 반대가 된다.

03 1회전 운전자본은 손익계산서 정보가 추가로 필요하다.
1회전 운전자본＝(매출액－영업이익－감가상각비)×1회전 운전기간(년)
1회전 운전기간＝재고자산회전기간＋매출채권회전기간－매입채무회전기간

04 순운전자본＝유동자산－유동부채. 150＝200－유동부채이므로 유동부채＝50이다.
그러면, 유동비율＝(유동자산/유동부채)×100＝(200/50)×100＝400%이다.

05 부채비율＝(부채/자기자본)×100＝(3,500/2,500)×100＝140%

06 비유동장기적합률＝[비유동자산/(장기차입금＋자기자본)×100＝[5,000/(1,750＋2,000)]×100＝133.33%
즉 비유동자산 구축에 33.33%에 해당하는 유동자산이 투입되었다는 의미이다. 따라서 단기상환위험에 노출된 금액은 비유동자산의 33.33%인 1,667이다.

07 ROA는 총자본을 사용하므로 자본조달방법과 관계가 없다. 따라서 부채비율과도 관계가 없다.

08 주가가 동종 산업평균이고, EPS가 동종 산업평균보다 낮은 경우는 EPS의 일시적 하락으로 본다. 또한 PER는 당해 주식에 현재의 주식가격으로 투자했을 때 주당순이익(EPS)으로 투자금을 회수하는데 걸리는 기간을 의미한다.

09 고든모형에서, $P_0 = \dfrac{D_0(1+g)}{k_E - g} = \dfrac{EPS_0(1-b)(1+g)}{k_E - g}$ 이므로 EPS₀는 다음과 같이 계산된다.

$$EPS_0 = \frac{P_0(K_e - g)}{(1-b)(1+g)} = \frac{52,500 \times (0.09 - 0.05)}{0.8 \times 1.05} = 2,500원$$

여기서, $K_e = R_f + [E(R_m) - R_f] \times \beta = 3\% + (7\% - 3\%) \times 1.5 = 9\%$

10 시장PER = 10,000원/1,000원 = 10배, 그리고 시장PBR = 10,000원/8,000원 = 1.25배

정상PER = (1 − 0.2)(1 + 0.02)/(0.122 − 0.02) = 8배, 그리고 정상PBR = 정상PER × ROE = 8 × 12.5% = 1배

정상PER에 의한 이론적주가 = 8 × 1,000원 = 8,000원, 그리고 정상PBR에 의한 이론적주가 = 1 × 8,000원 = 8,000원

11 EV = (25,000원 × 100만) − 34억 원 = 216억 원, EBITDA = 세전이익 + 이자비용 + 감가상각비 = 30 + 8 + 10 = 48억 원

따라서 EV/EBITDA = 216억/48억 = 4.5배

12 타인자본을 사용하지 않는 기업은 ROI와 ROE가 일치한다. 그리고 부채레버리지 효과는 총자산영업이익률이 평균이자율보다 큰 환경에서 자기자본순이익률이 총자산영업이익률보다 커지는 현상을 의미한다.

13 ROE = 매출액순이익률 × 총자산회전율 × (1 + 부채비율) = ROI × (1 + 부채비율) = 10% × (1 + 100%) = 20%

14 ㈜유니콘 ROE = (5% × 2회) × (1 + 200%) = 30%, 그리고 산업평균 부채비율은 18% = (3% × 4회) × (1 + x) 이므로 50%이다. 그러면 산업평균 ROE = (3% × 4회) × (1 + 50%) = 18%에서 ROI는 ㈜유니콘이 10%이고 산업평균이 12%이다. 이는 ㈜유니콘의 ROE가 산업평균보다 높은 것은 부채조달에 의한 효과라는 것을 의미한다. 즉 현재는 부채를 잘 활용하고 있지만 경기불황 시에는 큰 손실로 이어질 수 있음을 의미한다.

15 변동비율이 60%이므로 변동비 = 15,000 × 60% = 9,000원이고, 고정비 = 12,000 − 9,000 = 3,000원이다.

그리고 영업이익 = 15,000 − 12,000 = 3,000원이다.

DOL = (15,000 − 9,000)/(15,000 − 9,000 − 3,000) = 2

따라서 매출액 19,500원으로 30% 증가하면, 영업이익은 30% × 2 = 60% 증가한다. 즉 영업이익은 3,000 × 1.6 = 4,800원이 된다.

16 DFL = 5,000/(5,000 − 1,000) = 1.25, 따라서 영업이익이 10% 증가하면 세전순이익은 1.25배 증가한 12.5%가 된다. 그러면 증가된 금액은 세전순이익 = 4,000 × 12.5% = 500백만 원이고, 증가 후 세전순이익은 4,500백만 원이다.

17 DOL = (25,000 − 10,000)/(25,000 − 10,000 − 10,000) = 3

DCL = DOL × DFL = 3 × 1.25 = 3.75, 따라서 매출액이 10% 증가하면 세전순이익은 3.75배 증가한 37.5%가 된다. 그러면 세전순이익 = 4,000 × (1 + 0.375) = 5,500백만 원이다.

18 이자비용이 500 증가하면 DFL = 5,000/(5,000 − 1,500) = 1.43이므로 (1.43/1.25) − 1 = 0.144, 즉 14.4% 증가한다.

19 Q_{TP} = (FC + TP)/단위당 공헌이익 = (200,000 + 80,000)/(800 − 480) = 875개

20 변동비율 = (480/800) × 100 = 60%이므로 공헌이익률 = 1 − 0.6 = 0.4, 즉 공헌이익률은 40%이다.

BEP매출액 = FC/공헌이익률 = 200,000/0.4 = 500,000원

pQ_{TP} = (FC + TP)/공헌이익률 = (200,000 + 80,000)/0.4 = 700,000원, 만일 19번 문제를 풀었다면 목표이익매출액은 판매단가와 판매수량을 곱한, 875개 × 800원 = 700,000원으로 계산해도 동일한 결과를 도출할 수 있다.

그러면 손익분기점율 = (BEP매출액/실현매출액) × 100 = (500,000/700,000) × 100 = 71.4% ≈ 71%이다.

21 BEP매출액 = FC/공헌이익률 = 200,000/0.4 = 500,000원

pQ_{TP} = (FC + TP)/공헌이익률 = (200,000 + 100,000)/0.4 = 750,000원

손익분기점율 = (BEP매출액/실현매출액) × 100 = (500,000/750,000) × 100 ≒ 67%

MS = 100% − 손익분기점율 = 100% − 67% = 33%

22 비현금손익거래와 비현금교환거래의 차이점은 손익계정에 변동이 있느냐의 여부이다. 손익계정의 변동이 없으면 비현금교환거래이다. ②, ③, ④, ⑤는 비현금교환거래에 해당하고, ①은 비현금손익거래에 해당한다.

23 현금흐름표는 기간 간 정보는 제공하지 않기 때문에 미래 현금흐름의 장기적 전망을 평가하기에는 불완전하다.

24 배당금수익은 영업활동으로 분류하고 배당금지급은 재무활동으로 분류한다. 나머지 항목은 모두 영업활동으로 분류된다.

25 보고기간종료일로부터 3개월 이내 만기가 도래하므로 보고기간종료일까지는 현금성자산으로 분류할 수 없다.

26 현금주의 매출원가 = 매출원가 − 기초재고 + 기말재고 + △매입채무

현금주의 매출원가 = 30,000 − 5,000 + 2,000 + 1,000 = 28,000원

기말재고자산 증가 & 매입채무 감소 : 현금주의 매출원가 > 발생주의 매출원가

기말재고자산 감소 & 매입채무 증가 : 현금주의 매출원가 < 발생주의 매출원가

기말재고와 매입채무의 증감이 같은 방향일 경우에는 그 크기에 따라 현금주의 매출원가와 발생주의 매출원가의 상대적 크기가 결정된다.

문제에서는 기말재고자산 감소의 크기가 매입채무 감소의 크기보다 더 크기 때문에 현금주의 매출원가가 발생주의 매출원가보다 작게 나타난다.

27 ① 유형자산의 처분으로 유입된 현금만큼 자금은 증가한다. 처분손실은 자금과 관련이 없다.

② 재고자산 외상매입으로 유동자산과 유동부채가 같이 증가하므로 자금은 변동이 없다.

③ 유형자산의 취득대가로 지급한 3년 만기 약속어음은 장기미지급금으로 유동자산이 아니므로 순운전자본이 아니다. 따라서 자금에 변동이 없다. 만일 현금을 지급했다면 자금은 감소한다.

④ 유동성장기부채의 증가는 순운전자본의 감소이므로 자금은 감소한다.

⑤ 비품을 매각하고 유입된 현금만큼 자금이 증가한다.

28 장기매출채권 현재가치할인차금 상각액은 이자수익에 포함된 것으로 비현금수익으로 당기순이익에서 차감 조정된다.

29 당기에 확정된 대손충당금이 4,000원이므로 당기에 설정한 대손충당금은 2,000원이다.

대손충당금

대손확정	₩4,000	기초	₩5,000
기말	₩3,000	설정	₩2,000

그리고 매출채권 감소로 유입된 현금은 장부금액 35,000원에서 대손확정액 4,000원을 차감한 합계액인 31,000원이다. 따라서 영업활동현금흐름에 미치는 영향은 매출채권 감소로 인한 현금유입 31,000원과 대손충당금설정으로 인한 현금유입액 2,000원의 합계액인 33,000원이다.

30 현금주의 매출원가 = 매출원가 + 재고자산 증가 − 매입채무 증가 = 40,000 + 54,000 − 3,400 = 42,000원

31

법인세

법인세비용	?	당기법인세납부액	₩50,600
이연법인세자산 증가액	₩600	당기법인세부채 증가액	₩4,000

손익계산서에 인식된 당기법인세비용은 54,000원(= 50,600 + 4,000 − 600)이다. 당기법인세부채는 미지급법인세를 의미한다.

32 재고자산평가손실은 매출원가에 포함되므로 다른 조건이 동일한 상태에서 재고자산평가손실이 있었다면 매출원가가 현금주의 매출원가보다 클 것이다. 그러나 전기의 매출원가가 현금주의매출원가보다 작기 때문에 이거만 가지고 재고자산평가손실이 발생했을 가능성을 예측할 수는 없다. 전기 매출원가에는 재고자산평가손실이 포함되었을 수도 있고, 아닐 수도 있다.

33 현금매출액 = 매출액 + 매출채권 감소액 + 선수금 증가액. 여기서 매출채권 감소액은 대손상각비 확정액을 가산하여 현금유입액에서 차감되도록 하여야 한다.

매출채권 감소액 = (8,000 − 12,000) + 1,000 = (3,000원)

대손충당금			
당기확정	1,000	기초잔액	600
기말잔액	400	당기설정	800

따라서, 현금주의 매출액 = 100,000 + 3,000 + 400 = 103,400원

> **Key Point!**
> 대손충당금 설정액 400원은 영업활동현금흐름 계산 시 당기순이익에 가산되지만 본 문제는 매출활동에 의한 현금유입액을 묻고 있으므로 고려하지 않는다.

34 판관비에 의한 현금유출액 = 판관비 − 비현금비용 + 선급판관비 증가액 + 미지급판관비 감소액
= 100,000 − (11,000 + 9,000 + 5,000) + 1,800 + 1,100 = 77,900원

35 이자비용 현금유출액 = 이자비용 + 선급이자 증가액 + 미지급이자 감소액
= 8,500 + 1,200 + 1,200 = 10,900원

36 영업활동으로 인한 현금흐름 = 당기순이익 + 비현금비용 − (매출채권증가 + 대손확정액) − 재고자산증가
+ 매입채무증가 + 미지급급료증가 − 퇴직금지급액
= 100 + (500 + 200 + 300) − (300 + 100) − 1,200 + 100 + 0 − 400 = −800천 원

37

기계장치(취득원가)				감가상각누계액			
기초	28,000원	처분	13,000원	기초	6,600원	제거	2,600원
대체	20,000원						
매입	25,000원	기말	60,000원	설정	5,000원	기말	9,000원

처분한 기계장치의 장부가치는 13,000 − 2,600 = 10,400원이다. 기계장치처분손실이 1,500원이므로 실제로 처분한 가격은 10,400 − 1,500 = 8,900원이다.

38

자본금				주식발행초과금			
		기초	12,000원			기초	3,000원
		주식배당	500원				
		무상증자	1,000원				
기말	15,000원	유상증자	1,500원	기말	5,000원	유상증자	2,000원

39 장단기자금조달과 운용의 균형을 파악할 수 있는 지표는 비유동장기적합률이다.

구분	① 현금 보유형	② 성숙형	③ 일부사업 구조조정형	④ 성장형	⑤ 저수익 매각형	⑥ 급성장 기업형	⑦ 대규모 구조조정형	⑧ 쇠태형
CFO	+	+	+	+	−	−	−	−
CFI	+	−	+	−	+	−	+	−
CFF	+	−	−	+	+	+	−	−

40

※ CFO(영업활동으로 인한 현금흐름), CFI(투자활동으로 인한 현금흐름), CFF(재무활동으로 인한 현금흐름), 그리고 현금흐름의 방향은 (+)에서 (−)로 배분된다.

41 FCFF = EBIT(1 − t_c) + Dep. − △NWC − △CAPEX = 1,000 + 200 − 400 − 700 = 100

※ △CAPEX(자본적지출증가액)은 유형자산의 순증가액으로 실무적으로 **유형자산취득금액에서 유형자산처분금액을 차감한 순액을 사용**한다. 또한 무형자산에 대한 로열티도 포함한다.

42 현금수지분석표의 유형자산증감란에 '5,000천 원'이 기재된 경우는, 당기 중 유형자산의 취득 · 처분활동에서 취득으로 인한 현금유출액보다 처분으로 인한 현금유입액이 5,000천 원 더 많았다는 의미이다. 즉 단순히 5,000천 원 상당의 유형자산을 처분한 개념이 아니다.

43 공급기업의 신용기간 축소는 재고구입에 따른 대금지급과 관련되므로 매입채무 감소의 원인이라 할 수 있다.

44 채무조정이익은 비현금수익이지만 장부상 장기차입금액을 감소시키므로 이를 다시 가산 조정한다.

45 매출액 대비 영업활동현금흐름 비율 = 매출액영업이익률 − 운전자산보유비율 − 법인세납부율
= 30% − 18% − 4% = 8%

영업활동현금흐름 증가액 = 매출액 × 매출액증가율 × 매출액 대비 영업활동현금흐름 비율
2억 원 = 매출액 × 25% × 8%, 따라서 매출액 = 100억 원이다.

46 배당금 지급능력은 영업활동 현금흐름으로 파악할 수 있고, 재무활동으로 인한 현금흐름으로 파악할 수 있는 것은 배당금 지급규모에 대한 정보이다.

47 초단기에 공급은 물가에 완전탄력적(수평)이어서 고정된 가격에 발생된 수요만큼 공급한다.

48 실질자산가치가 증가하면 가치상승분에 상응하는 소비가 증가한다.

49 실질GDP = $\dfrac{명목GDP}{GDP\ deflator}$ × 100

120 = (명목GDP/125) × 100, 명목GDP = 187.5

50 확장국면이 수축국면보다 상대적으로 오래 지속된다.

51 건설기성액은 동행종합지수이다.

52 철강산업은 수요부진과 중국산 저가 철강재 유입으로 Buyer's Market으로 전환 중이고, 전방교섭력이 약화되는 추세에 있다.

53 자동차산업의 후방산업은 부품산업으로 매우 다양하게 분포하기 때문에 교섭력이 우수하다.

54 전방산업인 가공산업의 참여자가 영세하고 많아 교섭력이 양호하다.

55 메모리반도체산업은 자본 · 기술집약형 산업으로 고정비 투자가 많아 영업레버리지가 높다.

56 식품산업은 필수재로 대체재 위험에 대한 민감도가 낮다. 다만 세부품목 간 대체재 위험은 일부 존재한다.

57 건설산업은 표준화, 규격화가 어려워 노동집약적이므로 진입장벽이 낮다.

58 거시환경분석은 PEST 모델이다.

59 ㈜한국은 제품생산을 위하여 오직 A사에서만 구매하므로 후방교섭력이 약하다.
　① 진입장벽이 높아 ㈜한국에 유리하다.
　② 대체재가 없으므로 공급자 교섭력이 우수하다.
　④ 시장점유율이 높으므로 공급자 교섭력이 우수하다.
　⑤ 전방산업의 회사의 구매대체비용이 높아 ㈜한국의 공급자 교섭력이 우수하다.

60 구매상품에 대한 포지셔닝

사업의 영향도	공급시장 위험도	포지셔닝
고	고	전략품목
고	저	안전품목
저	고	경쟁품목
저	저	일반품목

61 고객정책은 4P와 관련이 없다.

62 주어진 그림은 자재소요리스트(BOM)이다.

MEMO

PART 02
종합신용평가

※ 자료출처 : Krx. (n.d.). 공시검색. KONEX. http://konex.krx.co.kr/

[1~29]

다음은 ㈜Leaderman의 재무제표이다. 각 물음에 답하시오.

재무상태표

㈜Leaderman (단위 : 원)

과목	당기		전기	
Ⅰ. 유동자산		17,501,777,877		13,381,768,674
(1) 당좌자산		13,810,308,988		11,370,861,569
현금및현금성자산(주석11)	1,614,053,953		1,617,402,607	
단기금융상품(주석11)	10,400,000,000		7,887,100,000	
매출채권(주석11)	1,584,202,068		1,494,010,469	
대손충당금	(359,174,981)		(233,185,599)	
미수금	–		78,359	
미수수익	82,500,796		86,532,469	
선급금	281,857,720		367,565,264	
대손충당금	(6,050,000)		–	
선급비용	5,253,385		3,875,704	
이연법인세자산(주석19)	207,666,047		147,482,296	
(2) 재고자산(주석5)		3,691,468,889		2,010,907,105
제품	258,605,237		413,056,240	
평가충당금	(131,980,655)		(65,823,645)	
재공품	953,904,294		609,333,082	
평가충당금	(11,512,663)		(11,500,544)	
원재료	2,755,835,974		1,057,920,346	
평가충당금	(257,110,111)		(83,668,410)	
상품	133,417,739		110,655,891	
평가충당금	(9,690,926)		(19,065,855)	
Ⅱ. 비유동자산		2,831,738,945		2,749,091,572
(1) 투자자산		11,400,000		89,467,874
장기금융상품	10,000,000		–	
매도가능증권(주석4)	1,400,000		89,467,874	
(2) 유형자산(주석6, 8)		1,715,921,175		1,617,782,628
토지	442,000,000		442,000,000	
건물	1,407,794,816		1,352,477,107	
감가상각누계액	(488,664,935)		(453,815,802)	

기계장치	67,009,000		67,009,000	
감가상각누계액	(67,001,000)		(67,001,000)	
정부보조금	(8,000)		(8,000)	
차량운반구	388,202,660		388,202,660	
감가상각누계액	(282,339,045)		(234,056,144)	
공구와기구	1,160,488,577		1,128,665,934	
감가상각누계액	(1,122,179,401)		(1,076,693,289)	
정부보조금	(5,965)		(1,748,078)	
비품	61,287,701		51,479,745	
감가상각누계액	(44,818,819)		(30,863,474)	
정부보조금	(819,344)		(1,963,940)	
시설장치	229,134,001		229,134,001	
감가상각누계액	(229,127,001)		(229,127,001)	
건설중인자산	194,967,930		54,090,909	
(3) 무형자산(주석7)		302,179,558		259,282,922
산업재산권	138,447,635		54,717,395	
정부보조금	(214,066)		(313,967)	
소프트웨어	114,637,664		161,265,891	
정부보조금	(41,547,575)		(60,929,641)	
건설중인자산	90,855,900		104,543,244	
(4) 기타비유동자산		802,238,212		782,558,148
보증금	738,659,668		738,659,668	
이연법인세자산(주석19)	63,578,544		43,898,480	
자산총계		**20,333,516,822**		**16,130,860,246**
I. 유동부채		2,585,573,417		1,824,502,543
매입채무(주석22)	524,264,082		249,684,457	
미지급금(주석22)	218,610,810		236,008,134	
예수금	34,826,635		51,835,915	
부가세예수금	175,523,004		45,964,638	
선수금	257,723,960		119,171,256	
단기차입금(주석9, 22)	500,000,000		–	
당기법인세부채(주석19)	488,514,206		394,598,822	
미지급비용(주석22)	217,388,767		370,054,512	
유동성장기부채(주석9, 22)	–		200,000,000	
반품충당부채(주석10)	137,040,172		124,411,422	
판매보증충당부채(주석10)	12,129,566		12,104,423	
하자보수충당부채(주석10)	9,552,215		10,668,964	
임대보증금	10,000,000		10,000,000	
II. 비유동부채		342,031,232		20,697,656
장기차입금(주석9)	300,000,000		–	
장기미지급금	1,360,013		1,360,013	
판매보증충당부채(주석10)	40,671,219		19,337,643	

부채총계		2,927,604,649		1,845,200,199
I. 자본금(주석1, 15)		2,670,000,000		2,670,000,000
보통주자본금	2,510,000,000		2,510,000,000	
우선주자본금	160,000,000		160,000,000	
II. 자본잉여금(주석15)		1,917,143,549		1,917,143,549
주식발행초과금	1,917,143,549		1,917,143,549	
III. 이익잉여금(주석16)		12,818,768,624		9,698,516,498
미처분이익잉여금	12,818,768,624		9,698,516,498	
자본총계		17,405,912,173		14,285,660,047
부채및자본총계		20,333,516,822		16,130,860,246

손익계산서

㈜Leaderman

(단위 : 원)

과목	당기		전기	
I. 매출액(주석12)		14,101,350,571		12,772,532,683
제품매출	12,100,028,904		11,194,591,049	
상품매출	1,947,514,290		1,468,578,145	
용역매출	17,579,198		59,232,780	
임대료수익	36,228,179		50,130,709	
II. 매출원가(주석20)		5,745,296,634		5,454,729,687
(1) 제품매출원가	5,052,650,032		4,994,107,986	
기초제품재고액	413,056,240		582,267,275	
당기제품제조원가	4,070,430,082		4,435,293,119	
타계정에서대체액	609,566,294		573,895,022	
타계정으로대체액	(13,979,717)		(247,005,249)	
관세환급금	(7,428,460)		(5,180,640)	
재고자산평가손실	239,610,830		67,894,699	
기말제품재고액	(258,605,237)		(413,056,240)	
(2) 상품매출원가	692,443,820		454,125,024	
기초상품재고액	110,655,891		172,824,420	
당기상품매입액	1,259,263,888		876,237,042	
타계정에서대체액	49,221,553		14,397,802	
타계정으로대체액	(592,323,935)		(511,873,201)	
재고자산평가손실	(955,838)		13,194,852	
기말상품재고액	(133,417,739)		(110,655,891)	
(3) 용역매출원가	202,782		6,496,677	
III. 매출총이익		8,356,053,937		7,317,802,996
IV. 판매비와관리비(주석20)		4,807,439,833		4,711,159,617
급여	1,607,872,833		1,586,931,431	
퇴직급여	159,840,538		150,852,919	
복리후생비	216,130,889		172,456,997	
여비교통비	66,765,651		45,644,502	

접대비	95,757,219		75,808,336	
통신비	17,435,986		12,592,108	
수도광열비	7,448,883		5,284,683	
세금과공과금	25,350,192		19,716,659	
감가상각비	79,577,530		78,223,530	
지급임차료	44,891,613		34,405,161	
수선비	40,909		213,000	
보험료	20,907,066		23,936,591	
차량유지비	221,786,788		186,662,762	
경상개발비(주석18, 20)	501,414,192		440,003,962	
운반비	73,446,218		51,438,200	
교육훈련비	1,625,454		5,670,000	
도서인쇄비	13,407,530		10,773,162	
소모품비	25,514,692		18,272,892	
지급수수료	173,970,686		128,330,089	
광고선전비	94,825,814		63,792,250	
대손상각비	132,039,382		156,035,798	
판매수수료	1,148,319,283		1,381,705,050	
무형자산상각비(주석7)	53,703,810		48,591,243	
하자보수비(주석10)	1,822,239		2,412,741	
판매보증비(주석10)	23,544,436		11,405,551	
Ⅴ. 영업이익		3,548,614,104		2,606,643,379
Ⅵ. 영업외수익		458,672,945		308,472,496
이자수익	222,846,051		131,113,264	
외환차익	168,988,795		160,682,580	
외화환산이익(주석11)	1,270,000		7,837,556	
잡이익	65,568,099		8,839,096	
Ⅶ. 영업외비용		255,628,129		123,871,834
이자비용	15,509,165		1,974,664	
외환차손	44,631,760		15,588,013	
외화환산손실(주석11)	80,163,369		210,687	
기부금	27,050,000		36,831,803	
단기매매증권처분손실	205,842		–	
매도가능증권손상차손	88,067,874		–	
무형자산손상차손	–		62,666,667	
기타비유동자산처분손실	–		6,600,000	
잡손실	119		–	
Ⅷ. 법인세비용차감전순이익		3,751,658,920		2,791,244,041
Ⅸ. 법인세비용(주석19)		631,406,794		444,237,984
Ⅹ. 당기순이익		3,120,252,126		2,347,006,057
Ⅺ. 주당손익(주석23)				
기본주당이익		621		467

자본변동표

㈜Leaderman   (단위 : 원)

과목	자본금	자본잉여금	이익잉여금	총 계
20X1.1.1(전기초)	2,670,000,000	1,917,143,549	7,351,510,441	11,938,653,990
당기순이익	−	−	2,347,006,057	2,347,006,057
20X1.12.31(전기말)	2,670,000,000	1,917,143,549	9,698,516,498	14,285,660,047
20X2.1.1(당기초)	2,670,000,000	1,917,143,549	9,698,516,498	14,285,660,047
당기순이익	−	−	3,120,252,126	3,120,252,126
20X2.12.31(당기말)	2,670,000,000	1,917,143,549	12,818,768,624	17,405,912,173

현금흐름표

㈜Leaderman   (단위 : 원)

과목	당기		전기	
Ⅰ. 영업활동으로 인한 현금흐름		2,252,182,963		1,846,237,742
1. 당기순이익	3,120,252,126		2,347,006,057	
2. 현금유출 없는 비용 등의 가산	715,207,560		491,524,686	
대손상각비	132,039,382		156,035,798	
감가상각비	139,686,782		110,781,009	
무형자산상각비	53,703,810		48,591,243	
재고자산평가손실	230,235,901		81,089,551	
반품충당부채전입액	22,324,374		11,845,976	
하자보수충당부채전입액	1,822,239		2,412,741	
판매보증충당부채전입액	23,544,436		11,405,551	
외화환산손실	23,576,920		96,150	
단기매매증권처분손실	205,842		−	
매도가능증권손상차손	88,067,874		−	
기타비유동자산처분손실	−		6,600,000	
무형자산손상차손	−		62,666,667	
3. 현금유입 없는 수익 등의 차감	(1,270,000)		(7,357,305)	
외화환산이익	1,270,000		7,357,305	
4. 영업활동으로 인한 자산부채의 변동	(1,582,006,723)		(984,935,696)	
매출채권의 증가	(112,498,519)		(1,169,307,494)	
미수금의 감소	78,359		14,056	
미수수익의 감소(증가)	4,031,673		(6,478,627)	
선급금의 감소(증가)	85,707,544		(328,284,635)	
선급비용의 감소(증가)	(1,377,681)		5,555,416	
당기법인세자산의 감소	−		32,208,928	
이연법인세자산의 증가	(79,863,815)		(5,699,748)	
재고자산의 증가	(1,910,797,685)		(327,160,256)	
매입채무의 증가	274,579,625		198,639,397	
미지급금의 증가(감소)	(19,397,324)		32,166,621	

항목			
선수금의 증가	138,552,704		62,417,140	
예수금의 증가(감소)	(17,009,280)		22,875,740	
부가세예수금의 증가(감소)	129,558,366		(33,780,551)	
미지급비용의 증가(감소)	(152,665,745)		178,402,347	
당기법인세부채의 증가	93,915,384		363,035,169	
반품충당부채의 감소	(9,695,624)		(8,613,890)	
장기미지급금의 증가	–		630,177	
하자보수충당부채의 감소	(2,938,988)		(495,331)	
판매보증충당부채의 감소	(2,185,717)		(1,060,155)	
II. 투자활동으로 인한 현금흐름		(2,855,531,617)		(1,323,859,148)
1. 투자활동으로 인한 현금유입액	18,798,484,158		10,651,901,032	
단기금융상품의 감소	18,797,100,000		10,346,901,032	
단기매매증권의 감소	1,384,158		–	
보증금의 감소	–		305,000,000	
2. 투자활동으로 인한 현금유출액	(21,654,015,775)		(11,975,760,180)	
단기금융상품의 증가	21,310,000,000		10,967,461,032	
단기매매증권의 증가	1,590,000		–	
장기금융상품의 증가	10,000,000		120,000,000	
매도가능증권의 취득	–		88,067,874	
건물의 취득	1,226,800		–	
차량운반구의 취득	–		9,322,175	
공구와기구의 취득	31,822,643		53,050,856	
비품의 취득	9,807,956		15,850,382	
산업재산권의 취득	222,500		–	
소프트웨어의 취득	4,100,000		42,126,837	
건설중인자산의 증가	285,245,876		131,615,224	
보증금의 증가	–		548,265,800	
III. 재무활동으로 인한 현금흐름		600,000,000		(200,000,000)
1. 재무활동으로 인한 현금유입액	800,000,000		763,731,200	
단기차입금의 증가	500,000,000		763,731,200	
장기차입금의 증가	300,000,000		–	
2. 재무활동으로 인한 현금유출액	(200,000,000)		(963,731,200)	
단기차입금의 상환	–		963,731,200	
유동성장기부채의 상환	200,000,000		–	
IV. 현금의 증가(감소)(I + II + III)		(3,348,654)		322,378,594
V. 기초의 현금		1,617,402,607		1,295,024,013
VI. 기말의 현금		1,614,053,953		1,617,402,607

주석

당기 20X2년 12월 31일 현재

전기 20X1년 12월 31일 현재

주식회사 Leaderman

1. 회사의 개요

주식회사 Leaderman(이하 "당사")는 20XX년 1월 1일 설립되어 의료기기의 제조 및 판매를 주요 사업으로 영위하고 있으며, ○○시에 제조설비를 두고 있습니다. 당사는 20XX년 7월 1일 한국거래소가 개설한 코넥스시장에 당사의 주식을 상장하였습니다.

당기말 현재 당사의 납입자본금은 2,670,000천 원이며 당사가 발행할 주식의 총수, 1주의 금액, 발행한 주식수는 각각 50,000,000주, 500원, 5,020,000주입니다. 다만, 전기이전 중 전환상환우선주의 이익소각 방식의 상환으로 인하여 당기말 현재 납입자본금은 발행주식의 액면총액과 일치하지 아니합니다.

당기말 현재 당사의 주주현황은 다음과 같습니다(단위 : 주, 천 원, %).

주주명	주식수	금액	지분율
홍길동과 그 특수관계자	2,407,763	1,203,882	47.96
ABC투자	400,000	200,000	7.97
EFICO투자	220,000	110,000	4.38
기타주주	1,992,237	996,118	39.69
합 계	5,020,000	2,510,000	100.00

2. 재무제표 작성기준

(1) 회계기준의 적용

당사는 일반기업회계기준에 따라 재무제표를 작성하였습니다.

(2) 측정기준

재무제표는 아래에서 열거하고 있는 재무상태표의 주요 항목을 제외하고는 역사적원가를 기준으로 작성되었습니다.

- 공정가치로 측정되는 매도가능증권

(3) 추정과 판단

일반기업회계기준에서는 재무제표를 작성함에 있어서 회계정책의 적용이나, 보고기간 말 현재 자산, 부채 및 수익, 비용의 보고금액에 영향을 미치는 사항에 대하여 경영진의 최선의 판단을 기준으로 한 추정치와 가정의 사용을 요구하고 있습니다. 보고기간 말 현재 경영진의 최선의 판단을 기준으로 한 추정치와 가정이 실제 환경과 다를 경우 이러한 추정치와 실제 결과는 다를 수 있습니다.

다음 보고기간 이내에 유의적인 조정을 유발할 수 있는 위험과 관련된 유의적인 가정과 측정상의 불확실성에 대한 정보는 다음의 주석사항에 포함되어 있습니다.

- 주석 10, 14 : 충당부채와 우발부채
- 주석 19 : 이연법인세의 인식

3. 유의적 회계정책

당사가 일반기업회계기준에 따라 작성한 재무제표에 적용한 유의적인 회계정책은 다음과 같습니다.

(1) 현금및현금성자산

당사는 통화 및 타인발행수표 등 통화대용증권과 당좌예금, 보통예금 및 큰 거래비용 없이 현금으로 전환이 용이하고 이자율 변동에 따른 가치변동의 위험이 경미한 금융상품으로서 취득 당시 만기일(또는 상환일)이 3개월 이내인 것을 현금및현금성자산으로 분류하고 있습니다.

(2) 재고자산

재고자산의 취득원가는 매입원가 또는 제조원가의 취득에 직접적으로 관련되어 있으며 정상적으로 발생되는 기타원가를 포함하고 있으며, 재고자산의 단위원가는 총평균법(미착품은 개별법)으로 결정하고 있습니다. 재고자산의 시가가 취득원가보다 하락한 경우에 발생한 평가손실 및 정상적으로 발생한 감모손실은 매출원가에 가산하고, 평가손실은 재고자산의 차감계정으로 표시하고 있습니다.

한편, 재고자산 평가손실을 초래했던 상황이 해소되어 새로운 시가가 장부금액보다 상승한 경우에는 최초의 장부금액을 초과하지 않는 범위 내에서 평가손실을 환입하고 매출원가에서 차감하고 있습니다. 당기 중 재고자산평가손실 인식액은 230,236천 원이며, 전기중 재고자산평가손실 인식액은 81,090천 원입니다. 당사는 재고자산평가손실(환입)에 대하여 매출원가에 가감하였습니다.

(3) 금융상품

① 공통사항

금융자산이나 금융부채는 당사가 금융상품의 계약당사자가 되는 때에만 재무상태표에 인식하고, 최초 인식 시 공정가치로 측정하며, 공정가치의 변동을 당기손익으로 인식하는 금융자산이나 금융부채가 아닌 경우 당해 금융자산(금융부채)의 취득(발행)과 직접 관련되는 거래원가는 최초 인식하는 공정가치에 가산(차감)하고 있습니다.

최초 인식 후 금융자산이나 금융부채는 유가증권, 파생상품 및 당기손익인식지정항목을 제외하고 상각후원가로 측정하고 있습니다.

당사는 상각후원가로 측정하는 금융자산의 손상 발생에 대한 객관적인 증거가 있는지를 매 보고기간 말에 평가하고, 그러한 증거가 있는 경우, 해당 금융자산에 대한 손상차손의 인식, 측정 및 환입은 아래 유가증권의 손상에 대한 회계정책을 준용하여 회계처리하고 있습니다.

한편, 유가증권을 제외한 회수가 불확실한 금융자산은 합리적이고 객관적인 기준에 따라 산출한 대손추산액을 대손충당금으로 설정하고 있습니다.

유가증권을 제외한 금융자산 양도의 경우, 당사가 금융자산 양도 후 양도자산에 대한 권리를 행사할 수 없고, 양도 후에 효율적인 통제권을 행사할 수 없으며 양수인이 양수한 금융자산을 처분할 자유로운 권리가 있을 때에 한하여 금융자산을 제거하고 있으며, 이외의 경우에는 금융자산을 담보로 한 차입거래로 회계처리하고 있습니다.

② 유가증권

종속기업, 지분법피투자기업, 조인트벤처에 대한 투자를 제외한 지분증권과 채무증권에 대해서 취득하는 시점에 만기보유증권, 매도가능증권, 단기매매증권으로 분류하고 매 보고기간 말마다 분류의 적정성을 재검토하고 있습니다. 만기가 확정된 채무증권으로서 상환금액이 확정되었거나 확정이 가능한 채무증권을 만기까지 보유할 적극적인 의도와 능력이 있는 경우에는 만기보유증권으로, 주로 단기간 내의 매매차익을 목적으로 취득한 유가증권은 단기매매증권으로, 그리고 단기매매증권이나 만기보유증권으로 분류되지 아니하는 유가증권은 매도가능증권으로 분류하고 있습니다.

당사는 후속 측정 시 만기보유증권을 상각후원가로 평가하고, 만기보유증권의 만기액면금액과 취득원가의 차이를 상환기간에 걸쳐 유효이자율법에 의하여 상각하여 취득원가와 이자수익에 가감하고 있습니다. 단기매매증권과 매도가능증권은 공정가치로 평가하고 있습니다. 다만, 매도가능증권 중 시장성이 없는 지분증권의 공정가치를 신뢰성 있게 측정할 수 없는 경우에는 취득원가로 평가하고 있습니다. 시장성 있는 유가증권의 평가는 시장가격을 공정가치로 보며 시장가격은 보고기간 말 현재의 종가로 하고 있습니다. 시장가격이 없는 채무증권의 경우에는 미래현금흐름을 합리적으로 추정하고, 공신력 있는 독립된 신용평가기관이 평가한 신용등급이 있는 경우에는 신용평가등급을 적절히 감안한 할인율을 사용하여 평가한 금액을 공정가치로 하고 있습니다. 한편, 시장성이 없는 수익증권의 경우에는 펀드운용회사가 제시하는 수익증권의 매매기준가격을 공정가치로 하고 있습니다.

당사는 단기매매증권의 미실현보유손익을 당기손익항목으로 처리하고, 매도가능증권의 미실현보유손익을 기타포괄손익누계액으로 처리하고 있으며, 당해 매도가능증권을 처분하거나 손상차손을 인식하는 시점에 일괄하여 당기손익에 반영하고 있습니다.

당사는 손상차손의 발생에 대한 객관적인 증거가 있는지 매 보고기간 말마다 평가하여 유가증권의 회수가능액이 채무증권의 상각후원가 또는 지분증권의 취득원가보다 작은 경우에는 손상차손이 불필요하다는 명백한 반증이 없는 한 손상차손을 인식하여 당기손익에 반영하고 있습니다. 손상차손의 회복이 손상차손 인식 후에 발생한 사건과 객관적으로 관련되는 경우, 만기보유증권 또는 원가로 평가하는 매도가능증권의 경우 당초에 손상차손을 인식하지 않았다면 회복일 현재의 상각후원가(매도가능증권의 경우 취득원가)를 한도로 당기이익을 인식하며, 공정가치로 평가하는 매도가능증권의 경우에는 이전에 인식하였던 손상차손 금액을 한도로 하여 회복된 금액을 당기이익으로 인식하고 있습니다.

유가증권의 양도로 당사가 유가증권의 통제를 상실한 때에는 그 유가증권을 재무상태표에서 제거하나, 통제를 상실하지 않았을 경우 당해 거래를 담보차입거래로 회계처리하고 있습니다.

단기매매증권과 보고기간말로부터 1년 내에 만기가 도래하거나 매도 등에 의하여 처분할 것이 거의 확실한 매도가능증권과 보고기간 말로부터 1년 내에 만기가 도래하는 만기보유증권은 유동자산으로 분류하고 있습니다.

(4) 유형자산

당사는 유형자산의 취득원가 산정 시, 당해 자산의 제작원가 또는 구입원가 및 경영진이 의도하는 방식으로 가동하는 데 필요한 장소와 상태에 이르게 하는 데 직접 관련되는 원가를 가산하고 있습니다. 현물출자, 증여, 기타 무상으로 취득한 자산의 가액은 공정가치를 취득원가로 하고, 동일한 업종 내에서 유사한 용도로 사용되고 공정가치가 비슷한 동종자산과의 교환으로 받은 유형자산의 취득원가는 교환으로 제공한 자산의 장부금액으로 인식합니다. 한편, 다른 종류의 자산과의 교환으로 취득한 자산의 취득원가는 교환을 위하여 제공한 자산의 공정가치로 측정하고, 제공한 자산의 공정가치가 불확실한 경우에는 교환으로 취득한 자산의 공정가치로 측정하고 있습니다.

유형자산의 취득 또는 완성 후의 지출이 유형자산의 내용연수를 연장시키거나 가치를 실질적으로 증가시키는 지출은 자본적 지출로 처리하고, 원상을 회복시키거나 능률유지를 위한 지출은 당기 비용으로 처리하고 있습니다.

최초 인식 후에 유형자산은 원가에서 감가상각누계액과 손상차손누계액을 차감한 금액을 장부금액으로 하고 있습니다.

유형자산 중 토지는 감가상각을 하지 않으며, 그 외 유형자산은 자산이 사용가능한 때부터 자산의 취득원가에서 잔존가치를 차감한 금액에 대하여 아래의 내용연수 동안 정률법(건물은 정액법)으로 상각하고 있습니다.

과목	내용연수	과목	내용연수
건물	40년	공구와기구	4년
기계장치	10년	비품	4년
차량운반구	4년	시설장치	4년

유형자산의 제거로부터 발생하는 손익은 처분금액과 장부금액의 차액으로 결정되며, 당기손익으로 인식하고 있습니다.

(5) 무형자산

무형자산은 당해 자산의 제작원가 또는 구입가격에 자산을 의도한 목적에 사용할 수 있도록 준비하는 데 직접 관련되는 원가를 가산한 가액을 취득원가로 계상하고 있습니다. 한편, 사업결합으로 취득한 무형자산은 취득일의 공정가치를 취득원가로 하고, 동일한 업종 내에서 유사한 용도로 사용되고 공정가치가 비슷한 동종자산과의 교환으로 받은 무형자산의 취득원가는 교환으로 제공한 자산의 장부금액으로, 다른 종류의 자산과의 교환으로 취득한 자산의 취득원가는 교환을 위하여 제공한 자산의 공정가치로 측정하고, 제공한 자산의 공정가치가 불확실한 경우에는 교환으로 취득한 자산의 공정가치로 측정하고 있습니다.

무형자산은 사용가능한 시점부터 잔존가액을 영(0)으로 하여 아래의 내용연수 동안 정액법으로 상각하며 이에 의해 계상된 상각액을 직접 차감한 잔액으로 평가하고 있습니다.

과목	내용연수
산업재산권	5~10년
소프트웨어	4년

① 연구 및 개발

개발활동 관련 비용 중 일정요건을 충족하고 미래경제적 효익이 확실한 비용은 개발비의 과목으로 무형자산으로 처리하며 이외의 경우에는 경상개발비의 과목으로 제조원가 또는 판매비와 관리비로 처리하고 있습니다. 또한 연구활동과 관련된 비용은 연구비의 과목으로 판매비와 관리비로 처리하고 있습니다.

② 취득 또는 완성 후의 지출

무형자산의 취득 또는 완성 후의 지출로서 무형자산과 직접 관련되어 있고 미래경제적 효익을 증가시킬 가능성이 매우 높으며, 관련된 지출을 신뢰성 있게 측정할 수 있는 경우에만 자본적 지출로 처리하고, 그렇지 않은 경우에는 발생한 기간의 비용으로 인식하고 있습니다.

(6) 충당부채

당사는 지출의 시기 또는 금액이 불확실한 부채 중 과거사건이나 거래의 결과로 현재의무가 존재하고 당해 의무를 이행하기 위하여 자원이 유출될 가능성이 매우 높으며 그 의무의 이행에 소요되는 금액을 신뢰성 있게 추정할 수 있는 경우에는 부채로 계상하고 있습니다. 또한 충당부채의 명목금액과 현재가치의 차이가 중요한 경우에는 의무를 이행하기 위하여 예상되는 지출액의 현재가치로 평가하고 있습니다.

제3자가 변제하여 줄 것이 확실한 경우에 한하여 변제할 금액을 별도의 자산으로 처리하며 이 경우 변제에 따른 수익에 해당하는 금액은 충당부채의 인식에 따라 손익계산서에 계상될 관련 비용과 상계하고 있습니다.

(7) 납입자본

당사는 주식을 발행하는 경우 주식의 발행금액이 액면금액보다 크다면 그 차액을 주식발행초과금으로 하여 자본잉여금으로 처리하고, 발행금액이 액면금액보다 작다면 그 차액을 주식발행초과금의 범위 내에서 상계처리하고 미상계된 잔액이 있는 경우에는 자본조정의 주식할인발행차금으로 처리하고 있습니다. 한편, 자본거래비용 중 자본거래가 없었다면 회피가능하고 자본거래에 직접 관련되어 발생한 추가비용에 대해서는 관련된 법인세효과를 차감한 금액을 주식발행초과금에서 차감하거나 주식할인발행차금에 가산하고 있습니다.

(8) 수익

회사는 수익을 재화의 판매, 용역의 제공이나 자산의 사용에 대하여 받았거나 또는 받을 대가(이하 '판매대가')의 공정가치로 측정하고 있으며, 매출에누리와 할인 및 환입은 수익에서 차감하되 구매자에게 지급할 대가가 구매자에게서 받은 구별되는 재화나 용역에 대한 지급이라면 수익에서 차감하지 않고 있습니다.

한편, 회사는 재화의 소유에 따른 위험과 효익의 대부분이 구매자에게 이전되고, 판매한 재화에 대하여 소유권이 있을 때 통상적으로 행사하는 정도의 관리나 효과적인 통제를 할 수 없으며, 수익금액 및 거래와 관련하여 발생했거나 발생할 거래원가와 관련 비용을 신뢰성 있게 측정할 수 있고, 경제적효익의 유입가능성이 매우 높을 때 수익을 인식하고 있습니다.

(9) 정부보조금

당사는 자산 관련 보조금을 받는 경우에는 관련 자산을 취득하기 전까지는 받은 자산 또는 받은 자산을 일시적으로 운용하기 위하여 취득하는 다른 자산의 차감계정으로 회계처리하고, 관련 자산을 취득하는 시점에서 관련 자산의 차감계정으로 회계처리하고 있습니다. 한편, 정부보조금을 사용하기 위하여 특정조건을 충족해야 하는 경우가 아닌 기타의 정부보조금을 받은 경우에는 주된 영업활동과 직접적인 관련성이 있다면 영업수익으로, 그렇지 않다면 영업외수익으로 회계처리하고 있으며, 대응되는 비용이 있는 경우에는 특정비용과 상계처리하고 당기손익에 반영하고 있습니다.

(10) 자산손상

금융자산, 재고자산과 이연법인세자산을 제외한 당사의 모든 자산에 대해서는 매 보고기간 말마다 자산손상을 시사하는 징후가 있는지를 검토하며, 만약 그러한 징후가 있다면 당해자산의 회수가능액을 추정하고 있습니다. 또한, 아직 사용할 수 없는 무형자산에 대해서는 자산손상을 시사하는 징후와 관계없이 매년 회수가능액과 장부금액을 비교하여 손상검사를 하고 있습니다.

회수가능액은 개별 자산별로 추정합니다. 만약, 개별 자산의 회수가능액을 추정할 수 없다면 그 자산이 속하는 현금창출단위별로 회수가능액을 추정하고 있습니다. 현금창출단위란 다른 자산이나 자산집단에서의 현금유입과는 거의 독립적인 현금유입을 창출하는 식별가능한 최소자산집단을 의미합니다. 개별 자산이나 현금창출단위의 회수가능액이 장부금액에 미달하는 경우 자산의 장부금액을 감소시키며 이러한 장부금액의 감소는 손상차손(당기손익)으로 인식하고 있습니다.

매 보고기간 말에 영업권을 제외한 자산에 대해 과거기간에 인식한 손상차손이 더 이상 존재하지 않거나 감소된 것을 시사하는 징후가 있는지를 검토하고 직전 손상차손의 인식시점 이후 회수가능액을 결정하는 데 사용된 추정치에 변화가 있는 경우에만 손상차손을 환입하고 있으며, 손상차손환입으로 증가된 장부금액은 과거에 손상차손을 인식하기 전 장부금액의 감가상각 또는 상각 후 잔액을 초과할 수 없습니다.

(11) 퇴직급여

당사의 퇴직연금제도는 확정기여형 퇴직연금제도이므로, 당사는 연금의 운용결과와 관계없이 확정된 부담금을 납부합니다. 당해 회계기간에 납부하여야 할 부담금을 퇴직급여로 인식하고 있습니다.

(12) 법인세

법인세비용은 법인세부담액에 이연법인세 변동액을 가감하여 산출하고 있습니다. 법인세부담액은 법인세법 등의 법령에 의하여 각 회계연도에 부담할 법인세 및 법인세에 부가되는 세액의 합계이며 전기이전의 기간과 관련된 법인세부담액을 당기에 인식하는 법인세 추납액 또는 환급액이 포함됩니다. 자산·부채의 장부금액과 세무가액의 차이인 일시적차이와 이월공제가 가능한 세무상결손금과 세액공제 등에 대하여 미래에 부담하게 될 법인세부담액과 미래에 경감될 법인세부담액을 각각 이연법인세부채 및 자산으로 인식하고 있습니다. 이연법인세는 일시적차이 등의 실현이 예상되는 회계연도에 적용되는 법인세율을 사용하여 측정하고 있습니다. 당기 세율변경으로 인한 이연법인세의 변동액은 당초에 자본계정에 직접 귀속시키는 항목과 관련된 부분을 제외하고는 손익계산서에 반영하고 있습니다.

(13) 환율변동효과

① 기능통화 및 표시통화

당사는 재무제표에 포함되는 항목들을 영업활동이 이루어지는 주된 경제환경의 통화(기능통화)이며 재무제표 작성을 위한 표시통화인 '원'으로 표시하고 있습니다.

② 외화거래

당사는 기능통화 외의 통화(외화)로 이루어진 거래는 거래일의 환율을 적용하여 기록하고 있습니다. 역사적원가로 측정하는 비화폐성 외화항목은 거래일의 환율로 환산하고, 공정가치로 측정하는 비화폐성항목은 공정가치가 결정된 날의 환율로 환산하였습니다. 비화폐성항목에서 발생한 손익을 기타포괄손익으로 인식하는 경우에는 그 손익에 포함된 환율변동효과도 기타포괄손익으로 인식하고, 당기손익으로 인식하는 경우에는 환율변동효과도 당기손익으로 인식하고 있습니다.

또한, 화폐성 외화자산 및 부채는 보고기간 말 현재 환율로 환산하고 있으며 환산손익은 당기손익으로 계상하고 있습니다. 다만, 외화표시 매도가능채무증권의 경우 동 금액을 기타포괄손익으로 인식하고 있습니다.

(14) 기본주당이익

당사는 보통주에 귀속되는 회계기간의 당기순이익에 대하여 그 기간에 유통된 보통주식수를 가중평균한 주식수로 나누어 기본주당이익을 계산하고 손익계산서에 표시하고 있습니다.

4. 매도가능증권

보고기간종료일 현재 매도가능증권의 내역은 다음과 같습니다.

(당기) (단위 : 천 원)

구분	종류	회사명	취득원가	장부가액	손상차손
비유동	비상장주식	㈜대한	400	400	–
		㈜민국	1,000	1,000	–
		㈜서울	88,068	–	88,068
합 계			89,468	1,400	88,068

상기 매도가능증권은 신뢰성 있는 측정모델에 의한 공정가액을 평가할 수 없어 취득원가로 평가하였습니다.

(전기)   (단위 : 천 원)

구분	종류	회사명	취득원가	장부가액
비유동	비상장주식	㈜대한	400	400
		㈜민국	1,000	1,000
		㈜서울	88,068	88,068
합 계			89,468	89,468

5. 재고자산

(1) 보고기간종료일 현재 재고자산의 내역은 다음과 같습니다.

(단위 : 천 원)

구분	당기말			전기말		
	취득원가	평가충당금	장부가액	취득원가	평가충당금	장부금액
제품	258,605	(131,981)	126,624	413,056	(65,824)	347,232
재공품	953,904	(11,512)	942,392	609,333	(11,500)	597,833
원재료	2,755,836	(257,110)	2,498,726	1,057,920	(83,668)	974,252
상품	133,418	(9,691)	123,727	110,656	(19,066)	91,590
합 계	4,101,763	(410,294)	3,691,469	2,190,965	(180,058)	2,010,907

(2) 당기와 전기중 재고자산과 관련하여 인식한 평가손실(환입)은 다음과 같습니다.

(단위 : 천 원)

구분	당기	전기
매출원가 :		
재고자산 평가손실	230,236	81,090

6. 유형자산

(1) 보고기간종료일 현재 회사가 보유하고 있는 토지의 공시지가 내역은 다음과 같습니다.

(단위 : 천 원)

구분	주소	면적(㎡)	당기말		전기말	
			장부가액	공시지가	장부가액	공시지가
보유토지	○○시 ○○로 12	3,305.9	442,000	1,124,006	442,000	1,014,911

(2) 당기 및 전기의 유형자산의 변동내역은 다음과 같습니다.

(당기) (단위 : 천 원)

구분	기초	취득	처분	감가상각비	기말
토지	442,000	–	–	–	442,000
건물	898,661	55,318	–	(34,849)	919,130
차량운반구	154,147	–	–	(48,283)	105,864
공구와기구	50,225	31,822	–	(43,744)	38,303
비품	18,652	9,808	–	(12,811)	15,649
시설장치	7	–	–	–	7
건설중인자산	54,091	194,968	(54,091)	–	194,968
합 계	1,617,783	291,916	(54,091)	(139,687)	1,715,921

(전기) (단위 : 천 원)

구분	기초	취득	처분	감가상각비	기말
토지	442,000	–	–	–	442,000
건물	932,473	–	–	(33,812)	898,661
차량운반구	193,635	9,322	–	(48,810)	154,147
공구와기구	10,373	53,051	–	(13,199)	50,225
비품	13,058	18,356	–	(12,762)	18,652
시설장치	2,204	–	–	(2,197)	7
건설중인 자산	–	54,091	–	–	54,091
합 계	1,593,743	134,820	–	(110,780)	1,617,783

7. 무형자산

당기 및 전기중 무형자산의 변동내역은 다음과 같습니다.

(당기) (단위 : 천 원)

구분	기초	증가	상각	대체증감	손상차손	기말
산업재산권	54,403	222	(22,357)	105,965	–	138,233
소프트웨어	100,337	4,100	(31,346)	–	–	73,090
건설중인자산	104,543	92,278	–	(105,965)	–	90,856
합 계	259,283	96,600	(53,704)	–	–	302,179

(전기) (단위 : 천 원)

구분	기초	증가	상각	대체증감	손상차손	기말
산업재산권	141,711	–	(28,220)	3,579	(62,667)	54,403
소프트웨어	10,123	42,127	(20,371)	68,458	–	100,337
건설중인자산	41,994	137,091	–	(74,542)	–	104,543
합 계	193,828	179,218	(48,591)	(2,505)	(62,667)	259,283

8. 보험가입자산

보고기간종료일 현재 당사의 자산에 대한 보험가입내역은 다음과 같습니다.

(단위 : 천 원)

종 류	보험가입자산	장부가액	부보금액	부보처
화재보험	건물	919,130	1,911,559	수협보험

또한, 당사는 상기 보험 이외에 당사의 임직원에 대한 단체상해보험을 푸루덴셜생명보험㈜에 가입하고 있으며, 당사의 차량운반구에 대하여는 삼성화재해상보험㈜ 등의 자동차손해배상책임보험과 종합보험에 가입되어 있습니다.

9. 장 · 단기차입금

(1) 보고기간종료일 현재 단기차입금의 내역은 다음과 같습니다.

(단위 : 천 원)

차입처	차입금종류	이자율(%)	당기말	전기말
○○은행	수출진흥자금	2.45	500,000	–
합 계			500,000	–

(2) 보고기간종료일 현재 장기차입금의 내역은 다음과 같습니다.

(단위 : 천 원)

차입처	차입금종류	이자율(%)	당기말	전기말
○○은행	중소기업육성자금	4.03	300,000	–
○○은행	일반자금대출	1.38	–	200,000
합 계			300,000	200,000
차감 : 유동성대체			–	(200,000)
장기차입금 잔액			300,000	–

(3) 보고기간종료일 현재 당사는 상기 장 · 단기차입금과 관련하여 대표이사 및 기술보증기금으로부터 지급보증을 제공받고 있습니다(주석13 참조).

10. 충당부채

당기 및 전기중 충당부채의 증감내용은 다음과 같습니다.

(당기)   (단위 : 천 원)

구분	반품충당부채	하자보수충당부채	판매보증충당부채
기초잔액	124,411	10,669	31,442
사 용 액	(9,695)	(2,939)	(2,185)
전 입 액	22,324	1,822	23,544
기말잔액	137,040	9,552	52,801

구분	반품충당부채	하자보수충당부채	판매보증충당부채
기초잔액	121,179	8,751	21,096
사 용 액	(8,614)	(495)	(1,060)
전 입 액	11,846	2,413	11,406
기말잔액	124,411	10,669	31,442

11. 외화자산 및 외화부채

보고기간종료일 현재 화폐성 외화자산·부채 및 관련 외화환산손익의 내역은 다음과 같습니다.

(당기) (단위 : 천 원)

과목	외화금액	환산전금액	환산후금액	환산이익	환산손실
현금및현금성자산	USD 615,784	835,080	780,384	–	54,696
	JPY 15,588,160	150,473	148,583	–	1,890
매출채권	USD 401,362	530,953	508,646	1,270	23,577
합 계				1,270	80,163

(전기) (단위 : 천 원)

과목	외화금액	환산전금액	환산후금액	환산이익	환산손실
현금및현금성자산	USD 383,477	454,133	454,613	480	–
	JPY 982,833	10,240	10,125	–	115
단기금융상품	USD 200,000	236,560	237,100	540	–
매출채권	USD 907,663	1,069,314	1,076,035	6,817	96
합 계				7,837	211

12. 특수관계자와의 거래

(1) 당기와 전기에 당사와 매출 등 거래 또는 채권·채무 잔액이 있는 관계기업 및 기타 특수관계자는 다음과 같습니다.

구분	당기말	전기말	비고
관계기업	㈜서울	㈜서울	(*1)
임직원	대표이사	대표이사	

(*1) 전기중 유상증자에 참여하여 25% 지분을 취득하여 관계기업에 포함되었습니다.

(2) 당사는 기업 활동의 계획·운영·통제에 대하여 중요한 권한과 책임을 가진 등기임원, 비등기임원 등을 주요 경영진으로 판단하였으며, 당기와 전기중 주요 경영진에 대한 보상을 위해 지급한 금액은 다음과 같습니다.

(단위 : 천 원)

구분	당기	전기
단기급여	710,090	670,763
퇴직급여	88,128	78,649
합 계	798,218	749,412

(3) 당기 및 전기중 특수관계자와의 매출 · 매입 등 거래 내역은 다음과 같습니다.

(당기)   (단위 : 천 원)

구분	회사명	매출	매입	기타수익	기타비용
관계회사	㈜서울	521,885	-	-	-

(전기)   (단위 : 천 원)

구분	회사명	매출	매입	기타수익	기타비용
관계회사	㈜서울	1,021,563	-	-	-

(4) 당기 및 전기말 현재 특수관계자와의 채권 · 채무 내역은 다음과 같습니다.

(당기)   (단위 : 천 원)

구분	회사명	매출채권	대여금	매입채무	차입금
관계회사	㈜서울	421,377	-	-	-

(전기)   (단위 : 천 원)

구분	회사명	매출채권	대여금	매입채무	차입금
관계회사	㈜서울	1,015,409	-	-	-

(5) 당기말 현재 특수관계자에게 제공받고 있는 지급보증 내역은 다음과 같습니다.

(당기)   (단위 : 천 원)

특수관계자	담보보증내용	금액	금융기관
대표이사	카드채권대출 연대보증	36,000	○○은행

13. 지급보증

보고기간종료일 현재 당사가 제공받고 있는 지급보증 내역은 다음과 같습니다.

                                        (단위 : 천 원)

제공자	지급보증액	지급보증내역	채권자
대표이사	1,200,000	차입금	○○은행
대표이사	36,000	법인카드	○○은행

14. 우발부채 및 약정사항

(1) 당사는 제품매출과 관련하여 계약이행보증과 하자보증 등을 부담하고 있으며 당기말 현재 이와 관련하여 보증받은 내역은 다음과 같습니다.

                                        (단위 : 천 원)

제공자	보증내역	보증금액
○○보증보험	이행계약	446,080
	이행하자	1,000,431
	이행지급	40,000
합 계		1,486,511

(2) 약정사항

당기말 현재 당사가 맺고 있는 주요 약정사항의 내역은 다음과 같습니다.

(단위 : 천 원)

제공자	제공내역	약정한도	실행금액
○○은행	수출성장자금대출	1,000,000	500,000
○○은행	신용카드	30,000	3,524
합 계		1,030,000	503,524

15. 자본금

(1) 당기말 현재 발행할 주식의 총수와 1주의 금액은 각각 50,000,000주와 500원이며, 당기말 현재 자본금의 내용은 다음과 같습니다.

(단위 : 천 원)

구분	발행주식수(주1)	자본금
보통주	5,020,000주	2,510,000
우선주(주2)	–	160,000
합 계	5,020,000주	2,670,000

(주1) 당사는 2016년 4월 29일 주주총회결의에 의거 보통주식과 우선주식을 1주당 10,000원에서 1주당 500원으로 액면분할하였습니다.

(주2) 당사는 2018년 전환상환우선주의 상환(이익소각)으로 인하여 당기말 현재 자본금은 발행주식의 액면 총액과 일치하지 아니합니다.

(2) 기중 자본금 및 자본잉여금의 변동내역은 다음과 같습니다.

(당기)

(단위 : 천 원)

구분	자본금		주식발행초과금	
	보통주	우선주	보통주	우선주
기초	2,510,000	160,000	717,540	1,199,603
기말	2,510,000	160,000	717,540	1,199,603

(전기)

(단위 : 천 원)

구분	자본금		주식발행초과금	
	보통주	우선주	보통주	우선주
기초	2,510,000	160,000	717,540	1,199,603
기말	2,510,000	160,000	717,540	1,199,603

16. 이익잉여금처분계산서

(단위 : 원)

과 목	당기		전기	
	처분예정일 : 2023년 3월 31일		처분확정일 : 2022년 3월 30일	
Ⅰ. 미처분이익잉여금	–	12,818,768,624		9,698,516,498
전기이월미처분이익잉여금	9,698,516,498	–	7,351,510,441	
당기순이익	3,120,252,126	–	2,347,006,057	
Ⅱ. 이익잉여금처분액	–	–		–
Ⅲ. 차기이월미처분이익잉여금	–	12,818,768,624		9,698,516,498

17. 포괄손익계산서

당기 및 전기중 포괄손익계산서의 내역은 다음과 같습니다.

(단위 : 천 원)

구분	당기	전기
당기순이익	3,120,252	2,347,006
기타포괄손익	–	–
포괄손익	3,120,252	2,347,006

18. 경상개발비

당기 및 전기중 발생한 경상개발비에 대한 내역은 다음과 같습니다.

(단위 : 천 원)

과 목	당기	전기
경상개발비	501,414	440,004

19. 법인세비용

(1) 당기 및 전기중 법인세비용의 구성내역은 다음과 같습니다.

(단위 : 천 원)

구분	당기	전기
법인세 부담액	711,271	448,811
전기 이전 법인세 추납액	–	1,127
일시적차이로 인한 이연법인세 변동액	(79,864)	(5,700)
자본에 직접 반영된 법인세비용	–	–
법인세비용	631,407	444,238

(2) 당기 및 전기중 법인세비용차감전순이익과 법인세비용 간의 관계는 다음과 같습니다.

(단위 : 천 원)

구분	당기	전기
법인세비용차감전순이익	3,751,659	2,791,244
적용세율에 따른 세부담액	825,365	592,073
조정사항	(193,958)	(147,835)
비과세수익	−	−
비공제비용	5,832	1,023
세액공제	(190,707)	(149,985)
기타(세율차이 등)	(9,083)	1,127
법인세비용	631,407	444,238
유효세율	16.83%	15.91%

(3) 당사의 일시적차이의 증감내역 및 기말 현재 이연법인세자산(부채)의 내역은 다음과 같습니다.

(당기)

(단위 : 천 원)

과 목	가산할(차감할) 일시적차이				이연법인세 자산(부채)	
	기초잔액	증가	감소	기말잔액	유동	비유동
정부보조금	−	163	−	163	34	−
미수수익	(86,532)	(82,501)	(86,532)	(82,501)	(17,325)	−
대손충당금	218,245	346,564	218,245	346,564	72,779	−
재고자산	180,058	410,294	180,058	410,294	86,162	−
정부보조금(유무형자산)	64,964	42,595	64,964	42,595	−	8,945
무형자산손상차손	62,667	−	16,000	46,667	3,360	6,440
미지급금(기술료)	87,786	26,525	87,786	26,525	5,285	286
미지급비용(연차수당)	108,991	114,478	108,991	114,478	24,040	−
반품충당부채	124,411	137,040	124,411	137,040	28,778	−
하자보수충당부채	10,669	9,552	10,669	9,552	2,006	−
감가상각비	67,211	35,551	3,367	99,395	−	20,873
판매보증충당부채	31,442	52,801	31,442	52,801	2,547	8,541
매도가능증권	−	88,068	−	88,068	−	18,494
매출채권	1,166,988	−	−	1,166,988	−	245,067
합 계	2,036,900	1,181,130	759,401	2,458,629	207,666	308,646
미인식 이연법인세자산					−	(245,067)
이연법인세자산(부채)					207,666	63,579

과 목	가산할(차감할) 일시적차이				이연법인세 자산(부채)	
	기초잔액	증가	감소	기말잔액	유동	비유동
미수수익	(80,054)	(86,532)	(80,054)	(86,532)	(19,037)	–
대손충당금	190,518	218,245	190,518	218,245	48,014	–
재고자산	274,333	180,058	274,333	180,058	39,613	–
정부보조금(유무형자산)	86,686	64,964	86,686	64,964	–	14,292
무형자산손상차손	–	62,667	–	62,667	3,520	10,267
미지급금(기술료)	86,156	87,786	86,156	87,786	19,014	299
미지급비용(연차수당)	102,045	108,991	102,045	108,991	23,978	–
반품충당부채	121,179	124,411	121,179	124,411	27,370	–
하자보수충당부채	8,752	10,669	8,752	10,669	2,347	–
감가상각비	33,292	35,551	1,632	67,211	–	14,786
판매보증충당부채	21,097	31,442	21,097	31,442	2,663	4,254
매출채권	1,166,988			1,166,988	–	256,737
합 계	2,010,992	838,252	812,344	2,036,900	147,482	300,635
미인식 이연법인세자산					–	(256,737)
이연법인세자산(부채)					147,482	43,898

(4) 기말 현재 상계전 총액기준에 의한 이연법인세자산 및 이연법인세부채 등의 내역은 다음과 같습니다.

구분	당기			전기		
	유동	비유동	합계	유동	비유동	합계
이연법인세자산	224,991	63,579	288,570	166,519	43,898	210,417
이연법인세부채	(17,325)	–	(17,325)	(19,037)	–	(19,037)
당기법인세자산			–			–
당기법인세부채			488,514			394,599

20. 부가가치의 계산

당기 및 전기중 당사가 창출한 부가가치의 계산에 필요한 계정과목에 대한 내역은 다음과 같습니다.

과목	판매비와 관리비	제조원가	경상개발비	합계
급여	1,607,873	521,959	327,978	2,457,810
퇴직급여	159,840	44,656	28,817	233,313
복리후생비	216,131	64,957	36,206	317,294
지급임차료	44,892	–	–	44,892
세금과공과	25,350	3,414	–	28,764
감가상각비	79,578	60,109	–	139,687
무형자산상각비	53,704	–	–	53,704
합 계	2,187,368	695,095	393,001	3,275,464

과목	판매비와 관리비	제조원가	경상개발비	합계
급여	1,586,932	509,871	337,396	2,434,199
퇴직급여	150,853	39,825	27,246	217,924
복리후생비	172,457	62,530	31,548	266,535
지급임차료	34,405	−	−	34,405
세금과공과	19,717	3,227	−	22,944
감가상각비	78,223	32,557	−	110,780
무형자산상각비	48,591	−	−	48,591
합 계	2,091,178	648,010	396,190	3,135,378

21. 현금흐름표

당기 및 전기중 현금의 유입과 유출이 없는 중요한 거래내역은 다음과 같습니다.

(단위 : 천 원)

구분	당기	전기
매출채권의 제각	−	117,725
건설중인자산의 무형자산대체	105,965	74,542
건설중인자산의 건물대체	54,091	−
장기차입금의 유동성대체	−	200,000
장기금융상품의 유동성대체	−	250,000
건설중인자산의 미지급대체	2,000	54,091

22. 금융부채의 유동성위험 관리 방법 및 종류별 만기 분석

(1) 유동성위험 관리 방법

유동성위험이란 당사가 금융부채에 관련된 의무를 충족하는 데 어려움을 겪게 될 위험을 의미합니다. 당사의 유동성 관리 방법은 재무적으로 어려운 상황에서도 받아들일 수 없는 손실이 발생하거나, 당사의 평판에 손상을 입힐 위험 없이, 만기일에 부채를 상환할 수 있는 충분한 유동성을 유지하도록 하는 것입니다.

당사는 부채 상환을 포함하여, 60일에 대한 예상 운영비용을 충당할 수 있는 충분한 요구불예금을 보유하고 있다고 확신하고 있습니다. 여기에는 합리적으로 예상할 수 없는 극단적인 상황으로 인한 잠재적인 효과는 포함되지 않았습니다.

(단위 : 천 원)

구분	장부금액	6개월 이내	6~12개월	1~2년	2~5년
매입채무	524,264	524,264	−	−	−
단기차입금	500,000	512,250	−	−	−
장기차입금	300,000	−	−	312,090	−
기타 금융부채	447,360	436,000	10,000	1,360	−
합 계	1,771,624	1,472,514	10,000	313,450	−

당사는 상기 현금흐름이 유의적으로 더 이른 기간에 발생하거나, 유의적으로 다른 금액일 것으로 기대하지 않습니다.

23. 주당손익

(1) 기본주당이익은 보통주 1주에 대한 당기순이익을 계산한 것으로 보통주에 귀속되는 특정회계기간의 당기순이익을 그 기간에 유통된 보통주식수를 가중평균한 주식수로 나누어 산정하고 있습니다. 기중 기본주당이익의 산정내역은 다음과 같습니다.

(단위 : 원)

구분	당기	전기
보통주 당기순이익	3,120,252,126	2,347,006,057
가중평균유통보통주식수	5,020,000주	5,020,000주
기본주당이익	621	467

(2) 기중 기본주당이익 계산에 사용된 가중평균유통보통주식수는 다음과 같습니다.

구분	당기	전기
총보통주식수	5,020,000주	5,020,000주
가중평균유통보통주식수	5,020,000주	5,020,000주

01 ㈜Leaderman의 재무특성에 대한 설명으로 바르지 못한 것은?

① 매출채권회전율이 높아 회수위험이 낮은 편이다.
② 유동비율이 높아 단기지급능력은 충분한 편이다.
③ 부채비율이 낮아 안정적 재무구조를 가지고 있는 편이다.
④ 부채활용도가 낮아 자기자본순이익률 개선이 필요하다.
⑤ 특수관계자에 대한 매출의존도가 낮은 편이다.

정답 | ④
해설 | ROE = (순이익/평균자기자본) × 100 = (3,120,252,126/15,845,786,110) × 100 = 19.7%로 매우 양호한 편이다.
　　　매출채권회전율 = (매출액/평균매출채권) × 100 = (14,101,350,571/1,242,925,979) × 100 = 11.35회
　　　특수관계자 매출의존도 = (특수관계자 매출액/매출액) × 100 = (521,885,000/14,101,350,571) × 100 = 3.7%
　　　유동비율 = (유동자산/유동부채) × 100 = (17,501,777,877/2,585,573,417) × 100 = 677%
　　　부채비율 = (부채/자기자본) × 100 = (2,927,604,649/17,405,912,173) × 100 = 16.8%

02 ㈜Leaderman의 산업특성에 대한 설명으로 바르지 못한 것은?

① 성장성이 매우 높은 산업이다.
② 전방산업은 병의원으로 인적네트워크가 중요하다.
③ 전방산업에 대한 교섭력은 다소 열위에 있다.
④ 고령화에 따른 의료비 지출증가는 기회요인이다.
⑤ 진입장벽이 높지 않아 경쟁강도가 높은 편이다.

정답 | ⑤
해설 | 의료기기산업은 Low-end 제품부터 High-end 제품까지 기술격차가 크다. 그리고 나라별로 규제가 다르고
　　　인증이 까다로워 진입장벽이 높은 편에 속한다.

03 ㈜Leaderman이 속한 산업의 위험요인에 대한 설명으로 바르지 못한 것은?

① 제품 안전성 규제에 대한 위험
② 환율상승 위험
③ 경쟁강도 심화에 대한 위험
④ 마케팅비용 증가에 대한 위험
⑤ 신제품개발에 대한 위험

정답 | ②

해설 | 의료기기산업은 제품의 안전성 규제에 대한 위험이 큰 편이다. 최근 정부를 중심으로 규제 완화의 움직임이 있지만 의료기기의 본질적 안전성에 대한 규제와 인증은 위험요소로 피할 수 없는 장벽이다. 또한 글로벌 기업과의 경쟁이 심화되는 추세에 있어 마케팅비용이 증가하고, 주기적이 신제품출시로 시장점유율을 유지하는 것이 무엇보다 중요하다. 신약개발은 성공확률이 8% 미만으로 알려져 있지만 의료기기의 신제품개발은 그렇게 어렵지 않은 편이다. 의료기기산업은 수출형 산업으로 환율상승보다 환율하락에 따른 위험이 더 큰 편이다.

04 ㈜Leaderman의 시장위험요인에 대한 설명으로 바르지 못한 것은?

① 회사는 장기금리상승에 따른 금융비용 상승위험이 매우 높은 편이다.
② 한국의 고령사회는 회사의 성장요인이다.
③ 정부의 규제정책이 회사의 경영환경에 밀접한 영향을 미친다.
④ 환율변동이 매출액에 미치는 영향은 크지 않은 편이다.
⑤ 회사가 통제할 수 없는 환경적 요인(제품 안전 관련 규제)에 노출되어 있다.

정답 | ①

해설 | 회사의 장기차입금(주석 9)이 300,000천 원 수준으로 크지 않기 때문에 금리상승에 따른 비용상승 위험은 크지 않다. 또한 외화매출채권(주석 11)이 매출액 대비 3.6% 수준이라 환율변동에 따른 영향도 크지 않은 편이다.

05 ㈜Leaderman의 재무특성에 대한 설명으로 바르지 못한 것은?

① 재고자산회전율은 산업평균(5회)과 유사한 수준으로 양호한 편이다.
② 매출채권회전율은 산업평균(7회)보다 커서 매우 양호한 편이다.
③ 이자보상배율은 전기 대비 개선되었다.
④ 매출원가율이 당기에 개선된 것은 매출액이 증가하였기 때문이다.
⑤ 회사가 ㈜서울에 대하여 투자한 금액은 전액 손상되어 영업외비용이 증가하였다.

정답 | ③

해설 | 이자보상배율은 3,548,614,104/15,509,165 = 228.8배이고, 전기는 2,606,643,379/1,974,664 = 1,320배이다. 즉 이자보상배율은 매우 양호한 수준이지만 전기 대비 악화되었다.
재고자산회전율은 14,101,350,571/2,851,187,997 = 4.95회로 산업평균 수준이다.
매출채권회전율은 14,101,350,571/1,242,925,979 = 11.35회로 산업평균을 상회한다.
동사가 ㈜서울의 비상장주식에 투자한 금액(주석 4) 88,068천 원은 전액 손상되어 영업외비용으로 처리되었다.

06 ㈜Leaderman의 매출을 분석한 사항으로 바르지 못한 것은?

① 전기와 모두 특수관계자에 대한 매출은 대부분 외상거래이다.
② 당기에 특수관계자에 대한 매출액은 전기 대비 큰 폭으로 감소하였다.
③ 매출증가율은 10.4%이다.
④ 원재료가격이 상승했다고 가정하면 회사는 이를 판매가격에 적절히 반영하였다.
⑤ 회사의 매출총이익률은 감소하였다.

정답 | ⑤
해설 | 회사의 매출총이익률은 다음과 같이 당기에 전기 대비 소폭 개선되었다.
　　전기 (7,317,802,996/12,772,532,683)×100 = 57.29%
　　(8,356,053,937/14,101,350,571)×100 = 59.26%
　　또한 전기와 당기의 매출원가가 유사한 수준인데 매출액이 증가한 것은 원재료가격 상승에 따른 판매가격 인상으로 유추할 수 있다. 그리고 회사의 매출증가율은 (14,101,350,571/12,772,532,683 − 1)×100 = 10.4%이다.

07 ㈜Leaderman의 매출과 관련한 사항으로 바르지 못한 것은?

① 광고선전비 증가는 매출증가에 영향을 미쳤을 가능성이 높다.
② 회사의 매출액의 증가는 상품보다 제품판매에 따른 영향이 더 크다.
③ 의료비 상승은 회사에 위험요인이다.
④ 제품이 가진 특허의 복잡도가 높을수록 매출변동성이 작다.
⑤ 매출증가액은 대부분 현금거래이다.

정답 | ③
해설 | 의료비 상승은 의료기기회사에 성장기회 요인이다. 의료기기는 특성상 하나의 기기에 여러 가지 특허가 복합적으로 존재한다. 따라서 특허가 만료되더라도 매출이 급감하는 등 변동성이 크게 나타나지 않는다. 반면 의약품의 경우에는 특허가 만료되면 복제의약품(바이오시밀러)이 쏟아져 나오기 때문에 매출변동성이 커진다. 그리고 회사의 매출증가액은 1,328,817,888원이고, 현금흐름표의 매출채권 순증가액은 112,498,519원이다. 따라서 매출증가액은 대부분 현금거래라고 판단할 수 있다.

08 ㈜Leaderman의 매출원가에 대한 분석사항으로 바르지 못한 것은?

① 당기에는 매출원가율이 소폭 하락하였다.
② 당기 매출원가가 전기 대비 상승한 것은 원재료 가격상승이 주요 원인이다.
③ 당기에는 회사의 판매이익이 소폭 상승하였다.
④ 글로벌 기업의 시장집중도가 높아지면 회사의 매출총이익은 감소할 것이다.
⑤ 회사는 상품보다 제품판매에 주력하고 있다.

정답 | ②

해설 | 당기 매출원가는 전기 대비 290,566,947원 상승하였다. 주된 원인은 상품매입증가와 재고자산평가손실이다. 당기 순재고자산평가손실액은 238,654,992원(=239,610,830−955,838)이고, 전기 순재고자산평가손실액은 81,089,551원(=67,894,699+13,194,852)이므로 당기에 증가된 순재고자산평가손실액은 1,57,565,441원이다. 이는 당기에 증가한 매출원가 290,566,947원의 54.2%에 이른다.

당기 매출원가율=(5,745,296,634/14,101,350,571)×100=40.7%, 당기 매출총이익률=100−40.7%=59.3%

전기 매출원가율=(5,454,729,687/12,772,532,683)×100=42.7%, 전기 매출총이익률=100−42.7%=57.3%

09 ㈜Leaderman의 '판매비와관리비'에 대한 분석사항으로 바르지 못한 것은?

① 당기에 판관비율은 소폭 하락하였다.

② 급여에 큰 변동이 없는 것으로 보아 종업원수는 변동이 없는 것으로 추측할 수 있다.

③ 감가상각비는 판관비에서 차지하는 비중이 높지 않다.

④ 회사의 고정비(급여성비용과 감가상각비) 비중은 매출액 대비하여 높지 않다.

⑤ 판매수수료가 판관비에서 차지하는 비중이 높으므로 이를 절감하여 영업이익을 높일 수 있다.

정답 | ⑤

해설 | 급여성비용과 감가상각비가 매출액에서 차지하는 비용은 다음과 같다.

항목	당기	전기
매　　출	14,101,350,571	12,772,532,683
급　　여	1,607,872,833	1,586,931,431
퇴직급여	159,840,538	150,852,919
복리후생비	216,130,889	172,456,997
감가상각비	139,686,782	110,781,009
무형자산상각비	53,703,810	48,591,243
소　　계	2,177,234,852	2,069,613,599
비　　중	15.44%	16.20%

판매수수료는 판매, 즉 매출에 연동되는 변동비로 이를 줄이면 매출이 감소하므로 영업이익이 개선된다고 할 수 없다. 또한 고정비 성격인 급여성비용과 감가상각비 비중은 매출액대비 당기 약 15%, 전기 약 16%이므로 높은 편이 아니다.

10 ㈜Leaderman의 현금흐름에 대한 분석사항으로 바르지 못한 것은?

① 회사의 영업활동으로 인한 현금흐름에 가장 큰 영향을 미치는 요인은 현금유출 없는 비용의 가산 항목이다.

② 당기 영업활동으로 인한 현금흐름은 당기순이익보다 약 8.68억 원 정도 작다. 그 차이는 영업관련 자산·부채변동 중 재고자산증가로 인한 현금유출이 가장 큰 영향을 미친다.

③ 당기에 매출채권증가로 인한 현금유출이 큰 폭으로 감소하였다.

④ 당기에 회사는 단기금융상품투자로 인한 현금지출이 과도하다.

⑤ 당기에는 장·단기차입금증가로 인한 재무활동현금흐름이 양(+)의 흐름을 나타낸다.

해설 | 영업활동현금흐름에 가장 큰 영향을 미치는 것은 영업관련 자산·부채변동이고, 그 중에서 매출채권과 재고자산변동이 가장 크게 나타나고 있다.

11 ㈜Leaderman의 당기말 현금이 감소한 가장 큰 원인은 무엇인가?

① 재고자산의 증가
② 매출채권의 증가
③ 미지급비용의 감소
④ 단기금융상품의 증가
⑤ 유동성장기부채의 상환

정답 | ④
해설 | 단기금융상품 증가로 인한 현금유출이 약 213.1억 원으로 가장 크다.

12 EBITDA를 영업이익에서 감가상각비와 무형자산상각비를 가산한 값으로 정의할 때 다음 설명 중 바르지 못한 것은? (100만 원 미만은 절사하여 계산한다.)

① 당기 EBITDA는 36.81억 원이고, 전기 EBITDA는 27.33억 원이다.
② 당기 EBITDA는 매출액 대비 26.5%로 전기 21.7%보다 개선되었다.
③ 감가상각비와 무형자산상각비가 EBITDA에 미치는 영향은 미미하다.
④ EBITDA로 상환한 유동성장기차입금은 2억 원이다.
⑤ EBITDA에서 영업이익의 비중은 94%를 초과한다.

정답 | ①
해설 | EBITDA 계산에 사용되는 감가상각비는 현금흐름표의 감가상각비(또는 주석의 유형자산 변동내역에 표시된 감가상각비)를 사용한다. 그 이유는 **판관비에 계상된 감가상각비에는 제조원가에 배분된 감가상각비가 포함되어 있지 않기 때문이다.**
당기 EBITDA = 3,548,614,104 + 139,686,782 + 53,703,810 = 3,742,004,696원, 즉 37.42억 원이다.
전기 EBITDA = 2,606,643,379 + 110,781,009 + 48,591,243 = 2,766,015,631원, 즉 27.66억 원이다.
EBITDA에서 영업이익이 차지하는 비중은 당기와 전기 각각 94.8%와 94.2%이다.
또한 매출액에 대비하여 EBITDA는 당기 26.5%, 전기 21.7%이다.

13 ㈜Leaderman의 매출채권 관련 영업위험에 대한 분석내용으로 바르지 못한 것은? (재무상태표 항목의 전기말 금액과 전전기말 금액은 일치한다고 가정한다.)

① 기말 순매출채권 잔액은 매출액 대비 10% 이내로 외상거래가 많지 않은 편이다.
② 당기 매출채권회전기간은 약 32일이다.
③ 전기 매출채권회전기간은 약 36일이다.
④ 당기 매출채권회전율은 약 11.35회이다.
⑤ 회사의 매출채권회전기간이 산업평균(50일)보다 짧아 매출채권 회수위험은 매우 적다.

정답 | ⑤
해설 | 매출채권회전기간이 산업평균보다 짧기는 하지만 매출채권잔액 대비 대손충당금 비율이 전기 15.6%[= (233,185,599/1,494,010,469)×100]에서 당기 22.7%[= (359,174,981/1,584,202,068)×100]까지 증가하고 있어 매출채권 회수에 문제가 발생할 가능성이 높다.

항목	당기	전기	전전기
매 출	14,101,350,571	12,772,532,683	–
순매출채권	1,225,027,087	1,260,824,870	1,260,824,870
평균순매출채권	1,242,925,979	1,260,824,870	–
매출채권회전율	11.35회	10.13회	–
매출채권회전기간	32.2일	36.0일	–

14 ㈜Leaderman의 영업위험에 대한 분석내용으로 바르지 못한 것은? (재무상태표 항목의 전기말 금액과 전전기말 금액은 일치한다고 가정한다.)

① 당기 매입채무회전율은 약 36.44회이다.
② 전기 매입채무회전기간은 약 7일이다.
③ 당기 매입채무회전기간은 약 10일이다.
④ 전기 매입채무회전율은 약 51.15회이다.
⑤ 당기 매입채무회전기간이 전기대비 소폭 길어져 중장기현금흐름에 긍정적이다.

정답 | ⑤
해설 |

항목	당기	전기	전전기
매 출	14,101,350,571	12,772,532,683	–
매입채무	524,264,082	249,684,457	249,684,457
평균매입채무	386,974,270	249,684,457	–
매입채무회전율	36.44회	51.15회	–
매입채무회전기간	약 10일	약 7일	–

매입채무회전기간은 그 자체로 개선여부를 판단할 것이 아니라 매출채권회전기간과 비교하여 분석해야 한다. 전기는 매출채권회전기간이 매입채무회전기간보다 약 29일 더 길고, 당기는 약 22일 더 길다. 이는 매출채권을 현금으로 회수하는 기간보다 매입채무를 현금으로 지급하는 기간이 훨씬 짧다는 것을 의미한다(받을 돈은 늦게 받고 줄 돈은 빨리 주는 구조). 이러한 상태가 지속되면 중장기현금흐름에 악영향을 미친다.

15 ㈜Leaderman의 순운전자본에 대한 설명으로 바르지 못한 것은? (100만 원 미만은 절사하여 계산한다.)

① 전기 순운전자본은 115.57억 원이다.
② 당기 순운전자본은 149.16억 원이다.
③ 회사는 유동성위험에 노출되어 있지 않다.
④ 당기 총자산 중 순운전자본이 차지하는 비중은 73.4%이다.
⑤ 환율이 상승하면 회사의 순운전자본은 감소한다.

정답 | ⑤

해설 | 회사는 유동자산 중 현금및현금성자산과 매출채권 중 일부를 USD와 JPY로 보유하고 있다(주석11). 따라서 환율이 상승하면 유동자산이 증가하므로 순운전자본은 증가한다. 순운전자본은 다음과 같다.

항목	당기	전기
유동자산	17,501,777,877	13,381,768,674
유동부채	2,585,573,417	1,824,502,543
순운전자본	14,916,204,460	11,557,266,131
총자산	20,333,516,822	16,130,860,246
순운전자본 비중	73.4%	71.6%

16 ㈜Leaderman의 당기 영업순환주기(= 매출채권회전기간 + 재고자산회전기간)는 얼마인가? (재무상태표 항목의 전기말 금액과 전전기말 금액은 일치한다고 가정하고, 소수점 이하는 반올림한다.)

① 96일   ② 100일
③ 106일   ④ 115일
⑤ 128일

정답 | ③

해설 | 영업순환주기 = 매출채권회전기간 32일 + 재고자산회전기간 74일 = 106일, 주의할 점은 회전기간 계산 시 매출채권과 재고자산은 평균액을 사용한다.

17 ㈜Leaderman의 당기 현금순환주기(= 영업순환주기 - 매입채무회전기간)는 얼마인가? (재무상태표 항목의 전기말 금액과 전전기말 금액은 일치한다고 가정하고, 소수점 이하는 반올림한다.)

① 96일   ② 100일
③ 106일   ④ 118일
⑤ 128일

정답 | ①

해설 |

항목	당기	
매출액		14,101,350,571
평균매출채권		1,242,925,979
매출채권회전기간	= (1,242,925,979/14,101,350,571)×365	32일
평균재고자산		2,851,187,997
재고자산회전기간	= (2,851,187,997/14,101,350,571)×365	74일
영업순환주기		**106일**
평균매입채무		386,974,270
매입채무회전기간	= (386,974,270/14,101,350,571)×365	10일
현금전환주기		**96일**

18 ㈜Leaderman의 경영위험에 대한 평가로 바르지 못한 것은?

① 회사의 지분은 투자회사에 집중되어 있지 않고 잘 분산된 편이다.

② 최대주주와 그 특수관계인의 지분은 경영권방어에 안정적이라 확신할 수 없다.

③ 회사는 성장을 위한 투자를 효율적으로 하고 있다.

④ 회사는 부채의존도가 낮으므로 추가로 부채를 조달할 여력이 충분하다.

⑤ 회사의 ROA는 ROE와 크게 차이가 나지 않는다.

정답 | ③

해설 | 회사의 부채비율은 전기와 당기 각각 11.4%와 14.4%로 매우 낮은 수준이다. 따라서 부채를 활용하여 이익을 극대화할 수 있는 전략을 검토할 필요가 있다. 그리고 회사는 영업활동으로 벌어들인 이익을 성장을 위한 유형 자산에 투자하기 보다는 단기금융상품에 주로 투자하고 있어 비정상적 투자활동을 하고 있다고 볼 수 있다.

19 ㈜Leaderman의 레버리지분석에 대한 내용으로 바르지 못한 것은? (소수점은 셋째 자리에서 반올림한다. 그리고 'EBITDA = 세전이익 + 이자비용 + 감가상각비 + 무형자산상각비'로 계산한다.)

① 회사의 당기 가중평균차입이자율은 1.94%이다.

② 당기 EBITDA/이자비용비율은 255.37배로 이자비용을 지급하는데 아무런 문제가 없다.

③ 당기 자기자본비율은 85.60%로 총자산의 대부분을 자기자본으로 조달하고 있다.

④ 당기 차입금의존도는 3.93%로 매우 낮아 부채상환과 관련된 위험은 거의 없다.

⑤ 당기 이자보상배율은 228.81배로 차입금을 상환할 충분한 능력이 있다.

정답 | ①

해설 | 회사의 당기 가중평균차입이자율은 3.04%이다.
가중차입평균이자율 = 2.45% × 5/8 + 4.03% × 3/8 = 3.04%
EBITDA 계산 시 감가상각비는 현금흐름표의 감가상각비를 사용한다.

20 ㈜Leaderman의 수익성 분석에 대한 내용으로 바르지 못한 것은? (재무상태표 항목의 전기말 금액과 전전기말 금액은 일치한다고 가정한다. 소수점은 셋째 자리에서 반올림한다.)

① 당기 ROE(자기자본순이익률)는 19.69%로 수익성이 높은 편이다.

② 당기 ROA(총자산영업이익률)가 19.46%로 높은 것은 총자산의 대부분을 자기자본으로 조달했기 때문이다.

③ 당기 ROA와 ROE가 비슷하게 나타나는 것은 부채사용이 매우 적기 때문이다.

④ 당기 기업의 가중평균자본비용(WACC)이 5%라 가정하면 총자산으로부터 창출되는 영업이익의 순현가(NPV)는 0보다 크다.

⑤ 만일 기업의 가중평균자본비용(WACC)이 ROA(총자산영업이익률)와 같은 수준이라면 기업의 부(富)는 창출되지 않는다.

해설 | ROA(총자산영업이익률)는 총자산을 사용하므로 자본조달방법에 영향을 받지 않는다. 즉 부채비율과도 직접적인 관계가 없다.

21 당기에 ㈜Leaderman의 자기자본비용은 18%이다. 주주잉여현금흐름(FCFE)을 다음과 같이 계산할 때 회사의 적정주가는 얼마인가? (FCFE는 매년 5% 영구성장한다고 가정한다. 그리고 계산 결과의 원 단위 이하는 절사한다.)

- FCFE = OCF(영업활동현금흐름) − CAPEX(자본적지출)
- CAPEX = 고정자산취득금액 − 고정자산처분금액

① 3,080원 ② 3,240원
③ 3,420원 ④ 3,840원
⑤ 4,000원

해설 |

항목		당기
OCF(영업활동현금흐름)		2,252,182,963
CAPEX(주석6)		334,435,000
유형자산취득금액	291,916,000	
유형자산처분금액	(54,091,000)	
무형자산취득금액	96,600,000	
ⓐ FCFE		1,917,747,963
ⓑ 미래 기대FCFE의 현재가치	=(1,917,747,963×1.05)/(0.18−0.05)	15,489,502,778
ⓒ 가중평균유통주식수(주석23)		5,020,000주
ⓓ 적정주가	=ⓑ/ⓒ	3,085원

22 ㈜Leaderman의 현금흐름표 비율분석에 대한 내용으로 바르지 못한 것은? (유형자산투자순지출은 유형자산취득금액에서 유형자산처분금액을 차감한 값을 사용한다.)

① 당기 영업활동현금흐름/매출액비율은 15.97%이고, 이 비율은 매출액 중 현금으로 회수되는 비율을 의미한다.
② 당기 순이익/매출액비율 22.13%이고, 이 비율은 매출액 중 순이익으로 실현된 비율을 의미한다.
③ 당기 영업활동현금흐름/매출액비율이 순이익/매출액비율보다 낮은 이유는 현금지출이 없는 비용(감가상각비 또는 무형자산상각비)의 비중이 높다는 것을 의미한다.
④ 당기 순이익/영업활동현금흐름비율은 약 139%로 비정상적이다.
⑤ 당기 영업활동현금흐름/유형자산투자순지출비율은 약 947%로 매우 높은데, 이는 영업활동으로 창출한 현금흐름의 유형자산에 대한 투자가 매우 적다는 것을 의미한다.

정답 | ③

해설 | 영업활동현금흐름/매출액비율＜순이익/매출액비율 : 이는 현금지출이 없는 비용인 감가상각비나 무형자산
상각비가 많지 않다는 것을 의미한다. 비현금비용이 많으면 매출액 대비 영업활동현금흐름비율이 더 높게 나타
난다.

23 다음 산식을 참고할 때 ㈜Leaderman의 당기 총부가가치는 얼마인가? (백만 원 미만은 반올림한다.)

> • 총부가가치 = 영업잉여 + 인건비 + 금융비용 + 임차료 + 조세공과 + 감가상각비
> • 영업잉여 = 영업이익 + 대손상각비 − 금융비용

① 3,548,000,000원　　　　　　　　　② 4,684,000,000원

③ 5,968,000,000원　　　　　　　　　④ 6,956,000,000원

⑤ 7,358,000,000원

정답 | ④

해설 | 총부가가치 계산 시 금융비용은 영업잉여에서 차감된 후 다시 더해지므로 고려하지 않아도 된다.

항목	당기	
영업잉여		3,680,653,486
영업이익	3,548,614,104	
(+)대손상각비	132,039,382	
부가가치 계산자료(주석 20)		3,275,464,000
총부가가치		6,956,117,486

따라서 총부가가치는 6,956,000,000원이다. 총부가가치는 다음과 같이 계산하기도 한다.
총부가가치 = 경상이익(세전이익) + 인건비 + 임차료 + 조세공과 + 순금융비용 + 감가상각비

24 ㈜Leaderman의 재무분석에 대한 내용으로 바르지 못한 것은?

① 당기 비유동장기적합률은 약 16%로 단기자금이 비유동자산에 투입되지는 않았다.

② 당기 매출액증가율은 약 10%로 외형적으로 소폭 확장되었다고 할 수 있다.

③ 당기 총부채증가율은 약 59%이고, 총자산증가율은 약 26%이므로 실질적 성장을 했다고 할 수
있다.

④ 회사의 당기 자기자본은 전기말 대비 당기순이익만큼 증가했으므로 실질적 성장을 했다고 할 수
있다.

⑤ 회사의 당기 순이익증가율이 약 33%이므로 질적으로 성장했다고 볼 수 있다.

정답 | ③

해설 | 총자산 증가에 부채증가가 더 많은 기여를 했으므로 외형이 커졌더라도 실질적 성장을 했다고 판단하기는 어렵
다. 그리고 매출액증가율(10%)보다 순이익증가율(33%)이 더 크기 때문에 회사는 실질적으로 성장했다고 볼
수 있다.

25 당기 ㈜Leaderman의 자기자본비용은 18%이고, 타인자본비용은 3%, 법인세율은 22%라 가정한다. 아래 계산식을 참조하여 회사의 당기 경제적부가가치(EVA)를 계산하면 얼마인가? (EBIT는 세전이익에 이자비용을 더한 값으로 한다. 소수점은 셋째 자리에서 반올림하고, 백만 원 미만은 절사한다.)

> - $EVA = EBIT(1 - t_c) - WACC \times IC$
> - 투하자본(IC) = 총자산 − 비영업자산 − 비이자발생부채
> - 비영업자산 = 투자자산 + 건설중인자산
> - 비이자발생부채 = 총부채 − 장 · 단기차입금 − 유동성장기부채 − 장기미지급금

① 105,000,000원
② 126,000,000원
③ 150,000,000원
④ 213,000,000원
⑤ 242,000,000원

정답 | ①

해설 |

항목	당기	
EBIT		3,767,168,085
세전이익	3,751,658,920	
이자비용	15,509,165	
EBIT(1 − t$_c$)		2,938,391,106
WACC	=14.40%×3%×(1−0.22)+85.6%×18%	15.74%
IC	=총자산−비영업자산−비이자발생부채	18,000,904,256
총자산	20,333,516,822	
비영업자산	206,367,930	
투자자산	11,400,000	
건설중인자산	194,967,930	
비이자발생부채	2,126,244,636	
총부채	2,927,604,649	
장단기차입금	(800,000,000)	
장기미지급금	(1,360,013)	

EVA = 2,938,391,106 − 15.74%×18,000,904,256 ≒ 105,000,000원(백만 원 미만 절사)

26 ㈜Leaderman의 당기 차입금상환계수는 얼마인가? (제조업 평균은 5이다.)

① 0.20 　　　　　　　　　② 1.60

③ 2.80 　　　　　　　　　④ 4.20

⑤ 6.60

정답 | ①

해설 |

항목	당기	
차입금		800,000,000
단기차입금	500,000,000	
장기차입금	300,000,000	
유동성장기부채	–	
EBITDA		3,960,558,677
세전이익	3,751,658,920	
이자비용	15,509,165	
감가상각비	139,686,782	
무형자산상각비	53,703,810	
차입금상환계수	= 차입금/EBITDA	0.20

27 ㈜Leaderman의 총비용 항목 중 영업고정비 항목은 다음과 같다. 회사의 영업레버리지도(DOL)에 관한 설명으로 바르지 못한 것은? (각 계정과목 금액은 천 단위 이하 반올림한다.)

〈영업고정비(FC)항목〉
- 인건비(급여, 퇴직급여, 복리후생비)
- 지급임차료 및 보험료
- 무형자산상각비
- 통신비 및 수도광열비
- 감가상각비

① 회사의 영업레버리지도는 2.00배이다.

② 회사의 변동비율은 약 53.30%이다.

③ 회사의 공헌이익률은 약 46.70%이다.

④ 영업레버리지는 영업고정비에 의한 손익 확대효과를 나타낸다.

⑤ 만일 회사의 매출액이 10% 증가한다면 순이익은 약 20% 증가할 것이다.

정답 | ⑤

해설 | 영업레버리지도는 매출액 한 단위 변화가 영업이익 변화에 미치는 영향을 설명한다. 따라서 매출액이 10% 증가하면 영업이익이 20%가 증가한다.

　※ 급여, 퇴직급여, 복리후생비, 감가상각비, 무형자산상각비, 지급임차료는 주석 20(부가가치의 계산)을 이용한다.

항목		당기
매출액		14,101,351,000
총비용		10,808,365,000
매출원가	5,745,297,000	
판매비와 관리비	4,807,440,000	
영업외비용	255,628,000	
영업고정비		3,292,492,000
급여	2,457,810,000	
퇴직급여	233,313,000	
복리후생비	317,294,000	
통신비	17,436,000	
수도광열비	7,449,000	
감가상각비	139,687,000	
지급임차료	44,892,000	
보험료	20,907,000	
무형자산상각비	53,704,000	
영업변동비	변동비율＝변동비/매출액≒53.30%	7,515,873,000
ⓐ 매출액－변동비	공헌이익율≒46.70%	6,585,478,000
ⓑ 매출액－변동비－고정비		3,292,986,000
ⓒ 영업레버리지도(DOL)	＝ⓐ/ⓑ	2.00

총비용 ＝ 영업고정비 ＋ 재무고정비 ＋ 변동비 ＝ 매출원가 ＋ 판관비 ＋ 영업외비용, 여기서 이자비용은 재무고정비로 분류하여 영업레버리지도 계산에 고려하지 않는다.

28 문제 27번을 참고할 때 ㈜Leaderman의 재무레버지도(DFL)는 얼마인가? (천 단위 이하는 반올림한다.)

① 0.85배 　　　　　　　② 1.00배
③ 1.24배 　　　　　　　④ 1.71배
⑤ 2.16배

정답 | ②

해설 | 이 문제는 굳이 계산을 하지 않아도 이자비용이 매우 적다는 점을 고려하면 재무레버리지도(DFL)는 1에 가까울 것이라 추정할 수 있다.

ⓐ 매출액－변동비	공헌이익율≒46.70%	6,585,478,000
ⓑ 매출액－변동비－고정비		3,292,986,000
ⓒ 이자비용		15,509,000
ⓓ 재무레버리지도(DOL)	＝ⓑ/(ⓑ－ⓒ)	1.00

29 ㈜Leaderman의 현금흐름분석에 대한 내용으로 바르지 못한 것은?

① 전기에는 매출채권이 급증하여 현금유출로 처리되는 금액이 당기 대비 매우 크다.

② 당기에는 재고자산 증가로 인한 현금유출액이 전기 대비 매우 크다.

③ 회사의 당기 투자활동으로 인한 현금흐름은 단기금융상품투자에 치중되어 있다.

④ 당기에 재무활동으로 인한 현금흐름에서 현금유출은 유동성장기부채의 상환밖에 없다.

⑤ 당기에 회사는 영업활동으로 인한 현금흐름으로 투자활동에 충당하고도 잉여현금흐름이 발생하였다.

정답 | ⑤

해설 | 당기에 회사는 영업활동으로 인한 현금흐름으로 투자활동에 충당할 수 없어 부족한 현금을 재무활동으로 조달하였다. 투자활동현금흐름이 영업활동현금흐름을 약 6억 원 정도 초과하고, 재무활동으로 조달한 자금이 약 6억 원이다.

신용평가종합사례 Ⅱ

Certified Credit Analyst PART 02

※ 자료출처 : Krx. (n.d.). 공시검색. KONEX. http://konex.krx.co.kr/

[1~29]

다음은 ㈜ABC의 재무제표이다. 각 물음에 답하시오.

재무상태표

㈜ABC (단위 : 원)

과목	당기		전기	
Ⅰ. 유동자산		38,308,207,755		38,214,709,555
(1) 당좌자산		27,886,676,640		22,597,788,527
1. 현금및현금성자산(주석2, 17)	5,331,158,263		3,043,100,603	
2. 매출채권(주석2, 10, 17)	23,708,190,570		20,592,200,841	
대손충당금	(2,150,792,637)		(2,167,458,996)	
3. 미수금(주석2, 15)	319,005,650		387,650,880	
대손충당금	(262,367,160)		(259,645,056)	
4. 선급금(주석2)	6,497,610		286,604,549	
5. 선급비용	47,273,868		44,862,688	
6. 단기대여금	93,000,000		93,000,000	
7. 이연법인세자산(주석2, 18)	794,710,476		577,473,018	
(2) 재고자산(주석2)		10,421,531,115		15,616,921,028
1. 상품	2,741,772,050		3,971,899,108	
상품평가충당금	(3,519,524)		(308,811,776)	
2. 제품	861,161,025		1,630,032,906	
제품평가충당금	(55,922,815)		(55,922,815)	
3. 원부재료	6,878,040,379		10,379,723,605	
Ⅱ. 비유동자산		33,770,175,883		31,627,057,987
(1) 투자자산		6,526,958,414		6,526,958,414
1. 장기금융상품(주석10)	4,000,000		4,000,000	
2. 장기매도가능증권(주석2, 3)	6,522,958,414		6,522,958,414	
(2) 유형자산(주석2, 4, 10)		26,674,072,457		24,613,218,404
1. 토지	18,335,264,180		18,335,264,180	
2. 건물	8,921,262,815		8,921,262,815	
감가상각누계액	(3,928,393,710)		(3,526,421,948)	
3. 구축물	1,427,857,600		1,427,857,600	
감가상각누계액	(682,285,979)		(610,893,099)	
4. 기계장치	10,367,653,920		10,078,253,920	
감가상각누계액	(10,056,551,355)		(10,043,415,151)	

계정	당기금액	당기누계	전기금액	전기누계
5. 차량운반구	472,609,730		508,370,398	
감가상각누계액	(433,945,607)		(481,326,875)	
6. 기타의유형자산	555,061,558		555,061,558	
감가상각누계액	(552,990,695)		(550,794,994)	
7. 건설중인자산	2,248,530,000		–	
(3) 무형자산(주석2, 5)		16,609,154		28,666,534
1. 산업재산권	13,544,070		22,573,450	
2. 소프트웨어	3,065,084		5,191,084	
3. 라이센스	–		902,000	
(4) 기타비유동자산		552,535,858		458,214,635
1. 임차보증금	283,450,000		209,870,000	
2. 회원가입권	242,000,000		242,000,000	
3. 장기선급비용	25,935,858		5,194,635	
4. 기타보증금	1,150,000		1,150,000	
자산총계		72,078,383,638		69,841,767,542
Ⅰ. 유동부채		45,205,379,692		47,538,782,020
1. 매입채무(주석10, 15, 17, 22)	9,840,006,884		13,266,774,885	
2. 단기차입금(주석6, 10, 22)	30,200,000,000		26,800,000,000	
3. 미지급금(주석10, 15, 22)	3,870,633,458		3,100,979,119	
4. 선수금	153,871,884		890,028,397	
5. 예수금	101,201,972		47,247,164	
6. 미지급비용(주석 22)	564,637,862		475,005,465	
7. 손해배상충당부채(주석2, 8)	–		2,782,004,830	
8. 연차충당부채	254,146,150		157,679,800	
9. 당기법인세부채(주석2, 18)	220,881,482		19,062,360	
Ⅱ. 비유동부채		987,163,627		785,639,355
1. 퇴직급여충당부채(주석2, 7)	2,120,742,545		2,336,519,661	
국민연금전환금	(1,166,100)		(1,166,100)	
단체퇴직보험예치금	(2,037,020,433)		(2,013,625,624)	
2. 하자보수충당부채(주석2, 8)	24,260,427		40,098,248	
3. 비유동성이연법인세부채(주석2, 18)	880,347,188		423,813,170	
부채총계		46,192,543,319		48,324,421,375
Ⅰ. 자본금(주석1, 11)		1,734,750,000		1,734,750,000
1. 보통주자본금	1,734,750,000		1,734,750,000	
Ⅱ. 기타포괄손익누계액		4,828,537,121		4,828,537,121
1. 자산재평가차익(주석4)	1,638,557,218		1,638,557,218	
2. 매도가능증권평가이익	3,189,979,903		3,189,979,903	
Ⅲ. 이익잉여금(주석12)		19,322,553,198		14,954,059,046
1. 이익준비금	50,000,000		50,000,000	
2. 미처분이익잉여금	19,272,553,198		14,904,059,046	
자본총계		25,885,840,319		21,517,346,167
부채및자본총계		72,078,383,638		69,841,767,542

손익계산서

㈜ABC   (단위 : 원)

과목	당기		전기	
Ⅰ. 매출액(주석2, 14, 15)		119,012,441,215		99,307,691,147
1. 제품매출	92,369,147,418		82,957,304,930	
2. 상품매출	21,583,912,302		13,558,531,171	
3. 공사매출	4,949,472,409		2,563,292,863	
4. 임대매출	109,909,086		228,562,183	
Ⅱ. 매출원가		110,216,383,555		92,764,545,676
1. 제품매출원가	86,083,584,205		77,146,613,695	
기초제품재고액	1,630,032,906		972,887,919	
당기제품제조원가	85,314,712,324		77,771,106,534	
재고자산평가손실	–		32,652,148	
기말제품재고액	(861,161,025)		(1,630,032,906)	
2. 상품매출원가	19,759,870,949		13,165,637,143	
기초상품재고액	3,971,899,108		2,317,710,256	
당기상품매입액	20,442,525,165		17,755,466,135	
타계정으로대체액	(1,912,781,274)		(2,939,159,664)	
재고자산평가손실	–		3,519,524	
기말상품재고액	(2,741,772,050)		(3,971,899,108)	
3. 공사매출원가	4,372,928,401		2,452,294,838	
Ⅲ. 매출총이익		8,796,057,660		6,543,145,471
Ⅳ. 판관비(주석4, 5, 16)		3,524,570,253		3,081,964,687
1. 급여	1,215,707,016		1,038,462,789	
2. 퇴직급여	17,177,541		86,240,543	
3. 복리후생비	78,241,196		65,180,840	
4. 여비교통비	7,590,890		16,121,610	
5. 접대비	7,031,400		18,754,115	
6. 통신비	8,110,407		10,281,348	
7. 수도광열비	18,580		383,050	
8. 세금과공과	133,022,308		74,321,516	
9. 감가상각비	4,520,801		8,469,897	
10. 무형자산상각비	12,057,380		13,245,380	
11. 임차료	53,028,250		81,106,627	
12. 보험료	281,134,287		323,096,753	
13. 차량유지비	32,117,524		29,940,778	
14. 경상연구개발비	82,365,540		76,048,160	
15. 운반비	1,265,054,325		492,897,545	
16. 교육훈련비	586,000		2,149,000	
17. 도서인쇄비	1,290,909		2,768,231	
18. 포장비	–		127,916,722	
19. 사무용품비	1,299,781		1,484,600	

20. 소모품비	4,338,840		2,048,610	
21. 지급수수료	329,771,533		502,190,662	
22. 대손상각비	(13,944,255)		104,993,911	
23. 협회비	4,050,000		3,862,000	
Ⅴ. 영업이익		5,271,487,407		3,461,180,784
Ⅵ. 영업외수익		3,067,626,526		19,466,852,820
1. 이자수익	23,271,378		18,572,441	
2. 배당금수익	11,888,000		4,950,000	
3. 외환차익	569,364,222		30,127,273	
4. 외화환산이익(주석2, 17)	73,867,851		66,084	
5. 하자보수충당금환입	15,837,821		44,515,904	
6. 유형자산처분이익	84,392,204		42,503,854	
7. 손해배상충당부채환입	1,443,689,354		–	
8. 지체상금충당부채환입	–		11,272,928,688	
9. 매도가능증권처분이익	–		1,570,624,481	
10. 지분법적용투자주식처분이익	–		5,906,477,544	
11. 파생상품거래이익	10,071,863		–	
12. 잡이익	835,243,833		576,086,551	
Ⅶ. 영업외비용		3,529,504,099		4,764,307,305
1. 이자비용	1,071,202,793		941,052,176	
2. 외환차손	786,967,852		479,330,976	
3. 외화환산손실(주석2, 17)	30,566,599		13,888,439	
4. 매출채권처분손실(주석10)	36,558,847		116,978,735	
5. 기부금	1,500,000		500,000	
6. 손해배상준비금	–		3,140,622,496	
7. 파생상품평가손실	–		1,299,288	
8. 파생상품거래손실	2,939,754		68,945,409	
9. 잡손실	1,599,768,254		1,689,786	
Ⅷ. 법인세비용차감전순이익		4,809,609,834		18,163,726,299
Ⅸ. 법인세비용(주석2, 18)		441,115,682		(866,936,580)
Ⅹ. 당기순이익(주석20)		4,368,494,152		19,030,662,879
Ⅺ. 주당손익(주석2, 19)				
1. 기본주당순이익		1,259		5,485

자본변동표

㈜ABC   (단위 : 원)

과목	자본금	자본잉여금	이익잉여금	총 계
20X1.1.1(전기초)	1,734,750,000	6,437,168,517	(4,076,603,832)	4,095,314,685
매도가능증권평가이익	–	(2,016,989,831)	–	(2,016,989,831)
토지재평가이익	–	408,358,435	–	408,358,435
당기순이익	–	–	19,030,662,878	19,030,662,878
20X1.12.31(전기말)	1,734,750,000	4,828,537,121	14,954,059,046	21,517,346,167
20X2.01.01(당기초)	1,734,750,000	4,828,537,121	14,954,059,046	21,517,346,167
당기순이익	–	–	4,368,494,152	4,368,494,152
20X2.12.31(당기말)	1,734,750,000	4,828,537,121	19,322,553,198	25,885,840,319

현금흐름표

㈜ABC   (단위 : 원)

과목	당기		전기	
Ⅰ. 영업활동으로 인한 현금흐름		1,517,641,331		(5,441,647,894)
1. 당기순이익	4,368,494,152		19,030,662,878	
2. 현금 유출없는 비용 등 가산	964,606,371		4,504,746,939	
퇴직급여(주석7, 15)	336,448,322		364,848,927	
매출채권처분손실(주석10)	36,558,847		116,978,735	
대손상각비	–		104,993,911	
감가상각비(주석4, 15)	579,541,822		693,812,793	
무형자산상각비(주석5)	12,057,380		13,245,380	
손해배상충당부채전입액	–		3,140,622,496	
파생상품평가손실	–		1,299,288	
파생상품거래손실	–		68,945,409	
3. 현금 유입없는 수익 등 차감	(188,041,968)		(18,837,050,471)	
외화환산이익	(73,867,688)		–	
대손충당금환입	(13,944,255)		–	
지분법적용투자주식처분이익	–		5,906,477,544	
유형자산처분이익	(84,392,204)		42,503,854	
매도가능증권처분이익	–		1,570,624,481	
하자보수충당부채환입	(15,837,821)		44,515,904	
지체상금충당금환입	–		11,272,928,688	
4. 영업활동으로 인한 자산부채의 변동	(3,627,417,224)		(10,140,007,240)	
매출채권의 감소(증가)	(2,994,973,858)		244,128,761	
미수금의 감소(증가)	71,367,334		105,617,506	
선급금의 감소(증가)	280,106,939		(286,516,549)	
선급비용의 감소(증가)	(2,411,180)		(6,245,137)	
당기법인세자산의 감소(증가)	–		25,900,180	
유동성이연법인세자산의 증가	(217,237,458)		714,516	
선급법인세의 감소(증가)	93,854,610		96,042,470	

재고자산의 감소(증가)	5,195,389,913		(6,781,388,706)	
장기선급비용의 감소(증가)	(20,741,223)		(1,445,185)	
매입채무의 증가(감소)	(3,426,768,001)		6,763,043,260	
미지급금의 증가(감소)	769,654,339		(957,010,544)	
선수금의 증가(감소)	(736,156,513)		879,510,998	
예수금의 증가(감소)	53,954,808		(2,433,018)	
미지급비용의 증가(감소)	89,632,397		(248,494,943)	
당기법인세부채의 증가(감소)	–		19,062,360	
연차충당부채의 증가(감소)	96,466,350		(51,478,800)	
퇴직금의 지급	(552,225,438)		(270,474,827)	
손해배상충당부채의 감소	(2,782,004,830)		(1,762,949,424)	
지체상금충당부채의 감소	–		(7,220,000,000)	
퇴직보험예치금의 감소(증가)	(1,859,431)		227,353,837	
비유동성이연법인세부채의 증가(감소)	456,534,018		(912,943,995)	
II. 투자활동으로 인한 현금흐름		(2,629,583,671)		14,092,512,126
1. 투자활동으로 인한 현금유입액	103,669,500		14,332,596,339	
장기금융상품의 감소	–		1,441,424,335	
지분법적용투자주식의 처분	–		11,819,991,831	
장기매도가능증권의 처분	–		987,180,169	
임차보증금의 회수	–		20,000,000	
유형자산의 처분	103,669,500		64,000,004	
2. 투자활동으로 인한 현금유출액	(2,733,253,171)		(240,084,213)	
장기금융상품의 증가	–		80,012,516	
장기매도가능증권의 취득	–		69,479,858	
차량운반구의 취득	–		33,768,839	
기타의유형자산의 취득	2,659,673,171		823,000	
기타보증금의 증가	–		1,000,000	
임차보증금의 증가	73,580,000		55,000,000	
III. 재무활동으로 인한 현금흐름		3,400,000,000		(6,500,000,000)
1. 재무활동으로 인한 현금유입액	8,000,000,000		3,100,000,000	
단기차입금의 차입	8,000,000,000		3,100,000,000	
2. 재무활동으로 인한 현금유출액	(4,600,000,000)		(9,600,000,000)	
단기차입금의 상환	4,600,000,000		8,400,000,000	
장기차입금의 상환	–		1,200,000,000	
IV. 현금의 증가(I + II + III)		2,288,057,660		2,150,864,232
V. 기초의 현금		3,043,100,603		892,236,371
VI. 기말의 현금		5,331,158,263		3,043,100,603

주석

당기 20X2년 12월 31일 현재

전기 20X1년 12월 31일 현재

주식회사 ABC

1. 회사의 개요

주식회사 ABC(이하 "당사")는 200X년에 단열 이중보온관 등의 제조 및 판매를 목적으로 설립되었습니다. 회사는 현재 ○○시에 본사를 두고 단열 이중보온관 제조사업을 영위하고 있으며, 20X0년 7월 1일자로 자본시장법에 의해 설립된 제3주식시장인 코넥스에 상장되었습니다.

당기말과 전기말 현재 회사의 주요 주주현황은 다음과 같습니다.

주주명	당기말		전기말	
	소유주식수(주)	지분율(%)	소유주식수(주)	지분율(%)
홍길동	1,540,000	44.39	1,540,000	44.39
기 타	1,929,500	55.61	1,929,500	55.61
합 계	3,469,500	100.00	3,469,500	100.00

2. 중요한 회계처리방침

회사의 재무제표는 일반기업회계기준에 따라 작성되었으며 재무제표를 작성하기 위하여 채택한 중요한 회계정책은 별도의 언급이 없는 한 전기재무제표 작성 시 채택한 회계정책과 동일하게 적용되었습니다. 재무제표 작성을 위하여 채택한 중요한 회계정책은 다음과 같습니다.

2.1 회계정책의 변경과 공시

(1) 회사가 채택한 제·개정 기준서

회사가 20X2년 1월 1일 이후 개시하는 회계기간부터 적용한 제·개정 기준서는 다음과 같습니다.

– 일반기업회계기준 '시행일 및 경과규정(20X2.12.2)' 개정

일반기업회계기준 연차개선(2018년)에 따르면 기업은 지배력을 보유하는 모든 종속기업을 예외없이 연결대상 종속기업으로 포함합니다. 다만 '시행일 및 경과규정'의 개정에 따라 대형비상장주식회사, 금융회사, 상장법인, 증권신고서 제출법인, 사업보고서 제출대상법인에 해당하지 않는 지배기업과 연결실체에 이러한 기업이 포함되지 않는 지배기업은 '주식회사 등의 외부감사에 관한 법률' 제4조 및 같은 법 시행령 제5조에 따른 외부감사 대상이 아닌 기업(이하 '비외감기업')을 종속기업에서 제외할 수 있습니다. 동 개정 내용은 20X2년 12월 31일부터 시행하고, 시행일이 속하는 회계연도부터 적용하며, 20X7년 12월 31일이 속하는 회계연도까지 효력이 있습니다.

회사는 연결대상 종속기업 및 관계기업 투자주식은 없습니다.

(2) 회사가 적용하지 않은 제·개정 기준서

제정 또는 공표되었으나 시행일이 도래하지 않아 적용하지 아니한 제·개정 기준서는 다음과 같습니다.

– 제17장 '정부보조금의 회계처리' 개정 – 수익관련보조금

수익관련보조금의 표시를 수익 또는 관련 비용 차감 중 실질에 맞게 선택하도록 하였습니다. 동 개정 사항은 20X3년 1월 1일 이후 최초로 시작되는 회계연도부터 적용하되, 조기 적용도 가능합니다. 해당기준서의 개정이 재무제표에 미치는 중요한 영향은 없습니다.

2.2 중요한 회계정책

회사의 중요한 회계정책은 다음과 같습니다.

(1) 금융상품

① 공통사항

금융자산이나 금융부채는 금융상품의 계약당사자가 되는 때에만 재무상태표에 인식하며, 최초 인식 시 공정가치로 측정합니다. 다만, 최초인식 이후 공정가치로 측정하고 공정가치의 변동을 당기손익으로 인식하는 금융자산이나 금융부채가 아닌 경우 당해금융자산(금융부채)의 취득(발행)과 직접 관련되는 거래원가는 최초 인식하는 공정가치에 가산(차감)합니다.

최초 인식 시 금융상품의 공정가치는 일반적으로 거래가격(자산의 경우에는 제공한 대가의 공정가치, 부채의 경우에는 수취한 대가의 공정가치)이며, 장기연불조건의 매매거래, 장기금전대차거래 또는 이와 유사한 거래에서 발생하는 채권·채무로서 명목금액과 공정가치의 차이가 유의적인 경우에는 이를 공정가치로 평가하고 있습니다.

한편, 제공하거나 수취한 대가에 금융상품이 아닌 다른 것에 대한 대가가 포함되었다면 그 금융상품의 공정가치는 시장가격으로 평가하되 시장가격이 없는 경우에는 평가기법(현재가치평가기법 포함)을 사용하여 공정가치를 추정하고 있습니다.

최초 인식 후 금융자산이나 금융부채는 당기손익인식지정항목, 유가증권, 파생상품 및 채권·채무조정을 제외하고는 상각후원가로 측정합니다.

금융자산(유가증권 제외)의 양도의 경우에, 회사가 금융자산 양도 후 당해 양도자산에 대한 권리를 행사할 수 없고, 양도 후에 효율적인 통제권을 행사할 수 없으며, 양수인은 양수한 금융자산을 처분할 자유로운 권리를 갖고 있는 경우에 한하여 회사가 금융자산에 대한 통제권을 이전한 것으로 보아 금융자산을 제거하며, 이외의 경우에는 금융자산을 담보로 한 차입거래로 회계처리하고 있습니다.

회수가 불확실한 금융자산(유가증권 제외)은 합리적이고 객관적인 기준에 따라 산출한 대손추산액을 대손충당금으로 설정하고 있습니다.

① 유가증권

만기가 확정된 채무증권으로서 상환금액이 확정되었거나 확정이 가능한 채무증권을 만기까지 보유할 적극적인 의도와 능력이 있는 경우에는 만기보유증권입니다. 주로 단기간 내의 매매차익을 목적으로 취득한 유가증권으로서 매수와 매도가 적극적이고 빈번하게 이루어지는 경우 단기매매증권으로, 단기매매증권이나 만기보유증권으로 분류되지 아니하는 유가증권은 매도가능증권으로 분류합니다. 회사는 후속 측정 시 만기보유증권을 상각후원가로 평가하며, 만기보유증권을 상각후원가로 측정할 때에는 장부금액과 만기액면금액의 차이를 상환기간에 걸쳐 유효이자율법에 의하여 상각하여 취득원가와 이자수익에 가감합니다.

단기매매증권과 매도가능증권은 공정가치로 평가합니다. 다만, 매도가능증권 중 시장성이 없는 지분증권의 공정가치를 신뢰성 있게 측정할 수 없는 경우에는 취득원가로 평가하고 있습니다.

단기매매증권에 대한 미실현보유손익은 당기손익항목으로 처리합니다. 매도가능증권에 대한 미실현보유손익은 기타포괄손익누계액으로 처리하고, 당해 유가증권에 대한 기타포괄손익누계액은 그 유가증권을 처분하거나 손상차손을 인식하는 시점에 일괄하여 당기손익에 반영합니다.

한편, 유가증권의 양도에 따른 실현손익을 인식하기 위한 원가결정방법은 개별법을 적용하고 있습니다. 회사는 손상차손의 발생에 대한 객관적인 증거가 있는지를 보고기간종료일마다 평가하고 유가증권으로부터 회수할 수 있을 것으로 추정되는 금액이 채무증권의 상각후원가 또는 지분증권의 취득원가보다 작은 경우에는 손상차손이 불필요하다는 명백한 반증이 없는 한, 회수가능액을 추정하여 손상차손을 인식하여 당기손익에 반영하고 있습니다. 손상차손의 회복이 손상차손 인식 후에 발생한 사건과 객관적으로 관련된 경우, 만기보유증권 또는 원가로 평가하는 매도가능증권의 경우에는 회복 후 장부금액이 당초에 손상차손을 인식하지 않았다면 회복일 현재의 상각후원가(매도가능증권의 경우, 취득원가)가 되었을 금액을 초과하지 않는 범위 내에서 회복된 금액을 당기이익으로 인식하며, 공정가치로 평가하는 매도가능증권의 경우에는 이전에 인식하였던 손상차손 금액을 한도로 하여 회복된 금액을 당기이익으로 인식합니다.

③ 파생상품

회사는 파생상품의 계약에 따라 발생된 권리와 의무를 자산과 부채로 인식하며 공정가치로 평가하고 있습니다. 동 계약으로부터 발생한 손익은 발생시점에 당기손익으로 인식하며, 다만, 위험회피를 목적으로 하는 경우, 특정위험으로 인한 자산, 부채 및 확정계약의 공정가치의 변동위험을 회피하는 계약에서 발생한 평가손익은 당기손익으로 처리하고, 특정위험으로 인한 자산, 부채 및 예상거래의 미래현금흐름 변동위험을 회피하는 계약에서 발생한 평가손익 중 위험회피에 효과적인 부분은 기타포괄손익누계액으로 처리하고 있습니다.

한편, 파생상품이 아닌 주계약을 포함하는 복합상품의 구성요소인 내재파생상품의 경우, 내재파생상품의 경제적 특성 및 위험도와 주계약의 경제적 특성 및 위험도 사이에 명확하고 밀접한 관련성이 없습니다. 내재파생상품과 동일한 조건을 가진 별도의 금융상품 등이 파생상품의 정의를 충족하며, 복합상품이 공정가치 평가 대상이 아닌 경우 주계약과 분리하여 별도의 파생상품으로 회계처리하고 있습니다.

(2) 재고자산

재고자산은 이동평균법을 사용하여 재고자산의 단위원가를 결정하고, 이를 장부금액으로 계상하고 있습니다. 재고자산의 순실현가능가치(원재료는 현행대체원가)가 취득원가보다 하락한 경우 항목별로 저가법을 사용하여 장부금액을 결정하고 있습니다.

재고자산은 이를 판매하여 수익을 인식하는 기간에 매출원가로 인식하고 있습니다. 재고자산의 시가가 장부금액 이하로 하락하여 발생한 평가손실은 재고자산의 차감계정으로 표시하고 매출원가에 가산하고 있으며, 이후 저가법의 적용에 따른 평가손실을 초래하였던 상황이 해소되어 새로운 시가가 장부금액보다 상승한 경우에는 최초의 장부금액을 초과하지 않는 범위 내에서 평가손실을 환입하고, 동 환입액은 매출원가에서 차감하고 있습니다. 재고자산의 장부상수량과 실제 수량과의 차이에서 발생하는 감모손실의 경우 정상적으로 발생한 감모손실은 매출원가에 가산하고, 비정상적으로 발생한 감모손실은 영업외비용으로 분류하고 있습니다.

(3) 지분법적용투자주식

지분법적용투자주식은 매입가액에 부대비용을 가산한 취득원가로 인식하고, 지분법적용투자주식의 취득시점 이후 발생한 지분변동액이 관계기업의 당기손익으로 인하여 발생한 경우 당기손익항목(지분법이익 또는 지분법손실)으로 처리하고 있습니다. 관계기업의 전기이월미처분이익잉여금(전기이월미처리결손금)의 변동으로 인하여 발생한 경우, 투자기업의 재무제표에 중대한 영향을 미치지 않는 오류수정은 당기손익으로 처리하고, 중대한 영향을 미치는 오류수정과 관계기업의 회계변경에 의한 변동은 미처분이익잉여금 또는 미처리결손금(지분법이익잉여금변동 또는 부의지분법이익잉여금변동)으로 처리하고 있습니다. 관계기업의 순자산가치 변동이 당기순손익과 미처분이익잉여금을 제외한 자본의 증가 또는 감소로 인하여 발생한 경우 지분변동액은 기타포괄손익누계액(지분법자본변동 또는 부의지분법자본변동)으로 처리하고 있습니다.

(4) 유형자산의 취득원가와 감가상각방법 등

① 유형자산의 취득원가

유형자산은 구입원가 또는 제작원가와 자산을 사용할 수 있도록 준비하는데 직접 관련되는 지출과 매입할인 등을 취득원가에 가감하며 현물출자, 증여, 기타 무상으로 취득한 자산은 공정가치를 취득원가로 계상하고 있으며, 장기후불조건으로 구입하거나 대금지급기간이 일반적인 신용기간보다 긴 경우 취득원가는 취득시점의 현금가격상당액으로 계상하고 있습니다.

정부보조 등에 의해 자산을 무상 또는 공정가치보다 낮은 대가로 취득한 경우 취득원가는 취득일의 공정가치로 계상하고 있고, 이종자산과의 교환으로 취득한 자산의 취득원가는 교환을 위하여 제공한 자산의 공정가치로 계상하고 있으며, 교환으로 제공한 자산의 공정가치가 불확실한 경우 교환으로 취득한 자산의 공정가치로 계상하고 있습니다.

② 감가상각방법

유형자산에 대해서는 다음의 내용연수에 따라 건물과 구축물은 정액법으로 그 외의 자산은 정률법을 적용하여 감가상각하고 있습니다.

과목	내용연수	과목	내용연수
건물	20년	차량운반구	5년
구축물	20년	기타유형자산	5년
기계장치	5년		

유형자산의 감가상각방법, 잔존가치 및 내용연수를 변경하는 것이 적절하다고 판단되는 경우 회계추정의 변경으로 회계처리하고 있습니다.

한편 최초 인식 후에 공정가치를 신뢰성 있게 측정할 수 있는 유형자산은 재평가일의 공정가치에서 이후의 감가상각누계액과 손상차손누계액을 차감한 재평가금액을 장부금액으로하며, 재평가는 보고기간 말에 자산의 장부금액이 공정가치와 중요하게 차이가 나지 않도록 주기적으로 수행하고 있습니다.

유형자산의 장부금액이 재평가로 인하여 증가된 경우에 그 증가액은 기타포괄손익으로 인식하되, 동일한 유형자산에 대하여 이전에 당기손익으로 인식한 재평가감소액이 있다면 그 금액을 한도로 재평가증가액만큼 당기손익으로 인식합니다. 유형자산의 장부금액이 재평가로 인하여 감소된 경우에 그감소액은 당기손익으로 인식하되, 그 유형자산의 재평가로 인해 인식한 기타포괄손익의 잔액이 있다면 그 금액을 한도로 재평가감소액을 기타포괄손익에서 차감합니다.

③ 자본적지출과 수익적지출의 구분

유형자산의 취득 또는 완성 후의 지출이 미래 경제적 효익이 기업에 유입될 가능성이 매우 높고 그 금액이 신뢰성 있게 측정할 수 있는 경우에는 자본적지출로 처리하고, 그렇지 않은 경우에는 발생한 기간의 비용으로 인식하고 있습니다.

④ 표시방법

감가상각누계액, 손상차손누계액 및 정부보조금 등은 해당 자산과목에서 차감하는 형식으로 기재하고 있습니다.

⑤ 복구비용의 회계처리방법

유형자산의 경제적 사용이 종료된 후에 원상회복에 소요될 것으로 추정되는 비용이충당부채의 인식요건을 충족하는 경우 그 지출의 현재가치는 취득원가에 포함시키고 있습니다.

⑥ 유형자산의 제거

유형자산의 장부금액은 처분하는 때, 사용이나 처분을 통하여 미래경제적효익이 기대되지 않을 때 제거하고 있으며 제거로 인하여 발생하는 손익은 자산을 제거할 때 당기손익으로 인식하고 있습니다. 유형자산의 재평가와 관련하여 인식한 기타포괄손익의 잔액이 있다면, 그 유형자산을 폐기하거나 처분할 때 당기손익으로 인식하고 있습니다.

(5) 무형자산

① 무형자산의 취득원가

무형자산을 개별취득하는 경우 취득원가는 구입원가와 자산을 의도한 목적에 사용할 수 있도록 준비하는데 직접 관련된 지출로 구성되며, 매입할인 등을 차감하여 취득원가를 산출하고 있으며, 취득자금에 대한 지급기간이 일반적인 신용기간보다 긴 경우 취득원가는 현금가격상당액으로 계상하고 있습니다. 사업결합으로 취득한 무형자산은 취득일의 공정가치로 계상하고 있으며, 취득일 현재 식별가능하지 않은 취득한 무형자산의 가치와 자산의 요건을 충족하지 못한 항목에 귀속되는 가치는 영업권에 포함시키고 있습니다.

정부보조 등에 의해 자산을 무상 또는 공정가치보다 낮은 대가로 취득한 경우 취득원가는 취득일의 공정가치로 계상하고 있고, 자산교환으로 취득한 자산의 취득원가는 교환으로 제공한 자산의 공정가치로 계상하고 있으며, 교환으로 제공한 자산의 공정가치가 불확실한 경우 교환으로 취득한 자산의 공정가치로 계상하고 있습니다.

취득 또는 완성 후의 지출이 무형자산의 미래경제적효익을 실질적으로 증가시킬 가능성이 매우 높고, 관련된 지출을 신뢰성 있게 측정할 수 있습니다. 무형자산과 직접 관련된 경우에는 자본적지출로 처리하고, 그렇지 않은 경우에는 발생한 기간의 비용으로 인식합니다.

② 상각방법

무형자산에 대해서는 다음의 상각연수에 따라 정액법으로 상각하고 있으며, 잔존가치는 없는 것을 원칙으로 하고 있습니다.

과목	내용연수
산업재산권	5~10년
소프트웨어	5년
라이선스	10년

최근 보고기간 이후 무형자산의 사용방법, 기술적 진보 그리고 시장가격의 변동과 같은 지표가 존재하는 경우 내용연수 등에 대한 종전의 추정치를 재검토하고 있으며, 최근의 기대와 달라진 경우 잔존가치, 상각방법 또는 상각기간의 변경이 적절하다고 판단되는 경우 회계추정의 변경으로 회계처리하고 있습니다.

③ 무형자산의 표시방법

상각액과 손상차손은 해당 자산과목에서 직접 차감하여 기재하고 정부보조금은 해당자산과목에서 차감하는 형식으로 기재하고 있습니다.

(6) 정부보조금

회사는 정부보조금에 부수되는 조건의 준수와 보조금 수취에 대한 합리적인 확신이 있을 경우에만 정부보조금을 인식하고 있으며 시장이자율보다 낮은 이자율의 정부대여금의 효익은 정부보조금으로 처리하고 있습니다.

자산취득에 충당할 정부보조금 등으로 자산을 취득한 경우에는 이를 취득원가에서 차감하는 형식으로 표시하고 해당 자산의 내용연수에 걸쳐 상각금액과 상계하며, 해당 자산을 처분하는 경우에는 그 잔액을 처분손익에 반영하고 있습니다.

수익관련 보조금을 받는 경우에 대응되는 비용이 없는 경우 회사의 주된 영업활동과 직접적인 관련성이 있다면 영업수익으로, 그렇지 않다면 영업외수익으로 회계처리하고 있습니다. 반면 수익관련보조금이 특정의 비용을 지원할 목적으로 지급되는 경우에는 동 기관으로부터 수령한 정부보조금을 선수수익으로 계상하여 관련 조건이 충족되어 사용되는 시점에 관련 비용과 상계처리하고 있습니다.

비화폐성자산을 정부보조금으로 수취하는 경우 비화폐성자산의 공정가치를 평가하여 보조금과 자산 모두를 그 공정가치로 회계처리하고 있으며, 상환의무가 발생하게 된 정부보조금은 회계추정의 변경으로 회계처리하고 있습니다.

(7) 외화 환산

외화거래를 최초로 인식하는 경우에 거래일의 외화의 현물환율을 외화금액에 적용하여 기록합니다.

다만, 환율이 유의적으로 변동하지 않는 경우에는 일정기간의 평균환율을 사용하고 있습니다. 보고기간 말 화폐성 외화항목은 마감환율로 환산하며, 역사적원가로 측정하는 비화폐성 외화항목은 거래일의 환율로 환산하고, 공정가치로 측정하는 비화폐성 외화항목은 공정가치가 결정된 날의 환율로 환산하고 있습니다.

화폐성항목의 결제시점에 발생하는 외환차손익 또는 화폐성항목의 환산에 사용한 환율이 회계기간 중 최초로 인식한 시점이나 전기의 재무제표 환산시점의 환율과 다르기 때문에 발생하는 외화환산손익은 그 외환차이가 발생하는 회계기간의 손익으로 인식하고 있으며, 외화표시 매도가능채무증권의 경우에는 동 금액을 기타포괄손익에 인식합니다.

비화폐성항목에서 생긴 손익을 기타포괄손익으로 인식하는 경우에 그 손익에 포함된 환율변동효과도 기타포괄손익으로 인식하며, 비화폐성항목에서 생긴 손익을 당기손익으로 인식하는 경우에는 그 손익에 포함된 환율변동효과도 당기손익으로 인식하고 있습니다.

(8) 충당부채, 우발부채 및 우발자산

① 충당부채

회사는 과거 사건이나 거래의 결과로 인하여 존재하는 현재의무로서, 지출의 시기 또는 금액이 불확실하지만 당해 의무를 이행하기 위하여 자원이 유출될 가능성이 매우 높고 또한 당해 의무의 이행에 소요되는 금액을 신뢰성 있게 추정할 수 있는 경우 그 금액을 충당부채로 인식하고 있습니다.

② 우발부채

회사는 다음의 경우를 우발부채로 보아 부채로 인식하지 않고 있습니다.

ㄱ 과거사건은 발생하였으나 기업이 전적으로 통제할 수 없는 하나 또는 그 이상의 불확실한 미래사건의 발생 여부에 의하여서만 그 존재여부가 확인되는 잠재적인 의무인 경우

ㄴ 과거사건이나 거래의 결과로 발생한 현재의무이지만 그 의무를 이행하기 위하여 자원이 유출될 가능성이 매우 높지가 않거나, 또는 그 가능성은 매우 높으나 당해 의무를 이행하여야 할 금액을 신뢰성 있게 추정할 수 없는 경우

③ 우발자산

회사는 과거사건이나 거래의 결과로 발생할 가능성이 있으며, 기업이 전적으로 통제할 수 없는 하나 또는 그 이상의 불확실한 미래사건의 발생 여부에 의하여서만 그 존재여부가 확인되는 잠재적 자산을 우발자산으로 보아 자산으로 인식하지 않고 있습니다.

(9) 수익

수익은 재화의 판매, 용역의 제공이나 자산의 사용에 대하여 받았거나 또는 받을 대가 (이하 "판매대가"라 한다)의 공정가치로 측정하며 판매자에 의해 제공된 매출에누리와 할인 및 환입은 수익에서 차감하고 있습니다.

① 재화의 판매

재화의 소유에 따른 유의적인 위험과 보상이 구매자에게 이전되고, 판매자는 판매된 재화의 소유권과 결부된 통상적 수준의 지속적인 관리상 관여를 하지 않을 뿐만 아니라 효과적인 통제를 하지도 아니합니다. 수익금액을 신뢰성 있게 측정할 수 있고, 거래와 관련된 경제적효익의 유입가능성이 높으며, 거래와 관련하여 발생했거나 발생할 원가를 신뢰성 있게 측정할 수 있을 때 재화의 판매로 인한 수익을 인식하고 있습니다.

② 용역의 제공

수익금액을 신뢰성 있게 측정할 수 있고, 거래와 관련된 경제적효익의 유입가능성이 높으며, 보고기간 말에 그 거래의 진행률을 신뢰성 있게 측정할 수 있고, 이미 발생한 원가 및 거래의 완료를 위한 원가를 신뢰성 있게 측정할 수 있을 때 용역제공거래의 결과를 신뢰성 있게 추정할 수 있는 것으로 보아 보고기간 말에 그 거래의 진행률에 따라 용역의 제공으로 인한 수익을 인식하고 있습니다.

거래의 진행률은 총추정원가 대비 현재까지 발생한 누적원가의 비율로 결정하고 있습니다.

용역제공거래의 성과를 신뢰성 있게 추정할 수 없는 경우에는 인식된 비용의 회수가능한 범위 내에서의 금액만을 수익으로 인식하고 있으며, 용역제공거래의 성과를 신뢰성 있게 추정할 수 없고 발생한 원가의 회수가능성이 높지 않은 경우에는 수익은 인식하지 아니하고 발생한 원가를 비용으로 인식하고 있습니다.

③ 이자수익, 로열티수익 및 배당수익

자산을 타인에게 사용하게 함으로써 창출되는 이자수익, 로열티수익 및 배당수익은 거래와 관련된 경제 적효익의 유입가능성이 높으며, 수익금액을 신뢰성 있게 측정할 수 있을 때 수익을 인식합니다. 이자수 익은 원칙적으로 유효이자율법으로 인식하고, 로열티수익은 관련된 약정의 실질을 반영하여 발생기준에 따라 인식하며, 배당수익은 주주로서 배당을 받을 권리와 금액이 확정되는 시점에 수익을 인식하고 있습 니다.

(10) 건설형 공사계약

② 공사수익의 인식

진행기준에 의한 당기공사수익은 공사계약금액에 보고기간종료일 현재의 공사진행률을 적용하여 인식 한 누적공사수익에서 전기말까지 계상한 누적공사수익을 차감하여 산출하고 있습니다.

② 공사원가의 인식

당기 공사원가는 실제로 발생한 총 공사비용에 공사손실충당부채전입액과 환입액을 가감하고, 다른 공 사와 관련된 타계정 대체액을 가감하여 산출하고 있습니다.

공사종료 후에 하자보수의무가 있는 경우 하자보수비는 공사가 종료되는 회계연도의 공사원가에 포함하 고, 동액은 하자보수충당부채로 계상하고 있습니다.

③ 공사수익 또는 공사원가에 대한 추정의 변경

공사수익이나 공사원가의 추정치 변경의 효과는 회계추정의 변경으로 회계처리하고 있으며, 변경된 추 정치는 변경이 이루어진 회계기간과 그 이후 회계기간의 손익계산서상 인식되는 수익과 비용의 금액 결 정에 사용하고 있습니다.

(11) 퇴직급여

회사의 임직원 퇴직금지급규정에 따라 보고기간종료일 현재 1년 이상 근속한 전임직원이 일시에 퇴직할 경 우 지급하여야 할 퇴직금소요액을 퇴직급여충당부채로 설정하고 있습니다.

회사는 수익자인 종업원의 퇴직금수급권을 보장하는 확정급여형 퇴직연금에 가입하고 있으며, 이에 따라 납입한 퇴직보험료는 퇴직연금운용자산의 과목으로 퇴직급여충당부채에서 차감하는 형식으로 표시하고 있 습니다.

한편, 회사는 국민연금법의 종전 규정에 의하여 종업원이 퇴직할 경우 지급할 퇴직금의 일부를 국민연금관 리공단에 납부한 바 있으며, 동 금액은 국민연금전환금의 과목으로 퇴직급여충당부채에서 차감하는 형식으 로 표시하고 있습니다.

(12) 자산손상

금융자산, 재고자산, 건설형 공사계약에서 발생한 자산, 이연법인세자산, 공정가치에서 추정 처분부대원가 를 차감한 금액으로 측정되는 농림어업활동과 관련되는 생물자산, 중단사업에 속하는 자산을 제외한 모든 자산의 손상은 아래의 방법으로 손상차손을 인식하고 있습니다.

아직 사용가능하지 않은 무형자산, 사용을 중지하고 처분을 위해 보유하는 자산 및 사업결합으로 취득한 영 업권에 대해서는 자산손상을 시사하는 징후가 있는지에 관계없이 매년 회수가능액을 추정하며, 그 외의 자 산은 매 보고기간말마다 자산손상을 시사하는 징후가 있는지를 검토하고 그러한 징후가 있다면 회수가능액 을 추정하고 있습니다.

자산의 진부화 및 시장가치의 급격한 하락 등으로 인하여 회수가능액이 장부금액에 중요하게 미달하게 되는 경우에는 장부금액을 회수가능액으로 조정하고 그 차액을 손상차손으로 처리하고 있습니다.

다만, 유형자산의 경우에는 유형자산의 손상징후가 있다고 판단되고, 당해 유형자산(개별 자산 또는 유형자산만으로 구성된 현금창출단위 포함)의 사용 및 처분으로부터 기대되는 미래의 현금흐름총액의 추정액이 장부금액에 미달하는 경우에 장부금액을 회수가능액으로 조정하고 그 차액을 손상차손으로 처리하고 있습니다.

회사는 개별 자산별로 회수가능액을 추정하고 있으며 만약 개별 자산의 회수가능액을 추정할 수 없다면 그 자산이 속한 현금창출단위로 회수가능액을 결정하고 있습니다. 현금창출단위의 회수가능액이 장부금액에 미달하는 경우에는 손상차손을 인식하며 손상차손은 우선적으로 현금창출단위(또는 현금창출단위집단)에 배분된 영업권의장부금액을 감소시키는데 배분되고, 그 다음 현금창출단위(또는 현금창출단위집단)에 속하는 다른 자산에 각각 장부금액에 비례하여 배분합니다.

매 보고기간 말마다 영업권을 제외한 자산에 대해 과거에 인식한 손상차손이 더 이상 존재하지 않거나 감소된 것을 시사하는 징후가 있는지를 검토하여 징후가 있는 경우 당해 자산의 회수가능액을 추정하고 있으며 직전 손상차손의 인식시점 이후 회수가능액을 결정하는데 사용된 추정치에 변화가 있는 경우에만 환입하고 있습니다. 손상차손환입으로 증가된 장부금액은 과거에 손상차손을 인식하기 전 장부금액의 감가상각 또는 상각 후 잔액을 초과할 수 없으며, 손상차손환입은 즉시 당기손익으로 인식하고 있습니다. 현금창출단위의 손상차손환입은 현금창출단위를 구성하는 자산들(영업권 제외)의 장부금액에 비례하여 배분하며, 영업권에 대해 인식한 손상차손은 후속기간에 환입하지 않고 있습니다.

(13) 법인세회계

법인세비용은 법인세법 등의 법령에 의하여 당기에 부담할 법인세 및 법인세에 부가되는 세액의 합계액에서 회계이익과 과세소득 간의 일시적차이 및 이월공제가 가능한 세무상결손금과 세액공제에 대한 이연법인세의 변동액 그리고 자본에 직접 반영되는 법인세효과 및 중단사업손익에 직접 반영된 법인세효과 등을 가감하여 산출하고 있습니다.

이연법인세자산과 이연법인세부채는 재무상태표상에 유동과 비유동항목으로 분류하고 있으며, 동일한 유동 및 비유동 구분 내에서의 이연법인세자산과 이연법인세부채는 각각 상계하여 표시하고 있습니다.

(14) 전기 재무제표의 계정과목 재분류

전기재무제표는 당기와의 비교를 용이하게 하기 위하여 일부 계정과목을 당기재무제표의 계정과목에 따라 재분류하고 있습니다. 이러한 재분류는 전기에 보고된 순손익이나 순자산가치에 영향을 미치지 아니합니다.

(15) 주당이익

회사는 기본주당이익과 희석주당이익을 보통주에 귀속되는 당기순손익에 대하여 계산하고 손익계산서에 표시하고 있습니다.

기본주당이익은 보통주에 귀속되는 특정 회계기간의 당기순손익을 그 기간에 유통된 보통주식수를 가중평균한 주식수로 나누어 계산하고 있으며, 보통주에 귀속되는 금액은 당기순손익에서 자본으로 분류된 우선주에 대한 세후 우선주 배당금, 우선주 상환 시 발생한 차액 및 유사한 효과를 조정한 금액입니다.

희석주당이익은 모든 희석효과가 있는 잠재적 보통주의 영향을 고려하여 보통주에 귀속되는 당기순이익 및 가중평균유통보통주식수를 조정하여 계산하고 있습니다.

(16) 회계변경과 오류수정

회계처리기준의 변경으로 인하여 자산 또는 부채에 미치는 누적효과는 전기이월이익잉여금에 반영하고, 회계추정을 변경한 경우 이로 인한 영향은 당기 이후의 기간에 대하여 미치는 것으로 보아 회계처리하고 있습니다. 한편, 전기 이전의 오류는 당기 영업외손익(전기오류수정손익)으로 처리하고 있으며, 다만 중대한 오류는 전기이월이익잉여금에 반영하고 있습니다.

(17) 추정의 사용

한국의 일반기업회계기준에 따라 재무제표를 작성하기 위해서 회사의 경영자는 자산 및 부채의 금액 및 충당부채 등에 대한 공시, 수익 및 비용의 측정과 관련하여 많은 합리적인 추정과 가정을 사용합니다. 여기에는 유형자산의 장부금액, 매출채권, 재고자산, 이연법인세자산 및 충당부채 등이 포함됩니다. 이러한 평가금액은 실제와 다를 수 있습니다.

3. 유가증권의 내용

(1) 보고기간종료일 현재 매도가능증권의 내역은 다음과 같습니다.

(당기) (단위 : 천 원)

구분	주식수(주)	지분율(%)	취득원가	순자산가치	장부금액
지분증권					
[시장성 없는 지분증권](*1)					
○○중공업㈜	68,000	4.86	5,840,448	7,574,653	5,840,448
○○코레스	4	0.00	13	13	13
[출자금](*2)					
○○공업협동조합	5	−	500	500	500
○○공사협동조합	85	−	8,500	8,500	8,500
대한건설공제	300	−	289,997	289,997	289,997
민국건설공제조합	404	−	363,500	363,500	363,500
만세건설공제조합	40	−	20,000	20,000	20,000
매도가능증권 계			6,522,958	8,257,163	6,522,958

(*1) 회사는 시장성 없는 지분증권에 대해 신뢰성 있는 측정모델에 의한 공정가치를 평가할 수 없어 취득원가로 평가하고 있으며, 객관적인 증거가 있는 경우에는 손상차손을 인식하고 있습니다.
(*2) 출자금의 순자산가치는 장부상 순자산가치이며 취득원가를 표시하였습니다.

구분	주식수(주)	지분율(%)	취득원가	순자산가치	장부금액
지분증권					
[시장성 없는 지분증권](*1)					
○○중공업㈜	68,000	4.86	5,840,448	7,574,653	5,840,448
○○코레스	4	0.00	13	13	13
[출자금](*2)					
○○공업협동조합	5	−	500	500	500
○○공사협동조합	85	−	8,500	8,500	8,500
대한건설공제	300	−	289,997	289,997	289,997
민국건설공제조합	404	−	363,500	363,500	363,500
만세건설공제조합	40	−	20,000	20,000	20,000
매도가능증권 계			6,522,958	8,257,163	6,522,958

상기 지분증권의 취득원가와 공정가치(시가)의 차액은 기타포괄손익누계액(매도가능증권평가손익)으로 계상하고 있습니다.

(2) 매도가능증권평가손익(기타포괄손익누계액)의 변동 내용은 다음과 같습니다.

(당기)   (단위 : 천 원)

구분	기초잔액	손익반영액	평가손익증감액	이연법인세	기말잔액
매도가능증권평가이익	3,189,980	−	−	−	3,189,980

(전기)   (단위 : 천 원)

구분	기초잔액	손익반영액	평가손익증감액	이연법인세	기말잔액
매도가능증권평가이익	5,206,970	(2,016,990)	−	−	3,189,980

4. 유형자산

(1) 당기 및 전기의 유형자산의 변동내역은 다음과 같습니다.

(당기)   (단위 : 천 원)

과목	기초잔액	취득	대체증감	처분및폐기	감가상각비	기말잔액
토 지	18,335,264					18,335,264
건 물	5,394,841				401,972	4,992,869
구 축 물	816,965				71,394	745,571
기계장치	34,839	363,900	74,497	74,500	87,633	311,103
차량운반구	27,044	47,243	63,729	83,003	16,348	38,665
기타유형자산	4,265				2,195	2,070
건설중인자산			2,248,530			2,248,530
합 계	24,613,218	411,143	2,386,756	157,503	579,541	26,674,072

과목	기초잔액	취득	대체증감	처분및폐기	감가상각비	기말잔액
토 지	17,926,906	-	408,358	-	-	18,335,264
건 물	5,799,004	-	-	-	(404,163)	5,394,841
구 축 물	888,357	-	-	-	(71,392)	816,965
기계장치	221,201	-	-	-	(186,362)	34,839
차량운반구	40,387	33,768	-	(21,495)	(25,616)	27,044
기타유형자산	9,720	823	-	-	(6,278)	4,265
합 계	24,885,575	34,591	408,358	(21,496)	(693,812)	24,613,218

(2) 유형자산의 재평가

유형자산의 재평가와 관련하여 기타포괄손익의 변동은 다음과 같습니다.

(단위 : 천 원)

분류	재평가기준일	재평가금액	이연법인세	기타포괄손익
토 지	200X.12.31	1,577,178	(346,980)	1,230,198
토 지	202X.12.31	408,358	(89,838)	318,520
합 계		1,985,536	(436,818)	1,548,718

회사의 토지는 200X년 12월 31일을 기준일로 하여 독립된 평가기관에 의하여 재평가되었습니다. 평가는 독립적인 제3자와의 거래조건에 따른 최근 시장거래 등에 근거하여 수행되었으며, 이연법인세를 차감한 후의 재평가증가액은 기타포괄손익으로 표시하고 있습니다. 또한, 회사는 202X년 12월 31일을 기준으로 재평가된 자산의 공정가치를 반영하여 재평가를 실시하였습니다.

(3) 회사가 보유중인 토지의 공시지가는 다음과 같습니다.

(당기)   (단위 : 천 원)

소재지	면적(㎡)	㎡당 공시지가	장부가액	공시지가
충청남도 공주시	24,865.30	114	2,588,478	2,588,478
충청남도 논산시	9,483.00	86	753,055	753,055
충청남도 공주시	2,093.00	6	12,223	12,223
경기도 화성시	44,119.00	361	14,656,332	14,656,332
인천광역시 부평구	28.40	4,550	116,014	116,014
경기도 안산시	35.10	4,353	139,452	139,452
경기도 시흥시	30.75	2,395	69,710	69,710
합 계	80,654.55		18,335,264	18,335,264

소재지	면적(㎡)	㎡당 공시지가	장부가액	공시지가
충청남도 공주시	24,865.30	104	2,588,478	2,588,478
충청남도 논산시	9,483.00	81	753,055	765,278
충청남도 공주시	2,093.00	6	12,223	12,223
경기도 화성시	44,119.00	332	14,656,332	14,656,332
인천광역시 부평구	28.40	4,085	116,014	116,014
경기도 안산시	35.10	3,973	139,452	139,452
경기도 시흥시	30.75	2,267	69,710	69,710
합 계	80,654.55		18,335,264	18,347,487

5. 무형자산

(1) 무형자산의 내역은 다음과 같습니다.

(단위 : 천 원)

구분	당기			전기		
	취득원가	상각누계액	장부금액	취득원가	상각누계액	장부금액
특허권	90,294	(76,750)	13,544	90,294	(67,721)	22,573
라이선스	677,757	(677,757)		677,757	(676,855)	902
소프트웨어	286,761	(283,696)	3,065	286,761	(281,570)	5,191
합 계	1,054,812	(1,038,203)	16,609	1,054,812	(1,026,146)	28,666

(2) 무형자산의 변동내역은 다음과 같습니다.

(당기)　　　　　　　　　　　　　　　　　　　　　　　　　　　　　　　(단위 : 천 원)

과목	기초잔액	취득	대체	상각
특허권	22,573	—	—	(9,029)
라이선스	902	—	—	(902)
소프트웨어	5,191	—	—	(2,126)
합 계	28,666	—	—	(12,057)

(전기)　　　　　　　　　　　　　　　　　　　　　　　　　　　　　　　(단위 : 천 원)

과목	기초잔액	취득	대체	상각
특허권	31,603	—	—	(9,030)
라이선스	2,758	—	—	(1,856)
소프트웨어	7,551	—	—	(2,360)
합 계	41,912	—	—	(13,246)

(3) 무형자산상각액은 전액 판매비와 관리비에 같이 포함되어 있습니다.

(단위 : 천 원)

구분	당기	전기
판매비와관리비	12,057	13,246

(4) 개발활동에서 발생한 경상연구개발비의 내역은 다음과 같습니다.

(단위 : 천 원)

구분	당기	전기
제조원가	359,338	364,502
판매비와관리비	82,365	76,048
합 계	441,703	440,550

6. 장·단기차입금

(1) 보고기간종료일 현재 단기차입금의 내역은 다음과 같습니다

(당기)
(단위 : 천 원)

구분	차입처	연이자율	금액
A은행	운전자금	5.24%	3,600,000
B은행	운전자금	3.86%	10,000,000
C은행	운전자금	3.96%	5,000,000
D은행	운전자금	4.98%	3,000,000
C은행	운전자금	5.40%	8,600,000
합 계			30,200,000

(전기)
(단위 : 천 원)

구분	차입처	연이자율	금액
A은행	운전자금	3.97%	4,000,000
B은행	운전자금	3.75%	10,000,000
F은행	운전자금	3.32%	1,200,000
G은행	운전자금	2.98%	2,000,000
C은행	운전자금	2.38%	9,600,000
합 계			26,800,000

(2) 보고기간종료일 현재 장기차입금의 내역은 다음과 같습니다.

(단위 : %, 천 원)

차입처	차입용도	연이자율(%)	금액		최종 만기일	상환방법
		당기	당기	전기		
G은행	운전자금	–	–	2,000,000	2022.09.15	만기일시
C은행	시설자금	–	–	9,600,000	2022.08.16	분할
합 계		–	11,600,000	–	–	
유동성대체			–	11,600,000	–	–
비유동부채			–	–	–	–

7. 퇴직급여충당부채

(1) 퇴직급여충당부채의 변동내용은 다음과 같습니다.

(단위 : 천 원)

구분	당기	전기
기초잔액	2,336,518	2,242,145
충당부채설정액	336,448	364,848
관계사전출입	80,543	57,527
퇴직금지급액	(632,767)	(328,002)
기말잔액	2,120,742	2,336,518
기말퇴직금소요액	2,120,742	2,336,518
퇴직연금운용자산	(2,037,020)	(2,013,625)
국민연금전환금	(1,166)	(1,166)
기타투자자산		−
차감계	82,556	321,727

당기말 현재 퇴직금소요액의 96.1%에 해당하는 금액에 대하여 금융기관에 수익자인 종업원의 퇴직금수급권이 보장된 확정급여형 퇴직연금에 가입하고 있으며 당기말 현재퇴직보험예치금 잔액은 2,037,020천 원입니다. 한편, 국민연금법의 종전규정에 의하여 국민연금관리공단에 납부한 당기말 현재 국민연금전환금의 잔액은 1,166천 원입니다.

(2) 퇴직연금운용자산의 변동내용은 다음과 같습니다.

(단위 : 천 원)

구분	당기	전기
기초잔액	2,013,625	2,240,979
당기증가액	221,535	48,124
당기감소액	(198,140)	(275,478)
기말잔액	2,037,020	2,013,625

8. 하자보수충당부채의 내용

하자보수충당부채의 변동내용은 다음과 같습니다.

(단위 : 천 원)

구분	당기	전기
기초잔액	40,098	84,614
당기사용액	−	−
당기설정액(*1)	(15,838)	(44,516)
기말잔액	24,260	40,098

(*1) 회사는 건설공사와 관련하여 공사완료시로부터 1~3년간의 하자보증기간을 제공하고 있습니다.

9. 손해배상충당부채의 내용

손해배상충당부채의 변동내용은 다음과 같습니다.

(단위 : 천 원)

구분	당기	전기
기초잔액	2,782,005	1,404,332
당기사용액	(1,338,316)	(1,762,949)
당기설정액(*1)	(1,443,689)	3,140,622
기말잔액	–	2,782,005

(*1) 회사는 당기에 지역난방공사에 대한 손해배상금 지급을 완료하여 잔여 충당금을 환입하였습니다.
한편 회사는 3개사 공동으로 부담하는 손해배상금 중 회사가 대지급한 금액에 대한 자산보전처분 등의 추심절차를 진행하고 있습니다.

10. 우발상황과 약정사항의 내용

우발상황 및 주요 약정사항의 내용은 다음과 같습니다.

(1) 사용이 제한된 예금의 내용

사용이 제한된 예금의 내용은 다음과 같습니다.

(단위 : 천 원)

과목	금융기관명	당기	전기	사용제한내용
장기금융상품	하나은행	4,000	4,000	당좌개설보증금

(2) 매출채권의 양도 등

회사는 매출채권 할인(전자방식의 외상매출금할인 포함)에 따른 매출채권처분손실을 당기와 전기중 각각 36,558천 원과 116,978천 원을 계상하고 있습니다. 매출채권 할인액 중 당기말과 전기말 현재 만기가 도래하지 아니한 금액은 각각 0원과 2,174,997천 원입니다.

(3) 담보제공자산의 내용

예금 이외에 담보제공된 자산의 내용은 다음과 같습니다.

(당기)

(단위 : 천 원)

구분	담보제공자산	장부금액	설정금액	설정권자	관련채무	차입금액
자기담보	건물 등	3,981,115	10,000,000	B은행	단기차입금	10,000,000
자기담보	건물 등	20,071,436	18,000,000	C은행	단기차입금	13,600,000
			$4,570,805	C은행	선급금 등	–
자기담보	출자금	289,997	301,000	○○공제조합	이행보증	–
자기담보	출자금	363,500	380,000	○○공제조합	이행보증	–

구분	담보제공자산	장부금액	설정금액	설정권자	관련채무	차입금액
자기담보	건물 등	4,544,834	10,000,000	B은행	단기차입금	10,000,000
자기담보	건물 등	19,332,422	18,000,000	C은행	단기차입금	9,600,000
			$4,570,805	C은행	선급금 등	–

(4) 타인으로부터 제공받거나 또는 타인을 위해 제공한 담보 및 보증의 내용

① 담보의 내용

　당기말 현재 회사가 타인으로부터 제공받거나, 타인을 위해 제공한 담보는 없습니다.

② 보증의 내용

　당기말 현재 회사가 타인으로부터 제공받거나, 타인을 위해 제공한 보증의 내용은 다음과 같습니다.

[타인으로부터 제공받은 보증의 내용]

(당기)　　　　　　　　　　　　　　　　　　　　　　　　　　　　　　　　　　　　(단위 : 천 원)

보증 제공자	내용	보증금액	보증처
[특수관계자]			
이순신	채무보증	12,924,000	A은행 外
소 계		12,924,000	
[기타]			
○○보증보험	계약이행지급보증외	6,401,000	
○○건설공제조합	계약이행지급보증외	181,548	
○○건설공제조합	계약이행지급보증외	1,145,386	
소 계		7,727,934	
합 계		20,651,934	

(전기)　　　　　　　　　　　　　　　　　　　　　　　　　　　　　　　　　　　　(단위 : 천 원)

보증 제공자	내용	보증금액	보증처
[특수관계자]			
○○중공업㈜	채무보증	17,760,000	B은행 外
소 계		17,760,000	
[기타]			
○○보증보험	계약이행지급보증외	5,295,252	
○○건설공제조합	계약이행지급보증외	407,070	
○○건설공제조합	계약이행지급보증외	979,077	
소 계		6,681,399	
합 계		24,441,399	

[타인을 위해 제공한 보증의 내용]

(당기) (단위 : 천 원)

보증 제공받은자	내용	보증금액	보증처
[특수관계자]			
○○중공업 등	이행보증 등	2,150,434	○○보증보험

(전기) (단위 : 천 원)

보증 제공받은자	내용	보증금액	보증처
[특수관계자]			
○○중공업 등	이행보증 등	2,284,377	○○보증보험

(5) 보험가입의 내용

당기말 및 전기말 현재 보험가입자산의 내용은 다음과 같습니다.

보험가입자산	보험의종류	부보금액(단위 : 천 원)		보험기간	비고
		당기	전기		
공장건물 및 기계장치	화재보험	18,301,813	18,370,661	2022.08.13~2023.08.13.	
공장건물 및 기계장치	화재보험	7,840,836	10,240,836	2022.09.15~2023.09.15.	

상기 화재보험은 우리은행 일반자금회전대출약정 등과 관련하여 질권이 설정되어 있고, 회사는 상기 보험 이외에 부보금액 2억 원의 종업원에 대한 근로자재해보상보험에 가입하고 있으며, 소유 전차량에 대해서 자동차종합보험 및 책임보험에 가입하고 있습니다.

(6) 주요 약정사항

① 금융기관 등과 체결한 주요 약정사항은 다음과 같습니다.

(당기) (단위 : 천 원)

과목	약정내용	금융기관명	약정한도액
단기차입금	일반자금대출	C은행	5,000,000
단기차입금	일반자금대출	A은행	3,600,000
단기차입금	산업운영자금대출	B은행	10,000,000
단기차입금	시설자금	C은행	8,600,000
단기차입금	운전자금	D은행	3,000,000
매입채무	B2B	D은행	4,000,000
매입채무/미지급금	공사계약이행 및 하자이행 지급보증	○○보증보험	6,198,129
매입채무/미지급금	공사계약이행 및 하자이행 지급보증	○○공제조합	181,548
매입채무/미지급금	공사계약이행 및 하자이행 지급보증	○○공제조합	1,145,386

과목	약정내용	금융기관명	약정한도액
단기차입금	일반자금대출	E은행	1,200,000
단기차입금	일반자금대출	A은행	4,000,000
단기차입금	산업운영자금대출	B은행	10,000,000
단기차입금	시설자금	C은행	9,600,000
단기차입금	운전자금	F은행	2,000,000
매입채무	B2B	D은행	4,000,000
매입채무/미지급금	공사계약이행 및 하자이행 지급보증	○○보증보험	5,295,252
매입채무/미지급금	공사계약이행 및 하자이행 지급보증	○○공제조합	407,070
매입채무/미지급금	공사계약이행 및 하자이행 지급보증	○○공제조합	979,077

(7) 파생상품 등의 거래

① 회사는 당기말 현재 변동이자율 지급조건 장기차입금의 이자율변동 위험을 회피하기 위하여 1건의 이자율스왑계약(계약금액 120억원)을 우리은행과 체결하고 있습니다.

② 이자율스왑계약에 대하여는 현금흐름 위험회피회계를 적용하고 있습니다. 현금흐름 위험회피회계를 적용함에 따라 현금흐름 변동위험에 노출되는 예상 최장기간은 2022년 8월 까지이며 당기 중 인식한 파생상품거래이익과 파생상품거래손실은 각각 10,071천 원과 2,939천 원입니다.

③ 당기말 현재 파생상품 평가내용은 다음과 같습니다.

(단위 : 천 원)

구분	평가액		당기이익(손실)		기타포괄손익누계액	
	당기	전기	당기	전기	당기	전기
파생상품평가이익	–	–		–	–	–
파생상품평가손실		13,192		1,299	–	–

11. 자본금

(1) 당기말 현재 회사가 발행할 주식의 총수는 100,000,000주이고, 발행한 주식수는 전기말과 동일한 보통주식 3,469,500주이며 1주당 액면금액은 500원입니다.

(2) 회사의 상호출자의 내용은 다음과 같습니다.

(당기)

회사명	회사가 출자한 내용			회사가 출자받은 내용		
	주식수	출자금액	지분율	주식수	출자금액	지분율
한국개발	–	–	–	40,000주	20,000,000원	1.15%

(전기)

회사명	회사가 출자한 내용			회사가 출자받은 내용		
	주식수	출자금액	지분율	주식수	출자금액	지분율
한국개발	–	–	–	43,000주	21,500,000원	1.24%

12. 이익잉여금의 내용

① 상법의 규정에 따라 자본금의 50%에 달할 때까지 매 결산기마다 금전에 의한 이익배당액의 10% 이상의 금액을 이익준비금으로 적립하도록 되어 있으며, 동 이익준비금은 현금으로 배당할 수 없으나 주주총회의 결의에 의하여 자본전입 또는 결손보전이 가능합니다.

② 회사는 조세특례제한법의 규정에 따라 법인세 산출 시 신고조정에 의해 손금산입하는 연구및인력 개발준비금 등을 이익잉여금처분 시 별도 적립하고 있으며, 이 준비금 중 조세특례제한법의 규정에 따라 환입하는 금액은 임의적립금으로 이입하여 배당할 수 있습니다.

13. 이익잉여금처분계산서

이익잉여금처분계산서의 내용은 다음과 같습니다.

(단위 : 천 원)

과목	당기		전기	
Ⅰ. 미처분이익잉여금		19,272,553		14,904,059
1. 전기이월미처분이익잉여금 (전기이월결손금)	14,904,059		(4,126,604)	
2. 당기순이익	4,368,494		19,030,663	
합　계		19,272,553		14,904,059
Ⅱ. 이익잉여금처분액		–		–
Ⅲ. 차기이월미처분이익잉여금		19,272,553		14,904,059

14. 건설형 공사계약의 내용

(1) 공사수익으로 인식된 금액과 누적공사원가와 누적손익의 내용은 다음과 같습니다.

(당기)　　　　　　　　　　　　　　　　　　　　　　　　　　　　　　　　　(단위 : 천 원)

구분	공사계약금액	당기공사 수익인식액	누적공사수익	누적공사원가	누적공사손익
○○부대 기계공사	1,313,676	935,266	949,953	804,845	145,108
2022년 ○○지사 열수송관공사	2,169,746	1,044,122	1,044,122	903,204	140,918
○○시 열수송관공사	5,873,638	217,755	217,755	184,427	33,328
2021년 ○○지사 열수송관공사	1,939,450	1,154,464	1,939,450	1,729,568	209,882
기타	2,434,207	1,597,865	2,434,207	2,118,776	315,431
합 계	13,730,717	4,949,472	6,585,487	5,740,820	844,667

(전기) (단위 : 천 원)

구분	공사계약금액	당기공사 수익인식액	누적공사수익	누적공사원가	누적공사손익
○○지사 열수송망공사	3,318,150	114,673	3,318,150	2,955,092	363,058
○○지역 누수복구공사	267,102	267,102	267,102	218,088	49,014
○○지사 열수송관공사	2,582,870	784,985	784,985	656,439	128,546
OO부대 기계공사	1,313,676	14,686	14,686	12,443	2,243
기타	16,859,357	1,381,847	16,021,465	15,223,701	797,764
합 계	24,341,155	2,563,293	20,406,388	19,065,763	1,340,625

(2) 공사대금 관련 채권 · 채무의 내용은 다음과 같습니다.

(당기) (단위 : 천 원)

구분	공사대금 미수금		청구액 중 회수보류액	선수금
	청구금액	미청구금액		
OO부대 기계공사	1,029,433			79,480
2022년 ○○지사 열수송관공사	1,118,510			74,387
○○시 열수송관공사		217,754		
합 계	2,147,943	217,754		153,867

(당기) (단위 : 천 원)

구분	공사대금 미수금		청구액 중 회수보류액	선수금
	청구금액	미청구금액		
○○군 포장복구공사	58,159	–	–	58,160
○○공사 열수송관로점검	643,311	–	–	111,674
○○지사 열수송관공사	1,797,884	144,986	–	–
○○시 배수관부설공사	136,423	21,109	–	–
○○부대 기계공사	1,298,989	–	–	621,677
합 계	3,934,766	166,094	–	791,511

(3) 당기말 중 회사의 원가기준 투입법을 적용하여 진행기준으로 수익을 인식하는 건설 계약으로서 총 공사수익 금액이 직전 회계연도 매출액의 5% 이상인 건설계약은 1건입니다.

(단위 : 천 원)

공사명	계약일	계약상 완성기간	공정율(%)	미청구공사		공사미수금	
				총액	손상차손	총액	대손충당금
○○시 열수송관공사	20X2.04.04	20X5.04.03	3.7	217,754	–	217,754	–

15. 특수관계자와의 주요거래내용

(1) 특수관계자 현황은 다음과 같습니다.

관계	회사명	비고
기타특수관계자	○○코레스㈜	관계사
	○○인터내셔널㈜	관계사
	○○PKC㈜	관계사
	○○종합건설㈜	관계사
	○○정공㈜	관계사
관계기업	○○로지스	관계사
	제이디엘	관계사
주주	홍길동	주주
	○○중공업㈜	관계사
	○○개발	관계사

(2) 당기와 전기중 특수관계자와의 중요한 영업상의 거래내역과 당기말과 전기말 현재의 관련 채권, 채무의 내역은 다음과 같습니다.

(당기)   (단위 : 천 원)

구분		기중 거래액(VAT 제외)		기말 잔액(VAT 포함)	
		매출 등	매입 등	채권	채무
기타 특수관계자	대주중공업㈜	36,000	1,892,917	3,300	3,300
	대주코레스㈜	–	151,329	–	–
	대연인터내셔널㈜	–	12,623,590	–	1,067,524
	케이디종합건설㈜	–	77,760	–	–
	대주정공㈜	11,500	–	–	–
	케이씨㈜		46,749	–	6,245
	소 계	47,500	14,792,345	3,300	1,077,069

(전기)   (단위 : 천 원)

구분		기중 거래액(VAT 제외)		기말 잔액(VAT 포함)	
		매출 등	매입 등	채권	채무
기타 특수관계자	대주중공업㈜	86,357	3,272,747	3,300	517,418
	대주코레스㈜	29,744	258,720	–	3,958
	대연인터내셔널㈜	–	9,228,199	–	595,342
	KD종합건설㈜	–	77,760	–	–
	소 계	116,101	12,837,425	3,300	1,116,717

(3) 특수관계자와의 지급보증 내용

주석 11에서 설명하고 있는 바와 같이 회사는 특수관계자에게 2,150,434천 원(전기 2,284,377천 원)의 보증을 제공하고 있으며, 12,924,000천 원(전기 17,760,000천 원)의 지급보증을 제공받고 있습니다.

16. 부가가치계산에 필요한 과목

부가가치 계산에 필요한 항목의 금액의 내용은 다음과 같습니다.

(당기) (단위 : 천 원)

계정과목	판매비와관리비	매출원가	합계
급 여	1,215,707	4,268,764	5,484,471
퇴직급여	17,177	319,270	336,447
복리후생비	78,241	527,060	605,301
세금과공과	133,022	51,766	184,788
임차료	53,028	334,304	387,332
감가상각비	4,520	575,021	579,541
합 계	1,501,695	6,076,185	7,577,880

(전기) (단위 : 천 원)

계정과목	판매비와관리비	매출원가	합계
급 여	1,038,461	3,051,433	4,089,894
퇴직급여	86,240	278,608	364,848
복리후생비	65,180	409,095	474,275
세금과공과	74,321	83,822	158,143
임차료	81,106	260,408	341,514
감가상각비	8,469	685,342	693,811
합 계	1,353,777	4,768,708	6,122,485

17. 화폐성 외화자산 · 부채의 내용

보고기간종료일 현재 화폐성 외화자산 · 부채 및 관련 외화환산손익의 내역은 다음과 같습니다.

(단위 : 천 원)

과목	통화	당기		전기	
		외화금액	원화금액	외화금액	원화금액
현금및현금성자산	USD	18,200,000.15	3,302,208,027	38,497.33	45,639
현금및현금성자산	CNY	333,305.60	422,398,187	1.54	–
매출채권	USD	–	–	–	–
외화자산 합계	USD	18,200,000.15	3,302,208,027	38,497.33	45,639
	CNY	333,305.60	422,398,187	1.54	–
매입채무	USD	333,305.60	422,398,186	550,646.5	652,791
	CNY	13,291,406.82	2,411,592,851	20,074,956.99	3,739,161
외화부채 합계	USD	333,305.60	422,398,186	550,646.5	652,791
	CNY	13,291,406.82	2,411,592,851	20,074,956.99	3,739,161

상기 외화환산과 관련하여 외화환산이익 73,867천 원(전기 66,084천 원), 외화환산손실 30,566천 원(전기 13,888천 원)을 영업외손익으로 각각 계상하였으며, 적용환율은 다음과 같습니다.

(단위 : 원)

외화종류	당기말	전기말
USD	1,267.30	1,185.50
CNY	181.44	186.26

18. 법인세비용

(1) 법인세비용의 산출내용은 다음과 같습니다.

(단위 : 천 원)

구분	당기	전기
법인세부담액	244,912	19,032
일시적차이로 인한 이연법인세 변동액	239,297	(796,131)
자본에 직접 반영된 법인세비용	–	(89,838)
기타 이연법인세 변동액	(43,093)	–
법인세비용(수익)	441,116	(866,937)

(2) 당기 및 전기중 법인세비용차감전순이익과 법인세비용 간의 관계는 다음과 같습니다.

(단위 : 천 원)

구분	당기		전기	
법인세비용차감전순이익		4,809,610		18,163,726
적용세율(22%)에 따른 세부담액		1,058,114		3,996,020
조정사항				
비과세수익	330		–	
비공제비용	8,335		5,545	
이월결손금공제	(400,367)			
기타(세율차이 등)	832,818		(4868502)	
법인세비용		441,116		(866,937)
유효세율		9.2%		(4.8%)

(3) 당사의 일시적차이의 증감내역 및 기말 현재 이연법인세자산(부채)의 내역은 다음과 같습니다.

(당기) (단위 : 천 원)

구분	기초잔액	증가(감소)	기말 잔액	
			유동	비유동
퇴직급여충당금	2,335,354	(216,944)	–	2,118,410
퇴직연금부담금	(2,013,626)	(23,394)	–	(2,037,020)
대손충당금	2,217,999	(42,999)	2,175,000	–
재고자산평가감	364,734	(305,292)	59,442	–
하자보수충당금	40,098	(15,838)	24,260	–
회원권감액손실	145,360	–	–	145,360
매도가능증권	(3,189,980)	–	–	(3,189,980)
자산재평가 – 토지	(1,230,199)	–	–	(1,230,199)
파생상품	1,299	–	–	1,299
렌트차량감가충당금	747	4,885	5,632	–
손해배상금 – 지역난방	2,782,005	(2,782,005)	–	–
미납부과징금	–	1,520,000	1,520,000	–
합 계	1,453,791	(1,861,587)	3,784,334	(4,192,130)
이연법인세자산	577,473	–	794,710	
이연법인세부채	(423,813)	–	–	(880,347)

(당기) (단위 : 천 원)

구분	기초잔액	증가(감소)	기말 잔액	
			유동	비유동
퇴직급여충당금	2,242,146	93,208	–	2,335,354
퇴직연금부담금	(2,240,979)	227,353	–	(2,013,626)
대손상각비	2,145,896	72,102	2,217,998	–
대손금	61,735	(61,735)		–
감가상각비 – 비업무용	137,852	(137,852)		–
재고자산평가감	328,563	36,171	364,734	–
하자보수충당금	84,614	(44,516)	40,098	–
회원권감액손실	145,360	–		145,360
매도가능증권손상차손	145,606	(145,606)		
지분법손익	371,849	(371,849)	–	–
매도가능증권	(5,300,824)	2,110,844	–	(3,189,980)
자산재평가 – 토지	(1,577,178)	(408,358)	–	(1,985,536)
파생상품	1,266	33	1,299	–
장기성예금	(30,833)	30,833	–	
렌트차량감가충당금	347	400	747	–
손해배상금 – 지역난방	–	2,782,005	–	2,782,005
일시적차이 등 차감(*1)	21,897,244	(21,897,244)	–	–
합 계	18,412,664	(17,714,211)	2,624,877	(1,926,423)
이연법인세자산	578,188	(715)	577,473	–
이연법인세부채	(1,336,757)	912,944	–	(423,813)

(*1) 일시적차이 중 실현가능성이 없는 금액은 이연법인세자산으로 인식하지 않았습니다(주1). 일시적차이에 적용되는 미래의 예상세율로서 일시적차이의 소멸이 예상되는 시기의 세율을 적용하고 있습니다.

19. 주당손익

(1) 당기와 전기의 기본주당이익의 산정내역은 다음과 같습니다.

(단위 : 원)

구분	당기	전기
보통주당기순이익(주1)	4,368,494,152	19,030,662,879
가중평균유통주식수(주2)	3,469,500주	3,469,500주
기본주당순이익	1,259	5,485

주1 : 회사는 우선주 등의 발행이 없으므로 보통주당기순이익은 당기순이익과 동일합니다.
주2 : 회사의 전기 및 당기의 보통주유통주식수의 변동이 없습니다.

(2) 잠재적으로 미래에 기본주당이익을 희석화할 수 있는 잠재적 보통주는 없으므로 희석주당손익은 기본주당손익과 동일합니다.

20. 포괄손익계산서

회사의 포괄손익의 내역은 다음과 같습니다.

(단위 : 천 원)

구분	당기	전기
I. 당기순이익	4,368,494	19,030,663
II. 기타포괄손익	–	(1,608,632)
매도가능증권평가이익	–	(2,016,990)
토지재평가이익	–	408,358
III. 포괄손익	4,368,494	17,422,031

21. 현금유출입이 없는 중요한 거래내용

현금흐름표는 간접법으로 작성되었으며, 현금의 유입과 유출이 없는 주요 거래는 다음과 같습니다.

(단위 : 천 원)

구분	금액	
	당기	전기
장기차입금의 유동성대체	–	11,600,000
토지에 대한 재평가차익	–	408,358

22. 유동성위험 관리방법 및 금융부채의 만기분석

(1) 유동성위험 관리 방법

회사의 재경팀은 미래 현금흐름을 예측하여 단기 및 중장기 자금조달 계획을 수립하고 예측현금흐름과 실제 현금흐름을 계속하여 관찰하고 있습니다. 재경팀은 상기에서 언급된 예측에 따라 충분한 유동성을 확보하기 위하여 일정 수준의 차입한도를 유지하고 있으며, 정기예금 등의 금융상품에 잉여자금을 투자하고 있습니다.

(2) 금융부채의 만기분석

현금 등 금융자산을 인도하여 결제하는 금융부채의 종류별 만기분석 내역은 다음과 같습니다.

(당기) (단위 : 천 원)

구분	장부금액	3개월 이하	3개월~1년	1년~2년	2년~5년	5년 초과
매입채무	9,840,006	9,839,906	100	–	–	–
단기차입금	30,200,000	3,600,000	26,600,000	–	–	–
미지급금	2,350,633	2,324,782	25,851	–	–	–
미지급비용	582,784	582,784	–	–	–	–
합 계	42,973,423	16,347,472	26,625,951	–	–	–

(전기) (단위 : 천 원)

구분	장부금액	3개월 이하	3개월~1년	1년~2년	2년~5년	5년 초과
매입채무	13,266,774	13,266,774	–	–	–	–
단기차입금	26,800,000	–	26,800,000	–	–	–
미지급금	3,100,979	3,100,979	–	–	–	–
미지급비용	475,005	475,005	–	–	–	–
합 계	43,642,758	16,842,758	26,800,000	–	–	–

23. 회사의 환경정책 등

회사는 수질관리, 대기관리 및 폐기물관리에 관한 내부기준을 설정 및 운영하고 있으며 당기와 전기중 폐기물 등을 처리하기 위하여 사용한 금액은 각각 17,356천 원 및 19,843천 원입니다.

24. 종업원 복지

회사는 종업원 복지증진을 위하여 식당, 장학제도, 의료보험, 재해보상, 유급휴가 및 체육시설 등의 복리후생제도를 시행하고 있습니다. 당기 및 전기중 회사가 복리후생비로 지출한 금액은 각각 605,301천 원 및 474,275천 원입니다.

01 ㈜ABC의 유동성 분석에 대한 내용으로 바르지 못한 것은?

① 회사의 당기 유동비율은 약 85%로 유동성이 부족하다고 볼 수 있다.

② 회사의 당기 유동성이 부족하지만 유동자산 중 당좌자산의 비중이 약 73%로 높은 수준이므로 단기 지급능력에는 문제가 없다

③ 회사의 전기 현금비율은 약 6%로 유동성이 부족한 상황이다.

④ 회사의 당기 현금비율은 약 12%로 전기보다 개선되었다.

⑤ 회사의 당기 당좌비율은 약 62%로 전기보다 개선되었다.

정답 | ②

해설 | 유동자산 자체가 부족하기 때문에 유동자산 중 당좌자산의 비중이 높더라도 지급능력에 문제가 없는 것은 아니다.

항목	당기	전기
유동자산	38,308,207,755	38,214,709,555
당좌자산	27,886,676,640	22,597,788,527
현금및현금성자산	5,331,158,263	3,043,100,603
유동부채	45,205,379,692	47,538,782,020
유동비율	84.74%	80.39%
당좌비율	61.69%	47.54%
당좌자산비중	72.80%	59.13%
현금비율	11.79%	6.40%

02 ㈜ABC의 레버리지분석 내용으로 바르지 못한 것은?

① 회사의 당기 부채비율은 약 178%로 여신제공자 입장에서 높은 수준이다.

② 회사의 당기 자기자본비율은 약 36%로 기준비율인 50%보다 낮은 수준이다.

③ 회사의 당기 차입금의존도는 약 42%로 총자본의 50%미만이므로 양호한 편이다.

④ 회사의 당기 차입금평균이자율은 3.76%이다.

⑤ 회사의 당기 이자보상배율은 약 4.9배로 이자비용지급에는 큰 문제가 없다.

정답 | ③

해설 | 차입금의존도 기준비율은 통상 30% 이하로 보고 있으므로, 당사의 경우 양호한 편이 아니다.

03 ㈜ABC의 EBITDA를 분석한 내용으로 바르지 못한 것은? (EBITDA = 세전이익 + 이자비용 + 감가상각비 + 무형자산상각비)

① 당기 회사의 EBITDA는 이자비용의 6배 이상이므로 이자비용 지급에는 문제가 없다.

② 전기 회사의 EBITDA/이자비용비율이 약 21배로 매우 높은 것은 지체상금충당부채가 환입되어 영업외수익이 크게 증가했기 때문이다.

③ 당기와 전기 EBITDA/이자비용비율의 차이는 세전이익이 가장 큰 원인이다.

④ 회사의 당기 EBITDA에서 감가상각비와 무형자산상각비의 비중이 50% 이상 감소된다면 이자비용 지급에 문제가 나타날 수 있다.

⑤ 당기 회사의 이자보상비율보다 EBITDA/이자비용비율이 더 크기 때문에 이자비용지급을 위한 현금창출능력은 충분하다고 본다.

정답 | ④
해설 | 당기 EBITDA에서 감가상각비와 무형자산상각비가 차지하는 비중이 각각 약 9%와 0.2% 수준에 불과하기 때문에 비중이 50% 이상 감소되더라도 EBITDA에 큰 영향이 없어, 이자비용 지급능력에 미치는 영향은 거의 없다.

04 ㈜ABC의 자본배분과 자산구성을 분석한 내용으로 바르지 못한 것은?

① 당기 회사의 비유동비율은 약 130%로 비유동자산에 단기부채가 투입되었다.

② 당기 회사의 비유동장기적합률이 127%이므로 비유동자산 구성에 단기부채가 투입되었다.

③ 당기 회사의 비유동자산과 유동부채에 대한 위험은 불균형상태에 있다.

④ 당기 회사의 유동자산 구성비율은 약 53%로 수익성 저하의 위험이 있다.

⑤ 당기 회사의 유형자산 비중은 약 37%로 고정비 발생 위험은 높지 않다.

정답 | ①
해설 | 비유동비율이 130%라는 것은 비유동자산에 자기자본 이외에 부채가 투입되었다는 의미는 맞지만 그것이 단기부채인지 장기부채인지는 추가로 검토가 필요하다. 또한 유동자산이 총자산의 50% 이상이므로 기회비용에 의한 수익성 저하의 위험이 있다.

05 ㈜ABC의 수익성에 대한 분석 내용으로 바르지 못한 것은? (재무상태표 항목의 전기말 금액과 전전기말 금액은 일치한다고 가정한다.)

① 회사의 당기 매출액총이익률은 약 7%로 매우 낮은 수준이다.

② 회사의 당기 매출액영업이익률은 약 4%로 제조업평균 수준이다.

③ 회사의 당기 판관비율은 약 20%로 높아 영업이익 저하의 원인이다.

④ 회사의 당기 ROA는 약 7%로 전기 약 5%보다 소폭 개선되었다.

⑤ 회사의 전기 ROE는 당기 약 18%보다 매우 높은 약 88% 수준인데, 그 원인은 전기에 지체상금충당부채가 환입되어 순이익이 크게 증가했기 때문이다.

정답 | ③

해설 | 매출액총이익률이 약 7%이고 매출액영업이익률이 약 4%이므로 판관비율은 약 3%이다. ㈜ABC의 손익 구조의 특징은 매출원가가 매출의 약 93% 수준으로 매우 높다는 특징이 있다.

06 ㈜ABC의 당기 ROE를 고려했을 때 주주가치가 증가하는 자기자본비용은?

① 25%

② 22%

③ 20%

④ 19%

⑤ 15%

정답 | ⑤

해설 | ROE가 자기자본비용보다 클 때 주주가치가 증가한다.

07 ㈜ABC의 활동성 분석 내용으로 바르지 못한 것은? (재무상태표 항목의 전기말 금액과 전전기말 금액은 일치한다고 가정한다.)

① 회사의 당기 총자산회전율은 약 1.68회로 제조업평균을 크게 상회한다.

② 회사의 당기 재고자산회전율은 약 8.31회로 제조업평균 수준을 나타내고 있다.

③ 회사의 당기 자기자본회전율은 약 5.02회로 제조업평균을 크게 상회하는데, 그 주요 원인은 총자본 중 자기자본의 비중이 작기 때문이다.

④ 회사의 당기 재고자산회전율은 약 9.14회로 전기 약 6.36회 대비 큰 폭으로 개선되었는데, 주요 원인은 평균재고자산이 큰 폭으로 감소했기 때문이다.

⑤ 당기 회사의 비유동자산회전율은 약 3.64회로 전기 약 3.14회 대비 소폭 개선되었다.

해설 | 재고자산회전율의 큰 폭 증가는 재고자산 감소보다 매출액 증가가 주요 원인이다.

항목	당기	전기
매출액	119,012,441,215	99,307,691,147
평균총자산	70,960,075,590	69,841,767,542
총자산회전율	1.68회	1.42회
평균자기자본	23,701,593,243	21,517,346,167
자기자본회전율	5.02회	4.62회
평균재고자산	13,019,226,072	15,616,921,028
재고자산회전율	9.14회	6.36회
평균매출채권	22,150,195,706	20,592,200,841
매출채권회전율	5.37회	4.82회
평균비유동자산	32,698,616,935	31,627,057,987
비유동자산회전율	3.64회	3.14회

08 ㈜ABC의 당기 1회전 영업순환주기는 얼마인가? (소수점은 반올림한다.)

① 73일
② 94일
③ 100일
④ 108일
⑤ 143일

해설 |

항목	당기	전기
ⓐ 재고자산회전기간	=(1/9.14)×365일≒40일	=(1/6.36)×365일≒57일
ⓑ 매출채권회전기간	=(1/5.37)×365일≒68일	=(1/4.82)×365일≒76일
ⓒ 매입채무회전기간	=(1/10.30)×365일≒35일	=(1/7.49)×365일≒49일
ⓓ 영업순환주기	=ⓐ+ⓑ=108일	=ⓐ+ⓑ=133일
ⓔ 현금순환주기	=ⓐ+ⓑ-ⓒ=73일	=ⓐ+ⓑ-ⓒ=84일

09 ㈜ABC의 1회전 운전기간(현금순환주기)은 얼마인가? (소수점은 반올림한다.)

	전기	당기		전기	당기
①	84일	73일	②	94일	84일
③	84일	100일	④	100일	108일
⑤	133일	108일			

해설 | 8번 해설 참조

10 ㈜ABC의 당기 연간 1회전 운전자본은 얼마인가? (감가상각비는 무형자산상각비를 포함하되 현금흐름표를 이용한다. 그리고 백만 원 미만은 반올림한다.)

> 1회전 운전자본 = (매출액 − 영업이익 − 감가상각비) × 1회전 운전기간(년)

① 21,977,000,000원
② 22,404,000,000원
③ 33,437,000,000원
④ 34,689,000,000원
⑤ 35,216,000,000원

정답 | ②
해설 |

항목	당기	전기
매　출	119,012,441,215	99,307,691,147
영업이익	5,271,487,407	3,461,180,784
감가상각비	579,541,822	693,812,793
무형상각비	12,057,380	13,245,380
1회전 운전기간(년)	0.198	0.231
1회전 운전자본	22,403,572,212	21,977,213,456

11 ㈜ABC의 재무분석 내용으로 바르지 못한 것은?

① 회사의 영업활동 중 자금이 묶이는 기간은 약 108일 정도이다.
② 회사의 당기 영업활동 후 현금이 회수기간은 전기보다 개선되었다.
③ 전기 1회전 운전자본은 연간 21,977,000,000원이 소요되었다.
④ 당기 매입채무회전기간이 전기보다 짧아져 회사의 자금압박 강도가 증가하였다.
⑤ 회사의 현금회수 기간이 개선된 것은 재고자산회전기간이 짧아진 것이 주요 원인이다.

정답 | ③
해설 | 영업활동 기간 중 자금이 묶이는 기간은 영업순환주기(= 재고자산회전기간 + 매출채권회전기간)이다.
　　　그리고 현금이 회수되는 기간을 1회전 운전기간 또는 현금순환주기라 한다. 전기 1회전 운전자본은 21,977,000,000원이 소요되었지만 이 금액은 연간 사용한 금액이 아니라 1회전 운전기간(84일) 동안 사용한 금액이다.

12 ㈜ABC의 당기 성장성 분석에 대한 내용으로 바르지 못한 것은?

① 회사의 매출액증가율은 19.84%로 외형적으로 성장했다고 할 수 있다.

② 회사의 총자산증가율은 3.20%로 외형적으로 성장했다고 할 수 있다.

③ 회사의 자기자본증가율은 20.30%이고, 모두 당기순이익이 이익잉여금에 전입된 결과이다.

④ 회사의 순이익증가율은 -77.04%로 급감했으므로 역성장의 위험이 있다고 할 수 있다.

⑤ 회사는 배당을 하지 않으므로 지속가능한 성장률을 18.43%로 볼 수 있다.

정답 | ④

해설 | 당기의 당기순이익증가율이 급감한 원인은 전기에 지체상금충당부채 11,272,928,688원이 영업외수익으로 환입되면서 전기의 당기순이익을 크게 높였기 때문이다. 이는 일시적 사건으로 이를 근거로 회사가 역성장 한다고 할 수는 없다.

13 만일 ㈜ABC의 배당성향이 20%라 가정하면 정상PER는 얼마인가? (자기자본비용은 16%라 가정하고, 계산결과는 소수점 이하 반올림한다.)

① 71배　　　　　　　　　　　　② 80배
③ 92배　　　　　　　　　　　　④ 100배
⑤ 110배

정답 | ①

해설 | PER* = (1 − b)(1 + g)/(k_e − g), 여기서 g = b × ROE = 0.8 × 18.43% = 14.7%이다.
　　　PER* = 0.8(1 + 0.147)/(0.16 − 0.147) = 70.58배

14 ㈜ABC의 재무분석에 대한 내용으로 바르지 못한 것은?

① 회사의 당기 총자산영업이익률(ROA)은 7.43%로 차입금잔액에 대한 가중평균이자율 4.59%를 초과하므로 부채를 사용할수록 자기자본순이익률(ROE)은 커진다.

② 회사는 자기자본순이익률(ROE)이 높고, 총자산순이익률(ROI)이 낮으므로 재무구조가 안정적이라고 할 수 있다.

③ 회사의 총자산순이익률(ROI)은 자기자본순이익률(ROE)보다 절대 클 수 없다.

④ 회사의 총자산순이익률(ROI)은 6.16%이다.

⑤ 회사는 당기말 현재 부채레버리지 효과가 존재한다.

정답 | ②

해설 | 회사의 ROI는 6.16%로 낮고, ROE는 18.43%로 높으므로 부채비율이 높다는 의미이므로 재무구조가 안정적이라고 할 수 없다. ROE = ROI × (1 + 부채비율) = 매출액순이익률 × 총자산회전율 × (1 + 부채비율)

15 ㈜ABC의 제품은 건설·토목·플랜트·조선 등 다양한 분야의 자재로 사용된다. 당사의 산업위험에 대한 설명으로 바르지 못한 것은?

① 회사의 전방산업의 경기민감도 높아 당사도 경기에 민감한 특징을 갖는다.
② 회사가 속한 산업군의 시장집중도와 경쟁강도가 낮은 편이다.
③ 회사의 전방산업 수급불일치가 심해 매출변동성이 커질 수 있다.
④ 자금수급의 시기적 불일치로 운전자본 수요가 높고 변동성이 심하다.
⑤ 회사의 전방산업에 대한 교섭력은 다소 열위에 있다.

정답 | ②
해설 | 건설·토목 등 기자재산업은 매우 많은 기업들이 경쟁하고 있어 시장집중도가 낮고 경쟁강도가 아주 높은 특징이 있다.

16 ㈜ABC의 시장위험에 대한 설명으로 바르지 못한 것은?

① 금리가 상승하면 회사의 경영위험은 매우 높아진다.
② 정부정책이나 규제에 많은 영향을 받는다.
③ CNY환율이 상승하면 회사의 수익성은 개선된다.
④ 경기변동에 민감해 수급변동성이 크다.
⑤ 기술변화가 시장에 미치는 영향을 제한적이다.

정답 | ③
해설 | CNY외화부채가 자산보다 훨씬 많기 때문에 환율이 상승하면 부채가 증가하므로 수익성이 나빠진다.

17 ㈜ABC의 당기말 현재 재무상태를 고려할 때 위험요인이라고 할 수 없는 것은?

① USD환율의 상승
② 금리상승
③ 정부의 건설업 규제
④ 전방산업 수급불일치 기간 장기화
⑤ 높은 운전자금 부담

정답 | ①
해설 | USD외화자산이 부채보다 많으므로 USD환율상승은 회사의 수익성을 개선시키는 요인이다.

18 ㈜ABC의 순운전자본이 (-)인 원인으로 가장 적절한 것은?

① 전방산업 수급불일치   ② 일시적 경영악화

③ 종업원의 급격한 증가   ④ 원자재 가격상승

⑤ 경상개발비용의 증가

정답 | ①

해설 | ㈜ABC의 전방산업은 높은 경기민감도와 수급불일치를 나타내기 때문에 후방산업에 속한 당사의 경우도 동일한 특성을 나타낸다. 따라서 자금수급의 시기적 불일치로 인하여 운전자금수요가 높아 단기부채 수준이 매우 높은 특징을 갖는다.

19 ㈜ABC의 현금흐름 분석내용으로 바르지 못한 것은?

① 전기 영업활동으로 인한 현금흐름이 (-)인 이유 중 하나는 재고자산이 큰 폭으로 증가했기 때문이다.

② 전기 영업활동으로 인한 현금흐름이 (-)인 이유 중 하나는 지체상금충당부채가 큰 폭으로 감소했기 때문이다.

③ 회사는 당기에 기타 유형자산의 투자를 늘렸다.

④ 회사는 당기에 영업활동으로 창출한 현금흐름으로 46억 원의 단기차입금을 상환하였다.

⑤ 당기 매입채무 감소는 영업활동으로 인한 현금흐름에 부정적 영향을 미쳤다.

정답 | ④

해설 | 회사는 영업활동으로 인한 현금흐름이 약 15억 원으로 단기차입금 46억 원 상환에 부족해 단기자금 80억 원을 차입한 것으로 볼 수 있다.

20 ㈜ABC의 전기와 당기 경영상태에 대한 내용으로 바르지 못한 것은?

① 회사의 당기 매출액은 전기 대비 증가하였다.

② 회사의 매출원가는 매출액의 90% 이상을 차지한다.

③ 회사는 당기에 장기차입금을 사용하지 않고 있다.

④ 회사는 전기와 당기 단기차입금을 상환하고 있다.

⑤ 회사는 당기에 필요한 순운전자본을 당기순이익으로 충당할 능력이 있다.

정답 | ⑤

해설 | 회사가 당기에 필요한 순운전자본은 약 69억 수준인데, 당기순이익은 약 44억 수준이므로 순운전자본을 충당하기에 부족하다. 따라서 회사는 단기차입금을 사용해야 할 환경에 놓이게 된다.

21 ㈜ABC의 영업레버리지도(DOL)에 관한 설명으로 바르지 못한 것은? (각 계정과목 금액은 천 원 이하 반올림한다.)

> • 영업고정비(FC)항목
> – 인건비(급여, 퇴직급여, 복리후생비)   – 통신비 및 수도광열비
> – 지급임차료 및 보험료   – 감가상각비
> – 무형자산상각비

① 회사의 영업고정비는 7,274,505,000원이다.

② 회사의 변동비율은 약 92.42%이다.

③ 회사의 영업고정비는 영업이익 확대에 도움이 된다.

④ 회사의 영업레버리지도(DOL)는 5.18배이다.

⑤ 회사의 변동비가 높은 이유는 영업외비용이 높기 때문이다.

정답 | ⑤

해설 | 변동비가 높은 이유는 총비용의 대부분이 매출원가에서 발생하기 때문이다.

항목	당기	
매출액		119,012,441,000
총영업비용		117,270,458,000
매출원가	110,216,384,000	
판매비와관리비	3,524,570,000	
영업외비용	3,529,504,000	
고정비		7,274,505,000
급여	5,484,471,000	
퇴직급여	336,447,000	
복리후생비	605,000	
통신비	8,110,000	
수도광열비	19,000	
세금과공과	184,788,000	
감가상각비	579,542,000	
무형자산상각비	12,057,000	
임차료	387,332,000	
보험료	281,134,000	
변동비	변동비율 = 변동비/총비율 ≒ 92.42%	109,995,953,000
ⓐ 매출액 − 변동비	공헌이익율 ≒ 7.58%	9,016,488,000
ⓑ 매출액 − 변동비 − 고정비		1,741,983,000
ⓒ **영업레버리지도(DOL)**	= ⓐ/ⓑ	5.18

22 ㈜ABC의 당기 재무레버리지도(DFL)는 약 얼마인가? (천 원 이하는 반올림하여 계산한다.)

① 1.50배   ② 2.60배
③ 3.36배   ④ 4.12배
⑤ 6.19배

정답 | ②
해설 | 회사는 부채비율이 매우 높기 때문에 재무레버리지가 높을 것이라 예상할 수 있다.

ⓐ 매출액 – 변동비		9,016,488,000
ⓑ 매출액 – 변동비 – 고정비		1,741,983,000
ⓒ 이자비용		1,071,203,000
ⓓ 재무레버리지도(DOL)	= ⓑ/(ⓑ – ⓒ)	2.60

23 ㈜ABC의 당기 영업레버리지도(DOL)와 재무레버리지도(DFL)를 고려할 때 매출액이 1% 증가하면 주당순이익(EPS)은 얼마나 증가하는가? (천 원 이하는 반올림하여 계산한다.)

① 13.47%   ② 24.38%
③ 48.27%   ④ 54.36%
⑤ 88.13%

정답 | ①
해설 | DCL = DOL × DFL = 5.18 × 2.60 ≒ 13.47이므로 매출액이 1% 증가하면 주당순이익은 13.47% 증가한다.

24 다음 자료를 고려할 때 ㈜ABC의 당기 BEP매출액은 얼마인가? (각 계정과목은 천 원 이하 반올림하여 계산하고, 계산 결과는 억 원 미만 반올림한다.)

〈영업고정비(FC)항목〉
• 인건비(급여, 퇴직급여, 복리후생비)   • 통신비 및 수도광열비
• 지급임차료 및 보험료   • 감가상각비
• 무형자산상각비   • 이자비용

① 889억 원   ② 906억 원
③ 932억 원   ④ 984억 원
⑤ 1,043억 원

정답 | ④

해설 | ※ 주의 : 손익분기점분석에서는 실무적으로 고정비에 이자비용을 포함하여 계산한다.

항목		당기
매출액		119,012,441,000
총영업비용		117,270,458,000
매출원가	110,216,384,000	
판매비와관리비	3,524,570,000	
영업외비용	3,529,504,000	
고정비		8,345,708,000
급여	5,484,471,000	
퇴직급여	336,447,000	
복리후생비	605,000	
통신비	8,110,000	
수도광열비	19,000	
세금과공과	184,788,000	
감가상각비	579,542,000	
무형자산상각비	12,057,000	
임차료	387,332,000	
보험료	281,134,000	
이자비용	1,071,203,000	
변동비	변동비율＝변동비/총비율≒91.52%	108,924,750,000

BEP매출액 ＝ 고정비/(1 − 변동비율) ＝ 8,345,708,000/(1 − 0.9152) ＝ 88,926,458,320원 ≒ 98,416,368,000원

---

25 문제 24번을 참조하여 ㈜ABC의 당기 손익분기점율을 계산하면 얼마인가? (천 원 이하는 반올림하여 계산한다.)

① 0.58

② 0.83

③ 1.02

④ 1.15

⑤ 1.35

정답 | ②

해설 | 손익분기점율 ＝ BEP매출액/실현매출액 ＝ 98,416,368,000/119,012,441,000 ≒ 0.83

26 ㈜ABC의 당기 안전한계율(MS)을 계산하면 얼마인가? (억 단위 이하는 반올림하여 계산한다.)

① 17%
② 25%
③ 48%
④ 66%
⑤ 82%

정답 | ①
해설 | 안전한계율 = 100 − 손익분기점율 = 100 − 83% = 17%

27 다음 자료를 고려할 때 ㈜ABC의 현금분기점은 얼마인가? (억 단위 이하는 반올림한다.)

〈고정비(FC)항목〉
- 인건비(급여, 퇴직급여, 복리후생비)
- 지급임차료 및 보험료
- 무형자산상각비
- 통신비 및 수도광열비
- 감가상각비
- 이자비용

① 765억
② 804억
③ 832억
④ 889억
⑤ 914억

정답 | ⑤
해설 |

항목	당기	
고정비		8,345,708,000
급여	5,484,471,000	
퇴직급여	336,447,000	
복리후생비	605,000	
통신비	8,110,000	
수도광열비	19,000	
세금과공과	184,788,000	
감가상각비	579,542,000	
무형자산상각비	12,057,000	
임차료	387,332,000	
보험료	281,134,000	
이자비용	1,071,203,000	
변동비	변동비율 = 변동비/총비율 ≒ 91.52%	108,924,750,000

현금분기점(CBEP) = (고정비 − 감가상각비 − 무형자산상각비)/(1 − 변동비율)
= (8,345,708,000 − 579,542,000 − 12,057,000)/(1 − 0.9152) = 91,439,964,623원
≒ 914억 원

28 다음 기업부실모형을 고려하여 ㈜ABC의 당기 Z-Score와 경영상태를 판정하시오. (자기자본시장 가치는 장부금액의 1.4배이고, EBIT는 영업이익을 사용한다. 그리고 계산 결과는 소수점 셋째 자리 에서 반올림한다.)

$$Z = 1.2X_1 + 1.4X_2 + 3.3X_3 + 0.6X_4 + 0.99X_5$$
X_1 : 순운전자본/총자산, X_2 : 이익잉여금/총자산, X_3 : EBIT/총자산, X_4 : 자기자본시장가치/총부채,
X_5 : 매출액/총자산

	Z-Score	경영상태
①	0.03	부실
②	0.56	부실
③	1.85	보류
④	2.62	보류
⑤	3.12	정상

정답 | ④
해설 | $X_1 = -0.10$, $X_2 = 0.27$, $X_3 = 0.07$, $X_4 = 0.78$, $X_5 = 1.68$
　　　$Z = 1.2 \times (-0.10) + 1.4 \times 0.27 + 3.3 \times 0.07 + 0.6 \times 0.78 + 0.99 \times 1.68 = 2.62$
　　　$Z < 1.81$: 부실, $1.81 \leq Z \leq 2.99$: 판정보류, $Z > 2.99$: 정상

29 ㈜ABC가 속한 산업은 성장세지만 당사의 제품은 선도적이지 않아 비용이 많이 소모된다. 이 특성 을 고려할 때 ㈜ABC는 BCG Matrix상 어디에 속하는가?

① 스타　　　　　　　　　　　② 문제아
③ 개　　　　　　　　　　　　④ 캐시카우
⑤ 속하는 곳 없음

정답 | ②
해설 | 시장은 성장세이고 시장점유율은 낮은 경우에는 문제아(?)에 속한다.

PART 03
실전모의고사

01 다음 중 재무상태표에 대한 설명으로 바르지 못한 것은?

① 자본제공자 입장에서 비유동자산의 위험이 유동자산의 위험보다 크다.

② 기업입장에서는 유동부채의 위험이 비유동부채의 위험보다 크다.

③ 자기자본 장부가치의 1주당 시장가치가 주식가격이다.

④ 자본제공자 입장에서는 비유동부채의 위험이 자기자본의 위험보다 더 크다.

⑤ 재무상태표 대변은 자본조달 위험을 나타낸다.

02 다음 중 자본비용을 나타내는 것으로 짝지어진 것은?

① 이자비용, 배당
② 배당, 당기순이익
③ 영업이익, 당기순이익
④ 배당, 영업이익
⑤ 이자비용, 당기순이익

03 다음은 甲회사의 당기말 재무자료이다. 바르지 못한 설명은? (산업평균 : 유동비율 130%, 당좌비율 80%, 현금비율 20%, 순운전자본비율 10%, 소수점 이하 반올림)

재무상태표

甲회사			(단위 : 백만 원)
현　　금	1,800	매입채무	2,700
매출채권	8,520	단기차입금	16,080
재고자산	18,000	장기차입금	14,400
비유동자산	21,600	자　　본	16,740
총 자 산	**49,920**	**총 자 본**	**49,920**

① 회사는 산업평균보다 현금성자산이 부족하다.

② 회사의 순운전자본비율이 높게 나타나지만 이는 재고자산 누적이 원인이다.

③ 회사는 재고자산의 현금화 속도를 점검할 필요가 있다.

④ 회사는 매출채권 회수가능성을 점검해야 한다.

⑤ 회사는 유동자산이 충분하므로 단기지급능력에 문제는 없다.

04 다음 중 재무레버리지 효과가 나타나는 경우는?

	부채비율	총자산영업이익률	평균이자율
①	0%	20%	10%
②	0%	8%	12%
③	50%	12%	14%
④	100%	15%	8%
⑤	200%	13%	17%

05 다음은 ㈜대한의 재무자료이다. 바르지 못한 설명은? (판관비 중 감가상각비는 300이다.)

재무상태표

㈜대한			20X1.12.31.
현 금	300	매입채무	200
매출채권	700	단기차입금	1,200
재고자산	1,500	장기차입금	1,600
비유동자산	2,500	자 본	2,000
자산총계	**5,000**	**자본총계**	**5,000**

손익계산서
(20X1.01.01.~12.31.)

매출액	6,500
매출원가	(3,900)
매출총이익	2,600
판 · 관 · 비	(1,800)
영업이익	800
이자비용	(140)
세전이익	660
법인세비용	(160)
당기순이익	600

① 회사의 차입금평균이자율은 5%이다.

② 회사의 EBITDA는 1,100으로 이자지급능력이 충분하다.

③ 회사의 부채비율은 150%로 다소 높은 수준이다.

④ 회사는 부채 레버리지효과가 나타나지 않는다.

⑤ 회사의 이자보상비율은 5.71배로 이자지급능력이 있다.

06 甲회사의 이자비용에 변화가 없고 감가상각비가 증가할 때 바르지 못한 설명은?

① EBITDA는 증가한다.

② 자기자본순이익률(ROE)은 감소한다.

③ 총자산영업이익률(ROA)은 감소한다.

④ 매출총이익률은 변화가 없다.

⑤ 판관비율은 증가한다.

다음은 ㈜대한의 재무자료이다. 물음에 답하시오. (단위 : 백만 원)

재무상태표

㈜대한		20X1.12.31.
항목	당기말	전기말
현 금	300	200
매출채권	700	500
재고자산	1,500	1,000
비유동자산	2,500	2,000
자산총계	**5,000**	**3,700**
매입채무	200	500
단기차입금	1,200	700
장기차입금	1,600	1,000
자 본	2,000	1,500
부채자본총계	**5,000**	**3,700**

손익계산서
(20X1.01.01.~12.31.)

항목	금액
매출액	6,500
매출원가	(3,900)
매출총이익	2,600
판·관·비	(2,200)
영업이익	400
이자수익	40
이자비용	(280)
세전이익	160
법인세비용	(60)
당기순이익	100

07 ㈜대한의 수익성 분석에 대한 설명으로 바르지 못한 것은?

① 생산마진(margin)은 40%이다.

② 총자산영업이익률(ROA)은 9.20%이다.

③ 총자본순이익률(ROI)은 2.30%이다.

④ 회사는 자기자본순이익률(ROE)는 총자산영업이익률(ROA)보다 작다.

⑤ 회사는 매출원가에 문제가 있는 것으로 추정할 수 있다.

08 ㈜대한의 활동성 분석에 대한 설명으로 바르지 못한 것은? (회전율은 매출액을 사용한다.)

① 총자산회전율은 1.49회이다.

② 재고자산회전율은 4.3회이다.

③ 매출채권회전기간은 약 34일이다.

④ 비유동자산회전율은 2.89회이다.

⑤ 매입채무회전기간은 약 20일이다.

09 ㈜대한의 매출액과 영업비용, 감가상각비는 산업평균 수준이고, 재고자산과 매출채권은 산업평균보다 많으며 매입채무는 산업평균보다 적다. 다음 중 틀린 설명은?

① 매출채권과 매입채무를 고려하면 회사의 현금은 유출은 빠르고 유입은 늦다.
② 산업평균보다 1회전 운전기간이 길다.
③ 1회전 운전자본은 산업평균보다 작다.
④ 회사는 자금 압박을 받을 가능성이 있다.
⑤ 회사의 외상거래는 산업평균보다 많다.

10 丙회사는 주가는 이론적 가치와 동일하다. PER가 12배이고 PBR이 3배일 때 회사의 자기자본순이익률(ROE)은 얼마인가? (배당성향은 20%이다.)

① 10%
② 15%
③ 20%
④ 25%
⑤ 30%

11 다음 중 매출활동과 수익성 분석을 동시에 할 수 있는 재무비율 지표는?

① ROI
② ROA
③ EVA
④ PER
⑤ EV/EBITDA

12 乙기업은 부채를 사용하지 않는다. 다음 재무비율 중 일치하는 비율은?

① 총자산순이익률 – 자기자본순이익률
② 총자산영업이익률 – 자기자본순이익률
③ 총자산순이익률 – 총자산영업이익률
④ 매출액순이익률 – 총자산순이익률
⑤ 매출액순이익률 – 총자산영업이익률

13 다음 중 물가가 상승할 때 재무비율에 미치는 영향에 대한 설명으로 가장 바르지 못한 것은?

① 유동비율은 상승한다.
② 부채비율은 상승한다.
③ 매출액순이익률은 상승한다.
④ 활동성비율은 상승한다.
⑤ 성장성비율은 상승한다.

다음은 ㈜대한의 재무자료이다. (단위 : 백만 원)

재무상태표

㈜대한   20X1.12.31.

항목	당기말	전기말
현 금	300	200
매출채권	700	500
재고자산	1,500	1,000
비유동자산	2,500	2,000
자산총계	**5,000**	**3,700**
매입채무	200	500
단기차입금	1,200	700
장기차입금	1,600	1,000
자 본	2,000	1,500
부채자본총계	**5,000**	**3,700**

손익계산서
(20X1.01.01.~12.31.)

항목	금액
매출액	6,500
영업고정비	(1,000)
영업변동비	(5,100)
EBIT	400
이자비용	(240)
세전이익	160
법인세비용	(60)
당기순이익	100

14 회사의 영업레버리지도(DOL)는 얼마인가?

① 3.50   ② 4.12

③ 5.24   ④ 8.48

⑤ 11.67

15 회사의 재무레버리지도(DFL)는 얼마인가?

① 1.00   ② 1.50

③ 2.00   ④ 2.50

⑤ 3.00

16 회사의 BEP매출액은 얼마인가? (이자비용은 고정비에 포함하고, 소수점 이하는 반올림한다.)

① 1,580백만 원   ② 2,348백만 원

③ 3,500백만 원   ④ 4,426백만 원

⑤ 5,757백만 원

17 총비용을 회귀분석으로 분석할 때 회사의 회귀함수로 적절한 것은? (단위 : 백만 원)

① $TC = 1,000 + 0.2154 \times$ 매출액
② $TC = 1,240 + 0.2154 \times$ 매출액
③ $TC = 1,000 + 0.7846 \times$ 매출액
④ $TC = 1,240 + 0.7846 \times$ 매출액
⑤ $TC = 5,100 + 0.1615 \times$ 매출액

[18~21]

㈜성영은 A, B, C 제품을 생산 판매하고 있으며 관련 자료는 아래와 같다. 동사의 고정비는 200,000,000원(감가상각비 8,000,000원 포함)이다.

제품	단위당 판매가격	단위당 변동비	매출비중
A	1,000원	600원	10%
B	2,000원	1,400원	30%
C	2,500원	2,000원	60%

18 회사의 가중평균공헌이익률은 얼마인가?

① 10%
② 20%
③ 25%
④ 30%
⑤ 40%

19 회사의 현금분기점은 얼마인가?

① 360,000,000원
② 420,000,000원
③ 574,000,000원
④ 682,000,000원
⑤ 768,000,000원

20 회사의 매출액이 1,000,000,000원일 때 영업레버리지도(DOL)는 얼마인가?

① 2.00
② 3.00
③ 4.00
④ 5.00
⑤ 6.00

21 회사가 제품 구성을 변경할 경우 매출비중은 다음과 같다. 제품 C를 D로 변경하는 것이 적정하려면 D의 단위당 변동비는 최대 얼마 미만이 되어야 하는가? (소수점 반올림)

제품	단위당 판매가격	단위당 변동비	매출비중
A	1,000원	600원	20%
B	2,000원	1,400원	40%
D	4,500원	?	40%

① 4,050원   ② 3,938원

③ 3,825원   ④ 3,600원

⑤ 3,375원

현금흐름분석 | 80점 / 25문제

22 다음 중 현금흐름의 활동분류가 바르지 못한 것은?

① 배당금 수익 – 영업활동   ② 배당금 지급 – 영업활동

③ 이자수익 – 영업활동   ④ 이자지급 – 영업활동

⑤ 법인세 지급 – 영업활동

23 다음 중 거래의 성격이 다른 하나는?

① 무상증자   ② 현물출자에 의한 자산취득

③ 전환사채의 전환권 행사   ④ 장기차입금의 유동성대체

⑤ 감가상각비의 인식

24 ㈜한라의 당기 손익계산서상 매출원가는 10,000원이다. 당기 재고자산과 매입채무 자료가 다음과 같을 때 현금주의 매출원가는 얼마인가?

• 기초재고자산 2,000원	• 기말재고자산 4,000원
• 기초매입채무 3,000원	• 기말매입채무 5,000원

① 10,000원   ② 11,000원

③ 12,000원   ④ 13,000원

⑤ 14,000원

25 다음은 자료를 참조할 때 매출채권과 대손충당금이 영업활동으로 인한 현금흐름에 미치는 영향은 얼마인가? (당기 중 대손이 확정된 매출채권은 28백만 원이다.)

(단위 : 백만 원)

	기말잔액	기초잔액	증감
매출채권	₩760	₩640	₩120
대손충당금	(100)	(60)	(20)
차감잔액	660	580	80

① −80백만 원

② −92백만 원

③ −100백만 원

④ −120백만 원

⑤ −148백만 원

26 다음 중 영업활동으로 인한 현금흐름이 증가하는 원인으로 적절하지 않은 것은?

① 재고자산이 감소하고 있다.

② 외상거래가 증가하고 있다.

③ 매입채무가 감소하고 있다.

④ 선수금이 증가하고 있다.

⑤ 미지급금이 증가하고 있다.

27 다음은 ㈜한국의 매출액과 현금주의 매출액에 대한 정보이다. 바르지 못한 설명은? (거래는 모두 영업 관련한 상거래이다.)

(단위 : 원)

	당기	전기
매출액	100,000	75,000
현금주의 매출액	120,000	65,000

① 전기에 매출채권 잔액은 10,000원이다.

② 당기에 매출채권 25,000원이 회수되었을 것이다.

③ 당기 현금주의 매출액은 선수금 발생의 영향도 있을 것이다.

④ 재고자산을 50,000원 현금 매입하더라도 지급능력은 충분하다.

⑤ 매출액 증가와 현금주의 매출액 감소가 지속되면 자금압박이 심화된다.

다음은 ㈜대한의 당기 손익계산서상 법인세비용과 당기초와 당기말의 재무상태표상 당기법인세부채 및 이연법인세자산의 계정 잔액이다. 당기 법인세납부액 얼마인가?

(단위 : 원)

	당기초	당기말
당기법인세부채	72,000	84,000
이연법인세자산	7,200	9,000
I/S상 법인세비용	162,000	

① 148,200　　　　　　　　② 151,800

③ 172,200　　　　　　　　④ 175,800

⑤ 180,000

29 다음은 甲회사의 재무자료이다. 손익계산서의 대손상각비는 매출채권에 대한 당기의 대손충당금 전입액이다. 甲회사의 매출활동에 의한 현금주의 매출액(현금유입액)은 얼마인가?

재무상태표 자료				손익계산서 자료	
계정과목	당기초	당기말		계정과목	당기발생액
매출채권	45,000원	52,200원		매출액	540,000원
대손충당금	5,400원	7,200원		대손상각비	3,420원
선수금	6,300원	6,750원			

① 529,380원　　　　　　　② 529,830원

③ 531,180원　　　　　　　④ 531,630원

⑤ 535,050원

30 다음 자료를 고려할 때 매입활동에 의한 현금주의 매입액(현금유출액)은 얼마인가?

재무상태표 자료				손익계산서 자료	
계정과목	당기초	당기말		계정과목	당기발생액
재고자산	25,200원	32,400원			
매입채무	38,400원	36,000원		매출원가	132,000원
선급금	13,200원	15,600원			

① 129,600원　　　　　　　② 134,400원

③ 139,200원　　　　　　　④ 144,000원

⑤ 145,800원

[31~32]

다음은 甲회사의 재무자료이다. (단위 : 백만 원)

재무상태표 자료				손익계산서 자료		
계정과목	당기초	당기말		계정과목	당기발생액	
매출채권	5,100	3,800		매출액		50,000
대손충당금	(100)	(200)		매출원가		(30,000)
선급금	1,000	1,500		매출총이익		20,000
재고자산	20,000	10,000		판매비와 관리비		(10,000)
이연법인세자산	–	900		급여	(7,000)	
유형자산	12,800	38,200		감가상각비	(1,500)	
감가상각누계액	(500)	(800)		대손상각비	(500)	
자산총계	38,300	53,400		퇴직급여	(1,000)	
매입채무	5,000	7,000		영업이익		10,000
장기차입금	12,000	15,000		영업외비용		(6,000)
당기법인세부채	500	1,700		이자비용	(4,000)	
퇴직급여충당부채	800	1,200		사채상환손실	(2,000)	
자본금	20,000	25,000		세전이익		4,000
이익잉여금	–	3,500		법인세비용		500
부채 · 자본총계	38,300	53,400		당기순이익		3,500

31 영업활동 관련 자산 · 부채의 변동으로 인한 현금흐름은 얼마인가?

① 11,500백만 원   ② 12,100백만 원

③ 12,400백만 원   ④ 12,700백만 원

⑤ 13,000백만 원

32 영업활동으로 인한 현금흐름은 얼마인가?

① 19,600백만 원   ② 20,000백만 원

③ 20,600백만 원   ④ 21,200백만 원

⑤ 22,400백만 원

33 다음 중 투자활동으로 분류되지 않는 것은?

① 단기매매증권의 취득　　　　　　② 개발비 지출

③ 지분법적용투자주식의 취득　　　④ 임차보증금 증가

⑤ 정기예금 이자수익

34 다음은 ㈜대한의 당기 기계장치와 관련된 자료이다. 회사는 당기 중 장부금액 5,400천 원(취득원가 9,000천 원, 감가상각누계액 3,600천 원)의 기계장치를 2,700천 원에 처분하였다. 또한 당기 중 건설 중인 자산 계정에서 45,000천 원을 기계장치 계정에 대체하였다. 회사가 당기에 현금으로 매입한 기계장치는 얼마인가? (단위 : 천 원)

재무상태표 자료		
계정과목	당기초	당기말
기계장치	27,000	90,000
감가상각누계액	9,900	13,500

손익계산서 자료	
계정과목	당기발생액
기계장치감가상각비	7,200
기계장치처분손실	2,700

① 18,000천 원　　　　　　② 19,800천 원

③ 21,600천 원　　　　　　④ 23,400천 원

⑤ 27,000천 원

35 다음은 ㈜만세의 재무자료이다. 회사는 당기 중 액면 10,000원의 사채를 9,800원에 발행하면서, 사채발행비 70원을 지출하였다. 당기 중 사채 중도상환으로 지출한 금액은 얼마인가? (당기 손익계 산서 이자비용에 포함된 사채할인발행차금상각액은 120원이고, 사채상환이익은 600원이다.)

재무상태표 자료		
계정과목	당기초	당기말
사채	23,400원	27,200원
사채할인발행차금	900원	1,000원

① 5,550원　　　　　　② 5,880원

③ 5,930원　　　　　　④ 6,150원

⑤ 6,200원

36 다음은 ㈜조선의 재무자료이다. 회사의 장기차입금계정에는 외화장기차입금이 포함되어 있다. 회사의 장기차입금상환은 계획대로 이루어졌다. 당기 중 유동성장기차입금상환으로 인한 현금유출액은 얼마인가? (단위 : 천 원)

재무상태표 자료				손익계산서 자료	
계정과목	당기초	당기말		계정과목	당기발생액
유동성장기차입금	13,500	22,500		외환차손	450
장기차입금	33,000	49,500		외화환산손실	900

① 13,500천 원   ② 13,950천 원
③ 14,000천 원   ④ 14,150천 원
⑤ 14,600천 원

37 다음은 ㈜신라의 현금흐름 정보이다 어떠한 유형의 기업에 해당하는가?

- 영업활동으로 인한 현금흐름 : +
- 투자활동으로 인한 현금흐름 : −
- 재무활동으로 인한 현금흐름 : +

① 성장형   ② 현금보유형
③ 성숙형   ④ 급성장 기업형
⑤ 저수익 매각형

38 甲회사는 乙회사를 인수하고자 한다. 甲회사는 인수에 투자한 현금을 乙회사가 벌어들이는 현금으로 얼마의 기간 동안 회수할 수 있는지 파악하고자 한다. 乙회사의 현금흐름 측정치로 가장 적절한 것은?

① 세금 · 이자 · 감가상각비 차감 전 이익(EBITDA)
② 세금 · 이자 차감 전 이익(EBIT)
③ 세전이익(EBT)
④ 세후이익(EAT)
⑤ 전통적 현금흐름(TCF)

[39~43]

다음은 ㈜백제의 재무제표이다. 물음에 답하시오. (기타비용에 비현금비용은 없다.)

요약재무상태표				요약손익계산서		
㈜백제		(단위 : 백만 원)		㈜백제		(단위 : 백만 원)
계정과목	당기	전기		계정과목	금액	
유동자산	13,880	9,100		매출액		42,200
당좌자산	2,400	2,200		매출원가		31,320
매출채권	6,600	4,000		감가상각비	750	
대손충당금	(120)	(100)		퇴직급여	670	
재고자산	5,000	3,000		기타매출원가	29,900	
비유동자산	16,400	17,000		매출총이익		10,880
투자자산	7,500	8,000		판매비와 관리비		7,000
유형자산	8,600	7,000		감가상각비	2,500	
무형자산	3,000	2,000		무형자산상각비	500	
자산총계	30,280	26,100		퇴직급여	850	
유동부채	7,600	3,000		대손상각비	150	
단기차입금	2,400	1,300		기타판관비	3,000	
선수금	5,200	1,700		영업이익		3,880
비유동부채	7,680	12,100		영업외비용		1,530
퇴직급여충당부채	820	700		이자비용	430	
장기차입금	6,860	11,400		기타영업외비용	1,100	
부채총계	15,280	15,100		법인세차감전순이익		2,350
자본총계	15,000	11,000		법인세비용		350
부채와 자본총계	30,280	26,100		당기순이익		2,000

39 ㈜백제의 당기 총영업현금흐름(조정당기순이익)은 얼마인가?

① 6,750백만 원
② 6,860백만 원
③ 7,420백만 원
④ 7,770백만 원
⑤ 7,850백만 원

40 ㈜백제의 당기 영업활동 관련 자산·부채 변동금액은 얼마인가?

① (2,630백만 원)
② (1,230백만 원)
③ (1,000백만 원)
④ (930백만 원)
⑤ (720백만 원)

41 ㈜백제의 영업활동으로 인한 현금흐름은 얼마인가?

① 1,290백만 원   ② 4,230백만 원

③ 4,790백만 원   ④ 6,770백만 원

⑤ 7,130백만 원

42 ㈜백제의 현금흐름분석 내용에 대한 설명으로 바르지 못한 것은?

① 회사의 당기말 경영실적이 유지된다면 외부자금조달이 필요할 것이다.

② 회사는 영업활동을 통하여 이자비용을 충당할 수 있다.

③ 전통적 현금흐름을 고려하면 회사는 단기차입금을 상환할 수 있다.

④ 매출채권회전율은 산업평균(5회)보다 양호하다.

⑤ 회사는 당기에 운전자본 소요가 크게 증가하지는 않았다.

43 ㈜백제가 당기에 처분한 유형자산이 없을 때 당기 취득한 유형자산은 얼마인가? (유형자산에서 발생된 감가상각비는 모두 매출원가에 포함되어 있다.)

① 850백만 원   ② 1,600백만 원

③ 1,850백만 원   ④ 2,350백만 원

⑤ 2,500백만 원

44 ㈜서울의 당기 영업이익(EBIT)은 1,500천 원이고, 감가상각비는 250천 원이다. 유동자산은 350천 원 증가하였고, 유동부채는 100천 원 증가하였다. 그리고 당기 자본적지출이 400천 원일 때 회사의 잉여현금흐름은 얼마인가? (회사의 법인세율은 20%이다.)

① 300천 원   ② 500천 원

③ 600천 원   ④ 800천 원

⑤ 1,100천 원

45 ㈜고구려의 영업활동으로 인한 현금흐름은 1,000천 원이고, 자본적지출은 500천 원이다. 회사의 이자비용은 100천 원, 배당금 지급액은 50천 원이고, 판관비와 제조원가에 포함된 감가상각비는 각각 50천 원과 30천 원이다. 이자비용의 지급과 배당지급이 자본적지출 이후에 이루어진다고 가정하면 차입금상환재원은 얼마가 되겠는가?

① 300천 원   ② 320천 원

③ 350천 원   ④ 450천 원

⑤ 480천 원

46 다음 중 현금수지표 분석에 대한 설명으로 바르지 못한 것은?

① 매출채권증감액은 대손충당금을 차감한 순액으로 표시한다.

② 매출채권증감액에는 비유동자산의 장기매출증감액은 포함하지 않는다.

③ 불량채권이 발생하면 매출증가율보다 매출채권증가율이 크게 나타난다.

④ 매입채무 상환자금을 일시적으로 투자자산에 사용하고 있는 경우 매입채무가 증가하더라도 지급능력에 문제가 되는 것은 아니다.

⑤ 신용분석자 입장에서는 영업활동 후의 현금흐름액이 가장 중요한 수치이다.

│ 시장환경분석 │ 50점 / 16문제

47 다음 중 총공급곡선에 대한 설명으로 바르지 못한 것은?

① 초단기에 총공급은 물가에 완전탄력적으로 고정된 가격에 수요만큼 공급한다.

② 단기에 총공급은 물가와 국민소득의 평면에서 우상향한다.

③ 총공급의 생산함수는 물가와 자본에 의하여 결정된다.

④ 우상향 총공급곡선은 가격이 신축적임을 가정한다.

⑤ 장기 총공급곡선은 물가에 완전비탄력적으로 수요변화는 물가변동만 초래한다.

48 다음 중 국민소득의 부문별 결정요인에 관한 설명으로 바르지 못한 것은?

① 실질자산가치가 증가하면 소비는 증가한다.
② 금리가 하락하면 소비는 증가한다.
③ 금리가 하락하면 투자가 증가한다.
④ 환율이 하락하면 수출이 증가한다.
⑤ 조세가 하락하면 소비는 증가한다.

49 다음 중 경제지표에 대한 설명으로 바르지 못한 것은?

① GDP deflator는 물가지수 역할을 한다.
② 인구, 실업률, 통화량 등은 유량통계이다.
③ 외국에 거주하는 한국인이 생산한 재화는 GDP에 포함되지 않는다.
④ 국내에서 거주하는 외국인이 생산한 재화는 GNP에 포함되지 않는다.
⑤ 경제활동인구는 취업자와 실업자로 구분된다.

50 다음 중 경상수지 구성항목에 해당하지 않는 것은?

① 준비자산   ② 상품수지
③ 서비스수지   ④ 본원소득수지
⑤ 이전소득수지

51 다음 중 우리나라 경기순환의 일반적 특징에 대한 설명으로 바르지 못한 것은?

① 경기 확장국면과 수축국면의 구분이 명확하지 않고 확장국면이 수축국면보다 상대적으로 더 오래 지속되는 성장순환의 성격이 강하다.
② 경기변동의 주요원인은 설비투자와 수출이고, 소비와 지출은 경기변동에 안정적이다.
③ 정부정책이 경기변동에 많은 영향을 미치는 정책순환의 성격이 강하다.
④ 금융위기 등 대외요인이 경기변동에 많은 영향을 미친다.
⑤ 한국경제의 대외의존성으로 국제수지와 물가와의 대응관계가 강하다.

52 다음 중 경기지표에 대한 설명으로 바르지 못한 것은?

① 경기종합지수(CI)는 경기변동의 방향, 국면, 전환점뿐만 아니라 경기변동의 속도까지 동시에 분석할 수 있다.

② 선행종합지수는 통상 1년 이후 경기동향을 예측하는 장기예측지표이다.

③ 경기확산지수(DI)는 경기변동의 진폭이나 속도는 측정하지 못하고 경기변화의 방향만 파악할 수 있다.

④ 경기확산지수(DI)가 80이라는 것은 40일 때보다 경기확장 속도가 두 배라는 의미가 아니다.

⑤ 기업경기실사지수(BSI)는 200에 가까울수록 경기가 확장국면에 있음을 나타낸다.

53 다음 중 경기국면별 특징에 대한 설명으로 바르지 못한 것은?

① 불황기에는 유휴설비가 늘어나 기업의 신규투자가 감소하지만 한계기업의 생존을 위한 자금수요는 지속된다.

② 후퇴기에는 과잉투자로 인한 재고증가와 투자 수익성 저하로 물가가 하락하고 운전자금 수요가 급격히 둔화된다.

③ 경기가 저점에 가까워지면 부실기업 퇴출증가, 투자수요 감소 등으로 시중 자금사정은 다소 개선된다.

④ 확장기에는 물가와 임금은 상승세를 지속하며, 기업의 수익성은 높은 상태이기는 하지만 더 이상 증가하지는 않는다.

⑤ 회복기에 기업은 생산능력에 아직 여유가 있어 설비투자를 크게 늘리지 않으므로 기업의 자금수요가 많지 않아 시중자금 사정은 크게 호전된다.

54 다음 중 산업분석에 대한 내용으로 바르지 못한 것은?

① 기술변화가 빠른 산업일수록 산업변동성이 크고 산업수명수기가 짧아 위험도가 높은 것으로 평가한다.

② 수요분석의 가장 중요한 검토사항은 수요변동성인데, 특히 내구재의 수요변동성의 변동폭이 크게 나타난다.

③ 생필품산업은 경기에 민감하여 수요변동성이 높게 나타난다.

④ 다른 조건이 동일하다면, 공급변화속도가 느린 산업일수록 수요초과상황은 오래 지속된다.

⑤ 수요변동성이 높고, 공급변화속도가 느릴수록 수급불일치에 따른 변동성이 확대되어 산업위험 수준이 높게 나타난다.

55 다음 중 산업 내 기업의 경쟁강도를 높이는 요인이 아닌 것은?

① 낮은 진입장벽
② 높은 철수장벽
③ 낮은 산업집중도
④ 산업 내 공급의 초과
⑤ 기업의 차별화된 경쟁수단의 존재

56 다음 중 철강산업에 대한 설명으로 바르지 못한 것은?

① 철강산업은 아시아 시장이 분석 대상이다.
② 자국 산업보호를 위하여 수입규제가 심화되는 산업이다.
③ 글로벌 탈탄소정책 기조에 따른 규제강화는 중장기적 위험요인이다.
④ 환율상승은 후방산업의 비용절감효과가 발생하므로 기회요인이다.
⑤ 중국성장률 둔화에 따른 글로벌 철강수요의 성장률은 낮은 수준이다.

57 자동차산업에 대한 설명으로 바르지 못한 것은?

① 후방산업에 대한 교섭력이 우수하다.
② 자본, 노동, 기술집약형 산업으로 진입장벽이 높다.
③ 소수의 기업이 시장전체에 지배적 영향력을 미치고 있다.
④ 브랜드파워가 경쟁수단으로 매우 중요한 역할을 한다.
⑤ 기간산업으로 높은 철수장벽이 존재한다.

58 식품산업에 대한 설명으로 바르지 못한 것은?

① 가공수준이 높은 가공산업(제과 등)은 환율변동에 대한 위험노출도가 상대적으로 낮다.
② 식품산업은 전반적으로 대체재 위험에 대한 민감도가 낮다.
③ 식품산업은 후방교섭력이 우수한 편이다.
④ 식품가공업 중 제과, 음료, 유가공부문은 초기투자와 브랜드 인지도 확보의 어려움으로 진입장벽이 높은 편이다.
⑤ 식품산업의 산업위험은 전반적으로 낮은 수준이다.

59 건설산업에 대한 설명으로 바르지 못한 것은?

① 정부정책에 많은 영향을 받는다.
② 수요공급 불일치가 심하게 나타난다.
③ 노동집약적 산업으로 진입장벽이 낮다.
④ 대형업체에 의한 시장집중도가 높고 경쟁강도가 약하다.
⑤ 운전자금수요가 높고 변동성이 크다.

60 甲회사의 A사업부는 시장점유율이 높고, 시장성장률이 낮다. BCG Matrix의 어디에 해당하는가?

① 스타   ② 문제아(물음표)
③ 개   ④ 캐시카우
⑤ 전환

61 다음 중 조직구조분석을 위한 7S모델의 하드웨어적 요소에 해당하는 것은?

① 시스템   ② 가치관
③ 기술   ④ 스타일
⑤ 인력

62 다음 중 내부활동분석 중 가치사슬분석의 하부활동에 해당하지 않는 것은?

① 하부구조   ② 인적자원관리
③ 기술개발   ④ 정보관리
⑤ 생산

종합신용평가 | 100점 / 29문제

※ 자료출처 : Krx. (n.d.). 공시검색. KONEX. http://konex.krx.co.kr/

재무상태표

㈜SH테크 (단위 : 원)

과목	당기(20X2년)		전기(20X1년)	
Ⅰ. 유동자산		4,093,920,326		5,131,456,858
(1) 당좌자산		2,876,928,129		4,078,519,708
현금및현금성자산(주석4)	776,130,651		744,065,044	
단기금융상품	–		110,000,000	
매출채권	1,914,114,693		2,920,791,860	
대손충당금	(73,483,105)		(57,258,105)	
선급금	–		1,000,000	
선급비용	469,256,799		569,011,818	
대손충당금	(209,090,909)		(209,090,909)	
(2) 재고자산		1,216,992,197		1,052,937,150
제품	723,265,139		502,962,139	
원재료	161,620,819		154,727,421	
재공품	332,106,239		395,247,590	
Ⅱ. 비유동자산		8,167,000,528		8,251,413,467
(1) 투자자산		2,984,568,312		2,884,560,191
지분법적용투자주식(주석6)	2,841,417,134		2,610,343,667	
매도가능증권	37,500,000		37,500,000	
장기금융상품	105,651,178		236,716,524	
(2) 유형자산(주석7)		4,396,907,607		4,591,724,849
토지	1,698,230,300		1,698,230,300	
건물	2,145,145,318		2,274,486,984	
감가상각누계액	(846,826,733)		(809,171,976)	
구축물	1,531,377,172		1,531,377,172	
감가상각누계액	(533,756,760)		(499,040,110)	
기계장치	1,024,847,004		931,970,912	
감가상각누계액	(836,245,253)		(811,557,986)	
국고보조금	(46,626,899)		(51,856,084)	
차량운반구	458,713,289		458,713,289	
감가상각누계액	(176,429,863)		(99,723,732)	
국고보조금	(45,871,635)		(58,673,021)	
공구와 기구	8,964,408		8,506,317	
감가상각누계액	(8,137,435)		(7,500,174)	
비품	100,649,063		166,815,976	

감가상각누계액	(77,407,418)		(141,221,432)	
시설장치	136,376,183		136,376,183	
감가상각누계액	(136,093,134)		(136,007,769)	
(3) 무형자산(주석8)		20,220,064		9,823,882
특허권	20,220,064		9,823,882	
(4) 기타비유동자산		765,304,545		765,304,545
임차보증금	11,250,000		11,250,000	
회원권	754,054,545		754,054,545	
자산총계		**12,260,920,854**		**13,382,870,325**
Ⅰ. 유동부채		7,534,300,723		7,723,571,669
매입채무	1,575,232,698		2,419,759,058	
미지급금	209,375,930		369,677,356	
예수금	30,856,998		27,840,688	
부가세예수금	120,260,721		181,399,806	
선수금	480,133,029		260,114,728	
단기차입금(주석9)	3,846,678,812		3,474,666,455	
미지급비용	159,977,646		574,941,799	
유동성장기부채(주석9)	1,085,838,929		415,171,779	
당기법인세부채	25,945,960		−	
Ⅱ. 비유동부채		779,242,228		1,802,863,545
장기차입금(주석9)	595,812,076		1,611,651,005	
임대보증금	20,000,000		20,000,000	
이연법인세부채	163,430,152		171,212,540	
부채총계		**8,313,542,951**		**9,526,435,214**
자 본				
Ⅰ. 자본금(주석12)		710,000,000		710,000,000
보통주자본금	525,000,000		525,000,000	
우선주자본금	185,000,000		185,000,000	
Ⅱ. 자본잉여금(주석12)		1,639,259,650		1,639,259,650
주식발행초과금	1,639,259,650		1,639,259,650	
Ⅲ. 기타포괄손익누계액(주석12)		1,143,510,503		607,026,280
재평가차익	607,026,280		607,026,280	
지분법자본변동	536,484,223		−	
Ⅳ. 이익잉여금		454,607,750		900,149,181
법정적립금	30,000,000		30,000,000	
임의적립금	2,871,327		2,871,327	
미처분이익잉여금(주석12)	421,736,423		867,277,854	
자본총계		**3,947,377,903**		**3,856,435,111**
부채와 자본총계		**12,260,920,854**		**13,382,870,325**

손익계산서

㈜SH테크 (단위 : 원)

과목	당기		전기	
Ⅰ. 매출액		21,761,632,162		16,794,341,247
Ⅱ. 매출원가		19,080,814,493		13,907,566,850
Ⅲ. 매출총이익		2,680,817,669		2,886,774,397
Ⅳ. 판매비와 관리비		2,623,665,004		2,494,750,959
임원급여	418,411,313		244,128,008	
직원급여	636,343,489		814,074,341	
퇴직급여	113,742,954		99,898,941	
성과급	63,300,000		6,000,000	
복리후생비	102,334,197		87,897,870	
여비교통비	89,070,302		79,502,440	
접대비	41,002,700		33,433,030	
통신비	20,442,689		22,055,786	
가스수도료	2,556,430		941,340	
전력비	5,981,328		6,162,864	
세금과공과	55,610,263		58,334,784	
감가상각비	133,213,321		109,290,048	
지급임차료	25,222,336		25,995,292	
수선비	7,217,700		2,722,637	
보험료	94,897,958		83,760,889	
차량유지비	39,994,735		33,783,629	
교육훈련비	2,400,000		4,856,890	
운반비	82,644,970		58,930,490	
도서인쇄비	1,793,938		6,695,933	
협회조합비	13,388,000		14,528,000	
사무용품비	6,262,487		6,977,056	
소모품비	3,998,717		5,170,475	
광고선전비	500,000		1,049,999	
대손상각비	16,225,000		(15,899,000)	
잡비	−		1,340,000	
경조사비	−		2,347,000	
연구개발비	270,163,323		142,580,402	
리스료	44,604,749		48,459,674	
지급수수료	331,902,105		508,758,763	
박람회참가비	440,000		973,378	
Ⅴ. 영업이익		57,152,665		392,023,438
Ⅵ. 영업외수익		196,201,667		257,731,120
이자수익	1,708,257		967,556	

외환차익	29,705,485		10,238,743	
임대료수익	12,000,000		12,000,000	
유형자산처분이익	117,936,200		8,999,000	
선급보험료환급이익	–		1,775,190	
보조금수익	11,382,610		9,540,000	
장기금융상품평가이익	339,691		546,532	
지분법이익	–		210,912,514	
잡이익	23,129,424		2,751,585	
Ⅶ. 영업외비용		630,844,491		202,588,219
이자비용	202,241,051		162,862,644	
외환차손	48,461,840		21,852,383	
유형자산처분손실	909,859		35,944	
장기금융상품평가손실	35,565,807		10,283,881	
지분법손실	305,410,756		–	
기부금	5,100,000		3,298,000	
잡손실	33,155,178		4,255,367	
Ⅷ. 법인세차감전순이익		(377,490,159)		447,166,339
Ⅸ. 법인세비용(주석13)		18,051,272		(50,580)
Ⅹ. 당기순이익(손실)		(395,541,431)		447,216,919
Ⅺ. 주당손익(주석11)				
기본주당순이익(손실)		(396)		301

자본변동표

당기 20X2년 1월 1일부터　 20X2년 12월 31일까지
전기 20X1년 1월 1일부터　 20X1년 12월 31일까지

㈜SH테크 (단위 : 원)

과목	자본금	자본잉여금	이익잉여금	총계
20X1.01.01(전기초)	710,000,000	1,639,259,650	–	607,026,280
당기순이익	–	–	–	–
2021.12.31(전기말)	710,000,000	1,639,259,650	–	607,026,280
20X2.01.01(당기초)	710,000,000	1,639,259,650	–	607,026,280
당기순이익	–	–	–	–
상환전환우선주 상환	–	–	–	–
지분법자본변동	–	–	–	536,484,223
20X2.12.31(당기말)	710,000,000	1,639,259,650	–	1,143,510,503

현금흐름표

㈜SH테크 (단위 : 원)

과목	당기		전기	
Ⅰ.영업활동으로 인한 현금흐름		(277,445,672)		996,683,652
1. 당기순이익	(395,541,431)		447,216,919	
2. 현금의 유출이 없는 비용등의 가산	532,727,352		166,661,858	
대손상각비	16,225,000		–	
감가상각비	174,615,930		156,342,033	
유형자산처분손실	909,859		35,944	
장기금융상품평가손실	35,565,807		10,283,881	
지분법손실	305,410,756		–	
3. 현금의 유입이 없는 수익등의 차감	(118,275,891)		(236,357,046)	
유형자산처분이익	(117,936,200)		8,999,000	
대손상각비환입	–		15,899,000	
지분법이익	–		210,912,514	
장기금융상품평가이익	(339,691)		546,532	
4. 영업활동으로 인한 자산부채의 변동	(296,355,702)		619,161,921	
매출채권의 감소(증가)	1,006,677,167		957,575,311	
재고자산의 감소(증가)	(164,055,047)		55,646,472	
선급비용의 감소(증가)	99,755,019		(33,680,000)	
미수금의 감소(증가)	–		1,100,000	
선급금의 감소	1,000,000		–	
매입채무의 증가(감소)	(844,526,360)		(561,273,873)	
미지급금의 증가(감소)	(160,301,426)		(43,961,074)	
선수금의 증가(감소)	220,018,301		(92,763,808)	
예수금의 증가(감소)	3,016,310		(1,165,360)	
부가세예수금의 감소	(61,139,085)		(40,287,880)	
미지급비용의 증가(감소)	(414,964,153)		377,972,133	
당기법인세부채의 증가	25,945,960		–	
이연법인세부채의 감소	(7,782,388)		–	
Ⅱ. 투자활동으로 인한 현금흐름		332,670,701		(578,825,558)
1. 투자활동으로 인한 현금유입액	444,839,230		9,000,000	
유형자산의 처분	239,000,000		9,000,000	
장기금융상품의 감소	95,839,230		–	
단기금융상품의 감소	110,000,000		–	
2. 투자활동으로 인한 현금유출액	(112,168,529)		(587,825,558)	

유형자산의 증가	(101,772,347)		(487,482,123)	
무형자산의 증가	(10,396,182)		(9,823,882)	
단기금융상품의 증가	–		(5,500,000)	
임차보증금의 증가	–		(250,000)	
장기금융상품의 증가	–		(84,769,553)	
Ⅲ. 재무활동으로 인한 현금흐름		(23,159,422)		(12,152,558)
1. 재무활동으로 인한 현금유입액	372,012,357		502,172,784	
단기차입금의 증가	372,012,357		–	
장기차입금의 증가	–		376,922,784	
국고보조금의 증가	–		125,250,000	
2. 재무활동으로 인한 현금유출액	(395,171,779)		(514,325,342)	
단기차입금의 감소	–		(314,365,342)	
상환우선주의 상환	(50,000,000)		–	
유동성장기부채의 상환	(345,171,779)		(199,960,000)	
Ⅳ. 현금의 증가(Ⅰ+Ⅱ+Ⅲ)		32,065,607		405,705,536
Ⅴ. 기초의 현금		744,065,044		338,359,508
Ⅵ. 기말의 현금(주석 16)		776,130,651		744,065,044

주석
당기 20X2년 12월 31일 현재
전기 20X1년 12월 31일 현재
주식회사 SH테크

1. 회사의 개요

주식회사 SH테크(이하 "당사")는 20XX년에 자동차부품의 제조 및 판매를 목적으로 설립되었습니다. 회사는 현재 ○○시에 본사를 두고 있으며, 20X3년 7월 1일자로 자본시장법에 의해 설립된 제3주식시장인 코넥스에 상장되었습니다.

당기말 현재 회사의 주요 주주현황은 다음과 같습니다.

구분	소유주식수(주)	지분율(%)	비고
이○○	700,000	49.43%	대표이사
조○○	100,000	7.06%	기타
김○○	50,000	3.53%	특수관계자
이○○	50,000	3.53%	특수관계자
이○○	49,950	3.53%	특수관계자
김○○	50,000	3.53%	특수관계자
(*)○○에너지펀드	366,128	25.85%	
우리사주	27,896	1.97%	기타
기타주주	22,154	1.56%	기타
합　계	1,416,128	100%	

(*) 의결권 있는 상환전환우선주의 보통주 전환비율은 1주당 1.5444주입니다.

2. 재무제표 작성기준

(1) 회계기준의 적용

당사는 일반기업회계기준에 따라 재무제표를 작성하였습니다.

(2) 측정기준

재무제표는 공정가치로 측정되는 매도가능증권을 제외하고는 역사적원가를 기준으로 작성되었습니다.

(3) 추정과 판단

일반기업회계기준에서는 재무제표를 작성함에 있어서 회계정책의 적용이나, 보고기간 말 현재 자산, 부채 및 수익, 비용의 보고금액에 영향을 미치는 사항에 대하여 경영진의 최선의 판단을 기준으로 한 추정치와 가정의 사용을 요구하고 있습니다. 보고기간 말 현재 경영진의 최선의 판단을 기준으로 한 추정치와 가정이 실제 환경과 다를 경우 이러한 추정치와 실제 결과는 다를 수 있습니다.

다음 보고기간 이내에 유의적인 조정을 유발할 수 있는 위험과 관련된 유의적인 가정과 측정상의 불확실성에 대한 정보는 주석사항에 포함되어 있습니다.

3. 유의적 회계정책

당사가 일반기업회계기준에 따라 작성한 재무제표에 적용한 유의적인 회계정책은 다음과 같습니다.

(1) 현금및현금성자산

당사는 통화 및 타인발행수표 등 통화대용증권과 당좌예금, 보통예금 및 큰 거래비용없이 현금으로 전환이 용이하고 이자율 변동에 따른 가치변동의 위험이 경미한 금융상품으로서 취득 당시 만기일(또는 상환일)이 3개월 이내인 것을 현금및현금성자산으로 분류하고 있습니다.

(2) 재고자산

재고자산의 취득원가는 매입원가 또는 제조원가에 취득에 직접적으로 관련되어 있으며 정상적으로 발생되는 기타원가를 포함하고 있으며, 재고자산의 단위원가는 총평균법(미착품은 개별법)으로 결정하고 있습니다. 재고자산의 시가가 취득원가보다 하락한 경우에 발생한 평가손실 및 정상적으로 발생한 감모손실은 매출원가에 가산하고, 평가손실은 재고자산의 차감계정으로 표시하고 있습니다.

한편, 재고자산 평가손실을 초래했던 상황이 해소되어 새로운 시가가 장부금액보다 상승한 경우에는 최초의 장부금액을 초과하지 않는 범위 내에서 평가손실을 환입하고 매출원가에서 차감하고 있습니다. 당기 중 재고자산평가손실 인식액은 230,236천 원이며, 전기중 재고자산평가손실 인식액은 81,090천 원입니다. 당사는 재고자산평가손실(환입)에 대하여 매출원가에 가감하였습니다.

(3) 지분법적용투자주식

지분법적용투자주식은 매입가액에 부대비용을 가산한 취득원가로 인식하고, 지분법적용투자주식의취득시점 이후 발생한 지분변동액이 관계기업의 당기손익으로 인하여 발생한 경우 당기손익항목(지분법이익 또는 지분법손실)으로 처리하고, 관계기업의 전기이월미처분이익잉여금(전기이월미처리결손금)의 변동으로 인하여 발생한 경우, 투자기업의 재무제표에 중대한 영향을 미치지 않는 오류수정은 당기손익으로 처리하고, 중대한 영향을 미치는 오류수정과 관계기업의 회계변경에 의한 변동은 미처분이익잉여금 또는 미처리 결손금(지분법이익잉여금변동 또는 부의지분법이익잉여금변동)으로 처리하며, 관계기업의 순자산가치 변동이 당기순손익과 미처분이익잉여금을 제외한 자본의 증가 또는 감소로 인하여 발생한 경우 지분변동액은 기타포괄손익누계액(지분법자본변동 또는 부의지분법자본변동)으로 처리하고 있습니다.

(4) 금융상품

① 공통사항

금융자산이나 금융부채는 당사가 금융상품의 계약당사자가 되는 때에만 재무상태표에 인식하고, 최초 인식시 공정가치로 측정하며, 공정가치의 변동을 당기손익으로 인식하는 금융자산이나 금융부채가 아닌 경우 당해 금융자산(금융부채)의 취득(발행)과 직접 관련되는 거래원가는 최초 인식하는 공정가치에 가산(차감)하고 있습니다.

최초 인식 후 금융자산이나 금융부채는 유가증권, 파생상품 및 당기손익인식지정항목을 제외하고 상각후원가로 측정하고 있습니다.

당사는 상각후원가로 측정하는 금융자산의 손상 발생에 대한 객관적인 증거가 있는지를 매보고기간 말에 평가하고, 그러한 증거가 있는 경우, 해당 금융자산에 대한 손상차손의 인식, 측정 및 환입은 아래 유가증권의 손상에 대한 회계정책을 준용하여 회계처리하고 있습니다.

한편, 유가증권을 제외한 회수가 불확실한 금융자산은 합리적이고 객관적인 기준에 따라 산출한 대손추산액을 대손충당금으로 설정하고 있습니다.

유가증권을 제외한 금융자산 양도의 경우, 당사가 금융자산 양도 후 양도자산에 대한권리를 행사할 수 없고, 양도 후에 효율적인 통제권을 행사할 수 없습니다. 양수인이 양수한 금융자산을 처분할 자유로운 권리가 있을 때에 한하여 금융자산을 제거하고 있으며, 이외의 경우에는 금융자산을 담보로 한 차입거래로 회계처리하고 있습니다.

② 유가증권

종속기업, 지분법피투자기업, 조인트벤처에 대한 투자를 제외한 지분증권과 채무증권에 대해서 취득하는 시점에 만기보유증권, 매도가능증권, 단기매매증권으로 분류하고 매 보고기간 말마다 분류의 적정성을 재검토하고 있습니다. 만기가 확정된 채무증권으로서 상환금액이 확정되었거나 확정이 가능한 채무증권을 만기까지 보유할 적극적인 의도와 능력이 있는 경우에는 만기보유증권으로, 주로 단기간 내의 매매차익을 목적으로 취득한 유가증권은 단기매매증권으로, 그리고 단기매매증권이나 만기보유증권으로 분류되지 아니하는 유가증권은 매도가능증권으로 분류하고 있습니다.

당사는 후속 측정 시 만기보유증권을 상각후원가로 평가하고, 만기보유증권의 만기액면금액과 취득원가의 차이를 상환기간에 걸쳐 유효이자율법에 의하여 상각하여 취득원가와 이자수익에 가감하고 있습니다. 단기매매증권과 매도가능증권은 공정가치로 평가하고 있습니다. 다만, 매도가능증권 중 시장성이 없는 지분증권의 공정가치를 신뢰성있게 측정할 수 없는 경우에는 취득원가로 평가하고 있습니다. 시장성있는 유가증권의 평가는 시장가격을 공정가치로 보며 시장가격은 보고기간 말 현재의 종가로 하고 있습니다. 시장가격이 없는 채무증권의 경우에는 미래현금흐름을 합리적으로 추정하고, 공신력 있는 독립된 신용평가기관이 평가한 신용등급이 있는 경우에는 신용평가등급을 적절히 감안한 할인율을 사용하여 평가한 금액을 공정가치로 하고 있습니다. 한편, 시장성이 없는 수익증권의 경우에는 펀드운용회사가 제시하는 수익증권의 매매기준가격을 공정가치로 하고 있습니다.

당사는 단기매매증권의 미실현보유손익을 당기손익항목으로 처리하고, 매도가능증권의 미실현보유손익을 기타포괄손익누계액으로 처리하고 있으며, 당해 매도가능증권을 처분하거나 손상차손을 인식하는 시점에 일괄하여 당기손익에 반영하고 있습니다.

당사는 손상차손의 발생에 대한 객관적인 증거가 있는지 매 보고기간 말마다 평가하여 유가증권의 회수가능액이 채무증권의 상각후원가 또는 지분증권의 취득원가보다 작은 경우에는 손상차손이 불필요하다는 명백한 반증이 없는 한 손상차손을 인식하여 당기손익에 반영하고 있습니다. 손상차손의 회복이 손상차손 인식 후에 발생한 사건과 객관적으로 관련되는 경우, 만기보유증권 또는 원가로 평가하는 매도가능증권의 경우 당초에 손상차손을 인식하지 않았다면 회복일 현재의 상각후원가(매도가능증권의 경우 취득원가)를 한도로 당기이익을 인식하며, 공정가치로 평가하는 매도가능증권의 경우에는 이전에 인식하였던 손상차손 금액을 한도로 하여 회복된 금액을 당기이익으로 인식하고 있습니다.

유가증권의 양도로 당사가 유가증권의 통제를 상실한 때에는 그 유가증권을 재무상태표에서 제거하나, 통제를 상실하지 않았을 경우 당해 거래를 담보차입거래로 회계처리하고 있습니다.

단기매매증권과 보고기간 말로부터 1년 내에 만기가 도래하거나 매도 등에 의하여 처분할 것이 거의 확실한 매도가능증권과 보고기간 말로부터 1년 내에 만기가 도래하는 만기보유증권은 유동자산으로 분류하고 있습니다.

(5) 유형자산

① 유형자산의 취득원가

유형자산은 구입원가 또는 제작원가와 자산을 사용할 수 있도록 준비하는데 직접 관련되는 지출과 매입할인 등을 취득원가에 가감하며, 현물출자, 증여, 기타 무상으로 취득한 자산은 공정가치를 취득원가로 계상하고 있으며, 장기후불조건으로 구입하거나, 대금지급기간이 일반적인 신용기간보다 긴 경우 취득원가는 취득시점의 현금가격상당액으로 계상하고 있습니다.

정부보조 등에 의해 자산을 무상 또는 공정가치보다 낮은 대가로 취득한 경우 취득원가는 취득일의 공정가치로 계상하고 있고, 이종자산과의 교환으로 취득한 자산의 취득원가는 교환을 위하여 제공한 자산의 공정가치로 계상하고 있으며, 교환으로 제공한 자산의 공정가치가 불확실한 경우 교환으로 취득한 자산의 공정가치로 계상하고 있습니다.

② 감가상각방법

유형자산에 대해서는 다음의 내용연수에 따라 정액법으로 감가상각하고 있습니다.

과목	내용연수	과목	내용연수
건물	40년	차량운반구	5년
구축물	40년	기타유형자산	5년
기계장치	10년		

유형자산의 감가상각방법, 잔존가치 및 내용연수를 변경하는 것이 적절하다고 판단되는 경우 회계추정의 변경으로 회계처리하고 있습니다.

한편 최초 인식 후에 공정가치를 신뢰성 있게 측정할 수 있는 유형자산은 재평가일의 공정가치에서 이후의 감가상각누계액과 손상차손누계액을 차감한 재평가금액을 장부금액으로 하며, 재평가는 보고기간 말에 자산의 장부금액이 공정가치와 중요하게 차이가 나지 않도록 주기적으로 수행하고 있습니다.

유형자산의 장부금액이 재평가로 인하여 증가된 경우에 그 증가액은 기타포괄손익으로 인식하되, 동일한 유형자산에 대하여 이전에 당기손익으로 인식한 재평가감소액이 있다면 그 금액을 한도로 재평가증가액만큼 당기손익으로 인식합니다. 유형자산의 장부금액이 재평가로 인하여 감소된 경우에 그감소액은 당기손익으로 인식하되, 그 유형자산의 재평가로 인해 인식한 기타포괄손익의 잔액이 있다면 그 금액을 한도로 재평가감소액을 기타포괄손익에서 차감합니다.

③ 자본적지출과 수익적지출의 구분

유형자산의 취득 또는 완성 후의 지출이 미래 경제적 효익이 기업에 유입될 가능성이 매우 높고 그 금액이 신뢰성 있게 측정할 수 있는 경우에는 자본적지출로 처리하고, 그렇지 않은 경우에는 발생한 기간의 비용으로 인식하고 있습니다.

④ 표시방법

감가상각누계액, 손상차손누계액 및 정부보조금 등은 해당 자산과목에서 차감하는 형식으로 기재하고 있습니다.

⑤ 복구비용의 회계처리방법

유형자산의 경제적 사용이 종료된 후에 원상회복에 소요될 것으로 추정되는 비용이충당부채의 인식요건을 충족하는 경우 그 지출의 현재가치는 취득원가에 포함시키고 있습니다.

⑥ 유형자산의 제거

유형자산의 장부금액은 처분하는 때, 사용이나 처분을 통하여 미래경제적 효익이 기대되지 않을 때 제거하고 있으며 제거로 인하여 발생하는 손익은 자산을 제거할 때 당기손익으로 인식하고 있으며, 유형자산의 재평가와 관련하여 인식한 기타포괄손익의 잔액이 있다면, 그 유형자산을 폐기하거나 처분할 때 당기손익으로 인식하고 있습니다.

(6) 무형자산

무형자산은 당해 자산의 제작원가 또는 구입가격에 자산을 의도한 목적에 사용할 수 있도록 준비하는 데 직접 관련되는 원가를 가산한 가액을 취득원가로 계상하고 있습니다. 한편, 사업결합으로 취득한 무형자산은 취득일의 공정가치를 취득원가로 하고, 동일한 업종 내에서 유사한 용도로 사용됩니다. 공정가치가 비슷한 동종자산과의 교환으로 받은 무형자산의 취득원가는 교환으로 제공한 자산의 장부금액으로, 다른 종류의 자산과의 교환으로 취득한 자산의 취득원가는 교환을 위하여 제공한 자산의 공정가치로 측정하고, 제공한 자산의 공정가치가 불확실한 경우에는 교환으로 취득한 자산의 공정가치로 측정하고 있습니다.

무형자산은 사용가능한 시점부터 잔존가액을 영(0)으로 하여 아래의 내용연수동안 정액법으로 상각하며 이에 의해 계상된 상각액을 직접 차감한 잔액으로 평가하고 있습니다.

과목	내용연수
산업재산권	5~10년
소프트웨어	5년
라이선스	10년

① 연구 및 개발

개발활동 관련 비용 중 일정요건을 충족하고 미래경제적 효익이 확실한 비용은 개발비의 과목으로 무형자산으로 처리하며 이외의 경우에는 경상개발비의 과목으로 제조원가 또는 판매비와 관리비로 처리하고 있습니다. 또한 연구활동과 관련된 비용은 연구비의 과목으로 판매비와 관리비로 처리하고 있습니다.

② 취득 또는 완성 후의 지출

무형자산의 취득 또는 완성 후의 지출로서 무형자산과 직접 관련 되어있고 미래경제적 효익을 증가시킬 가능성이 매우 높으며, 관련된 지출을 신뢰성 있게 측정할 수 있는 경우에만 자본적 지출로 처리하고, 그렇지 않은 경우에는 발생한 기간의 비용으로 인식하고 있습니다.

(7) 충당부채

당사는 지출의 시기 또는 금액이 불확실한 부채 중 과거사건이나 거래의 결과로 현재의무가 존재하고 당해 의무를 이행하기 위하여 자원이 유출될 가능성이 매우 높으며 그 의무의 이행에 소요되는 금액을 신뢰성 있게 추정할 수 있는 경우에는 부채로 계상하고 있습니다. 또한 충당부채의 명목금액과 현재가치의 차이가 중요한 경우에는 의무를 이행하기 위하여 예상되는 지출의 현재가치로 평가하고 있습니다.

제3자가 변제하여 줄 것이 확실한 경우에 한하여 변제할 금액을 별도의 자산으로 처리하며 이 경우 변제에 따른 수익에 해당하는 금액은 충당부채의 인식에 따라 손익계산서에 계상될 관련 비용과 상계하고 있습니다.

(8) 납입자본

당사는 주식을 발행하는 경우 주식의 발행금액이 액면금액보다 크다면 그 차액을 주식발행초과금으로 하여 자본잉여금으로 처리하고, 발행금액이 액면금액보다 작다면 그 차액을 주식발행초과금의 범위 내에서 상계 처리하고 미상계된 잔액이 있는 경우에는 자본조정의 주식할인발행차금으로 처리하고 있습니다. 한편, 자본 거래 비용 중 자본거래가 없었다면 회피가능하고 자본거래에 직접 관련되어 발생한 추가비용에 대해서는 관련된 법인세효과를 차감한 금액을 주식발행초과금에서 차감하거나 주식할인발행차금에 가산하고 있습니다.

(9) 수익

회사는 수익을 재화의 판매, 용역의 제공이나 자산의 사용에 대하여 받았거나 또는 받을 대가의 공정가치로 측정하고 있으며, 매출에누리와 할인 및 환입은 수익에서 차감하되 구매자에게 지급할 대가가 구매자에게서 받은 구별되는 재화나 용역에 대한 지급이라면 수익에서 차감하지 않고 있습니다.

한편, 회사는 재화의 소유에 따른 위험과 효익의 대부분이 구매자에게 이전되고, 판매한 재화에 대하여 소유권이 있을 때 통상적으로 행사하는 정도의 관리나 효과적인 통제를 할 수 없습니다. 수익금액 및 거래와 관련하여 발생했거나 발생할 거래원가와 관련 비용을 신뢰성 있게 측정할 수 있고, 경제적효익의 유입가능성이 매우 높을 때 수익을 인식하고 있습니다.

(10) 정부보조금

당사는 자산 관련 보조금을 받는 경우에는 관련 자산을 취득하기 전까지는 받은 자산 또는 받은 자산을 일시적으로 운용하기 위하여 취득하는 다른 자산의 차감계정으로 회계처리하고, 관련 자산을 취득하는 시점에서 관련 자산의 차감계정으로 회계처리하고 있습니다. 한편, 정부보조금을 사용하기 위하여 특정조건을 충족해야 하는 경우가 아닌 기타의 정부보조금을 받은 경우에는 주된 영업활동과 직접적인 관련성이 있다면 영업수익으로, 그렇지 않다면 영업외수익으로 회계처리하고 있으며, 대응되는 비용이 있는 경우에는 특정 비용과 상계처리하고 당기손익에 반영하고 있습니다.

(11) 자산손상

금융자산, 재고자산과 이연법인세자산을 제외한 당사의 모든 자산에 대해서는 매 보고기간 말마다 자산손상을 시사하는 징후가 있는지를 검토하며, 만약 그러한 징후가 있다면 당해자산의 회수가능액을 추정하고 있습니다. 또한 아직 사용할 수 없는 무형자산에 대해서는 자산손상을 시사하는 징후와 관계없이 매년 회수 가능액과 장부금액을 비교하여 손상검사를 하고 있습니다.

회수가능액은 개별 자산별로 추정합니다. 만약, 개별 자산의 회수가능액을 추정할 수 없다면 그 자산이 속하는 현금창출단위별로 회수가능액을 추정하고 있습니다. 현금창출단위란 다른 자산이나 자산집단에서의 현금유입과는 거의 독립적인 현금유입을 창출하는 식별가능한 최소자산집단을 의미합니다. 개별 자산이나 현금창출단위의 회수가능액이 장부금액에 미달하는 경우 자산의 장부금액을 감소시키며 이러한 장부금액의 감소는 손상차손(당기손익)으로 인식하고 있습니다.

매 보고기간말에 영업권을 제외한 자산에 대해 과거기간에 인식한 손상차손이 더 이상 존재하지 않거나 감소된 것을 시사하는 징후가 있는지를 검토하고 직전 손상차손의 인식시점 이후 회수가능액을 결정하는 데 사용된 추정치에 변화가 있는 경우에만 손상차손을 환입하고 있으며, 손상차손환입으로 증가된 장부금액은 과거에 손상차손을 인식하기 전 장부금액의 감가상각 또는 상각 후 잔액을 초과할 수 없습니다.

(12) 퇴직급여

당사의 퇴직연금제도는 확정기여형 퇴직연금제도이므로, 당사는 연금의 운용결과와 관계없이 확정된 부담금을 납부합니다. 당해 회계기간에 납부하여야 할 부담금을 퇴직급여로 인식하고 있습니다.

(13) 법인세

법인세비용은 법인세부담액에 이연법인세 변동액을 가감하여 산출하고 있습니다. 법인세부담액은 법인세법 등의 법령에 의하여 각 회계연도에 부담할 법인세 및 법인세에 부가되는 세액의 합계이며 전기이전의 기간과 관련된 법인세부담액을 당기에 인식하는 법인세 추납액 또는 환급액이 포함됩니다. 자산·부채의 장부금액과 세무가액의 차이인 일시적 차이와 이월공제가 가능한 세무상결손금과 세액공제 등에 대하여 미래에 부담하게 될 법인세부담액과 미래에 경감될 법인세부담액을 각각 이연법인세부채 및 자산으로 인식하고 있습니다. 이연법인세는 일시적 차이 등의 실현이 예상되는 회계연도에 적용되는 법인세율을 사용하여 측정하고 있습니다. 당기 세율변경으로 인한 이연법인세의 변동액은 당초에 자본계정에 직접 귀속시키는 항목과 관련된 부분을 제외하고는 손익계산서에 반영하고 있습니다.

(14) 환율변동효과

① 기능통화 및 표시통화

당사는 재무제표에 포함되는 항목들을 영업활동이 이루어지는 주된 경제환경의 통화(기능통화)이며 재무제표 작성을 위한 표시통화인 '원'으로 표시하고 있습니다.

② 외화거래

당사는 기능통화 외의 통화(외화)로 이루어진 거래는 거래일의 환율을 적용하여 기록하고 있습니다. 역사적원가로 측정하는 비화폐성 외화항목은 거래일의 환율로 환산하고, 공정가치로 측정하는 비화폐성항목은 공정가치가 결정된 날의 환율로 환산하였습니다. 비화폐성 항목에서 발생한 손익을 기타포괄손익으로 인식하는 경우에는 그 손익에 포함된 환율변동효과도 기타포괄손익으로 인식하고, 당기손익으로 인식하는 경우에는 환율변동효과도 당기손익으로 인식하고 있습니다.

또한, 화폐성 외화자산 및 부채는 보고기간 말 현재 환율로 환산하고 있으며 환산손익은 당기손익으로 계상하고 있습니다. 다만, 외화표시 매도가능채무증권의 경우 동 금액을 기타포괄손익으로 인식하고 있습니다.

(15) 기본주당이익

당사는 보통주에 귀속되는 회계기간의 당기순이익에 대하여 그 기간에 유통된 보통주식수를 가중평균한 주식수로 나누어 기본주당이익을 계산하고 손익계산서에 표시하고 있습니다.

4. 현금및현금성자산

당기말과 전기말 현재 현금및현금성자산의 내역은 다음과 같습니다.

(단위 : 원)

과목	당기말		전기말	
	종류	금액	종류	금액
현금및현금성자산	현 금	512,430	현 금	362,550
	보통예금	775,618,221	보통예금	743,702,494
	합 계	776,130,651	합 계	744,065,044

5. 특수관계자와의 거래

(1) 회사와 특수관계있는 자의 내용은 다음과 같습니다.

특수관계자	성격
이○○	회사의 최대주주 및 대표이사
㈜위드○○	종속회사
○○태양광	기타 특수관계자

(2) 당기말 현재 특수관계자와의 채권채무내역은 다음과 같습니다.

(단위 : 원)

구분	특수관계자명	과목	당기말	전기말
종속회사	㈜위드○○	–	–	–
기타특수관계자	○○태양광	–	–	–

(3) 당기 중 특수관계자와의 주요 거래내역은 다음과 같습니다.

(단위 : 원)

특수관계구분	특수관계자명	거래 내용	당기	전기
종속회사	㈜위드○○	매출 등	–	58,300,000
기타특수관계자	○○태양광	임대료 수익	12,000,000	12,000,000

(4) 회사의 대표이사는 회사의 차입금 등에 관하여 지급보증을 제공하고 있습니다.

6. 지분법적용투자주식

(1) 당기말과 전기말 현재 지분법적용 피투자회사에 대한 투자주식의 현황은 다음과 같습니다.

(단위 : 원)

회사명	업종	소재지	지분율	취득원가	순자산지분액	당기말	전기말
㈜위드○○	발전기제조	한국	100%	2,618,896,373	2,841,417,134	2,841,417,134	2,610,343,667

(2) 당기와 전기 지분법적용투자주식의 변동내역은 다음과 같습니다.

(당기)

(단위 : 원)

회사명	기초	지분법손익	지분법자본변동	기말
㈜위드○○	2,610,343,667	(305,410,756)	536,484,223	2,841,417,134

(전기)

(단위 : 원)

회사명	기초	지분법손익	기말
㈜위드○○	2,399,431,153	210,912,514	2,610,343,667

(3) 당기말과 전기말 지분법 피투자회사의 요약 재무정보는 아래와 같습니다.

(당기)   (단위 : 원)

회사명	자산총액	부채총액	매출액	당기순손실
㈜위드○○	7,497,397,614	4,655,980,480	5,334,851,926	(305,410,756)

(전기)   (단위 : 원)

회사명	자산총액	부채총액	매출액	당기순이익
㈜위드○○	8,855,976,495	6,245,632,828	6,644,570,459	210,912,514

7. 유형자산

(1) 당기와 전기의 유형자산 변동내용은 다음과 같습니다.

(당기)   (단위 : 원)

과목	기초잔액	취득	대체	처분	감가상각비	기말잔액
토 지	1,698,230,300	–	–	–	–	1,698,230,300
건물	1,465,315,008	–	–	(121,063,800)	(45,932,623)	1,298,318,585
구축물	1,032,337,062	–	–	–	(34,716,650)	997,620,412
기계장치	68,556,842	95,184,092	2,000	(625,140)	(21,142,942)	141,974,852
차량운반구	300,316,536	–	–	–	(63,904,745)	236,411,791
공기구와 기구	1,006,143	458,091	–	–	(637,261)	826,973
비 품	25,594,544	6,130,164	(2,000)	(284,719)	(8,196,344)	23,241,645
시설장치	368,414	–	–	–	(85,365)	283,049
합 계	4,591,724,849	101,772,347	–	(121,973,659)	(174,615,930)	4,396,907,607

(전기)   (단위 : 원)

과목	기초잔액	취득	국고보조금	대체	처분	감가상각비	기말잔액
토 지	1,698,230,300	–	–	–	–	–	1,698,230,300
건물	1,515,386,564	–	–	–	–	(50,071,556)	1,465,315,008
구축물	1,067,202,760	–	–	–	–	(34,865,698)	1,032,337,062
기계장치	44,629,079	92,706,000	(53,000,000)	296,894	(130,257)	(15,944,874)	68,556,842
차량운반구	33,010,523	377,910,797	(72,250,000)	–	(1,000)	(38,353,784)	300,316,536
공기구와 기구	1,822,642	342,715	–	(296,894)	(152,252)	(710,068)	1,006,143
비 품	24,599,742	16,522,611	–	–	–	(15,527,809)	25,594,544
시설장치	990,093	–	–	–	–	(621,679)	368,414
합 계	4,385,871,703	487,482,123	(125,250,000)	–	(283,509)	(156,095,468)	4,591,724,849

(2) 당기말 현재 토지의 공시지가는 1,136백만 원 (전기말 : 1,037백만 원)입니다.

(3) 당기말 현재 회사의 토지, 건물 및 기계장치가 기업은행 등에 담보로 제공되어 있으며 채권 설정금액은 3,487 백만 원(전기말 : 3,487백만 원)입니다.

(4) 당기말 현재 회사가 가입한 보험내역은 다음과 같습니다.

(단위 : 원)

보험종류	내역	가입금액	보험회사
화재보험	건물 등	4,420,000,000	삼성화재보험

한편, 회사는 상기 보험이외에 산업재해보상보험, 자동차책임보험 및 종합보험에 가입하고 있습니다.

(5) 유형자산 재평가 관련 사항

회사는 토지와 건물의 인식시점 이후의 측정과 관련하여 재평가모델을 적용하고 있으며, 당기 재평가관련 사항은 다음과 같습니다.

① 재평가기준일 : 20XX년 12월 31일

② 독립적인 평가인의 참여 여부

토지와 건물의 재평가시에 회사는 독립적이고 전문적 자격이 있는 평가인의 감정가액을 이용하였습니다.

③ 재평가된 유형자산이 원가모형으로 평가되었을 경우의 장부가액

(단위 : 원)

분류별 유형자산	재평가금액	원가모형으로 평가하는 경우 장부가액
토지	1,698,230,300	919,991,480
건물	1,515,386,564	1,515,386,564

④ 재평가관련 기타포괄손익의 변동내역

(단위 : 원)

분류별 유형자산	기초	재평가로인한 증감	처분등으로 인한 감소	기말
토지	607,026,280	–	–	607,026,280
건물	–	–	–	–

(6) 당사는 기존의 감가상각방법으로는 그 자산에 내재된 미래경제적 효익의 예상되는 소비형태를 반영할 수 없다고 판단하여 당기 중 건물 및 구축물을 제외한 자산에 대하여 감가상각방법을 정률법에서 정액법으로 변경하였으며, 변경의 효과를 전진적으로 처리하여 그 효과를 당기와 당기 이후의 기간에 반영하였습니다. 이러한 감가상각방법의 변경으로 회사의 감가상각비는 종전의 방법에 의할 경우보다 67백만 원이 감소하였으며, 당기순이익과 이익잉여금이 각각 67백만 원이 증가하였습니다.

8. 무형자산

(1) 당기와 전기 회사의 무형자산 변동 내용은 다음과 같습니다.

(당기) (단위 : 원)

과목	기초잔액	취득 등	대체	상각	감액	기말잔액
특허권	9,823,882	10,396,182	–	–	–	20,220,064
합 계	9,823,882	10,396,182	–	–	–	20,220,064

(전기) (단위 : 원)

과목	기초잔액	취득 등	대체	상각	감액	기말잔액
특허권	–	9,823,882	–	–	–	9,823,882
합 계	–	9,823,882	–	–	–	9,823,882

9. 차입금

(1) 당기말과 전기말 현재 장단기차입금의 내용은 다음과 같습니다.

(단위 : 원)

	차입처	이자율(%)	당기말	전기말
단기차입금	A은행	1.08~6.5	2,700,000,000	2,349,655,300
	B은행	–	133,620,041	100,778,180
	C은행	4.83	1,000,000,000	1,000,000,000
	쌍○자동차	0.90	13,058,771	19,783,175
	현○자동차	4.30	–	4,449,800
소 계			3,846,678,812	3,474,666,455
장기차입금	A은행	6.34	300,000,000	400,000,000
	A은행	4.96	70,000,000	200,000,000
	○○진흥공단	2.28	149,940,000	249,900,000
	C은행	6.28~6.56	1,100,000,000	1,100,000,000
	○○캐피탈(장기할부)	4.30	61,711,005	76,922,784
	소계		1,681,651,005	2,026,822,784
	유동성장기차입금		(1,085,838,929)	(415,171,779)
소 계			595,812,076	1,611,651,005

(2) 장기차입금의 상환스케줄은 다음과 같습니다.

(단위 : 원)

20X3년	20X4년	2X5년	20X6년	20X7년
1,085,838,929	266,555,344	257,302,299	71,954,433	–

10. 우발채무와 약정사항

(1) 금융기관과의 약정

당기말 현재 회사가 금융기관과 맺고 있는 주요 약정의 내역은 다음과 같습니다.

(단위 : 원)

금융기관	종류	한도
C은행	신용대출	200,000,000
	온렌딩대출	1,100,000,000
	기업일반운전자금대출	1,000,000,000
A은행	기업구매자금대출	600,000,000
	중소기업자금대출	2,600,000,000
	중소기업시설자금대출	500,000,000
	Bankers Usance 인수	544,000,000
○○보증보험	이행지급보증 등	7,000,000,000
B은행	신용카드	44,000,000
	수입신용장개설	1,185,500,000
○○진흥공단	운전자금대출	500,000,000
○○보증기금	대출보증	1,800,000,000

(2) 제공하고 있는 지급보증

당기말 현재 자회사인 ㈜위드○○에 대해 다음과 같은 연대보증을 제공하고 있습니다.

(단위 : 원)

상호	금융,보증 기관	보증금액	보증내역
㈜위드○○	○○보증보험	156,000,000	정부지원연구개발비 연대보증
	○○보증보험	1,925,362,070	LIGNEX1 선금급
	○○보증보험	65,357,989	렌트카 연대보증
	합 계	2,146,720,059	–

11. 기본주당순손익

(1) 회사의 당기와 전기의 기본주당순손익 계산내역은 다음과 같습니다.

(단위 : 원)

구분	당기	전기
보통주당기순손익(A)	(415,335,514)	315,899,780
가중평균유통주식수(B)	1,050,000	1,050,000
기본주당순손익(A/B)	(396)	301

(2) 보통주당순손익 계산내역은 다음과 같습니다.

(단위 : 원)

구분	당기	전기
당기순손익(A)	(395,541,431)	447,216,919
우선주배당금(B)	(19,794,083)	(20,000,073)
우선주배당금차감후순이익(A − B)	(415,335,514)	427,216,846
보통주당기순손익	(415,335,514)	315,899,780

(3) 가중평균유통보통주식수 계산내역은 다음과 같습니다.

(당기)

구분	기간	발행주식수	일수	적수
기초	2022.01.01~2022.12.31	1,050,000	365	383,250,000
계		1,050,000		383,250,000

가중평균유통보통주식수 : 383,250,000주/365일 = 1,050,000주

(전기)

구분	기간	발행주식수	일수	적수
기초	2021.01.01~2021.12.31	1,050,000	366	384,300,000
계		1,050,000		384,300,000

가중평균유통보통주식수 : 384,300,000주/366일 = 1,050,000주

12. 자본금

(1) 당기말과 전기말 현재 자본금의 내역은 다음과 같습니다.

(당기말)

(단위 : 원)

구분	주식수	보통주 자본금	우선주 자본금	합계
전기말	1,420,000	525,000,000	185,000,000	710,000,000
상환전환우선주 이익소각(*)	(3,872)	525,000,000	185,000,000	710,000,000
당기말	1,416,128	525,000,000	185,000,000	710,000,000

(*) 당기중 상환전환우선주 발행주식 중 3,872주를 매입하여 이익잉여금으로 소각하였습니다. 따라서 우선주 자본금의 감소없이 우선주의 발행주식수만 감소되었습니다.

(당기말)

(단위 : 원)

구분	주식수	보통주 자본금	우선주 자본금	합계
전기말	1,420,000	525,000,000	185,000,000	710,000,000
당기말	1,420,000	525,000,000	185,000,000	710,000,000
합 계			1,420,000주	710,000,000

(2) 상환전환우선주의 주요 발행조건

구분	우선주
발행주식수	366,128주
의결권	1주당 1의결권
납입기일	2011년 6월 24일
이익배당	발행가액의 1% 우선배당, 참가적 누적적우선주
잔여재산분배권에 관한 사항	당사가 청산될 때 잔여재산분배에 대하여 우선주 발행금액 총액과 미지급된 배당금을 합한 금액을 한도로 우선주 주주는 보통주 주주에 우선하여 잔여재산을 분배 받음. 또한 보통주에 대한 잔여재산 분배율이 우선주에 대한 잔여재산 분배율을 초과하는 경우 우선주 주주는 그 초과분에 대하여 보통주와 동일한 분배율로 참가하여 분배 받음
전환에 관한 사항(*)	발행일로부터 15년이 경과한 날 또는 전환청구가 있는 날로부터 보통주로 전환됨
	신주 등을 발행하는 경우, 우선주의 1주당 발행가격을 하회하는 가격으로 1주당 발행가격, 전환가격 및 행사가격이 결정되는 경우 전환가격도 동일하게 하향 조정됨
상환에 관한 사항	• 발행일 이후 2년이 경과하는 날로부터 전환권의 행사에 의하여 보통주로 전환되는 날까지 상환권 행사가 가능함 • 상환가액은 1주당 취득가격과 동 취득가격에 대하여 발행일로부터 상환일까지 연복리 8%를 적용하되, 기지급된 배당금을 차감한 금액으로 한다.

(*) 특약 사항 : 2012년 결산자료의 영업이익과 당기순이익의 각각 2,346백만 원, 2,400백만 원의 70%에 미달할 경우에는 1주당 1.5444주로 전환비율이 변경됨.

(3) 당기말과 전기말 현재 자본잉여금의 내역은 다음과 같습니다.

(단위 : 원)

구분	당기말	전기말
주식발행초과금	1,639,259,650	1,639,259,650

(4) 당기말 현재 기타포괄손익누계액의 내역은 다음과 같습니다.

(단위 : 원)

구분	당기말	전기말
재평가차익	607,026,280	607,026,280
지분법자본변동	536,484,223	–
합계	1,143,510,503	607,026,280

(5) 이익잉여금처분계산서

(단위 : 원)

과목	당기 (처분예정일 : 20X3년 3월 29일)		전기 (처분확정일 : 20X2년 3월 29일)	
Ⅰ. 미처분이익잉여금		421,736,423	−	867,277,854
1. 전기이월미처분이익잉여금	867,277,854		420,060,935	−
2. 상환전환우선주의 상환	(50,000,000)			
3. 당기순이익	(395,541,431)		447,216,919	−
Ⅱ. 임의적립금등의이입액		−	−	−
합 계		421,736,423	−	867,277,854
Ⅲ. 이익잉여금처분액		−	−	−
Ⅳ. 차기이월미처분이익잉여금		421,736,423	−	867,277,854

13. 부가가치계산

당기와 전기중 회사의 부가가치계산에 필요한 계정과목과 그 금액은 다음과 같습니다.

(단위 : 원)

구분	당기			전기		
	제조원가 등	판매비와 관리비	합계	제조원가 등	판매비와 관리비	합계
급 여	239,593,516	1,054,754,802	1,294,348,318	231,243,221	1,064,202,349	1,295,445,570
퇴직급여	21,116,654	113,742,954	134,859,608	17,752,803	99,898,941	117,651,744
복리후생비	20,988,729	102,334,197	123,322,926	25,008,474	87,897,870	112,906,344
감가상각비	41,402,609	133,213,321	174,615,930	46,805,420	109,290,048	156,095,468
세금과공과	17,244,668	55,610,263	72,854,931	19,102,857	58,334,784	77,437,641
지급임차료	42,170,000	25,222,336	67,392,336	49,780,000	25,995,292	75,775,292
합 계	382,516,176	1,484,877,873	1,867,394,049	389,692,775	1,445,619,284	1,835,312,059

14. 법인세비용

(1) 당기와 전기 법인세비용의 산출내역은 다음과 같습니다.

(단위 : 원)

구분	당기	전기
법인세 등 부담액	25,833,660	(50,580)
일시적차이 등으로 인한 이연법인세 변동액	(7,782,388)	−
자본에 직접 반영한 법인세비용(*)	−	−
법인세비용	18,051,272	(50,580)

(*) 자본에 직접 가감된 이연법인세

(단위 : 원)

구분	당기	전기
재평가차익	−	−

(2) 법인세비용차감전손익과 법인세비용간의 관계는 다음과 같습니다.

(단위 : 원)

구분	당기	전기
법인세비용차감전순이익(순손실)	(377,490,159)	447,166,339
적용세율에 따른 법인세(주민세포함)	(79,272,933)	98,376,595
조정사항		
비과세수익(차감)	(148,757)	−
비공제비용(가산)	1,149,328	787,644
당기세액공제(차감)	−	−
미인식이연법인세자산변동(가산)	57,404,436	(182,092,763)
법인세추납액(환급액)	(50,580)	(50,580)
토지등양도소득에 대한 법인세	25,945,964	−
전기세무조정차이	−	82,928,524
기타	13,023,814	−
법인세비용	18,051,272	(50,580)
유효세율(법인세비용/법인세비용차감전순손익)	(주1)	(주1)

(주1) 유효세율이 부(−)의 수치로 산출되므로 유효세율을 산정하지 아니합니다.

(3) 일시적차이 및 이연법인세자산(부채)의 증감내역은 다음과 같습니다.

(당기) (단위 : 원)

구분	기초잔액	전기세무 조정차이	당기증가(감소)	당기말잔액
(1) 일시적차이				
지급이자	11,484,012	−	−	11,484,012
감가상각비	2,674,859	−	36,233,375	38,908,234
국고보조금	110,529,105	−	(18,030,571)	92,498,534
일시상각충당금	(110,529,105)	−	18,030,571	(92,498,534)
대손충당금	241,497,967	−	17,242,333	258,740,300
지분법손익	8,552,706	−	305,410,756	313,963,462
소 계	264,209,544	−	358,886,464	623,096,008
(2) 일시적차이(자본반영)				
재평가차익	(778,238,820)	−	−	(778,238,820)
소 계	(778,238,820)	−	−	(778,238,820)
(3) 이월결손금 등				
이월결손금	1,243,700,432	−	(13,726,773)	1,229,973,659
일시적차이 등 합계	729,671,156	−	345,159,691	1,074,830,847
일시적차이 등으로 인한 이연법인세자산(부채)	160,527,654	−	65,186,824	225,714,478
이월세액공제로 인한 이연법인세 자산	188,340,000	−	−	188,340,00
이연법인세자산(부채) 합계	348,867,654	−	65,186,824	414,054,478
인식하지 아니한 이연법인세 자산(부채)	520,080,194	−	57,404,436	577,484,630
인식한 이연법인세 자산(부채)	(171,212,540)	−	7,782,388	(163,430,152)
유동	−	−	−	−
비유동	(171,212,540)	−	7,782,388	(163,430,152)

(전기)   (단위 : 원)

구분	기초잔액	전기세무조정차이	당기증가(감소)	당기말잔액
(1) 일시적차이				
지급이자	11,484,012	−	−	11,484,012
감가상각비	−	−	2,674,859	2,674,859
국고보조금	−	−	110,529,105	110,529,105
일시상각충당금	−	−	(110,529,105)	(110,529,105)
대손충당금	238,090,025	−	3,407,942	241,497,967
지분법손익	219,465,220	−	(210,912,514)	8,552,706
소 계	469,039,257	−	(204,829,713)	264,209,544
(2) 일시적차이(자본반영)				
재평가차익	(778,238,820)	−	−	(778,238,820)
소 계	(778,238,820)	−	−	(778,238,820)
(3) 이월결손금 등				
이월결손금	1,819,291,481	(329,674,221)	(245,916,828)	1,243,700,432
일시적 차이 등 합계	1,510,091,918	(329,674,221)	(450,746,541)	729,671,156
일시적차이 등으로 인한 이연법인세자산(부채)	332,220,222	(72,528,329)	(99,164,239)	160,527,654
이월세액공제로 인한 이연법인세 자산	198,740,195	(10,400,195)	−	188,340,000
이연법인세자산(부채) 합계	530,960,417	(82,928,524)	(99,164,239)	348,867,654
인식하지 아니한 이연법인세자산(부채)	702,172,957	−	(182,092,763)	520,080,194
인식한 이연법인세 자산(부채)	(171,212,540)	(82,928,524)	82,928,524	(171,212,540)
유동	−	−	−	−
비유동	(171,212,540)	−	−	(171,212,540)

15. 포괄손익계산서

당기와 전기중 회사의 포괄손익 내용은 다음과 같습니다.

(단위 : 원)

구분	금액			
	당기		전기	
Ⅰ. 당기순이익(손실)		(395,541,431)		447,216,919
Ⅱ. 기타포괄손익		536,484,223		−
지분법자본변동	536,484,223		−	
Ⅲ. 당기포괄손익 (=Ⅰ+Ⅱ)		140,942,792		447,216,919

16. 현금의 유입과 유출이 없는 거래

당기와 전기중 회사의 현금의 유입과 유출이 없는 주요한 거래의 내용은 다음과 같습니다.

(단위 : 원)

구분	당기	전기
장기차입금의 유동성장기부채 대체	1,015,838,929	415,171,779

01 ㈜SH테크의 재무특성에 대한 분석내용으로 바르지 못한 것은?

① 회사의 유동비율은 전기와 당기 매우 낮은 수준으로 단기지급능력에 문제가 있을 것이다.

② 회사의 부채비율은 전기와 당기 높은 수준으로 재무구조가 불안정하다.

③ 회사의 당기 매출채권회전율은 전기대비 크게 개선되었다.

④ 회사의 비유동장기적합률은 안정적이다.

⑤ 회사는 당기에 자기자본순이익률이 악화되었다.

02 ㈜SH테크의 당기순이익이 적자로 전환한 가장 큰 원인은 무엇인가?

① 감가상각비   ② 직원급여

③ 이자비용   ④ 지분법손실

⑤ 잡손실

03 ㈜SH테크의 외부환경에 대한 설명으로 바르지 못한 것은?

① 전방산업에 대한 교섭력이 매우 열위에 있다.

② 후방산업에 대한 교섭력도 열위에 있다.

③ 전방산업의 경기민감도가 높아 수요변동성이 높은 편이다.

④ 금리상승은 당사의 영업이익에 부정적 영향을 미친다.

⑤ 환율상승은 당사의 영업이익에 부정적 영향을 미친다.

04 ㈜SH테크의 전방산업의 위험요인 대한 설명으로 바르지 못한 것은?

① 전 세계시장이 분석 범주에 포함된다.

② 기술변화에 따른 대체재 위험이 높은 편이다.

③ 고정비 부담이 커 현금흐름 변동성이 크다.

④ 영업레버리지가 높은 편이다.

⑤ 퇴출장벽이 높은 편이다.

05 ㈜SH테크의 경영상태에 대한 설명으로 바르지 못한 것은?

① 금리상승은 회사의 채무불이행 위험을 가중시킨다.

② 회사는 유동부채 상환을 위하여 외부자금을 조달해야만 하는 상황이다.

③ 회사의 전기 장기차입금 약 16억 원 중 약 10.8억 원이 유동성장기부채로 대체되었다.

④ 회사는 영업활동으로 인한 현금흐름으로 이자비용을 상환할 수 없다.

⑤ 회사의 영업이익이 급감한 원인은 임원급여의 급증과 감가상각비 증가가 원인이다.

06 ㈜SH테크의 당기 영업활동으로 인한 현금흐름은 마이너스로 전환되었다. 가장 크게 영향을 미친 것은?

① 당기순이익

② 지분법손실

③ 재고자산

④ 미지급비용

⑤ 매입채무

07 ㈜SH테크의 당기에 확정된 매출채권의 대손금액은 얼마인가? (손익계산서 당기 대손상각비 전액은 매출채권에서 발생된 것으로 가정한다.)

① 10,352,000원

② 11,142,000원

③ 13,245,000원

④ 16,225,000원

⑤ 없음

08 ㈜SH테크의 재무특성에 대한 분석내용으로 바르지 못한 것은?

① 당기에 특수관계자에 대한 매출은 없다.

② 회사의 현금및현금성자산의 대부분은 보통예금이다.

③ 회사는 당기에 처분한 유형자산보다 취득한 유형자산이 많다.

④ 회사는 토지와 건물에 대해 재평가모형을 적용하고 있다.

⑤ 회사가 차기(20X3년)에 상환해야 할 장기차입금은 1,085,838,929원이다.

09 ㈜SH테크의 판관비를 분석한 내용으로 바르지 못한 것은?

① 인건비 비중이 가장 크다.

② 인건비를 제외하고는 지급수수료 비중이 가장 크다.

③ 당기 판관비율은 약 2.8% 하락하였다.

④ 판관비 중 감가상각비는 약 5% 수준으로 높은 편이다.

⑤ 판관비 중 고정비는 매출액 대비 높은 수준이다.

10 ㈜SH테크의 당기말 현금이 증가한 원인 중 가장 크게 영향을 미친 것은?

① 유형자산의 처분   ② 장기금융상품의 처분

③ 단기금융상품의 처분   ④ 유상증자

⑤ 장기차입금의 증가

11 EBITDA를 영업이익에서 감가상각비를 가산한 값으로 정의할 때 ㈜SH테크에 대한 설명 중 바르지 못한 것은? (100만 원 미만은 반올림한다.)

① 전기 EBITDA는 548,000,000원이다.

② 당기 EBITDA는 232,000,000원이다.

③ 감가상각비가 EBITDA에 미치는 영향은 매우 크다.

④ 당기 EBITDA는 이자비용을 상환하기에 충분하다.

⑤ 회사가 EBITDA로 상환한 당기 유동성장기부채는 1,086,000,000원이다.

12 ㈜SH테크의 매출채권 관련 영업위험에 대한 분석내용으로 바르지 못한 것은? (재무상태표 항목의 전기말 금액과 전전기말 금액은 일치한다고 가정한다.)

① 당기말 순매출채권 잔액은 매출액의 약 8.46%이다.

② 전기말 순매출채권의 잔액은 매출액의 약 17.05%이다.

③ 당기말 매출채권회전기간은 약 31일이다.

④ 전기말 매출채권회전율은 약 5.86회이다.

⑤ 전기말 매출채권회전율은 약 62일이다.

13 ㈜SH테크의 매출채권과 매입채무와 관련된 분석내용으로 바르지 못한 것은? (재무상태표 항목의 전기말 금액과 전전기말 금액은 일치한다고 가정한다.)

① 당기말 매입채무회전율은 약 10.89회이다.
② 전기말 매입채무회전기간은 약 53일이다.
③ 당기말 매입채무회전기간을 유지하면 현금흐름은 개선된다.
④ 전기말 매입채무회전율은 약 6.94회이다.
⑤ 당기말 매입채무회전기간은 약 34일로 짧아졌다.

14 ㈜SH테크의 당기말 영업순환주기는 얼마인가? (재무상태표 항목의 전기말 금액과 전전기말 금액은 일치한다고 가정하고, 소수점 이하는 반올림한다.)

① 24일
② 32일
③ 34일
④ 53일
⑤ 58일

15 ㈜SH테크의 당기말 현금순환주기는 얼마인가? (재무상태표 항목의 전기말 금액과 전전기말 금액은 일치한다고 가정하고, 소수점 이하는 반올림한다.)

① 24일
② 32일
③ 34일
④ 53일
⑤ 58일

16 ㈜SH테크의 레버리지분석에 대한 내용으로 바르지 못한 것은? (소수점은 셋째 자리에서 반올림한다. 그리고 'EBITDA = 세전이익 + 이자비용 + 감가상각비'로 계산한다.)

① 회사의 차입금평균이자율은 3.67%이다.
② 회사의 당기 EBITDA는 −633,178원으로 이자비용을 지급할 수 없는 상태이다.
③ 회사의 당기 자기자본비율은 32.19%로 총자산의 대부분을 부채로 조달하고 있다.
④ 회사의 당기 차입금의존도는 36.23%로 평균적인 수준이다.
⑤ 회사의 당기 이자보상배율은 28.26%로 영업이익이 이자비용을 충당할 수 없다.

17 ㈜SH테크의 수익성 분석에 대한 내용으로 바르지 못한 것은? (재무상태표 항목의 전기말 금액과 전전기말 금액은 일치한다고 가정한다. 소수점은 셋째 자리에서 반올림한다.)

① 당기 ROE(자기자본순이익률)는 −10.02%로 수익성이 매우 악화되었다.

② 당기 ROA(총자산영업이익률)는 0.47%로 매우 낮은 것은 총자산의 대부분을 부채로 조달했기 때문이다.

③ 당기 ROE가 ROA보다 매우 낮은 것은 ROA가 평균이자율보다 작기 때문이다.

④ 당기 기업의 가중평균자본비용(WACC)이 5%라 가정하면 총자산으로부터 창출되는 영업이익의 순현가(NPV)는 0보다 작다.

⑤ 만일 기업의 가중평균자본비용(WACC)이 ROA(총자산영업이익률)와 같은 수준이라면 기업의 부(富)는 창출되지 않는다.

18 당기에 ㈜SH테크의 자본적지출(CAPEX)로 인한 현금흐름은 얼마인가?

① 9,805,130원 유입

② 20,201,312원 유출

③ 20,201,312원 유입

④ 101,772,347원 유출

⑤ 101,772,347원 유입

19 다음 식을 참조하여 ㈜SH테크의 당기 총부가가치를 계산하면 얼마인가? (천 원 미만 반올림)

• 총부가가치＝영업잉여＋인건비＋금융비용＋임차료＋조세공과＋감가상각비
• 영업잉여＝영업이익＋대손상각비−금융비용
• 금융비용＝이자비용−이자수익

① 1,621,556,000원   ② 1,662,958,000원

③ 1,940,772,000원   ④ 2,022,621,000원

⑤ 2,064,024,000원

20 ㈜SH테크 재무분석 내용에 대한 설명으로 바르지 못한 것은?

① 회사는 매출액이 약 30% 증가하여 외형적으로 성장했다.

② 회사는 비유동자산에 유동자산이 약 80%정도 투입되었다.

③ 회사는 총자산이 약 8% 감소했지만 이는 부채감소의 영향이 크다.

④ 회사는 영업이익이 큰 폭으로 감소하여 실질적으로 성장했다고 할 수 없다.

⑤ 회사는 환율변동에 노출된 위험이 크다.

21 총비용 항목 중 영업고정비 항목은 다음과 같다. ㈜SH테크의 당기 영업레버리지도(DOL)에 관한 설명으로 바르지 못한 것은? (각 계정과목은 천 원 미만 반올림하여 계산한다.)

〈영업고정비(FC)항목〉
- 인건비(급여, 퇴직급여, 복리후생비)
- 통신비 및 수도광열비
- 지급임차료 및 보험료
- 감가상각비(판관비와 제조원가에 포함된 부분을 포함한다.)
- 무형자산상각비

① 회사의 영업레버리지도는 2.34이다.

② 회사의 변동비율은 약 94%이다.

③ 회사의 공헌이익률은 약 6%이다.

④ 회사의 매출액이 1% 상승하면 영업이익은 2.34% 증가한다.

⑤ 총비용 중 고정비 비중이 증가하면 영업레버리지도 음의 값은 작아진다.

22 ㈜SH테크의 당기 재무레버리지도(DFL)는 얼마인가?

① 0.74

② 1.00

③ 1.25

④ 1.50

⑤ 1.75

23 ㈜SH테크의 당기 영업레버리지도(DOL)와 재무레버리지도(DFL)를 고려할 때 매출액이 1% 증가하면 주당순이익(EPS)은 얼마나 변동하는가?

① 1.73% 감소   ② 1.73% 증가

③ 2.15% 감소   ④ 2.15% 증가

⑤ 3.22% 감소

24 ㈜SH테크의 당기 BEP매출액은 얼마인가? (각 계정과목은 천 원 이하 반올림하여 계산하고, 계산 결과는 억 원 미만 반올림한다.)

〈영업고정비(FC)항목〉
- 인건비(급여, 퇴직급여, 복리후생비)
- 지급임차료 및 보험료
- 무형자산상각비
- 통신비 및 수도광열비
- 감가상각비
- 이자비용

---

① 303억 원   ② 314억 원

③ 333억 원   ④ 360억 원

⑤ 375억 원

25 문제 24번을 참고하여 ㈜SH테크의 당기 손익분기점율을 계산하면 얼마인가?

① 0.60   ② 0.75

③ 0.85   ④ 1.00

⑤ 1.39

26 ㈜SH테크의 당기 안전한계율(MS)을 계산하면 얼마인가?

① −39%   ② 0%

③ +15%   ④ +25%

⑤ +40%

27 ㈜SH테크의 당기 현금분기점을 계산하면 얼마인가? (영업고정비는 문제 24번을 참고하시오.)

① 250억 원

② 278억 원

③ 282억 원

④ 312억 원

⑤ 343억 원

28 다음 기업부실모형을 고려하여 ㈜SH테크의 당기 Z-Score와 경영상태를 판정하시오. (자기자본 시장가치는 장부금액의 1.4배이고, EBIT는 영업이익을 사용한다. 그리고 계산 결과는 소수점 셋째 자리에서 반올림한다.)

$$Z = 1.2X_1 + 1.4X_2 + 3.3X_3 + 0.006X_4 + 0.99X_5$$

X_1 : 순운전자본/총자산, X_2 : 이익잉여금/총자산, X_3 : EBIT/총자산, X_4 : 자기자본시장가치/총부채, X_5 : 매출액/총자산

	Z-Score	경영상태
①	0.02	부실
②	0.46	부실
③	1.87	보류
④	2.24	보류
⑤	3.12	정상

29 ㈜SH테크의 사업부문은 하나이고 사업이 속한 산업은 성숙산업으로 저성장세를 보이고 있고, 당사 의 제품은 선도적이지 않아 비용이 많이 소모된다. 이 특성을 고려할 때 ㈜SH테크의 사업부문은 BCG Matrix상 어디에 속하는가?

① 스타

② 문제아

③ 개

④ 캐시카우

⑤ 속하는 곳 없음

재무분석 | 70점 / 21문제

01 甲회사는 LED제품을 제조하여 판매하고 있다. 당기에 발생한 직접재료비는 1,000원, 직접노무비는 200원, 제조경비는 500원이 발생되었다. 기초재공품원가는 1,200원이고 기말재공품원가는 600원이다. 당기제품제조원가는 얼마인가?

① 1,700원   ② 2,000원

③ 2,300원   ④ 2,500원

⑤ 3,000원

02 乙회사는 재무상태표를 분석하여 기업의 경영위험을 누가 부담하는지를 보고자 한다. 적합한 분석방법은?

① 유동성 분석   ② 레버리지 분석

③ 자본배분의 안정성 분석   ④ 자산구성 분석

⑤ 현금분석

03 다음은 丙회사의 당기말 재무자료이다. 바르지 못한 설명은? (소수점 이하는 반올림한다.)

재무상태표

丙회사 (단위 : 백만 원)

현 금	1,800	매입채무	7,100
매출채권	5,520	단기차입금	16,080
재고자산	8,000	장기차입금	10,000
비유동자산	34,600	자 본	16,740
총 자 산	**49,920**	**총 자 본**	**49,920**

① 회사의 유동비율은 46%로 매우 낮은 수준이다.

② 회사의 현금비율은 8%로 단기지급능력에 문제가 발생할 수 있다.

③ 회사의 순운전자본은 -16%로 매우 부족한 상황이다.

④ 회사의 비유동자산은 장기자금으로 구성되어 안정적이다.

⑤ 회사의 당좌비율은 32%로 현금성자산이 부족한 편이다.

04 다음은 ㈜대한의 재무자료이다. 회사의 차입금의존도는 얼마인가?

재무상태표

㈜대한			(단위 : 백만 원)
현 금	1,000	매입채무	2,000
매출채권	5,000	단기차입금	6,000
선 급 금	2,000	장기차입금	12,000
재고자산	12,000	회 사 채	10,000
비유동자산	30,000	자 본	20,000
총 자 산	**50,000**	**총 자 본**	**50,000**

① 36%   ② 44%

③ 56%   ④ 60%

⑤ 65%

05 기업의 감가상각비가 증가할 때 감소하지 않는 재무비율은?

① 자기자본순이익률(ROE)

② 총자산영업이익률(ROA)

③ EBITDA/이자비용비율

④ 유형자산구성비율

⑤ 비유동장기적합률

06 甲회사는 반도체장비를 제조 판매하는 회사로 대규모 설비가 필요한 산업이다. 다음 설명 중 바르지 못한 것은?

① 지급능력 분석 시 이자보상비율과 더불어 EBITDA/이자보상비율이 반드시 검토되어야 한다.

② 비유동자산구성비율이 높게 나타난다.

③ 자본집약적 산업으로 고정비가 높아 재무레버리지가 높다.

④ 감가상각비가 많이 발생한다.

⑤ 이자보상비율이 1 미만이더라도 BITDA/이자보상비율은 1 이상이 될 수도 있다.

[07~09]

다음은 ㈜대한의 재무자료이다. 판관비에 포함된 감가상각비는 300이다. (단위 : 백만 원)

재무상태표

㈜대한   20X1.12.31.

항목	당기말	전기말
현　금	300	200
매출채권	700	500
재고자산	1,500	1,000
비유동자산	2,500	2,000
자산총계	**5,000**	**3,700**
매입채무	200	500
단기차입금	1,200	700
장기차입금	1,600	1,000
자　본	2,000	1,500
부채자본총계	**5,000**	**3,700**

손익계산서

(20X1.01.01.~12.31.)

항목	금액
매출액	6,500
매출원가	(3,900)
매출총이익	2,600
판·관·비	(2,200)
영업이익	400
이자수익	40
이자비용	(280)
세전이익	160
법인세비용	(60)
당기순이익	100

07 ㈜대한의 1회전 운전기간은 얼마인가? (소수점은 반올림한다.)

① 70일
② 84일
③ 104일
④ 110일
⑤ 124일

08 ㈜대한의 1회전 운전자본은 얼마인가? (가장 근사치를 고르시오.)

① 1,334백만 원
② 1,403백만 원
③ 1,512백만 원
④ 1,536백만 원
⑤ 1,656백만 원

09 ㈜대한의 배당성향이 20%라면 지속가능한 성장률은 얼마인가?

① 1.14%
② 2.00%
③ 3.26%
④ 3.89%
⑤ 4.57%

10 ㈜민국의 매출액은 1,000백만 원이고 매출원가는 600백만 원, 판관비는 200백만 원(감가상각비 100백만 원 포함), 그리고 영업외비용은 250백만 원(이자비용은 100백만 원 포함)이고 법인세비용은 20백만 원이다. 시장가치분석에 이용할 수 없는 지표는? (주가는 2,000원, EV는 450백만 원이라 가정한다.)

① PER
② PBR
③ PSR
④ PCR
⑤ EV/EBITDA

11 영업이익과 당기순이익이 일정하다고 가정할 때 매출마진을 높일 경우 줄어드는 재무비율은?

① 총자산영업이익률
② 총자산회전율
③ 부채비율
④ 이자보상비율
⑤ 비유동장기적합률

12 甲회사는 자산의 효율적 활용을 통하여 이익을 극대화 하고자 한다. 이를 위하여 부채를 사용하고 있는데, 이익창출에 부채의 기여도를 분석하기 위하여 적절한 지표는?

① ROI
② ROE
③ ROA
④ EVA
⑤ ROIC

13 다음 중 물가상승에 따른 재무분석 관련 사항에 대한 설명으로 바르지 못한 것은?

① 재고자산을 선입선출법으로 평가한다.
② 유형자산은 재평가한다.
③ 비용은 현행대체원가로 계상한다.
④ 기말제품재고액은 물가상승분을 반영하고 있다.
⑤ 기초제품재고액은 물가상승분을 반영하고 있지 않다.

[14~18]

다음은 ㈜민국의 재무자료이다. (단위 : 백만 원)

재무상태표

㈜대한   20X1.12.31.

항목	당기말	전기말
현 금	300	200
매출채권	700	500
재고자산	1,500	1,000
비유동자산	2,500	2,000
자산총계	**5,000**	**3,700**
매입채무	200	500
단기차입금	1,200	700
장기차입금	1,600	1,000
자 본	2,000	1,500
부채자본총계	**5,000**	**3,700**

손익계산서

(20X1.01.01.~12.31.)

항목	금액
매출액	6,500
영업고정비	(1,000)
영업변동비	(5,100)
EBIT	400
이자비용	(50)
세전이익	350
법인세비용	(20)
당기순이익	330

※ 영업고정비에 포함된 감가상각비는 200이다.

14 회사의 BEP매출액은 얼마인가? (이자비용은 고정비에 포함하고, 소수점 이하는 반올림한다.)

① 1,338백만 원
② 2,000백만 원
③ 3,628백만 원
④ 4,875백만 원
⑤ 5,236백만 원

15 회사의 손익분기점율은 약 얼마인가?

① 50%
② 75%
③ 100%
④ 125%
⑤ 150%

16 회사의 안전한계율은 얼마인가?

① 25%
② 40%
③ 50%
④ 65%
⑤ 70%

17 회사가 지출한 현금을 모두 회수할 수 있는 매출액은 얼마인가?

① 1,083백만 원
② 1,846백만 원
③ 2,564백만 원
④ 3,946백만 원
⑤ 4,875백만 원

18 총비용을 회귀분석으로 분석할 때 회사의 회귀함수로 적절한 것은?

① TC = 1,000 + 0.2154 × 매출액
② TC = 1,050 + 0.2154 × 매출액
③ TC = 1,000 + 0.7846 × 매출액
④ TC = 1,050 + 0.7846 × 매출액
⑤ TC = 5,100 + 0.1615 × 매출액

19 다음 중 손익분기점 분석에 대한 설명으로 바르지 못한 것은?

① 고정비가 존재할 때 공헌이익이 0이면 영업이익은 항상 적자이다.
② 다른 조건이 일정할 때 변동비율의 상승은 손익분기점율을 상승시킨다.
③ 손익분기점분석은 영업레버리지 분석이다.
④ 모든 비용이 변동비이면 손익분기점은 변동비와 같다.
⑤ 손익분기점분석에서 비용은 고정비와 변동비만 존재한다.

20 ㈜한국은 A 투자안에 대하여 다음 두 가지 자본조달방법을 고민하고 있다. 주식의 액면가는 1,000 원으로 동일하다. 두 가지 방법에 대한 자본조달분기점은 얼마인가? (단위 : 백만 원)

구분	주식발행	회사채 발행 시 이자비용
I 안	100,000주	300백만 원
II 안	200,000주	200백만 원

① 200
② 300
③ 400
④ 500
⑤ 600

21 ㈜한국는 투자안 A에 대하여 현재 자본조달분기점에 있다. 총자산은 1,000백만 원이고, 영업이익은 50백만 원이다. 차입금이 500백만 원이면 이자비용은 얼마인가?

① 10백만 원   ② 15백만 원

③ 20백만 원   ④ 25백만 원

⑤ 30백만 원

현금흐름분석 | 80점 / 25문제

22 다음 중 자금의 개념을 순운전자본으로 정의할 때 옳은 설명은?

① 6개월 만기 어음을 수취하고 재고자산을 판매한 경우 자금은 감소한다.

② 기말 장기차입금을 유동성장기차입금으로 대체한 경우 자금은 변동이 없다.

③ 재고자산을 현금 판매한 경우 자금은 증가한다.

④ 상품을 6개월 외상으로 매입한 경우 자금은 변동하지 않는다.

⑤ 유형자산을 현금 매각하고 처분손실을 인식한 경우 자금은 감소한다.

23 다음 중 현금흐름표에 대한 설명으로 바르지 못한 것은?

① 기업의 미래 현금흐름 창출능력에 관한 정보를 제공한다.

② 기업의 배당금 지급능력에 대한 정보를 제공한다.

③ 기업의 부채상환능력과 외부자금조달 필요성에 대한 정보를 제공한다.

④ 기업 현금흐름의 기간 간 관계에 대한 정보를 제공한다.

⑤ 당기순이익과 영업활동으로 인한 현금흐름과의 차이에 대한 정보를 제공한다.

24 간접법에 의한 영업활동으로 인한 현금흐름 계산 시 당기순이익에 가산 조정되는 비현금비용이 아닌 것은?

① 감가상각비   ② 사채상환손실

③ 대손상각비   ④ 재고자산평가손실

⑤ 유형자산손상차손

25 다음은 자료를 참조할 때 매출채권과 대손충당금이 영업활동으로 인한 현금흐름에 미치는 영향은 얼마인가? (당기 중 대손이 확정된 매출채권은 56백만 원이다.)

(단위 : 백만 원)

	기말잔액	기초잔액	증감
매출채권	₩1,520	₩1,280	₩240
대손충당금	(200)	(120)	(80)
차감잔액	1,320	1,160	160

① -160백만 원   ② -184백만 원

③ -200백만 원   ④ -240백만 원

⑤ -296백만 원

26 다음 중 영업활동으로 인한 현금흐름이 증가하는 항목으로 적절하지 않은 것은?

① 이연법인세자산 증가액
② 제조원가를 구성하는 감가상각비
③ 사채할인발행차금상각액
④ 손익계산서의 대손상각비
⑤ 확정급여형 퇴직급여

27 다음은 ㈜한국의 매출원가와 현금주의 매출원가에 대한 정보이다. 바르지 못한 설명은? (거래는 모두 영업 관련한 상거래이다.)

(단위 : 원)

	당기	전기
매출원가	240,000	300,000
현금주의 매출원가	360,000	270,000

① 전기에 기말재고자산의 평가손실이 예상된다.
② 전기에 매입채무가 증가했을 수 있다.
③ 당기에 기말재고자산이 감소했을 수 있다.
④ 당기에 매출액이 감소했을 수 있다.
⑤ 당기에 매입채무가 결제되었을 수 있다.

28 간접법에 의한 영업활동으로 인한 현금흐름 계산 시 당기순이익에 가산되는 항목이 아닌 것은?

① 감가상각비 ② 대손상각비
③ 재고자산감모손실 ④ 유형자산손상차손
⑤ 지분법이익

29 다음은 甲회사의 재무자료이다. 현금주의 당기상품매입액은 얼마인가?

	당기초	당기말
재고자산	2,000원	1,600원
I/S상 매출원가		14,000원

① 13,600원 ② 14,400원
③ 15,600원 ④ 16,000원
⑤ 알 수 없다.

30 다음은 乙회사의 재무자료이다. 乙회사의 이자비용에 의한 현금유출액은 얼마인가?

재무상태표 자료				손익계산서 자료	
계정과목	당기초	당기말		계정과목	당기발생액
선급이자	10,200원	10,800원		이자비용	40,800원
미지급이자	6,600원	6,000원			

① 39,000원 ② 39,600원
③ 40,800원 ④ 42,000원
⑤ 44,400원

31 다음 중 영업활동으로 인한 현금흐름계산 시 현금유입으로 처리되는 항목이 아닌 것은?

① 이연법인세부채의 감소
② 당기법인세부채의 증가
③ 매출채권의 감소
④ 선급이자의 감소
⑤ 지분법손실

[32~33]

다음은 ㈜민국의 재무자료이다. (단위 : 백만 원)

재무상태표 자료			손익계산서 자료		
계정과목	당기초	당기말	계정과목		당기발생액
매출채권	5,100	9,100	매출액		100,000
대손충당금	(100)	(350)	매출원가		(60,000)
선급금	1,000	2,200	매출총이익		40,000
재고자산	20,000	15,000	판매비와관리비		(20,000)
이연법인세자산	–	1,200	급여	(14,000)	
유형자산	12,800	43,000	감가상각비	(3,000)	
감가상각누계액	(500)	(800)	대손상각비	(1,000)	
자산총계	38,300	69,350	퇴직급여	(2,000)	
매입채무	5,000	10,500	영업이익		20,000
장기차입금	12,000	22,500	영업외비용		(12,000)
당기법인세부채	500	2,550	이자비용	(8,000)	
퇴직급여충당부채	800	1,800	유형자산처분손실	(4,000)	
자본금	20,000	25,000	세전이익		8,000
이익잉여금	–	7,000	법인세비용		1,000
부채 · 자본총계	38,300	69,350	당기순이익		7,000

32 영업활동 관련 조정당기순이익(총영업현금흐름)은 얼마인가?

① 13,000백만 원   ② 14,000백만 원

③ 15,000백만 원   ④ 16,000백만 원

⑤ 17,000백만 원

33 영업활동으로 인한 현금흐름은 얼마인가?

① 26,900백만 원   ② 27,900백만 원

③ 28,900백만 원   ④ 29,900백만 원

⑤ 30,900백만 원

34 다음은 ㈜대한의 당기 기계장치와 관련된 자료이다. 회사는 당기 중 기계장치를 56,000천 원에 취득하였다. 또한 당기 중 건설 중인 자산 계정에서 45,000천 원을 기계장치 계정에 대체하였다. 회사가 당기에 처분한 기계장치의 처분가격은 얼마인가? (단위 : 천 원)

재무상태표 자료			손익계산서 자료	
계정과목	당기초	당기말	계정과목	당기발생액
기계장치	27,000	90,000	기계장치감가상각비	7,200
감가상각누계액	9,900	13,500	기계장치처분손실	2,700

① 31,700천 원
② 34,400천 원
③ 38,000천 원
④ 42,600천 원
⑤ 45,000천 원

35 다음은 ㈜한라의 자본과 관련한 자료이다. (단위 : 천 원)

재무상태표 자료		
계정과목	당기초	당기말
자본금	15,300	30,600
주식발행초과금	19,800	32,400
이익준비금	27,450	39,150

당기초 이월이익잉여금 처분내용은 다음과 같다.

이익준비금 : 2,700천 원, 현금배당 : 3,000천 원, 주식배당 : 7,500천 원

또한 당기 중에 이익준비금 중 750천 원을 자본에 전입하였다. 상기 이월이익잉여금처분과 이익준비금의 자본전입 이외의 자본 및 주식발행초과금 변동은 모두 유상증자와 관련된 것이다. 당기 중 유상증자로 인하여 회사에 유입된 현금은 얼마인가?

① 16,300천 원
② 18,900천 원
③ 19,650천 원
④ 20,400천 원
⑤ 27,900천 원

[36~39]

다음은 ㈜고려의 재무제표이다. 물음에 답하시오. (기타비용에 비현금비용은 없다.)

요약재무상태표

㈜고려 (단위 : 백만 원)

계정과목	당기	전기
유동자산	13,985	8,581
당좌자산	2,407	2,281
매출채권	6,602	3,300
대손충당금	(122)	(100)
재고자산	5,098	3,100
비유동자산	19,277	18,238
투자자산	7,509	8,274
유형자산	8,668	7,194
무형자산	3,100	2,770
자산총계	33,262	26,819
유동부채	8,634	5,135
단기차입금	2,450	1,300
선수금	6,184	3,835
비유동부채	8,626	9,893
퇴직급여충당부채	816	700
장기차입금	7,810	9,193
부채총계	17,260	15,028
자본총계	16,002	11,791
부채와 자본총계	33,262	26,819

요약손익계산서

㈜고려 (단위 : 백만 원)

계정과목	금액	
매출액		32,271
매출원가		25,232
감가상각비	528	
퇴직급여	322	
기타매출원가	24,382	
매출총이익		**7,039**
판매비와 관리비		5,114
감가상각비	252	
무형자산상각비	270	
퇴직급여	120	
대손상각비	40	
기타판관비	4,432	
영업이익		**1,925**
영업외비용		1,253
이자비용	1,153	
기타영업외비용	100	
법인세차감전순이익		672
법인세비용		265
당기순이익		407

36 ㈜고려의 영업활동으로 인한 현금흐름은 얼마인가?

① (1,030백만 원) ② (1,338백만 원)

③ (1,356백만 원) ④ (1,424백만 원)

⑤ (1,468백만 원)

37 ㈜고려의 재무제표 분석 내용으로 바르지 못한 것은?

① 회사는 이자를 지급할 수 있을 정도로 영업이익을 창출하고 있다.
② 회사는 운전자금 소요가 급격히 증가하고 있다.
③ 회사의 전통적 현금흐름으로 단기차입금을 상환할 수 있다.
④ 매출채권회전율은 산업평균(5회)보다 양호하다.
⑤ 현재 경영실적이 지속된다면 회사는 외부자금조달이 필요할 것이다.

38 ㈜고려의 재무제표 분석 내용으로 바르지 못한 것은?

① 회사의 재무탄력성은 양호하다.
② 회사는 신규투자를 위하여 외부자금을 조달해야 한다.
③ 현재 경영상태가 지속된다면 회사의 지속가능성은 부정될 수 있다.
④ 회사의 부채비율은 높지 않다.
⑤ 회사의 자기자본순이익률은 산업평균(5%)보다 낮은 수준이다.

39 ㈜고려는 당기에 유형자산을 2,804백만 원 처분하였다. 당기에 취득한 유형자산은 얼마인가? (유형자산에서 발생한 감가상각비는 모두 매출원가에 포함되어 있다.)

① 3,750백만 원   ② 4,000백만 원
③ 4,264백만 원   ④ 4,806백만 원
⑤ 4,985백만 원

40 투자활동으로 인한 현금흐름이 제공하는 정보로 바르지 못한 것은?

① 유휴설비의 처분을 통하여 자금을 조달하였는지 여부
② 설비투자가 적정 규모인지 여부
③ 기업의 성장전략에 파악
④ 외부자금조달 필요성 여부
⑤ 기업의 신규투자능력

41 다음은 ㈜백제의 현금흐름 정보이다. 어떠한 유형의 기업에 해당하는가?

- 영업활동으로 인한 현금흐름 : 30,000백만 원
- 투자활동으로 인한 현금흐름 : (20,000백만 원)
- 재무활동으로 인한 현금흐름 : (10,000백만 원)

---

① 성숙형   ② 현금보유형

③ 성장형   ④ 저수익 매각형

⑤ 급성장 기업형

42 다음 ㈜가야의 재무자료를 참고하여 잉여현금흐름을 계산하면 얼마인가? (회사의 자본적지출은 250천 원이고, 순운전자본 증가액은 100천 원이다. 세율은 20%라 가정한다.)

계정과목		금액(천 원)
매출액		10,000
매출원가		7,000
매출총이익		**3,000**
판매비와 관리비		2,000
감가상각비	500	
영업이익		**1,000**
영업외비용		300
이자비용	300	
법인세차감전순이익		700
법인세비용		200
당기순이익		**500**

① 450천 원   ② 650천 원

③ 850천 원   ④ 950천 원

⑤ 1,150천 원

43 甲회사는 당기에 발생한 매출채권 10,000원에 대해 500원의 대손충당금을 설정하였고, 당기에 대손처리된 금액은 없다. 회사는 현금수지분석표의 '매출활동을 통한 현금유입액' 계산 시 매출채권을 10,000원으로 기재하였다. 다음 중 올바른 설명은?

① 별도 대손상각비를 고려할 필요는 없다.

② 현금 매출원가 항목에 대손상각비 500원을 추가로 기재한다.

③ 현금 판매비와관리비 항목에 대손상각비 500원을 추가로 기재한다.

④ 기타영업활동 현금흐름액의 영업외비용 항목에 500원을 추가로 기재한다.

⑤ 투자활동 현금흐름액에 대손상각비 500원을 추가로 기재한다.

44 현금수지분석표에서 영업활동 후의 현금흐름에 영향을 미치지 않는 것은?

① 매출채권 증감액 　　　　　　　　② 감가상각비

③ 미수수익증감액 　　　　　　　　④ 판매비와관리비

⑤ 유형자산증감액

45 현금수지분석표에 대한 설명으로 바르지 못한 것은?

① 기업의 이자보상비율이 1보다 크고, 전통적 현금흐름이 유동성장기차입금을 상환할 수 있을 만큼 양(+)의 흐름을 보이더라도 현금수지분석표상 유동성장기차입금상환 후의 현금흐름은 음(−)의 흐름을 나타낼 수도 있다.

② 현금수지분석표에는 영업활동현금흐름은 자세하게 표시하지만 투자활동과 재무활동과 관련된 항목은 유형자산투자증감, 투자자산증감, 단기차입금증감, 장기차입금증감 등의 형식으로 요약하여 표시하고 있다.

③ 일반적으로 손익계산서에 별도 과목으로 표시되지 않는 비현금손익 항목은 현금수지분석표에 고려되지 않는다.

④ 기업이 부외부채에 의존할 경우, 현금수지분석표에는 당해 부채의 이자지급을 장부에 계상할 수 없어 그 금액만큼 현금이 부족하게 된다.

⑤ 손익계산서상 영업활동에서 조달된 현금으로 이자비용을 상환할 수 없는 상태라면 현금수지분석표상에서도 이자비용을 상환할 수 없는 것으로 나타난다.

46 현금수지분석표에 대한 설명으로 바르지 못한 것은?

① 일반기업회계기준에 의한 현금흐름표와 현금수지분석표는 단기매매증권이나 단기대여금을 모두 투자활동으로 분류하고 있다.

② 매입채무가 급격히 증가하는 기업의 경우 매입채무 상환자금을 일시적으로 유형자산이나 단기투자자산 등에 이용하고 있는지 검토해 보아야 한다.

③ 매출채권이 급격히 증가하는 기업의 경우 매출신용기간이 연장되었는지 검토해 보아야 한다.

④ 유형자산이 크게 증가한 경우에는 감가상각방법을 정률법으로 변경하였는지 검토해 보아야 한다.

⑤ 재고자산이 급격히 증가하는 기업의 경우 재고자산의 순실현가능가액에 대해 판단해 보아야 한다.

시장환경분석 　50점 / 16문제

47 총수요에 대한 설명으로 바르지 못한 것은?

① 물가와 국민소득의 평면에 우하향하는 형태로 나타난다.

② 물가상승은 총수요곡선 자체를 상향 이동시킨다.

③ 통화량 증가는 총수요곡선 자체를 상향 이동시킨다.

④ 장기에 총수요 증가는 균형소득에 영향이 없고 물가에만 영향을 미친다.

⑤ 총수요곡선은 재화시장과 화폐시장의 균형을 나타낸다.

48 재정지출 확대를 위하여 재원을 국채발행으로 조달하려고 하면 금리 인상으로 민간투자가 위축되는 (ⓐ)이/가 발생한다. ⓐ에 적합한 용어는?

① 피셔효과 　　　　　　　　② 구축효과

③ 프리드먼 효과 　　　　　　④ 부(富)의 효과

⑤ 유동성효과

49 다음 중 거시경제 여건 변화가 국민경제에 미치는 영향에 대한 설명으로 가장 바르지 못한 것은? (다른 조건은 일정하다고 가정한다.)

① 금리가 상승하면 환율이 하락하여 경상수지 악화의 원인이 된다.
② 물가가 상승하면 금리가 인상되어 소비와 투자가 위축된다.
③ 물가하락은 실질환율을 상승시켜 수출이 증가한다.
④ 보유자산가치가 증가하면 통화량이 감소하여 소비가 감소한다.
⑤ 통화량이 증가하면 금리가 하락하여 투자가 확대된다.

50 20X2년도 GDP deflator가 기준연도 대비 10% 높게 나타났다. 실질GDP가 100일 때 명목GDP는 얼마인가?

① 91   ② 100
③ 110   ④ 120
⑤ 130

51 다음 중 경기변동의 속도를 측정할 수 있는 지표는?

① 경기종합지수(CI)   ② 경기확산지수(DI)
③ 기업경기실사지수(BSI)   ④ 소비자태도지수(CSI)
⑤ 경제심리지수(ESI)

52 다음 중 산업 내 기업의 경쟁강도가 높아지는 경우로 가장 적절한 것은?

① 높은 퇴출장벽의 존재   ② 높은 진입장벽의 존재
③ 높은 산업집중도   ④ 차별화된 경쟁수단의 존재
⑤ 낮은 고정비 비중

53 철강산업에 대한 설명으로 바르지 못한 것은?

① 공급조절능력이 비탄력적이다.

② 장기적 수요성장이 낮은 산업이다.

③ 전방교섭력이 강화되는 추세에 있다.

④ 후방교섭력은 열위에 있다.

⑤ 높은 고정비를 부담하고 운전자본 수요변동도 큰 편이다.

54 조선산업에 대한 설명으로 바르지 못한 것은?

① 환율변동에 매우 민감하다.

② 고부가가치 선종인 LNG나 해양플랜트는 글로벌 우위에 있다.

③ 호황기에는 대규모 선수금 계상으로 부채비율이 늘어난다.

④ 전방교섭력은 우위에 있다.

⑤ 후방교섭력은 열위에 있다.

55 석유화학산업에 대한 설명으로 바르지 못한 것은?

① 내수시장 및 아시아 역내시장이 분석 대상이다.

② 석유화학제품은 경기민감도가 높아 수요변동성이 상대적으로 크다.

③ 석유화학제품은 원가경쟁력이 차별화 요소이다.

④ 상공정(upstream) 대비 하공정(downstream)의 경쟁강도가 높다.

⑤ 공급이 비탄력적이고 증설투자가 집중되는 특징이 있다.

56 메모리반도체산업에 대한 설명으로 바르지 못한 것은?

① DRAM과 NAND가 주력제품이다.

② 기술변화속도가 빠르지만 과거 대비 둔화되었다.

③ 전반적으로 전 · 후방교섭력이 양호하다.

④ 중국의 시장진입으로 경쟁강도가 매우 심화되었다.

⑤ 높은 수급변동과 고정비 부담으로 영업수익성 변동이 심하다.

57 해상운송산업에 대한 설명으로 바르지 못한 것은?

① 기술변화에 따른 위험은 전반적으로 낮은 수준이다.

② 원자재를 수송하는 벌크선은 경기선행적 특성을 갖는다.

③ 높은 진입장벽으로 전·후방교섭력은 다소 양호하다.

④ 컨테이너선은 차별화가 쉽지 않아 경쟁강도가 높다.

⑤ 소비재를 운송하는 컨테이너선은 경기동행적 특성을 갖는다.

58 경영진단의 방법에 대한 설명으로 바르지 못한 것은?

① 기업의 외부환경을 먼저 분석한 후 내부환경을 분석하는 상향식(Bottom – Up) 접근법이 주로 활용된다.

② 인터뷰법은 깊이 있는 정보를 얻을 수 있다는 장점은 있으나 시간이 많이 소요된다.

③ 설문지법은 신속하게 많은 조사를 할 수 있고 객관성을 확보할 수 있다.

④ 갭(GAP) 분석은 As – Is(기업의 현재위치)를 To – Be(또는 Best Practice)모형에 투영하고 차이를 분석하여 현재의 문제점을 도출하는 방법이다.

⑤ 체크리스트법은 정보를 빠르게 수집할 수 있다는 장점은 있으나 체크리스트 구성에 많은 시간이 소모되는 단점이 있다.

59 다음 중 기업의 외부환경분석 기법인 PEST분석의 요인과 내용의 연결이 바르지 못한 것은?

① 정치적 환경요인 – 무역장벽

② 경제적 환경요인 – 환율

③ 사회적 환경요인 – 인구통계변화

④ 기술적 환경요인 – 제품 트렌드 동향

⑤ 경제적 환경요인 – 에너지 가격동향

60 甲회사의 A사업부문은 BCG Matrix상 낮은 시장점유율과 높은 시장성장율을 갖는 것으로 분석되었다. 이에 회사는 해당 사업부문에 투자를 확대하기로 하였다. 투자에 성과가 나타나 시장점유율이 상승하면 BCG Matrix상 어느 항목으로 이동하는가?

① 스타 → 문제아(?)

② 캐시카우 → 개

③ 개 → 스타

④ 문제아(?) → 캐시카우

⑤ 문제아(?) → 스타

61 기업의 내부활동을 부분별로 분석할 때 내용으로 바르지 못한 것은?

① 생산관리부문에서 품질관리는 전사적 품질관리(TQM)의 구축과 운영 상태를 평가한다.

② 생산관리부문에서 자재관리는 자재소요량계획(MRP)이 기본이 된다.

③ 판매관리부문에서 마케팅전략은 마케팅전략 수립단계별로 분석한다.

④ 구매관리부문에서 재고관리는 ABC관리기법이 기본이 된다.

⑤ 구매관리부문에서 사업에 영향도가 높고 공급시장위험이 낮은 품목은 전략품목으로 포지셔닝한다.

62 다음 중 조직의 경영전략을 지원하기 위하여 정보기술의 전략적 활용을 목표로 비즈니스 프로세스 설계를 정보시스템으로 구현하기 위한 계획수립 단계를 의미하는 것은?

① ISP ② SEM

③ ABM ④ BSC

⑤ VBM

재무상태표

㈜한국테크   (단위 : 원)

과목	당기		전기	
Ⅰ. 유동자산		6,336,697,624		5,845,138,898
(1) 당좌자산		5,610,511,212		5,167,301,528
1. 현금및현금성자산(주석4, 21)	884,165,942		1,961,259,071	
2. 매출채권(주석10, 16, 21)	1,222,164,523		1,078,542,705	
대손충당금	(176,408,109)		(235,512,898)	
3. 미수금	609,651,705		289,481,668	
4. 선급금	251,374,114		7,700	
5. 선급비용	11,170,153		11,283,714	
6. 미수수익	17,804,800		2,873,013	
7. 단기투자자산(주석5)	2,722,081,986		1,941,473,673	
8. 단기대여금	13,884,000		28,006,900	
9. 유동이연법인세자산(주석15)	54,622,098		89,885,982	
(2) 재고자산		726,186,412		677,837,370
1. 원재료	726,186,412		677,837,370	
Ⅱ. 비유동자산		8,450,041,821		7,795,501,548
(1) 투자자산				13,884,000
1. 장기대여금(주석16)			13,884,000	
(2) 유형자산(주석6)		8,413,446,124		7,741,206,951
1. 토지	1,148,710,717		1,148,710,717	
2. 건물	3,631,829,674		3,631,829,674	
감가상각누계액	(1,013,253,925)		(940,617,410)	
3. 구축물	128,500,000		9,000,000	
감가상각누계액	(13,657,934)		(1,049,884)	
4. 기계장치	6,945,773,768		3,790,139,610	
감가상각누계액	(4,162,753,770)		(3,722,311,989)	
5. 차량운반구	73,384,413		73,384,413	
감가상각누계액	(41,119,004)		(30,202,858)	
6. 공구와기구	14,465,137		14,465,137	
감가상각누계액	(14,456,137)		(14,456,137)	
7. 비품	366,518,718		355,726,327	
정부보조금(주석8)	(7,129,468)		(9,614,960)	
감가상각누계액	(270,923,065)		(233,449,512)	
8. 건설중인자산	1,627,557,000		3,669,653,823	
(3) 무형자산(주석7)		669,326		799,226

1. 산업재산권	665,326		795,226	
2. 기타의무형자산	4,000		4,000	
(4) 기타비유동자산		35,926,371		39,611,371
1. 비유동이연법인세자산(주석15)	35,926,371		39,611,371	
자산총계		14,786,739,445		13,640,640,446
Ⅰ. 유동부채(주석22)		1,816,465,816		1,632,480,266
1. 매입채무(주석21)	21,150,148		237,400,209	
2. 단기차입금(주석9)	1,000,000,000		1,000,000,000	
3. 미지급금	19,036,098		20,240,802	
4. 미지급비용	225,508,061		186,626,402	
5. 예수금	44,039,240		29,053,890	
6. 선수금(주석10)	202,224,269		130,640,372	
7. 유동성장기부채(주석9)	300,000,000		−	
8. 선수수익	−		19,937,500	
9. 하자보수충당부채	4,508,000		8,581,091	
Ⅱ. 비유동부채(주석22)		−		300,000,000
1 .장기차입금(주석9)	−		300,000,000	
부채총계		1,816,465,816		1,932,480,266
Ⅰ. 자본금(주석1, 11)		2,820,250,000		2,820,250,000
1. 보통주자본금	2,820,250,000		2,820,250,000	
Ⅱ. 자본잉여금		4,688,037,400		4,688,037,400
1. 주식발행초과금	4,688,037,400		4,688,037,400	
Ⅲ. 이익잉여금		5,461,986,229		4,199,872,780
1. 미처분이익잉여금(주석12)	5,461,986,229		4,199,872,780	
자본총계		12,970,273,629		11,708,160,180
부채와자본총계		14,786,739,445		13,640,640,446

손익계산서

㈜한국테크

과목	당기		전기	
Ⅰ. 매출액		6,537,790,974		5,442,616,873
1. 기계제작매출액(주석10)	37,720,576		889,444,259	
2. 사용료매출액	4,948,913,319		4,070,789,939	
3. AS매출액	1,551,157,079		482,382,675	
Ⅱ. 매출원가(주석13)		2,768,313,559		2,438,727,138
1. 기계제작매출원가	32,743,404		487,395,348	
2. 사용료매출원가	1,969,885,058		1,598,623,336	
3. AS매출원가	765,685,097		352,708,454	
Ⅲ. 매출총이익		3,769,477,415		3,003,889,735
Ⅳ. 판매비와관리비(주석13)		2,586,621,038		2,023,248,536
1. 급여	816,271,923		741,221,491	
2. 퇴직급여	62,971,819		69,102,728	
3. 복리후생비	127,776,310		129,874,282	
4. 여비교통비	21,598,432		12,175,603	
5. 접대비	12,208,945		17,521,918	
6. 통신비	1,583,991		1,600,656	
7. 수도광열비	819,461		903,612	
8. 전력비	50,775,216		36,522,233	
9. 세금과공과	15,953,453		14,332,463	
10. 감가상각비	275,632,349		82,606,040	
11. 수선비	46,941,364		25,245,000	
12. 보험료	9,980,409		9,022,124	
13. 운반비	382,574		462,871	
14. 교육훈련비	6,443,590		4,230,971	
15. 도서인쇄비	477,647		1,090,100	
16. 소모품비	20,181,249		17,117,605	
17. 지급수수료	142,171,598		184,680,231	
18. 광고선전비	30,186,566		21,910,707	
19. 사무용품비	377,544		652,571	
20. 경상개발비(주석7)	964,268,631		679,556,004	
21. 차량유지비	8,785,872		6,758,139	
22. 지급임차료	29,806,984		16,012,822	
23. 대손상각비(대손충당금환입)	(59,104,789)		(49,481,535)	
24. 무형자산상각비	129,900		129,900	
Ⅴ. 영업이익		1,182,856,377		980,641,199
Ⅵ. 영업외수익		265,524,521		255,577,987
1. 이자수익	51,956,818		43,334,391	

2. 외환차익	48,121,162		85,912,239	
3. 외화환산이익	54,475,972		87,566,506	
4. 단기매매증권처분이익	87,000,973			
5. 잡이익	23,969,596		38,764,851	
Ⅶ. 영업외비용		126,048,269		92,866,934
1. 이자비용	30,022,341		19,107,512	
2. 외환차손	14,933,344		3,770,388	
3. 외화환산손실	81,033,677		6,952,470	
4. 단기매매증권평가손실(주석5)	−		62,980,000	
5. 잡손실	58,907		56,564	
Ⅷ. 법인세비용차감전순이익		1,322,332,629		1,143,352,252
Ⅸ. 법인세비용(수익)(주석15)		60,219,180		(108,770,694)
Ⅹ. 당기순이익		1,262,113,449		1,252,122,946
Ⅺ. 주당손익(주석19)				
기본주당이익		448		465

자본변동표

당기 20X2년 1월 1일부터　20X2년 12월 31일까지

전기 20X1년 1월 1일부터　20X1년 12월 31일까지

㈜한국테크　　　　　　　　　　　　　　　　　　　　　　　　　　　　　　　　(단위 : 원)

과목	자본금	자본잉여금	이익잉여금	총 계
20X1.1.1(전기초)	2,256,250,000	2,718,647,800	2,947,749,834	7,922,647,634
유상증자	564,000,000	1,969,389,600	−	2,533,389,600
당기순이익	−	−	1,252,122,946	1,252,122,946
20X1.12.31(전기말)	2,820,250,000	4,688,037,400	4,199,872,780	11,708,160,180
20X2.1.1(당기초)	2,820,250,000	4,688,037,400	4,199,872,780	11,708,160,180
당기순이익	−	−	1,262,113,449	1,262,113,449
20X2.12.31(당기말)	2,820,250,000	4,688,037,400	5,461,986,229	12,970,273,629

현금흐름표

㈜한국테크 (단위 : 원)

과목	당기		전기	
Ⅰ. 영업활동으로 인한 현금흐름		867,447,740		1,108,524,316
1. 당기순이익	1,262,113,449		1,252,122,946	
2. 현금유출없는 비용 등의 가산	547,726,367		189,604,326	
가. 감가상각비	603,608,221		169,023,792	
나. 외화환산손실	–		6,952,169	
다. 무형자산상각비	129,900		129,900	
라. 대손상각비(대손충당금환입)	(59,104,789)		(49,481,535)	
마. 건설중인자산의 매출원가대체	3,093,035		–	
마. 단기매매증권평가손실	–		62,980,000	
3. 현금유입없는 수익 등의 차감	(96,006,939)		(18,118,469)	
가. 외화환산이익	4,932,875		7,260,629	
나. 하자보수충당부채환입	4,073,091		8,859,840	
다. 유형자산처분이익	–		1,998,000	
라. 단기투자자산처분이익	87,000,973		–	
4. 영업활동으로 인한 자산부채변동	(846,385,137)		(315,084,487)	
가. 매출채권의 감소(증가)	(138,688,943)		16,638,542	
나. 미수금의 감소(증가)	(320,170,037)		(188,383,589)	
다. 선급금의 감소(증가)	(251,366,414)		106,574,959	
라. 선급비용의 감소(증가)	113,561		(5,756,834)	
마. 재고자산의 감소(증가)	(48,349,042)		24,826,763	
바. 매입채무의 증가(감소)	(216,250,061)		(35,348,215)	
사. 미수수익의 감소(증가)	(14,931,787)		(2,873,013)	
아. 미지급비용의 증가(감소)	38,881,659		54,370,628	
자. 미지급금의 증가(감소)	(1,204,704)		(3,044,152)	
차. 예수금의 증가(감소)	14,985,350		(5,204,260)	
카. 선수금의 증가(감소)	71,583,897		(147,387,963)	
타. 선수수익의 증가(감소)	(19,937,500)		–	
파. 이연법인세자산의 감소(증가)	38,948,884		(129,497,353)	
Ⅱ. 투자활동으로 인한 현금흐름		(1,944,540,869)		(5,422,156,359)
1. 투자활동으로 인한 현금유입액	2,947,576,132		162,109,027	
가. 장기대여금의 감소	13,884,000		28,930,400	
나. 차량운반구의 처분	–		45,634,827	
다. 단기대여금의 감소	42,129,800		28,436,300	
라. 기타투자자산의 감소	–		59,107,500	
마. 단기투자자산의 감소	2,882,706,000		–	
바. 기계장치의 처분	8,856,332		–	
2. 투자활동으로 인한 현금유출액	(4,892,117,001)		(5,584,265,386)	

가. 기계장치의 취득	79,806,335		−	
나. 구축물의 취득	14,500,000		−	
다. 차량운반구의 취득	−		29,102,728	
라. 비품의 취득	10,792,391		74,841,162	
마. 단기대여금의 증가	28,006,900		27,864,000	
바. 건설중인자산의 취득	1,182,698,035		3,448,003,823	
사. 단기투자자산의 증가	3,576,313,340		2,004,453,673	
Ⅲ. 재무활동으로 인한 현금흐름		−		2,133,389,600
1. 재무활동으로 인한 현금유입액	1,000,000,000		2,833,389,600	
가. 단기차입금의 차입	1,000,000,000		−	
나. 장기차입금의 차입	−		300,000,000	
다. 유상증자	−		2,533,389,600	
2. 재무활동으로 인한 현금유출액	(1,000,000,000)		(700,000,000)	
가. 단기차입금의 상환	1,000,000,000		200,000,000	
나. 유동성장기부채의 상환	−		500,000,000	
Ⅳ. 현금의 증가(감소)(Ⅰ + Ⅱ + Ⅲ)		(1,077,093,129)		(2,180,242,443)
Ⅴ. 기초의 현금		1,961,259,071		4,141,501,514
Ⅵ. 기말의 현금(Ⅳ + Ⅴ)		884,165,942		1,961,259,071

주석

당기: 20X2년 12월 31일 종료 회계연도

전기: 20X1년 12월 31일 종료 회계연도

주식회사 한국테크

1. 당사의 개요

주식회사 한국테크(이하 '당사')는 통신장비를 제조, 설치, 판매 및 수리를 목적으로 20X0년 1월 1일에 설립되었으며, 본사는 경기도 시흥시 ○○동에 있습니다. 회사의 설립 시 자본금은 300백만 원이었으며, 설립 후 수차의 유상증자를 거쳐 당기말 현재 자본금은 약 2,820백만 원입니다.

당기말 현재 주요주주 현황은 다음과 같습니다.

주주명	소유주식수(주)	지분율(%)
주식회사 KSP	564,000	20.00
삼주휴즈㈜	431,250	15.29
SS중공업㈜	306,000	10.85
홍길동	249,000	8.83
김유신	172,864	6.13
한국테크우리사주조합	157,500	5.58
한국캐피탈	150,000	5.32
민국은행(금융결제부)	120,000	4.25
강감찬	117,994	4.18
이순신	105,000	3.72
신사임당	90,000	3.19
AP파트너스㈜	89,900	3.19
김주몽	78,000	2.77
기 타	188,742	6.70
합 계	2,820,250	100.00

2. 주요 회계처리방침

(1) 재무제표 작성기준

당사의 재무제표는 일반기업회계기준에 준거하여 작성되었습니다.

① 당사가 채택한 제 · 개정 기준서

일반기업회계기준 '시행일 및 경과규정'의 개정일반기업회계기준 연차개선(2018년)에 따르면 기업은 지배력을 보유한 모든 피투자기업을 종속기업으로 회계처리 해야 합니다. 다만, 시행일 및 경과규정의 개정에 따라 대형 비상장주식회사, 상장법인, 금융회사 등에 해당하지 않는 지배기업과 연결실체에 이러한 기업이 포함되지 않은 지배기업은 '주식회사 등의 외부감사에 관한 법률' 제4조 및 같은 법 시행령 제5조에 따른 외부감사 대상이 아닌 기업(이하 "비외감기업")을 종속기업에서 제외하는 것으로 선택할 수 있습니다. 동 개정 내용은 2022년 12월 31일부터 시행하고, 시행일에 종료되는 회계연도부터 적용합니다. 해당기준의 개정이 재무제표에 미치는 영향은 없습니다.

② 당사가 적용하지 않은 제ㆍ개정 기준서

　㉠ 제17장 '정부보조금의 회계처리' – 수익관련 보조금의 표시

　　수익관련 보조금은 수익으로 표시하거나 관련비용에서 보조금을 상계하여 표시하도록 개정하였습니다. 동 개정사항은 2023년 1월 1일 이후 시작하는 회계연도부터 적용하며, 조기적용이 허용됩니다. 해당기준서의 개정이 재무제표에 미치는 중요한 영향은 없습니다.

　㉡ 제3장 '재무제표의 작성과 표시 II(금융업)' – 고객 예수금의 현금흐름표 분류

　　자금의 중개를 통한 수익 창출이 주요 영업활동인 금융회사의 경우 고객 예수금의 현금흐름을 재무활동에서 영업활동으로 변경하도록 개정되었습니다. 동 개정사항은 20X3년 1월1일 이후 시작하는 회계연도부터 적용하며, 조기적용이 허용됩니다. 해당기준서의 개정이 재무제표에 미치는 중요한 영향은 없습니다.

(2) 측정기준

당사의 재무제표는 금융상품 등 주석 3에서 별도로 언급하고 있는 사항을 제외하고는 역사적원가를 기준으로 작성되었습니다.

3. 유의적 회계정책

당기 재무제표 작성에 적용된 유의적인 회계정책의 내용은 다음과 같으며, 당기 재무제표의 작성에 적용된 중요한 회계정책은 전기 재무제표 작성시 채택한 회계정책과 동일합니다.

당사가 채택하고 있는 중요한 회계처리방침은 다음과 같습니다.

(1) 외화환산

당사는 재무제표에 포함되는 항목들을 영업활동이 이루어지는 주된 경제환경에서의 통화("기능통화")를 적용하여 측정하고 있습니다. 당사의 기능통화는 대한민국 원화이며, 재무제표는 대한민국 원화로 표시하고 있습니다.

당사는 기능통화 이외의 다른 통화("외화")로 이루어진 거래를 기능통화로 인식하는 경우에 거래일의 외화와 기능통화 사이의 현물환율을 외화금액에 적용하여 기록하고 있으며, 화폐성 외화자산과 부채는 보고기간종료일 현재의 환율로 환산하여 이로 인한 외화환산손익을 당기손익으로 처리하고 있습니다. 다만, 요건을 충족하는 현금흐름위험회피에 대한 위험회피금액과 외화표시 매도가능채무증권의 경우 동 금액을 기타포괄손익으로 인식하고 있습니다.

비화폐성 금융자산ㆍ부채로부터 발생하는 외환차이는 공정가치 변동손익의 일부로 보고하고 있습니다. 당기손익인식지분상품으로부터 발생하는 외환차이는 공정가치변동손익의 일부로 보아 당기손익으로, 매도가능지분상품의 외환차이는 공정가치 변동에 대한 기타포괄손익에 포함하여 인식하고 있습니다.

(2) 현금및현금성자산

당사는 통화 및 타인발행수표 등 통화대용증권과 당좌예금, 보통예금 및 큰 거래비용 없이 현금으로 전환이 용이하고 이자율 변동에 따른 가치변동의 위험이 경미한 금융상품으로서 취득 당시 만기일(또는 상환일)이 3개월 이내인 것을 현금및현금성자산으로 처리하고 있습니다.

(3) 대손충당금

당사는 회수가 불확실한 매출채권 등은 합리적이고 객관적인 기준에 따라 산출한 대손추산액을 대손충당금으로 설정하고 있습니다. 대손추산액에서 대손충당금 잔액을 차감한 금액을 대손상각비로 인식하며, 상거래에서 발생한 매출채권에 대한 대손상각비는 판매비와 관리비로 계상하고, 기타 채권에 대한 대손상각비는 영업외비용으로 계상하고 있습니다. 회수가 불가능한 채권은 대손충당금과 상계하고, 대손충당금이 부족한 경우에는 그 부족액을 대손상각비로 인식하고 있습니다.

(4) 재고자산

당사의 재고자산의 수량은 계속기록법과 정기적으로 실시하는 실지재고조사에 의하여 확정되며, 개별법을 적용하여 산정한 원가로 평가되고 있습니다. 또한, 재고자산의 시가가 취득원가보다 하락한 경우에는 시가(제품의 시가는 순실현가능가액, 원재료의 시가는 현행대체원가)를 재무상태표가액으로 하고 있습니다. 다만, 재고자산의 평가손실을 초래했던 상황이 해소되어 새로운 시가가 장부금액보다 상승한 경우에는 최초의 장부금액을 초과하지 않는 범위 내에서 평가손실을 환입하고 있으며, 재고자산평가손실의 환입은 매출원가에서 차감하여 표시하고 있습니다.

(5) 유형자산

유형자산의 취득원가는 구입원가 또는 제작원가 및 경영진이 의도하는 방식으로 자산을 가동하는 데 필요한 장소와 상태에 이르게 하는 데 직접 관련되는 지출 등으로 구성되어 있습니다.
당사는 유형자산을 취득원가에서 아래의 추정내용연수와 감가상각방법에 따라 산정된 감가상각누계액을 차감한 금액으로 표시하고 있습니다.

계정과목	추정내용연수	감가상각방법
건　　　물	50년	정액법
차량운반구	5년	정액법
공구와기구	5년	정액법
비　　　품	5년	정액법
기계장치	5년	정액법

유형자산의 취득 또는 완성 후의 지출이 생산능력 증대, 내용연수 연장, 상당한 원가절감 또는 품질향상을 가져오는 등 미래 경제적효익의 유입 가능성이 매우 높고, 원가를 신뢰성 있게 측정할 수 있는 경우에는 자본적 지출로 인식하고, 그렇지 않은 경우에는 발생한 기간의 비용으로 인식하고 있습니다.

(6) 무형자산

무형자산의 취득원가는 구입원가와 자산을 사용할 수 있도록 준비하는데 직접 관련된 지출로 구성되어 있습니다. 회사는 무형자산을 취득원가에서 아래의 추정내용연수와 상각방법에 따라 산정된 상각누계액을 차감한 금액으로 표시하고 있습니다.

계정과목	추정내용연수	감가상각방법
산업재산권	10년	정액법
개발비	10년	정액법
기타의무형자산	5년	정액법

당사는 신제품, 신기술 등의 개발 비용 중 개별적으로 식별가능하고 미래의 경제적효익이 유입될 가능성이 매우 높은 비용은 개발비로 계상하고 관련 제품 등의 판매 또는 사용이 가능한 시점부터 상각하고 있습니다.

(7) 비금융자산의 손상

감가상각 또는 상각하는 자산의 경우는 장부금액이 회수가능하지 않을 수도 있음을 나타내는 환경의 변화나 사건과 같이 자산손상을 시사하는 징후가 있다면 손상검사를 수행하고 있습니다. 단, 유형자산의 경우에는 이러한 손상징후가 있다고 판단되고, 당해 유형자산(개별 자산 또는 유형자산만으로 구성된 현금창출단위 포함)의 사용 및 처분으로부터 기대되는 미래의 현금흐름총액의 추정액이 장부금액에 미달하는 경우에 손상 검사를 수행하고 있습니다.

손상차손은 회수가능액을 초과하는 장부금액으로 인식하고 있습니다. 회수가능액은 순공정가치와 사용가 치 중 큰 금액으로 결정하고 있습니다. 손상을 측정하기 위한 목적으로 자산을 별도의 식별 가능한 현금흐름 을 창출하는 가장 하위 수준의 집단(현금창출단위)으로 그룹화하고 있습니다.

손상차손이 인식된 영업권 이외의 비금융자산은 매 보고일에 손상차손의 환입가능성을 검토하고 있습니다.

(8) 정부보조금

당사는 정부보조금에 부수되는 조건을 준수할 것이며, 보조금을 수취할 것으로 합리적인 확신이 있을 때 정 부보조금을 인식합니다.

자산관련 보조금(공정가치로 측정되는 비화폐성 보조금 포함)을 받는 경우에는 관련자산을 취득하기 전까 지 받은 자산 또는 받은 자산을 일시적으로 운용하기 위하여 취득하는 다른 자산의 차감계정으로 회계처리 하고, 관련 자산을 취득하는 시점에서 관련 자산의 차감계정으로 회계처리합니다. 자산관련 보조금은 그 자 산의 내용연수에 걸쳐 상각금액과 상계하며, 해당 자산을 처분하는 경우에는 그 잔액을 처분손익에 반영합 니다.

수익관련 보조금은 특정의 비용을 보전할 목적으로 지급되는 경우에는 특정의 비용과 상계처리합니다. 반 면, 대응되는 비용이 없는 경우 회사의 주된 영업활동과 직접적인 관련성이 있다면 영업수익으로, 그렇지 않다면 영업외수익으로 회계처리합니다. 다만, 수익관련 보조금을 사용하기 위하여 특정의 조건을 충족해 야 하는 경우에는 그 조건을 충족하기 전에 받은 수익관련 보조금은 선수수익으로 회계처리합니다.

(9) 충당부채와 우발부채

당사는 과거사건이나 거래의 결과로 존재하는 현재 의무의 이행을 위하여 자원이 유출될 가능성이 매우 높 고 동 손실의 금액을 신뢰성 있게 추정할 수 있는 경우에 그 손실금액을 충당부채로 계상하고 있습니다. 또 한, 회사는 과거사건은 발생하였으나 불확실한 미래사건의 발생 여부에 의해서 존재여부가 확인되는 잠재 적인 의무가 있는 경우 또는 과거사건이나 거래의 결과 현재의무가 존재하나 자원이 유출될 가능성이 매우 높지 않거나 당해 의무를 이행하여야 할 금액을 신뢰성 있게 추정할 수 없는 경우 우발부채로 주석기재하고 있습니다.

충당부채는 의무를 이행하기 위하여 예상되는 지출액의 현재가치로 측정하며, 현재가치 평가에 사용하는 할인율은 그 부채의 고유한 위험과 화폐의 시간가치에 대한 현행 시장의 평가를 반영한 세전 이자율입니다. 또한, 충당부채는 보고기간 말마다 그 잔액을 검토하고, 보고기간 말 현재 최선의 추정치를 반영하여 증감조 정하며, 이때 현재가치 평가에 사용한 할인율은 변동되지 않는 것으로 보고 당초에 사용한 할인율로 평가하 고 있습니다.

(10) 법인세비용

법인세비용은 법인세법 등의 법령에 의하여 부담할 법인세 및 법인세에 부가되는 세액의 합계에 이연법인세변동액을 가감하여 산출된 금액으로 계상하고 있으며, 일시적차이로 인하여 법인세비용과 법인세법등의 법령에 의하여 납부하여야 할 금액과의 차이는 이연법인세자산 또는 이연법인세부채의 과목으로 표시하고 차기 이후에 발생하는 이연법인세부채 또는 이연법인세자산과 상계하여 처리하고 있습니다.

또한 당사는 이연법인세자산과 이연법인세부채를 유동과 비유동으로 구분하고, 동일구분 내의 이연법인세자산과 이연법인세부채가 동일한 과세당국에 관련된 경우 각각 상계하여 표시하고 있습니다.

그리고 자본항목에 직접 반영되는 항목과 관련된 일시적 차이의 법인세 효과는 관련 자본 항목에 직접 반영하고 있으며, 이연법인세자산은 향후 과세소득의 발생이 거의 확실하여 이연법인세자산의 법인세 절감효과가 실현될 수 있을 것으로 기대되는 경우에 자산으로 인식하고 있습니다.

(11) 종업원급여

당사는 확정기여형 퇴직연금제도에 따라 당해 회계기간 중에 당사가 납부하여야 할 부담금을 퇴직급여의 과목으로 당기비용으로 인식하고 있습니다.

(12) 수익인식

당사는 재화의 판매, 용역의 제공이나 자산의 사용에 대하여 받았거나 또는 받을 대가의 공정가치로 수익을 측정하고 있으며, 부가가치세, 매출에누리와 할인 및 환입은 수익에서 차감하고 있습니다. 당사는 수익을 신뢰성 있게 측정할 수 있으며 관련된 경제적 효익의 유입 가능성이 매우 높은 경우에 수익을 인식합니다. 당사는 기계제작매출에 대하여는 진행기준에 의하여 수익을 인식하고 있습니다. 진행기준에 의하여 수익을 인식하는 경우 진행율은 총추정발생원가에 대한 실제 누적발생원가의 비율에 따라 산정하고 있습니다. 다만, 기계제작매출의 성과를 신뢰성 있게 추정할 수 없는 경우에는 발생한 비용의 범위 내에서 회수가능한 금액을 수익으로 인식하고 있으며, 발생한 원가의 회수가능성이 낮은 경우에는 수익을 인식하지 않고 발생한 원가를 비용으로 인식하고 있습니다. 또한 기계제작매출의 성과 추정의 불확실성이 해소된 경우에는 해소된 시점에 진행기준에 따라 수익을 인식하고 있습니다.

예상수익금액, 원가 및 용역제공 정도에 변동이 발생하는 경우 이에 대한 추정을 변경하고 있습니다. 이러한 추정의 변경은 예상수익 및 원가의 증감을 가져올 수 있으며, 그러한 상황의 변화가 경영자에 의하여 인지되는 기간에 손익에 반영하고 있습니다.

(13) 금융자산과 금융부채의 측정

① 최초측정

당사는 금융자산과 금융부채의 최초인식 시 공정가치로 측정하고 있으며, 이 때의 공정가치는 일반적으로 거래가격(금융자산의 경우에는 제공한 대가의 공정가치, 금융부채의 경우에는 수취한 대가의 공정가치)입니다. 그러나 장기연불조건의 매매거래, 장기금전대차거래 또는 이와 유사한 거래에서 발생하는 채권ㆍ채무로서 명목금액과 공정가치의 차이가 유의적인 경우에는 공정가치로 평가합니다.

제공(수취)한 대가에 금융상품이 아닌 다른 것에 대한 대가가 포함되었다면 그 금융상품의 공정가치는 시장가격으로 평가하되, 시장가격이 없는 경우에는 평가기법(현재가치평가기법을 포함)을 사용하여 공정가치를 추정합니다. 다만, 제공하거나 수취한 대가에 금융상품이 아닌 다른 것에 대한 대가가 포함되었더라도, 자금의 사용에 따른 반대 급부(예를 들어 생산물 공급가액의 제약 등)를 부과하거나 제공하는 자금의 조달과 사용의 연계성이 확실한 경우 및 임대차보증금에 대하여는 거래가격 전체를 금융상품의 최초 인식액으로 하고 있습니다.

당사는 단기매매증권, 파생상품(위험회피회계를 적용하는 경우는 제외)과 같이 최초인식 이후 공정가치로 측정하고 공정가치의 변동을 당기손익으로 인식하는 금융자산이나 금융부채가 아닌 경우에는 당해금융자산의 취득 또는 금융부채의 발행과 직접적으로 관련된 거래원가를 최초인식하는 공정가치에 가산 또는 차감하고 있습니다. 당사는 금융상품의 현재가치 측정 시에 당해 거래의 내재이자율을 적용하고 있으나, 이러한 이자율을 구할 수 없거나 동종시장이자율과의 차이가 유의적인 경우에는 동종시장이자율을 적용하고, 동종시장이자율을 실무적으로 산정할 수 없는 경우에는 객관적이고 합리적인 기준에 의하여 산출한 가중평균이자율을 적용하고 있으며, 가중평균이자율을 산출하기 위한 객관적이고 합리적인 기준이 없는 경우에는 회사채유통수익률을 기초로 회사의 신용도 등을 반영하여 회사에 적용될 자금조달비용을 합리적으로 추정하여 적용합니다.

② 후속측정

당사는 금융자산 및 금융부채에 대하여 유가증권, 파생상품, 당기손익인식지정항목 및 금융보증계약을 제외하고는 유효이자율법을 적용하여 상각후원가로 측정하고 있습니다. 당기손익인식지정항목의 후속측정은 단기매매증권의 후속측정방법을 준용하고 있습니다.

(14) 중요한 회계추정 및 가정

총계약수익은 최초에 합의된 계약금액을 기준으로 측정하지만 계약을 수행하는 과정에서 공사변경, 보상금, 장려금에 따라 증가하거나 당사의 귀책사유로 완공시기가 지연됨에 따라 위약금을 부담할 때 감소될 수 있으므로 계약수익의 측정은 미래사건의 결과와 관련된 다양한 불확실성에 영향을 받습니다. 또한 공사수익금액은 누적발생계약원가를 기준으로 측정하는 진행률의 영향을 받으며, 총계약원가는 재료비, 노무비, 공사기간 등의 미래 예상치에 근거하여 추정합니다.

4. 현금및현금성자산

당기 및 전기말 현재 현금및현금성자산의 내역은 다음과 같습니다.

(단위 : 천 원)

과목	금융기관	당기말	전기말
보통예금 등	기업은행 등	884,166	1,961,259

5. 단기투자자산

(1) 당기말 및 전기말 현재 단기투자자산의 내역은 다음과 같습니다.

(단위 : 천 원)

구분	당기말	전기말
단기금융상품	2,722,082	1,004,454
단기매매증권	–	937,020
합 계	2,722,082	1,941,474

6. 유형자산

(1) 유형자산 변동내역

당기 및 전기중 유형자산의 변동내역은 다음과 같습니다.

〈당기〉

(단위 : 천 원)

과목	기초장부가액	취득	감소	대체	감가상각비	기말장부가액
토 지	1,148,711	–	–		–	1,148,711
건 물	2,691,212	–	–		(72,637)	2,618,575
구축물	7,950	14,500	–	105,000	(12,608)	114,842
기계장치	67,828	79,806	(8,857)	3,116,702	(472,459)	2,783,020
차량운반구	43,182	–	–	–	(10,916)	32,266
공구와기구	9	–	–	–	–	9
비 품	112,661	10,792	–	–	(34,988)	88,465
건설중인자산	3,669,654	1,182,698	–	(3,224,795)	–	1,627,557
합 계	7,741,207	1,287,796	(8,857)	(3,093)	(603,608)	8,413,446

당사 토지, 건물은 금융기관의 장·단기차입금과 관련하여 담보설정(우리은행 36억원, KEB하나은행 6억원)이 되어 있습니다.

〈전기〉

(단위 : 천 원)

과목	기초장부가액	증가	감소	감가상각비	기말장부가액
토지	1,148,711	–	–	–	1,148,711
건물	2,763,848	–	–	(72,636)	2,691,212
구축물	8,850	–	–	(900)	7,950
기계장치	126,412	–	–	(58,584)	67,828
차량운반구	22,087	29,103	(2)	(8,006)	43,182
공구와기구	9	–	–	–	9
비품	66,718	74,841	–	(28,898)	112,661
건설중인자산	–	3,669,654	–	–	3,669,654
합 계	4,136,635	3,773,598	(2)	(169,024)	7,741,207

(2) 보험가입자산

당기말 현재 보험가입자산의 내용은 다음과 같습니다.

(단위 : 천 원)

보험의 종류	부보자산	부보액	부보처
화재보험	건물,공기구,비품	28,442,115	한화손해보험

차량운반구에 대하여 자동차손해배상책임보험과 종합보험에 가입하고 있습니다.

(3) 보유토지의 공시지가

당기 및 전기말 현재 토지의 공시지가는 다음과 같습니다.

(단위 : 천 원)

소재지	면적(㎡)	장부가액	공시지가	
			당기	전기
○○○시 ○○동	7,415.10	1,148,711	4,860,598	4,503,190

7. 무형자산

(1) 무형자산의 변동내역은 다음과 같습니다.

〈당기〉

(단위 : 천 원)

구분	기초장부가액	취득	상각	손상차손	기말장부가액
산업재산권	795	−	(130)	−	665
기타의무형자산	4	−	−	−	4
합 계	799	−	(130)	−	669

〈전기〉

(단위 : 천 원)

구분	기초장부가액	취득	상각	손상차손	기말장부가액
산업재산권	925	−	(130)	−	795
기타의무형자산	4	−	−	−	4
합 계	929	−	(130)	−	799

(2) 당기와 전기중 연구 및 개발활동과 관련하여 발생한 경상개발비는 각각 964,269천 원 및 679,556천 원이며, 전액 판매비와 관리비로 계상하고 있습니다.

8. 정부보조금

당기말 현재 재무제표에 인식된 정부보조금은 7,129천 원(비품차감)입니다.

9. 차입금

(1) 단기차입금

(단위 : 천 원)

구분	차입처	이자율(%)	당기말	전기말
우리CUBE론/운전	우리은행	3.65	1,000,000	1,000,000
합 계			1,000,000	1,000,000

(2) 장기차입금

(단위 : 천 원)

구분	차입처	이자율(%)	당기말	전기말
운전자금(이차보전)	하나은행	3.74	200,000	200,000
운전자금(이차보전)	하나은행	3.02	100,000	100,000
소계			300,000	300,000
차감 : 유동성장기부채			(300,0000)	–
합 계			–	300,000

상기 장단기차입금과 관련하여 토지와 건물이 담보로 제공되어 있습니다(주석 6 참조).

10. 건설형 공사계약

(1) 공사계약잔액과 공사수입

〈당기〉

(단위 : 천 원)

발주처	기초계약잔액	증가액	당기매출인식액	기말계약잔액
통신장비제작	37,721	–	(37,721)	–
합 계	37,721	–	(37,721)	–

〈전기〉

(단위 : 천 원)

발주처	기초계약잔액	증가액	당기매출인식액	기말계약잔액
통신장비제작	927,165	–	(889,444)	37,721
합 계	927,165	–	(889,444)	37,721

(2) 건설형 공사계약의 누적공사원가 등의 내역

〈당기〉

(단위 : 천 원)

구분	누적공사원가	누적공사손익	미청구공사	초과청구공사
통신장비제작	514,599	412,566	–	–
합 계	514,599	412,566	–	–

〈전기〉

(단위 : 천 원)

구분	누적공사원가	누적공사손익	미청구공사	초과청구공사
통신장비제작	514,562	427,717	60,279	–
합 계	514,562	427,717	60,279	–

11. 자본

(1) 당기 및 전기말 현재 당사가 발행할 주식의 총수, 1주의 금액 및 발행한 주식의 수는 다음과 같습니다.

구분	당기	전기
발행할 주식의 총수	보통주 50,000,000주	보통주 50,000,000주
1주의금액	1,000원	1,000원
발행한 주식의 수	보통주 2,820,250주	보통주 2,820,250주

12. 이익잉여금

(1) 당기 및 전기의 이익잉여금처분계산서는 다음과 같습니다.

(단위 : 천 원)

구분	당기 처분예정일(2023년 3월 30일)		전기 처분확정일(2022년 3월 30일)	
I. 미처분이익잉여금		5,461,986		4,199,873
1. 전기이월미처분이익잉여금	4,199,873		2,947,750	
2. 당기순이익	1,262,113		1,252,123	
II. 이익잉여금처분액		(155,114)		–
1. 이익준비금	14,101		–	
2. 현금배당	141,013		–	
III. 차기이월미처분이익잉여금		5,306,872		4,199,873

(2) 보고기간의 배당금 내역은 다음과 같습니다.

① 당기

(단위 : 천 원, 주)

구분	발행주식수(주)	자본금	현금배당액	배당률
보통주	2,820,250	2,820,250	141,013	5%

② 전기

(단위 : 천 원, 주)

구분	발행주식수(주)	자본금	현금배당액	배당률
보통주	2,820,250	2,820,250	–	–

13. 부가가치 관련 사항

당사가 창출한 부가가치 계산에 필요한 계정과목과 그 금액의 내역은 다음과 같습니다.

(단위 : 천 원)

구분	당기	전기
급 여	2,451,272	2,069,041
퇴직급여	182,682	176,286
복리후생비	287,900	281,609
세금과공과	34,937	29,326
감가상각비	603,608	169,024
무형자산상각비	130	130
합 계	3,560,529	2,725,416

제조원가 및 판매관리비 합계입니다.

14. 포괄손익계산서

당사의 당기 포괄손익은 당기순이익과 동일합니다.

15. 법인세비용

(1) 당기와 전기의 법인세비용(수익) 구성내역은 다음과 같습니다.

(단위 : 천 원)

구분	당기	전기
당기법인세부담액	21,270	20,726
일시적차이에 의한 이연법인세변동액	38,949	(129,497)
법인세비용(수익)	60,219	(108,771)

(2) 당기와 전기의 법인세비용차감전순이익과 법인세비용간의 관계는 다음과 같습니다.

(단위 : 천 원)

구분	당기	전기
법인세비용차감전순이익(a)	1,322,333	1,143,352
적용세율에 따른 세부담액	268,017	227,993
조정사항		
세액공제등	(207,799)	(336,764)
법인세비용(수익)(b)	60,219	(108,771)
유효세율(b/a)(*)	4.6%	–

(3) 주요 일시적차이의 증감내역 및 이연법인세자산(부채)은 다음과 같습니다.

〈당기〉

(단위 : 천 원)

과목	기초금액	증(감)	기말금액	이연법인세자산
재고자산평가손실*	701,730	–	701,730	–
대손충당금(유동)	233,494	(69,308)	164,186	34,315
미지급비용등(유동)	175,078	(77,911)	–	20,308
감가상각비(비유동)	70,899	–	70,899	14,818
기타(비유동)	109,153	(8,159)	100,994	21,108
합 계	1,290,354	(155,378)	1,134,976	90,548

〈전기〉

(단위 : 천 원)

과목	기초금액	증(감)	기말금액	이연법인세자산
재고자산평가손실*	740,730	(39,000)	701,730	–
대손충당금(유동)	274,043	(40,548)	233,494	51,369
미지급비용등(유동)	80,734	94,344	175,078	38,517
감가상각비(비유동)	84,059	(13,160)	70,899	15,598
기타(비유동)	88,947	20,206	109,153	24,013
합 계	1,268,512	21,842	1,290,354	129,497

16. 특수관계자와의 거래

(1) 특수관계자

회사명	당사와의 관계
삼주휴즈㈜	기타의 특수관계자
㈜KSP	기타의 특수관계자

(2) 당기말 및 전기말 현재 당사의 임직원과의 거래에서 발생한 주요 채권의 내역은 다음과 같습니다.

(단위 : 천 원)

계정과목	특수관계인의 명칭	당기	전기
장기대여금	임직원	–	13,884
단기대여금	임직원	13,884	28,007

(3) 당기와 전기중 임직원 장기대여금의 변동내역은 다음과 같습니다.

〈당기〉

(단위 : 천 원)

계정과목	기초	증가	감소	기말
장기대여금	13,884	–	(13,884)	–
단기대여금	28,007	13,884	(28,007)	13,884

〈전기〉

(단위 : 천 원)

계정과목	기초	증가	감소	기말
장기대여금	42,814	–	(28,930)	13,884
단기대여금	28,579	27,864	(28,436)	28,007

(4) 당기 및 전기중 특수관계자와의 거래내역 및 동 거래에서 발생한 채권, 채무의 잔액은 다음과 같습니다.

(단위 : 천 원)

특수관계자	구분	당기		전기	
		매출등	매출채권등	매출등	매출채권등
㈜KPS	기타	26,431	18	34,867	3,929

17. 우발채무와 약정사항

(1) 제공받은 지급보증

당기말 현재 지급이행 등과 관련하여 서울보증보험 주식회사으로부터 156백만 원의 지급보증을 제공받고 있습니다.

(2) 주요약정사항

당사는 하나은행과 매출채권 담보대출 3,600백만 원의 한도약정(실행금액 없음)을 맺고 있습니다.

18. 재무제표확정

당사의 재무제표는 2023년 2월 28일 개최된 이사회에서 사실상 승인되었으며, 20X3년 3월 30일에 개최되는 주주총회에서 확정될 예정입니다.

19. 주당손익

(1) 당기 및 전기중 주당순이익의 계산내역은 다음과 같습니다.

구분	당기	전기
가. 당기순이익	1,262,113,449원	1,252,122,946원
나. 가중평균유통보통주식수	2,820,250주	2,690,453주
다. 주당이익(가÷나)	448원/주	465원/주

(2) 당기와 전기의 가중평균유통보통주식수는 다음과 같습니다.

구분	당기	전기
가. 기초발행주식수	2,820,250주	2,256,250주
나. 유상증자 가중치	–	434,203주
다. 가중평균유통보통주식수	2,820,250주	2,690,453주

20. 현금흐름표

현금흐름표상의 현금은 재무상태표상의 현금및현금성자산과 일치하며, 당기와 전기의 현금의 유입과 유출이 없는 주요한 거래는 다음과 같습니다(단위 : 천 원).

구분	당기	전기
장기차입금의 유동성대체	300,000	–
건설중인 자산의 기계장치등 대체	3,224,795	

21. 외화자산 및 부채

당기 및 전기말 현재 외화로 표시된 화폐성자산 및 부채의 장부금액은 다음과 같습니다.

(원화단위 : 천 원)

과목		당기말		전기말	
		외화금액	원화환산액	외화금액	원화환산액
외화자산 :					
현금및현금성자산	USD	409,357	518,778	USD 147,734	175,139
	GBP	258,878	395,480	GBP 11,762	18,823
	EUR	21,969	29,685	EUR 1,781	2,851
	JPY	1,255	12	JPY 1,255	13
	HKD	1,860	302	HKD 1,860	283
매출채권	USD	121,261	153,674	USD 45,419	53,845
	GBP	37,716	57,618	GBP 18,172	29,080

22. 금융부채의 유동성위험 관리 방법 및 종류별 만기 분석

(1) 유동성위험 관리 방법

유동성위험이란 당사가 금융부채에 관련된 의무를 충족하는 데 어려움을 겪게 될 위험을 의미합니다. 당사의 유동성 관리방법은 재무적으로 어려운 상황에서도 받아들일 수 없는 손실이 발생하거나, 당사의 평판에 손상을 입힐 위험 없이, 만기일에 부채를 상환할 수 있는 충분한 유동성을 유지하도록 하는 것입니다. 당사는 부채 상환을 포함한 유동성위험과 관련하여 적정 규모의 현금및현금성자산을 보유하고 있습니다. 여기에는 합리적으로 예상할 수 없는 극단적인 상황으로 인한 잠재적인 효과는 포함되지 않았습니다.

(2) 당기말 현재 금융부채의 계약상 만기는 다음과 같습니다. 계약상 현금흐름에는 이자지급액을 포함하고 있습니다.

〈당기〉

(단위 : 천 원)

구분	장부금액	계약상 현금흐름			
		합계	1년 이하	1년에서 5년 이하	5년 초과
매입채무	21,150	21,150	21,150	–	–
단기차입금	1,000,000	1,018,250	1,018,250	–	–
유동성장기부채	300,000	309,597	309,597	–	–
기타금융부채	281,722	281,722	281,722	–	–
합 계	1,602,872	1,630,719	1,630,719	–	–

당사는 이 현금흐름이 유의적으로 더 이른 기간에 발생하거나, 유의적으로 다른 금액일 것으로 기대하지 않습니다.

〈전기〉

(단위 : 천 원)

구분	장부금액	계약상 현금흐름			
		합계	1년 이하	1년에서 5년 이하	5년 초과
매입채무	237,400	237,400	237,400	–	–
단기차입금	1,000,000	1,017,800	1,017,800	–	–
기타금융부채	264,440	264,440	264,440	–	–
장기차입금	300,000	307,460	3,730	303,730	–
합 계	1,801,840	1,827,100	1,523,370	303,730	–

01 ㈜한국테크가 속한 산업의 특성에 대한 설명으로 바르지 못한 것은?

① 통신서비스산업은 내수산업이지만 통신장비산업은 국제시장을 분석 대상으로 한다.

② 통신장비산업은 중국이 시장을 선도하고 있어 국내기업의 지위가 다소 약한 편이다.

③ 전방산업인 통신서비스회사에 대한 교섭력은 우수한 편이다.

④ 통신장비산업은 기술·자본집약적 산업으로 진입장벽이 높은 편이다.

⑤ 정부정책에 많은 영향을 받는다.

02 ㈜한국테크의 재무특성에 대한 내용으로 바르지 못한 것은?

① 회사의 당기 유동비율은 약 349%로 안정적이다.

② 회사의 당기 당좌비율은 약 309%로 단기지급능력은 충분하다.

③ 회사의 당기 부채비율은 전기와 당기 각각 17%와 14%로 매우 낮은 수준이다.

④ 회사는 영업자금을 대부분 자기자본으로 조달하고 있다.

⑤ 회사의 당좌자산은 대부분 매출채권이다.

03 ㈜한국테크의 재무현황에 대한 설명으로 바르지 못한 것은?

① 회사의 현금및현금성자산의 대부분은 보통예금으로 보유하고 있다.

② 회사의 당기말 매출채권 중에는 외화매출채권이 211,292,000원 포함되어 있다.

③ 회사의 단기차입금은 모두 운전자금을 목적으로 조달되었다.

④ 회사는 전기에 무담보 장기차입금 300,000,000원을 조달하였다.

⑤ 회사는 전기에 조달한 장기차입금 300,000,000원을 전액 유동성장기부채로 대체하였다.

04 ㈜한국테크의 당기 비유동장기적합률은 얼마인가? (소수점 이하는 반올림한다.)

① 57%

② 65%

③ 83%

④ 96%

⑤ 125%

05 ㈜한국테크의 재고자산에 대한 설명으로 바르지 못한 것은? (전기 재무상태표 금액은 전전기와 동일하다고 가정한다.)

① 전기 재고자산회전율은 8.03회이다.
② 당기 재고자산회전기간은 약 39.19일로 전기 대비 약 6.27일 축소되었다.
③ 당기 재고자산회전율은 9.31회로 전기 대비 1.28회 느려졌다.
④ 전기 재고자산회전기간은 약 45.46일이다.
⑤ 전기 대비 당기 재고자산회전기간이 짧은 것은 매출채권증가율이 재고자산증가율보다 크기 때문이다.

06 ㈜한국테크의 경영위험으로 바르지 못한 것은?

① 회사는 지분이 잘 분산되어 있는 편이다.
② 회사의 최대주주는 ㈜KSP이지만 동사의 의결권만으로는 경영의사결정을 할 수는 없다.
③ 회사는 외화자산을 보유하고 있어 환율상승위험에 노출되어 있다.
④ 회사는 당기에 단기부채를 단기금융상품으로 모두 상환할 수 있다.
⑤ 회사는 전기에 운전자금용도로 장기차입금을 조달하였다.

07 ㈜한국테크의 매입채무와 매출채권에 대한 설명으로 바르지 못한 것은? (전기 재무상태표 금액은 전전기와 동일하다고 가정한다.)

① 당기 매출채권회전율은 약 6.71회로 전기와 유사하다.
② 전기 매출채권회전기간은 약 54.40일이다.
③ 당기 매입채무회전율은 약 49.02회로 전기 대비 약 24.40회 증가하였다.
④ 당기 매입채무회전기간은 약 7.45일로 전기 대비 짧아졌다.
⑤ 당기 매입채무회전율은 매출채권회전율보다 매우 빨라 지급불능위험에 빠질 수 있다.

08 ㈜한국테크의 유동성 평가에 대한 내용으로 바르지 못한 것은?

① 회사가 1년 이내 상환해야 할 금액은 유동자산으로 지급할 수 있다.
② 회사의 미수금에는 회수가 불가능할 것으로 추정되는 금액이 없다.
③ 회사가 1년 이내에 상환해야 할 차입금은 1,000,000,000원이다.
④ 회사의 전기 장기대여금 13,884,000원은 임직원에 대한 것이다.
⑤ 회사의 선수금은 통신장비제작을 위한 건설형계약에서 발생하였다.

09 ㈜한국테크의 손익계산서 분석에 대한 설명으로 바르지 못한 것은?

① 금리상승이 당사에 미치는 영향은 크지 않다.
② 환율상승은 당사의 영업이익에 긍정적이다.
③ 회사는 연구·개발활동으로 인한 경상개발비를 전액 비용으로 처리하고 있다.
④ 당기 EBITDA는 이자비용을 상환하기에 충분하다.
⑤ 전기 EBITDA는 장단기차입금을 상환하기에 충분하다.

10 ㈜한국테크의 현금흐름에 대한 설명으로 바르지 못한 것은?

① 당기 대손충당금환입액은 영업활동으로 인한 현금흐름에 부정적 영향을 미쳤다.
② 당기 투자활동활동으로 인한 현금흐름은 영업용 자산 취득으로 마이너스 흐름이다.
③ 당기 영업활동으로 인한 현금흐름 계산 시 영업활동으로 인한 자산부채변동 중 미수금 증가로 인한 현금유출액이 가장 크다.
④ 당기 영업활동으로 인한 현금흐름 계산 시 당기순이익에 가산되는 현금 유출없는 비용의 대부분은 감가상각비이다.
⑤ 당기 재무활동으로 인한 현금흐름은 단기차입금상환액만큼 단기차입금을 조달하여 0이다.

11 ㈜한국테크의 재무비율에 대한 설명으로 바르지 못한 것은? (전기 재무상태표 금액은 전전기와 동일하다고 가정한다.)

① 회사의 당기 가중평균차입이자율은 3.62%이다.
② 회사의 당기 총자산영업이익률(ROA)은 8.32%이다.
③ 회사의 당기 자기자본이익률(ROE)는 총자산영업이익률(ROA)보다 작다.
④ 회사의 전기 총자산영업이익률(ROA)은 7.19%로 당기보다 작다.
⑤ 회사는 부채사용에 따른 레버리지효과가 나타나고 있다.

12 산업통상자원부의 통신장비산업 분석보고서에 의하면, 글로벌 통신장비시장이 향후 10년 간 연평균 15% 이상의 고속성장을 할 것으로 전망하였다. ㈜한국테크의 경영성과를 더 상향시킬 수 있는 가장 적절한 전략은?

① 장단기부채 조달을 통한 운영자금 확보 및 영업시설 확충
② 부실채권 정리
③ 유상증자를 통한 자기자본 확충
④ 유휴 설비의 처분
⑤ 단기투자자산의 처분을 통한 투자자금 확보

13 ㈜한국테크의 당기에 확정된 매출채권 대손금액은 얼마인가? (손익계산서 당기 대손상각비(환입) 전액은 매출채권에서 발생된 것으로 가정한다.)

① 59,104,789원
② 117,303,320원
③ 176,408,109원
④ 235,512,898원
⑤ 없음

14 EBITDA를 영업이익에서 감가상각비와 무형자산상각비를 가산한 값으로 정의할 때 ㈜한국테크에 대한 설명 중 바르지 못한 것은? (100만 원 미만은 반올림한다.)

① 전기 EBITDA는 1,150,000,000원이다.
② 당기 EBITDA는 1,459,000,000원이다.
③ 무형자산상각비는 EBITDA에 미치는 영향이 미미하다.
④ 당기 EBITDA는 이자비용을 상환하기에 충분하다.
⑤ 전기 EBITDA는 장단기차입금을 상환하기에 충분하다.

15 ㈜한국테크의 당기말 영업순환주기는 전기말 현금순환주기 대비 어떠한가? (재무상태표 항목의 전기말 금액과 전전기말 금액은 일치한다고 가정한다.)

① 약 2.45일 느리다.
② 약 2.45일 빠르다.
③ 약 10.08일 느리다.
④ 약 10.08일 빠르다.
⑤ 동일하다.

16 ㈜한국테크의 당기말 현금순환주기는 얼마인가? (재무상태표 항목의 전기말 금액과 전전기말 금액은 일치한다고 가정한다.)

① 84.70일

② 86.07일

③ 99.13일

④ 117.92일

⑤ 120.86일

17 ㈜한국테크의 자본적지출(CAPEX)로 인한 현금흐름은 얼마인가?

① 672,239,000원 유출

② 1,278,939,000원 유입

③ 1,278,939,000원 유출

④ 1,287,796,000원 유입

⑤ 1,287,796,000원 유출

18 다음 식을 참조하였을 때 ㈜한국테크의 당기 EV/EVITDA비율에 관한 설명으로 바르지 못한 것은? (회사의 시가총액은 자기자본 장부금액과 일치한다고 가정한다.)

$$EBITDA = 세전이익 + 이자비용 + 감가상각비 + 무형자산상각비$$

① 회사의 당기 EBITDA는 1,956,093,091원이다.

② 회사의 당기 EV/EBITDA는 6.63배이다.

③ 회사의 EV에 해당하는 금액으로 ㈜한국테크를 인수하면 EBITDA로 투자한 총금액을 회수하는 데 걸리는 기간은 약 6.84년이다.

④ 무형자산상각비는 EV/EBITDA비율에 미치는 영향이 매우 적다.

⑤ 총차입금이 증가하면 EV/EBITDA비율은 증가한다.

19 총비용 항목 중 영업고정비 항목은 다음과 같다. ㈜한국테크의 당기 영업레버리지도(DOL)에 관한 설명으로 바르지 못한 것은? ((ⅱ)와 (ⅲ)은 판관비, 나머지 항목은 주석 13의 금액을 활용한다. 각 계정과목은 천 원 미만 반올림하여 계산하시오.)

> • 총비용 = 매출원가 + 판관비 + 영업외비용
> • 영업고정비(FC)항목
> (ⅰ) 인건비(급여, 퇴직급여, 복리후생비)
> (ⅱ) 통신비 및 수도광열비
> (ⅲ) 지급임차료 및 보험료
> (ⅳ) 감가상각비
> (ⅴ) 무형자산상각비

① 회사의 변동비율은 29.26%이다.
② 회사의 공헌이익률은 70.74%이다.
③ 회사의 영업레버리지도는 4.38이다.
④ 회사의 매출액이 10% 감소하면 영업이익은 43.8% 감소한다.
⑤ 회사는 매출액 변화에 따른 영업이익 변동성을 줄이기 위하여 변동비를 줄일 필요가 있다.

20 ㈜한국테크의 당기 재무레버리지도(DFL)도는 얼마인가? (문제 19번 결과를 이용하고, 천 원 미만은 반올림하여 계산하시오.)

① 1.03
② 1.25
③ 2.06
④ 2.48
⑤ 3.20

21 ㈜한국테크의 영업이익이 1% 상승하면 주당순이익은 얼마나 증가하겠는가? (필요한 경우 문제 19번과 20번 결과를 활용하시오.)

① 1.03%
② 3.12%
③ 4.65%
④ 5.62%
⑤ 6.15%

22 ㈜한국테크의 당기 BEP매출액은 얼마인가? (각 계정과목과 계산 결과는 천 원 이하는 반올림한다.)

〈영업고정비(FC)항목〉
- 인건비(급여, 퇴직급여, 복리후생비)
- 지급임차료 및 보험료
- 무형자산상각비
- 통신비 및 수도광열비
- 감가상각비
- 이자비용

① 4,940,810,000원
② 5,053,096,000원
③ 5,808,959,000원
④ 6,141,526,000원
⑤ 6,537,791,000원

23 문제 22번을 참고할 때 ㈜한국테크의 당기 손익분기점율은 얼마인가?

① 0.52
② 0.64
③ 0.77
④ 1.02
⑤ 1.36

24 ㈜한국테크의 당기 안전한계율(MS)을 계산하면 얼마인가?

① −12%
② 17%
③ 23%
④ 32%
⑤ 38%

25 ㈜한국테크의 당기 현금분기점을 계산하면 얼마인가? (영업고정비는 문제 22번을 참고하고 천 원 미만은 반올림 한다.)

① 3,842,326,000원
② 4,205,149,000원
③ 5,362,478,000원
④ 6,548,293,000원
⑤ 8,764,175,000원

26 다음 기업부실모형을 고려하여 ㈜한국테크의 당기 Z−Score와 경영상태를 판정하시오. (자기자본 시장가치는 장부금액과 일치하고, EBIT는 영업이익을 사용한다. 그리고 계산 결과는 소수점 셋째 자리에서 반올림한다.)

$$Z = 1.2X_1 + 1.4X_2 + 3.3X_3 + 0.6X_4 + 0.99X_5$$
X_1 : 순운전자본/총자산, X_2 : 이익잉여금/총자산, X_3 : EBIT/총자산, X_4 : 자기자본시장가치/총부채,
X_5 : 매출액/총자산

	Z−Score	경영상태		Z−Score	경영상태
①	0.63	부실	②	1.87	보류
③	2.01	보류	④	3.46	정상
⑤	5.87	정상			

27 다음 중 ㈜한국테크의 주석사항에 대한 내용으로 바르지 못한 것은?

① 회사가 보유한 토지의 당기 공시지가는 전기 대비 상승하였다.
② 회사가 당기에 취득한 무형자산은 없다.
③ 회사가 당기에 인식한 정부보조금은 7,129,000원이다.
④ 회사가 당기에 자산으로 인식한 개발비는 679,556,000원이다.
⑤ 회사가 당기에 유상증자한 금액은 없다.

28 만일 ㈜한국테크의 당기말 배당성향이 20%이고 자기자본비용이 10%, 그리고 지속가능한 성장률 이 8%라면 적정주가는 얼마인가? (주당 배당금은 소수점이하 반올림 한다.)

① 4,500원
② 4,860원
③ 5,000원
④ 5,340원
⑤ 5,680원

29 ㈜한국테크의 자기자본비용은 10%이다. 타인자본비용은 가중평균차입이자율과 같다. 법인세율이 20%일 때 회사의 가중평균자본비용을 계산하면 얼마인가? (가장 근사치를 고르시오.)

① 4.66%
② 5.38%
③ 6.24%
④ 8.86%
⑤ 9.13%

제1회 실전모의고사 정답 및 해설

01 신용분석

01	02	03	04	05	06	07	08	09	10
④	⑤	⑤	④	④	①	⑤	②	③	④
11	12	13	14	15	16	17	18	19	20
①	①	①	①	④	⑤	④	③	⑤	④
21	22	23	24	25	26	27	28	29	30
②	②	⑤	①	①	③	②	②	④	④
31	32	33	34	35	36	37	38	39	40
②	③	⑤	⑤	①	②	①	①	③	①
41	42	43	44	45	46	47	48	49	50
③	①	④	④	③	②	③	④	②	①
51	52	53	54	55	56	57	58	59	60
⑤	②	②	③	⑤	④	③	③	④	④
61	62								
①	⑤								

02 종합신용평가

01	02	03	04	05	06	07	08	09	10
④	④	⑤	②	⑤	⑤	⑤	③	⑤	①
11	12	13	14	15	16	17	18	19	20
⑤	③	③	⑤	①	④	②	①	③	②
21	22	23	24	25	26	27	28	29	
⑤	①	②	①	⑤	①	②	③	③	

01 자본제공자 입장에서는 자본>비유동부채>유동부채 순으로 위험이 크다. 이는 자기자본비용이 타인자본비용보다 항상 더 큰 이유이기도 하다.

02 이자비용은 타인자본비용이고, 당기순이익은 주주요구수익률로서 자기자본비용에 해당한다.

03 유동비율 = [(1,800+8,520+18,000)/(2,700+16,080)]×100≒151%>산업평균 130%
당좌비율 = [(1,800+8,520)/(2,700+16,080)]×100≒55%<산업평균 80%
현금비율 = [1,800/(2,700+16,080)]×100≒10%<산업평균 20%
순운전자본 = [(1,800+8,520+18,000−2,700−16,080)/49,920]×100≒19%>산업평균 10%
회사의 유동비율은 산업평균을 상회하지만 당좌비율과 현금비율은 산업평균을 하회하므로 현금성자산이 부족하다고 판단할 수 있다. 즉 재고자산 누적에 따라 유동비율이 높게 나타나는 것이다. 따라서 재고자산의 현금화 속도와 매출채권 회수가능성을 점검하여 현금성자산 확보에 문제가 없는지를 점검해야 한다. 순운전자본이 산업평균보다 높게 나타나는 원인도 재고자산 누적에 기인한다. 결국 유동자산이 산업평균보다 높다는 이유만으로 단기지급능력에 문제가 없다고 할 수는 없다.

04 부채를 사용하는 기업의 총자산영업이익률(ROA)이 평균이자율을 상회할 때 총자산영업이익율(ROA) 변화보다 자기자본순이익률(ROE) 변화가 더 크게 나타나는 재무레버리지 효과가 나타난다.

05 회사의 총자산영업이익률(ROA)이 16%로 평균이자율 5%보다 높으므로 레버리지효과를 갖는다.

06 감가상각비가 증가하더라도 EBITDA는 변화가 없다.

매출액	100		100
매출원가	60		60
매출총이익	40		40
감가상각비	10	증가	20
영업이익	30		20
이자비용	10		10
세전이익	20		10
EBITDA	20+10+10=40		10+10+20=40

07 생산마진이 40%(= (2,600/6,500)×100), 매출액영업이익률이 6.15%(400/6,500)×100)이므로 판관비에 문제가 있는 것으로 추정할 수 있다. 또한 회사의 ROA(= 9.20%)가 평균이자율 10%(= 280/2,800)×100) 보다 작기 때문에 ROE는 ROA보다 작게 나타난다. 계산 시 총자산과 자기자본은 평균값을 사용한다.

08 재고자산회전율 = {6,500/[(1,500+1,000)/2]} = 5.2회

09 1회전 운전기간 = 재고자산회전기간+매출채권회전기간−매입채무회전기간, 매출채권과 재고자산이 산업평균보다 많으므로 1회전 운전기간은 산업평균보다 길다.
1회전 운전자본 = (매출액−영업이익−감가상각비)×1회전 운전기간, 매출액과 영업이익, 감가상각비가 산업평균 수준이지만 1회전 운전기간이 산업평균보다 길기 때문에 1회전 운전자본은 산업평균보다 많고, 이에 따라 자금압박을 받을 가능성이 있다.

10 PBR = PER×ROE이므로 ROE = 3/12 = 0.25 = 25%

11 $ROI = \dfrac{NI}{TA} = \dfrac{순이익}{매출액} \times \dfrac{매출액}{총자산}$

= 매출액순이익률×총자산회전율

= 매출마진×회전속도

12 부채를 사용하지 않으므로 자기자본과 총자본은 일치한다. 따라서 총자산순이익률(ROI)과 자기자본순이익률(ROE)는 일치한다.

13 물가가 상승하면 재고자산의 시장가치도 상승하므로 장부가로 계상된 유동비율은 상대적으로 낮아진다. 물가상승은 판매가격 상승을 유발하므로 매출액이 증가하고 이익도 증가하므로 활동성과 성장성이 커지는 효과가 나타난다. 또한 원자재 등 가격이 상승하므로 기업은 차입부담이 늘어나 부채비율이 증가할 수 있다.

14 DOL = (매출액−변동비)/(매출액−변동비−고정비) = (6,500−5,100)/(6,500−5,100−1,000) = 3.5

여기서 이자비용은 영업고정비에 포함하지 않는다.

15 DFL = (매출액−변동비−고정비)/(매출액−변동비−고정비−이자비용) = EBIT/(EBIT−I) = 2.50

16 BEP매출액 = 고정비/공헌이익률 = (1,000+240)/(1−0.7846) = 5,757백만 원

17 총비용의 회귀함수에서 고정비는 상수이고 변동비의 매출액에 대한 민감도는 변동비율이다. 따라서 회귀함수는 [총비용(TC) = 고정비+변동비율×매출액 = 1,240+0.7846×매출액]이다.

여기서 총비용은 이자비용을 포함하므로 고정비에 반영해 준다.

18 공헌이익률 = 1−변동비율

제 품	① 공헌이익률	② 매출비중	③=①×②
A	= 1−600/1,000 = 0.4	10%	4%
B	= 1−1,400/2,000 = 0.3	30%	9%
C	= 1−2,000/2,500 = 0.2	60%	12%
		가중평균공헌이익률	25%

19 현금분기점 = (고정비−감가상각비)/가중평균공헌이익률 = (2−0.08)/0.25 = 4.8억

20 가중평균공헌이익률이 25%이므로 매출 10억 원에 대한 공헌이익은 2.5억 원이다.

영업레버리지도 = 공헌이익/(공헌이익−고정비) = 2.5/(2.5−2) = 5.00이다.

21

제 품	단위당 판매가격	단위당 변동비	매출비중
A	1,000원	600원	30%
B	2,000원	1,400원	50%
D	4,500원	?	20%

변경된 후 가중평균공헌이익률이 변경 전보다 커야 제품구성을 변경할 수 있다. 변경 전 가중평균공헌이익률이 25%이므로 변경 후에도 최소 25%는 초과되어야 한다.

제 품	① 공헌이익률	② 매출비중	③＝①×②
A	＝1－600/1,000＝0.4	20%	8%
B	＝1－1,400/2,000＝0.3	40%	12%
D	＝1－x/4,500＝?	40%	?
		가중평균공헌이익률	＞25%

따라서 (1－x/4,500)×40%＞(25%－12%－8%)가 성립한다.

그러면 (1－x/4,500)×40%＞5%이므로 (1－x/4,500)＞0.125이다. 따라서 (1－0.125)＞x/4,500이므로 단위당 변동비(x)는 3,938원보다 작아야 한다.

현금흐름분석 | **80점 / 25문제**

22 배당금 지급은 재무활동으로 분류한다.

23 감가상각비 인식은 비현금손익거래이고 나머지는 비현금교환거래에 해당한다.

24 현금주의 매출원가＝발생주의 매출원가＋기말재고증가액＋매입채무감소액
$$＝10,000＋2,000－2,000＝10,000원$$

25

대손충당금			
대손확정	₩28	기초	₩60
기말	100	설정	68

매출채권			
기초	₩640	회수	₩－
		대손	28
외상	148	기말	760

당기 발생한 매출채권은 148(＝매출채권 증가액 120＋대손확정액 28)이고, 손익계산서에 인식한 대손상각비는 68이므로 현금흐름에 미치는 영향은 -148＋68＝-80백만 원이다.

26 매입채무 감소는 현금유출로 처리된다.

27 당기 매출액 100,000원과 현금주의 매출액 120,000원의 차이는 선수금 또는 매출채권 발생에 의한 것일 수 있다. 즉 선수금을 수령하였거나 매출채권 회수로 인하여 현금주의 매출액이 20,000원 증가할 수 있다.

　※ 선수금 회계처리 예시

　　甲회사가 1개월 후 제품(20,000원)을 인도하기로 하고 선수금을 수령한 경우 회계처리는 다음과 같다.

　　　　　(현금 수령 시) 현　금 20,000원 | 선수금 20,000원

　　　　　(제품 인도 시) 선수금 20,000원 | 매　출 20,000원

28 법인세납부액＝법인세비용－당기법인세부채 증가＋이연법인세 증가＝162,000－12,000＋1,800＝151,800원

29 현금주의 매출액＝매출액－매출채권 증가액＋선수금 증가액. 여기서 매출채권 증가액 계산 시 당기 대손상각비 확정액을 가산하여야 한다. 매출채권 증가액＝52,200－45,000＋1,620＝8,820원

대손충당금			
당기확정	1,620	기초잔액	5,400
기말잔액	7,200	당기설정	3,420

따라서 현금주의 매출액＝540,000－8,820＋450＝531,630원

30 현금주의 매입액 = 매출원가 + 재고자산 증가액 + 매입채무 감소액 + 선급금 증가액

$$= 132,000 + 7,200 + 2,400 + 2,400 = 144,000원$$

31 매출채권 변동액 계산 시 당기 대손확정액(400 = 100 + 500 − 100)을 가산하여야 한다.

매출채권 변동액 = 매출채권 감소액 + 대손확정액 = (1,300) + 400 = (900천 원), 즉 매출채권은 900백만 원 감소이다.

퇴직급여충당부채 중 당기 지급액은 다음과 같다.

퇴직금 지급액 = 기초금액 + 당기설정액 − 기말금액 = 800 + 1,000 − 1,200 = 600

항목	기초	기말	추가항목	현금흐름
매출채권	5,100	3,800	400	+900
선급금	1,000	1,500		−500
재고자산	20,000	10,000		+10,000
이연법인세자산	−	900		−900
매입채무	5,000	7,000		+2,000
당기법인세부채	500	1,700		+1,200
퇴직금지급액			600	−600
소 계				12,100

32 조정당기순이익 = 당기순이익 + 사채상환손실 + 감가상각비 + 대손상각비 + 퇴직급여

$$= 3,500 + 2,000 + 1,500 + 500 + 1,000 = 8,500백만 원$$

영업활동으로 인한 현금흐름 = 조정당기순이익 + 영업 관련 자산 · 부채변동 = 8,500 + 12,100 = 20,600백만 원

33 이자수익은 영업활동으로 분류된다.

34 순액으로 계산하면 다음과 같다.

기계장치			
기초	17,100	처분	5,400
대체	45,000	Dep.	7,200
매입	27,000	기말	76,500

총액(취득원가) 기준으로 계산하면 다음과 같다.

기계장치				감가상각누계액			
기초	27,000	처분	9,000	기초	9,900	제거	3,600
대체	45,000						
매입	27,000	기말	90,000	설정	7,200	기말	13,500

35 당기 사채할인발행차금 발생액은 할인액 200원과 사채발행비 70원을 합한 270원이다.

사채				사채할인발행차금			
상환	6,200원	기초	23,400원	기초	900원	상각	120원
						상환	50원
기말	27,200원	발행	10,000원	발생	270원	기말	1,000원

상환된 사채의 미상각잔액은 50원이고, 사채상환이익 600원이 있으므로 사채중도상환금액은 6,200 − 50 − 600 = 5,550원이 된다.

36 ② 기초 유동성장기차입금이 상환되면서 외환차손이 발생했을 것이므로 현금유출액은 13,950천 원이다.

유동성장기차입금			
상환	13,500	기초	13,500
실제지급	(13,950)		
기말	22,500	대체	22,500

37 현금흐름의 8가지 유형은 다음과 같다.

구분	현금 보유형	성숙형	일부사업 구조조정형	성장형	저수익 매각형	급성장 기업형	대규모 구조조정형	쇠태형
CFO	+	+	+	+	−	−	−	−
CFI	+	−	+	−	+	−	+	−
CFF	+	−	−	+	+	+	−	−

※ CFO(영업활동으로 인한 현금흐름), CFI(투자활동으로 인한 현금흐름), CFF(재무활동으로 인한 현금흐름), 그리고 현금흐름의 방향은 (+)에서 (−)로 배분된다.

38 영업권을 별도로 고려하지 않는다면 기업을 인수할 때 지불하는 금액은 통상 기업가치(EV) 상당액이 될 것이다. 이를 피인수대상 기업의 현금흐름으로 얼마 만에 회수할 수 있는지를 측정할 때는 EBITDA를 주로 사용한다. 이와 관련한 측정지표가 EV/EBITDA비율이다.

39 조정당기순이익 = 당기순이익 + 대손상각비 + 퇴직급여 + 무형자산상각비 + 감가상각비
   = 2,000 + 150 + 1,520 + 500 + 3,250 = 7,420백만 원

40 영업활동 관련 자산·부채변동금액은 다음과 같다.

영업활동 자산·부채변동	− 2,630
매출채권 증가	− 2,600
대손확정액	− 130
재고자산 증가	− 2,000
선수금 증가	+ 3,500
퇴직금 지급	− 1,400

여기서 대손확정액과 퇴직금지급액은 다음과 같다.

대손충당금					퇴직급여충당부채			
확정	130	기초	100		지급액	1,400	기초	820
기말	120	설정	150		기말	820	설정	1,520

41 영업활동으로 인한 현금흐름 = 7,420 − 2,630 = 4,790백만 원

42 회사는 영업활동현금흐름으로 이자비용이나 단기차입금 상환에 충분한 능력이 있으므로 이러한 상태가 지속된다면 외부자금조달이 필요하지 않다. 또한 전기 순운전자본은 6,100백만 원이고 당기 순운전자본은 6,280백만 원이므로 약 2.95% 증가하였으므로 전기와 유사한 수준이다.

43

유형자산			
기초	7,000	처분	–
		감가상각비	750
당기취득	2,350	기말	8,600

44 $FCFF = EBIT(1 - t_c) + Dep - \triangle NWC - CAPEX$

FCFF $= 1,500(1 - 0.2) + 250 - (350 - 100) - 400 = 800$천 원

45 차입금상환재원 $=$ 영업활동현금흐름 $-$ 자본적지출 $-$ 이자비용 $-$ 배당지급액

$= 1,000 - 500 - 100 - 50 = 350$천 원

감가상각비는 영업활동현금흐름 계산 시 고려되었으므로 차입금상환재원에는 포함하지 않는다.

46 현금수지분석표에 '1. 매출을 통한 현금유입액' 계산 시 '매출채권 증감액'란에는 재무상태표 비유동자산에 있는 장기매출채권 증감액도 포함한다. 또한 매출채권 증감액은 대손충당금을 차감한 순액으로 표시한다.

만일 매출채권 증감액에 대손충당금을 차감하지 않고 매출채권 잔액만을 기재하였을 때에는, '4. 현금판매비와 관리비'항목에 당해 '대손상각비'를 추가한다.

마찬가지로 매출채권 증감액에 대손충당금환입액을 가산하지 않고 매출채권 잔액만을 기재하였을 때에는, '6. 기타영업활동 현금흐름액'항목에 당해 '대손충당금환입액'을 추가한다.

시장환경분석 | 50점 / 16문제

47 총공급의 생산함수는 노동(L)과 자본(K)이다.

$\overline{Y} = f(\overline{K}, \overline{L})$

48 환율이 하락하면 원화가치가 강세이므로 수출이 감소하고 수입이 증가한다.

49 인구, 실업률, 통화량, 주식의 시가총액 등은 저량통계이고, 국민소득, 생산, 소비, 주식의 거래량 등은 유량통계이다.

50 준비자산은 금융계정 구성항목이다.

51 한국경제의 특수성으로 인하여 국제수지와 물가와의 대응관계가 약하다.

52 선행종합지수는 통상 3~4개월 이후 경기동향을 예측하는 단기예측지표이다. 그리고 기업경기실사지수(BSI)는 0에서 200 사이 값을 가지고, 100 이상이면 경기가 확장국면에 있는 것으로 해석하므로 맞는 설명이다.

53 후퇴기는 경기의 정점을 지나 둔화되는 시기로 과잉투자로 인한 재고증가와 투자 수익성 저하로 투자가 감소한다. 내구재를 중심으로 소비는 감소하지만 물가상승세는 지속된다. 그리고 기업의 자금수요는 기존 투자계획의 실행, 기업규모 확충에 따른 운전자금 수요 등으로 계속 늘어난다.

54 생필품은 경기에 상관없이 항상 소비되는 것이므로 경기에 민감하지 않고 수요변동성도 낮게 나타난다.

55 높은 철수장벽이 존재하면 퇴출되어야 할 기업이 산업 내에 남아 있게 되므로 높은 경쟁강도가 유지될 수 있다. 그리고 기업의 차별화된 경쟁수단이 존재하면 산업 내 경쟁강도는 약하게 나타난다.

56 환율상승은 후방산업이 원자재 조달비용을 상승시키는 요인이므로 위험요인이다.

57 자동차산업은 세분화된 segment에 따라 차별화되어 있어 시장 전체적으로 지배적 영향력을 보유한 기업은 없다.

58 식품산업은 국제곡물가격에 많은 영향을 받으므로 후방교섭력이 열위에 있다.

59 건설산업은 시장집중도가 낮고 경쟁강도가 높다.

60 캐시카우에 대한 설명이다. 캐시카우는 성숙기 사업에 해당한다.

61 하드웨어적 요소는 전략(strategy), 구조(structure), 시스템(system)이다.

62 생산은 주활동에 해당한다.

지원활동	하부구조(Infrastructure) : 기획, 총무, 재무, 법무				
	인적자원관리 및 개발(HR)				
	기술(Technology) : R&D, 디자인				
	정보관리(Information) : 정보시스템				
주활동	투입물류 (In-bound) 구매 재고보유 원자재	생산(Operation)	산출물류 (Out-bound) 완성입고 출고	판매 & 영업 (Marketing & sales)	사후관리(A/S) 고객지원(A/S)

▶ **종합신용평가** | **100점 / 29문제**

01 비유동장기적합률(=비유동자산/(자기자본+장기차입금))은 당기에 약 180%이고 전기에 약 151%로 100%를 초과하고 있으므로 비유동자산에 유동부채가 투입된 것으로 보인다. 즉 자본조달의 위험균형이 맞지 않는 상황이다. 매출채권회전율은 전기 5.86회, 당기 9.25회로 개선되었다.

구분	당기	전기
매출액	21,761,632,162	16,794,341,247
매출채권	1,914,114,693	2,920,791,860
대손충당금	(73,483,105)	(57,258,105)
순매출채권	1,840,631,588	2,863,533,755
평균순매출채권	2,352,082,672	2,863,533,755
매출채권회전율	9.25회	5.86회

02 당기에 적자로 전환된 가장 큰 원인은 영업외비용의 급증이다. 영업외비용은 지분법손실이 대규모로 인식되어 급증하였다.

03 환율상승은 수출증가 요인으로 당사의 영업이익에 긍정적으로 작용한다. 반면 금리상승은 전방산업인 자동차의 수요를 위축시켜 후방산업에 부정적 영향을 미친다.

04 자동차는 기술변화가 느리고 다른 운송수단과 대체가 어려운 독특한 특징이 있다. 즉 기술변화에 따른 대체재 위험이 낮은 편이다.

05 회사의 영업이익이 급감한 원인은 매출원가 상승이 원인이다. 매출액은 약 49.67억 원 증가한 반면 매출원가는 약 51.73억 원 증가하였다. 매출원가율 측면에서 전기 82.8%에서 당기 87.7%로 급증하였다.
임원급여는 크게 증가하기는 하였지만 직원급여가 감소해 전체적으로 급여수준은 전년도와 유사한 10억 5천만 원 수준이므로 영업이익 감소의 원인으로 보기는 어렵다.
판관비가 전체적으로 전기 약 25억 원 대비 당기 약 26억 원 수준이므로 판관비도 영업이익 급감의 원인으로 보기 어렵다.

06 동사의 영업활동으로 인한 현금흐름이 마이너스로 전환한 것은 매입채무의 감소, 미지급비용의 감소, 재고자산 증가, 미지급금의 감소 등이 주요원인이다.
매입채무 감소로 인한 현금유출은 약 8억4천만 원, 미지급비용 감소로 인한 현금유출은 약 4억1천만 원, 재고자산 증가로 인한 현금유출은 약 1억6천만 원 수준이므로 매입채무 감소가 영업활동 현금흐름 악화의 주요 원인이라 할 수 있다.
당기순이익은 지분법손실에 의하여 적자 전환한 것으로, 현금흐름계산 시 지분법손실은 당기순이익에 가산 조정되므로 영업활동 현금흐름에서 특별히 문제가 되지는 않는다.

07

대손충당금			
확정	0	기초	57,258,105
기말	73,483,105	설정	16,225,000

08 주석 7. 유형자산을 참고하면, 회사는 당기에 취득한 유형자산(101,772,347원)보다 처분한 유형자산(121,973,659원)이 많다.

09 당기에 판관비 중 고정비는 매출액의 약 7% 수준으로 높은 수준이 아니다.

판관비 중 고정비 항목	당기	전기
임원급여	418,411,313	244,128,008
직원급여	636,343,489	814,074,341
성과급	63,300,000	6,000,000
복리후생비	102,334,197	87,897,870
통신비	20,442,689	22,055,786
가스수도료	2,556,430	941,340
전력비	5,981,328	6,162,864
감가상각비	133,213,321	109,290,048
지급임차료	25,222,336	25,995,292
보험료	94,897,958	83,760,889
협회조합비	13,388,000	14,528,000
소 계	1,516,091,061	1,414,834,438
매출액 대비 고정비	6.97%	8.42%

10 유형자산 처분으로 유입된 현금은 239,000,000원이고, 장기금융자산 처분으로 유입된 현금은 95,839,230원, 단기금융자산 처분으로 유입된 현금은 110,000,000원이다. 그리고 당기에 유상증자는 없었고, 장기차입금 증가도 없었다.

11 회사가 상환한 당기 유동성장기부채는 전기말에 유동성대체된 415,171,779원이다. 회사의 당기 EBITDA로는 이 금액을 상환하기에 부족하므로 단기차입금이 조달되어 상환재원으로 이용된 것으로 보인다.

12 당기말 매출채권회전기간은 약 39일이다. 매출채권회전율 계산 시 분모의 매출채권은 평균매출채권을 사용한다.

항목	당기	전기
매출액	21,761,632,162	16,794,341,247
순매출채권	1,840,631,588	2,863,533,755
평균매출채권	2,352,082,672	2,863,533,755
매출채권회전율	9.25회	5.86회
매출채권회전기간	39일	62일

13 당기말 매출채권회전기간은 약 39일이고, 매입채무회전기간은 약 34일이므로 이를 유지할 경우 현금흐름은 악화된다. 즉 매출채권을 현금으로 회수하는데 39일이 걸리는 반면 매입채무를 지급하는 데는 34일로 짧기 때문에 현금이 회수되기 전 매입대금을 지급해야 하는 상황이 발생한다.

항목	당기	전기
매출액	21,761,632,162	16,794,341,247
매입채무	1,575,232,698	2,419,759,058
평균매입채무	1,997,495,878	2,419,759,058
매입채무회전율	10.89회	6.94회
매입채무회전기간	34일	53일

14 영업순환주기 = 매출채권회전기간 + 재고자산회전기간 = 39일 + 19일 = 58일

15 현금순환주기 = 영업순환주기 - 매입채무회전기간 = 58일 - 34일 = 24일

16 회사의 당기 차입금의존도는 45.09%로 재무안정성이 매우 위험하다. 차입금의존도는 일반적으로 30% 이하를 적정비율로 본다. 그리고 장·단기차입금에는 유동성장기부채를 포함한다.
　차입금의존도 = 장·단기차입금/총자본
　　　　　　　 = [(3,846,678,812 + 1,085,838,929 + 595,812,076)/12,260,920,854] × 100 = 45.09%
　차입금평균이자율 = 이자비용/차입금평균잔액
　　　　　　　　　 = [202,241,051/((5,528,329,817 + 5,501,489,239)/2)] × 100 = 3.67%
　※ 당기 차입금잔액 = 단기차입금 + 유동성장기부채 + 장기차입금 = 5,528,329,817원
　　 전기 차입금잔액 = 단기차입금 + 유동성장기부채 + 장기차입금 = 5,501,489,239원

17 ROA는 총자본을 사용하므로 자본조달 방법과 관계가 없고 부채비율과도 직접적 관계가 없다.
　ROA는 기업의 내부수익률로 IRR로 볼 수 있다. ROA > WACC일 때 NPV > 0이 된다.
　만일 ROA < WACC이면 NPV < 0이고, ROA = WACC이면 NPV = 0이다.

18 자본적지출은 유·무형자산 취득금액에서 처분금액을 차감하여 계산한다. 유형자산 취득금액은 101,772,347원이고, 무형자산 취득금액은 10,396,182원이다. 그리고 유형자산 처분금액은 121,973,659원이므로 9,805,130원만큼 현금이 유입되었다.

19 금융비용은 영업잉여에서 차감되고 총부가가치 계산 시 가산되므로 계산과정에서 생략해도 무방하다. 계산에 필요한 자료는 (주석 13)에 기재되어 있다.

영업이익	57,152,665
대손상각비	16,225,000
금융비용	(200,532,794)
영업잉여	**(127,155,129)**
급여	1,294,348,318
퇴직급여	134,859,608
복리후생비	123,322,926
감가상각비	174,615,930
세금과공과	72,854,931
지급임차료	67,392,336
금융비용	200,532,794
총부가가치	**1,940,771,714**

20 회사는 외화관련 자산을 보유하고 있지 않으므로 환율변동에 노출된 위험이 크지 않다.
손익계산서의 외환차익과 외환차손은 해외거래에서 발생된 것으로 그 금액이 매우 적다.

21 영업레버리지도가 마이너스인 경우는 총비용이 매출을 초과하였다는 의미이고, 매출 단위 변화에 대한 영업이익 변화를 나타내는 것은 동일하다. 즉 영업레버리지도 −2.34는 매출액이 1% 변화할 때 영업이익은 2.34% 변화한다는 의미이다. 따라서 영업레버리지도는 절대값으로 해석하면 된다.

항목	당기	
매출액		21,761,632,000
총비용		22,335,323,000
매출원가		19,080,814,000
판매비와관리비		2,623,665,000
영업외비용		630,844,000
영업고정비		1,918,418,000
급여	1,294,348,000	
퇴직급여	134,860,000	
복리후생비	123,323,000	
통신비	20,443,000	
수도광열비	8,538,000	
감가상각비	174,616,000	
지급임차료	67,392,000	
보험료	94,898,000	
무형자산상각비	−	
영업변동비	변동비율＝변동비/매출액≒93.8%	20,416,905,000
ⓐ 매출액 − 변동비	공헌이익율≒6.2%	1,344,727,000
ⓑ 매출액 − 변동비 − 고정비		−573,691,000
ⓒ **영업레버리지도(DOL)**	＝ⓐ/ⓑ	｜−2.34｜

22 회사의 재무레버리지도는 0.74로 영업이익이 1% 증가할 때 순이익은 0.74% 증가함을 나타낸다.

ⓐ 매출액 − 변동비		1,344,727,000
ⓑ 매출액 − 변동비 − 고정비		−573,691,000
ⓒ 이자비용		202,241,000
ⓓ 재무레버리지도(DOL)	= ⓑ/(ⓑ − ⓒ)	0.74

회사의 부채 수준이 매우 높은 데에도 불구하고 재무레버리지가 낮은 것은 총비용이 매출을 초과하기 때문이다. 즉 정상적 상황이라면 이자비용이 존재할 때 재무레버리지도는 항상 1보다 커야 하지만, 총비용이 매출액을 초과하여 영업이익이 마이너스인 상황이라면 이자비용이 증가할수록 재무레버리지도는 작아진다.

구분	매출＞총비용			매출＜총비용		
	이자비용 감소	기준	이자비용 증가	이자비용 감소	기준	이자비용 증가
매출액	100	100	100	100	100	100
변동비	64	64	64	96	96	96
고정비	16	16	16	24	24	24
영업이익	20	20	20	(20)	(20)	(20)
이자비용	5	10	15	5	10	15
순이익	15	10	5	(25)	(30)	(35)
DFL	20/15＝1.33	20/10＝2	20/5＝4	(20)/(25)＝0.8	(20)/(30)＝0.67	(20)/(35)＝0.57

23 DCL＝DOL×DFL＝2.34×0.74≒1.730이므로 매출액이 1% 증가하면 주당순이익은 1.73% 증가한다.

24

항목		당기
매출액		21,761,632,000
총비용		22,335,323,000
매출원가		19,080,814,000
판매비와 관리비		2,623,665,000
영업외비용		630,844,000
영업고정비		2,120,659,000
급여	1,294,348,000	
퇴직급여	134,860,000	
복리후생비	123,323,000	
통신비	20,443,000	
수도광열비	8,538,000	
감가상각비	174,616,000	
지급임차료	67,392,000	
보험료	94,898,000	
무형자산상각비	−	
이자비용	202,241,000	
영업변동비	변동비율＝변동비/매출액≒93%	20,214,664,000
공헌이익률	7%	
BEP매출액	고정비/공헌이익률	30,295,129,000

25 손익분기점율＝BEP매출액/실현매출액＝30,295,129,000/21,761,632,000≒1.39

㈜SH테크는 손익분기점 매출액에 미달하기 때문에 손익분기점율이 1을 초과한 값이 도출된다.

26 안전한계율＝100－손익분기점율＝100－139%＝－39%

회사는 손익분기에 도달하지 못했기 때문에 안전한계는 존재하지 않는다. 즉 현재도 손실상태라는 의미가 된다.

27 현금분기점(CBEP)＝(고정비－감가상각비－무형자산상각비)/(1－변동비율)

＝(2,120,659,000－174,616,000)/(1－0.93)＝27,800,614,286≒278억 원

28 $X_1 = -0.28$, $X_2 = 0.04$, $X_3 = 0.00$, $X_4 = 0.66$, $X_5 = 1.77$

$Z = 1.2 \times (-0.28) + 1.4 \times 0.04 + 3.3 \times 0.00 + 0.6 \times 0.66 + 0.99 \times 1.77 = 1.87$

$Z < 1.81$: 부실, $1.81 \leq Z \leq 2.99$: 판정보류, $Z > 2.99$: 정상

29 저성장－저시장점율은 개(DOG)에 해당한다. ㈜SH테크의 재무제표 분석을 종합해 보면 낮은 수익성, 불안정한 재무구조, 높은 단기채무불이행위험, 악화된 현금흐름 등 매우 부실한 경영상태를 보이고 있다.

01 신용분석

01	02	03	04	05	06	07	08	09	10
③	②	④	③	③	③	②	①	⑤	①
11	12	13	14	15	16	17	18	19	20
②	②	①	④	②	①	④	④	④	③
21	22	23	24	25	26	27	28	29	30
④	④	④	②	①	①	③	⑤	⑤	④
31	32	33	34	35	36	37	38	39	40
①	⑤	⑤	①	③	③	③	①	④	⑤
41	42	43	44	45	46	47	48	49	50
①	④	③	⑤	⑤	④	③	②	④	③
51	52	53	54	55	56	57	58	59	60
①	①	③	④	②	④	③	①	④	⑤
61	62								
⑤	①								

02 종합신용평가

01	02	03	04	05	06	07	08	09	10
③	⑤	④	②	③	③	⑤	③	②	②
11	12	13	14	15	16	17	18	19	20
③	①	⑤	②	④	③	③	②	⑤	①
21	22	23	24	25	26	27	28	29	
①	②	③	③	②	⑤	④	②	⑤	

재무분석 | **70점 / 21문제**

01 당기총제조원가 = 직접재료비 + 직접노무비 + 제조경비 = 1,000 + 200 + 500 = 1,700원

당기제품제조원가 = 기초재공품 + 당기총제조원가 − 기말재공품 = 1,200 + 1,700 − 600 = 2,300원

재공품

기초재공품	1,200원	당기제품제조원가	2,300원
당기총제조원가	1,700원	기말재공품	600원

02 레버리지 분석은 부채의존도와 부채에 따른 손익확대효과를 분석하는 것이다. 아울러 기업의 경영위험을 누가 부담하는지를 보여준다.

03 회사의 비유동장기적합률은 약 129%(= [34,600/(10,000 + 16,740)] × 100)로 유동부채가 29% 투입되어 위험균형이 맞지 않는 상황이다.

04 차입금의존도 = [(장단기차입금 + 회사채)/총자본] × 100 = [(6,000 + 12,000 + 10,000)/50,000] × 100 = 56%

05 감가상각비가 증가하므로 판관비가 증가해 영업이익, 당기순이익을 감소시킨다. 또한 유형자산 등 비유동자산의 가치가 감소한다. 단 현금흐름인 EBITDA는 변화가 없다.

매출액	100		100
매출원가	60		60
매출총이익	40		40
감가상각비	10	증가	20
영업이익	30		20
이자비용	10		10
세전이익	20		10
EBITDA	20 + 10 + 10 = 40		10 + 10 + 20 = 40

06 대규모 장치산업은 자본집약적 산업으로 고정비가 높아 영업레버리지도(DOL)가 높다.

07 회전 운전기간 = 재고자산회전기간 + 매출채권회전기간 − 매입채무회전기간 = 70.19 + 33.69 − 19.65 = 84.23

따라서 1회전 운전기간은 약 84일이다.

재고자산회전기간 = (1,250/6,500) × 365 = 70.19일

매출채권회전기간 = (600/6,500) × 365 = 33.69일

매입채무회전기간 = (350/6,500) × 365 = 19.65일

08 1회전 운전자본 = (매출액 − 영업이익 − 감가상각비) × 1회전 운전기간 = (6,500 − 400 − 300) × 0.23 = 1,334백만 원

09 g = b × ROE = (1 − 0.2) × 100/1,750 = 4.57%

10 순이익이 적자인 기업은 PER를 활용할 수 없다. PCR = 주가/(순이익 + 감가상각비)로 감가상각비가 적자인 순이익보다 크므로 활용가능하다. EBITDA = (50) + 100 + 100 = 150백만 원이다.

매출액	1,000
매출원가	(600)
판관비	(200)
영업외비용	(250)
세전이익	(50)
법인세비용	(20)
순이익	(70)

11 ROI = (순이익/매출액)×(매출액/총자산) = 매출마진×총자산회전율

여기서 당기순이익이 일정하므로 매출마진을 높이면 매출액이 감소하므로 총자산회전율은 감소한다. 즉 매출과 관련된 회전율 지표가 감소한다.

12 $ROI = \dfrac{당기순이익}{자기자본평균잔액} = \dfrac{당기순이익}{매출액} \times \dfrac{매출액}{자기자본평균잔액} \times \dfrac{당기순이익}{매출액} \times \dfrac{매출액}{총자산} \times \dfrac{총자본}{자기자본}$

= 매출액순이익률×총자산회전율×(1 + 부채비율)

= ROI×(1 + 부채비율)

ROE는 부채비율이 높아질수록 커진다. 비교대상기간 간 ROE를 분해하여 비교하면 매출액순이익률, 총자산회전율, 그리고 부채비율 중 ROE 상승에 기여한 재무비율을 쉽게 파악할 수 있다.

13 물가가 상승할 때에는 재고자산을 후입선출법으로 평가해야 재고자산의 원가가 시가에 근접한다.

14 BEP매출액 = 고정비/공헌이익율 = (1,000 + 50)/(1 − 0.7846) = 4,875백만 원

15 손익분기점율 = BEP매출액/실현매출액 = 0.75

16 안전한계율 = 100 − 손익분기점율 = 100 − 75% = 25%

17 회사가 지출한 현금을 모두 회수할 수 있는 매출액은 현금흐름분기점을 의미한다. 고정비 중 감가상각비만큼은 회수하지 않아도 되므로 다음의 식이 성립한다.

$$pQ_{CBEP} = \dfrac{FC - Dep.}{1 - \dfrac{v}{p}} = \dfrac{FC - Dep.}{공헌이익률}$$

따라서 현금흐름분기점(CBEP) = (1,050 − 200)/(1 − 0.7846) = 3,946백만 원

18 고정비에 이자비용을 포함해야 하므로 고정비는 1,050백만 원이다. 따라서 다음과 같이 회귀식이 성립한다.

TC = 1,050 + 0.7846×매출액

19 고정비가 0이면 손익분기점은 존재하지 않는다.

20 FBEP = [(200,000주×300) − (100,000주×200)]/(200,000 − 100,000) = 400백만 원

$$FBEP = \dfrac{n_1 \times I_2 - n_2 \times I_1}{n_1 - n_2}$$

여기서, n은 발행주식수, I는 이자비용이다.

21 자본조달분기점(FBEP)에서는 총자산영업이익률과 차입이자율이 같으므로 이자비용은 25백만 원이다.

총자산영업이익률 = (50/1,000)×100 = 5%

현금흐름분석 | **80점 / 25문제**

22 자금을 순운전자본으로 정의하면, 순운전자본이 증가하는 거래는 자금이 증가한다고 간주한다. 즉 매출채권과 재고자산 등이 증가하는 것은 자금의 유입이 되고, 매입채무나 영업관련 미지급금 등의 증가하는 자금의 유출로 간주한다. 따라서 상품을 6개월 외상매입한 경우 재고자산이 증가하고 그만큼 매입채무가 인식되므로 자금은 변동이 없게 된다.
기말 장기차입금을 유동성장기차입금으로 대체하는 것은 장기차입금 중 차기에 상환해야 할 부분을 계정 대체하는 것이므로 유동부채로 분류되어 자금은 감소한다.

23 현금흐름표는 기업 현금흐름의 기간 간 관계에 대한 정보를 제공하지는 못해 장기적 현금흐름의 예측에는 한계가 있다. 즉 현금주의 관점에서 작성되어 수익과 비용의 기간 배분이 이루어지지 않아 경영성과 평가에 유용하지 못하다.

24 사채상환손실은 영업외비용으로 사채의 장부금액 이상의 대금을 지급하고 사채를 상환한 것으로 재무활동으로 분류되므로 당기순이익에 가산조정한다. 다만 실제 현금이 유출되었으므로 비현금비용이 아니다.

25

대손충당금			
대손확정	₩56	기초	₩120
기말	200	설정	136

매출채권			
기초	₩1,280	회수	₩ -
		대손	56
외상	296	기말	1,520

당기 발생한 매출채권은 296(= 매출채권 증가액 240 + 대손확정액 56)이고, 손익계산서에 인식한 대손상각비는 136이므로 현금흐름에 미치는 영향은 -296 + 136 = -160백만 원이다.

26 이연법인세자산은 차감할 일시적차이로 당기 납부해야 할 법인세가 법인세비용을 초과할 때 인식된다. 따라서 그 증가액은 현금유출로 처리된다.

27 매출원가가 현금주의 매출원가보다 작은 경우에는 기말재고자산이 증가했거나 매입채무(당기매입)가 감소했을 가능성이 있다.

28 지분법이익은 현금유입이 없는 수익으로 당기순이익에서 차감 조정한다. 나머지 항목은 모두 비현금비용으로 당기순이익에 가산 조정하는 항목이다.

29 주어진 정보만으로는 현금주의 당기상품매입액을 알 수는 없고, 매입채무 또는 선급금에 대한 자료가 추가로 필요하다.

30 이자비용 현금유출액 = 이자비용 + 선급이자 증가액 + 미지급이자 감소액 = 40,800 + 600 + 600 = 42,000원

31 이연법인세부채는 당기 납부해야 할 법인세가 법인세비용에 미달할 때 인식한다. 따라서 이연법인세부채의 증가는 현금유입으로 처리되고 감소는 현금유출로 처리된다. 그리고 지분법손실은 비현금비용으로 당기순이익에 가산 조정되는 항목이다.

32 조정당기순이익 = 당기순이익 + 유형자산처분손실 + 퇴직급여 + 대손상각비 + 감가상각비
= 7,000 + 4,000 + 2,000 + 1,000 + 3,000 = 17,000백만 원

33 〈영업활동 관련 자산·부채 변동〉
매출채권 변동액 계산 시 당기 대손확정액(750 = 100 + 1,000 - 350)을 가산한다.
매출채권 변동액 = 매출채권 증가액 + 대손확정액 = 4,000 + 750 = 4,750, 즉 매출채권은 4,750백만 원 증가이다. 퇴직급여충당부채 중 당기 지급액은 다음과 같다.

퇴직금 지급액 = 기초금액 + 당기설정액 - 기말금액 = 800 + 2,000 - 1,800 = 1,000

항목	기초	기말	추가항목	현금흐름
매출채권	5,100	9,100	750	+4,750
선급금	1,000	2,200		-1,200
재고자산	20,000	15,000		+5,000
이연법인세자산	-	1,200		-1,200
매입채무	5,000	10,500		+5,500
당기법인세부채	500	2,550		+2,050
퇴직금지급액	-	-	1,000	-1,000
소 계				13,900

영업활동으로 인한 현금흐름 = 17,000 + 13,900 = 30,900백만 원

34 처분한 기계장치의 취득원가는 38,000천 원이고, 감가상각누계액은 3,600천 원이므로 장부금액은 34,400천 원이다. 기계장치처분손실이 2,700천 원 인식되었으므로 처분금액은 34,400천 원에서 2,700천 원을 차감한 31,700천 원이다.

기계장치				감가상각누계액			
기초	27,000	처분	38,000	기초	9,900	제거	3,600
대체	45,000						
매입	56,000	기말	90,000	설정	7,200	기말	13,500

35 유상증자 현금유입액 = 7,050 + 12,600 = 19,650천 원

자본금				주식발행초과금			
		기초	15,300			기초	19,800
		주식배당	7,500				
		무상증자	750				
기말	30,600	유상증자	7,050	기말	32,400	유상증자	12,600

36 ㈜고려 현금흐름표(영업활동 - 간접법)

과목	금액(백만 원)	
1. 당기순이익		407
2. 현금 유출 없는 비용 가산		1,532
감가상각비	780	
무형자산상각비	270	
퇴직급여	442	
대손상각비	40	
3. 영업활동 자산·부채변동		(3,295)
매출채권 증가	(3,320)	
재고자산 증가	(1,998)	
선수금 증가	2,349	
퇴직금 지급	(326)	
영업활동으로 인한 현금흐름		**(1,356)**

37 회사의 전통적 현금흐름은 1,187백만 원(= 당기순이익 407백만 원 + 감가상각비 780백만 원)이므로 당기에 도래할 전기의 단기차입금 1,300백만 원을 상환하기에 부족하다. 그리고 매출채권과 재고자산이 증가하고 있어 운전자금 소요가 급격히 증가할 것으로 보인다. 매출채권회전율(= 매출액/평균매출채권)은 6.52회로 산업평균을 상회한다.

38 재무탄력성은 기업이 긴급하게 자금이 필요할 때 대처할 수 있는 능력이라 할 수 있다. 재무탄력성을 결정하는 가장 중요한 요소가 영업활동으로 인한 현금흐름이다. 동사는 영업활동으로 인한 현금흐름이 마이너스이므로 재무탄력성이 부족하다.

39

유형자산			
기초	7,194	처분	2,804
		감가상각비	528
취득	4,806	기말	8,668

40 기업의 신규투자능력에 대한 정보는 영업활동으로 인한 현금흐름으로 파악할 수 있다.

41

구분	현금 보유형	성숙형	일부사업 구조조정형	성장형	저수익 매각형	급성장 기업형	대규모 구조조정형	쇠태형
CFO	+	+	+	+	−	−	−	−
CFI	+	−	+	−	+	−	+	−
CFF	+	−	−	+	+	+	−	−

※ CFO(영업활동으로 인한 현금흐름), CFI(투자활동으로 인한 현금흐름), CFF(재무활동으로 인한 현금흐름), 그리고 현금흐름의 방향은 (+)에서 (−)로 배분된다.

42 FCFF = EBIT(1 − tc) + Dep − △NWC − CAPEX = 1,000(1 − 0.2) + 500 − 100 − 250 = 950천 원

43 현금수지분석표에 '1. 매출을 통한 현금유입액' 계산 시 '매출채권 증감액'란에는 재무상태표 비유동자산에 있는 장기매출채권 증감액도 포함한다. 또한 매출채권 증감액은 대손충당금을 차감한 순액으로 표시한다.
만일 매출채권 증감액에 대손충당금을 차감하지 않고 매출채권 잔액만을 기재하였을 때에는 '4. 현금판매비와 관리비'항목에 당해 '대손상각비'를 추가한다.
마찬가지로 매출채권 증감액에 대손충당금환입액을 가산하지 않고 매출채권 잔액만을 기재하였을 때에는 '6. 기타영업활동 현금흐름액'항목에 당해 '대손충당금환입액'을 추가한다.

44 영업활동 후 현금흐름은 유형자산증감액 등 투자활동과 이전의 현금흐름이다.

45 전통적 현금흐름(= 당기순이익 + 감가상각비)은 운전자본증감을 반영하지 않기 때문에, 영업활동현금흐름과 차이가 있다. 영업활동현금흐름에서 운전자본투자가 증가하여 현금수지분석표상 영업활동 후의 현금흐름이 이자비용과 배당금지급 후에 유동성장기차입금을 상환하기에 부족하게 될 수도 있다. 그리고 손익계산서상 영업활동에서 조달된 현금으로 이자비용을 상환할 수 없는 상태이더라도 현금수지분석표상에서는 이자비용을 상환할 수 있는 것으로 나타날 수도 있다.

46 유형자산이 크게 증가한 경우에는 외부조달자금으로 비업무용토지를 취득하였는지 검토해 보아야 한다.

47 물가상승은 총수요곡선상에서 움직인다.

48 금리인상에 따른 민간투자 위축은 구축효과라 한다. 피셔효과는 명목금리는 실질금리와 기대인플레이션율의 합계와 같다는 것이고, 프리드먼 효과는 금융완화정책이 실물경제와 주식시장에 시차(6~9개월)를 두고 영향을 미친다는 이론이다. 반대로 금융긴축정책의 효과는 비교적 즉시 나타나는데 이를 쿠퍼효과라 한다. 유동성효과는 단기에 물가와 소득수준이 일정할 때 통화량 증가로 단기이자율이 하락하는 현상을 말한다.

49 보유자산가치가 증가하는 경우에는 증가한 만큼 소비가 증가하고 국민소득도 증가한다.

50 GDP deflator = (명목GDP/실질GDP)×100, 따라서 110 = (명목GDP/100)×100이므로 명목GDP = 110이다.

51 경기종합지수(CI)는 경기변동의 방향, 국면, 전환점 및 변동속도까지 동시에 분석할 수 있다.

52 철수장벽이 존재할 경우 산업 내 경쟁에 따른 구조조정기능이 작동하지 않아 높은 수준의 경쟁강도가 유지될 수 있다. 낮은 고정비는 비용회수에 대한 부담을 약화시키므로 경쟁강도가 낮아질 수 있다.

53 수요부진과 중국산 저가 철강재 유입으로 바이어 마켓으로 전환 중이고, 전방교섭력도 약화되는 추세에 있다. 또한 원자재의 해외의존도가 높아 후방교섭력은 열위에 있다.

54 선박구매자는 대부분 해운업체 또는 용선사이며, 동일 선종 내에 제품차별화 정도가 낮아 전방교섭력은 열위에 있다. 또한 선박제조원가의 35%가 철강재이고, 그 중 20% 정도가 후판이 차지한다. 후판은 전통적 공급부족 품목이어서 가격교섭력이 약하다.

55 석유화학제품은 수요의 하방경직성으로 수요변동성이 상대적으로 약하다. 즉 필수 산업재로 경기 하락기에도 수요는 일정수준 유지되는 특징이 있다.
　※ 상공정(upstream) : 나프타를 원료로 중간유분 생산, 하공정 대비 회사규모가 커 교섭력 우위
　　하공정(downstream) : 중간유분을 받아 최종제품을 생산

56 중국의 메모리반도체시장 진입이 가시화되고 있으나 기술격차로 즉각적 경쟁 가능성은 낮다.

57 해운선사의 운송서비스는 범용성을 가지므로 서비스 차별화가 쉽지 않고, 진입장벽이 낮아 경쟁강도가 매우 높다. 즉 낮은 진입장벽으로 전·후방교섭력은 다소 열위에 있다.

58 기업의 외부환경을 먼저 분석한 후 내부환경을 분석하는 하향식(Top – Down) 접근법이 주로 활용된다.

59 PEST분석의 환경요인과 그 내용은 다음과 같다.

정치적 환경요인(P)	법적 규제변화, 사업 수요변화, 무역장벽, 반독점법, 진출국가의 정치적 위험
경제적 환경요인(E)	시장의 경제적 전망, GDP성장률, 물가상승률, 환율, 에너지 가격동향, 이자율
사회적 환경요인(S)	소비자 라이프스타일 변화, 제품 트렌드 동향, 인구통계변화, 사회적 윤리규범
기술적 환경요인(T)	기술의 라이프사이클 변화, 정보기술의 변화, 신기술 혁신, 기술확산

60 해당 사업부문은 문제아(?)에 해당하므로 투자를 확대하여 시장점유율이 높아지면 스타로 이동한다.

※ BCG Matrix

	시장점유율	
시장성장률 고	스타(Star) 성장산업	문제아(?) 개발산업
저	금송아지(Cash cow) 수익수종산업	개(dog) 사양사업
	고	저

61 사업에 영향도가 높고 공급시장위험이 낮은 품목은 안전품목으로 포지셔닝한다.

〈구매전략활동 중 구매상품에 대한 포지셔닝〉

사업의 영향도	공급시장 위험도	포지셔닝
고	고	전략품목
고	저	안전품목
저	고	경쟁품목
저	저	일반품목

62 조직의 경영전략을 지원하기 위하여 정보기술의 전략적 활용을 목표로 비즈니스 프로세스 설계를 정보시스템으로 구현하기 위한 계획수립 단계를 의미하는 것은 정보화전략계획(ISP)이다.

〈전략적 경영활동의 기타 수단〉

전략경영(SEM)	기업성과를 극대화하기 위해 전략을 수립, 시행, 평가하는 일련의 모든 과정을 의미한다.
활동기준경영(ABM)	기업의 제반 활동을 기준으로 상품별, 기관별, 부문별 목표 및 실적을 측정하여 성과차이와 원가차이를 분석하는 원가관리시스템이다.
균형성과표(BSC)	기업의 비전과 목표달성을 위하여 4가지 관점(재무, 고객, 프로세스, 학습과 성장)에서 성과지표를 도출하여 관리하는 성과관리 시스템이다.
가치경영(VBM)	가치에 영향을 주는 주요 동인(drivers)에 집중하여 기업목표를 분석하고 의사결절방법과 경영관리 프로세스가 기업가치에 연계되도록 하는 경영기법을 말한다.

종합신용평가 | **100점 / 29문제**

01 통신장비산업의 전방산업은 소수의 기업이 시장을 점유하고 있는 통신서비스산업이므로 전방교섭력이 열위에 있다.

02 회사의 당좌자산 중 가장 비중이 높은 것은 단기투자자산이다.

03 회사는 장단기차입금 조달을 위하여 토지와 건물을 담보로 제공하였다(주석 9).

04 회사는 전기에 조달한 장기차입금을 당기말에 전액 유동성장기부채로 대체하였으므로 장기차입금이 존재하지 않는다.

비유동장기적합률 = 비유동자산/(자기자본 + 장기차입금)×100
= (8,450,041,821/12,970,273,629)×100 = 65%

05 재고자산회전율 계산 시 분모에는 평균재고자산을 사용한다.

	당기말	전기말
재고자산회전율	9.03회	8.03회
재고자산회전기간	40.42일	45.46일

그리고 당기 매출액증가율은 약 120%이고 재고자산증가율은 약 107%로 매출액증가율이 더 크기 때문에 당기 재고자산회전율은 더 높고, 재고자산회전기간은 더 짧게 나타난다. 회전율이 높다는 것은 재고자산이 매출액으로 전환되는 속도가 빨라졌다는 의미이다.

06 회사는 외화자산과 외화매출채권을 보유하고 있어 환율하락위험에 노출되어 있다(주석 21).
또한 당기말에 단기금융상품을 약 27억 원 보유하고 있으므로 유동성장기부채 3억 원을 포함한 단기차입금 10억 원을 모두 즉시 상환할 수 있다(주석 5). 그리고 전기에 조달한 장기차입금 3억 원은 모두 운전자금 용도로 조달되었다(주석 9).

07 당기에 매입채무회전율이 급격히 빨라진 것은 매입채무가 전기 대비 약 91% 감소하여 당기 평균매입채무가 크게 줄어들었고, 반면 매출액은 증가하였기 때문에 나타는 현상이다. 따라서 단순히 매입채무회전율이 빨라졌다는 이유만으로 지급불능위험에 노출되었다고 할 수는 없다.

08 회사가 1년 이내 상환해야 할 차입금은 단기차입금과 유동성장기부채를 포함한 13억 원이다.

09 회사는 차입금이 매우 적어 금리상승으로 인한 이자부담은 크지 않다. 그리고 외화자산을 보유하고 있기 때문에 환율상승은 당사의 당기순이익에 긍정적 영향을 미친다. 다만 환율상승으로 인한 외화환산이익 또는 외환차익은 영업외수익으로 영업이익과 관련이 없다.

10 당기 투자활동으로 인한 현금흐름은 단기투자자산 취득의 영향으로 마이너스 흐름이다.

11 ROA가 가중평균차입이자율보다 높아 부채레버리지 효과가 나타난다. 즉 ROE > ROA 이다.

	산 식	당기	전기
가중평균차입이자율	(3.65%×10억/13억) + (3.74%×10억/13억) + (3.02%×10억/13억) = 3.62%	3.62%	3.62%
ROA	영업이익/평균총자산 (당기)(1,182,856,377/14,213,689,946)×100 (전기)(980,641,199/13,640,640,446)×100	8.32%	7.19%
ROE	순이익/평균자기자본 (당기)(1,262,113,449/12,339,216,905)×100 (전기)(1,252,122,946/11,708,160,180)×100	10.23%	10.69%

12 회사는 가중평균차입이자율보다 총자산영업이익률이 높고, 부채 수준도 매우 낮아 장단기차입금 조달을 통한 레버리지 효과 극대화 전략이 가장 적절하다.

13 대손충당금환입액과 기말대손충당금잔액의 합계액이 기초대손충당금잔액과 일치하므로 당기 대손이 확정된 금액은 없다.

대손충당금			
대손확정	−	기초	235,512,898
환입	59,104,789		
기말	176,408,109	설정	−

14 회사의 EBITDA는 다음과 같다. 계산 시 감가상각비는 현금흐름표의 값을 사용해야 한다. 그 이유는 제조원가에서 발생한 감가상각비는 판관비의 감가상각비에 계상되어 있지 않기 때문이다.

	당기	전기
영업이익	1,182,856,377	980,641,199
감가상각비	603,608,221	169,023,792
무형자산상각비	129,900	129,900
EBITDA	1,786,594,498	1,149,794,891

15 영업순환주기 = 매출채권회전기간 + 재고자산회전기간

	당기말(A)	전기말(B)	차이(A − B)
매출채권회전기간	52.72	56.54	(3.81) 빠름
재고자산회전기간	39.19	45.46	(6.27) 빠름
영업순환주기*	91.92	101.99	(10.08) 빠름

* 소수점 계산에 의하여 차이값(A − B)은 약 0.01 오차 있음.

16 현금순환주기 = 영업순환주기 − 매입채무회전기간

	당기말(A)	전기말(B)	차이(A − B)
영업순환주기	91.92	101.99	(10.08) 빠름
매입채무회전기간	7.22	15.92	(8.70) 빠름
현금순환주기	84.70	86.07	(1.37) 빠름

17 자본적지출은 유형자산 취득금액에서 처분금액을 차감하여 계산한다. 유형자산 취득금액은 1,287,796,000원이고, 처분금액은 8,857,000원이므로 1,278,939,000원만큼 현금이 유출되었다(주석 6). 무형자산 취득 · 처분금액은 없으므로 고려하지 않는다.

18 회사의 당기 EV/EBITDA는 6.84배이다. 이는 EV에 해당하는 금액으로 회사를 인수하면 EBITDA로 투자한 총금액을 회수하는데 걸리는 기간은 약 6.84년이라는 의미이다.

	당기	전기
세전이익	1,322,332,629	1,143,352,252
이자비용	30,022,341	19,107,512
감가상각비	603,608,221	169,023,792
무형자산상각비	129,900	129,900
자기자본(= 시가총액)	12,970,273,629	11,708,160,180
총차입금	1,300,000,000	1,300,000,000
현금및현금성자산	884,165,942	1,961,259,071
EV	13,386,107,687	11,046,901,109
EBITDA	1,956,093,091	1,331,613,456
EV/EBITDA	6.84	8.30

19

항목	당기	
매출액		6,537,791,000
총비용		5,480,983,000
매출원가		2,768,314,000
판매비와관리비		2,586,621,000
영업외비용		126,048,000
영업고정비		3,567,782,000
급여	2,451,272,000	
퇴직급여	182,682,000	
복리후생비	287,900,000	
통신비	1,584,000	
수도광열비	819,000	
감가상각비	603,608,000	
지급임차료	29,807,000	
보험료	9,980,000	
무형자산상각비	130,000	
영업변동비	변동비율 = 변동비/매출액 ≒ 29.26%	1,913,201,000
ⓐ 매출액 – 변동비	공헌이익율 ≒ 70.74%	4,624,590,000
ⓑ 매출액 – 변동비 – 고정비		1,056,808,000
ⓒ **영업레버리지도(DOL)**	= ⓐ/ⓑ	4.38

회사는 높은 고정비에 의하여 영업레버리지도가 높아 매출액 변화에 다른 영업이익 변동성이 매우 크게 나타난다. 영업이익 변동성을 줄이기 위해서는 고정비를 줄여야 한다.

20

ⓐ 매출액 – 변동비		4,624,590,000
ⓑ 매출액 – 변동비 – 고정비		1,056,808,000
ⓒ 이자비용		30,022,000
ⓓ **재무레버리지도(DOL)**	= ⓑ/(ⓑ – ⓒ)	1.03

이자비용이 매우 적어 재무레버리지도는 1에 가까운 값임을 추측할 수 있다.

21 영업이익변화에 따른 주당순이익 변화는 재무레버리지도를 의미하므로 영업이익이 1% 변화하면 주당순이익은 1.03% 변화한다.

22

항목	당기	
매출액		6,537,791,000
총비용		5,480,983,000
매출원가		2,768,314,000
판매비와관리비		2,586,621,000
영업외비용		126,048,000
영업고정비		3,597,804,000
급여	2,451,272,000	
퇴직급여	182,682,000	
복리후생비	287,900,000	
통신비	1,584,000	
수도광열비	819,000	
감가상각비	603,608,000	
지급임차료	29,807,000	
보험료	9,980,000	
무형자산상각비	130,000	
이자비용	30,022,000	
영업변동비	변동비율 = 변동비/매출액 ≒ 28.80%	1,883,179,000
공헌이익률	71.20%	
BEP매출액	= 영업고정비/공헌이익률	5,053,095,506

23 손익분기점율 = BEP매출액/실현매출액 = 5,053,096,000/6,537,791,000 = 0.77
실제 매출액이 손익분기점 매출액을 초과하였으므로 1 미만의 값이 도출된다.

24 안전한계율 = 100 − 손익분기점율 = 100 − 77% = 23%

25 현금분기점(CBEP) = (고정비 − 감가상각비 − 무형자산상각비)/(1 − 변동비율)
= (3,597,804,000 − 603,608,000 − 130,000)/(1 − 0.288) = 4,205,149,000원

26 X_1 = 0.306, X_2 = 0.369, X_3 = 0.08, X_4 = 7.14, X_5 = 0.442
Z = 1.2×0.306 + 1.4×0.369 + 3.3×0.08 + 0.6×7.14 + 0.99×0.442 = 5.87
Z < 1.81 : 부실, 1.81 ≤ Z ≤ 2.99 : 판정보류, Z > 2.99 : 정상

27 회사는 당기에 연구·개발비 전액을 판관비로 계상하였다(주석 7).

28 회사는 당기순이익의 20%를 배당하므로 배당총액은 1,262,113,449원×0.2 = 252,422,690원이다.
회사의 당기말 기준 유통보통주식수가 2,820,250주(주석 19)이므로 주당 90원의 배당이 지급된다.
주당배당금 = 252,422,690원 ÷ 2,820,250주 = 90원
따라서 주당 이론주가 = $D_0(1 + g)/(k − g)$ = 90(1 + 0.08)/(0.1 − 0.08) = 4,860원

29 $WACC = \dfrac{D}{E+D}k_d(1-t_c) + \dfrac{E}{E+D}k_c$

WACC = 0.123×0.0362×(1 − 0.2) + 0.877×0.1 = 0.0913, 즉 9.13%이다. 기중평균차입이자율은 문제 11번 해설을 참고한다.

2024 신용분석사 2부
[핵심이론＋문제집]

———

초 판 발 행	2024년 03월 20일
저　　자	이대열
발 행 인	정용수
발 행 처	(주)예문아카이브
주　　소	서울시 마포구 동교로 18길 10 2층
T　E　L	02) 2038-7597
F　A　X	031) 955-0660
등 록 번 호	제2016-000240호
정　　가	27,000원

홈페이지 http://www.yeamoonedu.com

I S B N　　979-11-6386-262-8　　[13320]